国家级精品课程教材

华章文渊 管理学系列

第2版

管理学原理

Principles of Management

陈传明 周小虎 编著

机械工业出版社
China Machine Press

本书作者在长期从事企业理论研究和教学的基础上，借鉴了近年来的管理学研究成果，尤其对决策理论、组织理论、企业战略理论、领导理论、管理变革和创新理论等进行了系统、深入的介绍。本书力求概念准确、语言精练、论述透彻、层次清晰、通俗易懂。同时，每章后面的延伸阅读和案例讨论增强了本书的理论性与实践性。本书不仅可以作为经济管理类专业的本科生教材，还可以作为 MBA、MPA、管理人员的自学参考书。

图书在版编目（CIP）数据

管理学原理 / 陈传明，周小虎编著 . —2 版 . —北京：机械工业出版社，2012. 3（2019. 6 重印）
（华章文渊 · 管理学系列）

ISBN 978-7-111-37505-0

Ⅰ. 管…　Ⅱ. ①陈…　②周…　Ⅲ. 管理学　Ⅳ. C93

中国版本图书馆 CIP 数据核字（2012）第 026249 号

机械工业出版社（北京市西城区百万庄大街 22 号　邮政编码　100037）
责任编辑：宁　姗　　　　版式设计：刘永青
北京诚信伟业印刷有限公司印刷
2019 年 6 月第 2 版第 22 次印刷
185mm × 260mm · 25 印张
标准书号：ISBN 978-7-111-37505-0
定价：36. 00 元

凡购本书，如有缺页、倒页、脱页，由本社发行部调换
客服热线：（010）88379210；88361066
购书热线：（010）68326294；88379649；68995259
投稿热线：（010）88379007
读者信箱：hzjg@ hzbook. com

华章文渊

管理学系列

师道文宗

笔墨渊海

文渊阁　位于故宫东华门内文华殿后，是紫禁城中贮藏图书的地方，世界上最大的丛书《四库全书》曾经藏在这里，阁内悬有乾隆御书“汇流澄鉴”四字匾。

华章文渊

管理学系列

作者简介

陈传明 经济学博士，管理学教授，现任南京大学管理学院院长，国家精品课程、南京大学文科首席教授课程《管理学》主讲教师。研究方向：企业理论，企业组织理论，企业战略管理。长期从事企业管理基础理论的教学和研究工作，主持国家自然科学基金、国家社会科学基金、省部级项目多项。曾经获得国家教委优秀青年教师基金，国家级教学成果奖二等奖、江苏省普通高校教学成果奖一等奖等。出版了《比较企业制度》等专著，发表了《管理发展新趋势》、《内部人控制的管理学思考》等学术论文。

周小虎 企业管理博士，教授，博士生导师。现任南京理工大学创业学院副院长、中国企业管理研究会副理事长、中国社会学会社会资本与社会网络专业委员会副会长等职。研究方向：企业战略管理、人力资源管理和组织理论。主持了国家自然科学基金项目、省部级项目多项。出版了《管理学原理》、《企业社会资本与战略管理》、《社会网络与企业成长》等多部著作；在《管理世界》、《中国工业经济》、《南开管理评论》、《经济管理》等国内外期刊上发表论文30余篇。

出版说明

提高自主创新能力，建设创新型国家，是党中央国务院做出的战略部署，是包括科技界、教育界在内全社会的共同目标。高等学校是培养和造就数以千万计专门人才和一大批拔尖创新人才的重要基地，是综合国力的重要组成部分，在支撑经济社会发展、提高自主创新能力、推进创新型国家建设中具有不可替代的重要作用。增强自主创新能力，建设创新型国家，对培养创新人才提出了新的要求，对高等教育提出了新的挑战。教育部明确提出大力推进高校自主创新，进一步提高高等教育质量。

作为教学内容改革成果重要体现形式的教材，则在高校创新人才的培养中扮演着重要角色。“教材是体现教学内容和教学方法的知识载体，是进行教学的具体工具，也是深化教育教学改革、全面推进素质教育、培养创新人才的重要保证。”新世纪的到来，对高等教育来说，不仅是时间上的跨越，更重要的是教育思想、教育观念发生了深刻的变革，而教材正从一个侧面折射出教育思想变革。为体现优秀教材的创新成果，机械工业出版社华章分社推出“华章文渊”教材系列（分经济学系列和管理学系列）。本系列重视教育思想和观念的改革，力求处理好知识、能力和素质三者辩证统一的关系，以素质教育为核心组织教材的内容，实现教材内容和体系的创新。“华章文渊”教材充分体现“授人以鱼不如授人以渔”的终身教育的思想。

奉献给广大读者的“华章文渊”教材系列重在培养学生的创新精神和能力，观点、体系有所创新，既与国际接轨，又具有理论性、实用性、可操作性和创新性等鲜明特色，具有各自的知识创新点和独到之处。同时，优秀教材是知识性和可读性的结合体，将深奥的知识融于浅显易懂的文字中，努力使读者的学习过程变得轻松愉快，也是“华章文渊”的目标。

秉承“国际视野、教育为本、专业出版”的理念，华章始终坚持以内容为先的出版标准。集合优秀教材创新成果的“华章文渊”教材系列正是“深化教育教学改革，全面推进素质教育，培养创新人才”的直接体现，期待有志于此的广大教师加入。

华章经管出版中心

前　言

走向科学管理之路

约一百年以前，弗雷德里克·泰勒出版了管理研究史上划时代的《科学管理原理》。在这本名著的前言中，泰勒说道："最先进的管理应当是科学的管理，管理学应当致力于将这些科学的原理运用于所有的人类活动中去，包括家庭管理、农场管理、商业管理、教堂管理、慈善管理、政府的行政管理。"泰勒说得非常正确，人类活动中管理的一般原则、理论和方法应该是相通的，"科学管理"本身也是一个非常诱人的概念，在科学主导的当今社会，非科学、伪科学似乎都是和错误、谬误连在一起。然而，究竟什么才是科学的管理？科学管理的本质或本质特征究竟是什么？走了一百年的管理学需要反思哪里才是自己的目的地，否则，再多的成果和再厚的教材都将无助于管理理论与方法的发展，甚至可能走向反面，我们的教学也会迷惘和无效。正像管理学教材里经常说的那样，管理不仅要有效率，而且更需要有效果。我们也要说服学生和自己，管理学的研究是在"以正确的方法做正确的事情"。

科学的管理首先在于其追求目的的合理性。究其根本，发展人类知识的目的只能是增加人类幸福，而不是相反。管理学作为这些知识中的一个部分，也不外乎如此。因此，科学的管理其目的不是利润、劳动效率和其他，而是人的全面发展。科学的管理首先应关注人本。一百年来，人们对于泰勒管理的一个最重要评价就是，泰勒理论是建立在经济人假设上的，把员工当做机器附属，无视于人性。这个观点可能始于1915年的《霍克斯报告》。该报告是美国劳资关系委员会对35家实施泰勒制企业调查后给出的结论。我们并不认同这种观点，因为不能简单地把企业家的泰勒制实践等同于泰勒制本身。其实，泰勒在《科学管理原理》中就曾明确指出，"管理人员和工人亲密无间的、个人之间的协作，是现代科学或任务管理的精髓"，这表明泰勒提出科学管理的根本目的是实现管理人员和工人的共同幸福。我们认为，关注人本就是一切依靠人，一切为了人。当然，在这里人并不只是组织中的管理者，还应当包括组织的各种利益相关者，为了人就是为了与组织相关的各类人员的共同幸福，实现企业与社会以及企业内部各利益群体的和谐发展。

理论是一种思维抽象，是一个有机的逻辑体系。管理学的科学性应当表现为理论的逻辑性和不断进步的理性。泰勒首先认识到科学管理不是经验。只停留在经验层面谈不上科学。泰勒是在一般层面上思考管理问题，他试图从逻辑理性上把握管理问题。他思考的逻辑非常清晰，组织中有扮演不同角色的成员，管理者是那些负责将工人知识记录下来，进行整理、完善并且加以制度化的组织成员。20世纪初的企业经营者还没有充分注意组织成员工作方法的正确性，只是简单地将员工绩效与他们的工作热情相联系。泰勒看到了，员工绩效不仅与"积极性"有关，还与员工的素质、能力以及他们的工作方法直接相关。因此，管理者的任务就是将合适的人放在合适的岗位上，运用科学方法，达到最大化绩效。因此，《科学管理原理》使得管理具有科学化的可能性，泰勒对管理理论发展的贡献表现为他通过对生产过程组织合理化和生产作业方法的研究为我们开创了管理领域的理性化之路。时至今日，经过一百年来的发展，管理研究的理论体系虽然渐趋成熟，但是作为一门独立的学科，管理学并没有完成它的逻辑化之路，理论和理论之间的逻辑链条还不够完整，我们甚至还不能够完全清晰地界定管理职能之间的内在逻辑，一些新的研究，如创新管理的内涵与外延都有待进一步规范。

仅有抽象是不够的，科学的管理不能仅仅停留于理性抽象，它必须达到抽象具体，也就是说，科学的管理要关注情境。关注情境就是要关注现实，《科学管理原理》在这方面为后人树立了榜样。它敢于直面现实，将其理论构建在劳资冲突和有组织怠工的社会基本问题之上。与此相比，在今天的管理学研究中，有些文章已经成为文字游戏。关注情境还在于从社会联系中理解管理行为，因为组织及其成员的行动是嵌入社会网络中的。今天的社会更加复杂，信息技术的发展和经济活动全球化给我们带来了更多新问题，更多广泛的社会联系需要我们从更加广阔的情境下去理解管理活动的规律性。此外，任何组织都是生存于特殊地理环境之中的，中华民族这方水土所蕴涵的不同的文化情境也是科学管理研究不可忽视的内容。

科学在本质上是一种精神。20 世纪 80 年代有人说科学精神就是三无精神，即科学无禁区、科学无偶像、科学无顶峰。哲人康德曾将人类理性归结于批判精神。在现代语境中，我们也可以说科学精神就是一种永不满足的创新精神。管理学并无不变真理，如果真要说不变，那就是创新变革是唯一不变的。泰勒在《科学管理原理》中并没有讨论管理创新，他从自己工作的视角试图弄清一个工人一天应有的作业量，以确定一个客观公正的“工资支付率”。但人类的认知是一个不断完善的过程，我们应当公正地看待泰勒，不能要求他做完管理研究的所有课题。需要强调的是，《科学管理原理》的问世本身就是创新的典范，泰勒和吉尔布雷斯夫妇对动作研究、管理心理的研究直接导致现代工业工程学科的产生。今天，管理学者们更需要像泰勒那样，改进管理研究过程，不断创造新的管理思想和方法，所以说，科学的管理不仅要研究如何合理配置现有的资源，以达到最佳的静态效率，更应去研究如何创造资源，以求在复杂环境的变化中实现最佳的动态效率。对于实现科学的管理，仅有维持显然是不够的，还需要不断创新。

理论界至今还未能就科学管理的内涵达成相对一致的看法，甚至在最基本的问题上大家也有较大分歧。这样的问题在其他学科比如科学哲学研究中也同样存在。几十年来卡尔纳普、波普尔等学者也没有对“科学是什么”形成相对统一的认识。然而，这丝毫不影响人们对管理理性的追求，不影响人们对管理创新的渴望，不影响管理中人文精神的成长。作为管理学教学的普通教员，我们希望和大家一起沐浴管理科学的阳光。于是，有了一点点新的学习体会，虽然这点体会不仅数量有限，而且在质量上也明显不足，它离科学管理的要求还相去甚远，但在责任编辑的鼓励下，我们还是想和大家共同分享。我们不敢有太多的奢望，如果能够激发老师和同学们进一步挖掘科学管理丰富内涵的兴趣，我们就深感欣慰了。

陈传明　周小虎

2011 年 12 月 20 日

教 学 建 议

教学内容	学习要点	课时安排	
		本科管理专业	专科非管理专业
第一章 组织与管理	（1）了解组织的概念及其要素整合的意义 （2）熟悉管理的内容、基本特征和管理工作的原则 （3）了解管理科学化的含义与管理学方法论的启示	3	2
第二章 早期管理思想	（1）了解中国古代管理思想和西方早期管理思想的演变 （2）掌握法约尔的一般管理理论以及韦伯科层组织理论的主要内容 （3）熟悉泰勒科学管理原理的主要内容	2	1
第三章 现代管理理论	（1）了解霍桑实验及其意义 （2）熟悉现代管理主要流派的基本观点与代表人物 （3）把握当代管理理论的发展及其趋势	3	1
第四章 管理伦理与社会网络	（1）了解管理活动中的道德逻辑 （2）了解组织与其利益相关者的关系 （3）熟悉“组织社会网络”、“组织社会资本”等概念及其对组织存在与发展的影响	2	1
第五章 环境研究	（1）了解环境的特征与环境研究的意义 （2）熟悉外部环境研究与内部环境研究的主要内容 （3）把握环境研究的方法与程序	2	2
第六章 决策理论	（1）了解决策的类型、特点及其影响因素 （2）熟悉决策的过程与方法 （3）把握决策的有限理性特征及其超越路径	3	2
第七章 计划与战略管理	（1）了解计划的类型、作用和编制过程 （2）熟悉创业活动的特征与企业家精神的主要内容 （3）把握战略计划的执行过程与动态管理的步骤	2	2
第八章 组织设计	（1）了解组织设计的必要性与影响因素 （2）熟悉横向组织设计的相关性与相似性原则 （3）把握组织适度分权的机理	3	2
第九章 人员配备	（1）了解人员配备战略的内涵 （2）比较人力资源获取的不同途径 （3）熟悉绩效评估的标准与方法 （4）了解薪酬体系的构成与选择	2	2

（续）

教学内容	学习要点	课时安排	
		本科管理专业	专科非管理专业
第十章 组织力量的整合	（1）了解组织整合的原则与方法 （2）比较正式组织与非正式组织的特点与功能 （3）了解如何充分发挥直线与参谋的作用 （4）了解如何提高委员会工作的效率	2	—
第十一章 领导与权力	（1）把握权力的本质以及获取权力的途径 （2）熟悉相关的领导理论 （3）了解高层管理团队的作用以及提高高层管理团队工作绩效的方法	3	2
第十二章 激励理论	（1）了解激励的基本原理 （2）了解人的行为的基本影响因素以及与之相关的激励理论 （3）了解人的行为过程的特点以及与之相关的激励理论	2	2
第十三章 沟通理论	（1）了解组织成员个体间沟通的特点及其组织 （2）了解不同组织间沟通的特点及其组织 （3）分析冲突的形成机理与解决路径	2	2
第十四章 控制活动	（1）了解控制过程与基本原理 （2）熟悉组织内部控制的手段与方法 （3）了解对管理者控制必要性与工作重点 （4）了解外部控制与供应链管理的必要性	2	2
第十五章 控制系统、质量与运营绩效	（1）了解运营控制的内涵及其重要性 （2）质量控制的内涵与方法 （3）运营绩效评价以及方法	2	1
第十六章 控制方法与危机控制	（1）了解财务控制的内涵与方法 （2）了解预算控制的内涵与方法 （3）了解审计控制的内涵与方法 （4）了解危机控制的内涵与方法	2	2
第十七章 管理的创新职能	（1）了解创新的职能及其作用 （2）了解流程再造的内涵 （3）分析创新活动对组织环境的影响 （4）熟悉创新过程的管理	3	2
第十八章 企业技术创新	（1）了解技术创新的内涵与贡献 （2）熟悉技术创新的战略与选择依据 （3）了解提高自主创新能力的主要路径	2	2
第十九章 组织创新	（1）了解企业组织与知识经济的特征 （2）了解企业制度创新 （3）了解企业层级结构创新 （4）了解企业文化创新	2	—
第二十章 组织学习与知识创新	（1）了解提高组织学习能力的方法 （2）了解组织学习的主要影响因素 （3）了解组织柔性化改造的主要路径	2	2
讨论/案例：每篇一个综合案例；期中组织学生就“我身边的管理问题”写一篇小论文，并进行讨论		6	4
社会实践：结合相关教学内容，组织到企业参观一次，请优秀管理者来校做一次讲座		6	4
课时总计		58	40

目　　录

第二篇　计划

第三篇　组织

第四篇　领导

第五篇 控制

第六篇 创新

第一篇　导论

第一章　组织与管理

夫道二，常之谓经，变之谓权。怀其常道而挟其变权，乃得为贤。

——韩婴《韩诗外传》

管理人员的素质和工作能力是一个企业在一个竞争的经济中唯一能够拥有的有效的优势。

——彼得·德鲁克《管理的实践》

第一节　组织要素及其整合

管理学是研究如何合理组织和协调人类活动，以提高稀缺资源利用效率、增加人类福利的科学。

人类的一切活动，从根本上说，都是为了增加自己的福利，改善自己的生存和发展条件。人类的活动史，便是朝着这个永恒的目标不断追求和进步的历史。为了逐渐达到这个目标，人类在自己的活动中不断思考和探索用新的方法、更合理的方式组织这些活动，以求更加充分、有效地利用自己在活动中可以调集、支配的各种稀缺资源。管理思想和管理理论是人类在漫长的历史长河中从未间断的这种思考和探索的结晶，现代管理学正是在这些思考和探索的基础上逐步形成和发展成熟的。

广义而言，任何人类活动都需要统筹安排和协调治理。也就是说，管理的客体，既可以是个人单独开展的活动，也可以是若干个人组成的集体活动。任何人为了使自己的活动取得比较高的效率，都会有意无意地将自己在活动中所要利用的时间、金钱以及物质等资源进行合理的计算和安排；任何集体，为了有效地取得每个成员的贡献，都必须对他们的努力进行协调，但是，现代管理学的研究对象主要是人类有组织的集体活动，而非个人分别、独自开展的活动。

一、　组织及其要素

人类在抗拒、适应、征服和改造自然的实践中早已意识到集体的力量，早已观察到这样的事实：集体活动可以实现人们分别、孤立工作所无法取得的成果。无论是人类祖先的早期狩猎，还是后来中国的万里长城与埃及金字塔的建造，抑或是当代曼哈顿工程、人类基因组计划，无不证实了这一点。因而，人类的大多数活动都是以某种方式有组织地集体开展。

由若干个人组成的集合体，如果他们在一定时期内相对固定地集中在一起从事某种活动，就会形成某种社会组织。因此，所谓组织，是指一群人为了某个共同目标而结合起来协同行动的集体。根据目标的不同，可以将组织划分为不同的类型，如政治组织（其目标是走上政坛，执掌权力，制定政策，治理国家）、军事组织（其目标是保卫国家的安全）、经济组织（其目标是通过商品生产和经营，取得利润）、教育组织（其目标是传播科学知识，为社会培育人才）、宗教组织（其目标是宣传某种教义，树立某种信仰，争取信徒），等等。

组织是指一群人为了某个共同目标而结合起来协同行动的集体。

如此定义的各种组织，一般包括下列构成要素：

（1）组织成员。任何组织，都是一定数量的个人的集合体。任何个人，只要符合组织需要的素质，愿意接受组织的约束，遵守组织的规章制度，提供组织所需要的贡献，参加组织的集体活动，都可以成为组织的一员。

（2）组织目标。组织目标是不同组织成员的黏合剂。作为组织成员的个人，之所以愿意加入组织并与其他人协同行动，是因为他们需要实现某个依靠自身力量无法实现的目标。①组织目标包括终极目标和阶段目标。每个组织的终极目标是组织存在的理由，一般来说，组织的终极目标不会轻易改变，因为这种改变会导致组织性质的变更。阶段目标则是组织为了实现终极目标而在不同时期从事活动的具体要求，阶段目标会随着不同阶段的任务性质和环境状况而更新。②虽然组织目标要求得到全体成员的共同接受，但这并不意味着组织的每个成员不可以拥有自己的个人目标，事实上，在很多情况下，成员不仅拥有个人目标，而且与组织的共同目标不一致，有时甚至是相互矛盾的，但是，组织成员仍然愿意承认和接受这种共同目标，因为他们个人目标的实现往往是以集体共同目标的实现为前提。管理者的首要任务便是为组织选择一个能被其成员广泛接受的目标。

组织目标是不同组织成员的黏合剂，它是组织社会存在的理由。管理者的首要任务便是为组织选择一个能被其成员广泛接受的目标。

（3）组织活动。为了实现共同目标，组织必须从事某种活动，组织活动的内容是由组织目标的性质决定的。由于能够实现同一目标的活动形式和内容多种多样，所以组织必须对不同的目标活动进行权衡、比较和选择。

（4）组织资源。任何活动的开展都需要利用一定种类和数量的资源。组织不仅是人的集合，而且是不同资源的集合。特定组织是一定人与一定资源的特殊结合。当然，广义而言，人或者更准确地说人的劳动，也是一种资源。除了人以外，组织在目标活动中需要利用的资源还包括保证组织活动顺利开展的物质资源、信息资源、财力资源，以及包括社会声誉等资源在内的无形资源，等等。

（5）组织环境。作为人的集合体，组织总是存在于一定的社会中。组织是社会的一个基本单位，它在目标活动中必然会与外部存在的其他单位发生各种经济或非经济的联系。外部社会环境便是通过这种联系来影响组织的目标和活动。同时，组织自己也会通过这种联系，利用自己的活动去影响和改造外部环境。由于构成外部环境的众多因素在不断变化，故而组织与环境的交互作用也是一个不断变化的过程。

二、 组织要素的整合

上述要素并非孤立地存在。只有使这些要素相互协调，组织的社会存在才能够持续实现。为了使组织的各种要素相互协调，必须对它们加以整合。

组织要素的整合包括两个方面：各类要素内部不同个体之间的整合以及不同要素类型之间

的整合。

1. 要素内部的整合

（1）组织成员的整合。组织是由两个以上通常是更多的成员构成的。不同的成员具有不同的素质和能力，可以为组织提供不同的服务。只有将不同成员的努力加以有机地协调或整合，才能形成某种合力，并获得组织所需的贡献。

（2）组织目标的整合。组织目标是多元的。多元的组织目标既可以在时间上分解为长期目标和各个时期的阶段目标，亦可以在空间上分解为组织的整体目标和各个部门的局部目标。阶段目标的达成是长期目标实现的前提，整体目标的实现则有赖于部门目标的达成。只有使组织各个时期的阶段目标相互衔接、各个部门的目标相互均衡，组织整体的长期目标才可望充分实现。

（3）组织活动的整合。有众多成员参加的组织活动是一个复杂甚至是繁杂的过程。为了能使不同的组织成员在相同的时间上为组织提供不同的贡献，必须将这个过程在空间上分解成许多阶段和环节。只有各阶段和环节的工作相互协调，组织活动才能有机地顺利开展。

（4）组织资源的整合。组织活动中需要利用多种不同类型的资源，这些资源具有不同的性能。只有根据组织活动目标的要求，利用一定的手段和方法对这些资源进行加工转换或整合，才能得到组织所需的某种“产品”（这种产品既可以是有形的物质消费品，也可以是无形的服务，如教育的提供、政策的制定、科学研究的进行等）。

2. 要素之间的整合

（1）活动与环境的整合。组织在一定的环境中开展活动，而环境又总是在不断变化，这种变化既可能为组织发展提供机遇，也可能对组织的继续生存造成威胁。为了有效地利用机遇，及时避开威胁，组织必须适时地根据环境变化来调整自己的活动。

（2）目标与活动的整合。目标是组织在未来从事某种活动需要达到的状况和水平的预先描述；目标在时空上的分解为组织成员在参与组织活动中应如何表现提供了指南。环境变化导致的活动调整必然要求组织目标描述及其分解必须随环境变化而变化。此外，条条道路通罗马。在组织总体活动方向不变的情况下，实现目标的方式和途径，即具体的活动内容可以多种多样。

> 管理是对组织各种要素的整合。它既包括组织成员、组织目标、组织活动和组织资源等要素内部的整合，也包括活动与环境、目标与活动以及活动与人等要素之间的整合。

（3）活动与人的整合。组织的活动过程可以分解成许多阶段和环节，这些阶段和环节的不同工作具有不同的性质，对其从事者有着不同的素质和能力要求。与此同时，作为组织成员的个人也拥有不同的知识结构、受教育程度以及能力素养。只有将具有不同要求的工作与表现出不同能力和素质的组织成员很好地加以整合，才能充分利用每一个组织成员的贡献圆满地完成组织中的各项工作。

包括上述内容的组织要素的整合过程，就是对组织活动的管理过程。至此，我们可以给出管理的初步定义：管理就是整合组织的各种要素。

三、 企业： 一种社会经济组织

1. 作为经济活动基本单位的企业

经济活动是人类社会活动的主要内容。可以认为，人类的其他活动都是直接或间接地为其经济活动服务。经济活动的组织因此成为管理学研究的主要对象。

在现代社会，经济活动主要是以企业为单位进行。企业是一个历史的概念，是商品经济发展的产物。人类为了生存，必须消费一定的物品。在商品经济条件下，人们为了满足生存需要而必须消费的物品或与之有关的服务，主要是在市场上通过商品交换获得的。专门为市场提供这种产品或服务的社会经济组织被称为企业。因此，企业是指那些根据市场反映的社会需要来组织和安排某种商品（包括特质产品或非特质的服务）生产和交换的社会经济单位。由于生产和提供的商品性质不同，故而企业的类型也不相同：提供农副产品的被称为农业企业，提供交通运输服务的被称为交通或运输企业，提供工业性商品或劳务的被称为工业企业，等等。现代社会是工业社会，构成工业社会微观经济基础的是大量的工业企业。

企业是指那些根据市场反映的社会需要来组织和安排某种商品（包括特质产品或非特质的服务）生产和交换的社会经济单位。

2. 企业的任务

作为工业社会的微观经济组织，企业的任务可以从外部要求和内部需要这两个不同的角度来考察。

（1）满足社会需要。从外部要求的角度来考察，企业的任务与企业存在的社会理由有关，社会之所以允许某个企业存在，是因为该企业提供了能够满足人们某种需要的物品。因此，从外部来看，企业的任务首先是要满足社会需要。

生产并提供商品性的产品或服务，只是满足社会需要的一个方面，并且以这种方式满足的往往主要是消费者个人直接表现出的物质或精神生活需要。但是，并非消费者的所有需要均通过个人消费来得到满足，比如社会安全需要。这种需要不可能通过每个人都拥有一个保安来得以满足，而必须由社会统一提供服务。我们把类似于这样的需要称为消费者的共同需要。社会设立的许多公益设施便是为了满足这类需要。政府在提供这类服务时，当然需要资金。这些资金需要通过企业纳税或上缴利润的形式来聚集。因此，企业向国家上缴利税，在一定意义上可以认为是为了满足社会成员的共同需要。

满足社会需要还表现在企业必须通过自身规模的维持和不断扩大，保证并不断增加能够提供的工作机会，以满足社会成员的就业需要。就业是人们的一个非常主要的需要，它不仅为社会成员提供了谋生手段，也为他们提供了释放体内必须释放的能量的机会。一个社会，如果许多成员无所事事，精力和体力不能够在劳动场所充分发挥，那么就可能在不适当的场合释放，并可能因此而引起某种社会动荡，所以，任何社会都把充分就业当做一个重要的目标来追求，作为微观经济组织的企业，其重要任务之一就是要不断地创造并提供这种就业机会。

（2）获取利润。企业一旦问世，其最重要、最迫切的目标可能是继续生存，并力求生存得更好，使企业规模不断扩大；从集体成员的角度来看，他们参加企业活动的目的是为了换取能够保证他们生活下去并生活得更好的经济收入。因此，为了实现企业存续和发展的目标，为了使企业职工实现更多的经济利益，企业必须在生产经营活动中实现一定的利润。

企业的任务从外部来看首先是要满足社会需要，从内部来看是获取利润。

所谓利润，是企业通过销售产品得到的收入在扣除了生产经营过程中的各种成本以后的剩余。没有利润，企业就无法追加投资以扩大生产规模；同样，没有利润，企业职工的收入就不能增加，工作和生活条件就难以改善，经济利益便难以得到保证。

（3）满足社会需要与获取利润的关系。满足社会需要与获取利润两者是互为条件、互相补充的。只有满足了社会需要，企业才能取得利润，同时，只有取得利润，企业才能更好地满足社会需要。

首先，利润是企业满足社会需要程度的标志。利润与销售收入和成本之间存在下述关系：

利润 = 销售收入 − 销售成本 = 销售量 × 单价 − 销售量 × 单位成本

由于在竞争市场上企业操纵价格的能力有限，企业难以通过任意提价的方式来增加利润，因此利润主要是销售量和销售量成本的函数。企业利润无非是由于销售数量多和（或）单位成本低，而销售数量多则意味着企业产品在市场上深受欢迎，说明通过使用企业产品能够满足购买者的某种需要；单位成本低，则说明企业生产单位产品消耗的资源少，说明企业能够用同样多的资源生产出更多符合社会需要的产品。

其次，利润也是企业满足，或继续满足、更好地满足社会需要的一个前提。没有利润，企业就难以追加投资，难以扩大经营规模。不能扩大再生产的规模，企业就无法用更多的产品来更好地满足社会需要。

3. 企业的活动

企业通过提供某种产品（或服务）来完成上述任务。为了能够提供某种产品，企业必须首先筹集生产这种产品所需要的各种资源。因此，企业为完成基本任务而必须开展的活动主要包括三个环节：资源筹措、生产制造和产品销售。其中，第一个环节、第三个环节的工作与外界有着广泛的联系，而第二个环节的工作主要是在企业内部进行。人们通常将前者称为经营活动，将后者称为生产活动，将企业活动的整体称为生产经营活动。

（1）资源筹措。这是企业生产经营的基本工作，任何产品都是在对一定资源进行加工的基础上形成的。企业需要投入的基本资源主要有以下几类。

1）人力资源。表现为一定数量的具有一定科学文化知识和活动技能的劳动者。这是企业生产经营过程中最活跃的因素。

2）物力资源。表现为一定数量与质量的原材料和能源，以及反映了一定技术水平的劳动工具和生产设施。其中材料是构成产品的物质基础，劳动资料是对劳动对象进行加工的必要手段。

3）财力资源。这是一种能够取得其他资源的资源，是推动企业生产经营周而复始不断循环的润滑剂，是用货币表现的企业长期或短期的资金。

（2）资源转换。筹措到一定数量的物质或非物质形态的资源后，企业就要组织对其转换，即组织劳动者借助劳动资料，利用一定的生产技术作用于劳动对象，使原材料改变其化学成分或物理形态，以得到符合要求的产品。资源的转换过程，就是产品的制造过程。这一阶段的工作是企业生产经营的主要内容，也是企业之间以及企业区别于其他社会经济组织的一个主要标志。

（3）产品销售。企业生产某种产品的目的不是为了取得该产品的使用价值，而是为了得到该产品的价值。产品价值的实现是以使用价值的实现为条件的，而使用价值又是在消费者对产品的具体使用过程中体现的。消费者要使用产品，首先必须在物质形态上占有该产品，必须以一定的价格为代价来取得该产品。因此，企业要实现产品的价值，就必须使产品经过惊险的市场跳跃，成功地将产品转移到消费者手中，这是企业销售工作的任务。销售活动通过确定合理的产品价格，开展充分的广告宣传，选择恰当的销售渠道，提供优良的售后服务，使企业成功地在适当的时间和地点，将产品销售给适当的用户，并获得相应的销售收入，补偿生产过程中的各种消耗，继续企业的生产经营过程。

企业生产经营活动的这三个环节既有区别，又相互依存："资源筹措"为加工制造提供了物质前提；"资源转换"形成了可供销售的产品；"产品销售"实现的销售收入则使企业能够继续从外部换取内部活动所需的各种资源。

第二节　管理的内容、特征和原则

一、管理的概念及其特征

自19世纪末20世纪初管理学形成以来，学术界对"管理"这一基本概念提出了各式各样的见解。有人认为，管理就是通过别人的工作去实现自己为组织确定的计划和目标；另一些人指出，管理就是研究系统运行的规律，据此组织系统的活动，使系统呈现出新的状态；还有人证明，管理的本质就是决策，或者说是围绕着决策的制定和组织实施而展开的一系列活动；也有人根据自己的分析得出这样的结论：管理就是实行计划、组织、指挥、协调和控制的过程，等等。这些定义从不同的角度描述了管理活动的特征，但大多具有某种程度的片面性。综合这些定义，我们认为，所谓管理，就是为了有效地实现组织目标，由专门的管理人员利用专门的知识、技术和方法对组织活动进行计划、组织、领导、控制和创新的过程。这个定义使管理表现出以下特征。

> 所谓管理，就是为了有效地实现组织目标，由专门的管理人员利用专门的知识、技术和方法对组织活动进行计划、组织、领导、控制和创新的过程。

（1）管理的任务是有效地实现组织的预定目标。管理本身并不是目的，管理是为组织目标的有效实现服务的。"有效"的要求至少表现在两个方面：①要通过管理来保证组织活动顺利开展；②要在管理组织的目标活动不断提高效益与效率的前提下进行，即要求通过管理，保证能以较少的资源消耗来实现组织目标。

（2）管理的主体是具有专门知识、利用专门技术和手段来开展专门活动的管理者。管理劳动是社会生产过程中分离出来的一种专门活动，是一种职业，它符合一般职业要求的标准：①从业人员必须具有专门的知识结构；②职业技能的获取需要专门的教育和培训；③进入职业受到控制，通常要经过某种形式的考试；④从业人员必须遵守一定的职业道德，违反者将会受到某种惩罚。显然，并非任何人都可以成为管理者，只有具备一定素质和技能的组织成员才有可能从事管理工作。

（3）管理的客体是组织活动及其参与要素。组织需要通过特定的活动来实现其目标；任何活动的进行都是以利用一定的资源为条件，或者不如说，任何组织的活动过程实际上都是各种资源的消耗和利用过程。因此，为了促进组织目标的有效实现，管理需要研究怎样充分利用各种资源，如何合理安排组织的目标活动。

（4）管理是一个包括了多阶段、多项工作的综合过程。计划与决策虽然在管理劳动中占有十分重要的地位，但是管理不仅是计划与决策。管理者在管理劳动中，制定活动计划与决策后，还要组织计划的实施，激发组织成员的工作热情，检查和控制计划的执行，把握组织活动的进展情况。同时，还需要根据组织发展与环境变化开展创新活动。因此，管理是一个包括计划、组织、领导、控制和创新等一系列工作的综合过程。

二、管理的内容

组织管理的内容可以从纵横两个不同的角度去考察和分析。

1. 横向分析

横向分析是从管理涉及的方面这个角度去研究。组织的性质不同，活动的内容有别，对组织活动进行管理的过程中需要开展的工作也是千差万别，但一般来说，根据具体对象的不同，管理工作涉及以下三个方面的内容。

（1）业务管理。不同的组织从事不同的业务活动。特殊的业务活动是具体组织的标志，也是该组织存在于社会的理由。业务管理是任何社会经济组织管理的主要内容。其他方面的管理是为业务管理服务的，或者说是围绕着业务管理而组织进行的。业务管理的主要内容包括：①业务内容选择。虽然具体组织的业务性质和方向基本是稳定的，但是由于这种性质和方向的改变会导致组织性质的改变，故而在不同时期，面对不同的环境特点，组织能够从事的业务内容是不同的；②业务活动的条件管理。包括根据业务内容的选择，组织业务开展所需的各自物质资源的采购和保存，并及时地供应给内部的各业务部门，监督各业务部门对物质资源的利用效率，以保证这些条件的充分利用；③业务过程管理。包括确定业务流程以及各部门的分工，制定各部门的活动计划，检查和控制各部门的活动进度；④业务成果管理。主要指对组织在业务活动中不断形成的成果质量进行检查和控制，包括制定并修改业务成果的质量标准，利用特定的方法和手段监测业务成果质量的变化情况，分析质量与成本的关系，以保证既能提供符合要求的业务成果，又能使活动成果保持在合理的水平。

（2）人事管理。组织在业务活动中要利用诸多资源，其中人是一种特殊的资源：如果说其他资源是被动地参与企业活动的话，那么人则是主动参与，其他资源是通过人的使用才发挥效用的。人力资源的利用不仅影响其本身的利用效果，还会影响其他资源的利用程度。因此，人事管理在组织活动管理中有着极其重要的意义。人事管理的内容和任务包括：①根据业务活动的特点，选聘符合一定素质和技能要求的组织人员；②合理使用人力资源，根据组织成员的特点分配适当工作，明确工作责任，据此考核工作情况、分配劳动成果，并努力提高和维持组织成员在业务活动中的积极性；③开展业务培训和教育，提高组织成员的思想、业务和文化素质，为组织的未来发展准备和积蓄力量。

（3）财务管理。组织的任何活动都会在财务上得到反映。财务管理是从资金运动的角度来计划和控制组织的业务活动，并评估和分析其合理性。财务管理的内容主要包括：①资金筹措的管理，即根据组织业务活动日常维持和规模扩大的需要，编制资金筹措计划，利用适当的方式、渠道和代价，筹集足够的资金，以保证组织业务活动的顺利开展；②资金使用的管理，包括为组织的各项业务活动建立财务标准，进行日常的财务控制，分析资金利用的效果，评价组织财力状况，比较和选择资金长期投放方向和方案等。

2. 纵向分析

纵向分析是从过程的角度来考察组织管理的内容。不论是对社会组织的一般管理，还是对组织活动的某个方面的具体管理，它都是一个包括计划、组织、领导、控制与创新各项工作的过程。

（1）计划。计划是对未来活动如何开展的预先筹划。人们开展一项活动之前，首先要制定计划，这是管理的前提。计划工作主要包括以下内容。

1）研究活动条件。组织的业务活动是利用一定条件在一定环境中开展的。活动条件研究包括内部能力研究和外部环境研究。内部能力研究主要是分析组织内部在客观上对各种资源的拥有状况以及主观上对这些资源的利用能力；外部环境研究是要分析组织活动的环境特征及其变化趋势，了解环境如何从昨天演变到今天，以找出环境的变化规律，并据此预测环境在明天可能呈现的状态。

2）制定业务决策。活动条件研究为业务决策提供了依据。所谓业务决策，是在活动条件研究的基础上，根据这种研究揭示的环境变化中可能提供的机会或造成的威胁，以及组织在资源拥有和利用上的优势和劣势，确定组织在未来某个时期内的活动方向与目标。

3）编制行动计划。决定了未来的活动方向和目标以后，还要详细分析为了实现这个目标，需要采取哪些具体行动，这些行动对组织的各个部门和环节在未来各个时期的工作提出了哪些具体要求。因此，编制行动计划的工作实质上是将决策目标在时间上和空间上分解到组织的各个部门和环节，对每个单位、每个成员的工作提出了具体要求。

（2）组织。要实现计划，还必须落实到组织的每个环节和岗位。这是组织工作的任务。为了保证计划活动的有效实施，管理的组织职能要完成下述工作。

1）设计组织。包括设计组织的机构和结构。机构设计是在分解目标活动的基础上，分析为了实现组织目标需要设置哪些岗位和职务，然后根据一定的标准将这些岗位和职务加以组合，形成不同的部门；结构设计是根据组织业务活动及其环境的特点，规定不同的部门在活动过程中的相互关系。

2）人员配备。根据各岗位所开展的活动要求以及组织员工的素质和技能特征，将适当的人员安置在组织机构的适当岗位上，使适当的工作由适当的人从事。

3）启动与运行组织。向各岗位上的人员发布工作指令，并提供必要的物质和信息条件，以启动和维持组织的运转；同时，根据业务活动及其环境特点的变化，整合组织内部各种权力，实施组织机构与结构的调整和变革。

（3）领导。为了有效地实现业务活动的目标，不仅要设计合理的组织，把每个成员安排到适当的岗位上，还要努力使每个成员以高昂的士气、饱满的热情投身到组织活动中。这便是领导工作的任务。所谓领导，是指利用组织赋予的权力和自身的能力去指挥和影响下属为实现组织目标努力工作的管理活动过程。有效的领导要求管理人员在合理的制度（领导体制）环境中，利用优秀的素质，采用适当的方式，针对组织成员的需要及特点，采取一系列措施来提高和维持组织成员的工作积极性。

（4）控制。控制是为了保证组织系统按预定要求运作而开展的一系列工作，包括根据计划标准，检查和监督各部门、各环节的工作，判断工作结果与计划要求是否发生偏差；如果存在偏差，则要分析偏差产生的原因以及偏差产生后对业务活动的影响程度；在此基础上，如果有必要的话，还要针对原因，制定并实施纠正偏差的措施，以确保计划活动的顺利开展和计划目标的有效实现。

控制不仅是对某时点以前组织活动情况的检查和总结，而且可能要求在某时点以后对组织的业务活动进行局部甚至全局的调整，因此，控制在整个管理活动中起到承上启下的连接作用。由于控制，管理过程得以周而复始地不断循环。

（5）创新。管理过程只有计划、组织、领导和控制是不够的。从某种意义上来说，它们同属于管理的“维持职能”，其任务是保证系统按预定的方向和规则运行，但是，管理是动态环境中生存的社会经济系统，仅有维持是不够的，还必须不断调整系统活动的内容和目标，以适应环境变化的要求，这就是经常被人们所忽视的管理的“创新职能”。管理创新的本质是激发和引导组织从旧的稳态跃迁到新的稳态。日常管理目标是维持稳态效率，而创新管理目标是创造变化效率。

三、 管理的原则

管理原则是管理者在管理实践中必须依循的基本规则。这些规则主要有：追求效益的规则，即效益原则；以人为中心的规则，即人本原则；寻求适度管理的规则，即适度原则。

1. 效益原则

任何组织在任何时期的存在都是为了实现一定的目标，同时，任何组织在任何时期的目标活动都需要组合和利用一定的资源，从而付出一定的代价。效益便是指组织目标的实现与实现组织目标所付出的代价之间的一种比例关系。追求组织活动的效益便是努力以较少的资源消耗去实现组织的既定目标。

效益原则就是努力以较少的资源消耗去实现组织的既定目标，它要求用正确的方法做正确的事。

追求效益是人类一切活动均应遵循的基本规则，这是由资源的有限性决定的。我们知道，在特定的历史时期，人类认识自然和改造自然的能力总是有限的，因此人们能够从自然界取得的物质资源以及利用这些资源生产的物质产品的数量也是有限的；而与此相对应，人们希望通过这些资源和产品的利用来满足的需要总是无限的。解决资源的有限性与人类需要的无限性之间的矛盾，是经济学与管理学的古典课题和永恒任务。为了缓和这个矛盾，人类必须在一切社会活动特别是经济活动中遵循效益的原则。

效益就是目标实现与实现目标的代价这两者之间的关系，追求效益就应朝这两个方面努力。组织目标能否实现，实现的程度高低，通常与目标活动的选择有关。活动的内容选择不当，与组织的环境特点或其变化规律不适应，那么，即使活动过程中组织成员的效率很高，结果也只能是南辕北辙，组织目标无法实现。组织实现目标的代价与目标活动过程中的资源消耗有关，而资源消耗的高低则取决于活动正确与否。方法正确，资源则可能得到合理的配置、充分的利用；方法失当，则可能导致资源的浪费。因此，“做正确的事”是追求效益的前提，“用正确的方法做正确的事”则是实现效益的保证。显然，要提高组织活动的效益，管理者必须注意提高自己和下属的两个能力：①做正确的事的能力；②用正确的方法做事的能力。

2. 人本原则

组织是人的集合体，组织活动是由人来进行的，组织活动的管理既是对人的管理，也是通过人的管理。人既是组织的中心，也是管理的中心，人本原则应该是管理的首要原则。

以人为中心的人本原则要求对组织活动的管理既是“依靠人的管理”，也是“为了人的管理”。

人本原则要求对组织活动的管理既是“依靠人的管理”，也是“为了人的管理”。

“依靠人的管理”是指必须实行民主管理，即组织被管理者参与活动方向、内容以及目标的选择、实施和控制。这是由两个方面的原因决定的：第一，人是参与组织活动各种要素中的最活跃者。如果说其他要素是被动、消极地参与组织活动，人则是积极、主动地投入到这种活动中去。因此，人的态度、人的积极性直接关系到活动中其他要素的利用效果，从而决定着组织活动的效率。激发人的积极性、改变人的工作态度可以借助多种手段，组织民主管理是重要途径之一。让组织成员参与活动方向、内容和目标的选择，会使他们在活动过程中产生某种认同感，从而可以诱发他们自觉地为实现自己参与选择的组织活动而努力。第二，如前所述，活动方向（做正确的事）与方式（用正确的方法做事）的选择影响着组织活动的效益水平。这种选择是否正确在很大程度上取决于选择者是否拥有与选择有关的各种情报信息。管理者对这些信息的掌握可能受到时间、角度、层次以及个人能力等方面的限制。组织被管理者参与决策，用执行者在具体业务活动中了解的组织各环节活动能力及其利用情况以及相关环境特点的情况来弥补管理者的信息不足，可以提高组织活动方向和方式选择的正确性。

"为了人的管理"是指管理的根本目的是为人服务。管理为人服务不仅应包括通过管理工作来提高组织业务活动的效率，从而使组织能够更好地满足服务对象的要求，而且应包括通过管理工作，充分实现组织成员的社会价值，促进组织成员的个人发展。在经济发达的今天，人们参与某个组织活动，绝不仅仅是为了解决生计问题，能在社会活动中有所作为、使自己的社会价值得到实现，已成为许多社会成员非常重要的心理需要。这种需要的满足，不仅要求管理者组织民主决策，而且要求管理者根据每个组织成员的素质特点安排适当的工作，同时还要求通过这种安排使每个人都有机会在组织的业务活动中获得知识、提高能力、完善素质，从而实现自身的不断发展。

3. 适度原则

管理活动中存在许多相互矛盾的选择。比如，在业务活动范围的选择上专业化与多角化的对立。专业化经营可以使企业稳定业务方向和顾客队伍，从而有利于企业完善管理，改进技术；多角化经营则可以使企业拥有广阔的市场，从而承受较小的经营风险。又如，在组织结构的安排上，有管理幅度宽窄之分。较宽的管理幅度可以减少管理层次，从而可以加快信息的传递速度，提高组织高层决策的及时性，同时还可以避免上级对下级的工作过多干预，从而有利于发挥下级在工作中的主动性；较窄的管理幅度则可以减少每个层次管理者需要处理的信息数，从而有利于有价值的信息的及时识别和利用，同时还可以使管理者有较多的时间去指导下属，从而有利于下属工作能力的提高。再如，在管理权力的分配上，存在集权与分权的矛盾。集权可以保证组织总体政策的统一以及决策迅速执行，而分权则可以增强组织的适应能力，提高较低层次管理者的积极性。

在这些相互对立的选择中，前者的优点恰好是后者的局限之所在，而后者的贡献恰好构成了前者的劣势。因此，组织在业务活动范围的选择上既不能过宽，也不能过窄；在管理幅度的选择上，既不能过大，也不能过小；在权力的分配上，既不能完全集中，也不能绝对分散，必须在两个极端之间找到最适当的点，进行适度管理，实现最佳组合。

正因为存在这些相互对立的选择才使得管理者的劳动显得更加重要，同时也正因为这些对立的存在引发了寻求最佳组合的必要，才决定了管理者的工作效率更多地不是取决于他们对管理理论知识和方法的掌握，而是取决于他们对掌握这些知识和方法的应用能力。也许正是这个原因，许多管理的理论研究者和实践者才不无道理地强调："管理是一种艺术，而不是一门科学。"

适度原则要求管理者进行适情管理和适时管理。适情管理是指管理者应该根据组织内外的环境和能力特点来进行选择；适时管理则要求管理者根据环境和能力的变化来对这种选择进行调整。

> 适度原则就是要求管理者进行适情管理和适时管理。

第三节 管理的科学化与方法论

为了有效地实现组织的目标，合理地安排业务活动和利用经济资源，管理者在管理工作中必须依循、利用科学方法，以达到管理活动的科学化。

一、管理科学化

管理科学化包括管理活动的科学化和管理研究的科学化两方面内容。所谓管理活动的科学化，是指管理者在其实践过程中应当按照客观规律来办事，依据科学思维方法做出决策，有效提高组织活动效率。而管理研究的科学化则是指对于管理问题的探索要采用科学的研究方法，以保证管理问题的提出、知识的获取和管理知识体系的科学性。

管理活动科学化与管理研究科学化之间具有密切关系。只有科学的管理研究才能为实践活动提供客观的、准确的知识，从而有效指导人们的实践活动；科学化的管理知识所具有的方法论，也为人们提供了分析与解决问题的独特视角和思维原则。如果我们的实践不按照这些理论所揭示的管理规律来办事，则必然效率低下甚至走投无路。例如，平衡计分卡理论就指出，对于组织绩效考核只局限于财务层面，是远远不够的，还必须从学习层面、运营层面、客户层面加以综合考虑。如果我们不这样做，就会只注重结果而忽视过程，更无法弄明白造成组织绩效问题的原因所在。另一方面，管理研究科学化不可能建构于研究人员的臆想之上，它是运用科学方法对管理实践活动的概括和总结，只有不断从管理实践中吸取营养，才能保证理论之树常青。例如，现代大规模流水线生产方式主要就是基于亨利·福特的生产管理实践，而准时化生产方式理论则是丰田公司管理活动的综合。

无论是管理活动还是管理研究，科学化仍然是长期、紧迫的任务。事实上，由于管理学还是一门年轻的学科，从1911年泰勒的《科学管理原理》至今刚过100年，而且管理学研究对象也是众多学科中最为复杂的对象之一，这就使得整个管理学还存在众多领域尚未被开垦，一些管理知识难免停留于经验层面，特别是经济全球化与信息技术的发展又为管理学提出了新的发展要求，不少问题有待解决。在我国管理活动中科学化问题也十分突出，有些管理者习惯于拍脑袋办事，组织效益只能依靠撞大运，无法保证组织效率和持续性竞争优势，还有一些管理者沉迷于过去的经验，拒斥理论的思考，殊不知环境已经变迁，老马无法识新途。

我们有理由相信，科学化将是管理学发展的主流方向。[㊀]20世纪90年代以来，由于信息技术的发展，管理学几乎各个职能领域接受了信息技术的应用，产生了诸如供应链管理、企业资源计划、六西格玛管理、敏捷制造、精益生产、界面管理和网络营销等依赖于信息技术的管理思想和方法，管理信息化成为管理创新和发展的主流。由于以下原因的存在，未来管理学的科学化进程还会不断加速。首先，职业化管理研究队伍日益扩大，以及系统的管理科学教育不断发展，都将促进管理科学知识创新，同时也为管理科学知识在实践中的应用奠定了重要的人力资源基础。其次，科学研究方法和工具的不断创新和完善，也将使得科学方法管理领域中的应用范围逐步扩大，从而促进管理科学化进程。复杂性科学及方法的发展就是其中的一个代表，原因在于管理本身就具有自组织性、自适应性和动态性特征。最后，管理研究的专业化分工，以及知识产业的发展，将促进管理科学知识在实践中的应用，激发实践过程对管理知识的需求，从而反过来推动管理科学化研究，加速管理科学化进程。

二、管理学的科学性与管理实践的艺术性

管理科学化的紧迫性是根源于管理学的“弱科学性”，但绝不能由此将管理学推向艺术范畴。管理学的科学性既是管理活动科学化的逻辑基础，也是管理研究追求的方向。

㊀ 黄速建，黄群慧. 管理科学化与管理学方法论［M］. 北京：经济管理出版社，2005：22-27.

首先，管理学的使命确定其是作为科学而不是艺术存在。一般认为㊀，科学是人类认识自然、社会和思维的系统理论知识体系，它所反映的是世界的本质联系及其运动规律；而艺术则是人类以情感和想象为特征来把握世界的一种特殊方式，即通过审美创造活动再现现实和表现情感理想。科学是严格的、理性的和抽象的，追求的是“真”；而艺术是有灵性的，是直觉的、具体的，追求的是“美”。科学与艺术的差异，确定了科学对人类实践活动的指导功能，如果违背了科学理论，就会与自然规律相悖。而艺术对人类的实践活动更多地表现为启发功能，它常用于安抚人们的心灵，刺激人们的欲望，激发人们的灵感。管理学就是要发现组织活动中的协调规律，利用这些规律，合理地安排业务活动和利用组织资源，最终实现其目标。事实上，任何知识如果要指导人类的行动，都需要走上科学化的道路，管理学也不例外。

其次，管理学的科学性要体现普适性、可重复性、逻辑自洽性、可证伪性等基本属性。

（1）普适性是指构成科学知识命题的是一般性断言和普遍性陈述。这样，科学知识才具有解释和预见能力。㊁管理学建立在对组织协调活动和其投入要素的抽象基础之上。比如，人性的假设就是对行动者本质做出的规定，这种规定具有适度的抽象性，从这些规定出发演绎的人类行为命题，就能够超越具体的管理情境，对一般性管理行为进行解释和预测。

（2）科学知识与非科学的重要区别在于其可重复性。事实上，管理学强大的实用价值就是其命题可重复性的表现，如果它不能满足其假设条件而重复，管理学早已无法生存。

（3）逻辑自洽性要求科学知识具有体系完整性，科学是关于自然与社会现象系统的有条理的知识。管理学是在管理活动的过程中确立的从计划、组织、领导、控制到创新的五大职能体系。管理活动从逻辑上起始于计划制定，进而是付诸实施的组织、领导，并在实施过程中对原来的方案根据环境和执行情况加以修改和调整，结果导致新一轮的计划，周而复始。创新处于这些职能的中心地位，成为推动管理循环的原动力。

（4）可证伪性是指科学知识具有其适用的范围，一个非先验命题都有可能被经验证伪。现代管理发展一再突出权变法则，它指出任何管理学命题都有其适用的范围和条件，而不是囊括一切的永恒的真理。

再次，管理学的科学性不是逻辑理性，而是其解决问题的进步性。管理学的科学性和物理、化学等学科的科学性表现出不同的性质。管理学的主体和客体都是具有复杂性思想的人，而且管理研究具有明确的目的性，管理问题不仅包括事实性问题，还包括价值性问题，因此，管理学不是纯粹的自然科学，它还具有人文科学的性质。管理学的科学性不能以逻辑理性的形式化来衡量。如果把管理学的科学性理解为一套固定公式和通用的模式，这将是狭窄的、有害的，不可以将管理学范式简单地归为科学主义或人文主义。㊂事实上，自然科学知识也包括价值性判断，自然科学与艺术既有本质的差异，又相互依存，神髓相通，就像一对孪生兄弟。管理学与自然科学在价值性问题上的差异，只是表现为研究对象不同，以及涉及程度不同而已。那种主张价值中立的逻辑实证主义的科学观念，早已受到人们普遍的怀疑和批判。管理学和自然科学一样，其合理性体现于进步性，体现于接受那些最能有效解决问题的研究传统。㊃

最后，管理实践活动的艺术性就是根植于管理学的科学性。管理学从来不是也不应该是一

㊀ 事实上，同很多基本问题一样，人们对于“什么是科学”和“什么是艺术”这两个难题尚未形成统一的观点。

㊁ A. F. 查尔默斯．科学究竟是什么［M］．北京：商务印书馆，1982：12-14.

㊂ 罗珉．管理学：科学主义还是人文主义［J］．四川大学学报（哲学社会科学版），2005（3）.

㊃ L. 劳丹．进步及其问题［M］．北京：华夏出版社，1990：118-126.

门艺术，但管理知识的探索过程以及管理实践活动都具有艺术性。如同爱因斯坦对时空相对性的猜想一样，在管理知识探索过程中也需要人类的直觉、顿悟，需要大胆的猜想和推测。人类的知识都是在不断地猜想与反驳的过程中逐步积累的，管理学知识的获取也是如此。管理实践活动也需要创造性和灵活性，在实际管理过程中，由于环境的复杂性和多变性，不可能找到一套固定公式来解决所有的管理问题。正是从这个层面上说，人们通常是将管理实践活动看做完成任务的艺术。[㊀]事实上，由于管理知识是对人类管理行为的抽象，其普适性特性就必然要求过滤掉具体的背景知识。越是抽象的知识，具有越高的普适性，运用这些知识的实践活动也需要有更高的创造性和艺术性。例如，当对人性进行抽象假设时，就会忽视具体文化的规定性。基于人类的行为假设，就不能再加入中国文化中人情、关系和面子的特征。当然，科学的管理理论应当明确其理论假设和适用条件。当前管理实践的艺术性也与管理学发展不够成熟有关，不少领域和问题还有待开拓和解决，需要管理者拥有创造性思维。这恰恰说明加速管理科学化的必要性，而不是相反。

澄清管理知识的科学性对研究管理和从事实践活动都有着指导意义。从研究层面来看，管理研究应当注重构建管理知识的普适性、可重复性、逻辑自洽性和可证伪性；要努力探索管理理论所隐含的假设前提和适用条件，只有如此揭示管理问题背后的规律，才能将管理经验上升到理论。管理学的研究也存在规范的程序，经过行为归纳过程抽象并概括出管理理论和管理科学知识，即上升为理性认识的概念、判断和推理，还需要经过经验事实的检验，通过实践应用效果的检验不断获得证实或者证伪。然后，再对原有的基本假设进行反思或修正，或者调整研究方法，以此修正和发展其理论。[㊁]有种现象值得注意，有些人混淆了管理科学性与管理实践艺术性的关系，把管理学看做既是科学又是艺术，进而把人们在管理上的无知统统归于艺术范畴，好像在这些领域中管理可以随心所欲，忘记了科学活动所要承受的艰苦的攀登。

从实践层面来看，管理科学性的内在规定性，要求管理者对待管理理论要有正确的态度。不能从管理学的“弱科学性”来怀疑其合理性，管理学的合理性根本在于其进步性，体现在它对那些最能有效解决问题的研究传统的接受。管理者必须清楚看到只有不断学习管理理论，才能逐步接近对管理规律的认识，才有可能按照管理规律来办事。在我国，有一些企业家由于一时的成功，对管理理论产生轻视与傲慢的态度，结果往往随着竞争环境的变化，企业又重新陷入新的迷惘之中。同时，也不能走到盲目崇拜的另一个极端。从经验抽象性的管理知识到具体规定性的实践活动，需要管理者降低理论抽象度，填补中间断层。因此，此时的管理者更像一名艺术家。

三、 管理学的方法论基础

管理学的方法论基础是管理学科学性的保障，它也确定了管理研究与管理实践活动的视角及思维原则。如果一种知识没有其方法论基础，它就不可能作为一门学科而独立存在。从广义上来说，学科的方法论就是这门学科研究的独特视角和内在的逻辑结构。

20世纪70年代，伯勒尔、摩根将管理学的12种方法归为四种研究范式。它们分别是激进的结构主义范式，包括归纳法、演绎法、常态法和系统法；职能主义范式，包括证实主义和证伪主义方法；诠释型范式，包括经验或案例法、权变法、社会学法、经济学法，以及激进人道主义范式，包括心理学法和伦理学法。

㊀ H. A. 西蒙．管理行为［M］．詹正茂，译．北京：机械工业出版社，2004.

㊁ 罗仲伟．管理学方法与经济学方法的借鉴、融合［J］．中国工业经济，2005（9）．

阿尔弗森和迪茨在伯勒尔、摩根的工作基础上，将对社会组织不同理解的社会学理论划分为功能主义范式、诠释范式、解放型范式、后现代范式四种类型。功能主义范式将组织理解为“机器”、“有机体”、“大脑”、“变迁和转换”。它是用科学的方法分析系统的各部分之间、部分与整体、系统与环境之间的联系，有效地控制和运营组织，提高系统效率。诠释型范式是将组织比喻成“文化”和“政治系统”。在它看来，组织是一个社会文化系统，组织目标、行为和成员目标之间相互影响。它希望通过一定方法了解人类活动的不同含义，从中寻找可以共享的组织文化。解放型范式更愿意接受组织是“心灵监狱”和“统治工具”，它们关注个体和团体在组织中的压抑，常用批判启发法和团体协同法来揭示组织中被非法利用的各种权力和统治形式。后现代范式乐于接受组织为“狂欢节”，强调组织要“开心工作”。后现代范式认为组织太复杂，无法提供一种有效的研究范式。

20 世纪 90 年代，孔茨在“管理理论丛林”理论的基础上，提出管理学的 11 种方法，即经验法或案例法、人际行为法、群体行为法、协作社会系统法、社会技术系统法、决策理论法、系统法、数学法或管理科学法、权变方法、经理角色或管理任务方法麦肯锡 7S 方法和管理过程法。管理过程学派借助拉卡托斯“科学研究纲领”概念，将理论丛林的方法基础表述为由硬核与保护带共同组成的管理学研究纲领。㊀其中管理学的普遍原则为整个纲领的核心，围绕这个硬核各种方法都可以同时使用，这些方法包括基于系统理论的协作社会系统法、社会技术系统法和系统法；基于决策理论的决策理论法；基于数学方法的管理科学法和基于心理学的人际行为法与群体行为法。

事实上，管理学的方法论基础是由其研究对象、知识来源和知识结构以及知识合理性标准、学术规范准则共同决定的。㊁管理学作为一门横向的综合性学科，是以组织和协调人类活动为对象。而自然科学和社会科学中的其他学科也都从不同的视角和不同的层面对人类的协调活动进行了自己的解释，这些成果就成为管理学的重要知识来源。从社会科学来看，管理学融合了社会学、心理学、行为科学、人类学、政治学和经济学等学科的成果；从自然科学来看，管理学汲取了数学、统计学、信息学、工业工程学、计算机科学以及其他科学的营养。因此，管理学的方法论具有显著的多学科性。

在自然科学方面，数学与统计学从数量关系与空间形式的角度来关注组织活动。由于数学语言具有较少的歧义性和逻辑完备性，故而借助数学手段，人们可以深化管理理论的定量研究，澄清各种管理变量间的关系，将管理的研究推向更精确的境地。也有人认为，数学化是管理学科学化的最高境界。20 世纪以来，诸多数学理论，如决策理论、库存理论、排队模型、线性与非线性规划模型、网络模型以及博弈论等，已经在管理学的生产管理、质量管理、供应链管理以及市场营销和战略管理领域得到广泛运用，它们已经成为现代管理的有机组成部分。

通过现代信息处理手段，信息技术与计算机科学为现代管理解决大量复杂的管理问题提供了可能，现代信息技术与计算机科学也渗透到管理的各职能领域，以准时化生产、企业资源计划、客户关系管理等为代表的大量管理系统，不仅解决了企业的信息管理问题，也为现代管理提供了决策依据。

系统科学包括信息论、系统论、控制论、突变论、协同学、耗散结构理论、超循环理论等，这些学科使得人们可以从系统整体来科学地把握管理对象，也使得人们运用科学手段认识

㊀ 黄速建，黄群慧．管理科学化与管理学方法论［M］．北京：经济管理出版社，2005：61.

㊁ 汉斯·波塞尔．科学：什么是科学［M］．上海：上海三联出版社，2004：155-160.

管理的复杂性问题变成现实。同时，系统科学也为管理者提供了全新的思维方式。

此外，其他自然科学理论，如物理学为管理提供了实验分析的方法与手段，泰勒就是将这些方法运用于现场管理，进行动作分析研究。现代管理学已经构建了从假设检验、建模分析、实验模拟到分析结论的完整的实验分析方法，实验管理学也已经成为管理领域中的独立分支。

在社会科学方面，经济学和管理学是两门具有亲缘关系的学科，以至于还有不少人错将两者混为一谈。其实，经济学是研究稀缺资源配置效率的学科。与管理学相比，它更关注于“是什么”的解释性问题，而管理学则更倾向于“如何办”的问题。经济学不仅为管理学提供了规范的分析方法，而且也为管理学输入了不少基本概念和分析框架，如需求、供给、机会成本、盈亏分析、产业分析、企业理论、激励理论和委托代理理论等。

哲学是有关世界本原和人类智慧的知识，它为管理学提供了世界观基础和批判精神动力。哲学对管理学最直接的贡献就是管理哲学的产生，它是对管理本质进行的反思，因而属于管理学的元理论层面，它研究的问题主要集中于管理中主体与客体的矛盾，以及组织与环境关系等问题。如老子《道德经》中提出的“无为而治”就是对管理最高境界的认知，因为管理活动就是要顺应规律，而不是违背规律妄动。

心理学是管理学重要的知识来源。作为探索人类心理现象的科学，心理学与管理学在逻辑和发展历史上都具有共生性，泰勒、吉尔布雷斯夫妇对现场管理的研究就是基于心理学的测验方法；梅奥的人群关系理论运用的是控制组实验法；西蒙的决策理论则与现代认知心理学联系在一起。此外，动机理论、群体理论、决策理论、领导理论都是与心理学研究融为一体的，现代管理的组织承诺、顾客价值、心理契约等思想也是从心理学领域不断扩张到管理学领域。

社会学是从社会系统整体出发，通过人们的社会关系和社会行为研究社会结构、功能发生与发展的学科。与经济学相比，社会学强调社会结构对人类活动的约束，突出了社会的互动性。人类的经济活动嵌入在社会活动之中，行动者的社会网络资源并不属于行动者自身，而是存在于行动者交互的社会网络之中。社会学的发展不仅丰富了管理学的组织管理、领导理论和劳资关系理论，为管理学提供了权威、信息沟通和社会资本等重要概念，而且社会学的社会调查方法、社会统计方法与社会实验方法都已经成为管理学的规范研究方法。

明确管理学方法的多学科性，对管理学研究和实践活动都有重要意义。从研究层面来看，管理学方法的多学科性是多样化研究的逻辑基础。在管理问题的研究上，各种科学的研究方法都有其存在的合理性。要避免狭窄的单一方法的研究思维，这种思维可能会排斥其他方法，导致唯我独尊的情形，最终破坏管理研究丰富多彩的局面，使得管理研究和管理思想萎缩和枯竭。

从实践层面来看，管理学方法的多学科性一方面要求管理者要拥有丰富和广博的知识，这些知识储备是全面、深刻地认知管理理论的保障。例如，不懂哲学就会阻碍我们对管理本质的认知，难以理解组织目标和实现目标之间的逻辑性。又如，不懂历史学就不容易理解管理的复杂性，也会缺少对人类活动性质突变的准备。另一方面，管理方法的多学科性要求管理者要从多个学科中吸取管理知识的营养。也许对管理深层把握，需要颇似于诗词的功夫之外的功夫。

四、 系统论的方法及其启示

组织活动的内容不同，对活动管理的特点亦会不同，管理过程中采用的方法也必然有别。但是，不论组织在不同的环境和活动中采用何种方法，要使这些方法收到最佳的效果，管理者必须把管理对象视为一个整体，从整体的角度来研究问题的解决，这就是系统的观点。可以认为，系统论是管理工作最基本的方法理论。要有效地进行管理，必须了解系统论的基本知识，分析系统的观点可以提供的启示。

1. 系统及其类型

> 系统是指由若干相互依存、相互作用的要素或子系统组合而成的具有特定功能的有机整体。

系统是研究系统特征及其运行规律的理论。系统是指由若干相互依存、相互作用的要素或子系统组合而成的具有特定功能的有机整体。这种有机整体通常由物质、信息和能量三种既相互区别又相互联系的基本元素组成。

客观世界中存在着形形色色大量的系统。可以说，系统是无所不在、无所不包的：个人身体内部都有血液循环系统、消化系统、神经系统；不同的个人可以组成家庭系统、社团系统、生产系统、阶级系统甚至整个社会系统；自然界存在着万物争辉、千姿百态的生物系统；地球与土星、天王星等同属于太阳系，太阳又置身于浩瀚的银河系，而银河只是茫茫宇宙系统的一个部分，如此等等，不一而足。

根据不同的标准，可以将系统分成不同的类型。

（1）从系统形成方式看，可以分为自然系统与人造系统。自然系统是由自然物质组成的系统，其主要特征是自然形成的，如生物系统、植物系统，等等。人造系统或称人工系统，是人为了实现某种目的而有意识建立的系统，如生产、销售、交通、运输、政府系统。

（2）从系统是否与环境交互作用看，可分为封闭系统和开放系统。环境是存在于系统外部的客观世界。任何系统都存在于一定的客观世界中，但存在于这个环境中的系统可能与之也可能不与之发生相互作用。封闭系统就是指那些不与外界进行物质、信息、能量交换的系统，它们不受外界其他事物的影响，同时也不对这些事物施加影响。开放系统则是指与外界发生交互作用的系统：系统内部活动的开展需要从外界采集和输入资源，从而要受到外界因素的制约，同时，又通过自己的活动向外界输出某种产品，从而影响外界本来可能已经存在的平衡，引起环境的某些变化。

（3）从系统状态是否发生变化这个角度来分析，可以分成静态系统和动态系统。静态系统是指结构和状态不随时间变化的系统；反之，如果说系统的结构和状态随时间而改变，则称为动态系统。现实中，绝对静态或绝对动态是不存在的，通常是变化中有稳定，稳定中有变化，变化孕育着变化。一般来说，如果系统在较长时期内只发生了一些持续很短的微小变化，则可近似地将其视为静态系统；相反，如果系统在较长时期内呈现出短暂的稳定状态，则将其视为动态系统。

显然，本书研究的管理活动的客体——社会经济组织属于人造、开放、动态的系统类型。

2. 系统的特征

本书主要研究人造、开放、动态的社会经济组织系统的特征。这类系统虽然存在多种形式，但一般来说，它们具有下述共同特征。

（1）整体性。整体性是系统的基本特征，主要表现在两个方面。

1）从构成上来看，系统是由若干既相互联系又相互区别的要素（子系统）构成的整体。比如，就企业而言，从不同的角度分析，可以将其视为由不同的子系统构成的整体系统。从资源角度去划分，可以将企业分解成人力资源子系统、物质资源子系统以及财力资源系统；从活动的性质和涉及范围的角度去划分，可以将企业分解成生产经营子系统和管理子系统。其中生产经营子系统又可分成资源筹措子系统、资源转换子系统和产品销售子系统；管理子系统又可分成计划工作子系统、组织工作子系统和控制工作子系统，等等。构成系统的各个要素，既相互联系又相互区别，它们同是系统的组成部分，同时又保持着相对的独立性。

2）从功能上来看，系统的整体功能依赖于要素的相互作用。系统的功能是指系统在存在和运动过程中所表现的功效、作用和能力。表现出并继续表现出某种功能，是系统存在的社会理由。系统的功能需要依靠各构成要素的相互作用来完成。各要素相互作用的形式，即要素功能，必须服从整体功能的要求，但整体功能并不是各部分功能的简单相加，前者要大于后者。

（2）相关性。相关性是指系统各要素之间相互制约、相互影响、相互依存的关系。构成系统的各个要素虽然是相互区别、相互独立的，但它们并非孤立地存在于系统之中，而是在运动过程中相互联系、相互依存。相关性的特点表明，系统内的任何一个因素发生了变化，其他因素也必须做相应的调整。比如，组织业务活动所需要的某种资源的供应状况发生变化，变得更加短缺，则不仅要求组织在活动内容和方式上做相应调整，甚至要求组织的业务方向随之改变，从而导致组织对人员重新培训（或招聘），对结构重新设计，对活动手段重新配置。

（3）有序性。系统的有序性是由系统的结构性特点或系统各要素之间相互作用的形式决定的。任何系统都有自己的结构，这种结构使系统各要素之间的相互关系在一定时空上相对稳定。任何结构都代表着一定的秩序。杂乱无章的事物堆积在一起而没有任何结构，就不可能形成任何系统。

系统的有序性主要表现在以下两个方面。

1）系统要素相互作用的层次性。系统各要素之间的相互联系形成了一定的结构，这种结构表现出不同的层次，决定了各要素在系统中的不同地位。系统的层次性使得系统中较高层次的子系统居于支配地位，较低层次的子系统居于从属地位；较高层次的子系统指挥着较低层次子系统的操作，较低层次的子系统则根据高层次子系统的指令和要求运行。

2）系统要素相互作用的方向性。要素之间相互作用的方向性是指在系统结构确定以后，各要素间物质、信息或能量交换按一定渠道和方向来进行。这种方向性可以从两个角度来考察：一是纵向的各个层次之间的交互作用；二是横向的各个环节之间的交互作用。

纵向的层次作用是自上而下地发生的：高层次要素的活动作用于低层次的要素，但同时低层次也会通过自己的活动反作用于高层次。比如，在企业里，厂部制定生产经营计划，下达给各职能科室，各职能科室又将这些计划层层分解为各车间、工段或班组的任务，各车间、工段、班组必须根据计划任务的要求来组织自己的加工制造活动，同时，各车间、工段、班组又会通过自己的实际执行情况，要求高层次的管理部门采取相应的控制措施，或对原计划做出适当的调整。

从横向的交互作用的角度去考察，各要素在各环节的活动也保持着一定的方向：虽然下游环节的工作结果会反过来影响上游环节活动的开展，但必须明确，前者在后者已经完成的基础上才能进行。比如，虽然在产品的市场销售情况会对资源筹措过程产生重要影响，但在实际工作中，企业必须先筹集资源，再对其加工转换，最后才能对完成制造过程的产品进行销售。这个过程的顺序不可能颠倒过来。

（4）与外部环境的相互适应性。适应性是相关性特点在空间范围上的展开。任何人造系统，既由若干要素构成，同时又从属于一个更大的系统。大系统的其他部分就是该系统环境。系统内部相关性的特征同样也适用于系统与大系统其他各部分之间的关系。因此，系统内部的活动不仅受到大系统其他部分的制约，同时也会对其他部分的活动产生影响；系统本身不仅要适应外界环境的变化，而且环境中的一些因素也要适应该系统的变化。系统与环境的影响是交互的，适应性应该是双向的。比如，企业要根据市场需求的特点及其变化来选择和调整内部的活动方向和内容，反过来，企业技术水平的变化，具有新功能的产品的开发，广泛的营销宣传，也会对消费倾向的变化产生某种引导作用。

3. 系统论观点的启示

系统论的观点可以对管理活动提供许多启示，具有指导意义的启示主要有以下几个方面。

（1）管理必须有整体观点。组织是一个系统，组织所从事的业务活动是一个系统，组织活动是在整个经济系统的大环境中进行的，对组织活动的管理也是一个系统。管理活动要处理的每一个问题都是系统中的问题。因此，管理活动的组织开展，必须用整体的观点加以指导：解决每一个业务问题，不仅要考虑该问题的解决对直接有关的人和事的影响，还要顾及对其他相关因素的影响；不仅要考虑到对目前的影响，还要考虑到对未来可能产生的影响。只有把局部与整体、内部与外部、目前与未来统筹兼顾、综合考虑，才能妥善地处理组织中的每一个问题，避免顾此失彼。

（2）管理必须有层次观点。组织及其管理活动是一个多元、多极的复杂系统。在这个系统中，不同层次的管理者有着不同的职责和任务。其中，高层管理者的任务是根据组织整体的功能和目标，选择业务活动的方向和内容，安排业务活动的计划，监督低层次的活动开展并控制其活动结果，解决它们在运行中出现的某些不协调现象；而较低管理层次的任务则是执行高层次的指令，实施具体活动并及时报告执行情况。各管理层次必须职责清楚、任务明确，并在实践中各司其职、各行其权、各负其责，才能正确发挥各自的作用，实现管理的目标。如果管理工作层次不清，职责不明，或者虽然层次分明，但上级越权指挥、下级越权请示，不按组织层次开展工作，则组织管理工作难以有效进行，可能使管理系统呈现一片混乱。从这个意义上说，我们在管理实践中常见的“现场办公”、“深入基层”、“一竿子插到底”的管理方法似乎不宜过多提倡。

（3）管理工作必须有开发观点。系统理论告诉我们，组织与环境的作用是交互的。因此，管理者不仅应根据系统论的观点，注意研究和分析环境的变化，及时调整内部的活动和内容，以适应市场环境特点及其变化的要求，而且应努力通过自己的活动去改造和开发环境，引导环境朝有利于组织的方向发展变化。可以认为，组织与环境的关系，从短期来看，组织必须适应已经形成的既定环境的要求；从长期来看，作为环境（社会大系统）构成部分的组织必然通过自己的活动影响其变化。实际上，社会的任何进步都是各社会组织共同作用和贡献的结果。这种贡献经常是不同组织积极主动提供的，而不是对社会已经存在的要求的响应。比如，现代许多高新技术消费品的生产和开发是先于消费需求的存在而出现的。企业利用高新技术率先开发出这些产品，然后通过广泛的营销宣传，刺激消费的形成和发展。从这个意义上说，提倡管理的开发观点，实际上是要求人们将其在管理活动中已经表现出的“无意识”行为变成自觉的行为。

本章回顾

小 结

管理学是研究如何合理组织和协调人类活动，特别是人类有组织的集体活动，以提高稀缺资源利用效率、增进人类福利的科学。管理学的研究对象主要是人类集体活动（组织）的管理。所谓组织，是指一群人为了某个共同目标而结合起来协同行动的集合体。企业是现代社会人们从事经济活动的主要组织形式。包括企业在内的这些集合体活动的管理，从涉及的内容上看，包括业务管理、人事管理以及财务管理等方面；从不同阶段需要开展的工作看，涉及计划、组织、领导和控制的综合过程。为了进行有效的管理，管理者必须在管理工作中依循"追求效益"、"以人为中心"以及"寻求最适度"等基本规则，并在系统观点的指导下，采用科学的管理方法。管理科学化由管理活动科学化与管理研究科学化两个方面构成，在未来一段时间内，科学化仍然是管理学发展的主流方向。管理学的科学性是由管理学的使命及其本身固有的特性内在规定的。管理的科学性不能从逻辑性的形式化来理解，它的合理性表现在它能够接受那些最有效解决问题的研究传统。与管理学知识不同，管理实践活动充满着艺术特性。管理学的方法具有多学科性。

我们虽然希望本书将要讨论的原理适用于一切形式的组织管理，但为了叙述的方便，我们将主要以企业活动作为分析背景。

关键术语

管理	人本原则	适度原则	管理科学化
效益原则	组织	组织要素	系统原则

思考题

1. 何谓组织，组织要素包括哪些内容？
2. 何谓管理，管理的基本特征是什么？
3. 管理工作包括哪些基本内容？为什么？
4. 为什么说满足社会需要与获取利润都是现代企业的基本任务？
5. 何谓人本原则，管理者如何才能实现人本管理？
6. 何谓适度原则，如何才能有效把握管理适度？
7. 什么是管理科学化？为什么说未来一段时间内，科学化仍然是管理学的发展主流？
8. 如何理解管理的科学性，它对有效的管理活动有什么启示？
9. 管理学方法的多学科性对管理研究和实践活动有哪些影响？
10. 系统论方法对管理活动有哪些启示？

延伸阅读

1. 丹尼尔 A 雷恩．管理思想的演变［M］．北京：中国社会科学出版社，2000：2-12.
2. W H 纽曼，小 C E 萨默．管理过程——概念、行为和实践［M］．北京：中国社会科学出版社，1995：1-29.
3. 彼得·德鲁克，管理的实践［M］．北京：机械工业出版社，2008.
4. 哈罗德·孔茨，海因茨·韦里克．管理学［M］．北京：经济科学出版社，1993：1-26.
5. 黄速建，黄群慧．管理科学化与管理学方法论［M］．北京：经济管理出版社，2005：1-74.

案例讨论

挥大锤的企业家

1984年，海尔集团的前身——青岛日用电器厂已到了山穷水尽的地步。这一年，先后换了3任厂长，企业仍每况愈下，直至亏损147万元。工人无事可做，大都以织毛衣或是到附近火葬场看火化来打发时间。那时，当领导的主要任务就是借钱给工人发工资。

到1984年年底，上级派35岁的张瑞敏担任厂长。

据冰箱股份公司的王晓顺回忆，1984年年终，厂里让每位员工交100元，发一台厂里出的洗衣机当年终奖。而他把洗衣机接通电源放上水，伸手一摸就被电打得心惊肉跳。原来，洗衣机漏电。后来上级就派来了张瑞敏，张瑞敏一来就要生产亚洲第一台4星级电冰箱。

张瑞敏回忆说，引进国际20世纪80年代先进的设备，给我们企业的发展带来了有利的条件，但我们也非常清楚，转产电冰箱，搞好了，可以以崭新的面目出现在市场上，赢得消费者；搞不好，先进的设备也生产不出高质量的产品，就会重蹈覆辙。所以，他们采取了"慎于首战，首战必胜"的战略。

这个战略就是要在市场上创出"名牌冰箱"，但张瑞敏需要一个契机把这种想法在员工中牢固地树立起来。

1985年，一位用户来信反映，近期工厂生产的冰箱有质量问题。张瑞敏突击检查了仓库，发现库存中不合格的冰箱还有76台。当时研究处理办法时干部提出两种意见：一是作为福利处理给本厂有贡献的员工；二是作为"公关武器"处理给经常来厂检查工作的工商局、电业局、自来水公司的人，让他们能够与海尔心往一处使。可张瑞敏却做出了一个有悖常理的决定：76台冰箱全部砸毁。

张瑞敏召开全厂各部门人员参加现场会，确认了每台冰箱的生产人员后，拿出一把重磅大锤，由事故责任人当着全厂职工的面，用大锤将76台冰箱全部砸毁。张瑞敏和总工程师杨绵绵承担责任，扣了自己的工资。全厂员工亲眼目睹那些人流着泪水砸冰箱的情景，开始明白了厂长的意图——没有严格的立厂之道，哪有海尔的前途。

砸掉的76台冰箱的品牌是"瑞雪"，这是张瑞敏最喜爱的一个词，他的名字就包含其中的一个字，他家的小客厅也有这样一幅书法：祥云瑞雪，慎言敏行。但为了让海尔人明白质量的重要性，张瑞敏忍痛下达了"砸"的命令。嘭嘭的锤声，砸跑了当时全厂员工3个月的工资，也砸碎了靠二等品、三等品、等外品也能过日子的旧梦。

对于当初的情形，一位老工人如此回忆："工厂还在负债，当时冰箱也很贵，并且这些冰箱也没有多少毛病，也许只是外观上的一道划痕，但张总说它们不能出厂。因为如果把它们卖出去，导致工厂资不抵债的错误就会继续下去。"

冰箱公司的老职工胡秀凤说，忘不了那沉重的铁锤，高高举起又狠狠落下，76台成品冰箱顷刻毁于一旦。它砸碎的是我们陈旧的质量意识，唤醒了我们去努力提高自身素质。有了质量，我们才有了现在的一切。

从此，在家电行业，张瑞敏以"挥大锤的企业家"著称。1999年9月28日，张瑞敏在《财富》论坛上说："这把大铁锤为海尔今天走向世界立了大功。"

讨论题

1. 张瑞敏的大锤挥动了哪些组织要素，大锤是如何砸出组织要素的整合的？

2. 通过海尔砸冰箱的故事，谈谈你对管理效益原则的认识？

3. 如何运用系统论的方法来分析海尔管理方法的科学性？

第二章　早期管理思想

管理职能包括明确地说明目标及获得实现所定目标必需的资源和努力。

——切斯特·巴纳德《经理人员的职能》

管理的第一目标是使较高工资与较低的劳动成本结合起来。

——弗雷德里克·泰勒《科学管理原理》

第一节　中国古代管理思想

只要人类存在集体活动，就存在对这种活动的管理。只要存在对人类活动的管理，就会有人对管理活动的实践进行思考，从而有可能在此基础上形成某种管理思想。人类在整个历史发展过程中，都存在这种或那种形式的集体活动，或者更准确地说，人类本身就是在集体活动中产生和发展的。因此，管理学作为一门独立科学的出现虽然有近百年的时间，但是管理思想却和人类历史一样悠久深远。

中国有着数千年的文明史，在浩如烟海的文史资料中蕴藏着极其丰富的管理思想。下面所列的只是其中的几个闪光点而已。

一、　顺道

中国历史上的“道”有多种含义，属于主观范畴的“道”是指治国的理论；属于客观范畴的“道”指客观规律。“顺道”是指管理要顺应客观规律。

老子认为，“道法自然”，天有天道，人有人道，自然界和人类社会的运行都有其固有的规律。对自然界来说，“天不变其常，地不易其则”（《管子·形势》），其运行规律不以人的意志为转移而客观存在。社会活动也是如此，生产、市场、人事、财务、农村和城市的治理，都有轨可循，“不通于轨数而欲为国，不可”（《管子·山国轨》）。

“道”指客观规律，“顺道”是指管理要顺应客观规律。

人们要取得事业成功，必须顺轨而行，不能逆道而上，因为道是客观存在的，不可能因人而私，“万物之于人也，无私近也，无私远也”（《管子·形势》），只能“因之”，不能抗拒。顺乎它，它必“助之”，你的事业就会“有其功”，“虽小必大”；逆了它，它对你也必“违之”，你必“怀其凶”，“虽成必败”。

根据这种思想，管理者必须：第一，辨道，辨识客观规律；第二，顺道，根据客观规律的要求来组织管理活动。

二、 重人

重人包括两个方面：一是重人心向背，二是重人才归离。治理国家，办成事业，得人是第一位的，所以我国历来讲究得人之道，用人之道。“民惟邦本，本固邦宁”自古从未有以损民殃民为务而可以兴邦立国者，几千年的中国文明史证明了这是一条颠扑不破的真理。民本思想源于先秦，汉以后被进步思想家奉为治国的基本方针。“闻之于政也，民无不为本也。国以为本，君以为本，吏以为本。”国家的安危存亡兴衰，定之于民；君之威侮、明昏、强弱，系之于民；吏之贤昏、廉贪，辨之于民；战争胜负亦以能否得民之力以为准。

重人包括两个方面：一是重人心向背，二是重人才归离。

得民是治理、兴国之本。欲得民必先得民心。“政之所兴，在顺民心；政之所废，在逆民心”，“得众而不得其心，则与独行者同实”（《管子》：“牧民”、“参患”）。为了得民心，必须为民谋利。只有“国民之利而利之”，才能使“天下之民归心”（《论语》：“尧曰”、“季氏”）。

得人才是得人的核心。我国素有“求贤若渴”一说，表示对人才的重视。能否重贤能之助，关系到国家的兴衰和事业的成败。“得贤人，国无不安……失贤人，国无不危”（《吕氏春秋·求人》）。“欲占国家盛衰之符，必以人才离合为验”（《水心文集》卷一《上宁宗皇帝札子》）。诸葛亮总结汉的历史经验说：“亲贤臣，远小人，此先汉之所以兴隆也；亲小人，远贤臣，此后汉之所以倾颓也”（诸葛亮《前出师表》）。

三、 求和

和则兴邦，和则生财。“和”强调的是人际关系融洽、和谐。天时、地利、人和是人们普遍认为的成功三要素。其中人和是发挥天时、地利作用的先决条件，“天时不如地利，地利不如人和”，所以孔子提倡“礼之用，和为贵”，管子强调，“上下不和，虽安必危”，为求事业成功，务必“和协辑睦”，“上下和同”。

求和的关键在于当权者。只有当权者严于律己，严禁宗派，不任私人，公正无私，才能团结大多数人。所以古人提倡“无偏无党”，“循公而灭私”，“天子无私人”（《直讲李先生文集》）。所谓“无私者容众”，切不可“以爵禄私有爱”，要严禁“独举”、“结纽”，以致“党而成群者”（《管子》：“五辅”、“法法”）。求和，不仅要团结顺从自己的人，而且要善于团结敢于提出反对意见的人。在这方面，唐太宗堪称楷模。他不仅重用拥护自己的人，而且重用反对过自己的魏征，且“从谏如流”，常思己短己过，广纳贤才，形成了一个高效的人才群体结构，为贞观之治提供了组织保证。

“求和”不仅要团结顺从自己的人，而且要善于团结敢于提出反对意见的人。

四、 法治

法律是由国家制定或认可的体现统治阶级意志，以国家强制力保证实施的行为规则的总和。法治就是根据法律而非君主或官吏的个人好恶来调整社会、经济、政治关系，组织社会政治、经济活动。

中国古代的法治思想源于先秦，其后不断发展、完善，包括三条基本原则：明法，一法，常法。

明法是法的公开性原则。明则信：“法必明，令必行。”“上有明法，下有常事也”。“号令必明若，赏罚必信，此正民之经也”（《管子》：“法法”、“君臣上”）。民明法，可防违法抗吏；吏明法，可防枉法殃民。“法之不明，而求民之行令也，不可得也”。明法使“人不敢犯”，才能做到“刑省法寡”，这叫做“明赏不费，明刑不暴”，“明法之犹，至于无刑也”，明刑者省刑。(《商君书》:“君臣”、“刑赏”,《管子》:“八观”,“枢言”)。

> 法治包括明法，一法，常法三条基本原则。明法是法的公开性原则，一法包括统一性原则和平等性原则，常法，即保持法的稳定性。

一法包括统一性原则和平等性原则。一法要求令统一，一切“唯令是行”如果“权度不一，则循义者惑”(《管子·君臣上》)，人们将会无所适从。一法还要求法律面前人人平等，“刑过不避大臣，赏善不遗匹夫”(《韩非子·有度》)，要反对官吏乃至君主的法外特权，任何人不得游离于法律之外。据此，商鞅曾规定：“有功于前，有败于后，不为损刑；有善于前，有过于后，不为亏法；忠臣孝子有过，必以其数断”(《商君书·刑赏》)。《战国策》赞扬“商君法秦，法令至行，公平无私，罚不畏强大，赏不私亲近”，实为古代法治的榜样。

常法，也称固法，即保持法的稳定性。“法莫如一而固，使民知之”。“国有常式，故法不稳”。“执者固，固者信”，“法制有常，则民不散而上合”。如果“上无固植，下有疑心；国无常经，民力不竭，数也”(《韩非子·五蠹》,《管子》:“君臣上”、“君臣下”、“法法”)。只有保持法的稳定性，才能取信于民，从而强化法的权威。

五、 守信

信誉是国家和企业的生命，这是我国长期管理实践中产生的信条。中国人向来重信誉。孔子说：“君子信而后劳其民”(《论语·尧曰》)。韩非说：“小信成则大信立，故明主立信”(《韩非子·外诸说左上》)。治理国家，言而不信，出尔反尔，政策多变，从来都是大忌。故《管子》告诫主政者要取信于民，行政应遵循一条主要原则：“不行不可复”。“不行不可复”者，“不欺其民也”。欺骗人民只能是一次，第二次，人民就不信你了。“言而不可复者，君不言也；行而不可再者，君不行也。凡言而不可复，行而不可再者，有国者之大禁也”(《管子·形势》)。

> 守信要求管理者将信誉看成是企业的生命。

六、 预谋

“凡事预则立，不预则废”。“无过在于度数，无困在于预备”(《中庸》第二十章，《尉缭子·十二陵》)。预者，预测、预谋、预备，核心是预谋。为预谋必须先预算，谋划出方案，而后落实到人力、物力的预备。《孙子》主张未战先算，“以虞待不虞者胜”(《孙子·谋政》)。管子主张“以备待时”，要有预见，才能备患于无形而立于不败之地，“唯有道者能备患于未形也”(《管子》:“霸言”、“牧民”)，“有道”即能遵守客观规律，由此产生了重视调查和预测的传统。政情预测、军情预测、年景预测、商情预测、气象预测等广泛运用于管理实践，成为预谋策划的基础。商鞅变法中留意于掌握人、马、粮、草等十三数，“不知国十三数，地虽利，民虽众，国愈弱至削”(《商君书·去强》)。范蠡经商注意预测年景变化规律，推知粮食供求和价格变化趋势，“论其有余不足，则知贵贱”，“贵上极则反贱，贱下极则反贵”，进行“时断”和“智断”，及时收购和出售，并提出“旱则资舟，水则资车”的“待乏”原则(《史记·货殖列传》)。诸葛亮准确地考察了敌方政治军事态势及其将士的素质，预测气象趋势，经过缜密谋划，才得以草船借箭，取得了战术上的胜利。

> 预者，预测、预谋、预备，核心是预谋。

第二节 西方工厂制度早期的管理实践

管理思想虽然古已有之，但管理理论的系统形成则是伴随着工厂制度的出现而开始的。工厂制度的出现，不仅使管理活动的思考有了众多的对象，而且使管理劳动逐渐成为许多组织成员的专门职业，他们的任务便是思考和改善管理劳动的组织。这种思考的累积必然有助于管理理论的系统形成和发展。本节主要思考西方工厂制度初期的管理思想与管理实践。

西方工厂制度初期对管理活动进行思考，并提出了管理思想的主要是一些经济学家和工厂管理人员。

一、　小詹姆斯·瓦特与马修·鲁宾逊·博尔顿

最早在企业管理中使用科学管理方法的，当推小詹姆斯·瓦特（James Watt，Jr.）和马修·鲁宾逊·博尔顿（Mathew Robinson Boulton）。他们是发明和设计蒸汽机的两个先驱者的儿子。1796 年，他们的父亲在英国建立索霍工程铸造厂时就开始负责这家工厂的管理，并对管理事务进行了分工：瓦特主持组织工作与行政管理，博尔顿负责销售与商业活动。他们为工厂制定了许多管理制度，并在组织工厂的生产与销售活动中运用了许多管理技术，比如，他们组织市场调查，向欧洲大陆派出许多代表收集各项可能影响蒸汽机需求的资料，并据此确定企业的生产能力，编制生产计划；依据工作流程的需要，有计划地安排机器的空间布置，组织生产过程规范化、产品部件标准化；在会计与成本核算方面，他们建立了详尽的统计记录和控制系统，采用了原料成本、人工费用、成品库存等分别记账的会计制度，从而能够计算工厂制造每台机器的成本和每个部门所获得的利润；在人事管理方面，他们研究了工作效率，制定了管理人员与员工的培训计划，实行按成果支付工资的方法，并试图改进员工的福利，为员工建立了一套互助保险制度。瓦特与博尔顿在管理实践中的这些探索甚至令今天的管理学家感到惊奇。

二、　罗伯特·欧文

罗伯特·欧文（Robert Owen）是空想社会主义者，他是 19 世纪初期最有成就的实业家之一，也是杰出的管理学先驱者，他最早播下了人事管理的种子。欧文认为，人是环境的产物，只有处在适宜的物质和道德环境下，人才能培养出好的品德。为了证明自己的哲学观点是正确的，为了培养人的美德，欧文在他自己的工厂里进行了一系列劳动管理方面的改革：停止雇用 10 岁以下的童工，将原来雇用的童工送入学校学习；其他人每天工作时间不超过 10 小时 45 分钟；禁止对工人体罚；为工人提供厂内膳食；设立向工人按成本销售生活必需品的商店；以及通过建造工人住宅与修筑道路来改善工人生活的社区环境，等等。

为了吸引其他实业家也来关心工人工作条件和生活条件的改善，欧文正确地指出了人的因素在工业生产中的重要作用。他在自传中写道：“如果对无生命的机器状况给予适当的注意就能产生如此有利的结果，那么如果对你极为重要的、构造更为奇特的、有生命的机器给予相同的关注的话，什么样的结果不可以期望呢？”他嘲笑那些实业家同行只注意把数以千计的金钱和大量时间用来购买、改进机器，而不愿对人力资源进行投资。他认为，如果把同样数目的金钱和时间用来改善劳动的话，那么带来的收益将不是资本的 5%、10% 或 15%，而是 50%，在许多情况下甚至会是 100%。他宣称自己在新拉纳克的工厂获得了 50% 的利润，还说不久将会达到 100%，而这主要是关心人的结果。

欧文在关于人的因素方面的思考和实践，使得一些现代学者把他称为现代人事管理的创始人。

三、　亚当·斯密

亚当·斯密（Adam Smith）是英国古典政治经济学的主要代表人物之一，他的《国富论》不仅是经济学说史上的不朽巨著，而且是管理学宝贵的思想遗产。在这本书中，他不仅阐述了

劳动价值理论，而且详细分析了劳动分工带来的好处。

斯密提出，劳动分工可以通过简单化重复操作，节省工作转换时间，便于专门化使用而提高劳动效率。

斯密认为，劳动是国民财富的源泉。一国财富的多寡，取决于两个因素：一是该国从事有用劳动的居民在总人口中所占的比重；二是这些人的劳动熟练程度、劳动技巧和判断力的高低。财富的增加可以提高人民的幸福程度，而提高劳动者技巧的熟练程度，从而提高劳动生产率，这是增加一国物质财富的重要途径。劳动分工有助于这个目标的实现。

斯密详细分析了制针业的情况。他指出，即使是制针这样的简单作业，如果每个人都完成全部的制造过程，那么一个雇用10个工人的工厂每天只能生产2 000根；如果将制造过程分解成好多个不同的作业程序，每个人只从事有限的操作，那么尽管工厂设备简陋，也可以使产量达到48 000根以上。为什么“同样数量的劳动者因为有了劳动分工就能完成更多量的工作呢”？斯密认为，原因有三个方面。

第一，劳动分工可以使工人重复完成简单的操作，从而可以提高劳动熟练程度，提高劳动效率。

第二，分工节省了通常由一种工作转到其他工作所损失的时间。

第三，分工使劳动简化，使工具专门化，从而有利于创造新工具和改进设备。而新机械的发明和利用，又使得劳动进一步简化和减少，从而使一个人能够完成许多人的工作。

斯密关于劳动分工的分析，后来发展成为管理学的一条基本原则。

四、 查尔斯·巴贝奇

查尔斯·巴贝奇（Charles Babbage）是英国的一位数学家，曾于1828～1837年在剑桥大学任数学教授，并在1833年设计了一种能自动执行指令、具有现代计算机所有基本因素（包括存储设备、穿孔卡输入系统、运算器、机外储存系统）的分析机器。正因为如此，有人把巴贝奇称为“计算机之父”。

作为一名数学家，巴贝奇一生始终对经济问题和管理问题有浓厚的兴趣。1832年，他发表了《论机器和制造业的经济》一书。在这本书中，巴贝奇继续了斯密关于劳动分工的研究，并指出，劳动分工不仅可以提高工作效率，还可以带来工资支出的降低。他认为，一项复杂的工作，如果不进行分工，每个工人都要完成制造过程中的每项劳动，企业则必须根据全部工序中技术要求最高和体力要求最强的标准来雇用工人，并支付每个人的工资。相反，在进行了合理的分工后，企业就可以根据不同工序的复杂程序和劳动强度来雇用不同的工人，支付不同标准的工资，从而使工资总额降低。

此外，巴贝奇还强调不能忽视人的因素。他认为，企业与工人之间有一种共同利益，主张实行一种分红制度，使提高了劳动效率的工人能因此而分享工厂的一定利润，并对那些提出有效的合理化建议的工人给予奖励，等等。

欧文、亚当·斯密以及其他一些人对于早期工厂管理的思考虽然是零散的，但对后来的科学管理和其他管理理论产生了不可忽视的重要影响。

第三节 古典管理理论

管理科学是随着工厂制度和工厂管理实践的发展，在19世纪末20世纪初开始系统形成的。其主要标志是弗雷德里克·泰勒的《科学管理原理》[⊖]和亨利·法约尔的《工业管理和一

⊖ 本书中文版机械工业出版社已出版。

般管理》分别于1911年和1916年的出版。这个时期的管理理论通常被称为“古典管理理论”，主要代表人物有美国的弗雷德里克·泰勒、法国的亨利·法约尔以及德国的马克斯·韦伯。

一、 泰勒的科学管理理论

“科学管理”是20世纪初在西方工业国家影响最大、推广最普遍的一种管理思想理论。它包括一系列关于生产组织合理化和生产作业标准化的科学方法及理论依据，是由美国的一名机械工程师弗雷德里克·泰勒首先提出并极力推广的，因此通常也被称为泰勒制（Taylorism）。

1. 泰勒制产生的历史背景和过程

泰勒制的产生和迅速发展有着非常深刻的历史背景。泰勒制的产生可以从西方工业国家共同的历史条件去考察。

在工厂制度的初期，资本所有者也是企业管理者。由于企业规模有限，资本家只要根据自己的经验和判断便可以进行相对有效的管理。工厂制度发展到19世纪末20世纪初，情况发生了变化。由于机器和机器体系在工业生产中的运用越来越广泛，企业的数量越来越多，生产规模越来越大，复杂程度不断提高，对企业管理的要求也越来越高，单凭经验和判断来进行的传统的管理方式不再适应，迫切要求人们把过去企业管理方面积累的经验加以标准化、系统化、科学化，用科学的管理代替传统的经验管理。

另外，资本家无法实现对劳动的完全控制：资本家在市场上雇用了工人以后，虽然可以规定他每天工作多长时间，但是，在生产过程中广泛运用机器和机器体系的条件下，资本家不可能熟知每一台机器的操作技术，生产技术主要掌握在工人手中。因此，资本家虽然可以强制工人从事任何工作，但是工人如何去干这些工作，制造某件产品、完成某次加工任务作业需要多长时间，在很多情况下，资本家是无法决定的。工人可能在生产中搞一些技术性的“磨洋工”并使资本家无法辨别。为了适应生产力发展的要求，并剥夺工人决定生产方法和生产时间的权力，资本家迫切需要改进管理方法。

> “科学管理”也被称为泰勒制，是由美国管理学家弗雷德里克·泰勒提出的一种管理思想理论。它包括一系列关于生产组织合理化和生产作业标准化的科学方法及理论依据。

弗雷德里克·泰勒于1856年出生于美国费城的一个律师家庭。1878年，泰勒来到米德瓦尔钢铁公司当普通工人，先后被提升为工长、机修车间主任、总机械师、总工程师。泰勒在米德尔瓦钢铁公司工作期间，曾推行了一套科学的管理方法。1911年，他在早年实践以及后来进一步研究的基础上，出版了《科学管理原理》一书，阐述了后来被人们称之为泰勒制的主要内容。

2. 泰勒制的主要内容

泰勒认为，工人和企业主存在某种利益的一致性，如果能够改善企业的经营成果，那么即使分配方式不变，劳资双方也都可以在绝对量上从企业赢利中获得比以前更大的利益。提高劳动生产率是改善经营成果、增加赢利的一条重要途径。根据他在企业工作中的观察，泰勒认为，在这方面是大有潜力可挖的。根据他的分析，当时企业的劳动生产率普遍低下，工人每天的实际产量只是他们劳动能力的1/3，而造成这种状况的原因主要有三个方面：第一，劳动使用不当，包括工作分配不合理和劳动方法不正确；第二，工人不愿干或不愿多干，这里既有工人本性的因素，也有报酬方法上的原因；第三，是企业生产组织与管理方面的原因。因此，要提高劳动生产率，增加企业赢利，必须从三个方面做文章。泰勒在企业管理实践和理论上的探索正是围绕着这些问题展开的。

根据劳动生产率不高的原因分析，泰勒认为，要实行科学管理，就必须做好以下三个方面的工作。

“科学管理理论”主要有三个方面的工作：改进工作方法，并根据工作要求挑选和培训工人；改进分配方法，实行差别计件工资制；改进生产组织，加强企业管理。

（1）改进工作方法，并根据工作要求挑选和培训工人。这主要包括以下几个方面。

首先，进行动作研究。泰勒认为，要让每一个工人都用正确的方法作业。为此，应该把生产过程中每个环节的每项操作分解成许多动作，继而把动作细分为动作要素，然后研究每个动作要素的必要性和合理性，据此决定去掉那些不必要的动作要素，并对保留下来的必要的动作要素再根据经济合理的原则加以改进和组合，以形成标准的作业方法。这就是著名的作业研究原理。在作业研究的基础上，根据工人完成每个动作的所需，为标准作业方法制定标准作业时间，以便确定工人的劳动定额。这就是时间研究原理。

其次，作业环境与作业条件的标准化。泰勒认为，为了使工人能够以标准的方法操作，完成较高的劳动定额，还必须根据作业方法的要求，使工人的作业环境和作业条件（工具、设备、材料等）标准化。

最后，根据工作要求，挑选和培训工人。泰勒认为，人有不同的禀赋才能，只要工作合适，都可以成为一流的工人。因此，要提高工人的劳动生产率，首先要根据不同工人的不同特长来分配工作。泰勒指出，相对于工人自己摸索和师傅带徒弟的方法，如果利用标准的作业方法来集中成批培训，则不仅可以保证受训者掌握的是科学的操作方法，而且可以提高培训速度和效率。

（2）改进分配方法，实行差别计件工资制。泰勒认为，工人不愿提供更多劳动的一个重要原因是分配制度不合理。泰勒认为，要刺激工人提供更多的产量，工资标准不仅应该稳定，而且应该随着产量的增加而提高，实行差别计件工资制，由于完成并超过定额能以较高的标准得到报酬，因此工人愿意提供更多数量的劳动。

（3）改进生产组织，加强企业管理。泰勒在企业工作实践中，从工程技术人员的角度，意识到了改进和加强企业管理工作对提高劳动生产率的重要作用。首先，在企业中设置计划部门，把计划职能和执行职能分开。专职的计划部门负责制定有科学依据的作业方法、时间定额和工资标准，并制定计划和进行控制。而作业（执行）部门包括出场监督的工头和直接从事操作的工人，他们的任务是根据计划部门制定的标准和定额进行监督和生产作业。其次，实行例外管理。所谓例外管理，是指企业的上级主管把一般的日常事务授权给下级管理人员去处理，而自己保留对例外事项或重要问题的决策与监督。这个原理实际上为后来的分权化管理和事业部制准备了理论依据。

3. 泰勒制的贡献和局限性

泰勒以自己在工厂的管理实践和理论探索，冲破了产业革命开始以来一直沿袭的传统的经验管理方法，将科学引进了管理领域，并且创立了一套具体的管理方法，为管理理论系统的形成奠定了基础。同时，由于泰勒主张将管理职能从企业生产职能中独立出来，使得有人开始从事专职的管理工作，这就进一步促进了人们对管理实践的思考，从而有利于管理理论的发展。泰勒制在现场生产组织的推广也取得了显著的效果。由于采用了科学的作业程序和管理方法，推动了生产的发展，使得企业的生产效率提高了两三倍。正是由于这些原因，泰勒的科学管理方法在20世纪初的美国和西欧受到了普遍欢迎。

泰勒的管理理论也有一定的局限性，他的研究范围比较小，内容比较窄。因为泰勒长期在企业内从事现场的生产和管理工作，所以他对生产或作业的组织等有关问题比较熟悉，也比较敏感，他的一系列主张主要是针对作业方法或现场监督的，而对企业的其他活动，比如供销、人事、财务等，则基本上没有涉足。泰勒的这些局限性被与他同时代的另一位管理科学家亨利·法约尔所补充。另一方面，由于泰勒的研究侧重于生产作业，以机器为中心，对人的社会价值研究不足，故而在泰勒制的广泛运用过程中，导致了一批企业管理人员严重忽视了人的尊严和人的主观能动作用。

二、 法约尔的一般管理理论

伟大的学者并不总是在他们还活着的时候就被人们承认其伟大，亨利·法约尔（Henry Fayel）便经历了这样的遭遇。他在生前发表过许多管理著述，对管理理论的形成和发展有着不可取代的贡献，但这种贡献在他去世几十年后才得到了全面的评估。

亨利·法约尔于1841年出生于法国中部一个中产阶级家庭，1860年毕业于圣艾蒂安国立矿业学院，以矿业工程师的身份进入一家大型矿业公司，并在此度过了整个职业生涯。在探索和总结管理经验的基础上，法约尔生前发表了一系列关于管理的著述，比较重要的有：《工业管理和一般管理》（1916），《公共精神的觉醒》（1927），《管理的一般原则》（1908），《高等技术学校中的管理教育》（1917），《国家的行政管理理论》（1923）。其中，《工业管理和一般管理》系统地阐述了法约尔管理思想的主要观点。

1. 管理职能

首先是经营和管理的区别。法约尔认为，经营和管理是两个不同的概念，管理只是经营的一部分。除了管理以外，经营还包括技术、商业、财务、安全以及会计等一系列职能。其中技术职能是企业加工材料、生产产品的制造活动；商业职能是指与原材料和设备的赎买及产品销售有关的市场活动；财务职能是指围绕资金的筹集和运用而展开的活动；安全职能是指与设备和人员保护有关的活动；会计职能是指为监督资金的合理运用而对其运动过程中的变化状况进行记录、归类和分析活动。作为经营的一个方面，管理职能本身由计划、组织、指挥、协调、控制等一系列工作构成。

法约尔认为管理职能由计划、组织、指挥、协调、控制等一系列工作构成。

法约尔认为，从广义上来说，管理的组织工作包括“物的组织”和“人的组织”（或称“社会组织”）。在组织形式上，法约尔着重分析了等级结构和参谋部门的作用。法约尔认为，组织的结构形式（等级数目）取决于人员的数量。随着人员的增加，形成了不同的管理层次。就部门设置而言，企业的活动内容虽然可能不一样，但总的形式是相同的，主要部门是一样的，其任务分工也大致相同。为了帮助高层管理者对付管理复杂活动的需要，法约尔认为有必要设立参谋机构协助他们的工作，以弥补他们在知识、技能和能力上的不足。

法约尔指出，计划、组织、指挥、协调、控制这五个方面的活动，在任何组织的任何层次都会以这种或那种方式不同程度地存在着，因此组织中不同层次的工作人员都应根据任务的特点，拥有不同程度的五种职能活动的知识和能力。比如管理知识与能力，不仅在企业中担任经理、厂长、车间主任或工段长职务的人应该具备，而且从事直接生产劳动的工人也应该拥有这种能力，虽然在要求程度上不如前者那么高。但是，根据法约尔的分析，当时人们注意对技术知识的灌输和技术能力的培训，却普遍忽视了管理教育，其主要原因是缺乏对零散的管理知识和经验的系统认识。因此，法约尔指出，要适应企业经营的需要，必须加强管理教育，而且加强管理教育，必须“尽快建立一种管理理论”，建立“一种得到公认的理论，包括为普遍的经验所证实的一套原则、规则、方法和程序”。

2. 管理的原则

由于任何组织的活动都存在共同的管理问题，因此人们在管理实践中必然要遵循一系列一致的原则。法约尔根据自己的经验总结了14条管理原则。他指出，原则虽然“可以适应一切需要”，但它们是“灵活的”。“在管理方面，没有什么死板和绝对的东西，这里全都是尺度问题。”原则的应用“是一门很难掌握的艺术，它要求智慧、经验、判断和注意尺度。由经验和机智合成的掌握尺度的能力是管理者的主要才能之一”。法约尔提出的14条管理原则如下。

（1）劳动分工。法约尔认为，劳动分工属于“自然规律”的范畴，其目的是“用同样的劳动得到更多更好的成果”。这个原则“不只适用于技术工作，而且毫无例外地适用于所有涉及或多或少的一批人或要求几种类型能力的工作”。此外，法约尔还隐约感觉到，“劳动分工有一定限度，经验与尺度感告诉我们不应超越这些限度”。

（2）权力和责任。权力是指挥和要求别人服从的力量。法约尔把权力分成两类：制度权力和个人权力。前者是由职务和地位而产生的，后者则与担任一定职务的人的智慧、学识、经验、道德品质和领导能力有关。出色的管理者要用个人权力来补充制度权力。“责任是权力的孪生物，是权力的当然结果和必要补充。凡权力行使的地方，就有责任。”为了保证权力的正确使用，必须“规定责任的范围，然后制定奖惩的标准”。

（3）纪律。任何组织活动的有效开展，都必须有统一的纪律来规范人们的行为。法约尔指出：“为使企业顺利发展，纪律是绝对必要的。没有纪律，任何企业都不能兴旺发达。”纪律的实质“是对协定的尊重”，为了保证大家都遵守纪律，“协定应当清楚明了，并能尽量使双方都满意”。组织中纪律是否严明，与领导者有很大关系，为了保证纪律的严肃性，“高层领导和基层人员一样，必须接受纪律的约束”。

（4）统一指挥。这是一条基本的管理原则，指“一个下属人员只应接受一个领导人的命令”。如果这条原则被打破，“权力将受到损害，纪律将受到危害，秩序将被扰乱，稳定将受到威胁”。这条原则虽然非常重要，但破坏这个原则的双重领导现象在社会组织中“比比皆是”，其原因主要有四个方面：①为了争取时间或立即中止某次错误行为，高层管理者不通过中层直接向基层发出指示；②为避免给两个以上的工作人员分配职权而造成的矛盾；③部门界限不清，两个部门的主管都认为有指挥同一工作的权力；④部门之间的联系上、职务上固有的错综复杂的关系。为了保证统一指挥，必须注意克服这些现象。

（5）统一领导。这条原则表示对于达到同一目标的全部活动，只能有一个领导人和一项计划。这是统一行动、协调组织中一切努力和力量的必要条件。法约尔指出，统一领导和统一指挥的区别在于：“人们通过建立完善的组织来实现一个社会的统一领导，而统一指挥则取决于人员如何发挥作用。统一指挥不能没有统一的领导而存在，但并不来源于它。”换句话说，没有统一领导，就不可能存在统一指挥，但是即使有了统一领导，也不足以保证统一指挥。

（6）个人利益服从整体利益。这条原则虽然是不言而喻的，但是由于“无知、贪婪、自私、懒惰、懦弱以及人类的一切冲动总是使人为了个人利益而忘掉整体利益”，因此仍然必须经常提醒人们去注意并遵守。

（7）人员的报酬。法约尔认为，报酬是人们“服务的价格，应该合理并尽量使企业和所属人员满意”，报酬率的高低不仅取决于人员的才能，而且取决于甚至首先取决于“生活费用的高低、可雇人员的多少、业务的一般状况、企业的经济地位”以及报酬方式等因素。报酬方式可以对企业的生产发展产生重大影响。合理的报酬方式必须符合三个条件：“①能保证报酬公平；②能奖励有益的努力和激发热情；③不应导致超过合理限度的过多报酬。”

（8）集中。这条原则讨论了管理权力集中与分散的问题。法约尔认为，分权是“提高部下作用的重要性的做法”，而集权则是“降低这种作用重要性的做法”。作为管理的两种制度，它们本身无所谓好坏，并不同程度地同时存在，“这是一个简单的尺度问题，问题在于找到适合企业的最适度”。法约尔指出，影响权力集中程度的因素主要有：组织规模、领导者与被领导者的个人能力和工作经验、环境的特点。

（9）等级制度。等级制度是从组织的最高权力机构直至最低层管理人员的领导序列，它是组织内部命令传递和信息反馈的正常渠道。依据这条线路来传送信息对于保证统一指挥是非常重要的，但它并不总是最迅捷的途径。如果企业的规模较大、层次较多，这种方法有时会影响行动的速度，而行动的速度又往往与组织的效率相联系。因此，应该把尊重等级制度与保持行动迅速结合起来。为了解决这个矛盾，法约尔设计了一种“联系板”的方法，以便使组织中不同等级线路中相同层次的人员能在有关上级同意的情况下直接联系。

（10）秩序。包括“物的秩序”和“人的秩序”。物的秩序要求“每件东西都有一个位置，每件东西都放在它的位置上”。为此，不仅要求物归其位，而且要求正确设计、选择和确定物的位置，以方便所有的工作程序。“人的秩序”也称“社会秩序”，要求“每个人都有一个位置，每个人都在他的位置上”，完善的社会秩序要求让适当的人从事适当的工作，因此要根据工作的要求和人的特点来分配工作。

（11）公平。公平是由善意与公道产生的。公道是实现已订立的协定，为了鼓励下属忠实地执行职责，应该以善意来对待他们。

（12）人员的稳定。人员稳定对于工作的正常开展、活动效率的提高非常重要。一个人要适应新的工作，不仅要求具备相应的能力，而且要给他一定的时间来熟悉这项工作，因为经验的积累需要时间。如果这个熟悉过程尚未结束便被指派从事其他工作，那么其工作效率就会受到影响。法约尔特别强调指出，这条管理原则对于企业管理人员来说尤为重要。

（13）首创精神。它是指人们在工作中的主动性和创造性。法约尔认为，“想出一个计划并保证其成功是一个聪明人最大的快乐之一，也是人类活动最有力的刺激之一。这种发明与执行的能力就是人们所说的首创精神，建议与执行的自主性也属于这个范畴”。它对企业来说是一股巨大的力量，因此应尽可能地鼓励并发展员工的这种精神。

（14）人员的团结。全体人员的和谐和团结是企业的巨大力量。为了实现团结，管理人员应该避免使用可能导致分裂的分而治之的方法。此外，法约尔还隐约认识到，人员间的思想交流，特别是面对面的口头交流有助于增强团结，因此他认为应该鼓励口头交流，禁止滥用书面联系的方式。

这些原则虽然在早期的工厂管理实践中已经在不同程度上得到了自觉或不自觉的运用，但把它们进行系统的概括则是法约尔的首创。

法约尔的管理理论起初没有像泰勒的科学管理方法那样走运，在20世纪40年代以前，不仅没有在国际上广泛传播，甚至在他的祖国也未受到重视，但是，“是金子总得闪光”，这种理论在内容上的系统性、逻辑上的严密性以及对管理工作普遍性的认识使得它在稍后的时间里得到了普遍的承认。孔茨甚至认为法约尔是“现代管理理论的真正创始人”，法约尔提出的许多概念、术语和原理在现代管理学中得到了普遍的继承和运用。

三、 韦伯的组织理论

1. 韦伯其人

马克斯·韦伯（Max Weber）是和泰勒、法约尔同时代的人，1864年出生于德国埃尔富特市的一个律师家庭。1882年韦伯高中毕业后进入海德堡大学法律系学习，1889年完成博士论文，1891年取得在大学授课的资格。从1892年起，韦伯曾先后在柏林大学任法学讲师，在弗莱堡大学和海德堡大学任经济学教师，在慕尼黑大学任社会学教授。1920年，韦伯死于流行性感冒引起的肺炎，享年仅56岁。

与泰勒和法约尔相比，韦伯主要是一个学者。他一生发表了许多著述，比较重要的有：《一般经济史》、《社会和经济组织的理论》、《社会学论文集》、《新教伦理与资本主义精神》，等等。其研究领域涉及法律制度、宗教体系、政治制度和权力关系等多个方面，凡是他涉及的领域，他都提出了许多新的观点，促进了这些学科的形成和发展。韦伯在管理思想上的主要贡献是提出了“理想的科层组织关系”理论，并因此而被人们称为“组织理论之父”。

2. 韦伯科层组织理论的主要内容

（1）理想的科层组织体系。科层组织或科层制度，通常也被译为官僚组织、官僚政治，是一种通过“公职”或职位，而不是通过“世袭”或“个人魅力”来进行管理的理想的组织制度。

韦伯指出，科层组织是依照下述规则来建立和组织运行的：①按行政方式控制的机构目标所要求的日常活动，是作为正式职责来分配的；②执行这种职责所需要的权力是按一种稳定的方式来授予的，并且能由官员加以控制的某种强制手段来严格地加以限制；③对正常而持续地履行职责来行使相应权力的方法有所规定：只有按一般规定符合条件的人才被雇用。按照这三个原则，便可在国家管理领域构建一种官僚（科层）组织体系机关，在私营经济领域创建一种科层组织体系的企业。

（2）权力的类型。权力是统治社会或管理某个组织的基础。社会或组织与其构成部分的关系，主要不是通过契约关系或道德一致来维持的，而是通过权力的行使来凝聚的。韦伯把权力定义为一种引起服从的命令结构。为了保证权力的有效运用，统治者极力使权力合法化。韦伯认为，被社会所接受的合法权力有三种类型：

1）传统型（traditional）权力。这种权力建立在对习惯和古老传统神圣不可侵犯性的要求之上。这是一种由族长或部落首领来行使的权力。臣民或族人之所以服从，是基于对神圣习惯的认同和尊重。

2）个人魅力型（charismatic）权力。这是建立在对某个英雄人物或某个具有神赋天授品质的人的个人崇拜基础之上的权力。个人魅力型权力的维持在于其拥有能够使追随者或信徒们确信（或继续确信）自己的盖世神力。为此，他必须经常做出英雄之举、创造奇迹，而这在日常管理中是很难做到的。因此，韦伯认为，个人魅力型权力产生于动乱和危机之中，崩溃于稳定秩序条件下的日常事务管理以及使这种权力制度化的尝试之中。所以个人魅力型权力不能作为政治统治稳固制度的基础。

3）法理型（legal-rational）权力。这类权力的依据是对标准规则模式“合法化”的信念，或对那些按照标准规则被提升到指挥地位的人的权力的信念。这是一种服从法律确定的职位或地位的权力。

韦伯认为，只有法理型的权力才能成为科层组织的基础，因为这种权力具有下述特征：

1）为管理的连续性提供了基础。因为权力是赋予职务而不是个人的，所以权力的运用不会因领导人的更换而中断。

2）合理性。担任职务的人员是按照完成任务所需的能力来挑选的。

3）领导人可以借助法律手段来保证权力的行使。

4）所有权力都明确地规定，并且是按照组织任务所必需的职能加以详细地划分的。

韦伯认为，合法的权力有传统型、个人魅力型和法理型三种，只有法理型的权力才能成为科层组织的基础。

本章回顾

小　结

同其他学科一样，管理学也是在继承先人思想遗产的基础上不断发展的。本章简要介绍了中国古代的顺道、重人、求和、法治、守信、预谋等管理思想，回顾了西方工厂制度初期瓦特、欧文等企业家以及斯密、巴贝奇等经济学家对管理理论和实践的贡献，在此基础上详细介绍了作为现代管理理论三大创始人的泰勒、法约尔以及韦伯的学说观点。作为工程师的泰勒将其研究的重点集中于作业方法以及改进和生产的组织；曾任董事长的法约尔从企业整体和一般组织的角度出发，考察了管理的原则、要素及其与经营的关系；学者韦伯则从权力类型和组织模式的角度对管理的理论研究做出了贡献。

关键术语

顺道	科学管理理论	法治	守信
劳动分工原则	求和	法理权力	科层组织规则
重人	一般管理理论		

思考题

1. 中国古代的顺道思想对现代企业的经营有何启示？
2. 中国古代法治思想的基本原则包括哪些内容？
3. 欧文在管理思想史上有何贡献？
4. 试综合分析斯密与巴贝奇关于劳动分工的研究。
5. 泰勒制为什么会在19世纪末的美国产生？
6. 根据泰勒的观点，应如何进行作业方法和作业时间的研究？
7. 泰勒倡导的差别计件制为什么能刺激工人提供更多的劳动？
8. 在法约尔的理论中，经营和管理有何区别？
9. 为什么孔茨等人认为法约尔是现代管理理论的“真正创始人”？
10. 为什么韦伯认为科层组织是理想的组织体系？
11. 在韦伯的理论中，权力有哪些类型？不同类型的权力有何特点？

延伸阅读

1. 弗雷德里克·泰勒．科学管理原理［M］．北京：机械工业出版社，2010.

2. 丹尼尔 A 雷恩．管理思想的演变［M］．北京：中国社会科学出版社，2000.
3. W H 纽曼，小 C E 萨默．管理过程——概念、行为和实践［M］．北京：中国社会科学出版社，1995.
4. 马克斯·韦伯．社会组织与经济组织理论［M］．北京：中国社会科学出版社，1982.
5. 周三多．孙子兵法与经营战略［M］．上海：复旦大学出版社，1995.
6. 郭咸纲．西方管理思想史［M］．北京：经济管理出版社，2004.
7. 刘云柏．中国古代管理思想史［M］．西安：陕西人民出版社，1997.

案例讨论

戴尔的成本节省之道

得克萨斯奥斯丁戴尔旗舰工厂的日班经理 Shayne Myhand 要做许多陪护工作。他一天要接待四五拨公司的高层或者中层巡视官员，这些官员来此的目的是为了保证这家装配工厂更有效率地运转。

31 岁的 Myhand 每次都走同样的巡视路线，最后他会进入显示器车间，在这里，他会摸一摸墙上那枚已经不太光鲜的木制纪念章，那是为了纪念 1991 年最后三个月，戴尔的个人电脑产量突破 49 269 台而设立的。他说："供应高峰时，我们将超过这一数字。"说这话时，Myhand 脸上带着微笑。Myhand 对来访者说，即使在目前的圣诞节时期，一个上午 9 点到达工厂的订单，他们也能够保证在下午 1 点让它完成上路。

在戴尔这家世界最大的电脑生产公司中，企业官员们用 Alfred Kinsey 劳动强度理论研究自己的组装流水线。戴尔用视频设备将工作小组的每个组装步骤录像下来，然后看有没有多余或者浪费的步骤。戴尔工作流程设计师甚至令一件产品不出现一颗多余的螺丝钉，因为，一颗螺丝钉的出现将浪费一台机器大约 4 秒钟的装配时间。

在戴尔，最能干的工人称为"熟练工"，他们的工作步骤将被摄像机录下来，然后供其他工人学习。

这套流程非常严格，但当美国的经济学家、政客都在为美国的制造业前途，以及中国作为世界工厂地位的崛起而担忧的时候，戴尔的举动并不是多余的。这种流程有助于建立起一套标准。Needham & Company 公司的分析师 Charles R. Wolf 说："当每个人都热衷于外包的时候，戴尔继续在美国进行生产，因为，过去的 20 年，戴尔已经积累了相当精细的经验，他们知道如何廉价、智能地生产。在制造方面，戴尔确实处于 21 世纪的先进水平。"

在美国，除了戴尔，没有哪家电脑厂商还在进行生产。很久之前，戴尔的头号对手——惠普公司就已经将电脑组装工作外包至第三方，这些厂家多位于亚洲。随后，世界头号 PC 厂商 IBM 也这么干了。IBM 1981 年创造了 PC 市场，2004 年 12 月，IBM 宣布将自己的 PC 部门卖给中国计算机巨头联想公司。戴尔创始人兼主席迈克尔·戴尔说："我们的竞争对手已经久不亲自生产电脑了。"

戴尔则相反，他们在美国拥有三家组装工厂，其中两家位于奥斯丁，另一家在纳什维尔。戴尔的每家组装厂的面积都足有 6 个足球场那么大。2004 年 11 月，戴尔宣布，他们将开设第四家工厂，据悉，第四家工厂的规模比前三家大两倍。戴尔还在积极谋划第五家工厂。戴尔的首席执行官凯文·罗林斯（Kevin Rollins）上周三表示，戴尔所有面向美国市场的电脑将在美国境内生产。戴尔笔记本电脑由海外进行组装。

戴尔加大美国的生产力度并不是出于爱国。戴尔的官员透露，他们此举建立在理性分析的基础之上。他们认为，让计算机设备更贴近用户将更有效率。

许多分析师对IBM出售个人电脑业务的一个疑问是：位于北京的联想如何在中国以外的地方同戴尔进行较量，这些分析师认为，戴尔可以将自己的产品成本控制得相当低。

戴尔1998年已经在中国厦门开设了一家工厂，但这家工厂的产品主要销售给亚洲地区的用户。同样，戴尔在爱尔兰工厂生产的产品也主要售往欧洲市场。本月，戴尔宣布，他们可能在欧洲开设第二家工厂。

另一方面，戴尔也是逆世界潮流而动。当越来越多的美国公司将呼叫中心外包给印度，戴尔却宣布，将在美国俄克拉荷马州开设新的客户服务机构。2004年年初，戴尔在加拿大的Edmonton开设了一家呼叫中心。

戴尔专门负责制造的官员Dick Hunter说："我总是对员工们说，我们在进行成本赛跑，如果我们在和亚洲等地厂商的成本赛跑中落败的话，我们自己的安全就会有危险了。"

自从迈克尔·戴尔1984年开设戴尔公司以来，这家公司通过取消中间商、电话或者互联网直销等手段向顾客销售低廉的个人电脑，但戴尔能够继续保持低价电脑市场的一个最主要的原因是，戴尔总是想方设法去节省每一分钱。戴尔也许不是我们这个时代的亨利·福特，但它一定是高科技行业的沃尔玛。

2005年，戴尔的目标是提高30%的产量，Myhand表示，他们对这一目标很有信心。

毫无意外，戴尔工厂是那些尊崇"杜绝浪费"观念人士的天堂。Needham & Company公司的Wolf说，他参观完戴尔工厂后的感受是"震惊与敬畏"。

2000年，当戴尔这家工厂才开工的时候，工厂里面的设备没有超过3米高的，4年后，这家工厂满是三层传送带，约12米高的设备到处都是，数百名员工遍布于流水线旁。当机器组装完毕，传送带会将它们运送至发货区域，在这里，电脑被装箱、运输。大型货车每30分钟会满载着戴尔电脑离开。

10多年前，戴尔会有约30天的部件库存期，像外壳、主板、英特尔的处理器等部件，而现在，戴尔的奥斯丁工厂再没有任何库房，戴尔要求供应商在90分钟内能够提供8~10天的部件供应，事实上，戴尔48支货车运输车队就是它的库房。Myhand说："如果送货的货车晚来4分钟，那么我们的整个生产线就会停下来等待。"

从技术角度讲，库存最小化极大地节省了戴尔的成本，这还意味着，当戴尔进行产品型号转型时，它不需要对旧部件进行消化。

这种模式却给戴尔的供应商带来巨大的负担，有人将戴尔比做沃尔玛，虽然它的采购量巨大，但供应商却失去了价格、条件以及送货等商量余地。

虽然涉足打印机业务的时间还不长，但戴尔这方面的成绩却令人刮目相看，IDC的数字显示，2004年的前9个月，戴尔已经占领了喷墨打印机销售市场13%的份额。

10月，戴尔又推出了42英寸高清晰等离子电视，其售价大约为2 000美元，比其他竞争对手的产品价格要低。

研发是戴尔保持成本的一个途径。戴尔将2%的收入投入研发之中，这一数字远远低于其竞争对手。戴尔创新的重点主要集中在产品如何生产、包装以及如何进行市场营销，而非产品本身的改进。Rollins说，戴尔的竞争对手将收入的5%~6%投入到研发上，但戴尔的研发模式与众不同。

资料来源：http://job.studa.com.

讨论题

1. 戴尔通过哪些手段来控制成本？这些方面对你有什么启发？

2. 戴尔节约成本的方法与泰勒制存在哪些异同之处？它在哪些方面发展了泰勒制？

3. 通过戴尔的案例，讨论现代运营管理是如何与组织管理相结合的？

第三章　现代管理理论

任何工业组织，既是一种工作方式，也是一种生活方式。作为一种生活方式，它必须是有效率的，使人满意的。

——乔治·埃尔顿·梅奥《工业文明的社会问题》

一个协作系统是由许多个人组成的，但个人只有在一定的相互作用的社会系统之下，同其他人协作才能发挥作用。

——切斯特·巴纳德《经理人员的职能》

第一节　行为科学的产生

与科学管理思想不同，来自工业心理学的一批学者注意到在企业中人的价值。为什么在同样的组织环境中，不同的工人，即使体力和技术能力大致相当，从事相同的工作却会产生差异很大的结果呢？为什么同一个人从事同样的工作，却在不同时期具有不同的工作效率呢？人的工作效率究竟受到哪些因素的影响？

这些研究使得人们开始把管理的注意力从生产现场的机器操作转向生产过程的人性面，从对人的经济需要的注意转向对人的社会性需要的关心。这些研究中比较著名的是“霍桑实验”。梅奥等人在霍桑实验的基础上创立了行为科学的前身——工业人际关系学。

一、　霍桑实验

霍桑实验是指20世纪20年代中期到30年代初期主要由哈佛大学梅奥教授等专家在美国西方电气公司霍桑工厂进行的一系列实验。这些实验导致了对管理者许多管理观念的挑战。

（1）照明实验。20世纪20年代，位于芝加哥郊外的霍桑工厂是一个拥有25 000名工人的生产电话机和电器设备的工厂。当时人们普遍认为，工作环境的物质条件以及工人的技术和体质与生产率之间存在着明确的因果关系。如果具备了理想的工作条件，工作场所保持通风，温度和照明度适当，工作任务经过科学的测定，同时采用某种合理的工资制度，那么工人便能发挥较高的工作效率。1924年11月美国科学院组织了一个包括有关方面专家的研究小组，去那里考察工作条件与生产效率之间的关系。在众多的工作条件中，专家小组首先选择了工作场所的照明条件进行实验。

他们假定，照明亮度能影响工人的视觉和情绪，从而会影响工作的数量和质量。研究小组采取了逐渐降低实验组的照明亮度措施，这项研究从 1924 年持续到 1927 年，结果实验组的生产率仍然保持在较高的水平，并没有随之下降。没有一个人能够解释这是为什么，原有的假设被否定了。

（2）梅奥参与的继电器实验。1927 年年末到 1928 年年初的冬天，西方电气公司的乔治·潘诺克在纽约市的哈佛俱乐部接受了梅奥教授主持的工业心理学培训。他向梅奥讲述了发生在霍桑工厂的实验情况，并邀请梅奥作为顾问参与这项研究。梅奥立即对美国科学专家小组准备放弃的这项实验产生了兴趣，于是，他率领一个哈佛小组来到霍桑工厂。他们选择了继电器装配和云母片剥离两个小组进行实验，探讨究竟是什么原因导致产量的增加。研究人员发现，管理方式的改变带来了士气的提高和人际关系的改善。在实验过程中，实验人员力图创造一种“更为自由愉快的工作环境”。他们改变了传统的严格命令和控制的方法，就各种项目的实验向工人提出建议、征询意见。这种可以自由发表意见、得到关心的工作环境使工人感到自己受到了重视，士气和工作态度也随之改善，从而促进了产量的变化。

（3）访谈计划。既然实验表明管理方式与工人的士气从而与劳动生产率有密切的联系。于是梅奥等人制定了一个旨在征询工人意见的访谈计划。1928 年 9 月到 1930 年 5 月不到两年的时间里，哈佛小组的实验人员与工厂 2 万名左右的工人进行了访谈。访谈者的任务就是让工人说话。有了这样一个自由发表意见、发泄心头之气的机会以后，虽然工作条件或劳动报酬实际上未有任何改善，但工人们却普遍认为自己的处境比以前好了。研究人员对工人在访谈中的怨言进行了分析，发现工人由于关心自己个人的问题而会影响到工作效率，所以管理人员应该了解工人的个人问题。为此，需要对管理人员进行训练，使他们成为能够倾听并理解工人的“访谈者”，这样才能够促进人际关系的改善、工人士气的提高以及产量的增加。

> 霍桑实验发现人的劳动生产率与人们在劳动中的工作态度和情绪有关，与人们的工作积极性和主动性有关，与人的诸多社会心理需要能否得到满足有关。

（4）绕线实验与非正式组织。在绕线实验中，研究人员观察到两个事实：一是工人们在产量水平上达成了某种默契，并运用团体压力来加以维护，使人们共同遵守。这些压力包括冷遇、讽刺、嘲笑等。每个工人都自觉限制自己的产量，以避免自己的“形象”在同伴眼中受到伤害。如果某个工人某天的产量高了，他也只会上报符合“合理工作量”的部分，其余产品则会隐藏起来，以供第二天放慢生产速度后的补缺。二是在正式组织中存在着小团体，即“非正式组织”。在工作过程中或工作结束后，工人跨越正式组织的界限相互交往，形成相对稳定的非正式团体。这种非正式团体有自然形成的领袖和自己的行为规范。比如，不应该提供过多或过少的产量；不应该成为“告密者”或向监工打“小报告”；不应该在工作中一本正经，对同伴保持疏远态度或好管闲事等。违反这些规则会受到某种形式的攻击。

二、 梅奥的结论与人际关系学说

在总结霍桑实验的基础上，梅奥于 1933 年出版了《工业文明中人的问题》一书，他的主要助手罗特利斯伯格也于 1939 年和 1942 年分别出版了《管理和工人》与《管理和士气》。在这些书中，他们阐述了人际关系学说的主要内容。与泰勒的科学管理思想和当时流行的看法相比，人际关系学说提出了以下新观点。

（1）职工是社会人。科学管理把人当做“经济人”来看待，认为金钱是刺激人的积极性的唯一动力。霍桑实验表明人是“社会人”，影响人的劳动积极性的，除了物质利益以外，还有社会和心理的因素。每个人都有自己的特点，个体的观点和个性都会影响个人对上级命令的反应和工人中的表现。因此，应该把职工当做不同的个体来看待，当做“社会人”来对待，而不应将其视做无差别的机器或机器的一个部分。

“经济人”假设金钱是刺激人的积极性的唯一动力。“社会人”假设认为，影响人的劳动积极性的，除了物质利益以外，还有社会和心理的因素。

（2）企业中存在着“非正式组织”。非正式组织是与正式组织相对而言的。所谓正式组织，是指为了有效地实现企业目标，对企业成员的职位、任务、责任、权力及其相互关系进行明确规定和划分而形成的组织体系。科学管理只注意到发挥这种正式组织的作用。然而，霍桑实验告诉我们，工人在企业内部共同劳动的过程中，必然会发生一些工作以外的联系。这种联系会加深他们的相互了解，从而能形成某种共识，建立起一定程度的感情，逐渐地发展成为一种相对稳定的非正式组织。

这种非正式组织对工人有两种作用：①它保护工人免受内部成员的疏忽所造成的损失，如生产得过多以致提高生产定额，或生产过少以致引起管理当局的不满，并加重同伴的负担；②它保护工人免受非正式组织以外管理人员的干涉所造成的损失，如降低工资率或提高生产定额。

梅奥等人认为，不管承认与否，非正式组织都是必然存在的，它与正式组织相互依存，并且会通过影响工人的工作态度来影响企业的生产效率和目标的达成。因此，管理人员应该正视这种组织的存在，分析非正式组织的特点，利用非正式组织为正式组织的活动和目标服务。

（3）新型的领导能力在于提高工人的满足程度。科学管理认为，生产效率主要取决于作业方法、工作条件和工资制度，因此，只要采用恰当的工资制度，改善工作条件，制定科学的作业方法，就可能提高工人的劳动生产率。梅奥等人根据霍桑实验则得出了不同的结论。他们认为，生产效率的高低主要取决于工人的士气，而工人的士气则取决于他们感受的各种需要得到满足的程度。在这些需要中，金钱与物质方面的需要只占很少的比重，更多的是获得友谊、得到尊重或保证安全等方面的社会需要。因此，要提高生产效率，就要提高工人的士气；而要提高工人的士气，就要努力提高工人的满足程度。所以，新型的管理人员应该认真分析工人需要的特点，不仅要解决工人生产技术或物质生活方面的问题，还要掌握他们的心理状况，了解他们的思想情绪，以采取相应的措施。这样才能适时、合理、充分地激励工人，达到提高劳动生产率的目的。

三、 从人际关系学说到行为科学

霍桑实验及其结论在当时并未引起人们的注意。20 世纪 30 年代中期，美国国会通过了《全国劳动关系法》，企业中工会相继成立，劳资关系和力量对比发生了变化。此后，霍桑实验的影响才逐步扩大。一些企业建立了专门的机构，负责研究和处理“工业关系”，一些大学设立了相应的课程。人际关系学说及其观点逐步渗入企业工作。1948 年，美国成立了全国性的“工业关系研究会”。1949 年，在美国芝加哥的一次跨学科会议上，与会者提出了“行为科学”的名称。1956 年，美国出版了第一期《行为科学》杂志。

从此以后，许多管理学家、社会学家、心理学家从行为的特点、行为的环境、行为的过程以及行为的原因等多个角度展开了对人们行为的研究，形成了一系列的理论，使行为科学成为现代西方管理理论的一个重要流派。理论研究的发展又反过来促进了企业管理人员重视人的因素，强调人力资源开发，注意改善人际关系，注意组织的需要与其成员的需要协调一致，等等。

所谓行为科学，是利用许多学科的知识来研究人类行为的产生、发展和变化规律，以预测控制和引导人的行为，达到充分发挥人的作用、调动人的积极性的目的。由于人的行为都是在一定的组织和群体内、在一定主管人员的领导和控制下表现的，故而它不仅与个体的行为基础有关，还要受到群体环境管理人员领导方式的影响。关于人的行为的理论研究涉足上述各个方面。

所谓行为科学，是利用许多学科的知识来研究人类行为的产生、发展和变化规律，以预测控制和引导人的行为，达到充分发挥人的作用、调动人的积极性的目的。

（1）**关于个体行为的研究**。这是行为科学的主体内容。行为科学认为，人的行为是由动机导向的，而动机则是由需要引起的。当人们的某种需要尚未得到满足以前，就会产生对某件事的驱动力，就会寻找能够满足需要的目标，就会去从事某种活动，表现出一定的行为。个体行为理论就是关于行为原因、行为过程以及行为结果的研究。这方面的理论主要有：马斯洛（Maslow）的需要层次论、赫茨伯格（Herzberg）的双因素理论、弗鲁姆（Vroom）的期望理论以及公平理论和挫折理论等。

（2）**关于群体行为的研究**。这方面的研究主要是人际关系理论的继续。群体行为理论除了包括对正式群体（组织）与非正式群体（组织）的特征、相互关系及其作用等方面继续探讨外，还包括群体的沟通与冲突以及群体的动态发展（“群体动力学”）等方面的研究。

（3）**关于领导行为的研究**。工人是在一定主管人员的控制下工作的，主管的领导方式必然会对职工的士气和工作表现产生一定的影响。关于领导行为的研究主要包括两个方面：一方面是分析领导者对人性的不同假设，另一方面是关于不同领导方式的分析。前者如麦格雷戈（Mc. Gregor）的“X、Y 理论”、阿吉里斯（Argyris）的“成熟—不成熟理论”；后者如坦南鲍姆（R. Tonnebaum）等的“连续统一体理论”、斯托格蒂尔（R. M. Stogdill）等人的“四分图理论”以及布莱克（R. Blake）等人的“管理方格理论”，等等。

行为科学的这些理论，我们将在有关章节中详细介绍。

第二节 现代管理流派

第二次世界大战以后，特别是 20 世纪 60 年代以来，西方企业的经营环境发生了重要变化，主要表现在以下几个方面：①工业生产迅速增长，企业规模进一步扩大，资本在国际间相互渗透，出现了许多巨型的跨国公司，企业的经营范围不断扩展，结构更加复杂，影响和制约经营的因素也随之不断增加。②技术进步的速度日益加快，新的科技用于工业生产的周期大大缩短；一项新的发明创造，以前需要几十年才可用于生产，现在多则十年、少则几年便可以直接用于生产，因此市场上新产品、新设备、新工艺、新材料不断出现，企业之间的竞争进一步加剧。③生产的社会化程度不断提高，许多复杂产品的生产和大型工程的建设，需要组织大规模的广泛协作。④在凯恩斯理论和罗斯福“新政”的影响下，西方政府对经济活动的干预范围不断扩大，手段不断增加。

上述种种变化表明：环境对企业的影响越来越重要，它已成为企业经营与管理不可忽视的一个重要变量。在新的形势下，企业在组织内部的生产经营活动时，不仅要考虑到自身的条件限制，而且要研究如何提高适应外部环境的能力。

然而，先前的管理理论不能有效地指导企业在新形势下的管理：这些理论的研究范围局限于企业内部，或者偏重于工程技术，如泰勒的科学管理思想，或者专注于人事研究，如工业人际关系理论和行为科学，但对外部环境因素却考虑得较少。为了解决管理理论与实践相脱离的矛盾，许多研究人员就企业如何在变化的环境中经营进行了许多方面的探索，在此基础上形成了一系列不同的理论观点和流派。美国管理学家把这种状况称为出现了“管理理论的丛林”。在这片“丛林”中，已经形成并具有重要影响的流派主要有：社会系统学派、系统学派、经验学派、权变理论学派、决策理论学派、管理科学学派，等等。

“管理理论丛林”是指许多研究人员就企业如何在变化的环境中经营进行了许多方面的探索，在此基础上形成了一系列不同的理论观点和流派。

一、 组织社会系统理论

社会系统学派从社会的角度来研究管理，把企业组织及其成员的相互关系看成是一种协作的社会系统。其创始人是美国的高级经理和管理学家切斯特·巴纳德。他的代表作是 1938 年出版的《经理人员的职能》。在《经理人员的职能》一书中，巴纳德研究了系统的特征及其构成要素，并分析了经理人员的任务和作用。

（1）组织是一个协作系统。巴纳德认为，“组织是两个或两个以上的人有意识协调活动和效力的系统”。对这个系统要作为整体来看待，因为其中每个组成部分都以一定方式与其他部分相联系。为了影响个人的动机和行为，管理人员必须研究作为组织成员的个人特征。在对组织成员进行管理的过程中，管理人员应该意识到：管理人员的权威取决于指挥下属的命令是否为下属所接受。如果命令没有得到服从，权威也就不存在了。

（2）协作系统的三个基本要素。巴纳德认为，作为正式组织的协作系统，不论其规模大小或级别高低，都包含了三个基本要素，即协作的意愿、共同的目标和成员间的信息沟通。组织是由个人组成的，组织成员愿意提供协作条件下的劳动和服务，这是组织存续所必不可少的。个人协作意愿强度的高低取决于自己提供协作导致的“牺牲”与组织因自己的协作而提供的“诱因”两者之间的比较，它是可变的。组织为了获得并提高成员的协作意愿，要通过说服来影响成员的主观态度，培养他们的协作精神，号召他们忠于组织、相信组织目标等。共同的目标是协作意愿的必要前提。协作的意愿没有共同的目标是发展不起来的。没有共同的目标，组织成员就不知道要求他们提供何种努力，同时也不知道自己能从协作劳动的结果中得到何种满足，从而不会导致协作活动。组织的共同目标和不同成员的协作意愿只有通过信息沟通才能相互联系，形成动态的过程。

社会系统学派认为组织是一个协作系统，它包括协作的意愿、共同的目标和成员间的信息沟通三个基本要素；经理人员的作用就是通过信息的沟通来协调组织成员的协作活动，以保证组织的正常运转，实现组织的共同目标。

（3）经理人员的职能。巴纳德认为，经理人员在组织中的作用就是在信息沟通系统中作为相互联系的中心，并通过信息的沟通来协调组织成员的协作活动，以保证组织的正常运转，实现组织的共同目标。

二、 系统与权变管理理论

巴纳德的社会系统理论提出组织管理整体性思想，这个思想经过福列特，到第二次世界大战之后，逐步形成为系统学派。这个学派的特征是将组织看做有机整体，把各项管理业务看做相互联系的网络。弗里蒙特·卡斯特、约翰逊和罗森茨韦克是主要代表人物，他们对系统学派理论进行了整合，集中体现于1963出版的《系统理论和管理》。到1970年，卡斯特与罗森茨韦克在《组织与管理——系统与权变的观点》一书中将系统观点与权变思想统一起来。

系统学派观点认为：①组织由许多子系统组成。组织作为一个开放的社会系统，是由五个不同的子系统构成的整体，这五个子系统包括目标与价值子系统、技术子系统、社会心理子系统、组织结构子系统、管理子系统。这五个子系统之间既相互独立，又相互作用，不可分割，从而构成了一个整体。②由于组织还是社会大系统中的一个子系统，组织预定目标的实现，不仅取决于内部条件，还取决于其外部条件，如资源、市场、社会技术水平、法律制度等。因此，复杂组织管理系统是由作业子系统、协调子系统和战略子系统构成的。作业子系统负责实际工作的完成，协调子系统负责垂直和水平联合协调活动，战略子系统将组织与外部环境联系起来。管理人员需要力求在与外部条件的相互影响中，各部分之间保持动态平衡。

权变管理理论认为，企业管理要根据内外条件随机应变，没有什么一成不变的、普遍适用的、“最好的”技术和方法。与经验学派不同，权变理论学派希望通过观察和分析大量的事例，找出管理思想、技术和方法与环境的各种因素间的相互关系，把众多的管理情况归纳为几种基本类型，并为每个类型找出一种模式。根据权变理论学派的观点，管理技术与方法同环境因素之间存在一种函数关系，企业管理要随环境的变化而变化。环境自变数与管理因变数这两者之间的相互关系可解释成“如果—就要”的关系，“如果”出现某种环境情况，“就要”采用某种管理思想、方式和技术，这样才能更好地达成组织目标。例如，在市场疲软的背景下，企业产品供过于求，就要采用集权的组织机构，而在经济繁荣、产品供不应求的情况下，企业则应采用分权的经营方式。又如，在企业领导方式上，“如果”现行的社会价值趋向于自由主义，员工是拥有高度科学知识的专业人员，“就要”采用参与式、开放式的领导方法，而不可以采用严格的专权型领导方式。

> 权变管理理论认为，企业管理要根据内外条件随机应变，没有什么一成不变的、普遍适用的、“最好的”技术和方法。

可以划归权变理论学派的管理学家及其理论观点很多，其中影响比较大的有：莫尔斯（J. Morse）和洛希（Jay W. Lorsh）的“超Y理论”、大内（W. G. Ouchi）的“Z理论”以及卡曼（Karman）的“领导生命周期理论”等。我们将在第四篇领导中详细介绍这些理论。

三、　新组织理论

对组织系统进一步深化，是明茨伯格（Henri Mintzberg）提出的新组织理论。他在《组织的结构》（1979）、《“五”字组织结构》（1983）以及《明茨伯格谈管理——探索组织世界的奥秘》（1989）中，明茨伯格讨论了组织的协调机制等组织管理问题。

明茨伯格认为，组织管理的基本问题是分工和协调：通过分工，组织把目标活动分派给组织的不同成员，以便于执行；通过协调，使不同时空工作的组织成员的活动构成一个整体，从而保证组织任务的完成。因此，组织结构的实质是人们在组织内进行劳动分工和协调的方式的总和。了解组织结构，首先要了解组织中的各种协调机制。明茨伯格指出，不论企业采用的具体协调方式有多少种，都

> 新组织理论认为组织结构的实质是人们在组织内进行劳动分工和协调的方式的总和。任何组织都是由工作核心层、战略高层、直线中层、技术官僚、支援幕僚和意识形态或文化六个部分组成。

可以归纳为六种基本的机制⊖：

- 相互调适：通过私下沟通来达成协调的目的，比如两个基层作业人员之间的沟通。
- 直接监督：由一个人向其他工作上相关的人下达命令或指示，进而达到协调的目的。
- 工作程序标准化：为相关任务下的工作人员明确制定工作程序，以达成协调的目的。这些标准通常由技术官僚制定，由作业层去执行。
- 成果标准化或产出标准化：通过规定工作的结果来对组织成员的活动进行协调或控制。
- 技术（技能）以及知识标准化：让员工接受相关的训练，使之具有共同的技术或知识背景，从而达成协调的目的。
- 规范标准化：把行为规范注入整个组织工作当中，使所有成员根据相同的信念选择和表现其行为。

这六种协调机制在时间上是相继出现的，在空间上也可能同时并存。从发展过程来看，当企业规模小时，几个人工作，彼此间的协调可以采用相互调适的方式。随着企业规模的扩大和组织复杂性的增加，就需要有一个上级来进行协调，即出现直接监督方式。而规模和复杂性的进一步增加，就要实行标准化的协调方式。一般工作可以实行程序标准化，有些工作较复杂，无法规定标准工作程序，就应采用成果标准化。如果工作再复杂些，不仅工作过程难以标准化，而且工作成果也难以预定一个标准时，则只能实行技能标准化，从投入方加以控制。而企业如果进一步复杂化，如高科技企业，标准化协调方式也难以实行，则又要回过头来采用相互调适的方式，只不过这时的相互调适通常是以共同接受的文化、价值观、信念以及行为规范等为基础。从空间上来看，在企业的日常经营活动中，不同层次经营活动的组织需要同时借助这些不同的协调机制。事实上，在一个具有相当规模的企业中，并非单靠一种协调方式，而是六种同时并存。当然，在一个企业中，总有某种协调机制占主导地位。

四、 决策理论学派

决策理论是以社会系统论为基础，吸收行为科学和系统论的观点，运用计算机技术和运筹学的方法而发展起来的一种理论。这个学派的特点是突出了在组织与环境作用过程中的决策管理的价值，它的主要代表人物是西蒙（Herbert A. Simon）。由于在决策理论的研究中做出了杰出贡献，西蒙获得了1979年度的诺贝尔经济学奖。

> 决策理论认为管理就是决策，决策贯穿于整个管理过程；决策的核心是利用合理的标准对各种可行方案进行评价。“令人满意的”是最主要的决策准则。

（1）管理就是决策，决策贯穿于整个管理过程。

西蒙等人认为，决策是组织及其活动的基础。组织是作为决策者的个人所组成的系统。组织之所以存在，是因为有组织成员做出了参加组织的决策，这也是任何组织的任何成员的第一个选择（决策）。此后，组织成员还要做出其他决策。但由于个人目标已经退居次要地位，从属于组织目标，因而个人决策也往往从属于组织的需要，个人同组织一体化。

组织的全部活动都是集体活动，对这种活动的管理实质上是制定了一系列决策。制定计划的过程是决策，在两个以上的可行方案中选择一个，也是决策；组织设计、机构选择、权力的分配属于组织决策；实际同计划标准的比较、检测和评论标准的选择属于控制决策；等等。总之，决策贯穿于管理的各个方面和全部过程，管理就是决策。

（2）决策的准则。决策的核心是要做出选择，而要做出正确的选择，就必须利用合理的

⊖ 明茨伯格谈管理——探索组织世界的奥秘［M］. 台北：台湾中天出版社，2000.

标准对各种可行方案进行评价。西蒙认为，人们习惯上运用“最优”或“绝对的理性”作为决策的准则。根据这个准则进行决策需要三个前提：①决策对所有可供选择的方案及其执行结果无所不知；②决策者具有无限的估算能力；③决策者的脑中对各种可能的结果有一个“完全而一贯的优先顺序”。由于决策者在认识能力和时间、经费及情报来源上的限制，不可能具备这些前提，所以事实上不可能做出“完全合理”或“最优”的决策。人们在决策时，不能坚持要求最理想的解答，常常只能满足于“足够好的”或“令人满意的”决策，由于人们没有求得“最优解”的才智和条件，所以只能满足于“令人满意的”这一准则。

在西蒙的决策理论中，还对非程序化决策的方法做了详细的研究。他用心理学的观点和运筹学的手段，提出了一系列指导企业管理人员处理非例行活动、非程序化决策的技术，从而在西方企业界产生了重要影响。

五、 管理科学学派

管理科学学派是在第二次世界大战中兴起的，主要是英美科学家为了帮助政府和军队解决更有效率分配资源的问题。这个学派认为，管理就是制定和运用数学模型与程序的系统，即通过对企业的生产、采购、人事、财务、库存等职能间相互关系的分析，然后用数学符号和公式来表示计划、组织、控制等合乎逻辑的程序，求出最优的解答，以达到企业的目标。从名称上来看，凡是以管理为研究对象的科学都可以被称为管理科学，但作为一个学派，它主要与将定量方法运用于管理活动的研究有关，所以通称为管理的数量学派或运筹学派。

管理科学学派有两个重要特点：一是关注现实管理问题的模型化；二是对运营管理的兴趣。由于组织活动的决策、过程及其成果可以用定量的方法描述，因此在对组织的管理过程中发展了许多数量分析方法和决策技术，比如盈亏平衡分析、库存控制模型、决策树、网络计划技术、线性规划、动态规划、排队论、对策论，等等。进入 21 世纪以来，随着人类定量研究方法的进步，管理科学理论也远远跨越了传统的研究范围，大量的企业战略、人力资源管理、市场营销等问题都已经纳入定量解决范围，在一定程度上出现了管理研究中的定性与定量方法相融合。

第三节 管理发展的新趋势

20 世纪 80 年代以来，由于科学技术的迅猛发展，特别是信息技术的发展以及国际经济一体化，对传统劳动和劳动性质带来根本性的改变，管理活动发生了重大变化。这些变化主要表现在以下七个方面。

一、 从管理科学到管理艺术

第二次世界大战以后的 20 多年里，管理是科学的观点占了上风。这个观点在两个方面促进了管理理论实践的发展。人们以科学的眼光去看待它、研究它，寻找管理理论的内涵，透过管理活动的表象，透过管理活动中各种因素之间错综复杂的关系，揭示出管理活动的一般原则和规律。不论是决策理论、盈亏平衡分析、关键路径等运筹方法的应用，还是系统论、控制论、信息论的引入，或是耗散结构理论、协同理论、突变理论在管理研究中的导入，无不说明了这一点。然而，不管管理科学如何发展，甚至它好像将管理的原则、过程、方法毫无遮掩地展现在人们的眼前，然而，在不断复杂多变的环境面前，管理科学理论仍旧留下大量的空白。成功的管理实践活动，还需要管理者依据管理基本原理去创造和发挥。因此，管理活动还是一种在适当的时间对适当的对象运用适当的方法和原则的艺术。将管理科学理论与管理实践艺术有效结合，越来越成为时代潮流，人们抱着浓厚的兴趣在这些管理大师的自传中去寻找管理艺术的真谛。

二、 从硬管理到软管理

19 世纪末 20 世纪初，管理科学化的出现，就是起源于企业规模的扩大和活动内容的复杂、参与要素的增加，仅靠传统的经验再也无法管理好复杂的企业活动。于是，人们开始认识到，必须在总结管理经验的基础上，提炼出科学的原则和方法，必须制定严密的生产经营计划，设计合理的组织机构与结构，建立严格的符合组织活动要求的规章和制度。在很长一段时间内，经营成功的组织都是计划严密、结构合理、规章细致的。管理方法特别是数量方法的发展，也促进了人们对计划、组织、规章等后来被人们称为“硬件”的重视。

21 世纪以来，在管理环境日益复杂化的今天，特别是伴随着知识经济时代到来，组织中人的因素越来越突出，管理活动越来越需要从控制和规范参与者行为层面，深入到其精神层面。因此，仅有管理的“硬件”已经不够了，这种重视创新的趋势，可以从管理学著作的流行中窥见一斑。继《Z 理论》、《企业文化》、《日本管理艺术》、《追求卓越》等畅销之后，倡导创新的《企业革命》、《创新经营》、《乱中求胜》、《志在成功》等再度成为热门书籍。越来越多的人认识到，在新的形势、新环境中日本企业成功的奥秘在于“软件”的优越：领导方式的灵活、对人的重视、集体决策等特点帮助那些结构、制度、计划与竞争对手相差无几的企业取得了更好的经营效果。于是，“软管理”方式渐渐得到管理者的推崇。

三、 从“手段人”到“目的人”

西方管理中对人的态度经历了三个阶段、两次转变。在 20 世纪 20 年代以前，不论是企业主的经验管理，还是泰勒倡导的科学管理，都是把人当做类似于机器的要素来看待，都认为人的需求主要是物质和经济方面，即人是经济人、理性人，驱使其工作的动机是经济方面的需要，在工作过程中是具有理性的，善于计算。20 世纪 20 年代梅奥、马斯洛、赫茨伯格等行为科学的研究表明：人不仅有物质方面的需求，还有社交、归属、自我实现等社会心理方面的需要。这是管理理论中对人的认识的第一次转变，即从“物质人”、“经济人”到“心理人”、“社会人”的转变。

不论是科学管理原理，还是行为科学理论，它们都是研究人的目的，都是为了提高人的工作效率，更加有效地完成组织任务。因此，这些理论在实践中很容易引导管理者将人仅看做组织管理的一种资源，看做实现目标的一种手段。这种“手段人”的看法到 21 世纪以来受到越来越多的冲击。随着社会经济文化的发展，越来越多的劳动者把工作看成是自己实现个人社会价值的重要手段，在工作中寻找人生的意义。这些冲击促使组织不得不更加重视对人的管理，不得不注重“工作生活质量”的改善，不得不重视员工个人职业生涯的发展，不得不把员工当做“目的”来看待。今天，以人为本的管理理念普遍为人们所接受，组织管理目标越来越多地从追求效益最大化，转向对人的全面发展的思考。

四、 从强调个人竞争到重视团队协作

整个西方文化是以个人主义为核心的。美国人始终追求的理想和目标是“个人自由”原则的全面贯彻和个性的全面发展。在这种文化的熏陶下，传统的西方企业，特别是美国企业在对人的管理中必须以个人为中心，尊重个人价值，鼓励个人间的竞争，强调个人的成功。这种以个人为激励对象的管理方式虽然可以在一定程度上刺激个人的工作热情，但在根本上与现代

工业生产的协作要求是相悖的：现代工业生产分工精细，任何产品的制造都要经过许多环节，经由许多人的努力才能完成。没有劳动协作，任何产品的制造、任何科研的完成，都是难以想象的。

然而，以个人为刺激对象的管理和激励机制有可能引起群体内部个人之间的过度竞争，有可能使部门间以及个人间的协作精神消失殆尽，因为在这种机制下，其他部门和个人的成功就意味着自己的失败。这样，部门、个人之间相互保密、封锁、不合作的态度就是必然的后果了。20 世纪 70 年代以来，伴随着日本的成功和现代组织复杂程度的增加，许多西方企业开始检讨自己在管理上的失误。许多美国学者发现：日本企业职工大多具有强烈的“企业家族主义”的集体精神和协作意识，在日本企业里，个人的成功首先归功的不是自己的个人努力，而是团队协作的结果；首先不是将其视做自己的个人成功，而是作为公司集体中一员的成功。认识到协作精神的重要性，许多美国企业试图模仿日本企业转向团队的奖励制度，注重培养合作精神。

五、 从集权到分权

以职能分工为基础，以统一指挥为核心原则，以集权倾向为主要特征的职责分明、结构严谨的等级制度曾经是，现在仍然是许多西方企业的主要组织形式。这种组织的基本运行规则是上层决策、中层传达、基层执行。

然而，随着技术进步的加快，随着环境的日趋复杂，随着信息手段的广泛运用，复杂多变的外部环境要求组织管理内容和方针灵活多变，迅速适应。然而，正如《日本经济评论》刊载的一篇文章所指出的：“一艘 30 万吨的巨轮掉转航向，至少需要 30～40 分钟。同样，拥有数万甚至数十万员工的大企业难以迅速适应业务环境的突变……因此，大企业必须从小企业灵活机动的成功经营中受到启示”。因此，这种集权式的组织形式正逐渐受到挑战，组织内部的分权化已逐渐成为一种趋势，大规模的高度集中统一的大企业，正逐渐演变成由若干自主经营的小单元组织的原子合成型组织。正如肯尼迪和迪尔在《企业文化》中指出的，种种迹象表明，企业组织正逐渐从等级森严的金字塔式结构转向原子型组织。这种原子型组织的特点是：①企业由若干以具体任务为中心的小型工作单元组成；②每个单元都在经济和经营上掌握自己的命运；③这些单元通过良好的信息手段相互沟通，借助强有力的文化纽带结成一体。

六、 从外延式管理到内涵式管理

外延式管理是希望通过联合与兼并来扩大经营规模，提高市场占有率；内涵式管理则力求通过充分利用内部条件、加强企业创新、提高内部生产能力来增强企业竞争力。

20 世纪 60 年代，欧美企业外延式管理盛行，人们经常可以在传播媒介上看到企业兼并或收购连篇累牍的报道。受“规模效益”的诱惑，许多公司的老板处心积虑地分析收购对象的市场状况和财务能力，设法通过公开或暗地收购其股票来达到吞并目的，以扩大业务范围，获取规模效益，但规模效益的神话逐渐被打破，因为人们发现，企业经营超过某种规模后，带来的不是效益的增加，而是机构的臃肿、决策的迟缓、信息渠道的堵塞、管理的困难，从而效益下降。特别是那些收购自己不熟悉行业企业的公司，更是从中尝够了苦头。于是，20 世纪 70 年代中后期开始，一些企业提高竞争实力的途径开始从盲目的外延式管理转向内涵式管理。这些转变主要表现在以下两个方面。

（1）有选择地扩展业务。彼得斯等人在《追求卓越》一书中对美国 60 多家成功公司的详细研究表明，凡是成功的公司在业务内容的扩展上都是有选择地进行的。那些只经营自己熟悉业务的组织要比别的企业经营得好。这些组织将业务建立在中心力量或能力的基础上，然后借助这个基础力量逐渐扩展业务范围，而不愿在不熟悉的领域进行投资。

（2）强调内部创业。20世纪60年代，由于电子技术在生产领域的应用刚刚开始，许多新产品刚刚问世，因此，以扩大业务规模为主要特征的外延式管理受到企业的普遍欢迎。然而随着生产同类型产品的企业增多，市场供给不断增加，与此同时，消费者逐渐拥有这些产品，市场趋于饱和，标准化产品的大批量生产已不再能给企业带来任何竞争优势，企业必须在注意满足一些尚未满足的特殊消费者的特殊消费需求，从而不能忽视一些小批量甚至是单件产品的同时，重视创新，在产品的品种、规格、结构、外观、功能等方面给消费者提供更新、更好的满足。这种重视创新的趋势，可以从继《Z理论》、《企业文化》、《日本管理的艺术》、《追求卓越》等畅销书之后，再度使管理成为热门课题，鼓吹创新的《企业革命》、《创新经营》、《乱中求胜》、《志在成功》等书的畅销中窥见一斑。美国作者吉福德甚至在《创新者与企业革命》中鼓吹应将企业改造成为由若干充满新精神的“内企业家”组成的联合体。

七、 回归基础管理

1993年美国麻省理工学院教授迈克尔·哈默（M. Hammer）与詹姆斯·钱皮（J. Champy）出版了《企业再造》(*Reengineering the Corporation*)。作者在书中指出，“20年来，没有一个管理思潮能将美国的竞争力倒转过来，如目标管理、多样化、Z理论、零基础预算、价值分析、分权、质量圈、追求卓越、结构重整、文件管理、走动管理、矩阵管理、内部创新及一分钟决策等”。为了能够适应新的世界竞争环境，企业必须摒弃已成惯例的运营模式和工作方法，以工作流程为中心，重新设计企业的经营、管理及运营方式。1995年，钱皮又出版了《再造管理》。这两本书出版后不仅在美国迅速畅销，而且很快被译成多种文字在全球范围内迅速畅销。一时间“企业再造”、“流程再造”成为世界范围内企业管理理论和实际工作者谈论的热门话题。

根据哈默和钱皮的观点，企业再造就是“为了飞越性地改善成本、质量、服务、速度等重大的现代企业的运营基准，对企业流程（business process）进行根本性的重新思考并彻底改革。”其具体实施过程包括以下主要工作：

1）对原有流程进行全面的功能和效率分析，以发现目前流程中各活动单元及其组合方式上存在的问题。

2）改进相关单元的活动方式或单元间关系的组合方式，设计流程改进方案。

3）制定与流程改进方案相配套的组织结构、人力资源配置和业务规范等改进计划，形成系统的企业再造方案。

4）组织流程改进方案的实施，并在实施过程中根据经营背景的变化组织企业流程的持续改善。企业活动及其环境是动态变化的，因此企业再造或流程重组将是一个持续不断的过程。

“企业重组”与“流程再造”等概念的提出不仅使管理的实践者们兴奋不已，而且为管理的理论研究注入了“活力”。一时间，“重组”或“再造”的方案在一个个企业的董事会上被不断提起，管理顾问公司的“大师”们也为不同客户的再造咨询疲于奔命；在管理研究界，一篇篇精美的论文或者在理论上论证了价值创造与流程再造的逻辑关系，或者更多地实证分析了流程再造对企业经营绩效改进的促进。然而，通过这种热闹非凡的现象，我们看到的可能是管理实践与管理理论研究对基础管理的回归。

就管理实践而言，正如哈默和钱皮所指出的，20 世纪 70 年代以后，“目标管理”、“多样化”、“零基预算”、“价值分析”等概念层出不穷，但在许多企业的实践中却收效甚微，这不能不引起管理实践者的反思。在反思中，人们认识到，目标的达成不仅在于构建，更取决于组织成员的日常执行；绩效的提高不仅要求规划框架的合理或产品设计的结构合理，更要求组织成员在规划执行或产品生产过程中保证细节的完美。“执行力”或“细节”决定着成败。因此，管理必须回归基础，从具体活动、活动单元及其组合的合理性分析开始。

就管理研究而言，“流程分析”、“流程及其相应的组织与人事改进方案设计”、“改进方案的组织实施与持续改进”，流程再造理论提出的再造程序，熟悉管理思想发展与演进的读者可能多少有一点似曾相识的感觉。实际上，在泰勒 1911 年出版的《科学管理原理》中我们可以找到相似甚至相同的词语。我们知道，泰勒科学管理原理的主要内容便是对生产过程组织的合理化和生产作业方法标准化的研究。泰勒制的推广使得企业在作业研究的基础上确定了标准的作业方法，然后设计合理的生产过程来组合这些以标准方法完成的作业。流程再造的基本逻辑早已隐含于泰勒的科学管理原理之中，这是哈默和钱皮不会否认的。

经过 100 多年的发展，管理实践与管理研究重又回到管理的基础工作或对基础工作的管理，这是非常值得令人回味的。

本章回顾

小　结

20 世纪 20 年代美国西方电气公司的霍桑实验，导致了工业人际关系学说的诞生。根据这个学说，员工不仅是经济人，而且是社会人；企业活动中存在非正式组织；新的领导力在于提高员工满足度的能力。随着工业人际关系研究的深入，行为科学在 20 世纪 40 年代末 50 年代初产生，这个学科强调了行为产生动机及其变化过程研究的重要性。

第二次世界大战以后，由于企业经营环境发生了重大变化，旨在解决企业内部生产或人事关系的“早期思想”或“古典理论”不再能有效地指导企业处理内部经营与外部环境的问题，适应此种需要的管理者朝不同的方向研究导致了管理理论丛林的出现。在这个丛林中，既有“参天大树”，也有引人注目的“野花、小草”。社会系统学派、权变理论学派、决策理论学派以及管理科学学派等是其中影响重大的主要学派。

20 世纪 80 年代以来，科学技术的迅速发展，对生活质量的普遍重视，对工作意义及其性质的重新认识，以及国际经济的逐渐一体化，促进了东西方管理思想的相互交融，给管理实践带来了许多变化，出现了从管理科学到管理艺术、从硬管理到软管理、从“手段人”到“目的人”、从强调个人竞争到重视团队协作、从集权到分权等管理发展的新趋势，从而使管理思想与管理方法呈现出五彩缤纷的局面。

关键术语

霍桑实验	“社会人”假设	管理理论丛林	社会系统理论
决策理论	系统与权变理论	新组织理论	内涵式管理

思考题

1. 为什么梅奥认为新的领导力在于提高员工满足度的能力？
2. 在巴纳德的社会系统论中，协作系统由哪些基本要素构成？
3. 西蒙的决策理论有什么特点？
4. 系统与权变管理学派的基本观点是什么？
5. 明茨伯格的组织理论有何特点？把协调机制作为组织研究的中心对管理者可能带来哪些启示？
6. 有人说，“管理既是科学，也是艺术”，你如何评价这个观点？
7. 20世纪80年代的劳动力资源有何特点？这些特点给组织管理带来了什么变化？
8. 现代管理中出现分权化倾向的原因是什么？这种倾向具体表现在哪些方面？
9. 你如何看待管理研究与管理实践对基础管理的回归现象？

延伸阅读

1. 丹尼尔 A 雷恩．管理思想的演变［M］．北京：中国社会科学出版社，2000.
2. W H 纽曼，小 C E 萨默．管理过程——概念、行为和实践［M］．北京：中国社会科学出版社，1995.
3. 彼得·德鲁克．管理的实践［M］．北京：机械工业出版社，2008.
4. 切斯特·巴纳德．经理人员的职能［M］．北京：中国社会科学出版社，1997.
5. 赫伯特 A 西蒙．管理行为［M］．北京：机械工业出版社，2007.
6. 赫伯特 A 西蒙．管理决策新科学［M］．北京：中国社会科学出版社，1982.

案例讨论

G公司的故事

G公司创办至今不过十几年的历史，但现在已是全球数一数二的国际化大公司了。不仅如此，它已经成为我们生活中不可或缺的一部分，也成为这个信息化时代的神话。

硅谷造就了G公司的个性：自由、宽容、平等、鼓励创新。员工可以带孩子和宠物来公司上班，公司CEO的办公室和其他人的区别不大，只是位置稍微好一点。G公司给员工制定了一条不成文的规定：工程师必须用1/4的时间来思考了不起的点子，即使这些点子可能给公司的财务前景造成不利。

不断创新是互联网企业的生存法则之一，以工程师为主体是互联网行业人才架构的特色。G公司作为互联网行业的巨头一直秉承着“我们只雇用最聪明的人”的人才宗旨，G公司相信，只有“最聪明的人”才能在这个全新的互联网领域不断创新。其两位创始人甚至对所有领域的人才都偏爱有加，如果你是脑外科或是火箭研究领域的博士，也可能有机会去G公司工作，现在G公司的员工中就包含一名火箭领域的科学家和一名脑外科医生。

“G公司是以研发人员为中心的公司，倡导‘工程师文化’。因此G公司倡导并鼓励一种创新、民主的企业文化，从工程师的观念创新，落实到产品设计营销，最后延伸到管理，在G公司的每一个环节都有体现。”原G公司大中华区人力资源总监邓涛说。

G公司的员工从来不必在乎早上闹钟会不会准时响起，员工可以悠闲自得地去上班，如果你看见急匆匆赶往办公室的员工，那绝对不是担心迟到，也许是为了和同事会合去享受G公司提供的免费大餐。G公司提倡的弹性工作制不同于其他企业，G公司充分相信员工，把工作时间的掌控权交由员工，由员工根据自己的喜好自由安排时间。

很多人评价，在G公司工作更像在自己家办公，饿了可以去吃东西，中式的、西式的，如果你不怕发胖，可以尽情地吃；困了可以小睡；玩兴大发时可以和同事PK一场桌球；哪里不舒服了，随时可以享受到按摩师的到位服务。在G公司看来，这是福利，更是为员工打造宽松、自由的环境。

G公司鼓励员工用20%的工作时间去做自己想做的事情，即使是和手头的工作完全不相干的项目也可以。很多G公司推出的产品都是员工用20%的个人时间设计完成的，这些产品都非常成功。以四川地震为例，很多员工利用自己20%的个人时间设计了通过G公司地图帮助救援人员搜救的产品，也有员工设计了帮助幸存者寻找亲人的产品，“这些都是员工自发组织的，没有任何人去下达这样的工作安排，我们也会充分支持员工的想法”。

G公司具有非常完善的基于团队的考核机制。员工每个季度都有自己明确的工作目标，而且因为互联网公司都有自己的网络管理平台，比如，工程师每周的项目做到什么程度对所有员工都是透明的，这为员工的绩效考核提供了很好的管理工具。G公司的考核分不同的等级，对排在末位的员工有相应的帮助措施，特别重视排名最靠后的5%的员工，公司将集中找出原因，发现问题，建立信心，帮助他们赶上来，但也不排除会将一些人淘汰出局。而对最好的5%～10%的员工，每年都会给予充分的奖励和荣誉。

讨论题

1. G公司成功的基础是什么？为什么G公司可以实现持续创新？

2. 从G公司的成功经验来看，现代管理应当构建在什么样的人性假设上？

3. 你认为G公司的成功经验对于哪些现代管理思想进行了验证？

4. G公司的成功经验是否有其适用的领域和条件？你认为在什么情况下，可能会对G公司经验提出挑战？

第四章　管理伦理与社会网络

夫仁者，己欲立而立人；己欲达而达人。能近取譬，可谓仁之方也已。

——孔子《论语·雍也》

第一节　管理活动中的道德逻辑

管理活动总是在人与人的交往过程中完成，而作为社会成员的组织人，不论是与内部人员的交往，还是与组织外部人员的交往都会受到社会规范的约束，其行为都必须符合社会的伦理道德。因此，有效性管理活动首先是建立在社会伦理道德的基础上，用社会规范约束组织成员行为，特别是管理者自身的管理行为。

当今道德问题成为管理学中的热点问题，特别是企业经营活动的伦理问题。20 世纪 60 年代以来，在欧美经济发达国家出现了不少的社会问题，如环境污染、商业欺骗、侵犯消费者权益、员工歧视等。更加突出、接连不断的经济丑闻（贿赂、胁迫、欺骗、偷窃等），如安然、环球电讯、世界通信、施乐等一批企业巨擘财务舞弊事件的曝光，引起了全社会的震荡。近些年在我国出现的某些食品安全事件、建筑工程质量事件等，集中暴露了一批企业管理的道德缺失。人们在抨击企业缺乏社会良知、不择手段谋利的同时，也需要重新思考组织的伦理道德。

一、　管理与伦理的关系

一直以来，管理活动道德中立性观点被广为流传。它主张商业活动是在自由经济体系中开展，只要符合市场经济的法则，从根本上与道德无关。在其看来，管理是建立在科学原理的基础上，而不是建立在宗教或伦理的基础上，“生意就是生意”。有调查表明，在我国某些企业管理者奉行“讲道德的赚不了钱，赚钱的不讲道德”的信条，有人形式上是搞了，但只不过是“花架子”，做样子罢了。

即使管理者们不停地要做伦理选择，私下里奉行伦理准则，但他们给人的感觉是其行为只受组织利益左右，而回避谈论伦理问题。弗雷德里克 B. 伯德和詹姆斯 A. 沃特斯把这种现象称为“伦理缄默现象”[㊀]。造成伦理缄默现象的原因可能来自三个方面：首先是处于避免威胁组织和谐的考虑。那些伦理缄默者认为，伦理交谈会涉及对组织内其他成员的不同看法，从而产生的伦理疑问将导致组织内部的相互指责。其次，对威胁组织效率的担忧。管理者为了追求效

㊀ Frederick B Bird and James A Waters. The Moral Muteness of Managers. California Management Review [J] . 1989: 74-88.

率，适应不同变化的需要，会寻求避免过多的约束，尽量避免伦理规定。最后，伦理交谈往往有理想化成分，和管理者在伦理学知识方面的不足也有一定关系。

不管人们是否认知管理与伦理的关系，还是保持伦理缄默，管理活动总是嵌入社会的道德关系之中，管理决策也受到道德因素的影响。道德一般被认为是人和人之间关系中表现出来的一种行为规范、一种原则，它所构成的体系被称为道德规范、道德体系、道德原则。“道者，人之所共由；德者，人之所自得”（焦竑《老子翼·卷七》引）。作为规范，道德与伦理两个概念是相同的。管理的道德中立性观点显然忽视了一个重要的事实，那就是管理活动归根到底是人的活动，组织和组织成员都具有特定的价值规范，也受到社会规范的限制。事实上，管理者要处理数量众多、形态各异的伦理问题，这些伦理问题常常引发道德困境。在不同的情况下，管理者的伦理压力会来自个人、组织、行业、社会等多个层面。例如，管理者是否需要揭露行业的潜规则，而企业本身也是这些规则的受益者；组织成员是否能利用制度规则的空子，获得有利于组织发展的重要资源；在行使救死扶伤的过程中，管理者会面对企业利益受损，而这些行为往往并不违反法律。

企业和其他组织都是道德主体，它们都是在有意从事各种管理活动，组织行为的科学性并不是盲目的、被动的，而是组织根据外部环境情况有意识的选择结果。一个企业决定以什么方式生产和销售产品，既受到社会需求的影响，也包含企业对社会的认知及其创造性满足社会需要的过程。企业和其他组织都要对其行为负责，需要承担起社会责任。如果它们不能符合社会的要求，社会道德约束就会起作用，社会舆论的谴责会导致组织形象受损、各种社会联系衰退以及组织资源的枯竭。所以，企业和其他组织都是道德的主体。

如果管理者无视管理与伦理间的关系，就可能看不到道德规范的制约性，将难以自觉地对待管理活动的道德问题，而且这些行为可能导致对不正当行为难以保持高度的警觉；由于缺乏管理伦理知识，在遇到伦理问题时就会十分被动，如果处理不当，会给组织和个人带来不利的后果。弗雷德里克 B. 伯德和詹姆斯 A. 沃特斯指出要克服伦理缄默现象，组织需要注意以下几个方面：①组织要能够公开地发表自己不同的看法，要尊重不同的观点，充分发扬和倡导企业民主。②管理者要掌握企业伦理知识，学会道德推理，学会伦理沟通，能够通过管理措施来有效处理工作中的伦理问题。③克服伦理缄默现象，不是一朝一夕就能完成的，组织需要长期努力。

相反，如果管理者能够有效地强化企业道德行为，就会强化组织管理，组织的道德是增强管理的有效途径[㊀]。

（1）组织的道德品质和道德文化有助于制定正确的决策。具有较高的道德品质管理者，能够倾听各方意见，有较强的责任感，下属也乐于参与决策。因此，他更容易客观而公正地做出决断。如果管理者不具备基本的道德品质，或以权谋私、投机取巧、利欲熏心、刚愎自用，都可能导致他对组织不负责任，难以做出科学的决策。有些管理者的决策失误，不在于技术上不可行、经济上不合理，而在于它不合乎伦理道德。

（2）良好的组织道德品质和道德文化是获取、保留关键性人才和激发组织成员工作热情的基础。组织成员不仅需要物质利益，更需要精神的满足。良好的组织道德文化是组织的无形资产，是企业的品牌，它意味着更公平、更公正、更和谐的工作环境。因此，它能够吸引那些有知识、有文化、有修养的关键人才源源不断地投奔到企业中来，它也能够激发出员工的工作责任心、创造性和积极性。

㊀ 周祖诚. 企业伦理学［M］. 北京：清华大学出版社，2005：237-241.

（3）组织的道德文化促进了组织内外的协调。组织的道德文化可以促使组织内外坦诚相待、人与人间的相互信任，可以有助于组织内与组织间相互帮助。因此，组织内外的协调就变得更加容易实现。相反，不道德的组织文化则更会引发人们以自我为中心，造成人与人之间的相互猜疑、尔虞我诈、钩心斗角，即使再完备的制度也无法有效地实现组织内外协调。

（4）较高的道德品质和道德文化还能够推进组织创新与变革。因为，创新与变革的阻力常常来自本位主义，对组织变革的不理解和缺乏信任，以及对未来不确定的担忧。具有较高道德品质的员工和部门会顾全大局、处事公正、相互理解。此外，企业也会为员工着想，最大限度地减少未来的不确定性。

二、 组织的伦理问题与道德判断

1. 组织伦理的四个重要问题

管理者在审视组织伦理问题时，最重要的可以概括为四个问题：是什么，应该是什么，我们如何从是什么到应该是什么，我们的动机是什么。

（1）是什么。这个问题包括管理者的个人伦理是什么，组织伦理是什么，行业或职业伦理是什么，社会的伦理是什么，全球的伦理是什么。这个问题要求管理者去审视组织环境中到底正在发生什么，管理活动所实际遵循的道德准则是哪些。描述伦理学（descriptive ethics）首要就是描述那些绝大多数人认为正确与否的行为，以及对这些行为进行调整和控制的规则。对于实际的道德准则，并不是所有人都清楚。

（2）应该是什么。多数人的行为并不能说明其行为的适当性，管理者应当明确管理活动应该遵循的道德准则。这些问题包括“我们应当如何对待那些上了年纪的员工?”“我们应该如何生产产品才能保证成本不会转嫁给消费者?”“我们要达到的是一个怎样清洁的环境?”事实上，很少有管理者能够从普遍的道德准则，如正确、公平、正义中推断出其道德行为。规范的伦理学（normative ethics）就是致力于形成一套逻辑自洽的基本的道德原则，设立等级分层的标准，并寻求派生出具体的道德标准。

（3）我们如何从是什么到应该是什么。这个问题涉及“是什么”与“应该是什么”之间的差距，它表明管理伦理中实际存在的问题，因而它也代表了组织行动的一个方向，也是管理活动的挑战。组织管理不仅要遵循功利原则，也要遵循善行原则。从这层意义上来说，管理活动是对善的求索过程。

（4）我们的动机是什么。这个问题涉及行善的动机问题。从一般意义上说，不管人们行善的动机是什么，行善总比作恶好。不能因为组织自利动机或以想行善为手段，而对其管理活动横加指责。但如果管理者只是以行善为手段，人们总会看穿其“鬼把戏”。例如，出于刺激生产需要的员工“关心”，就可能让员工有被操纵的感觉。

2. 组织的道德判断与其要素

所谓的道德判断就是人们依据一定的道德原则，运用相应的方法，对组织行为进行善恶判定。有效的道德判断是根据组织道德发展水平，以管理者自身价值观为基础，从道德判断的要素入手，运用道德判断的原则方法做出合理的选择。

> 道德判断就是人们依据一定的道德原则，运用相应的方法，对组织行为进行善恶判定。

（1）道德发展水平。劳伦斯·科尔伯格将人们的道德发展划分成三个层次和六个阶段。①前惯例层次。在这个层次上，人们的道德规范体系尚未形成，只是从自身利益出发，对惩罚和奖励规则做出反应。这个层次分成两个阶段，阶段1是对惩罚的反应阶段。人们主要是严格遵守规则避免惩罚。阶段2是对奖励做出反应。②惯例层次。人们能够考虑别人的想法，学会遵从社会的惯例规范。这个层次分成两个阶段，阶段3是“乖孩子”阶段，人们能够做出周围人期望的事情。阶段4是法律和道德秩序阶段。在这个阶段人们把自己看成是社会系统的组成部分，通过遵守社会规则被社会系统所接纳。③后惯例层次。在这个层次上，人们受自我的道德原则所影响，这些原则可以与组织和社会的准则相一致，也可以与它们相左。这个层次分成两个阶段，阶段5是社会联系导向阶段。人们可以从其价值观出发，支持与其利益不相关的他人的权利和观点。阶段6是普遍的伦理原则阶段。个人的道德原则高于社会和组织准则。

（2）道德判断要素。道德判断涉及一些重要因素，查尔斯·鲍尔斯和大卫·沃格尔把基本因素归为六个[⊖]：①道德想象。它是指将组织经济权利网络同时看成是道德关系网络，考虑管理决策中伦理问题和道德决策可能给组织带来的影响。②道德识别和排序。明确道德问题，并将它们排序，决定它们在决策中的顺序。③道德评估。做出合乎规范的道德推论。道德评估是道德判断实质性的部分，它要求在评估体系中应当保持连贯性和一致性。④对道德分歧和含义模糊的容忍。道德判断并不像数学那样精确，应当容忍道德的分歧和边缘性道德问题的存在。⑤把管理能力与道德能力综合起来。管理者应当将管理问题与道德问题统一起来，把道德视角渗透到决策过程中的每个环节。⑥道德责任感。一切道德判断最终建立组织的道德责任感和正直。

（3）管理者的价值观。管理者在道德问题上的行动结果取决于驱动其行为的道德原则，即管理者的价值观。这些原则直接影响了管理者进行道德判断的各种因素，特别是对道德问题的识别和排序、道德评估和道德责任感的认知。管理人员的价值观来源于复杂的价值网络。从组织外部来看，宗教的价值观、哲学的价值观、文化的价值观、法律的价值观和行业的价值观以及管理人员的社会网络，如家人、熟人和朋友的价值观都会有影响。从组织内部来看，管理者和组织其他成员为组织工作的过程也是一个社会化的过程，为了组织获取成功一些道德标准会很快流行起来，它们形成了一套组织伦理。比如在商业组织中，尊重组织权威、对组织忠诚、遵守组织规则、结果的重要性等。

三、　企业道德判断的原则方法

企业的道德行动依据企业的道德原则来做出判断，也依据它们来调停组织内外的道德冲突。从企业道德出发，管理应当遵守的原则有以下几个方面。

（1）功利主义原则。它的出发点是追求伦理效用的最大化，即管理者应当这样去做事，使得管理活动对最多数人产生最大限度的善、最小限度的恶。功利主义原则不是利己主义，而是要考虑大众的利益。企业要考虑如何才能给予最多数的利益相关者幸福和快乐，最大程度地降低他们的痛苦。

（2）权利原则。道德权利是指作为社会人和组织人，其应有的权利。如果说，功利主义是从组织和社会整体来考虑道德，那么，权利原则的核心则是从个体和群体的观点表达道德。权利原则主张权利不能简单地被功利所藐视，它只能被另一个更基本或更重要的权利所超越。

⊖ 阿奇 B 卡罗尔，安 K 巴克霍尔茨. 企业与社会：伦理与利益相关者管理［M］. 北京：机械工业出版社，2004：121-128.

我们不能因为其他人的快乐，而剥夺一个人应有的道德权利和法律权利。特别对于弱势群体，企业管理者要保护他们的法律权利，主张其道德权利，如少数民族权利、残疾人权利、老年人权利、民工的权利等。

（3）公正原则。它要求公平对待每个人。管理者应该在最广泛的基本自由方面，保证每个人拥有平等的权利。因此，他们要决定什么是公正？如何决定每个人应得的权利？这些问题可能极其复杂。因为，公正概念具有丰富的内涵。管理者不仅要考虑分配和奖惩的公正，还要考虑组织内部与组织间交易的公平，要考虑组织制度程度能否保证公正性以及利益受损人员的补偿公平性。

（4）关怀原则。道德的建立是为了人，而不是人为了道德而生存。关怀原则要求管理者应当培育和维护企业内外具体的社会关系，尤其是那些易受伤害的人，给予他们特殊的关爱，关心他们的需要、欲望和福利以及他们的价值观。企业要把关爱当成一种目标，而不是获取利润的手段。企业利益相关者的关系本质就是合作的关爱关系。

（5）美德伦理。所谓美德是体现在行为习惯中的，构成道德高尚的人的特征的一种品质。美德伦理就是要求企业能够在经营活动中不断培养和塑造美德，在管理活动中实践和展现美德。对于企业来说，公平、正直、诚实、仁爱、守信、重义、持节、守志是其基本的美德。在中国文化中，勤勉刻苦、见素抱朴也是企业的美德，因为我们的社会文化主张“劳则思，思则善心生；逸则淫，淫则忘善，忘善则恶心生”（《国语·鲁语下》）。管理者要明白“其身正，不令而行；其身不正，虽令不从”（《论语·子路》）。

（6）服务原则。服务理念已经成为现代企业经营与管理的基本思想。对外，企业要将经营过程看做服务的过程，从服务观来审视自身及其与顾客的关系。企业提升其竞争力的核心解决方案是了解顾客价值的内生过程，在此基础上向他们提供能够满足其价值生成过程的一整套产品。对内，要将管理看成服务的过程，树立奴仆领导的观念，好的领导首先是一个奴仆，关心他人，保证他人需要的满足。

（7）忠恕原则。儒家以忠恕之道作为立身处世原则，它也被现代伦理学看做金科玉律。忠者，尽其在我，尽己之心去为人；恕者，将心比心，也就是以己之心度人之心，设身处地，推及他人，“己所不欲，勿施于人”。

四、 组织道德的管理

1. 影响组织道德的因素

有效的管理组织的伦理行为必须考虑清楚，在组织中哪些因素对伦理行为有帮助？哪些因素对不道德的行为有影响？管理人员可以使用哪些制度和措施来提高组织的道德氛围？

组织道德氛围的影响因素很多，在《哈佛商业评论》的一项读者调查研究表明，影响不道德行为的因素，按照被提及的频率逐级下降的顺序排列：①上司的行为；②行业或职业的伦理行为；③组织中同事的行为；④正式的组织制度；⑤个人经济的需要（卡罗尔《企业与社会：伦理与利益相关者管理》）。

管理者伦理行为的产生是其道德发展阶段、个人特征、伦理问题的强度、组织结构和组织文化综合作用的结果（见图4-1）。①管理者处于不同的道德发展层次和阶段，其道德行为会有所不同。处于前惯例和惯例层次的人，其道德行为根源于外部环境，而在后惯例层次的管理者是依据其自身价值观来行动。②从管理者的个人特征来看，其自信心强度越高就越能够控制冲动行为；具有内在控制中心的人，更能对其后果负责。因此，其道德判断与道德行为将表现出更多的一致性。③伦理问题的强度是指该问题受到多大的舆论关注，伦理行为后果可能带来的危害可能性、受害程度等。④组织内部的制度越明确，管理者伦理行为就会越清楚；组织的评价标准会引导管理者的伦理行为。如过分追求利润的制度，就可能使一些管理者放弃其道德行为。⑤合乎道德的组织文化会对管理者的道德行为产生引导、激励作用；反之，非道德和不道德的组织文化则会抑制道德行为的产生。

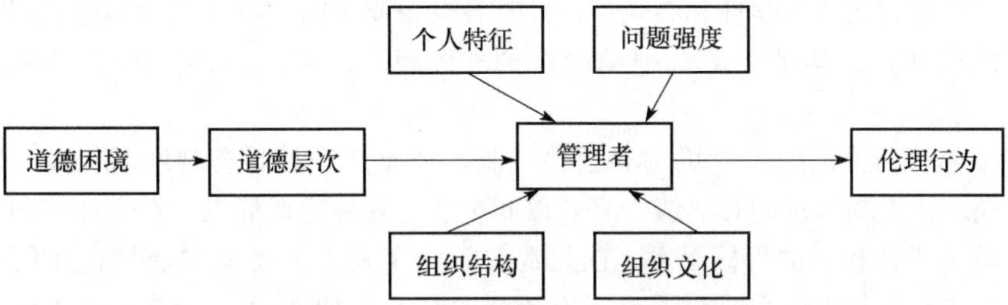

图 4-1 影响管理者伦理行为的因素

注：本图是根据罗宾斯．管理学［M］．4 版．北京：中国人民大学出版社，1997：103 图 5-3 改编。

组织的伦理氛围会形成“上行下效”现象。管理者和同事的行为会给其他组织成员产生巨大的压力，越是地位低下的成员对不道德行为的压力越大，他们为了融入组织和取悦上级不得不在伦理行为上有所妥协。

2. 改善组织道德的氛围

有效地改善组织道德氛围，在组织内营造公正、平等、合作、友好、尊重、参与的人际伦理氛围，需要注重高层管理者道德行为的塑造，确定企业的道德目标，制定伦理计划和行为准则，实施有效的传播，进行伦理审查和伦理培训，建立道德行为制度保障机制和预警机制（见图 4-2）。

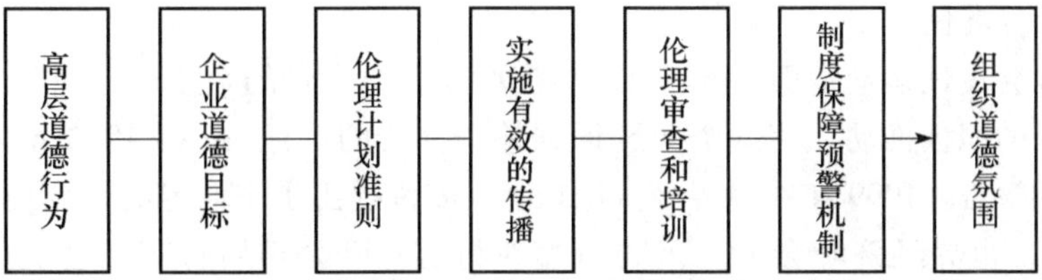

图 4-2 组织道德氛围创造机制

（1）高层管理者道德行为的塑造。正人必先正己，企业的高层管理者必须具有高尚的个人品质，他们需要有一颗公平、正直、诚实、仁爱之心，他们守信、重义，尊重员工的基本权利，满足员工的合理需要，关心员工的个体成长和职业发展。

（2）确定企业的道德目标。企业不仅要有利润增长目标，同时也要有道德发展目标，要对企业的道德发展，进行有效的目标管理。企业的道德目标要现实可行，具有可操作性，真正成为企业决策过程中可实现的影响因素。

（3）制定伦理计划和行为准则。在国际上，不少公司设置了企业伦理主管，全面负责伦理计划和行为标准的制定与实施。公司的伦理计划和行为准则成为公司管理的组成部分，用于指导就业，表明公司期待的行为；用于品牌和形象的宣传，表明公司价值观和理念；用于内部管理，作为管理审查的基础；用于组织变革，成为挑战不道德行为的盾牌。

（4）实施有效的传播。有效的伦理传播需要整合信息渠道，持续进行伦理强化。要根据技术发展和环境变化寻找合适的载体。运用信息技术等现代管理手段，以提高信息传递效果和沟通质量。伦理的有效传播既要提纲挈领，有骨有肉，又要春风化雨，润物无声。“让员工随时随地体会到，让客户随时随地感受到”。

（5）进行伦理审查和伦理培训。通过选人、用人、绩效考核等环节突出伦理审查的作用。长期以来，企业中重视技术操作规范培训而忽视伦理规范教育培训。企业在实施伦理审查和培训过程中，要注意方法的科学性和有效性，针对各自企业不同的特点加以实施，切忌不加分析地照搬别人的模式，尤其是不适合中国国情的外国模式，切忌不切实际地空洞说教和对牛弹琴。

（6）建立道德行为制度保障机制和预警机制。企业伦理需要有制度的保障，依照行为制度来进行奖罚。建立预警机制和热线，有效控制企业的各种伦理危机。在企业伦理的奖赏机制中，企业人员从“为利”的目标出发，在奖赏的具体实施中，逐步实现与企业伦理价值目标的趋同，并初步培养其以荣誉感和成就感为特征的企业伦理意识。最终实现“从心所欲不逾矩”（《论语·为政》）。

第二节　企业的社会责任与利益相关者

作为社会道德的主体，企业必须使其行为符合社会要求，承担社会赋予它的责任。因为，企业从来不只是投资者和内部人员的企业，社会的诸多成员都对企业发展付出其独特贡献，企业管理者需要明白，他们对利益相关者应当承担哪些社会责任，只有这样才能实现经济利润与道德品质的同步增长，保持与利益相关者的和谐发展。从某种意思上说，优秀的企业管理者不仅要懂得经济发展规律，而且更要懂得社会运行的规律，他们从来都是创造社会和谐的高手。

一、　企业的社会责任

国际企业社会责任运动全面兴起于20世纪90年代，大量的企业道德问题的存在和一批企业社会责任协会的积极推动，使这个问题得到整个社会的广泛关注。1992年强生公司公布了第一个社会贡献报告。1999年在世界经济论坛上，安南提出了企业界的“全球契约”。2002年2月在纽约召开的世界经济峰会上，36位首席执行官呼吁公司履行其社会责任，其理论根据是，公司社会责任“并非多此一举”，而是核心业务运作至关重要的一部分。

1. 四种社会责任角色

有关企业社会责任（corporate social responsibility，CSR）的概念有着不同的观点，鲍尔提出企业社会责任是公司行为对社会的影响（Raymond Bauer，1976）；凯思·戴维斯认为社会责任就是在谋求企业利益的同时，对保护和增加整个社会福利方面所承担的义务。我们认为，企业社会责任是指在既定的环境下，从社会整体的长远发展来看，企业对社会及其利益相关者应当承担的义务和责任。这些义务和责任包括企业回应社会要求相应做出的行动，以及企业所有社会行为产生的结果。前者称为企业社会回应，后者称为企业社会表现。

> 企业社会责任是指在既定的环境下，从社会整体的长远发展来看，企业对社会及其利益相关者应当承担的义务和责任。

对于企业社会责任的各种不同认知，可以按照企业责任导向和承担责任的动机分成四种企业社会责任形式和角色（见图4-3），即生产主义、慈善主义、进步主义和伦理理想主义。①生产主义。生产主义认为企业的使命就是获取利润，企业的社会责任就是理性的自利和实现股东利益的最大化，自由市场体制是企业行为道德的最好保证。生产主义的代表人物有经济学家弗里德曼和罗纳特·里根等。②慈善主义。与生产主义不同，慈善主义是从道义的角度来看企业社会责任的，慈善主义认为拥有财富的人有责任利用其财富，来帮助社会弱势群体。这种帮助的基本形式就是捐赠和志愿服务。安德鲁·卡内基就是慈善主义代表，他在1899年的《财富福音》中提出企业社会责任的慈善与管家两个原则，其中慈善原则就是要求企业具有帮助社会不幸个体的社会责任信条；而管家原则要求企业所有者为了社会的整体利益而看管好他们的财富。③进步主义。与伦理理想主义一样，进步主义是利益相关者导向。它主张应从单纯的自我利益中走出来，关注于环境保护、员工福利等。④伦理理想主义。当企业行为出于道义的动因直接支持利益相关者的利益时，伦理理想主义才认为它们承担了其社会责任。

	股东型	利益相关者型
自利	生产主义	进步主义
道义	慈善主义	伦理理想主义

图4-3　四种企业社会责任形式和角色

资料来源：约瑟夫 W 韦斯. 商业伦理［M］. 3版. 北京：中国人民大学出版社，2005：74.

2. 企业社会责任的内涵

从责任的类型来看，企业承担的社会责任包括经济责任、法律责任、道德责任和慈善责任四种类型。卡罗尔提出，企业社会责任是指某一特定时期社会对组织所寄托的经济、法律、伦理和自由决定（慈善）的期望。

（1）经济责任。它要求企业做到不断创造财富，实现销售收入增加和成本的下降。经济责任是其他社会责任的基础。因为，企业首先是经济组织，它首要的任务就是通过提供产品和服务来满足社会的需要。如果企业不能创造财富，那么它就无法实现股东财富的增长，无法解决社会就业和税收。

（2）法律责任。它要求企业合法经营，遵纪守法，按章纳税，履行合同义务。法律责任是企业承担社会责任的底线。超越了这个底线，任何企业最终都会付出代价。企业管理者要有足够的法律意识。

（3）道德责任。企业的社会道德责任是指超越法律规定的，社会成员希望发生或禁止的行为与结果。企业只承担法律责任是不够的，由于法律的滞后性和不完备性，伦理规范或社会价值观的变革总是在立法之前，社会希望企业能够顺应社会观念的潮流。由于法律的出发点是规定禁止行为，因此对于那些既不鼓励也不禁止的行为，就不在法律责任范围之内。

（4）慈善责任。企业慈善责任是企业道德责任的一个特殊方面，它属于企业自愿的行为。企业慈善行为包括为了公共目的的自愿服务、自愿联合和自愿捐赠。尽管慈善行为的本意是以仁慈的做法来体现对人类的爱，但企业承担慈善责任背后的动机往往比较复杂。企业管理者可以将慈善行为与企业目标的实现协调起来，进行事业营销活动和战略慈善，所谓的事业营销就是企业与慈善机构联合，消费者每次购买产品和消费服务的活动，都是企业捐赠的一部分。

二、　企业利益相关者理论

1. 企业利益相关者思想

企业利益相关者（stakeholder），其本意是企业权益的拥有者。传统股东模式认为，企业权益只能归资本拥有者[1]，这种企业模式主要关心的是企业的财务经济关系。

企业管理的道德逻辑，从本质上改变了人们对企业主体的认知。也就是说，我们并不能简单地说，企业是投资者的企业，企业管理目标也不能简单归为追求股东利润的最大化。因为作为社会活动的主体，企业的经营受限于企业环境中的其他行动者，企业利润由这些行动者集体贡献，因而，企业有责任保护这些行动者的利益；另一方面，企业的经营活动也影响了其他行动者的行为，企业是通过与其他社会行动者建立社会契约而获得合法性的，这些行动者有权要求得到社会契约所规定的道义权利，如公平、正义和平等。因此，企业利益相关者就是任何能够影响企业活动，从而在不同程度上影响企业目标实现的所有个体和群体。卡罗尔把利益相关者划分成两个层面，他认为，利益相关者一方面是指能够影响组织行动、决策、政策、活动和目标的人或团体；另一方面是指受组织行动、决策、政策、活动和目标实现影响的人或团体[2]。

与企业股东模式不同，利益相关者方法不仅关心企业活动中的经济因素，也分析影响企业组织和个人的道德、政治、法律和技术利益。利益相关者方法就是要尊重并保障企业利益相关者的权利；追求企业客户、员工、供应商、股东的利益最大化。

企业利益相关者思想长期演化的结果，是人们在公司形成初期只能更多地看到企业生产过程受供应商和顾客影响；随着科学管理的发展，公司内部职能部门和所有者才不断受到企业重视；现代企业管理已经需要关注除上述因素以外的影响企业活动的政府、雇员、社区、所有者和消费者等诸多因素。

惠勒和西兰帕提出的企业利益相关者如下：主要利益相关者包括股东和投资者、雇员和管理者、顾客、当地社区、供应商和其他合作企业；次要利益相关者包括政府和监管机构、市政机构、社会压力群体、媒体和学术评论者、贸易团体和竞争者。例如，微软公司的利益相关者包括所有者、政府、供应商、顾客、雇员和管理者、竞争对手、社区和其他相关者。在微软的所有者中有信托机构、基金、共同基金、董事会成员、持股的管理者等；在政府因素中，既包括联邦政府，也有州政府；微软的竞争对手来自浏览器开发者、操作系统开发者和软件开发商等。

从企业的利益相关者来看，企业的社会责任内涵有以下几个方面：

（1）消费者。发现客户的需求，满足其需求，广告要真实，价格要合理，产品使用要方便、经济、安全，实行质量保证制度，提供周到的售后服务等。

（2）供应商与合作者。恪守信誉，严格执行合同；反对市场霸权，提供公平交易机会，获取合理利润，能够通过定期的沟通和交流提高双方配合程度等。

（3）行业。遵循公认的行业道德和职业道德；不假冒他人商标，不使用相近的名称、包装、装潢；在交易中不恶意损害对手形象；不以低于成本价格恶性竞争；不搞垄断性经营等。

（4）政府与社区。执行国家法令和法规，照章纳税，提供就业机会，支持政府组织的社会公益事业、福利事业和慈善事业等。

（5）股东。向股东提供真实、全面的经营和投资方面的信息，提高投资收益率，提高市场占有率，股票升值，合理的管理人员报酬和员工报酬，有效控制管理费用等。

（6）员工。公平的就业、上岗、报酬、调动和晋升；安全、卫生的工作条件；丰富的文

[1] 企业权益的概念分为狭义和广义两种，狭义是指公司所有权，广义是指当事人拥有的权利。现代公司治理理论认为，公司的所有权也不仅为股东所有，企业投入要素拥有者也可以拥有公司股权，即共同治理理论。

[2] 阿奇 B 卡罗尔，安 K 巴克霍尔茨．企业与社会：伦理与利益相关者管理［M］．北京：机械工业出版社，2004：45.

化、娱乐活动；提供员工参与管理和全员管理的环境；提供员工的在职教育和培训等。

（7）社会与社区。救济无家可归的人员；安置残疾人就业；资助失学儿童；支援老少边穷地区发展经济；帮助孤寡老人；支持社区环保和公益事业，为社区提供慈善捐赠等。

（8）自然环境。选择可生物分解与循环利用的原材料；不断改进工艺流程和提高技术水平，以减少能量消耗，有效的能源保护，持续减少生产废料；使用环保包装，不污染空气和水资源等。

2. 企业利益相关者管理

有效的利益相关者管理需要明确以下几个问题：谁是我们的利益相关者？他们拥有哪些权益？他们会给企业带来哪些机会与挑战，程度如何？企业需要承担哪些责任？企业需要采用什么战略和战术？利益相关者网络如何变化？

利益相关者管理的首要任务是确定谁是企业的利益相关者，企业利益相关者是对企业经营活动有影响的个人和团体，没有影响的个人和团体只能是非利益相关者。企业要根据利益相关者要求的合理性、影响力和紧迫性，找出主要的、依靠的、会引起危险的和决定性的利益相关者。

企业需要根据企业所承担的法律责任、经济责任、伦理责任和慈善责任以及企业利益相关者，构造出利益相关者道德责任矩阵（见图4-4），例如南京冠生园在面对陈馅月饼事件时，就需要明确自己对顾客要承担的责任，对整个月饼行业发展的责任，要采取法律上的和伦理上的行动。只有如此，才不至于遭受灭顶之灾。

利益相关者	法律责任	经济责任	伦理责任	慈善责任
所有者				
客户				
雇员				
社区				
公众				

图 4-4　利益相关者道德责任矩阵

企业还需要对利益相关者制定明确的管理战略，一种基本的方法就是划分利益相关者对组织可能的威胁程度，划分他们与组织合作的可能性。①参与战略。这些利益相关者属于支持型，它们的潜在威胁程度低，合作程度高，企业应当采用参与战略。例如，企业的雇员、管理者、顾客、供应商都是支持型。企业要鼓励他们加入到企业活动中来；对于微软公司来说，供应商、贸易协会、股东和许多客户都属于这种类型。②监控战略。这些利益相关者合作潜力小，威胁程度低，企业战略就是对他们进行监控，避免以后出现问题。例如，有些社区可能就是属于这种类型。对于微软公司来说，OEM 厂商、媒体、苹果公司（OS 操作系统）、IBM 都属于此类型。③防范战略。此类利益相关者潜在威胁大，而合作潜力小，他们属于非支持型利益相关者，企业要采用防范战略，抗击其利益，瓦解其支持力量。例如，有些媒体和竞争对手就是属于这种类型。对于微软公司来说，联邦政府、浏览器供应商、SUN 公司、网景公司都属于此类型。④合作战略。此类利益相关者虽然威胁大，但合作潜力也大，他们属于利弊兼有型。他们既可能转化成支持型，也可能转化成非支持型。企业需要与他们合作，使他们转化成支持型。对于微软公司来说，有不少顾客和员工都属于此类型。

三、　企业的社会表现与财务绩效

当今社会对企业的社会表现十分关注，如《财富》杂志“全美最受赞赏公司”排名，社会责任国际的“企业良心奖”等，还出现了企业社会责任指导准则，如 SA8000 标准和中国纺织工业协会颁布的《中国纺织企业社会责任管理体系 CSC9000T》等。

SA8000是Social Accountability 8000的英文简称，意即“社会责任标准”。它是全球第一个可用于第三方认证的社会责任国际标准，它的核心内容是重视劳动者的权益。该标准自1997年由社会责任国际（SAI）公布以来，受到全球企业界的广泛关注。SA8000是根据国际劳工组织公约、世界人权宣言和联合国儿童权利公约等国际条约制定的，与ISO9000、ISO14000一样，SA8000标准具有通用性，它适用于世界各国、任何行业、不同规模的企业和公共机构。

SA8000标准有九个要素，每个要素又由若干子要素组成。这九个要素包括童工、强迫性劳动、健康与安全、结社自由和集体谈判权、歧视、惩戒性措施、劳动时间、工资、管理体系等。这些要素规定了企业必须承担的社会责任及其最低要求。SA8000强调承担社会责任的可持续性，它不仅要求企业构建一个能够支持、维护和推行SA8000标准的管理系统；而且强调了企业在开展社会责任行动时要对其周围环境发挥作用，组织必须要求它的供应商配合，以便在供应商那里也落实。

企业社会表现可以通过多种途径来影响企业财务绩效，企业承担社会责任有助于塑造道德组织，以增加组织的管理；改善企业与利益相关者的关系，降低企业与社会的冲突；建立良好的品牌形象，提高顾客忠诚度；降低监管力度和市场壁垒等。2002年DePaul大学的Curtis C. Verschoor教授将《商业伦理》杂志评出的100家最佳承担公民责任企业（“最佳企业公民”）与“标准普尔500强”中的其他企业，从总利润、销售成长、过去一年及三年的获利成长、股票的边际纯利与利润等八项统计指标进行比较，其研究结论是“最佳企业公民”的整体财务状况要远远优于标准普尔500强的其他企业，前者的平均得分要比后者的平均值高出10个百分点。

第三节　组织的社会网络与社会资本

置身于社会中的组织及其成员，其行动不仅受到社会一般人与人交往规范的影响，同样也会受到与其联系的特定人员的行为规范的影响。组织及其成员的行动从来不是独立于社会网络，而是嵌入于社会网络之中的。因此，有效的管理活动不仅是道德活动，同时还是社会网络的关系活动。同时，社会网络本身也是重要的组织资源，组织管理包括对社会网络的管理。

一、　组织社会网络与组织行动

社会网络就是特定的人群之间的独特联系，是这些组织社会行动者关系的集合。因此，社会网络本质上是社会交换过程中形成的特定群体和群体的社会关系。组织社会网络包括个体和组织两个层面，个体层面的社会网络是组织成员，特别是组织管理者同组织内成员以及外部人员形成的社会关系；组织层面的社会网络是组织同其他组织建立的连带关系。企业间的合资关系、长期契约关系、战略联盟关系都是典型的组织社会网络。

组织社会网络由结构要素、资源要素、规则要素和动态要素四种要素构成。组织结构要素是指各类行动者联系的形式和强度；组织资源要素是指行动者拥有的资源如信息、知识、能力、性别、宗教、财产等的分布；组织规则要素是指影响行动者行为的各种规则。道德规范就是其中的一种规则；动态要素则是网络形成与变化的各种机会与限制。

1. 社会嵌入性理论

社会网络理论核心命题就是主张社会行动者及其行动是相互依赖而非独立的单位，它们之间的连带关系是它们之间物质或非物质传递与流动的渠道，社会网络的结构环境为行动者提供了机会和约束。

人们对社会嵌入性认知有一个过程。传统经济学只考虑交换过程的经济关系，主张企业的经济活动是独立于社会关系之外的，我们的经济活动，如生产、分配和消费行为完全不受社会关系与社会结构的影响。在新古典经济学的完全竞争模型中，需求和供给的平衡就不包含行动者关系要素。

马克·格兰诺维特在《经济行动与社会结构：嵌入性问题》一文中首先对这种观点进行了批判。他指出在经济活动中由于信息不对称和机会主义行为，导致欺诈行动与不信任问题普遍存在。我们不应简单认为可以通过制度设计来防范欺诈行动，这是因为契约本身就具有不完备性，同时复杂契约和监管活动也会导致很高的经济成本，损害了经济活动的效率。而社会关系确实可以产生信任和信任关系，经济欺诈造成的失范程序也会因社会网络结构不同而不同。例如，在家庭成员关系中的欺诈行动就普遍少于市场经济关系中的欺诈行动。因此，忽视经济活动背后的社会结构是十分幼稚的行为。事实上，组织在其社会网络中也进行着大量非商品交换，这些交换可以使组织得到经济利益之外的社会支持。例如，组织成员间的情感支持，来自社会网络的社会信息等。

组织社会网络就是组织在社会交换过程中形成的社会关系。

2. 弱关系优势理论

20 世纪 80 年代以后，有两个重要的社会网络理论，它们分别从网络关系强度和网络位置两个方面，揭示了组织活动嵌入其中的社会网络，以及它对于组织行动的约束功能。这两个理论分别被人们称为弱关系优势理论和结构洞理论。

从社会网络结构层面来看，行动者间的关系有强弱之分。美国学者格兰诺维特提出，“关系的强度包括认识时间长短、情感的紧密程度、亲密性（相互倾诉的内容）及互惠性服务的内容”（Granovertter，1982）。强关系具有较长时间的互动时间和较高的互动频率，当人们之间交往互动愈频繁时，人们之间越容易形成浓厚的友情。强关系通常是在性别、年龄、教育程度、职业身份、收入水平等相似的人群中发展起来的，而弱关系则是在社会经济特征不相似的人群中发展起来的。弱关系的来源可能是朋友的朋友，社会的公共渠道，如会议，也可能是正式组织中的联系及工作环境的联系。

格兰诺维特还提出“弱关系优势理论”，这个理论指出：

（1）弱关系的范围广泛，它既可以得到更多信息，也可以将信息传播得更远，能够使更多的人接收。

（2）在弱关系中，行动者更少受到社会规范约束，因而可能产生不同的新思想。

（3）弱关系经常可以成为连接不同网络间的链条，成为两个组织间信息畅通的关键。

3. 结构洞理论

组织社会网络有着不同的结构，具有结构洞的网络就是其中一种特殊结构。所谓结构洞是指两个能够提供非重复性接触的行动者之间的连接关系，也就是两个行动者之间除了直接的接触外，不再拥有共同的关系。不同组织间的结构洞就是连接组织的桥，它提供了群体间非重复性的信息。

伯特提出结构洞具有两个方面的结构利益：

（1）信息利益，主要表现在网络桥可以使组织获得信息的通道、时机和传播利益。桥是组织及时获取有价值的信息、有效传播的保障。

（2）控制的利益，即获取作为交换第三方的掮客的利益。伯特认为有两种情境可以为掮客创造利益，一是在同一段关系的两个或多个参与者中扮演交换过程的掮客，从而因在同一段关系中的参与者间做选择，而获取控制的利益；二是在需求上彼此冲突的团体间扮演掮客，不同团体间有协商与控制的空间，占据桥位置的行动者就成为解决双方冲突的关键。

二、 组织社会资本及其功能

1. 社会资本及其性质

组织行动嵌入于其中的社会网络，不仅限制和约束组织行动，同时也为组织行动提供了各种机会。因此，组织社会网络本身也是一种重要的社会资源。这种资源就被称为组织的社会资本。组织社会资本是指那些能够被组织所控制的，有利于组织实现其目标活动的，嵌入组织社会网络中的所有资源集合。

> 组织社会资本是指那些能够被组织所控制的，有利于组织实现其目标活动的，嵌入组织社会网络中的所有资源集合。

作为组织的社会资源，组织社会资本并不是组织自身独占的，而是存在于其社会网络之中。它本质上不是实体资源，而是一种关系资源。它们是那些能够被组织所调动的关系资源，那些不能被组织调动的网络资源并不是组织社会资本。组织社会资本要有利于组织实现目标的活动。

与物质资本、金融资本和人力资本相比，组织社会资本具有自己的特性。

（1）物质资本和金融资本都会因为使用而消耗，相反，组织社会资本不会因为使用，只会因为不使用而衰退和枯竭。

（2）物质资本和金融资本都是有形的、可以量度的。组织社会资本是无形的、难以观察和量度的。由于社会关系只属于具体的行动者，因此社会资本也难以转让。

（3）与所有的资本形式，包括物质资本、人力资本和金融资本相比，组织社会资本具有的最显著的特性是，它不具有私有物品的性质，不隶属于行动者，而是存在于行动者间的关系之中，是“关系”中的资本。在关系中的行动者每个人都不拥有完全的产权，不具备产权基本的排他性。

> 企业家社会资本就是指企业家关系网络中资源的价值，这些资源能够被企业家所调动，为其活动提供便利。

在企业中，企业家社会资本是企业社会资本的重要内容。企业家社会资本是指企业家关系网络中资源的价值，这些资源能够被企业家调动，为其活动提供便利。从企业能力观点出发，作者认为作为企业家通过社会连接稀缺资源并由此获益的能力，企业家社会资本是企业家人力资本中最为重要的部分[㊀]。企业家工作的本质就是要编织、运营和发展企业内部以及企业外部的各种人际关系网络。毫无疑问，知识资本和技能资本是企业家人力资本的主要内容；企业家拥有的与企业相关的经营管理知识和技术知识以及利用这些知识的能力，是企业家成功组织该企业经营的基本前提。但是，由于企业家人力资本的价值最终体现在企业经营绩效的改善，因此企业家不仅要利用其经营、知识和技能为企业选择正确的活动方向与合理的活动方式，而且要调动一切可以调动的力量去有效地组织决策的实施。从外部来说，要能动员足够多的资源为企业活动的顺畅开展提供充分的条件保证；从内部来说，要能够掌握员工的心态，调动员工的积极性，使每一个员工都能自觉地为企业决策的实施提供所需的贡献。

㊀ 陈传明，周小虎．关于企业家社会资本的若干思考［J］．南京社会科学，2001（11）．

2. 组织社会资本维度

现有的研究将组织社会资本划分为结构性、关系性和认知性三个维度（Nahapiet & Ghoshal，1998）。结构性维度与关系性维度的概念继承了格兰诺维特的结构性和关系性嵌入的思想。

（1）结构维度（也称为结构性社会资本）是指组织各种社会关系的总和，以及这些社会网络结构属性（例如这些社会联系的强弱、密度、中心性等结构特征）给组织行动带来的机会和便利性。

组织社会资本作为组织的重要资源首先就表现为，它为组织行动提供了重要资源交换的管道。这些资源包括人、财、物、信息等。例如，企业从事经营活动过程中需要各种信息，组织的社会网络就可能为其及时提供所需要的信息资源。微软早期的成功就是它通过自己的社会网络及时获取了 IBM 准备进军 PC 市场，想购买操作系统的信息，于是，盖茨将西雅图电脑产品公司 QuickandDirty 的操作系统，连公司带员工一起买下。将产品做了一番改进，包装后就成了后来名震天下的 MS-DOS。即使所谓信息大爆炸的今天，企业家仍然处于信息短缺状态。所谓爆炸的互联网信息对企业家来说只是信号，他无法对成堆的信息进行筛选和甄别。因此，相对于互联网信息而言，企业家社会网络传递信息通常将更加准确、快捷、可靠。当然，组织社会网络作为通道，还可以为组织行动提供各类所稀缺的关键资源。

除了社会连带可以带来的机会以外，组织网络结构属性也能够给组织行动带来机会和便利。弱关系理论就是揭示的社会关系强弱不同给组织行动带来的影响差异。一般说来，弱关系可以给组织带来更加广泛的信息，而强关系则带来更加重要和隐性的信息。结构洞理论反映的则是不同社会网络位置给组织行动提供的不同机会。

（2）关系维度和认知维度（也称为关系性社会资本和认知性社会资本）是指反映社会网络质量给予组织行动带来的机会和便利。

关系维度关注的是网络的情感质量，它突出了人际关系，其分析关注于如何通过人际关系的创造和维持来获取稀缺的资源。如在连接中是否具有信任、是否有隐私，等等。即使两个占有相同网络结构地位的企业行动者，如果他们对待其他网络成员在情感和态度上存在差异，也会导致他们的行为有重大区别；认知维度重视的是社会网络的认知质量，它是网络中的认知范式，如是否拥有共同的经历、共同的语言、共同的立场和观点等。认知维度是关于连接的认知的质量，如网络内部是不是真正理解对方等。

组织社会资本作为组织的重要资源，它不仅在于组织与社会成员构建的社会联系，而且还在于这种联系的质量。不同质量的网络不仅表现在网络成员拥有的资源，更表现在网络成员可以调动的资源能力。在那些质量不高的社会网络中，人们体会到的更多是“面难见，脸难看”。因此，不同网络联系质量其传输的内容不同。同时，不同网络联系质量也拥有不同的机会，显然，一个诚信和互惠网络可以获取更多的经营机会。此外，网络质量还会影响网络结构、网络联系强度和网络范围。那些拥有较好口碑网络的，他们的声誉能够一传十、十传百，他们能够在不知不觉中成为大家的好朋友。

3. 企业社会资本功能

企业社会资本是企业竞争优势的主要源泉，它主要通过三个方面影响企业的绩效。

（1）企业社会资本的信息功能。企业社会网络是企业的信息通道，它不仅为企业提供了非正式渠道的信息，而且也成为正式渠道的信息来源。在传统的科层组织结构或计划经济体制下，正式渠道的信息传递速度慢、效率低，企业家处于信息短缺状态。在市场经济下，由于信息资源本身具有外部性、不确定性等特征，市场对其配置也常处于失灵状态，企业家处于逆向选择和道德风险不利的境地。在企业的社会网络中，企业家借助外脑完成了从信号到信息的转换，借助现代电子信息处理技术，将企业家的关系网络数字化，产生了企业家的数字神经系统。数字神经系统能够提供完美集成的信息流，使企业家迅速感知其环境变化并做出反应，可以改变企业家思维方式，融合多人或多个团队的想法产生一个深思熟虑的协调结果。

（2）企业社会资本的凝聚功能。企业社会网络基础价值是信任和互惠的规范，企业社会资本通过信任机制，将员工、合作伙伴、顾客联系起来，从而才可能产生员工、顾客和其他利益相关者的满意度与忠诚度。我国内地许多企业家，包括大量港台企业家在内缺乏对员工的信任、缺乏合作精神，这已经成为制约华人企业发展的突出原因。

（3）企业社会资本的成本功能。企业内外的交易活动都会发生成本，从一般交易发生过程来看，市场交易要产生发现对象、发现价格、讨价还价、订立契约和执行契约等费用（科斯，1937），这些交易成本的一个主要根源就是机会主义行为。传统理论试图通过制度的安排来防范机会主义行为的发生，但实践表明，外部市场和内部组织越是不确定、越是复杂，在交易过程所需要的知识越隐性、越不可编码，交易过程越是需要双方的依赖性和协同性，那么，机会主义产生的可能性越大，防范机会主义的成本也就越高。通过共同预期、互惠的规范和相互的信任减少了机会主义行为，从而有效地节约了组织的交易成本。

4. 组织社会负债

组织的社会网络资源并不必然等同于组织社会资本，因为社会网络资源也存在负面性，获取组织网络资源既有成本，也有风险。作为一种社会资源的投资，在特定的组织目标下，组织在其社会网络建立与维护上会表现为入不敷出，这就产生了组织社会负债。从获取企业网络资源的过程来看，组织社会负债产生于三个基本环节。①网络资源成本。和其他资源一样，网络资源的获取也需要成本，当组织为了获取网络资源收益，而付出了更大的成本时，组织社会负债就会产生。②网络资源的风险。获取网络资源的过程，也是对组织网络结构、关系质量和情感质量选择的过程，在网络决策过程中又会发生机会成本，产生企业的社会负债。③网络资源负面性。即使企业通过投资过程、网络选择过程拥有了可利用的资源，组织仍会发现网络资源本身也带来了各种各样的“病毒”，阻碍了组织的某些活动，这就是网络资源负面性带来的社会负债。

波茨（Portes）明确提出了社会关系网络可能带来的四个消极后果：排斥圈外人、对于团体成员的要求过多、限制个人自由以及用规范来压制优秀人才。事实上，封闭网络与非封闭网络相比，更易于建立社会网络规范，并采用相应的惩罚措施支持规范。极端强化社会网络规范就将带来“双重的伦理体系，即对家族和私人朋友采取良好的行为，在公共领域里则可以降低行为标准”。在外部活动中的寻租和内部管理上任人唯亲是两种典型的网络规范滥用形式，人人热衷于“拉关系、走后门”，从而破坏了市场交易的公开性和平等性。因此，社会网络互惠规范必须辅以法律和道德的补充。

三、 管理组织社会网络

（1）提倡社会活动，鼓励成员参与。普特南认为社会资本可以通过互惠规范和公民参与网络两个方面来建立。组织规范是行动者之间相互博弈达到的均衡，这种博弈均衡之所以可能出现是因为它本身具有互惠的内涵，可以降低交易费用，促进合作。成员参与可以增加博弈的重复次数，增加博弈者之间的联系；同时，它增加了人们在交易中欺骗的潜在成本；参与培育了强大的互惠规范；也有助于协调和沟通，放大他人值得信任的信息；公民参与还可以把以往成功合作的范本变成学习的教材。

（2）塑造组织诚信。组织的管理可以通过提供更多的共同性活动，加强员工发展信任的机会和发展共同文化，可以通过制度规范客观上减少投机行为的发生。组织中的知识共享在很大程度上受限于交流双方彼此间的公开和诚实性、可依赖性（或可靠性）的程度。塑造组织诚信，可以提高组织信任度，有效降低不确定性，缩减管理成本和交易成本，防范投机行为；塑造组织诚信还可以促进人际间的沟通，强化员工对组织目标的认同，提升组织的凝聚力，提高组织效能。

（3）科学构建和维护企业网络。结构洞理论为组织的网络建构提供了战略基础，这种定位的根本原则就是要确定："①参与者为建立与一个接触者的联系纽带，所实际投入的时间和精力。②在接触者周边发生许多结构洞，以确保投资能够有较高的报酬率"（Burt，1992），管理者就是要利用结构的自主性获取战略的优势。伯特提出建构组织社会网络应当是效率和效能两者的统一，"第一个原则是你应当尽可能最大化每个网络中非重复性接触的数量，以使每一次接触中，由结构洞所产生的利益也是最大化的"。"第二个原则是区别出原始接触者和次级接触者，并将资源集中于初级接触者上"。在伯特看来，"当你拥有能够产生这些利益的网络，使得你对他人来说，成为接触另一个网络的通道。因此，你将变得更有吸引力，并可以让你更容易扩充自己的网络，以符合你的利益"。

本章回顾

小 结

组织的管理是置身于社会之中的，组织的管理者也需要遵守社会道德规范。管理者要自觉对待管理活动中的道德问题，组织道德品质有助于制定正确决策，促进内外协调，获取关键资源和推动组织创新。企业道德判断要依赖于功利主义原则、权利原则、公正原则、关怀原则、美德伦理、服务原则和忠恕原则。有效管理组织道德需要明确影响组织道德的因素，积极改善组织道德的氛围。

作为社会道德的主体，企业必须使其行为符合社会要求，承担社会赋予它的责任。企业从来不只是投资者和内部人员的企业，社会的诸多成员都对企业发展付出其独特贡献，企业管理者需要清晰明白，它们对利益相关者应当承担哪些社会责任，只有这样才能实现经济利润与道德品质的同步增长，保持企业与利益相关者的和谐发展。

置身于社会之中的组织及其成员，其行动不仅受到社会一般人与人交往规范的影响；同样也会受到与其联系的特定人员行为规范的影响。组织及其成员的行动从来不是独立于社会网络，而是嵌入其社会网络之中的。因此，有效的管理活动不仅是道德活动，同时还是社会网络的关系活动。同时，社会网络本身也是重要的组织资源，组织管理包括对于社会网络的管理。从某种意义上说，优秀的企业管理者不仅要懂得经济发展规律，更要懂得社会运行的规律，他们从来都是创造社会和谐的高手。

关键术语

道德 结构洞理论 关怀原则 伦理缄默现象
组织社会网络 权利原则 社会嵌入性理论 企业社会责任
道德判断 组织社会资本 美德伦理 SA8000
弱关系优势理论 公正原则 企业利益相关者 企业社会资本功能
功利主义原则 组织社会负债

思考题

1. 什么是道德？组织道德增加管理有效性的途径是什么？
2. 组织伦理应当考虑的四个重要问题是什么？哪些因素影响着组织道德判断？
3. 企业道德判断的原则方法有哪些？你对这些原则有什么认识？为什么？
4. 从影响组织道德因素的角度，分析工作中产生不道德行为的原因。
5. 企业社会责任角色有几种，你持什么观点？为什么？
6. 你认为企业应当承担哪些社会责任？为什么？
7. 什么是SA8000标准？它包含哪几个方面的要素？
8. 企业利益相关者有哪些？讨论他们如何影响企业经营活动？
9. 如何进行利益相关者分类？怎样才能有效管理利益相关者？
10. 什么是组织社会网络？它由哪些要素构成？
11. 什么是社会嵌入性理论？这个理论对管理活动有哪些影响？
12. 什么是强关系和弱关系？弱关系有什么功能？
13. 什么是结构洞，它存在哪些结构利益？
14. 组织社会资本是什么？它有哪些特性？它可以分成哪几类？
15. 组织社会负债是什么？它产生的环节有哪些？
16. 社会资本影响组织绩效的途径有哪些？如何才能有效管理组织社会网络？

延伸阅读

1. 阿奇 B 卡罗尔，安 K 巴克霍尔茨．企业与社会：伦理与利益相关者管理［M］．北京：机械工业出版社，2004：2-156.
2. 周祖诚．企业伦理学［M］．北京：清华大学出版社，2005：3-108.
3. 约瑟夫 W 韦斯．商业伦理：利益相关者分析与问题管理方法［M］．北京：中国人民大学出版社，2005：26-55.
4. 中国企业管理研究会．中国企业社会责任报告［M］．北京：中国财政经济出版社，2006：151-294.
5. 林南．社会资本：争鸣的范式和实证的检验［J］．香港社会学学报，2001.
6. 林南．建构社会资本的网络理论［J］．国外社会学，2002.

案例讨论

星巴克成功的秘密

从一个咖啡店发展成咖啡帝国，星巴克以事实证明关系资产与有形资产一样至关重要。

1986年，霍华德·舒尔茨购买并改造了星巴克。15年后，星巴克已经成为全球最大的咖啡零售商、咖啡加工厂及著名的咖啡品牌。目前，该公司已经从西雅图的一个小公司发展成为一个在全球四大洲拥有5 000多家零售店的大型企业。星巴克给品牌市场营销的传统理念带来的冲击同星巴克的高速扩张一样引人注目。在各种产品与服务风起云涌的时代，星巴克公司却把一种世界上最古老的商品发展成为与众不同、持久的、高附加值的品牌。然而，星巴克并没有使用其他品牌市场战略中的传统手段，如铺天盖地的广告宣传和巨额的促销预算。在过去的20年中，星巴克在广告上的支出大约为2 000万美元，平均每年100万美元。2001年《商业周刊》分析的世界前100名品牌的资料中，宝洁公司的“帮宝适”（Pamper）品牌排名第92位（星巴克排名第88位），其每年在广告上的支出大约为3 000万美元。

那么，星巴克从一个西雅图小公司发展成为全球的商业帝国，其秘密究竟何在？事实上，“关系理论”作为星巴克的核心价值观，同烤制高品质的咖啡豆一样重要。星巴克的核心价值观贯穿于公司业务的始终，这种核心价值观起源并围绕于人与人之间的“关系”。

当现代的企业集中精力做好主营业务的时候，它们越发地依赖同主要股东们的合作关系——使客户们参与产品的开发、与供应商共享信息资源、与合作伙伴建立广泛、持久的沟通桥梁，企业的各个部门需要步调一致。历史证明许多企业已经有了一定的心得体验并在不断地完善。随着知识经济全球化的发展，企业应该以星巴克公司为榜样，用同样严格的手段，管理自己的“关系”网络。

星巴克的历程

1971年在美国西雅图“Pike Place”市场，星巴克第一家分店正式开业。当时，美国经济已经从20世纪60年代的巅峰走向衰退，咖啡的销量也已经下滑，咖啡的消费者占总人口的75%；80年代咖啡销量进一步减少，90年代以后，咖啡消费人群基本保持稳定。现在，美国52%（1.07亿人）的成人每天都喝咖啡，平均每天3杯，另外有28%的成人（大约5 700万人）不定期饮用咖啡。

20世纪70年代初，咖啡消费人群不断减少，但三个大学伙伴还是建立了星巴克公司，开发咖啡消费领域并在今后的几十年得以飞速发展。自从星巴克以磅[㊀]为单位销售咖啡以后，市场上对这种特制咖啡（口感丰富、味道浓郁、粉末细致的咖啡）的兴趣与日俱增。北美每年都有更多的人执迷于咖啡，像星巴克公司这样的咖啡店对人们的影响是巨大的。它加强了客户对高品质咖啡的意识与需求。星巴克的最初发展，得益于舒尔茨早期的战略和理念，公司始终追求“市场第一”的战略，从太平洋西岸到芝加哥再到加利福尼亚广建分店。

1990年星巴克开始赢利，但只有充足的现金才能满足舒尔茨雄心勃勃的发展计划。他拒绝从银行贷款并以特许经营方式获取资金。他害怕自己精心挑选和烤制的咖啡在销售末端由于无法顾及的细节而遭到玷污。最终他选择资本密集型战略——上市。1992年6月26日星巴克在纳斯达克市场正式挂牌上市，缩写“SBUX”，上市招股210万股，每股17美元，融资总额为2 800万美元。它为星巴克今后的发展补足了动力燃料。

星巴克依靠最初的战略扩张到美国各地。先在主要的城区开店，再围绕该店在附近的郊区开店。城区店成为郊区店和小城镇分店的起点。由于有些分店相邻太近，竞争无法避免。但是公司认为同一地区的多家分店可以树立品牌形象并增加客户的便利度。星巴克很少使用传统的广告手段进行宣传。众多相邻的分店增强了品牌的认知度，极大地方便

㊀ 1磅=0.454千克。

了老客户。如果以特许经营方式开分店，这种矛盾就很难解决。1996年星巴克已经在美国开设了1 000多家分店。同年，它在日本东京开设了第一家海外分店，全球扩张战略开演了。

星巴克在以绿茶为主要饮料的国家的成功，说明它的理念能被不同文化背景所接受。到2002年，星巴克已经在四大洲拥有分店。2000年营业额为22亿美元，利润9 460万美元。2001年营业额为26亿美元，利润大涨32%，达到1.81亿美元。

员工关系资产

星巴克的成功主要得益于对"关系理论"的重视，特别是同员工的关系。后来，舒尔茨写道：知名的品牌和尊重员工使我们挣了很多钱并很具竞争力，两者缺一不可。

舒尔茨意识到员工在品牌传播中的重要性，他另辟蹊径开创了自己的品牌管理方法。本来用于广告的支出用于员工的福利和培训。1988年，星巴克成为第一家为临时工提供完善的医疗保健政策的公司。1991年，星巴克成为第一家为员工（包括临时工）提供股东期权的上市公司。通过一系列"员工关系"计划，公司确实收获不浅。在改革福利政策之后，员工的流动率大幅下降。

星巴克通过有效的奖励政策，创造环境鼓励员工们自强、交流和合作。因为所有的员工都拥有期权，他们同样被称为"伙伴"。即使星巴克公司的总部，也被命名为"星巴克支持中心"——说明管理中心的职能是提供信息和支持而不是向基层店发号施令。

星巴克公司通过权力下放机制，赋予员工更多的权力。各地分店也可以做出重大决策。为了开发一个新店，员工们团结于公司团队之下，帮助公司选择地点，直到新店正式投入使用。这种方式使新店最大程度地同当地社会接轨。创造"关系"资本，跨越企业内部障碍，实现文化、价值观的交流，是创造企业关系资本的基础。

客户资产

星巴克认为他们的产品不单是咖啡，而且是咖啡店的体验。研究表明：2/3成功企业的首要目标就是满足客户的需求并保持长久的客户关系。相比之下，那些业绩较差的公司，这方面做得就很不够，他们更多的精力放在了降低成本和剥离不良资产上。

星巴克一个主要的竞争战略就是在咖啡店同客户进行交流，特别重要的是咖啡生同客户之间的沟通。每一个咖啡生都要接受24小时培训——客户服务、基本的销售技巧、咖啡的基本知识、咖啡的制作技巧。咖啡生需要能够预感客户的需求，在耐心解释咖啡的不同口感、香味时，大胆地进行眼神接触。

星巴克也通过征求客户的意见，加强客户关系。每个星期总部的项目领导人都当众宣读客户意见反馈卡。

当星巴克准备把新品发展成为一种品牌的时候，客户关系是星巴克考虑的因素。他们发现：客户们会建议将新品改良成为另一品种。客户们能够看到一种新产品或服务与星巴克品牌核心实质的关系。例如，客户不认可咖啡与冰激凌口味的不一致性。

供货商资产

星巴克的关系模式延伸到供应商，包括咖啡种植园的农场、面包厂、纸杯的加工厂等。

企业希望同供应商保持长久的合作关系，这不像从一个价格比较低廉的供应商那里买东西那么简易。星巴克的采购经理Buck Hendriy说："质量放在第一位，服务放在第二位，价格放在第三位。我们不会因为低价格而在质量和服务方面放宽标准。"

挑选供应商是一个相对漫长和正规的过程，各部门有关的员工都将参与进来，由采购部门牵头，履行程序，提供范围。产品开发、品牌管理和业务部门的员工也会参与其中，这使得星巴克公司能够了解整个供应渠道及对今后业务的影响。为达到特殊的质量标准，星巴克从生产能力、包装和运输等多个方面对供应商进行评估，只有具备发展潜力的供应商才能与星巴克荣辱与共。

星巴克已经花费了大量人力、物力、财力来开发供应商，所以希望长期稳定的关系，积极配合控制价格而不只是简单地监管价格。星巴克副总裁John Yamin说："失去一个供应商就像失去我们的员工——我们花了许多时间和资金培训他们。"

双方合作的合约一旦签订，星巴克公司希望得到特惠待遇——价格、折扣、资源等。作为回报，供应商的营业额将会随着星巴克的壮大而上升。由于星巴克极其严格的质量标准，供应商们也会得益于星巴克良好的品牌。长期的合作提升了供应商的声誉，它们也会收到更多的订单。

一旦采购程序开始履行，星巴克会积极地同供应商建立良好的工作关系。在开始的第一年合作双方的代表会见面三四次，以后每半年或一年做一次战略业务评估。战略性的产品或战略性的地域越多，高层人员介入得越频繁。评估的内容包括供应商的产量、需要改进的地方，等等。另外，双方还会就生产效率、提高质量、新品开发进行频繁的接触。星巴克希望供应商了解业务需求，包括产品的趋势发展、成本的理想化、生产效率等诸多因素，以求得牢固的合作关系。星巴克特许经营模式在舒尔茨的精心呵护下，凭借日益强大的品牌，通过各种联盟来销售和开发星巴克的产品。

为使客户在更多的地点感受星巴克的服务，除了星巴克分店之外，星巴克通过机场、书店、酒店、百货店来销售产品。"在星巴克严格的质量管理和特许销售行为之间，产品品质的控制是有风险的，"舒尔茨说，"这是一种内在矛盾。"因此，星巴克制定了严格的选择合作者的标准：合作者的声誉、对质量的承诺和是否以星巴克的标准来培训员工。

星巴克的特许业务包括业务联盟、国际零售店许可、商品零售渠道许可、仓储娱乐部项目、直销合资厂等。星巴克的第一张许可证是给美国最大的机场特许经营服务商(HMS)。如今，星巴克的特许经营店已经发展到900多家，包括巴诺书店、零售连锁店塔吉特，另外美联航与万豪等公司也已经和星巴克签订协议，只提供星巴克的咖啡。

星巴克在许可经营和特许加盟连锁店之间，更倾向于前者，因为前者更容易控制。两者在销售品牌上是最近似的，但因为许可经营者不像后者拥有加盟店的产权，只是付费经营，因此更容易控制管理。星巴克希望合作者们赢利，对于合作者提供的相关产品(比如运输和仓储等)都不赚取利润，星巴克只向合作者收取一定的管理费用。

巴诺书店是同星巴克合作最成功的公司之一。它认为书籍和咖啡是天生的一对。巴诺书店早已经发起一项活动——把书店发展成人们社会生活的中心。为了吸引更多的顾客，这里需要一个休闲咖啡店。1993年巴诺开始与星巴克合作，星巴克在书店里开设自己的零售业务，双方都从中受益。早晨星巴克把人流吸引进来小憩而不是急于购书，而书店的人流则增加了咖啡店的销售额。

以后，巴诺书店在星巴克没有业务的地区或暂没有开店计划的地区，设立了巴诺咖啡店。它得到星巴克的许可经营星巴克咖啡，星巴克的Hendrix说："由于该公司的经营理念与星巴克相似，故而使合作顺利开展。"

当星巴克在美国中西部开始设立自己分店的时候，尽管双方都试图尽量不侵犯对方领地而又要确保自己的业务量增长，但是双方的矛盾冲突却不可避免。最终双方坐下来解决矛盾，达成一致。星巴克不在巴诺设立咖啡专卖店。而在400多家巴诺图书连锁店内只提供星巴克咖啡，拥有大量不可缺少的客户。Hendrix说："你可以设想一下在这400多家书店里，顾客品尝其他品牌的咖啡会是什么感觉。"

星巴克还同食品公司和消费品公司结成战略联盟。例如，食品服务集团和指南针集团，为公司、学校、医院提供晚餐，在这里人们可以喝到星巴克咖啡。通过与百货公司如卡夫和 Dreyer 等公司合作，使星巴克的品牌延续到了百货零售渠道中，充分利用了现有的分销网络，并共同分担了物流费用。星巴克同卡夫公司的合作起始于 1998 年，它使人们可以在商店里买到星巴克的咖啡豆和咖啡粉。卡夫公司拥有 3 500 名销售人员——食品工业中最大的直销团队，成为星巴克最大的零售商之一。它还为星巴克展开了一系列市场推广活动。人们可以从咖啡车上得到星巴克咖啡的样品。

不过，在迅猛的扩张过程中，星巴克在关系资本的管理方面，也面临一系列挑战，比如如何使用先进的技术工具，提高服务质量，同时又不会破坏咖啡调制生和顾客的亲密关系？如何使新的合作者接受企业文化，理解其在组织机构中的重要地位？如何使更多的供应商保持卓越的质量、合理的价格？

对这些问题，舒尔茨的看法是："更多的分店使人们感到星巴克正变得无处不在，如果我们始终保持同合作者相互信任这个优势，能否使一个 25 000 人的企业发展到 50 000 人的企业？对于实现这个目标，我坚信不疑。关键问题在于我们如何在高速发展中保持企业的价值观和指导原则的一致性。"

资料来源：东亚经济评论 http://www.e-economic.com。

讨论题

1. 星巴克如何处理与利益相关者的关系？这些关系对星巴克的经营有哪些影响？

2. 星巴克企业的经营伦理是什么？企业道德观点给星巴克成功有哪些帮助？

3. 星巴克为什么会成功？它的经验还说明了哪些现代管理思想？

4. 结合星巴克的案例，讨论了近年来国内食品安全中的不道德经营问题。

第二篇　计划

第五章 环境研究

市场变得像时装、流行色一样不可捉摸，产品更新必须跟上这个“毫微秒”时代。

——汤姆·彼得斯

高瞻远瞩公司用一系列做法，围绕着核心理念，创造一种几乎像教派一样的环境

——詹姆斯 C. 柯林斯

第一节 外部环境研究

任何组织都是在一定环境中开展活动，环境的特点及其变化必然制约组织活动方向和内容的选择。环境研究就是要通过分析组织活动的内外影响因素，揭示活动条件变化规律，预测其未来变化，为活动方向、内容的选择和调整提供依据。

一、 外部环境动态性与研究意义

从极端上说，外部世界存在的一切均会或多或少地对组织活动产生一定影响，但是，那些远离组织“活动场”影响很低的环境，一般不在组织考虑的范围内。通常，组织环境研究是指组织所选择的活动的环境区域，它包括组织直接与之发生相互作用，并对组织实现目标有直接影响的环境区域，这些环境被称为组织任务环境。在影响组织的生存和发展上，除了组织任务环境外，那些外部一般环境，如政府、社会文化和经济技术，也会对组织活动有着间接影响。

对组织活动如此重要的环境是在不断变化的。如果环境是静态的，那么它的影响更大，对其的研究也不需要反复强调、高度重视。因为在这种情况下，环境研究可能是一劳永逸的：对一成不变的外部环境深入进行一次细致的分析，便可把握它的特点，制定相应对策。然而，实际情况并非如此，外部存在的一切都在不断变化，比如，技术在发展，消费者收入提高，教育不断普及，就连执政者也在经常更替。

> 外部环境的动态性既可以为组织的生存和发展提供新的机会，也可能给组织生存造成某种不利的威胁。

对于外部环境研究的意义，首先是可以通过环境发现可以利用的机遇，尽力回避可能遭遇的威胁。外部环境动态性为组织的生存和发展提供了新的机会，比如新资源的利用可以帮助企业开发新的产品，执政者的变化可能导致环保政策的修订；另一种可能是环境在变化过程中为组织生存造成了某种不利的威胁，比如技术条件或消费者偏好的变化可能使企业产品不再受欢迎，组织要继续生存，要在生存的基础上不断发展，就必须及时采取措施，积极地利用外部环境在变化中提供的有利机会，同时也要积极采取对策，努力避开这种变化可能带来的威胁。

要利用机会、避开威胁，就必须认识外部环境；要认识环境，就必须研究外部环境，分析外部环境。这种研究不仅可以帮助我们了解当今外部环境的特点，而且可以使我们认识到外部环境的演变过程，从而揭示外部环境变化的一般规律，并据此预测它在未来的发展和变化趋势。

外部环境的变化影响到组织所需资源的获取，特别是关键性资源，外部环境在提供经营条件的同时，也限制了企业的经营。因此，外部环境研究是组织发展方向、发展速度、发展方式的决策基础。以大量存在的从事经济活动的企业组织为例，企业经营所需的各种资源需要在外部环境的原料市场、能源市场、资金市场、劳动力市场获取。离开外部的这些市场，企业经营便会成为无源之水、无本之木。与此同时，企业转换上述各种资源生产出来的产品或劳动要在外部环境中去实现。没有外部市场，企业就无法销售产品得到销售收入，生产过程中的各种消耗就不能补偿，经营活动就无法继续，更谈不上在更大的规模上继续发展了。

企业只能根据外部能够提供的资源种类、数量和质量来决定生产经营活动的具体内容和方向；企业的产品既然要通过环境中的市场才能实现，那么在生产之前和生产过程中就必须考虑到这些产品能否被顾客所接受，是否受市场欢迎。因此，外部环境为企业提供了条件，也必然会限制企业的生存。

二、 外部一般环境

外部一般环境或称总体环境，是在一定时空内存在于社会中的各类组织均会面对的环境，其内容庞杂，大致可归纳为政治环境、社会文化环境、经济环境、技术环境、自然环境等五个方面。

1. 政治环境

政治环境包括一个国家的社会制度，执政党的性质，政府的方针、政策、法令等。不同的国家有着不同的社会制度，不同的社会制度对组织活动有着不同的限制和要求。在社会制度不变下，由于不同时期执政党不同，其政府方针特点、政策倾向也会影响组织活动，组织必须进行政治环境研究，这些因素发展变化对组织活动可能产生何种影响，它们鼓励组织干什么，从而使组织活动符合社会利益，受到政府的保护和支持。

2. 社会文化环境

社会文化环境包括一个国家或地区的居民教育程度和文化水平、宗教信仰、风俗习惯、审美观点、价值观念，等等。文化水平会影响居民的需求层次；宗教信仰和风俗习惯会禁止或抵制开展某些活动；价值观念会影响居民对组织目标、组织活动以及组织存在本身的认可；审美观点则会影响人们对组织活动内容、活动方式以及成果的态度。

3. 经济环境

经济环境是影响组织，特别是作为经济组织的企业活动的重要环境因素，它主要包括宏观和微观两方面的内容。

（1）宏观经济环境。主要是指一个国家的人口数量及其增长趋势，国民收入、国民生产总值及其变化情况，以及通过这些指标能够反映的国民经济发展水平和发展速度。人口数量众多既为企业经营提供了丰富的劳动力资源，决定了总的市场规模，又可能因其基本生活需求难以充分满足，从而构成经济发展的障碍；经济背景的繁荣显然为企业等经济组织的发展提供了机会，而宏观经济的衰退则可能给所有经济组织带来生存上的困难。

（2）微观经济环境。主要是指企业所在地区或所需服务地区的消费者收入水平、消费偏好、储蓄情况、就业程度等因素。这些因素直接决定着企业目前及未来的市场大小。假定其他条件不变，一个地区的就业越充分，收入水平越高，那么该地区的购买力就越高，对某种活动及其产品的需求就越大。一个地区的经济收入水平对其他非经济组织的活动也存在着重要的影响。比如，在温饱没有解决之前，居民很难自觉主动去关心环保问题，去支持环保组织的活动。

4. 技术环境

任何组织的活动都需要利用一定的物质条件，这些物质条件反映了一定的技术水平。社会的技术进步会影响这些物质条件，如技术水平的先进程度，从而影响利用这些条件的组织活动效率。

技术环境对企业的影响更为明显。企业生产经营过程是一定的劳动者借助一定的劳动条件生产和销售一定产品的过程。不同的产品代表着不同的技术水平，对劳动者和劳动条件有着不同的技术要求。技术进步了，反映新技术的竞争产品可能会取代企业产品，可能使企业的生产实践和工艺显得落后，可能使生产作业人员的操作技能和知识结构不再符合要求。因此，企业必须关注技术环境的变化，及时采取应对措施。

技术环境的研究，除了要考察与所处领域的活动直接相关的技术手段的发展变化外，还应及时了解：①国家对科技开发的投资和支持重点；②该领域技术发展动态和研究开发总费用；③技术转移和技术商品化速度；④专利及其保护情况，等等。

5. 自然环境

国人做事，向来重视天时、地利、人和。如果说“天时”主要与国家政策相关的话，那么“地利”则主要取决于地理位置、气候条件以及资源状况等自然因素。

地理位置是制约组织活动特别是企业经营的一个重要因素，当国家在经济发展的某个时期对某些地区采取倾斜政策时尤其如此。比如目前我国沿海地区的改革开放政策吸引了大批外资，促进了投资环境的完善，给处在这些地域的各类组织提供了充分的发展机会。此外，企业是否靠近原料产地或产品销售市场，也会影响到资源获取的难易和交通运输成本等。

气候条件及其变化亦是如此。气候趋暖或者趋寒会影响空调厂家的生产或者服装行业的销售，而四季如春、气候温和则会鼓励人们远足郊外，从而为与旅行或郊游有关的产品制造提供了机会。

资源状况则与地理位置有着密切的关系。资源特别是稀缺资源的蕴藏不仅是国家或地区发展的基础，而且为所在地区经济组织的发展提供了机会。没有地下哗哗流淌着的石油，许多中东国家难以在沙漠中建造绿洲。我国许多农村地区乡镇企业的发展，在初期也正是依靠优越的地理位置、依靠资源开发而逐渐积累资金的。资源的分布通常影响着工业的布局，从而可能决定着不同地区不同产业经营的企业命运。

三、 外部任务环境

组织不仅在一般环境中生存，而且在特殊任务领域内活动。一般环境对不同类型的组织均产生某种程度的影响，而与具体任务有关的特殊环境直接、具体地影响着组织的活动。一般任务环境包括资源提供者、顾客和同业竞争者，等等。企业是在一定的行业中从事经营活动的。行业环境的特点直接影响着企业的竞争能力。美国学者波特认为，影响行业内竞争结构及其强度的主要有现有厂商、潜在竞争者、替代品生产者、原材料供应商以及产品顾客等五种环境因素（见图5-1）这个模型也被简称为五力模型。

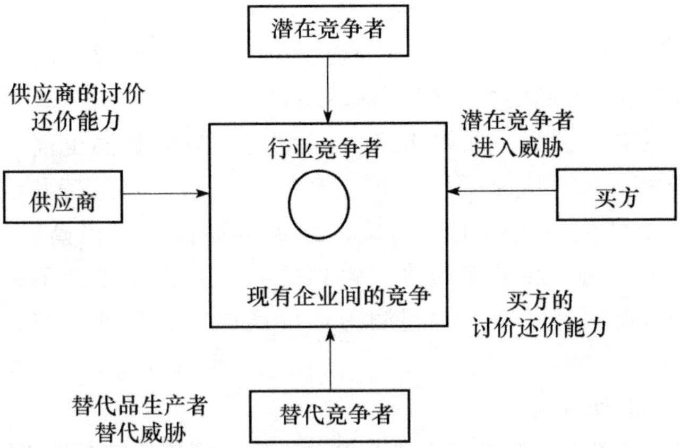

图 5-1 影响行业竞争的五种力量

1. 现有竞争对手研究

企业面对的市场通常是一个竞争市场，同种产品的制造和销售通常不止一家企业。多家企业生产相同的产品，必然会采取各种措施竞争争夺顾客，从而形成市场竞争。现有竞争对手的研究主要包括以下内容。

> 影响行业内竞争的结构及其强度的主要有现有厂商、潜在竞争者、替代品生产者、原材料供应商以及产品顾客等五种环境因素。

（1）基本情况的研究

竞争对手的数量有多少？分布在什么地方？它们在哪些市场上活动？各自的规模、资金、技术力量如何？其中哪些对自己的威胁特别大？基本情况研究的目的是要找到主要竞争对手。

为了在众多的同种产品厂家中找出竞争对手，必须对它的竞争实力及其变化情况进行分析判断。反映企业竞争实力的指标主要有三类：销售增长率、市场占有率和产品的获利能力。

销售增长率 销售增长率是指企业当年销售额与上一年相比的增长幅度。销售增长率为正且数值较大，说明企业的顾客增加，反映了相关企业的竞争能力提高；反之则表明企业竞争能力的衰退。这个指标往往只有与行业发展速度和国民经济的发展速度进行对比分析才有意义。如果企业当年销售额比上一年增加，但增加的幅度小于行业，或国民经济背景相当好，市场总容量在不断扩大，在行业扩张部分中，企业占领的比重相对减少，大部分新市场被其他企业占领了，因此该企业的竞争能力相对下降了。

> 销售增长率是指企业当年销售额与上一年相比的增长幅度。

市场占有率 市场占有率是指市场总容量中企业所占有的份额，或指在已被满足的市场需求中有多大比例由企业占领。市场占有率的高低可以反映不同企业竞争能力的强弱。这是一个横向比较的指标。某个企业占领的市场份额大，说明购买该企业产品的消费者数量多；消费者之所以购买该企业而非其他企业的产品，说明该企业产品在价格、质量、售后服务等方面的综合竞争能力比较强。同样，市场占有率的变化可以反映企业竞争能力的变动。

如果一家企业的市场占有率本身虽然不高，但与上一年相比有了进步，则表明该企业的竞争实力有所增强。

> 市场占有率是指市场总容量中企业所占有的份额，或指在已被满足的市场需求中有多大比例是由企业占领的。市场占有率反映不同企业竞争能力的强弱。

产品的获利能力 这是反映企业竞争能力能否持续的支持性指标，可用销售利润表示。市场占有率只反映了企业目前与竞争对手相比的竞争实力，并告诉我们这种实力能否维持下去；只表明了企业在市场上销售产品的数量相对较多还是相对较少，并未反映销售这些数量的产品是否给企业带来了足够的利润。如果市场占有率高，销售利润也高，那么表明销售大量产品可给企业带来高额利润，从而可以使企业有足够的财力去维持和改善生产条件，因此较高的竞争能力是有条件坚持下去的；相反，如果市场占有率很高，而销售利润率很低，那么则表明，企业卖出去的产品数量很多，得到的收入补偿了生产消耗后剩余很少甚至没有剩余，较高的市场占有率是以较少的利润为代价换取的，长此以往，企业的市场竞争能力是无法维持的。

（2）主要竞争对手的研究

比较不同企业的竞争实力，找出了主要竞争对手后，还要研究其所以能对本企业构成威胁的主要原因，是技术力量雄厚、资金多、规模大还是其他原因。主要竞争对手研究的目的是找出主要对手竞争实力的决定因素，以帮助企业制定相应的竞争策略。

（3）竞争对手的发展动向

竞争对手的发展动向包括市场发展或转移动向与产品发展动向。要收集有关资料，密切注视竞争对手的发展动向，分析竞争对手可能开发哪些新产品、开辟哪些新市场，从而有助于企业先走一步，争取时间优势，使企业在竞争中争取主动地位。

产品的获利能力是反映企业竞争能力能否持续的支持性指标，可用销售利润表示。

根据波特的观点，在判断竞争对手的发展动向时，要分析退出某一产品生产的难易程度。下列因素可能妨碍企业退出某种产品的生产：

资产的专用性 如果厂房、机器设备等资产具有较强的专用性，则其清算价值很低，企业既难以用现有资产转向其他产品生产，也难以通过资产转让收回投资。

退出成本的高低 某种产品停止生产，意味着原来生产线工人的重新安置。这种重新安置需要付出一定的费用（比如新技能的培训）。此外，企业即使停止了某种产品的生产，但对在此之前已经销售的产品在相当长的时间内仍有负责维修的义务。职工安置、售后维修服务的维持等费用如果较高，也会影响企业的产品转移决策。

心理因素 特定产品可能是由企业的某位现任领导人组织开发成功的，曾在历史上对该领导的升迁有过重要影响，因此该领导对其可能存在深厚的感情，即使已无市场前景，可能也难以割舍。考虑到这种因素，具体部门在对该产品的对策上也可能顾虑重重。那些曾经作为企业成功标志的产品中止生产，对全体员工可能带来更大的心理影响，因此人们在决定其“退役”时必然会犹豫不决。

政府和社会的限制 某种产品的生产中止，某种经营业务不再开展，不仅存在直接影响，可能还会引起失业，影响所在地区的社会安定和经济发展，因而有可能遭到来自社区政府或群众团体的反对或限制。

2. 潜在竞争者研究

一种产品的开发成功，会导致许多企业的加入。这些新进入者既可以给行业注入新的活力，促进市场竞争，也会给原有企业造成压力，威胁它们的市场地位。新企业进入行业的可能性大小，既取决于由行业特点决定的进入难易程度，又取决于现有企业可能做出的反应。原有企业可能采取反击措施，迫使那些对某种产品的生产垂涎欲滴、跃跃欲试的企业不得不认真思考、慎重决策。

进入某个行业的难易程度通常受到规模经济、产品差别和在位优势等因素的影响。

（1）规模经济

规模经济概念实际上描述了两种相互联系的经济现象。第一，它表明企业经营只有达到一定规模，才能收回经营过程中的各种耗费。低于此种规模，企业经营不仅不能赢利，反而会出现亏损。与之相应的经营规模称为“保本产量”或“盈亏平衡产量”，这是由企业生产经营中必须投入较高的固定费用所决定的。比如，在特定时期，不论某种产品的生产数量多少，这种产品的生产都要占有一定的生产设施和厂房。实际上，不仅产品的生产，而且物资的采购、资金的筹措、产品的销售、营销渠道的利用等均存在最低规模。产品的性质不同，技术的先进程度不同，生产和经营的规模也会不一样。第二，规模经济概念还表明，企业生产和经营达到盈亏平衡点以后，在未超过某个上限之前（在产量的增加尚未引起生产设施的调整，从而追加投资之前），单位产品的生产成本随产量的增加而下降。在这种情况下，生产规模越大，企业就越具有成本优势。显然，对于最低经济规模，即达到此规模以后扩大产量的必要性都给企业进入该行业后的投资量带来较高的要求，并非所有希望进入的企业都能满足这种资本要求。

（2）产品差别

不同企业提供的产品并不是完全均质的，必然存在某种程度的差异。这种差异可能是客观存在的，既可能是由产品的材料性质、功能特点或外观形状决定的，也可能是由主观因素形成的，比如由于广告宣传等因素使得某种产品对消费者具有一种特殊的魅力。如果原来生产这种产品的厂家，其市场地位已经确定，其品牌已经获得顾客的广泛认同甚至产生了一定感情，那么新进入者要想再吸引顾客，则需要付出很大的代价。

（3）在位优势

在位优势是指老厂家相对新进入者而言所具有的综合优势。这种优势表现在多个方面。比如，原有企业已经拥有某种专利，从而可以限制他人生产相关产品；原有企业已经拥有一批熟练的工人和管理人员，从而具有劳动成本优势；原有企业已经建立了自己的进货渠道，从而不仅可以保证自己扩大生产的需要，甚至可以控制整个行业的原材料供应，从而可以限制新厂家的进入；原有企业已经建立的分销网络对新竞争者进入销售渠道也可能形成某种障碍。

3. 替代品生产者分析

企业生产的产品，从表面上看，是具有一定外观形状的物品，但抽象地分析，它们是能够满足某种需要的使用价值或功能。企业向市场提供的不是一种具体的物品，而是一种抽象的使用价值或功能。不同的产品，其外观形状、物理特性可能不同，但完全可能具备相同的功能。比如，自行车、摩托车、汽车、轮船、火车、飞机，它们是一些外观形状、内部结构以及物理特性等都有很大差异的产品，但它们的使用价值或功能相同，能够满足的消费者需要相同，在使用过程中可以相互替代，生产这些产品的企业之间就可能形成竞争。因此行业环境分析还包括对生产替代品企业的分析。

波特认为，替代产品通过规定某个行业内的厂商可能获利的最高限价来限制该行业的潜在受益。也就是说，由于替代品的存在，即使行业内只存在少数生产厂商，几乎垄断行业市场，也不能为所欲为地控制价格，侵占消费者的利益。

替代品生产者的分析主要包括两个内容：第一，确定哪些产品可以替代本企业提供的产品。这实际上是确认具有同类功能产品的过程，相比较而言，这项工作是容易开展的；第二，判断哪些类型的替代品可能对本企业（行业）经营造成威胁。这项工作较为复杂。为此，需要比较这些产品的功能实现能够给使用者带来的满足程度，以及获取这种满足所需支付的费用。如果两种相互可以替代的产品，其功能实现可以带来大致相当的满足程度，但价格却相差悬殊，则低价产品可能对高价产品的生产和销售造成很大威胁。相反，如果这两类产品的功能/价格比大致相当，则相互不会造成实际威胁。

4. 顾客研究

顾客在两个方面影响着行业企业的经营。第一，顾客对产品的需求决定着行业的市场潜力，从而影响行业内所有企业的发展边界；第二，不同顾客的讨价还价能力会诱发企业之间的价格竞争，从而影响企业的获利能力。顾客研究也因此包括两个方面的内容：顾客的需求（潜力）研究以及顾客的价格谈判能力研究。

（1）顾客的需求研究。需求研究一般包括以下内容：

1）总需求研究。包括分析市场容量有多大？总需求中有支付能力的需求有多大？暂时没有支付能力的潜在需求有多大？

2）需求结构研究。需要回答的问题是：需求的类别和构成情况如何？顾客属于何种类型，是机关团体还是个人？主要分布在哪些地区？各地区比重如何？

3）顾客购买力研究。需要分析：顾客的购买力水平如何？购买力是怎样变化的？有哪些因素影响购买力的变化？这些因素本身如何变化？通过分析影响因素的变化，以预测顾客购买从而市场需求的变化。

（2）顾客的价格谈判能力研究

顾客的价格谈判能力是众多因素综合作用的结果。这些因素主要有以下几个方面。

1）购买量的大小。如果顾客的购买量与企业销量相比较大，是企业的主要顾客，则他们会意识到其购买对企业销售的重要性，因而拥有较强的价格谈判能力。同时，如果顾客对这种产品的购买量在自己的总采购成本中占有较大比重，则他们必然会积极利用这种谈判能力，努力以较优惠的价格采购产品。

2）企业产品的性质。如果企业提供的是一种无差异产品或标准产品，则顾客坚信可以很方便地找到其他供货渠道，因此也会在购买中要求尽可能优惠的价格。

3）顾客后向一体化的可能性。后向一体化是指企业将其经营范围扩展到原材料、半成品或零部件的生产。如果顾客是生产性企业，购买企业产品的目的是再加工或与其他零部件组合，且具备自制的能力，则它们会经常以此为手段迫使供应者压价。

4）企业产品在顾客产品形成中的重要性。如果企业产品是顾客自己加工制造产品的主要构成部分，或对自己产品的质量、功能有重大影响，则顾客可能对价格不甚敏感，这时他关注的首先是企业产品的质量及其可靠性。相反，若企业产品在顾客产品形成中没有重要影响，则顾客在采购时会努力寻求价格优惠。

5. 供应商研究

企业生产所需的许多生产要素是从外部获取的。提供这些生产要素的经济组织，类似于顾客，也在两个方面制约着企业的经营：其一，这些经济组织能否根据企业的要求按时、按量、按质地提供所需的生产要素，影响着企业生产规模的维持和扩大；其二，这些组织提供货物时所要求的价格决定着企业的生产成本，影响着企业的利润水平。所以，供应商的研究也包括两方面的内容：供应商的供货能力或企业寻找其他供货渠道的可能性，以及供应商的价格谈判能力。这两个方面是相互联系的，综合起来看，需要分析以下因素。

1）是否存在其他货源。企业如果长期仅从单一渠道进货，则其生产和发展必然在很大程度上受制于后者。因此，应分析企业与其他供应商建立关系的可能性，以分散进货，或在必要时启用后备进货渠道，这样便可在一定程度上遏制供应商提高价格的倾向。

2）供应商所处行业的集中程度。如果该行业集中度较高，由一家或少数几家集中控制，而与此对应，购买此种货物的客户数量众多，力量分散，则该供应商将拥有较强的价格谈判（甚至是决定）能力。

3）寻找替代品的可能性。如果行业集中程度较高，分散进货的可能性也较小，则应寻找替代品。如果替代品不易找到，那么供应商的价格谈判能力无疑是很强的。

4）企业后向一体化的可能性。如果供应商垄断控制了供货渠道，且不存在替代品，而企业对这种货物的需求量又很大，则应考虑自己掌握或自己加工制作的可能性。这种可能性如果不存在，或者企业对这种货物的需求量不大，那么这时企业只能对价格谈判能力较强的供应商俯首称臣。

四、 新时代环境下的思维理念

21 世纪以来，经济全球化与企业信息化引发了外部环境的巨大变化，给组织管理带来持久性的影响。这种环境挑战改变了企业战略决策的价值体系和思维假设。

首先，全球性竞争。在 21 世纪，各种生产要素包括原材料、服务、人员、技术和观念；经营活动的各环节，包括研发、采购、物流、生产和销售，能够更加自由地超越地理界限，更少地受到人为因素的限制。区域性企业与全球化企业间的距离越来越小，所有企业都可能面对国际化的挑战，所有企业不得不服从于全球化带来的各个方面的标准，如产品质量、服务标准、安全性、知识产权保持和生态意识等。21 世纪优秀的管理者应当是全球领导者，能够跟上全球化的步伐，具有“思维全球化，行动本土化”的特性。比如，印度的麦当劳不得不将食谱从牛肉改为羊肉和素馅，而印度的快餐也对麦当劳的清洁和环境做出响应。

其次，速度竞争。信息技术革命使得企业可以用更快的速度和更低的成本，在全球范围内实现知识和信息的传递。企业的信息化已经使得企业可以在生产、销售和内部管理等活动上充分运用信息技术，如采购、订货、自动存货管理、支付或其他与供应商的电子化联系，以及生产过程的控制和其他直接与产品生产相关的活动；电子化营销和销售活动、顾客订货和支付以及客户管理和支持活动；自动化的雇员服务、培训、信息分享、电话会议和招聘活动等。更为重要的是，企业信息化凸显了反应速度在企业战略上的关键地位，速度的本质是企业能够以多快的速度学习新的知识，以多快的速度将新的知识融入企业的智力资本，因此，企业的吸收能力成为竞争优势的一个重要来源。

再次，价值创造的理念。新的环境挑战最根本的力量在于改变了企业经济租金的来源。经济租金是指超过社会平均利润的利润。事实上，最终所有的利润都归于稀缺资源的所有权问题，利润的本质是短缺供应状态下的要素租金的积累。然而，不幸的是以往的企业战略理论是基于静态的租金竞争，强调最有效地利用各种经济，将现有资源的价值发挥到最大限度，以取得更高的经济效率。波特的理论就是静态的，其思维假设是在社会的零和博弈中，即利润的获取必然以牺牲其他人的利润为代价，去占有更多的经济价值。[㊀]经济全球化和企业信息化提供另一种价值理念，即企业战略是基于对动态租金——熊彼特租金的追求，企业是通过生产新的产品、提供新的服务以及新的方法来为社会创造价值，获取超额经济利润，创新成为时代的主题。像3M和ABB等公司的重点都从价值占有转变为价值创造，它们的革新和创造不仅在于产品和流程上的革新，而且在于商业模式和思维假设的革新，不断放弃旧的理念，适应环境的挑战。

最后，社会资本的取向。“创造未来远远不是像传统那样的单独一家公司的任务，经理人员必须与供应商、合作者甚至常常还会与对手建立联盟或者合作关系”[㊁]。企业经营总体环境正在促使企业转变战略视角，即不再单独考虑企业问题，而是从企业网络方面来重新审视企业战略。企业的价值创造不仅来自企业本身的竞争优势，而且还来自于企业关系网络的优势。

第二节 内部环境研究

内部环境由组织内部的物质环境和文化环境构成。内部物质环境研究是要分析内部各种资源的拥有状况和利用能力，内部文化环境研究则是考察组织文化的构成要素及其特点。

一、 内部环境及其研究意义

内部环境包括组织内部的物质环境和文化环境。其研究意义也可以从这两个方面分析。

1. 内部物质环境研究的意义

内部物质环境是指组织内部的资源拥有情况和利用情况。

任何组织的活动都需要利用一定的资源，然而在特定时期，组织能够利用的资源是有限的。这种有限性是由两个因素决定的。首先，资源的稀缺性决定了人类可以利用的资源的有限性。任何资源，不论是从自然界直接获取，还是已经经过人类加工，都不是取之不尽、用之不竭的，其数量总是有限的。与此同时，人类利用这些资源希望满足的欲求却是无限的。人类一切经济活动的目的就是要以尽可能少的资源消耗来获得尽可能多的满足。其次，组织的财力有限决定了它们能够获取、利用的资源是有限的。为了促进和保证对有限资源的充分利用，人类创造并发展了用商品生产和交换的方式来组织经济活动的模式，在商品经济中，任何资源的获取和转让都不是无偿的，都必须通过支付一定数量的货币媒介来实现。然而在任何条件下，任何组织的支付能力总是有限的。组织用有限的财力在稀缺背景下获取的有限资源，必须加倍珍惜，合理利用。

组织不仅在客观上拥有的资源数量有限，而且在主观上对这些资源的利用能力也是有限的：同样数量的资源在不同的组织，或在同一组织的不同时期的利用情况及其效果也是不同的，因此，要充分、有效地利用资源，就必须研究组织在客观上对资源的占有情况以及在主观上对资源的利用情况，找出组织在资源利用上的优势和劣势，以指导组织正确选择资源的利用方向和方式。

> 组织文化是指组织及其成员的行为方式及这种方式所反映的被组织成员共同接受的信仰、价值观念及行为准则。

2. 组织内部文化环境研究的意义

组织文化是指组织及其成员的行为方式及这种方式所反映的被组织成员共同接受的信仰、价值观念及行为准则。

㊀ 库苏马诺，马凯斯．下一波经济的战略思考［M］．北京：华夏出版社，2003：13.
㊁ C K 普拉哈拉德．把握战略［M］．北京：北京大学出版社，2003：88.

美国作者肯尼迪在《西方企业文化》中指出，“每一个企业都有文化，有时它是支离破碎的、外界难以辨认的”，而有的企业文化强而有力且具有凝聚力，每个人都知道公司的目标并为达到这些目标而努力。确实，不管人们是否有意识地去建立，任何组织在自己的活动中都会逐渐形成一整套独特的行为方式和行为准则，任何组织都存在与自己的历史、自己的活动特点、自己的创办人及其后继者的个性有关的文化。

不论是“支离破碎”的组织文化，还是富有凝聚力的组织文化，它们对组织成员及其活动都会产生重要影响。这种影响主要表现在以下五个方面。

导向功能 组织文化能对企业整体和企业每个成员的价值取向及行为取向起引导作用，具体表现在两个方面：一是对企业成员个体的思想行为起导向作用；二是对组织整体的价值取向和行为起导向作用。这是因为一个组织的组织文化一旦形成，它就建立起了自身系统的价值和规范标准，如果组织成员在价值和行为取向上与组织文化的系统标准产生悖逆现象，组织文化会将其纠正并将其引导到组织的价值观和规范标准上。

组织文化具有导向功能、凝聚功能、激励功能、约束功能和品牌功能。

凝聚功能 从组织成员个人来看，组织文化影响组织成员某些心理需要（如社交、归属感）的满足，从而可能影响他们的士气和积极性，进而影响成员个人及整个组织的活动效率；从组织成员群体来讲，组织文化影响成员间的信息沟通、集体意识的形成，从而影响组织对成员的吸引力以及成员对组织的向心力。

激励功能 组织文化通过价值观的宣传以及英雄人物的树立，使组织成员行有目标，学有榜样，形成内部的文化氛围和价值导向，这就能够起到精神激励的作用，将员工的积极性、主动性和创造性调动与激发出来，把员工的潜在智慧诱发出来，使员工的能力得到充分发挥。

约束功能 与激励功能相对应。价值观以及体现价值观的英雄人物在告诉组织成员何种行为是组织需要的同时，也向他们表明了什么样的行为是组织不希望出现的，组织成员也会因此而自觉调整自己的行为，使之符合组织的要求，形成自我约束的能力，为企业提供“免疫”功能。

品牌功能 从组织整体来看，组织文化作为组织的整体特征，通过产品形象、员工形象、企业家形象、企业环境形象来影响组织的外部形象，从而有利于或妨碍社会外界对组织的承认或对组织活动的态度。好的组织文化可以形成一种形象感染力，扩大组织的知名度，提高美誉度。

就我们本书研究的主题而言，组织文化对决策的影响主要表现在两个方面：其一，组织文化可能影响决策者的冒险精神及作为倾向，从而影响他们对不同决策方案的比较、评价和选择；其二，组织文化可能影响组织成员对决策可能引起的变化的态度，从而可能影响决策的组织实施。因此，必须研究组织文化的特点，分析现有组织文化对成员个人的行为倾向，对决策的方案选择，对决策活动的组织实施可能产生的影响，以利于组织正确地选择或调整活动的方向的内容。

二、 内部物质环境研究

任何组织的活动都需要借助一定的资源来进行。这些资源的拥有情况和利用情况影响甚至决定着组织活动的效率和规模。组织活动的内容和特点不同，需要利用的资源类型亦有区别。但一般来说，任何组织的活动都离不开人力资源、有形资源和无形资产。

1. 人力资源研究

人力资源是那些体现于组织个体成员身上的，能够为组织提供服务的知识和技能，它们包括组织成员的智力、经验、教育和社会资本以及他们的洞察能力、分析判断能力、领导组织能力等。

根据不同的标准可以将人力资源划分为不同的类型。比如企业人力资源根据员工所从事的工作性质的不同，可分为生产工人、技术工人和管理人员三类。人力资源研究就是要分析这些不同类型的人员的数量、素质和使用情况。比如，企业生产工人研究，就是要了解他们的数量，分析其技术、文化水平是否符合企业生产现状和发展的要求，近期内有无增减的可能，能否对他们组织技术培训，企业是否根据生产工人的特点，分配了适当的工作，进行了合理的利用，等等；对技术人员的研究，就是要弄清企业有多少技术骨干，他们的技术水平、知识结构如何，是否做到了人尽其才，使他们充分发挥作用；对管理人员的研究，就是要分析企业管理干部的配备情况，这支队伍的素质如何，能力结构、知识结构、年龄结构、专业结构是否合理，是否具有足够的管理现代工业生产的经验和能力，能否通过培训提高他们的管理素质，等等。

> 人力资源是那些体现于组织个体成员身上的，能够为组织提供服务的知识和技能，它们包括组织成员的智力、经验、教育和社会资本以及他们的洞察能力、分析判断能力、领导组织能力等。

企业人力资源的价值评估主要集中于员工拥有的知识、培训、员工的适应性和员工的投入程度与忠诚度。员工所拥有的专业知识和企业培训决定了企业人力资源的利用；他们的适应性是决定企业战略灵活性的关键性因素，同时员工的忠诚度决定了能否实现和保持优势。因此，员工在教育、技术及职业资质方面的证书、企业相对于同行业的损失赔偿水平、员工关于劳动争端的记录以及换岗率都是评估企业人力资源的关键性指标。

企业人力资源对于企业竞争优势的贡献不仅仅在于杰克·韦尔奇、安迪·格鲁夫、比尔·盖茨等高层管理人员的价值，更主要在于企业各层次的员工的整体价值。企业拥有的经验丰富、能力强大的劳动力队伍、具有专业技术、积极上进的员工和厂风都是确立企业竞争优势的强势资源。

企业员工的社会资本特别是企业家的社会资本也是企业竞争优势的重要来源。由企业内部人际关系网络和企业外部社会关系网络决定的企业家社会资本为企业决策信息收集、关键性资源获取以及企业内部人力资源的利用和积极性调动提供了可靠的保证。[㊀]像美国石油等一批公司将员工的关系能力作为其晋升的主要评价标准。

2. 有形资源研究

有形资源是指在传递客户价值的过程中生产消费的物理因素，它包括企业的财力资产和实物资源。实物资源研究，就是要分析组织在活动过程中需要运用的物质条件的拥有数量和利用程度。比如，要分析企业拥有多少设备和厂房，它们与目前的技术发展水平是否相适应，企业是否应对其进行更新改造，机器设备和厂房的利用状况如何，企业能否采取措施提高其利用率，等等。财力资源是一种能够获取和改善组织其他

> 有形资源是指在传递客户价值的过程中生产消费的物理因素，它包括企业的财力资产和实物资源。

㊀ 陈传明，周小虎．关于企业家社会资本的若干思考［J］．南京社会科学，2001（11）．

资源的资源，因此可以认为它是反映组织活动条件的一项综合因素。财力资源研究就是要分析组织的资金拥有情况（各类资金的数量）、构成情况（自有资金与债务资金的比重）、筹措渠道（金融市场或商业银行）、利用情况（组织是否把有限的资金使用在最需要的地方），分析组织是否有足够的财力资源去组织新业务的拓展以及原有活动条件和手段的改造，在资金利用上是否还有潜力可挖，等等。有形资源中初级的一般性资源，如土地、通用设备、融资等很少成为企业的竞争优势来源。由于科学技术的进步，企业产品和服务的附加值对于初级生产资源的依赖程度越来越低，更多是依靠产品和服务中的知识与技能。那些高级的专业性资源对于竞争优势的建立起到重要作用，它们本身往往与专有知识和技能存在密切联系，对于形成独特的技能和独特产品的生产有着较强的影响。这些高级的专业性资源包括先进的设备、吸引人才的不动产、遍布全球的分销设施，以及可以随时变现的自然资源储备。例如，沃尔玛的物流配送系统就是其竞争优势来源之一。

3. *无形资产研究*

无形资产是指那些在传递客户价值的过程中，没有发生损耗的、隐性的产品因素；它是根植于企业历史中的，对企业经营发挥长期作用的资源，它包括知识技术资产和商誉。

> 无形资产是指那些在传递客户价值的过程中，没有发生损耗的、隐性的产品因素；它是根植于企业历史中的，对企业经营发挥长期作用的资源，它包括知识技术资产和商誉。

知识技术资产的主要特征是以专有技术，如专利、版权、商业秘密等形式保有的技术储备、技术运用中的专业知识和方法以及用于创新的研究设备和科技人员等。专利数量和意义、来自专利许可的收益以及研发人员占总人数的比例是衡量知识技术资产的关键指标。商誉主要包括来自顾客的企业信誉，如品牌、产品质量、可靠性等；来自供应商、债权人和债务人、政府、社区的声誉等。衡量商誉的关键指标为品牌识别、与竞争品牌的差价、重复购买率、公司业绩水平和持续程度以及对产品性能的目标测量。

无形资产是企业竞争的重要来源之一。由于无形资产是长期积累的结果，因而它总是以独特的方式而存在，不易被竞争对手模仿；企业的商誉根植于消费者心中，它可以长期为企业提供利润来源。作为一种重要的无形资产，品牌的价值现在已经被多数经营者所接受。一个好的品牌不仅可以让顾客了解产品的性能、属性和价值，更可以塑造良好的企业形象。如惠普的打印机品牌就意味着多种多样的创新产品以及为顾客提供各种各样的解决方案，惠普公司在打印机纸张处理、清晰度处理以及打印机半导体技术上都拥有众多的专利，仅在图片处理技术方面就拥有 1 000 多项专利。像英特尔、可口可乐等大品牌保守估算在 1993 年的市场价值就分别高达 178 亿美元和 334 亿美元。

无形资产对企业竞争优势的贡献是多方面的，它既可以为企业提供直接的营业收入并降低运营成本，也可以构建进入壁垒、形成垄断竞争、塑造良好形象、培育客户忠诚度，还可以实施法律权力，得到法律保护。例如，IBM 公司每年从生产许可中赚取的收入超过 10 亿美元。伊丹敬之认为无形资产本质上是一种信息，它具有使用同时性、多重使用时的无磨损性以及合成性，它可以实现企业内部的共享和“搭便车”。因此，无形资产是创造企业动态协同的主要资源，是企业持续竞争优势的来源。

三、　内部文化环境研究

内部文化环境研究是要分析组织文化的特点及其对组织活动的影响。

1. 组织文化与社会文化

组织文化不是刷在墙上的标语，不是会议上的口号。如前所述，它是影响或者决定组织及其成员行为方式及行为倾向的价值观念及行为准则的总和。它是随着组织的存在和发展而逐渐形成的。在组织文化的形成过程中，组织缔造者以及后来管理的价值观念及领导风格产生了重要的影响。

在一定社会背景下存在的组织，其文化必然要打上外部文化环境的烙印，整个社会的价值观念、宗教信仰必然要对其产生影响。比如，强调个人价值的传统西方文化背景使得西方社会经济组织通常比较注意个人奋斗、鼓励竞争，而倡导和谐人际关系的儒家文化则使得包括中国在内的东方社会经济组织往往强调群体内部以及群体之间的协作，鼓励共同发展。当然，两种社会文化的交融也使得东西方的社会经济组织试图从另一种文化中寻求精华以弥补自己的不足，但是，即便在相同的社会文化环境中，不同组织的文化特点也是有区别的。比如，同是在西方经济中从事生产经营的企业，虽然可能同样强调个人的价值、个人的成功，但是不同企业对待个人成功的方式及其判断的标准也可能相异。正是由于这种不同组织文化间的差异，正是由于不同的组织文化均有其存在的理由和贡献，才决定了组织文化研究的必要性。

2. 组织文化的构成要素

组织文化究竟包含哪些内容，不同的学者有不同的看法。

有人认为，组织文化包含不同的层次，它是组织在长期活动中逐步生成和发育的，具有组织自身特征的精神财富和物质文化精华的有机总和，因此组织文化由组织的器物文化、制度文化以及观念文化等三个不同层次构成。器物文化表现为组织的外容外貌，是人们肉眼可以看到的组织形象；制度文化反映为组织的结构形态、规章制度、奖惩方式以及信息沟通渠道等内容；观念文化则主要指组织风尚等。在这三个层次中，观念文化是基础、核心和灵魂，它虽然是无形的，但却制约、调整着组织及其成员的行为倾向和方式。

也有人认为，组织文化是一种渗透于组织中的一切活的东西的总和，它是由四个亚文化构成的一个群，其核心是“精神文化”。精神文化表现为一系列明确的价值和行为规范、道德准则以及清晰的信念。当人们在组织活动的物质条件中有机揉入价值观、道德感等精神文化，便形成了组织的物质文化；精神要素和管理领域的领导体制、领导风格、组织结构、规章制度等要素相结合，则形成了组织的管理文化。构成组织文化群的第四个亚文化是“形象文化”，包括两方面的内容。从内部看，人们把组织视为一个整体，带有崇高精神的组织成员愉快地生活在其中，认同它，归宿它，并注入真挚的情感；从外部看，组织给外界以可以依赖的印象，对社会的贡献为社会所承认。

美国作者阿伦·肯尼迪和特伦斯·迪尔则认为，组织文化主要由以下四个要素构成。

价值观 价值观是组织的基本观念和信念，因而构成企业文化的核心。价值观为组织成员指明了成功的方向，确立了成功的标准。

英雄人物 英雄人物是组织价值观的人格化，为其他组织成员提供了成功的楷模、仿效的榜样。价值观是抽象的，英雄人物则是具体的。为了使价值观真正成为组织成员的行为准则，使“成功”成为组织成员追求的目标，必须为他们提供明确的学习榜样。榜样的存在，既为其他组织成员实际提供了努力的方向，也会因此而诱发组织成员合理（符合组织要求）行为的竞赛。

礼仪和庆典 礼仪是组织文化的日常表现形式，庆典则是组织文化的隆重表现形式。为了使组织成员确切地了解组织对其行为的要求，必须详细地制定适当的礼仪——行动的程序和标准。礼仪“给组织文化以看得见摸得着并具有内聚力的形式”，“对职工在企业生活中的行为起着指导作用，实际上就是把公司基本的文化价值观具体体现出来”。庆典则以某种形式表彰英雄，“赞美传奇和神圣的象征”，“使职工得到终生难忘的体验”，从而“使价值观、信念和英雄人物在员工的心目中保持崇高的地位”。

文化网络 文化网络是与正式结构相对应的组织中信息沟通的非正式渠道。不管组织管理者承认不承认，这种非正式渠道是客观存在的，并通过组织内部“名人逸事”或各种小道消息的传播，以自己的方式影响着组织成员的行为方式。要建立强有力的组织文化，有意识地引导组织成员的行为，必须正视这种非正式渠道的存在并积极利用它，使之成为“公司价值观和英雄逸事的载体”。

3. 组织文化的主要类型

从不同的视角可以对企业文化进行不同的分类，分析组织文化类型是探索组织文化在特定环境下发挥其价值的基础。密歇根大学的卡梅隆将组织文化分为官僚型文化、创新型文化、支持型文化及效率型文化。①官僚型文化的特征是企业层级分明，有清楚的责任及授权，工作标准化、固定化，行事态度谨慎保守，这种类型的文化通常建立在控制和权力的基础上，不喜变革。②创新型文化的特征是面临的竞争环境较为复杂、多变、激烈并具有动态性，在这种环境下，具有企业家精神或充满企图心的人较容易成功，工作较具创造性、挑战性和冒险性。③支持型文化的特征是企业环境通常相当开放、和谐，有家庭温暖的感觉，企业中具有高度的支持、公平、鼓励、信任与开放，具有很高的相互合作精神，是十分重视人际关系导向的工作环境，接受变革。④效率型文化的特征是企业间重视绩效并讲究效率，存在相互竞争的氛围，经常冒大的风险和接受大的变革。

著名企业文化研究者奎因教授用两个主要的成对维度灵活性－稳定性以及关注内部－关注外部，将企业文化分成四类：①团队型：强调人际关系，企业就像一个大家庭，彼此帮忙，忠心和传统是重要的价值观，重视人力资源发展所带来的长期利益、士气及凝聚力。②活力型：强调创新与创业，企业比较松弛非规范化，强调不断的成长和创新，鼓励个人主动创新并自由发挥。③市场型：强调工作导向及目标完成，重视市场及产品，对市场有敏锐的洞察力。④层级型：强调规则至上，凡事皆有规章可循，企业重视结构化与正规化，稳定与恒久是重要的观念。领导以企业有良好的协调和效率为荣。

第三节 环境研究的程序和方法

环境研究包括许多工作，其中最主要的内容是环境调查和环境预测。组织在从事环境研究的过程中要运用大量的定性或定量的分析方法。

一、 环境研究的程序

环境研究一般要经过确定课题、提出假设、收集资料、资料处理、环境预测以及提出报告六个阶段的工作。

1. 确定课题

确定课题是环境研究的前提，只有明确了课题，环境研究的各项工作才会有明确的方向和中心。

环境研究的课题要围绕组织活动中存在的问题来确定。研究课题的确定可能涉及整个组织活动，也可能只涉及组织活动的某个方面。课题的确定是一项既简单又复杂的工作，它看似简单，实际上做起来却很复杂。由于环境研究是为组织活动的决策服务的，因而研究课题也往往由组织决策者来下达。由于决策者在下达研究任务时，对任务的描述不一定非常详细、精确，因此课题可能是不明确的。比如，研究企业的广告效率，对这项任务可能有多种不同的理解，既可以理解成广告的沟通效果，也可以理解成广告的说服力，还可理解为广告的效益。理解不同，研究的方向、内容、重点、结果等均可不同。第一种理解要求研究信息的传播和接受情况；第二种理解要求研究广告的劝导效果；最后一种理解则要求比较广告费用与由此产生的销售利润。因此，在进行环境研究时，首先要明确需要研究的是什么，即研究的主题内容是什么。

2. 提出假设

在确定课题的基础上，环境研究人员还要利用组织现有的资料，根据自己的经验、知识和判断力，进行初步分析，提出关于组织活动中所遇问题的初步假设，即判断组织问题可能是由哪些因素造成的，在众多的可能原因中，哪些是最主要的。

3. 收集资料

提出了有关问题原因的假设后，还要对这些假设进行验证。如果假设成立，那么组织就需要采取相应的措施来消除原因，解决问题。验证假设需要具备能够反映组织内外环境的资料。这些资料有两个来源：一是组织内外现存的各种资料，比如组织活动的各种记录，组织外部出版的报刊文献等，由于这类资料不是为了研究而存在的，因此在适用性和时间性上可能有一定的局限。为了正确地验证，充分进行环境研究，组织还应该进行专门的环境调查，以收集所需资料。

4. 资料处理

环境调查收集的原始资料经过加工整理才有意义，才可能比较正确地反映客观环境的情况。整理资料包括以下两项工作。

（1）审核资料的准确性、真实性，以求去伪存真、去粗取精，消除资料中的错误或含混不清之处。在审查资料时，如果发现资料不清楚、不完整、不协调，就应该采取措施予以澄清、补充和纠正。

（2）利用经过整理的资料，分析影响组织活动的各种因素之间的关系。验证前面提出的有关问题原因的假设是否正确。如果正确，就可以预测采取措施后可能收到的效果。

> 环境预测是指利用一定的科学方法和环境调查取得的资料，对环境的发展趋势和组织未来的发展进行预估。

5. 环境预测

环境预测是指利用一定的科学方法和环境调查取得的资料，对环境的发展趋势和组织未来的发展进行预估。因此，预测的内容主要包括两个方面：首先是利用对有关资料的分析，找出环境变化的趋势，然后根据这个趋势预测环境在未来可能呈现的状况；其次是根据假设原因的验证，根据对组织活动各种影响因素之间关系的分析，研究采取了相应的措施后，组织存在的问题能否解决，预测组织未来的活动条件能否得到改善。

二、 环境调查

环境调查是预测和决策的基础。所谓环境调查，是利用科学的方法，有目的、有系统地收集能够反映与组织活动有关的环境在时间上的变化状况、空间上的分布状况的信息，为研究环境变化规律，预测环境未来变化趋势，制定组织活动的决策提供依据。

为了完整、准确地收集反映环境状况及其影响因素的信息，组织在环境调查时应做到下述工作：设计合理的调查表，选择恰当的调查对象，采用适当的调查方法。

1. 设计合理的调查表

许多读者可能有过参加调查或被调查的经历。当我们拿到一张调查表的时候，往往觉得调查表很简单，不论是对问题的理解还是对其回答都比较容易。但是，这些看起来很简单的调查表，设计却不是很容易。要使设计的调查表既简单，又易于回答，同时还能通过这些回答收集到调查的组织者所希望得到资料信息，往往是一件伤脑筋的事。为了得到一张合理的调查表，在设计过程中需要注意解决以下几个问题。

> 环境调查是利用科学的方法，有目的、有系统地收集能够反映与组织活动有关的环境在时间上的变化状况、空间上的分布状况的信息，为研究环境变化规律，预测环境未来变化趋势，制定组织活动的决策提供依据。

（1）选择恰当的提问方式

提出问题的方式主要有两大类：一类是自由回答式提问；另一类是多项选择式提问。自由回答式提问的特点是只提出问题，不给出可供选择的标准答案，调查对象可以自由地根据自己的情况来发表意见。这种提问方式的优点在于收集资料的范围比较广，种类比较多。被调查者的回答可能超出调查组织者的预先估计。但由于这类问题的回答可以多种多样，因此，资料的整理分析比较困难。

多项选择式提问刚好相反。利用这种提问方式调查，在调查中不仅提出问题，而且给出可供调查者进行选择的两种或两种以上的标准答案。这种提问方式的优点是调查结果的整理比较容易，缺点是资料收集的局限性比较大，被调查者不能根据自己的特殊情况作答，给出的答案不一定能反映自己的真实情况。

这两种提问方式各有利弊，在设计调查表时，应根据调查的目的和性质，以及需要收集的资料的类型和特点，合理地选择、交叉地使用这两种不同的提问方式。

（2）注意问题回答的可行性

调查表中提出的问题要使被调查者易于理解，有能力回答，同时也不需要占用过多的时间，以尽可能地争取被调查者的配合。如果提出的问题过难，或回答问题需要占用的时间过长，则可能遭到被调查者的拒答。

（3）注意问题的准确性

提出的问题不能使被调查者产生误解，以免提供一些不真实的资料。为此，必须注意：问题必须具体，不能一般化；用词必须准确，不能有多种解释；概念必须清楚，有明确的限定。

（4）注意问题的客观性

调查表中的问题不应带有诱导性的语句。诱导性问题是指在提出问题时暗示了希望得到的回答，或暗示了调查组织者的观点。比如，为了了解企业产品在市场上的知名度，询问被调查者“是否知道 ×× 品牌”，这样提出问题，得到肯定答案的概率就比较大，相反，如果问“在下列品牌 ×× 产品中，您最熟悉哪种？”这样得到的答案可能就比较客观。

（5）注意问题排列的顺序性

问题排列的顺序性主要指问题难易程度排列的顺序。一般来说，在调查表的开端要提一些容易的问题。如果一开始就提一些需要仔细琢磨、长时间思考才能回答的问题，则被调查者很可能不愿合作，拒绝回答问题。

2. 选择恰当的调查对象

设计了合理的调查表，以正确的方式提出了问题以后，还要确定向谁调查，即解决调查对象的问题。

> 抽样调查是在被调查对象的总体中，抽取若干个体作为样本进行调查，然后根据样本的调查结果来推论总体的一般特征。

确定调查对象的方法通常有两种：一是全面调查，二是抽样调查。

全面调查，或称普查，是对需要调查的对象逐个调查。这种调查能够收集全面、广泛、可靠的资料，但调查费用较多，时间延续较长，实践中很少采用。

抽样调查是在被调查对象的总体中，抽取若干个体作为样本进行调查，然后根据样本的调查结果来推论总体的一般特征。这种调查方法把对象集中于少数样本，因此所需成本和时间较少，比较经济。但是，采用这种方法，要使调查结论以及据此推论的总体特征与总体的实际特征尽可能吻合，必须解决两个问题：一是要确定合理的样本容量；二是要使选择的样本具有代表性。

一般来说，样本容量越大，调查结果的正确性、可靠性也越大，但费用和时间不经济；相反，样本数量越小，调查所需的费用和时间越少，但仅根据对少数样本进行分析推论出的总体特征与总体的实际特征可能存在很大差异。因此，在确定样本容量时要综合考虑调查的经济性和调查结论的可靠性这两方面的要求。

样本数目的多少通常与总体特征有关。当总体特征差异不大时，样本的数目可少些；反之，如果总体特征差异很大，样本的数目就应多些。比如，消费者的收入水平决定了他们的购买力，从而影响某些产品的市场需求量。为了预测这些产品的未来需求情况，就必须调查和预测消费者的收入及其变动情况。如果不同消费者的收入水平相差悬殊，则应对较多的消费者进行调查；相反，如果他们的收入水平基本接近，则只需对较少数量的消费者进行调查，便可了解他们的一般收入水平及其变化趋势。

要使选择的样本具有很好的代表性，必须使用恰当的抽样方法。抽取样本的方法大体上可分为两类：随机抽样和非随机抽样。

> 随机抽样是按随机原则抽取样本，被调查对象的总体中每个个体被抽取的机会是均等的。

随机抽样是按随机原则抽取样本。由于这种方法排除了人们的主观选择，被调查对象的总体中每个个体被抽取的机会是均等的，因此样本可以有很好的代表性。这种方法在实际运用中又有许多具体形式，主要有分层抽样与分群抽样两种。分层抽样是先将总体按一定特征划分为若干层次，然后在每层中抽取若干个体作为样本。而分群抽样是将总体随机分为几个群，然后抽取一个或几个群作为样本进行调查。这两种方法虽然只有一字之差，却有着非常重要的区别。第一个区别是“层”与“群”不仅是文字的不同，而且其特征也不一样：分层随机抽样时，总体是按一定特征分层的，因此层与层特征不同，而包含在同一层内的不同个体其特征则是相同的；分群随机抽样时，“群”的划分并非以被查的特征为标准，因此各个“群”就是一个缩小了的总体，群体内包含了具有不同特征的个体。第一个区别，分层随机抽样时，人们必须在每个层次中随机抽取若干个体进行调查，即样本的单位是个体；而在分群随机抽样时，人们可以在各群体中随机地抽取一个或几个群体作为样本进行调查，样本的单位是群体，这是分层随机抽样与分群随机抽样的第二个区别。

非随机抽样是按照调查的目的和要求，根据一定的标准来选取样本。这时，每一个体被抽取的机会是不均等的。在实际运用中，这种方法主要表现为判断抽样和配额抽样两种形式。判断抽样是根据调查人员的判断选择样本进行调查。这种方法能适应特殊调查的需要，但要求抽样人员对总体中每个个体的特征比较熟悉，否则选取的样本可能不具有代表性。配额抽样是先将总体按调查特征分层，并将样本总额按比例分配给各层，然后由调查人员按每一层的配额，用判断抽样的原则决定具体样本，进行调查。所以利用这种方法来选择样本，实质上包含了分层、配额和判断抽样三个步骤的工作。

非随机抽样是按照调查的目的和要求，根据一定的标准来选取样本。

3. 采用适当的调查方法

设计了调查表，确定了调查对象以后，还要由环境调查人员利用一定的方法，针对调查表的内容向调查对象提出问题、寻求答案，即进行现场调查。

现场调查的方法一般有以下几种。

（1）询问法。询问法是调查者直接向调查对象提出问题以获得所需信息的一种调查方法。根据调查者与被调查者接触方式的不同，询问法又可以分为个人访问、邮寄调查（信访）及电话调查三种。

（2）观察法。观察法是调查人员在现场直接观察被调查者的行为、态度、反应等的一种方法。这种方法的特点在于从被调查者处收集到的资料比较客观、准确。其局限性主要表现在难以观察到决定这些外部反映的内在因素。

（3）实验法。实验法是从影响调查问题的若干因素中，选择一两个关键因素，在小范围内将其改变，进行实验，观察能否得到积极的结果，然后决定是否值得大规模推广的一种方法。实验或“试点”，是我国经济体制改革中常用的一种方法。

三、 环境预测

环境调查是环境预测的前提，环境预测是环境调查的逻辑延续。环境预测是指利用科学的方法，根据环境调查收集的资料，分析环境变化的规律，并据此预测环境在未来的变化趋势。

环境预测的方法很多，通常划分为两大类型：定性预测方法和定量预测方法。

1. 定性预测方法

定性预测方法是根据个人的知识、经验和主观判断，对环境的未来发展趋势做出估计。这种方法的特点是时间短、费用省、简便易行，能综合多种因素。其局限性是预测结果在很大程度上取决于人们的经验，不易提供准确的数据。由于在影响环境变化的因素中，有许多是定性的、难以量化处理的，所以定性方法在环境预测中仍有用武之地。综合判断法、专家调查法、顾客期望法属此类型。

（1）综合判断法。这种方法是组织若干了解环境情况的人员，要求他们根据对客观情况的分析和自己的经验，对环境的未来状况做出各自的估计，然后将他们的预测进行综合，得出预测结果。这种方法的优点是能综合不同个体的知识，充分吸收他们的意见，得出的预测结果比较全面，其缺点是可能受到预测者对情况了解的限制。

（2）顾客期望法。有些组织，其服务对象范围有限，或规模较大，因此数量不多。这时，只要根据这些顾客对组织未来的服务需要就可以预测组织未来活动的合理规模。

（3）专家调查法。专家调查法亦称德尔菲法，是采用通信方式将所需预测的问题征询专家的意见，经过多次信息交换，逐步取得比较一致的预测结果。

应用这种方法进行预测的具体步骤如下：①设计调查表。组织者确定需要预测的课题，据此设计调查表，并准备可供预测人员参与使用的背景资料。②选择专家。选择与预测课题有关的在年龄、地区、专业知识、工作经验、预测分析能力以及学术观点上有代表性的专家参与预测。参与预测的专家数量可适当多些，至于究竟要达到何种规模，则需要根据预测课题的特点而定。③通信调查。将调查表和背景资料寄给选定的专家，要求他们在规定的时间填好寄回给调查的组织者。第一轮的调查表全部收回后，组织者要进行综合整理，分析出几种不同的预测意见，然后将这个初步结果反馈给每位专家，要求他们修改或完善自己的意见，再次预测。这样经过反复几个来回后，便可逐步取得基本一致的预测结果。④预测结果的处理。在预测过程的每个阶段，对收集到的专家意见都要利用科学的方法开展管理、辨误、归纳、分类等工作，以求对下一轮的预测提供有用的参考资料，或取得准确的最终的预测结果。

专家调查具有下述优势：①由于采用通信调查的方式，因此参与预测的专家数量可以多一些，具有较强的代表性。②由于经过反复几个来回，而且从第二轮预测开始，每次预测时专家都从背景资料上了解别人的观点，这时是继续坚持自己的观点，还是修正自己的预测意见，需要每位专家认真地思考。在思考过程中，专家们必然要大量调动头脑中的知识说服自己或“批驳”别人的观点。在此基础上得出的预测结果，其科学成分、正确程度必然较高。③由于这种方法具有匿名性质，参加预测的专家完全根据自己的知识或经验提出意见，因此预测结果受权威的影响较小。④由于最终的预测结果综合了全体专家的意见，集中了全体预测者的智慧，因此具有较高的可靠性和权威性。

2. 定量预测方法

定量预测方法是通过分析环境调查收集的资料，用数学模型来描述影响环境变化的多种因素之间的关系，并据此预测环境发展趋势。这类方法一般利用已知的历史和现状方面的资料来预测未来。它的优点是比较客观，得出的结论比较精确，缺点是难以考虑非定量因素的影响，同时对资料的完整性、可靠性和精确性的要求也比较高。定量预测方法又可分为时间序列预测和因果关系分析两种。时间序列预测包括简单平均法、移动平均法、指数平滑法等；因果关系分析的常用方法有回归分析法、基数叠加法等。

（1）时间序列预测法

时间序列预测法是分析反映事物在历史上各个时期状况的资料，研究事物是如何从昨天演变到今天的，找出事物随时间变化的规律，然后据此预测事物的未来发展趋势。这种方法有一个基本假设，即事物在过去是如何随时间而变化的，在今后也会依照同样的方式变化。其具体预测方法有以下几种。

1）简单平均法。这种方法假设事物在历史上各个时期的状况对未来的影响程度相同，因此在预测时，将反映事物在历史上各个时期状况的数据看得同等重要，用它们的简单算术平均值作为下一时期的预测值。这种方法比较简单，但准确度较低，特别是当时间序列呈某种上升、下降或周期性变化趋势时，预测结果就很不可靠，所以一般只用于短期预测。

2）移动平均法。这种方法假设事物在历史上比较远的时期的状况对未来基本上没有影响，有影响的只是在近期的状况，所以在利用历史数据时，采用分段平均、逐步推移的方式来分析时间序列的趋势，取预测最近的一段时期的平均值作为预测值。其基本公式为：

$$M_t = \frac{y_t + y_{t-1} + y_{t-2} + \cdots + y_{t-n+1}}{n} \tag{5-1}$$

$$= \frac{\sum_{i=t-n+1}^{t} y_i}{n}$$

式中　M_t——第 t 期的移动平均值；y_i——第 i 期的实际值；n——移动平均的期数。

3）指数平滑法。同简单平均法一样，指数平滑法也假设事物在历史上各个时期的状况对未来均有影响，只是影响程度不同，远期的影响要小些，近期的影响要大些。所以在预测时给近期的数据以较大的权数，给远期的数据以较小的权数，算出第 1 期至第 t 期的加权平均数，作为 $t+1$ 期的预测值。

第 t 期的加权平均值 S_t 的计算公式如下：

$$S_t = ay_t + (1-a)\ S_{t-1} \tag{5-2}$$

式中　S_t——第 t 期的加权平均值；S_{t-1}——第 $t-1$ 期的加权平均值；y_t——第 t 期的实际值；a——权数，也称平滑系数。

应用指数平滑法要解决好两大问题：一是平滑系数 a 的取值；二是初始预测值 S_0 的确定。a 的取值越大，近期数据对预测值的影响越大；反之则越小。一般来说，当时间序列比较平稳时，a 取值较小，如 0.05 ~ 0.20；相反，如时间序列呈明显的上升或下降趋势时，a 取值应大些，如 0.3 ~ 0.5。由于指数平滑法是利用第 t 期的实际值与第 $t-1$ 期的预测值来计算第 $t+1$ 期的预测值的，所以为了能够计算第 1 期的预测值，还需确定初始预测值 S_0。S_0 通常采用时间序列前几项的算术平均值，也可取时间序列数据中的第一项。

（2）因果关系分析法

许多社会经济现象是相互联系、相互影响的，其中某些因素发生变化以后，另一些因素可随之而改变。比如，消费者的收入水平下降，会减少市场上对某些产品的需求，从而可能会影响某些企业的经营。因果关系分析就是研究环境中某一因素发生变化时对其他社会经济现象可能产生的影响。这类方法很多，下面简要介绍其中的一元线性回归分析法。

一元线性回归假设了组织活动主要受到一种因素的影响，因此只需了解该因素在未来的状况，便可预测组织活动或组织环境的发展趋势。

一元线性回归的基本公式为：

$$y = a + bx \tag{5-3}$$

式中　y 代表因变量；x 代表自变量；a 代表截距；b 代表斜率。

a 与 b 可分别通过式（5-4）和式（5-5）求得：

$$a = \bar{y} - b \cdot \bar{x} \tag{5-4}$$

$$b = \frac{\sum_{i=1}^{n} x_i y_i - n \cdot \bar{x} \cdot \bar{y}}{\sum_{i=1}^{n} x_i^{\ 2} - n \cdot \overline{x^2}} \tag{5-5}$$

上式中$\bar{x}$与$\bar{y}$分别为自变量 x 和因变量 y 在各期观测值 x_i 与 y_i 的平均值，即

$$\bar{x} = \frac{\sum_{i=1}^{n} x_i}{n} \tag{5-6}$$

$$\bar{y} = \frac{\sum_{i=1}^{n} y_i}{n} \tag{5-7}$$

本章回顾

小　结

环境研究是分析影响组织活动的内部和外部因素，揭示活动条件的变化规律，并在此基础上预测环境的未来状况。环境研究的内容包括外部环境研究和外部环境分析。外部环境是组织生存的土壤，既为组织活动提供条件，也因此而制约着组织活动的开展。外部环境研究的内容包括政治、社会文化、经济以及法律等一般环境的研究，也包括与组织直接相连、其特点与组织活动密切相关的特殊环境研究。行业竞争环境是企业经营的外部特殊环境。行业竞争研究包括分析现有竞争企业、潜在竞争者、替代品生产者、原材料供应者以及企业产品顾客等影响行业竞争结构的五种力量的特点。内部环境是组织从事某种活动的内部条件，包括内部的物质环境和内部的文化环境。内部物质环境研究是要分析组织内部对各种资源在客观上的拥有情况以及在主观上的利用能力；内部文化环境研究是要分析组织文化的特点及其对组织发展的影响。环境研究的目的是要发现外部环境在发展变化中给组织带来的机会和造成的威胁，了解组织本身在能力的拥有和利用上具有哪些优势或劣势，从而为组织未来活动中的决策提供依据。

环境研究是一个过程，包括确定课题、提出假设、收集资料、整理资料、环境预测、提出报告等一系列工作，大量定性和定量方法的应用为正确的研究环境特点、预测环境变化趋势提供了保证。

关键术语

组织文化	市场占有率	人力资源	抽样调查
五力模型	产品获利能力	技术环境	有形资源
组织文化功能	经济环境	自然环境	无形资产
社会文化环境			

思考题

1. 环境研究与组织决策有何联系？
2. 外部环境是由众多无法控制的因素构成的，其变化规律企业无法预知，对这些变化企业也只能消极、被动地适应。你对这种观点有何评价？
3. 行业竞争结构特点受到哪五种力量的影响？这些力量有何特点？
4. 行业竞争研究为什么不仅要分析同类产品厂家的竞争实力，还要分析替代品生产者的经营能力？
5. 如何判断企业的竞争实力？
6. 组织资源研究包括哪些内容？
7. 何谓组织文化？组织文化由哪些要素构成？它有哪几种功能？
8. 企业文化有哪些类型？它们适用的情境是什么？
9. 何谓环境调查？如何设计合理的调查问卷？
10. 全面调查与抽样调查、随机抽样与非随机抽样、分层随机抽样与分群随机抽样有何区别？
11. 定性预测方法难以给出详细、精确的预测结果，但为什么许多企业在竞争市场预测中仍十分重视这类方法的运用？
12. 何谓专家调查法？它有哪些优点？如何利用专家调查法进行环境研究？
13. 简单平均法、移动平均法以及指数平滑法有何异同？

延伸阅读

1. 伊恩．沃辛顿，克里斯·布里顿．企业环境［M］．北京：经济管理出版社，2005.
2. 迈克尔．波特．竞争优势［M］．北京：华夏出版社，1997：2-32.
3. 特伦斯 E 迪尔，阿伦 A 肯尼迪．企业文化［M］．上海：上海科学技术出版社，1989.
4. 约翰·科特．企业文化与经营业绩［M］．北京：华夏出版社，1997.
5. 沙伦·奥斯特．现代竞争分析［M］．北京：中国人民大学出版社，2004.
6. 风笑天．现代社会调查方法［M］．武汉：华中科技大学出版社，1996.

案例讨论

美国西南航空公司“以人为先”的经营管理

许多成功公司的共同点是：建立一套“以人为先”的企业价值，激发员工的潜力，使其成为竞争者无法模仿的优势。美国西南航空公司（Southwest Airlines）就是一个很好的例子。30年来，西南航空最为媒体与企业界人士称颂的是，它从初期仅有3架飞机的地方性小公司，发展至目前美国第五大航空公司的地位，总资产达40亿美元，员工超过29 000人。西南航空不仅击败了联合航空（United）与大陆航空（Continental）两家短程航空市场中的劲敌，目前还进一步向Delta与USair挑战。更令人称奇的是，在这个竞争激烈，每位竞争对手都对对方的经营策略、营运成本了如指掌的市场中，西南航空却能将其成本维持在业界最低水准，并创下26年连续获利的纪录。在追求低成本的同时，西南航空也没有降低服务的品质，无论从航班是否准点起降还是从托运行李遗失率和旅客抱怨申诉情况评比结果来看，西南航空的服务品质均居领先地位。

公司要提高收益，不外乎增加收入与降低成本两种方法。基于这个观念，西南航空选择飞航的地点，大多是位于邻近大都会地区但尚未充分利用的机场，如达拉斯的Love-Field、休斯敦的Hobby、奥克兰的圣何塞等。另外西南航空采取低票价、多班次的方式来增加旅客的载运量。有别于其他航空公司（因为不同舱位票价不一，必须依赖计算机程式协助设计使公司航班收入最大化）的定价策略，西南航空只有两种票价，一是不分头等舱或经济舱的一般票价，二是高峰时段的票价；西南航空还试图让同一州内的票价能够统一。在服务品质方面，西南航空主要提供的是短程飞行服务，为了简化作业，西南航空在飞行中不提供餐点服务，只供应饮料与花生；对于较长一点的旅程，则多提供饼干之类的点心。另外，西南航空不预先划定位置，采用先到先上制。登机前一小时开始报到，报到手续完成后，每位旅客会拿到一张可重复使用的塑胶登机证，上面只有1～137（737客机最大的载客量）的序号。然后乘客以每30人为一组，号码较小的旅客先登机。

西南航空采取的商业模式并非复杂难懂，但一些后进者如Vanguard、美西（America West）、Reno及Kiwi Air等，企图复制西南航空的经营策略，却没有成功。例如，美西航空，1981年成立，短短4年间即成为美国第十大航空公司；不过2年后，却落到需要向法院申请破产保护的境地，更别提班机能否准时以及对旅客服务的品质了。为什么西南航空在业务不断扩大成长的同时，却能长时期地维持良好的服务品质呢？其实，西南航空的经营目标与一般企业相同，就是要增加公司的收益。不过在市场管制开放后，许多公司误以为谁能先拿到最大的市场占有率，谁就是赢家。西南航空执行官凯勒赫（Herbert Kelleher）明白地指出：“市场占有率与公司获利并无直接关系，想想为了增加5%的市场占有率，多花25%的成本，值得吗？”20世纪80年代中期，美国航空（American Airline）与USair为了进军加州市场，大举买下当地营运状况不错的航空公司，最后却以亏损收场。而1989年触角尚未伸入加州的西南航空，选择在此时乘虚而入，1993年时已成为当地短程航空服务的领导公司。

别人偷不走的无形资产

西南航空的竞争优势到底在哪儿呢？成本结构可能是最显而易见的项目。短程飞行服务因为起降次数频繁，在登机门上下旅客的次数与时间较多，营运成本自然要比提供长途飞航服务高。在这种情况下，谁能提供成本最低的短程服务，谁就占有优势。1994年时，西南航空以可载量座位里程（Available Seat Mile）为单位计算的成本约为7.1美分，1998年时为23美分；而在同期，同业的平均成本水准却较西南航空高出15%～40%，由此可见西南航空在成本方面的优势。

成本优势背后的功臣，则非西南航空飞行团队惊人的生产力与团队精神莫属了。西南航空班机从抵达目的地机场开放登机门上下旅客开始，至关上登机门再度准备起飞间的作业时间，平均为15分钟。短短15分钟内，要更换全部的机组人员，卸下近百袋的邮件，再装上数量相近的邮件，并为飞机加满4 500磅重的油料。一样的作业内容，大陆航空与联合航空则平均需要35分钟才能完成。

西南航空的团队精神是特别值得一提的。为了在短时间内完成换班归航工作，西南的飞行机组人员，不论是空服员或飞行员，大家一起协助清理飞机，或是在登机门处协助旅客上下飞机。1998年，西南航空每位员工服务的旅客数超过2 500人次，而联合航空与美国航空则与业界平均水准相当，约在低于1 000人次的水准。飞机迅速归航，利用邻近都会区较不拥堵的机场搭载旅客，都提高了西南航空飞机在空中飞行的时数，进而得到可观的营业收入。另一方面，西南航空采用单一机型（737）提供服务，也大大降低了维修与训练的成本。

有趣的是，西南航空飞行员每月平均飞行70个小时，年薪10万美元；其他如联合航空、美国航空及Delta等航空公司的飞行员每月则平均飞行50个小时，年薪20万美元。平均每人的工作量多，薪水又不比其他同业高的情况下，为什么西南航空仍能维持良好的服务品质，且想进西南航空服务的人还不在少数呢？这必须从西南航空的企业价值中寻找答案。西南航空内部有三项基本的企业价值（或经营哲学）：第一，工作应该是愉快的，可以尽情享受；第二，工作是重要的，但可别把它搞砸了；第三，人是很重要的，每个人都应受到尊重。这三项价值观使西南航空成为“以人为先”的企业。

一位曾在EDS公司任职的西南航空主管，当初准备跳槽时，公司开出比他刚进EDS时还要高出两倍半的薪水条件，希望他能留下。不过最后他还是决定投向西南航空。为什么？他的答案很简单：因为在西南航空，他觉得工作“很快乐”。基于对个人的尊重，西南航空不曾解雇过员工，对于员工基于好意而无心犯下的过失，也没有采取特别的惩罚措施。凯勒赫曾经表示：“无形资产是竞争对手最难剽窃的东西，因此我最关心的就是员工的团队精神、企业的文化与价值，因为一旦丧失了这些无形资产，也就断送了可贵的竞争优势。”而建构并维系西南航空愉快的工作环境、高度的团队精神，激励员工在维持服务品质的基础上降低成本，为公司谋取最大利益的幕后舵手则是西南航空的“人民部”（The People Department）。

“人民部”：以人为先战略的舵手

西南航空10年前，就将传统所谓的“人力资源部”更名为“人民部”，并网罗具有营销背景的人员担任部门员工。更名主要是为了摆脱老式的人力资源部门予人“治安警察”的印象，而引进有营销经验的人员，则是要摆脱一般人力资源部门人员没有魄力、缺乏决策勇气、暮气沉沉的状况。在主事者大力变革的领导下，西南航空的人民部摇身一变成了“火炬的看守者”，主要任务就是要营造一个符合公司企业价值的工作环境，让员工能够愉快地为公司效力，为顾客提供高品质的服务。

基于这个理念和定位，西南航空的人民部确实也规划出一套符合西南航空强调“以人为先”精神的工作环境与管理规章。例如在招聘人员方面，为了找到公司真正需要的人，他们采取同行招聘的方式。飞行员面试飞行员，行李处理人员面试行李处理人员，让西南航空的员工自己挑选可以愉快合作的工作伙伴。同时，西南航空也非常重视人员的训练。公司员工每年都要参加一次训练课程，除了强调如何把工作做得更好、更快、成本更低外，公司也利用此机会增加部门间彼此的了解，当然也会再次宣扬公司的价值文化，并借机收集员工对公司的建言。西南航空的训练课程，主要在于协助员工学会如何让每天的工作做得更好，而不是要大家整天心系着美国航空或Delta航空又如何如何。在激励方面，西南航空所设计的薪资与奖金制度并不复杂，但与其他注重个人表现的公司不同的是，西南航空偏向采取集体奖励的方式，来维护并提升团队精神。西南航空的飞行员与空服员是按航次计薪的，而这也反映出执行官凯勒赫经常提到的理念——飞机停在停机坪是赚不了钱的。另外，西南航空对于工作一年以上的员工实施分红制度，并要求员工投资1/4的红利所得于公司股票。目前90%的西南航空员工持有公司的股票，约占西南航空流通在外股数的10%。

西南航空的成功，并不在于它掌握了特殊的关键技术，或是网罗了管理、营销的高手。其实西南航空是一个平凡的公司，它能有今日的卓越表现，完全要归功于其“以人为先”的企业价值，并落实公司的管理规章，营造出可以激发每位员工潜力的工作环境，进而达到公司的经营目标。从诸多类似西南航空的个案研究中，我们发现：传统上先设定企业最高经营策略，然后设定各部门策略目标，找出执行计划成败的关键因素，并据此设计公司人员的招聘与奖励办法，由管理者监督执行的“公司利益优先”程序，似乎并非成功企业所采取的决策过程；恰恰相反，以“以人为先”的企业价值为基础设定的经营战略与组织体系，才是可持久的成功企业。这类企业决策程序的特色，在于先把一个企业的价值理念找出来，并设计一个能够彰显此价值理念的管理体系，继而建构并培育出企业的核心能力与竞争优势，然后再据此设定经营策略，应付瞬息万变的市场状况。管理者在这个过程中，主要扮演的是公司价值与文化的维护者，而非传统模式中对每位员工进行控管的监督者。

企业成功的途径只有一个，那就是所有人员与各项营运条件都能相互配合；而企业失败的途径却可能有很多种，因为只要企业运作中的某个环节出错，就可能导致失败。例如，一家公司设定了一个与该公司人才优势不符的策略目标，当然无法在业绩上有所表现。据观察，这些以人为先的成功企业，至少有三个共同特质：第一，公司有非常明确的文化价值；第二，将这个价值落实在公司每天的运作当中，包括组织管理与公司经营策略的拟定等；第三，重领导而非管理。这是一个知识经济的时代，人才决定一切。但在不断寻寻觅觅，以高薪礼聘顶尖好手以维持公司成功地位的同时，你是否曾经想过，维持公司优势的人才可能早已进入公司，只是潜力尚待激发而已。西南航空就是一个从平凡中成功的例证。或许，对一个眼光长远的企业而言，如何激发员工的隐藏价值并加以利用，可能要比想尽办法高薪挖角来得更为重要。

资料来源：http://xmujpkc.xmu.edu.cn/rlzygl/index.htm.

讨论题

1. 为什么西南航空要把“人力资源部”改为“人民部”？其核心理念究竟是什么？

2. 西南航空公司“别人偷不走的无形资产”究竟是什么？

3. 西南航空公司经营管理是如何实现外部环境和企业内部资源相互匹配，并成功获取市场竞争优势的？

第六章　决策理论

经理的职责不仅包括本人制定决策，也包括负责使他所领导的组织或组织的某个部门有效地制定决策。

——赫伯特 A. 西蒙《管理决策新科学》

第一节　决策的类型与特点

决策是管理的核心。可以认为，整个管理过程都是围绕着决策的制定和组织实施而展开的。诺贝尔经济学奖得主西蒙甚至强调，管理就是决策，决策充满了整个管理过程。决策在管理中的重要地位由此可见一斑。

一、 决策的概念与类型

所谓决策，是指组织或个人为了实现某种目标而对未来一定时期内有关活动的方向、内容及方式的选择或调整过程。这个概念表明，决策的主体既可以是组织或个人活动的选择，也可以是对这种活动的调整；决策选择或调整的对象，既可以是活动的方式，也可以是活动的内容；决策涉及的时限，既可以是未来较长的时期，也可以仅仅是某个较短的时段。

> 所谓决策，是指组织或个人为了实现某种目标而对未来一定时期内有关活动的方向、内容及方式的选择或调整过程。

决策分类可以依照上述概念分析的思路来进行。

1. 组织决策与个人决策

从决策主体来看，可以将决策分为组织决策与个人决策。

组织决策是组织整体或组织的某个部分对未来一定时期的活动所做出的选择或调整。组织决策是在环境研究的基础上制定的。通过环境研究，认识到外界在变化过程中对组织的存在造成某种威胁或提供了某种机会，了解自己在资源应用能力上的优势与劣势，便可据此调整活动的方向、内容或方式。和组织的其他活动一样，组织的决策也是依靠组织的某些成员来进行的。因此，“组织决策”更准确地说是“为了组织的决策”。既然是通过组织成员来进行的，组织决策必然要受到参与者的某些特征的影响，比如受到其信息掌握情况、价值观念的影响等。我们将在本章第二节详细讨论这些影响。为了组织的决策，涉及的范围和时限通常都较为宽广。比如，就企业而言，关于生产何种产品、开发何种市场、利用何种技术手段的决策，不仅涉及整个企业经营方向的调整，而且可能因此而影响企业的长期发展，并需要较长的时间来组织实施。

个人决策是指个人在参与组织活动中的各种决策。组织是由若干个人集合而成的。每个成员在参与组织活动的过程中都要制定一系列的决策。比如，最简单的决策是：在具有组织成员的身份之前，他们需要决定是否加入该组织；进入组织之后，“是否继续留在组织之内”则是他们不断地向自己提出从而需要解决的问题。当然，是否接受组织交给的每一项任务，以何种方式去完成这些任务，在完成任务的过程中，如何对待上司的每一项指示？如何与其他同事协作？将是组织在运营过程中对每一个成员不断提出，并需要其做出决定的问题。如果说，前一类问题的解决只涉及组织中个人去留的话，那么后一类决策不仅影响个人在组织内的活动方式，而且会影响其他成员的活动效率以及组织任务能否完成。

个人参与组织活动的过程，实质上是一个不断地做出决定或制定决策的过程。当然，个人的这些决策，个人需要解决的这些问题，通常是在无意中提出并在瞬间完成的。相反，组织的任何决策，组织需要解决的每一个问题，都是有意识地提出并解决的，由于其影响重大，涉及许多工作，需要多种信息，因而常常表现为一个完整的程序。本书的性质决定了下面的讨论将聚焦于组织的决策。

2. 初始决策与追踪决策

从决策需要解决的问题来看，可将组织决策分成初始决策与追踪决策。

初始决策是指组织对从事某种活动或从事该种活动的方案所进行的初次选择；追踪决策则是在初始决策的基础上对组织活动方向、内容或方式的重新调整。如果说初始决策是在对内外部环境的某种认识的基础上做出的话，追踪决策则是由于这种环境发生了变化，或者是由于组织对环境特点的认识发生了变化而引起的。显然，组织中的大部分决策属于追踪型决策。

> 初始决策是指组织对从事某种活动或从事该种活动的方案所进行的初次选择；追踪决策则是在初始决策的基础上对组织活动方向、内容或方式的重新调整。

与初始决策相比，追踪决策具有以下特征。

(1) 回溯分析。初始决策是在分析当时条件与预测未来基础上制定的，而追踪决策则是在原来方案已经实施，并发现环境发生了重大变化或与原先认识的环境有重大区别的情况下进行的。因此，追踪决策必须从回溯分析开始。回溯分析，就是对初始决策的形成机制与环境进行客观分析，列出错误的原因，以便有针对性地采取调整措施。当然，追踪决策是一个扬弃的过程，对初始决策的“合理内核”还应保留。因此，回溯分析还应挖掘初始决策中的合理因素，以之作为调整或改变的基础，而不应“倒洗澡水连婴儿一起倒掉”。

(2) 非零起点。初始决策是在有关活动尚未进行，因此对环境尚未产生任何影响的前提下进行的。追踪决策则不然。它所面临的条件与对象，已经不是处于初始状态，而是初始决策已经实施，因而受到了某种程度的改造、干扰与影响。也就是说，随着初始决策的实施，组织已经消耗了一定的人、财、物资源，环境状况因此发生了变化。

初始决策的实施对环境的影响表现在两个方面：第一，随着初始决策的实施，组织与外部的协作单位已经发生了一定关系，比如，企业为了开发某种产品，已经组织了资源供货渠道，已经向有关厂家订购了生产这种产品必需的某些设备等；第二，随着初始决策的实施，组织内部的有关部门和人员已经投入相应的活动。随着这种活动的不断进行，这些部门和人员不仅对自己的劳动成果（或初步成果）甚至对这种劳动本身产生了一定的感情，而且他们在组织中的未来也可能在很大程度上与这种活动的继续息息相关。因此，如果改变原先的决策，会在不同程度上遭到外部协作单位以及内部执行部门的反对。由于这种反对，这些单位和部门可能在追踪决策时提供并非客观的信息和情报。

（3）双重优化。初始决策是在已知的备选方案中择优，而追踪决策则需要双重优化，也就是说，追踪决策所选的方案，不仅要优于初始决策方案（因为只有在原来的基础上有所改善，追踪决策才有意义），而且要能够改善初始决策实施过程中的各种可行方案，选择最优化或最满意者。第一重优化是追踪决策的最低要求；后一重优化是追踪决策应力求实现的根本目标。

3. 战略决策与战术决策

从决策调整的对象和涉及的时限来看，组织的决策可分为战略决策和战术决策。“战略”与“战术”是从军事学借用的术语。前者涉及战争的总体政策或方案，或者涉及战斗开始前的方案制订，后者则主要与战斗过程中的具体行动有关。在管理学的研究中，战略决策与战术决策的区别主要表现在以下几个方面。

第一，从调整对象上看，战略决策调整组织的活动方向和内容，战术决策调整在既定方向和内容上的活动方式。战略决策解决的是“干什么”的问题，战术决策解决的是“如何干”的问题，前者是根本决策，后者是执行性决策。

第二，从涉及的时空范围来看，战略决策面对的是组织整体在未来较长一段时期内的活动，战术决策需要解决的是组织的某个或某些具体部门在未来较短期内的行动方案，组织整体的长期活动目标需要靠具体部门在各阶段的作业中去实现。因此，战略决策是战术决策的依据，战术决策是战略决策的落实，是在战略决策的指导下制定的。

第三，从作用和影响来看，战略决策的实施是组织活动能力的形成与创造过程，战术决策的实施则是对已经形成的能力的应用，因此，战略决策的实施效果影响组织的效益与发展，战术决策的实施效果则主要影响组织的效率与生存。

二、 决策的特点

选择或调整组织在未来一定时间内活动方向、内容或方式的组织决策具有以下主要特点。

1. 目标性

任何组织决策都必须首先确定组织的活动目标。目标是组织在未来特定时限内完成任务程度的标志。没有目标，人们就难以拟订未来的活动方案，评价和比较这些方案就没有了标准，对未来活动效果的检查也就失去了依据。

2. 可行性

决策的目的是为了指导组织未来的活动。组织的任何活动都需要利用一定的资源。缺乏必要的人力、物力和技术条件，理论上非常完善的方案也只能是空中楼阁。因此，决策方案的拟订和选择，不仅要考察采取某种行动的必要性，而且要注意实施条件的限制。

3. 选择性

决策的实质是选择。没有选择就没有决策。要能有所选择，就必须提供可以替代的多种方案。事实上，为了实现相同的目标，组织总是可以从事多种不同的活动。这些活动在资源要求、可能结果以及风险程度等方面均有所不同。因此，不仅有选择的可能，而且有选择的必要。

4. 满意性

选择活动方案的原则是满意原则，而非最优原则。最优决策往往只是理论上的幻想，因为它要求：决策者了解与组织活动有关的全部信息；决策者能正确地辨识全部信息的有用性，了解其价值，并能据此制订出没有疏漏的行动方案；决策者能够准确地计算每个方案在未来的执行结果。然而，这些条件是难以具备的。第一，从广义上来说，外部存在的一切对组织目前或未来均会产生或多或少，或直接或间接的影响；第二，对于收集到的有限信息，决策者的利用能力是有限的，这种双重有限性决定了企业只能制订有限数量的行动方案；第三，任何方案都需要在未来实施，而人们对未来的认识能力和影响能力是有限的，目前预测的未来状况与未来的实际状况可能有着非常重要的差别。因此，根据目前的认识确定未来的行动总是有一定风险的，也就是说，各行动方案在未来的实施结果通常是不确定的。在方案的数量有限、执行结果不确定的条件下，人们难以做出最优选择，只能根据已知的全部条件，加上人们的主观判断，做出相对满意的选择。

> 满意原则就是在方案的数量有限、执行结果不确定的条件下，人们难以做出最优选择，只能根据已知的全部条件，加上人们的主观判断，做出相对满意的选择。

5. 过程性

决策是一个过程，而非瞬间行动。决策的过程性特点可以从两个方面考察。首先，组织决策不是一项决策，而是一系列决策的综合。通过决策，组织不仅要选择业务活动的内容和方向，还要决定如何组织业务活动的具体开展，同时还要决定资源如何筹措，结构如何调整，人事如何安排。只有当这一系列的具体决策已经制定、相互协调，并与组织目标相一致时，才能认为组织的决策已经形成。其次，这一系列的决策本身就是一个过程，从活动目标的确定，到活动方案的拟订、评价和选择，这本身就是一个包含了许多工作、由众多人员参与的过程。为了研究方便，我们虽然在理论上把这些工作划分成不同的阶段（参见本章第二节），然而在实践中，这些工作往往相互联系、交错重叠，难以截然分开。

6. 动态性

决策的动态性之间相互联系。决策不仅是一个过程，而且是一个不断循环的过程。作为过程，决策是动态的，没有真正的起点，也没有真正的终点。我们知道，决策的主要目的之一便是使组织活动的内容适应外部环境的要求。然而我们知道，外部环境是在不断变化的，决策者必须监视并研究这些变化，从中找到利用的机会，据此调整组织的活动，实现组织与环境的动态平衡。

第二节 决策过程与影响因素

作为过程的决策包括许多阶段的工作：决策的核心是在分析、评价、比较的基础上，对活动方案进行选择；选择的前提是拟订多种可行方案；要拟订备选方案，首先要判断调整组织活动、改变原先决策的必要性，制定调整后应达到的目标。所以，决策过程包括研究现状，明确问题和目标，制订、比较和选择方案等阶段的工作内容。在从事这些工作的过程中，决策者要受到组织文化、时间、环境、过去决策以及他们自己对待风险的态度等多重因素的影响。

一、 决策过程

1. 研究现状，判断改变的要求

决策过程包括研究现状、明确问题和目标、制定、比较和选择方案等阶段的工作内容。

决策是为了解决一定问题而制定的，决策的目的是为了实现组织内部活动及与外部环境的动态平衡。因此，制定决策，首先要分析不平衡是否已经存在，是何种性质的不平衡，它对组织的不利影响是否已导致了改变组织活动的必要。

不平衡往往首先由外部环境变化引起。外部发生的许多变化，比如执政者的更迭、政府政策的调整，技术的变革，经济增长速度的加快或放慢，都有可能突然打破组织内部活动与外部环境的不平衡，导致内部活动方向和内容的改变。组织如果不适时采取措施，而是等外部环境的变化已经对组织的生存造成危机时再去研究如何适应它，那么要想进行平衡而有效的内部变革已经极为困难。避免这个状况的关键是在危机开始之前就已认识到改变活动的必要。

研究组织活动中存在的不平衡，要解决以下问题：

- 组织在何时何地已经或将要发生何种不平衡，这种不平衡可能产生何种影响？
- 不平衡的原因是什么，其主要根源是什么？
- 确定不平衡的性质，指出是否有必要改变或调整组织活动的方向与内容。

分析组织活动中的问题，确定不平衡的性质，把不平衡作为决策的起点，是组织高层管理人员的职责。这不仅因为他们要对组织的活动效果负责，而且由于他们在组织中的地位使他们能统观全局，易于找出不平衡的关键所在。

2. 明确目标

在分析了改变组织活动的必要性以后，还要研究针对不平衡将要采取的措施应符合哪些要求，必须达到哪些效果，也就是说，要明确决策的目标。

明确决策目标，不仅为方案的制订和选择提供了依据，而且为决策的实施和控制，为组织资源的分配和各种力量的协调提供了标准。具体来说，明确决策目标，具有下述作用：

- 保证组织内部各种目标的一致性；
- 为动员组织内部各种资源提供依据；
- 为分配资源提供依据；
- 形成一种普遍的思想状态或组织气氛，如促成一种井井有条的工作秩序；
- 为那些能够和组织目标保持一致的人形成一个工作核心，同时为阻止那些不能与之保持一致的人进一步参与组织活动提供一种解释；
- 促成把组织总目标和不同阶段目标转化为一种分工结构，包括在组织内部把任务分配到各个责任点上；
- 用一种能够对组织各项活动的成本、时间和成效等参数加以确定和控制的方式，提供一份关于把组织目标转化为分阶段目标的详细说明。

明确组织目标，要完成以下几项工作：

（1）提出目标。包括明确组织改变活动方向和内容至少应该达到的状况水平（必须实现的最低要求）以及希望实现的理想目标。

（2）明确多元目标之间的相互关系。任何组织在任何时候都不可能只有一种目标，而需要实现多重目标。但是，在不同时期，随着活动重点的转移，这些目标的相对重要性也是不一样的。在特定时期，决策只能选择其中一项为主要目标。然而，多元目标之间的关系是既相互联系又相互排斥的。所以，在选择了主要目标后，还要明确它与非主要目标的关系，以避免在决策的实施中将组织的主要资源和精力投放到非主要目标的活动中去。

（3）限定时期。目标的执行既可能给组织带来有利的贡献，也可能产生不利的影响。限定目标就是把目标执行的有利结果和不利结果加以权衡，规定不利结果在何种水平是允许的，一旦超过这个水平组织就应当停止执行原目标，中止目标活动。

不论是组织必须达到的最低目标，还是希望实现的理想目标，不论是组织的总体目标，还是各职能部门的分目标，都必须符合三个特征：可以计量；可以规定其期限；可以确定其责任者。

3. 拟订方案

决策的本质是选择，要进行正确的选择，就必须提供多种备选方案。因此，在决策过程中，拟订可替代的方案要比从既定的方案中选择重要得多。

决策方案描述了组织为实现目标拟采取的各种对策的具体措施和主要步骤。任何目标的实现，都可以通过多种不同的活动，因此，人们可以拟订出不同的行动方案。为了使在方案拟订的基础上进行的选择有意义，这些不同的方案必须相互替代、相互排斥，而不能相互包容。如果某个方案的活动包容在另一个方案中，那么它就失去了可以参加比较和选择的资格。

方案产生的过程是在环境研究、发现不平衡的基础上，根据组织任务和消除不平衡的目标，提出改变设想开始的；在此基础上，对提出的各种改进设想进行集中、整理和归类，形成多种不同的初步方案；在对这些初步方案进行初步筛选、补充和修改以后，对余下的方案进一步完善，并预计其执行结果，便形成了一系列不同的可行方案。可替代的决策方案的产生过程可用图 6-1 简单表述。

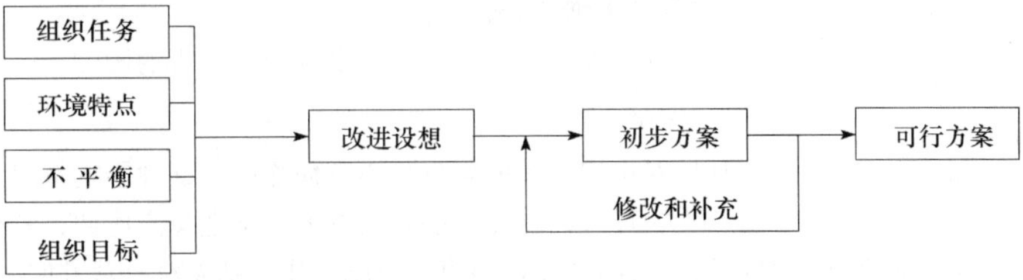

图 6-1　决策方案的产生过程

可供选择的方案数量越多，备选方案的相对满意程度就越高，决策就越有可能完善。因此，在方案制订阶段，要广泛发动群众，充分利用组织内外的专家，通过他们献策，产生尽可能多的变革设想，制订尽可能多的可行方案。

4. 方案的比较和选择

在实际决策的工作中，方案的拟订、比较和选择往往是交织在一起的，因为方案的拟订不是一次性完成的，需要不断地完善。这种完善往往需要在与其他方案的比较中，受到其他方案的启发。但是为了理论研究的方便，我们需要把这两种工作区别开来叙述。

要进行选择，首先要了解各种方案的优势和劣势，为此，需要对不同的方案加以评价和比较。评价和比较的主要内容有以下几个方面：

- 方案实施所需的条件能否具备，筹集和利用这些条件需要付出何种成本；
- 方案实施能够给组织带来何种长期和短期利益；
- 方案实施中可能遇到风险从而导致活动失败的可能性。

根据上述比较，就能找出各方案的差异，分出各种方案的优劣。在此基础上进行的选择，不仅要确定能够产生综合优势的实施方案，而且要准备好环境发生预料到的变化时可以启用的备用方案。确定备用方案的目的是对可预测的未来变化准备充分的必要措施，以避免临时应变可能造成的混乱。

方案比较和选择过程中，决策者或更准确地说，决策的组织者要注意处理好下述几个方面的问题：

（1）统筹兼顾。不仅要注意决策方案的各项活动之间的协调，而且要尽可能保持组织与外部结合方式的连续性，要充分利用组织现有的结构和人力条件，为实现新的目标而服务。

（2）注意反对意见。一种观点或方案要想取得完全一致的意见，几乎是不可能的。再好的方案也可能出现反对者。决策过程中只有一种声音往往是非常可怕的。决策的组织要充分注意方案评价和选择过程中的反对意见，因为反对意见不仅可以帮助我们从多个角度去考虑问题，可以促进方案的进一步完善，而且可以提醒我们防范一些可能会出现的弊病。国外企业在制定重大决策时甚至成立专门唱对台戏的反对班子。

（3）要有决断的魄力。任何方案都有自己的支持者。赞同不同方案的人都可以列出一大堆相应方案的优势。在众说纷纭的情况下，决策者要在充分听取意见的基础上，根据自己对组织任务的理解和对形势的判断，权衡各种方案的利弊，做出决断。等到大家的思想完全统一再做出大家都能接受的选择，这不仅可能会使行动的最好时机随着剧烈的、无休止的争论而失去，而且是不现实的。

二、决策的影响因素

决策的影响因素包括环境、过去决策、决策者对待风险的态度、组织文化、时间等。

在上述过程中，组织的决策受到以下因素的影响。

1. 环境

环境对组织决策的影响是不言而喻的。这种影响是双重的。

首先，环境的特点影响着组织的活动选择。比如，就企业而言，市场稳定，今天的决策主要是昨天决策的延续，而市场急剧变化，则需对经营方向和内容经常进行调整；位于垄断市场上的企业，通常将经营重点致力于内部生产条件的改善、生产规模的扩大以及生产成本的降低，而处在竞争市场上的企业，则需密切注视竞争对手的动向，不断推出新产品，努力改善营销宣传，建立健全销售网络。

其次，对环境的习惯反应模式也影响着组织的活动选择。即使在相同的环境背景下，不同的组织也可能做出不同的反应。而这种调整组织与环境之间关系的模式一旦形成，就会趋向固定，限制着人们对行动方案的选择。

2. 过去决策

今天是昨天的继续，明天是今天的延伸。历史总是要以这种或那种方式影响着未来。在大多数情况下，组织决策不是在一张白纸上进行初始决策，而是对初始决策的完善、调整或改革。组织过去的决策是目前决策过程的起点；过去选择的方案的实施，不仅伴随着人力、物力、财力等资源的消耗，而且伴随着内部状况的改变，带来了对外部环境的影响。“非零起点”的目前决策不能不受到过去决策的影响。

过去的决策对目前决策的制约程度要受到它们与现任决策者关系的影响。如果过去的决策是由现在的决策者制定的，而决策者通常要对自己的选择及其后果负管理上的责任，因此会不愿对组织活动进行重大调整，而倾向于仍把大部分资源投入到过去方案的执行中，以证明自己的一贯正确。相反，如果现在的主要决策者与组织过去的重要决策没有很深的渊源关系，则容易接受重大改变。

3. 决策者对待风险的态度

风险是指失败的可能性。由于决策是人们确定未来活动的方向、内容和目标的行动，而人们对未来的认识能力有限，目前预测的未来状况与未来的实际状况不可能完全相符，因此在决策指导下进行活动，既有成功的可能，也有失败的危险。任何决策都必须冒一定程度的风险。

组织及其决策者对待风险的不同态度会影响决策方案的选择。愿意承担风险的组织，通常会在被迫对环境做出反应以前就已采取进攻性的行动；而不愿承担风险的组织，通常只对环境做出被动的反应。愿冒风险的组织经常进行新的探索，而不愿承担风险的组织，其活动要受到过去决策的严重限制。

4. 组织文化

组织文化制约其成员的行为和行为方式。在决策层次上，组织文化通过影响人们对改变的态度而发生作用。

任何决策的制定，都是对过去在某种程度上的否定；任何决策的实施，都会给组织带来某种程度的变化。组织成员对这种可能产生的变化会怀有抵御或欢迎两种截然不同的态度。在偏向保守、怀旧、维持的组织中，人们总是根据过去的标准来判断现在的决策，总是担心在变化中会失去什么，从而对将要发生的变化产生怀疑、害怕和抗御的心理与行为；相反，在具有开拓、创新气氛的组织中，人们总是以发展的眼光来分析决策的合理性，总是希望在可能产生的变化中得到什么，因此渴望变化、欢迎变化、支持变化。显然，欢迎变化的组织有利于新决策的实施，而抵御变化的组织文化则可能给任何新决策的实施带来灾难性的影响。在后一种情况下，为了有效实施新的决策，必须首先通过大量工作改变组织成员的态度，建立一种有利于变化的组织文化。因此，决策方案的选择不能不考虑到为改变现有组织文化而必须付出的时间和费用的代价。

5. 时间

美国学者威廉·金和戴维·克里兰把决策类型划分为时间敏感决策和知识敏感决策。时间敏感决策是指那些必须迅速而尽量准确的决策。战争中军事指挥官的决策多属于此类。这种决策对速度的要求远甚于质量。例如，当一个人站在马路当中，一辆疾驶的汽车向他冲来时，关键是要迅速跑开，至于跑向马路的左边近些还是右边近些，相对于及时行动来说则显得比较次要。相反，知识敏感决策，对时间的要求不是非常严格。这类决策的执行效果取决于质量而非速度。制定这类决策时，要求人们充分利用知识，做出尽可能正确的选择。

组织关于活动方向与内容的决策，即第一节中的所谓战略决策，基本属于知识敏感决策，这类决策着重于运用机会，而不是避开威胁；着重于未来，而不是现在，所以选择方案时，在时间上相对宽裕，并不一定要求必须在某一日期以前完成。但是，也可能出现这样的情况，外部环境突然发生了难以预料和控制的重大变化，对组织造成了重大威胁。这时，组织若不迅速做出反应，进行重要改变，则可能引起生存危机。这种时间压力可能限制人们能够考虑的方案数量，也可能使人们得不到足够的评价方案所需的信息，同时，还会诱使人们偏重消极因素、忽视积极因素，导致仓促决策。

第三节 决策方法

为了保证影响组织未来生存和发展的管理决策尽可能正确，必须利用科学的方法。决策方法可以分为两类：一类是有关组织活动方向和内容的决策方法，另一类是在既定方向下从事一定活动的不同方案选择的方法。由于管理决策方法主要是在研究企业经营决策的过程中不断发展起来的，因此下面主要介绍企业决策中常见的几种方法。

一、 确定活动方向的分析方法

这类方法可以帮助企业根据自己和市场的特点，选择企业或某个部门的活动方向，主要有经营单位组合分析法、政策指导矩阵等。

> 经营单位组合分析法主张应考虑到企业（或该经营单位）在市场上的相对竞争地位和业务增长情况，在现金流均衡使用的原则下为每个经营单位分别确定经营方向。

1. 经营单位组合分析法

这种方法是由美国波士顿咨询公司提出的。它认为，大部分公司都有两个以上的经营单位，每个经营单位都有相互区别的产品——市场片。公司应该为每个经营单位分别确定经营方向。

这种分析方法主张，在确定各个经营单位的活动方向时，应考虑企业（或该经营单位）在市场上的相对竞争地位和业务增长情况。相对竞争地位往往反映为企业的市场占有率，它决定了企业获取现金的能力和速度，因为较高的市场占有率可以带来较高的销售和销售利润，从而使企业得到较多的现金流量。业务增长率对经营方向选择的影响是双重的。首先，它有利于市场占有率的扩大，因为在稳定的行业中，企业产品销售量的增加往往来自竞争对手市场份额的缩小；其次，它决定着投资机会的大小，因为业务增长迅速可以使企业迅速收回投资，并为取得投资报酬提供了有利机会。

根据这两种标准，可以把企业的经营单位分成四种不同类型（见图6-2）。企业应根据各种类型的不同特征，选择相应的经营方向和活动方案。

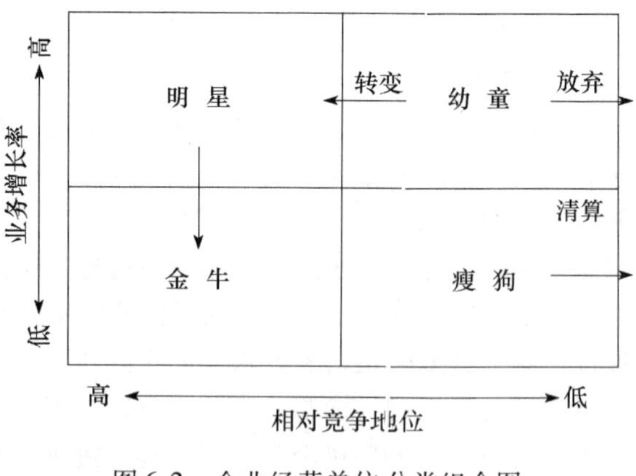

图6-2 企业经营单位分类组合图

（1）“金牛”经营单位的市场占有率较高，而业务增长率较低。较高的市场占有率能够带来利润和高额现金。而较低的业务增长率只需少量投资。这样，“金牛”单位就可以提供大量现金去满足整个公司的经营基础。

（2）“明星”经营单位的市场占有率和业务增长率都较高，因而所需要和所产生的现金数量都很大。这种经营单位代表着最高利润增长率和最佳投资机会，因此就应该增加必要的投资，扩大生产规模，以维持其有利的市场地位。

（3）“幼童”经营单位的业务增长率较高，而目前的市场占有率很低，这可能是企业刚刚开发的很有前途的经营领域。由于高增长速度需要大量投资，而较低的市场占有率只能提供少量的现金。因此，企业应做出的选择是投入必要的资金，以提高市场份额，扩大销售量，从而转成“明星”。如果决策者认为某些刚开发的领域不可能转变成“明星”，则应及时采取放弃策略。

(4)“瘦狗”经营单位的市场份额和业务增长率都比较低。由于市场份额和销售量都比较小，甚至出现负增长，因此这种经营单位只能带来较少的现金收入和利润，而维持生产能力和竞争地位所需的资金甚至可能超过它们提供的现金收入，从而可能成为资金的陷阱。这种不景气的经营单位应缩小规模或放弃。

在利用经营单位组合分析法确定经营方向时，应采取以下步骤的工作：

- 把公司分成不同的经营单位；
- 计算每一单位的市场占有率和业务增长率；
- 根据在企业中占有资产的多少来衡量经营单位的相对规模；
- 绘制公司的整体经营的组合图；
- 根据每一单位在图中的位置，确定应选择的经营方向。

利用经营单位组合分析法进行决策是以“企业的目标是追求增长和利润”这一基本假设为前提的。拥有多个经营单位的企业具有这样的优势：它可以将获利较高而潜在增长率不高的经营单位所创造的利润投向那些增长率和潜在利润都很高的经营单位，从而使资金在企业内部得到最有效的利用。表6-1列出了各类经营单位可采取的决策及其相应要求。

表6-1 不同经营单位的决策选择

单位类型	对策选择	利润率	需要投资	现金流
明星	维持或提高市场占有率	高	高	零或略小于零
金牛	增加市场份额	高	低	为正且大
幼童	提高市场占有率	零或负	非常高	为负且大
	收获/放弃	低或负	不需投资	正数
瘦狗	收获/放弃/清算	低或负	不需投资	正数

2. 政策指导矩阵

政策指导矩阵由荷兰皇家壳牌公司创立。这种方法用矩阵形式，根据市场前景和相对地位来确定企业不同经营单位的现状和特征。市场前景由赢利能力、市场增长率、市场质量和法规限制等因素决定，分为强吸引力、中等吸引力和弱吸引力三种；相对竞争能力受到企业在市场上的地位、生产能力、产品研究和开发等因素的影响，分为强、中、弱三类。这两种标准、三个等级的组合，可以把企业的经营单位分成九种不同类型（见图6-3）。

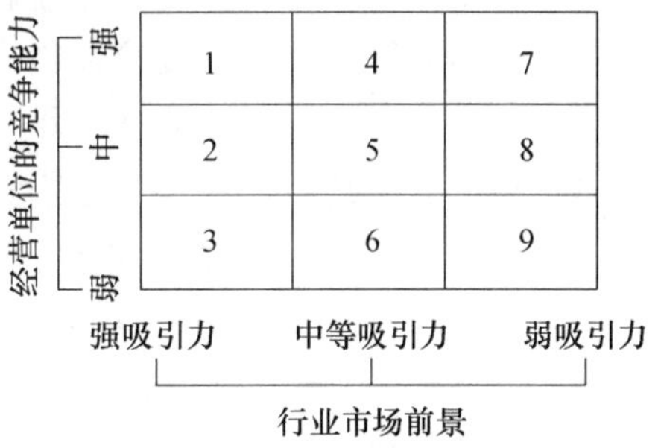

图6-3 政策指导矩阵

根据经营单位所处的不同位置，应选择不同的活动方向。

处于区域1和区域4的经营单位，虽然市场前景很好，但企业未能充分利用；竞争实力已有一定基础，但还不够充分。因此应不断强化，努力通过分配更多的资源以加强其竞争能力。

处于区域3的经营单位可以采取两种不同的决策。同一企业在一定时期内的资金能力有限，只能选择少数最有前途的产品加速发展，而对其余产品则逐步放弃。

位于区域5的经营单位一般在市场上有2~4个强有力的竞争对手，因此没有一个公司处于领先地位，可行的决策是分配足够的资源，使之能随着市场的发展而发展。

区域6和区域8的经营单位，由于市场吸引力不大，且竞争能力较弱，或虽有一定的竞争实力（标志着已为此投资并形成了一定的生产能力），但市场吸引很小，因此应缓慢地从这些经营领域退出，以收回尽可能多的资金，投入到赢利更大的经营部门。

区域7的经营单位可以利用自己较强的竞争能力，去充分开发有限的市场，为其他快速发展的部门提供资金来源，但该部门本身不能继续发展。

区域9的经营单位因市场的前景暗淡，企业本身实力又很小，所以应尽快放弃，抽出资金转移到更有利的经营部门。

二、 选择活动方案的评价方法

确定了活动方向的目标以后，还应对可以朝着同一方向迈进的不同活动方案进行选择。选择是以比较为前提的。比较不同方案的一个重要标准是它们能够带来的经济效果。由于任何方案都需在未来实施，而人们对未来的认识程度不尽相同，因此方案在未来实施的经济效果的确定程度、人们评价这些经济效果的方法也不相同。根据这个标准，可以把评价方法分为确定型、风险型、非确定型三类。

1. 确定型评价方法

运用这种评价不同方案的经济效果时，人们对未来的认识比较充分，了解未来市场可能呈现某种状况，能够比较准确地估计未来的市场需求情况，从而可以比较有把握地计算各方案在未来的经济发展，并据此做出选择。

> 量本利分析是通过分析生产成本、销售利润和产品数量这三者的关系，掌握盈亏变化的规律，指导企业选择能够以最小的成本生产出最多产品并可使企业获得最大利润的经营方案。

未来确定条件下的评价方法也很多，比如量本利分析法、内部投资回收率法、价值分析法等。我们下面主要介绍量本利分析法的基本原理。

量本利分析，也叫保本分析或盈亏平衡分析，是通过分析生产成本、销售利润和产品数量这三者的关系，掌握盈亏变化的规律，指导企业选择能够以最小的成本生产出最多产品并可使企业获得最大利润的经营方案。

企业利润是销售收入扣除生产成本以后的剩余。其中销售收入是产品销售数量及其销售价格的函数，生产成本（包括工厂成本和销售费用）可分成固定成本和变动成本。变动成本是随着产量的增加或减少而提高或降低的费用，而固定成本则在一定时期、一定范围内不随产量而变化。当然，“固定”与“变动”只是相对的概念。从长期来说，由于企业的经营能力和规模是在不断变化的，因此一切费用都是变动的；从短期来看，就单位产品来说，“变动费用”是固定的，而“固定费用”则随产品数量的增加而减小。

图6-4描述了特定时期企业利润、销售收入（价格与销售量的乘积）以及生产成本（固定费用和变动费用）之间的关系。

企业获得利润的前提是生产过程中的各种消耗均能够得到补偿，即销售收入至少等于生产成本。为此，必须确定企业的保本产量和保本收入：当价格、固定费用和变动费用已定的条件下（在我们分析的短期背景中，事实基本如此），企业至少应生产多少数量的产品才能使总收入总成本平衡；或当产量、价格、费用已定的情况下，企业至少应取得多少销售收入才足以补偿生产过程中的费用?

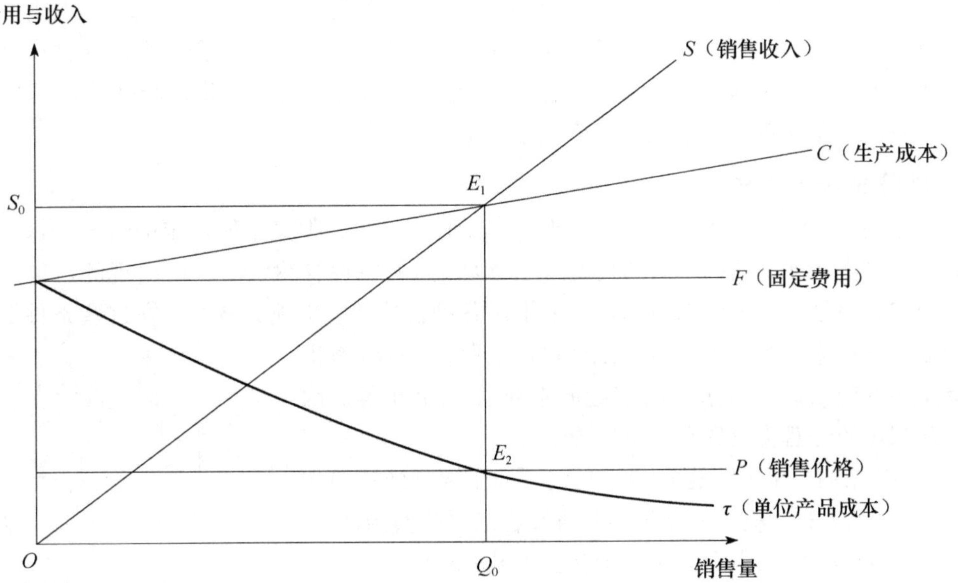

图 6-4　量本利关系图

确定保本收入与保本产量可以利用图上作业或公式计算两种方法。

图上作业法是根据已知的成本和价格资料来制作量本利关系图，图 6-4 中总收入曲线 S 与总成本曲线 C 的相交点 E_1 或单位成本曲线 τ 与销售价格曲线 P 的交点 E_2 即表示企业经营的盈亏平衡点，与 E_1、E_2 相对应的产量 Q_0，即为保本产量，与 E_1 相对应的销售收入 S_0，即为保本收入。

公式计算法是利用公式来计算保本产量和保本销售收入。

根据上面分析的量本利之间的关系，我们知道：

销售收入 = 产量 × 单价

生产成本 = 固定费用 + 变动费用

= 固定费用 + 产量 × 单位变动费用

用相应的符号来表示，盈亏平衡时有下式：

$$Q_0 \times P = F + Q_0 \times C_v \tag{6-1}$$

整理上式，可得到：

$$Q_0 = \frac{F}{P - C_v} \tag{6-2}$$

此式即为计算保本产量的基本公式。由于保本收入等于保本产量与销售价格的乘积，因此，式（6-2）的两边同乘以 P 即可得到计算保本收入的基本公式：

$$Q_0 \times P = \frac{F}{1 - \frac{C_v}{P}} \times P \tag{6-3}$$

整理上式，可得，

$$S_0 = \frac{F}{1 - \frac{C_v}{P}} \tag{6-4}$$

式（6-2）中的 $P-C_v$ 表示单位产品得到的销售收入扣除变动费用后的剩余，叫做边际贡献；式（6-4）中的 $1-C_v/P$ 表示单位销售收入可以帮助企业吸收固定费用或实现企业利润的系数，叫做边际贡献率。如果边际贡献或边际贡献率大于零，则表示企业生产这种产品除可收回变动费用外，还有一部分收入可以补偿已经支付的固定费用。因此，产品单价即使低于成本，但只要大于变动费用，企业生产该产品还是有意义的。

2. 风险型决策方法

风险型决策方法主要用于人们对未来有一定程度认识，但又不能肯定的情况。这时，实施方案的未来可能会遇到几种不同的情况（自然状态）。每种自然状态均有出现的可能，人们目前无法确知，但是可以根据以前的资料来推断各种自然状态出现的概率。在这些条件下，人们计算的各方案在未来的经济效果只能是考虑到各自然状态出现的概率的期望收益，与未来的实际收益不会完全相等。因此，据此制定的经营决策具有一定风险。

风险型决策的评价方法也很多，我们下面主要介绍决策树法。决策树法是一种用树型图来描述各方案在未来收益的计算、比较以及选择的方法。决策树的基本形状，如图6-5所示。

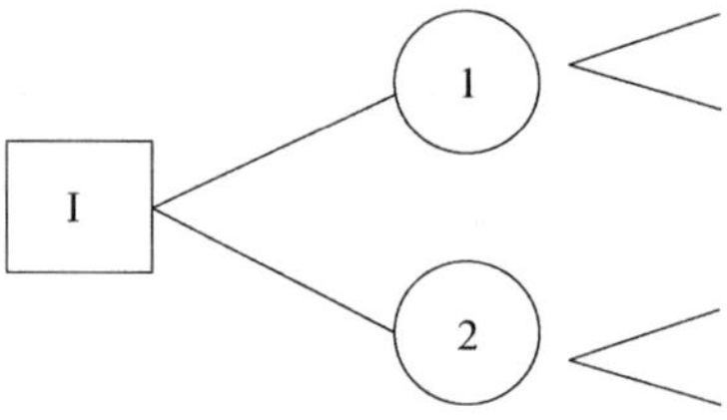

图6-5 决策树基本图形

图6-5中，□表示决策点，由此引出的两条直线叫做方案分枝，表示决策时可采取的不同方案；①和②表示自然状态点，由此引出的直线叫做概率枝或状态分枝，表示方案在未来执行时可能遇到的几种不同的自然状态。

用决策树的方法比较和评价不同方案的经济效果，需要进行以下几个步骤的工作。

（1）根据可替换方案的数目和对未来市场状况的了解，绘出决策树形图。

（2）计算各方案的期望值，包括：计算各概率分枝的期望值，用方案在各自然状态下的收益值分别乘以各自然状态的出现概率，将各概率分枝的期望收益值相加，并将数字记在相应的自然状态点上。

（3）考虑各方案所需的投资，比较不同方案的期望收益值。

（4）剪去期望收益值较小的方案分枝，将保留下来的方案作为被实施的方案。

如果是多阶段或多级决策，则需重做（2）、（3）、（4）各项工作。

3. 非确定型决策方法

这种决策方法适用于人们对未来的认识程度低于上述两种的情况。如果人们只知道未来可能呈现出多种自然状态，但对其出现的概率，人们全然不知，那么在比较不同方案的经济效果时，就只能根据主观选择一些原则来进行。

（1）乐观原则。如果决策者比较乐观，认为未来会出现最好的自然状态，所以不论采用何种方案均可能取得该方案的最好效果，那么决策时就可以首先找出各方案在各种自然状态下的最大收益值，即在最好自然状态下的收益值，然后进行比较，找出最好自然状态下能够带来最大收益的方案作为决策实施方案。这种决策原则也叫“最大收益值规则”。

（2）悲观原则。与乐观原则相反，决策者对未来比较悲观，认为未来会出现最差的自然状态，因此企业不论采取何种方案，均只能取得该方案的最小收益值。所以在决策时首先计算和找出各方案自然状态下的最小收益值，即与最差自然状态相应的收益值，然后进行比较，选择在最差自然状态下仍能带来“最大收益”（或最小损失）的方案作为实施方案。这种方法也叫“小中取大规则”或“最小最大收益值规则”。

(3) 折中原则。这种方法认为应在两种极端中取得平衡。决策时，既不能把未来想象得如何光明，也不能描绘得如何黑暗。最好和最差的自然状态均有出现的可能。因此，可以根据决策者的判断，给最好的自然状态以一个乐观系数，给最差的自然状态以一个悲观系数，两者之和为1，然后用各方案在最好自然状态下的收益与乐观系数相乘所得的积，加上各方案在最差自然状态下的收益值与悲观系数的乘积，得出各方案的期望收益值，然后据此比较各方案的经济效果，做出选择。

(4) 最小最大后悔值规则。决策者在选定方案并组织实施后，如果遇到的自然状态表明采用另外的方案会取得更好的收益，企业在无形中遭受了机会损失，那么决策者将为此而感到后悔。最小最大后悔值规则就是一种力求使后悔值尽量小的原则。根据这个原则，决策时应先算出各方案在各自然状态下的后悔值（用方案在某自然状态下的收益值与该自然状态下的最大收益值相比较的差），然后找出每一种方案的最大后悔值，并据此对不同方案进行比较，选择最大后悔值最小的方案作为实施方案。

第四节 有限理性及其超越

决策规定了组织在未来一定时期内的活动方向和方式，提供了组织中各种资源配置的依据，因而在组织活动尚未开始之前就已经一定程度上决定了组织的活动效率。所以说，决策的正确、合理性对组织的生存和发展是至关重要的。但是，决策者的理性由于种种原因是有限的，这就给合理决策造成了许多障碍。为了克服这些障碍，保证和促进决策的合理性，组织在决策过程中必须有意识地采取一定措施。

一、 决策的合理性要求

合理性是一个与一定条件相联系的概念。判断的主体不同、标准不同、角度不同、条件不同，得出的结论也必然不一样。

美国决策理论大师西蒙曾经强调：应把“合理性同适当的副词连起来”。如果一项决策由于指定状态下给出的价值确实最大，就可以说该政策“在客观上”是合理的。如果在本人实际拥有的知识范围内，其决策可以收到最大成果，则该决策“在主观上”是合理的。使手段适应目标的过程是一个认识过程，如果认识是自觉的，则该决策“在认识上”是合理的。如果手段适合于目标是个人或组织预先仔细考虑的结果，那就是“经过熟虑的”合理决策。如果某决策是为了组织的目标，则该决策“对于组织来说”是合理的。如果是为了个人目标，则“对个人来说”就是合理的。

就组织而言，判断一项决策是否合理，实际上是要评价该项决策所选方案的实施相对组织目标实现的效果。合理的决策应使得所选方案对组织目标有效。为此，决策者必须具有完全的理性。当代行政学者林布隆认为，理性决策者应同时具备下述条件：

- 认清决策所要解决的问题；
- 明确解决问题所需达成的一系列目标，并能根据这些目标的重要性排列先后处理的次序；
- 能够列出造成每一个目标的一切可能手段或方案；
- 估计每一个可行方案实施后所需的成本以及可以得到的利益；
- 根据上述条件，选择一个（批）将会带来最大相关利益和最少相关损失的目标及其活动方案。

西蒙则认为，理性决策者必须能够：

- 在决策之前，全面寻找备选方案；
- 考察每一可能抉择所导致的全部复杂后果；
- 具备一套价值体系，作为从全部备选行为中选定其一的选择准则。

也就是说：合理的决策，不仅要求决策者事先了解所有可行的行动方案及其实施后果，而且还要有一套客观的、能为组织成员广为接受的评价标准，这样才能够对各种方案进行客观、公正的评价，从而选择出其中的“最为合理”者。

二、 决策者的理性限制

遗憾的是，决策者不可能同时具备合理决策所需的完全理性。决策者的理性，或一般地说，人的理性是有限的。

决策者的理性限制包括知识有限、预见能力有限和设计能力有限。

决策的理性限制主要表现在以下几个方面。

1. 知识有限

找出所有的可供选择的行动方案，了解每一个备选方案的未来实施的后果，是以决策者拥有完全的知识为前提的。然而，决策者的知识是有限的。“事实上，一个人对自己的行动条件的了解，从来都只能是零碎的”。组织活动是在一定环境中进行的，环境中存在的一切对组织活动均有不同程度的直接或间接的影响。然而，由于时间和精力的限制，由于认识能力的限制，由于信息收集所需的成本限制，决策者对环境中不同因素对组织活动的影响内容、影响方式、影响程度不可能有完全的了解。这种知识的不完整性，必然限制着决策者关于行动方案的制订、实施后果的预见以及不同方案的评价能力。

2. 预见能力有限

任何决策方案都需通过活动去实施。外界环境不仅错综复杂，而且是多变的。因此未来组织活动的外界环境将表现出与目前不同的特点。要能准确地预计各种行为方案在未来的实施效果，首先必须能够正确地描述未来的环境状况。为此，决策者不仅应掌握关于环境在历史上各个时期的信息资料，而且应该能够根据这些资料正确地得出环境变化的规律。然而，决策者不仅知识有限，而且对于掌握的有限知识，其认识和利用能力，比如计算能力也是有限的。这种利用能力的限制决定了他们对未来的预测不可能是完全准确的，他们所预测的未来环境与未来发生变化后的环境状况不可能完全相符。对未来预见能力的限制，必然会影响不同方案未来实施效果的评价，从而影响决策的合理性。

3. 设计能力有限

人的想象力和设计能力的有限性也影响着决策的合理性。在一定时间内，决策者能够考虑到的行动范围，进而能够设计出的备选方案的数量也是有限的。正如西蒙所指出的：“一个仅仅受到物理、生理限制的人，即使是在一分钟这样短的时间里，其所能完成的动作之多也是无法想象的……在所有这些可能动作中，一个人能想到当做备选行为的，永远都只能是非常少的几种动作。由于每一种备选行为均有各自的独特后果，因此，有很多可能后果根本没有进入评价阶段，它根本就没有被人想到是可以选用的备选的行为的可能后果”。个人行动如此，组织就更是这样了。组织的规模越大，面对的环境越宽泛，能够存在的行动场就越广阔，能够设计的行动方案相对于可能存在的行动机会也就越有限，决策的合理性受到干扰也就可能越大。

三、 理性限制的克服

人的知识有限、认识和设计能力有限是客观存在的事实，对组织决策的影响也是必然的。人们无法完全克服这种影响。决策者所能做的，只是努力减弱人类理性有限的消极影响，设法使组织的决策尽可能地逼近“合理”的标准。决策者的这种努力可以朝两个方面递进：第一，决策权力下放，把决策交给与决策需要解决的问题直接相关的人去制定；第二，组织民主决策，用群体的智慧弥补个人的理性不足。

1. 决策权力下放

决策权力下放，或者更准确地说，决策权力合理地分配，就是把适当的决策任务交给合适的人去完成。组织内部的不同成员，在不同的岗位和层次上，从事着不同的活动。这些不同活动中的决策，要求掌握与之有关的大量信息，只有让直接从事这些活动的人去制定与他们直接有关的决策，才可能促进这些决策尽可能的合理。

决策权力下放就是把适当的决策任务交给合适的人去完成。

我们知道，为了有效地组合和协调不同成员的劳动，任何组织都必须根据一定的标准进行劳动分工，把不同的组织成员安排在不同的部门、层次和岗位上，从事不同的工作。要使不同的组织成员在不同的岗位上能够为组织提供有用的贡献，组织不仅要保证在不同的环节和岗位工作相互协调，而且要在“下放”任务的同时，授予不同程度的必要的决策权力，使不同的组织成员在自己的岗位上有条件调动和利用一定的资源，组织自己的工作。关于分权的必要性，我们在第八章还将详细讨论，这里仅想指出：如果把基层活动的决策权集中在较高层次行使，其结果只能是放大高层决策权力，反之，则可以使得在具体岗位的组织成员，由于关注的工作范围有限，掌握较为充分的知识，从而可以促进相关决策的合理性。

2. 组织民主决策

组织民主决策，让较多的人来参与决策过程，可以一定程度上克服少数决策的理性局限。

民主决策的途径和方式很多，这里主要强调两种：组织专家参与和组织下属参与。

组织专家参与建立决策“智囊团”或“思想库”，这是目前国内外许多企业以及政府机构普遍采用的方法。“智囊团”中集中一大批掌握与组织活动有关的各方面知识的专家，利用他们的知识帮助组织分析问题，拟订和评价方案，为决策提供依据，可以克服决策者知识不完备的局限，使组织在决策时对环境特点、行动可能性以及各行动方案在未来实施的效果考虑得尽可能全面，从而有利于提高决策的科学性和正确性。

让尽可能多的组织成员参与决策，不仅可以利用他们对组织内部不同部门和环节活动条件和能力的充分了解来弥补决策者的信息不足，使组织未来行动的设想更加丰富、备选方案数量更多（实际上，较低层次的组织成员在参与决策过程中提出的各种建议并非全部切实可行，有些建议甚至显得荒诞、幼稚，但这些建议可能启发决策者的思路，开拓决策者的视野。开发下属建议的价值是决策者应该具备的一项重要能力），而且有利于组织成员对组织决策的认同，从而在决策实施过程中，自觉地为自己参与制定的决策及其目标的实现贡献自己的努力。我们知道，组织成员对决策的态度直接影响到决策的实施效果。如果他们对决策方案及其要求完全陌生，那么在执行过程中将只是被动地行动，甚至会产生抵触情绪；如果他们了解决策制定过程，熟悉决策的内容和目标，那么就有可能接受这个决策，并产生某种共识，从而以比较积极的态度去执行；如果他们不熟悉决策制定的过程，但直接参与了其中的许多工作，充分发表了自己的意见和建议，并意识到受到了重视，那么就会对决策方案感到亲切，就会形成某种认同感，从而在执行中努力适应自己参与决策的要求，积极创造条件，充分实现决策目标。

此外，组织更多的人参与决策过程，还将在客观上加强组织成员之间的思想交流和信息沟通，有利于和谐人际关系，促进决策的实施活动有条不紊地协调进行。

本章回顾

小结

决策是组织关于未来活动方案的选择或调整。组织进行的决策大多是追踪决策，因此具有回溯分析、非零起点、双重优化等特点。决策的实质是选择。由于决策者的信息收集及利用能力有限，因此只能根据满意的原则来评价和选择方案。决策不是瞬间行动，而是由一系列工作构成的一个不断循环的过程。决策者在组织和决策工作过程中受到环境、过去决策、组织文化以及时间等因素的影响。决策者在确定组织活动方向的决策中可能利用组合分析以及政策指导矩阵等方法；在评价从事某种活动的不同方案时，则可根据决策所需要面对的环境的不确定程度，分别采用量本利分析、决策树方法或一些主观原则来计算、比较不同方案的经济效果。正确决策要求决策者具有充分的理性，然而决策者在知识的掌握、预见未来的能力以及设计方案的能力等方面通常会受到限制，为此必须采取权力下放或组织民主决策来加以弥补。

关键术语

决策	政策指导矩阵	追踪决策	确定型评价方法
满意原则	决策过程	决策影响因素	量本利分析法
风险型决策方法	非确定型决策方法	经营单位组合分析法	决策理性限制

思考题

1. 何谓决策，何谓追踪决策，追踪决策有哪些特点？
2. 战略决策与战术决策有何区别？
3. 组织决策为什么要根据满意原则来评价和选择方案？
4. 决策过程包括哪几个阶段的工作？
5. 组织决策要受到哪些因素的影响？
6. 何谓经营单位组合分析法，如何利用经营单位组合分析帮助企业进行经营决策？
7. 何谓政策指导矩阵，这种决策分析方法有何特点？
8. 确定型决策、风险型决策、非确定型决策有何区别？
9. 量本利分析的基本原理是什么？
10. 何谓乐观原则，何谓悲观原则，何谓折中原则？
11. 根据美国学者林布隆或西蒙的观点，理性决策者应具备哪些条件？
12. 决策者的理性表现在哪些方面？
13. 如何克服决策者的理性限制？

延伸阅读

1. 赫伯特·西蒙. 管理行为 [M]. 北京: 机械工业出版社, 2007.
2. 赫伯特·西蒙. 管理决策新科学 [M]. 北京: 中国社会科学出版社, 1982.
3. 岳超源. 决策理论与方法 [M]. 北京: 科学出版社, 2003.
4. 斯科特·普劳斯. 决策与判断 [M]. 北京: 人民邮电出版社, 2004.
5. 大卫·韦尔奇. 为什么选错的总是我 [M]. 北京: 中国人民大学出版社, 2009.
6. 小邓肯·麦克雷, 戴尔·惠廷顿. 面向政策选择的专家建议: 科学咨询的流程与实务 [M]. 上海: 上海交通大学出版社, 2010.
7. 南怀瑾. 历史的经验 [M]. 上海: 复旦大学出版社, 2002.
8. 项保华, 李绪红. 管理决策行为: 偏好构建与判断选择过程 [M]. 上海: 复旦大学出版社, 2005.

案例讨论

一个关于华为的销售故事

2001年3月初，国内第五大电信运营商中国铁通挂牌成立。铁通要想参与与其他电信运营商的竞争，就必须进行电信本地网的建设，而铁通在这方面的基础完全是空白。所以铁通本地网建设项目“铁通一号工程”成为铁通成立后的第一个重大项目。由于电信行业的特点，对设备供应商来讲，这不只是一个单纯的销售项目，而且直接影响到其将来市场战略格局的划分，各个厂家无不倍加重视。

“铁通一号工程”分为两期进行，一期项目是各个省会城市本地网建设，作为一个城市的本地网，一般情况下只可能使用一种机型，而且省会城市的设备选型情况会直接影响到以后其他城市的设备选型，所以一期项目的重要性非同寻常。本人受命与另外两个同事组成项目组负责J省“铁通一号工程”项目，本人负责客户关系平台的建立和项目协调，另外两位同事负责技术推广工作。

“铁通一号工程”由铁通总部对国内三个知名厂家进行招标，但各省分公司有权自己选择机型。除华为公司以外，另外两个厂家分别为B公司和Z公司。

接到任务后最重要的事是做深入的调查研究。一方面，了解J省铁通内部的组织结构和决策链以及关键人物的个人背景与彼此之间的关系。另一方面，了解相关各厂家与J省铁通交往的历史和现有设备使用情况，并根据了解的情况对项目进行了SWOT分析。

根据了解，华为公司的设备在J省铁通以往只有少量的应用，客户的反映一般。优势在于设备功能比较强，有一定的品牌优势；劣势在于价格相对较贵，而且客户关系十分薄弱，平时与客户几乎没有交往，甚至不知道客户的工作地点在哪里。而B公司在J省铁通已有8 000门的交换机在网上使用，由于设备比较陈旧，故而功能较差而且运行不很稳定。但该公司与J省铁通有长期的交往，关系密切。而且当时铁道部持有B公司的股份，所以B公司有来自铁通上层的支持，在客户关系上占有明显的优势。Z公司设备性能与华为公司不相上下，优势在于其设备价格低、市场策略灵活，但该公司产品在J省铁通从没有过应用，同样没有客户关系基础。综合以上情况，我们认为相比之下B公司对我们的威胁更大，是主要竞争对手。

以客户为中心

作为销售人员应该清楚地知道，通常情况下客户最不信任的人就是销售人员，如何取得客户的信任是进行销售的第一步。要想取得客户的信任，关键是要让客户感受到你为客户服务的良好态度，要处处为客户着想，站在客户的立场上去看待问题，帮助客户去解决问题。在与客户交往的过程中，我特别注意设身处地地为客户着想，在为客户提出任何意见和建议时，都要告诉客户这样做对他的好处。铁通的市场人员都是技术维护出身，没有丝毫的市场经验和意识，我就利用我在这方面的优势，和他们探讨铁通未来如何经营，主动为他们上销售技巧课，并且以他们的客户经理的名义，为他们拓展重要的客户，使客户非常高兴和满意。在客户要进行网络规划设计时，我们就主动和他们一起连续几天干到深夜。当发现他们的建设思路存在问题的时候，就主动为他们写了一篇关于铁通市场的分析报告，为客户做市场的SWOT分析并提醒他们在电信网建设中应注意的问题，等等。我们不仅做到了客户期望厂家要做的工作，而且还做了许多超出客户期望值的事情。当你为客户做了这么多工作，而你的竞争对手却没有做到时，客户对不同的销售人员和厂家的态度就可想而知了。

抓住客户主要需求，迅速切入

“铁通一号工程”一期项目时间非常紧迫，从开始运作到最后的投标日期只有不到三个月的时间，在这种情况下，如果按照通常的方式先拉近客户感情再打入产品的话，时间上是不允许的，而且在短时间内客户关系上也很难超越B公司。所以，只有抓住客户的主要需求，迅速切入。通过与客户的初次交往，我们发现面对的客户有强烈的危机感。铁通初建，他们不仅是没有设备，没有市场，更没有电信运营的经验，对未来的发展感到困惑和茫然。在这种情况下，人人考虑的都是铁通如何生存，而无暇考虑个人利益。用马斯洛的人的需求的层次理论进行分析，客户的需求应该在高于生理（物质）需求的安全需求的层次上，把握住这一点，就确定了我们市场关系的切入点。本人有着十几年电信行业的工作经验，对电信的建设和运营有比较深入的了解，而这正是客户所缺乏和急切想知道的。于是在与客户交往的时候，我不是一味地去宣传公司产品的优越性，而是和客户畅谈电信运营商的建设和经营之道，这些对客户非常有吸引力。所以客户非常乐于与我交流，这样使客户关系迅速地建立起来。同时，也把握住了客户的本地网建设的思路。

发现问题，引导客户

虽然客户关系迅速地建立起来，但是在产品问题上并没有得到客户的完全认可。客户长期使用B公司的交换设备，对此设备的操作和维护都比较熟悉和了解，虽然不是十分满意，但客户并不打算引进新的机型。客户对华为公司设备的认识也仅仅是对公司品牌的认可和对原来使用的少量设备形成的印象而已。所以客户再三表示说：“听说你们公司交换机的模块功能比较强，所以这部分我们想用你们公司的，但汇接局我们还是要用B公司的，因为我们原来就用他们的设备，对它比较了解。”这对我们来说是个非常严重的问题。因为了解电信行业的人都十分清楚，如果在电信本地网中不能占据汇接局这一战略制高点的话，你只能充当一个配角，随时都有可能被挤出本地网。但在这种情况下，靠强力推销是不起作用的。此时我们没有急躁，而是冷静地通过询问来使客户发现问题，寻找机会并引导客户。我们有意识地询问客户B公司设备的使用情况，终于在客户陈述的情况中我们发现了机会。客户说他们使用的B公司8 000门交换设备不具备局间计费功能（事实上B公司的新设备未必存在此问题），所以与中国电信间的结算只能完全由中国电信说了算，估计每个月损失十几万元。于是我们进一步询问客户：“如果8 000门交换机一个月损失十几万元的话，那么将来铁通发展到几十万门、几百万门的时候将会怎么样呢？”一句话顿时使客户感到了问题的严重性。同时，我们在技术交流当中除介绍本公司交换设备的一般功能外，还着重介绍了它的局间计费功能和由此能为客户带来的经济利益。这样就使客户完全动摇了对B公司交换设备的信心，而完全信赖了华为公司的交换设备。最终，一期项目的37 000门交换设备被华为公司尽收囊中，并为下一步拓展市场打下了良好的基础。

因势利导，扩大客户需求

一期项目刚刚尘埃落定，二期项目随之而来，J省内五个城市本地网交换设备建设项目。省会城市由于一期项目被我们全部得到，所以二期扩容已非华为公司莫属。J省经济发达，市场潜力很大。但由于客户在当时看不到未来的市场空间，对市场前景缺乏信心，所以另外四个城市的交换机建设总量只有26 500门。这样小的建设量不仅根本不能满足客户的市场发展需要，而且不足以使华为公司交换设备占据市场的主导地位。同时，将价格昂贵的主控设备分摊到这么少的用户线上，会使平均价格变得极高，客户不可能接受。这种情况下必须想办法扩大客户的建设量。恰好此时，为了帮助其他办事处建立市场关系，我为S市铁通进行了一次市场培训。回来后，我借机把S市铁通在本地网建设上的大胆做法“介绍”给客户，从侧面对客户施加影响。同时亲自为客户拓展了几个重要顾客，树立起客户对市场前景的信心。此时铁通总部也对J省铁通提出了扩大建设量的要求。在内外因素的共同影响下，客户把建设量逐步扩大到了三十几万门，一跃成为全国铁通各分公司建设量之首，使我们有了更大的市场空间。

把握客户的思路

B公司和Z公司在一期项目失利后，在二期项目中都加强了市场工作的力度，使市场竞争更加白热化。各个公司的产品都有其特点，厂家为客户提出的解决方案都是要最大限度地发挥自身优势。B公司的本地网设计为：汇接局下带若干个需要有人员值守的端局，华为公司的设计则是汇接局下带若干个不需要人员值守的模块。如何把客户的思路引导到我们的轨道上来呢？在与客户的交流中，我们从电信经营的角度与客户探讨如何才能减员增效；如何才能及时灵活地拓展市场。这些问题都引起了客户的共鸣，而这些也正是能够充分发挥华为公司设备优势的地方。客户接受了我们的经营思想，其建设思路也就纳入了华为公司的轨道，并且由我们帮助客户做本地网设计，这样客户的购买意向也就必然倾向于华为公司的产品了。

强调利益，克服缺点

虽然客户对华为公司的交换设备有了高度的认可，但华为公司的交换设备价格在三个厂家中是最高的。如果客户全部选用的话，要多花四五百万元，对资金十分紧张的客户来说是个不可忽视的问题。而且竞争对手为了争夺市场，纷纷向客户许诺给予更多的优惠条件，使客户在给予华为公司多大的市场份额问题上产生疑虑。在此情况下，我们在交流中充分阐述华为公司交换设备的优势所在，强调产品功能为客户带来的长期利益，帮助客户从投入产出的角度算一笔账，使客户明白，虽然前期投入大一些，但得到的回报则是长期的，这样的投入是值得的。通过此方法，克服了华为公司在价格方面的缺点问题，客户表示愿意尽可能多地选用华为公司的交换设备。

有条件让步，一箭双雕

随着投标的日期一天天临近，厂家间的竞争更加激烈。竞争对手不仅各自抛出更优惠的条件，而且通过高层关系向客户施加影响，而这正是我们的劣势所在。在此情况下，要想百分之百地占有市场是不可能的，为了尽可能多地占有市场，我们适时提出了华为公司的优惠条件：如果客户购买华为公司交换设备超过24万门的话，华为公司将免费赠送8 000门的交换机设备。其中我们还特别声明，这8 000门的交换设备是可以等价转换成华为公司的其他通信产品的。此时，我们考虑的不仅是二期项目的市场占有率问题，而且为下一步传输设备进入J省铁通埋下了伏笔。因为，我们估计到客户订购的三十几万门的交换设备大概需要两年才能消化掉，另外是否再多8 000门的交换设备对客户并不十分重要。但可以预见的是，交换设备间的传输问题将马上成为客户的迫切问题。由于我们提供了这样的优惠承诺，使客户更加坚定了使用华为公司交换设备的决心。在二期项目招标中，客户顶住了来自各方面的压力，订购华为公司交换机设备近29万门，金额约1亿元人民币，更重要的是几个本地网的汇接局全部使用了华为公司的128模设备，而B公司和Z公司只各自得到一个县的端局。“铁通一号工程”由此结束，华为公司交换设备在J省铁通本地网上已占据了绝对的主导地位。

有所为，有所不为

在拿下了J省铁通交换设备项目后，公司其他产品部门也都想利用这个市场关系平台，销售自己的产品，如通信电源、配线架等。在与客户交流之后，我决定放弃在销售这些产品上的努力。因为，大客户销售的特点之一是集体决策，作为销售人员要想得到一个决策群中所有人的支持几乎是不可能的，反对意见的存在是必然的。在“铁通一号工程”中，交换设备作为本地网核心产品，其好坏直接关系到客户集体利益和决策者个人利益。所以，决策者在选择使用华为公司交换设备时能顶得住来自上级的压力和内部的反对意见。但如果要使决策者全部使用一家公司的产品，他将承受反对者舆论的压力，有可能对自身造成伤害。况且，像电源、配线架之类的产品，质量问题对客户直接的影响相对比较小，决策者则可以通过购买上级领导推荐的产品，给上级面子还领导人情。但此时我们则把下一个重要的产品销售目标放在了传输设备上。

把握节奏，步步为营

在销售过程中，抓住客户最迫切关心的问题也就是抓住了重点。交换设备和传输设备作为本地网建设的基础对设备生产厂家而言其销售同等重要，哪个都是不能放弃的。但在销售过程中要抓住重点，把握节奏。在“铁通一号工程”项目中，我们没有为了展示公司的“实力”把公司的各种产品统统介绍一番，当时只重点针对客户当时最关心的交换设备进行交流和介绍。而在得知“铁通一号工程”二期项目被我们拿下之后，当客户马上面临传输问题的时候，我们则提前一步提醒客户该考虑传输设备问题了，才开始对传输产品进行介绍。此时客户已经拓展了一些用户，对传输设备的需要已经迫在眉睫，但由于铁通百业待兴，资金非常紧张，再拿出一笔钱来购买传输设备是很困难的。我们不失时机地向客户建议，把原来向客户承诺赠送的8 000门交换设备等价转换成传输设备，客户非常高兴地接受了我们的建议。紧接着我们又从提高客户经济收益的角度出发，向客户推荐华为公司的智能网产品。在本人离开这个项目组，离开华为的时候，传输设备已经顺利地“送”进了客户的本地网，抢占了市场先机，智能网项目也已经提上了客户的日程。

取得如此的销售业绩，而我们付出的销售费用仅仅几千元而已。在整个销售过程中，既没有给客户送厚礼，也没有请客户吃大餐。之所以能够得到客户的认可是因为我给予了客户更需要的东西，那就是帮助他们获得事业上的成功。

回顾整个销售过程，我深深地感受到成功的销售源于理性的思考、系统的分析和具体的方法。而这一切不仅是几年销售经验的积累，更得益于在几年培训工作中对销售的更深刻的理解和认识。从中真正感受到“观念的改变导致行为的改变，行为的改变导致结果的改变”的深刻含义。

资料来源：博锐管理在线。

讨论题

1. 华为公司销售决策中哪些是战略决策，哪些是战术决策？

2. 华为公司决策遵循了哪些原则，这些原则是否合理？

3. 华为在销售过程中是如何引导消费者决策的，是如何突破决策者理性限制的？

4. 如何认识华为的有所为和有所不为，这对你的学习和工作有什么启发？

第七章　计划与战略管理

兵者，国之大事，死生之地，存亡之道，不可不察也。

——孙武《孙子兵法》

任何企业必须形成一个真正的整体，并且将个人的努力融会成一种共同的努力。

——彼得·德鲁克《管理的实践》

第一节　计划的类型、作用和编制过程

计划过程是决策的组织落实过程。计划通常将组织在一定时期内的活动任务分解给组织的每个部门、环节和个人，从而不仅为这些部门、环节和个人在该时期的工作提供了具体的依据，而且为决策目标的实现提供了组织保证。

一、计划与决策

计划与决策是何关系？两者中谁的内容更为宽泛，或者说哪一概念是被另一个包容的？管理理论研究中对这个问题有着不同的认识。

有人认为，计划是一个较为宽泛的概念：作为管理的首要工作，计划是一个包括环境分析、目标确定、方案选择的过程，决策只是这一过程中某一阶段的工作内容。比如，法约尔认为，计划是管理的一个基本部分，包括预测未来并在此基础上对未来的行动予以安排；西斯克认为，“计划工作在管理职能中处于首位”，是“评价有关信息资料、预估未来的发展、拟订行动方案的建议说明”的过程，决策是这个过程中的一项活动，是在“两个或两个以上的可择方案中做出一个选择”。

而以西蒙为代表的决策理论学派则强调，管理就是决策，决策是管理的核心，贯穿于整个管理过程。因此，决策不仅包容了计划，而且包容了整个管理，甚至就是管理本身：确定目标、制定计划、选择方案，是目标及计划决策；机构设置、人事安排、权限分配，是组织决策；计划执行活动的检查以及检查的时点、检查手段的选择，是控制决策。因此，计划仅是决策过程中一个阶段的工作内容，决策不仅包容了计划，而且包容了整个管理过程，决策就是管理本身。

我们认为，决策与计划是两个既相互区别又相互联系的概念。之所以说它们是相互区别的，是因为这两项工作需要解决的问题不同。决策是关于组织活动方向、内容以及方式的选

择。我们是从“管理的首要工作”这个意义上把握决策的内涵的。任何组织，在任何时期，为了表现其社会存在，必须从事某种为社会所需要的活动。在从事这项活动之前，组织当然必须首先对活动的方向、内容和方式进行选择；计划则为对组织内部不同部门和成员在该时期内从事活动的具体内容和要求。但计划与决策又是相互联系的，这是因为：第一，决策是计划的前提，计划则是决策的逻辑延续。决策为计划的任务安排提供了依据，计划则为决策所选择的目标活动实施提供了组织保证；第二，在实际工作中，决策与计划是相互渗透，有时甚至是不可分割地交织在一起的。决策制定过程中，不论是对内部能力优势或劣势的分析，还是在方案选择时关于各个方案执行效果或要求的评价，实际上都已经开始孕育着决策的实施计划。反过来，计划的编制过程，既是决策的组织落实过程，也是决策更为详细的检查和修订的过程。无法落实的决策，或者说决策选择的活动中某些任务的无法安排，必然导致该决策一定程度的调整。

二、 计划的类型

计划是将决策实施所需完成的活动任务进行时间和空间上的分解，以便将其具体地落实到组织中的不同部门和个人。计划的分类可以依据时间和空间两个不同的标准。

> 计划是将决策实施所需完成的活动任务进行时间和空间上的分解，以便将其具体地落实到组织中的不同部门和个人。

（1）从时间上看，可以将计划分为长期计划和短期计划。长期计划与战略决策相对应，因此，也可称为战略计划，它描述了组织在较长时期（通常为5年以上）的发展方向和方针，规定了组织的各个部门在较长时期内从事活动应达到的目标和要求，绘制了组织长期发展的蓝图。战略决策和战略计划规定的长期目标需要通过组织各个部门在未来不同阶段的具体活动去实现。短期计划便是因此而产生的，它具体地规定了组织各个部门在从目前到未来的各个较短的时期阶段，特别是在最近的时段中，应该从事的各种活动，从事该种活动应达到何种要求，因而为各组织成员在近期内的行动提供依据。与战略决策和战术决策的区别相联系，长期计划的目的在于组织活动能力的再生和扩大，因而其执行结果主要影响组织的活动能力；短期计划的目的在于已经形成的组织活动能力的充分利用，因而其执行结果主要影响组织活动的效率以及由此决定的生存能力。

（2）从空间上看，根据职能标准分类，可以将计划分成业务计划、财务计划以及人事计划。组织是通过从事一定业务活动立身于社会的，业务计划是组织的主要计划。长期业务计划主要涉及业务方面的调整或业务规模的发展，短期业务计划则主要涉及业务活动的具体安排。比如，作为经济组织，企业业务计划包括产品开发、生产作业以及销售促进等内容。长期产品计划主要涉及产品新品种的开发，短期产品计划则主要与现有品种的结构改进和功能完善有关；长期生产计划安排了企业生产规模的扩张及实施步骤，短期生产计划则主要涉及不同车间和班组的季、月、旬乃至周的作业进度安排；长期营销计划关系到推销方式或销售渠道的选择与建立，而短期营销计划则在于现有营销手段和网络的充分利用。

财务计划与人事计划是为业务计划服务的，也是围绕着业务计划而展开的。财务计划研究如何从资金（本）的提供和利用上促进业务活动的有效进行。人事计划则分析如何为业务规模的维持或扩展提供人力资源的保证。比如，长期财务计划要决定，为了满足业务规模发展，从而资金（本）增大的需要，如何建立新的融资渠道或选择不同的融资方式；而短期财务计划则研究如何保证资金的供应，如何监督这些资金的利用效果。长期人事计划要研究如何为保证组织的发展提高成员的素质，准备必要的干部力量；短期人事计划则要研究如何将具备不同素质和特点的组织成员安排在不同的岗位上，使他们的能力和积极性得到充分的发挥。

显然，不论是时间上分解开的长期计划与短期计划，还是从空间上分解的业务计划、人事计划与财务计划，都不应是分别孤立地制定的，而应相互衔接和平衡。

三、 计划的作用

从上面关于计划的决策的关系以及计划的类型的讨论中，可以推理出，作为决策的组织落实过程的计划主要表现出以下三个方面的作用。

计划有三个方面的作用：为组织活动的分工提供依据；为组织活动的资源筹措提供依据；为组织活动的检查与控制提供依据。

（1）为组织活动的分工提供依据。为了达成决策选择目标，组织需要从事一定的业务活动。组织的业务活动是由数量众多的成员在不同时空里进行的。为了保证不同成员在不同时空的活动中提供所需的贡献，他们所从事的活动必须相互协调地进行。为此，必须进行科学的分工。计划的编制将组织的目标活动在时间和空间上详细的分解，从而为科学分工提出了依据。

（2）为组织活动的资源筹措提供依据。任何活动的进行都是对一定资源的加工和转换。为了使组织的目标活动以尽可能低的成本顺利地开展，必须在规定的时间内提供组织活动进行所需的规定数量的各种资源。资源的提供不及时或者数量不足，可能导致组织活动的中断；而数量过多，则会导致资源的积压，从而不仅增加资金的占用，甚至会造成资源的浪费。计划将组织活动在时空上分解，通过规定组织不同部门在不同时间应从事何种活动，告诉了人们何时需要何种数量的何种资源，从而为组织的资源筹集和供应提供了依据。

（3）为组织活动的检查与控制提供依据。不同组织成员由于素质和能力的不同，对组织任务和要求的理解也可能有所区别；不同环节的活动能力并不总是相互平衡的；此外，组织整体以及组织的各个部分在活动中所面对的环境特点与事先的预计可能不完全吻合。因此，组织的各个部分在决策实施中的活动情况与目标要求不一定完全相符，可能会出现偏差。这种偏差，如不及时发现并针对原因及时采取措施，则不仅会导致组织活动的失败，而且可能危及组织的生存。要及时发现可能存在的偏差，就必须对组织活动的实际情况进行检查。计划的编制为检查不同的部门、不同成员在不同时期的活动情况提供了客观的标准和依据。

计划编制本身也是一个过程。为了保证编制的计划的合理性，确实能实现决策的组织落实，计划编制过程中必须采用科学的方法。

四、 计划编制的程序

计划编制过程包括五个阶段的工作：收集资料的准备阶段；任务与目标的分解阶段；目标结构的分析阶段；综合平衡阶段；编制并下达执行计划阶段。

（1）收集资料，为计划的编制提供依据。计划是为决策的组织落实而制定的，了解决策者的选择，理解有关决策的特点和要求，分析决策的环境特点和决策执行的条件要求，是编制行动计划的前提。由于计划安排的任务需要组织内部不同环节的组织成员利用一定的资源去完成，因此计划的编制者还需收集反映部门和环节能力以及外部有关资源供应情况的资料，以为计划编制提供依据。

（2）目标或任务分解。目标或任务分解是将决策确定的组织总体目标分解落实到各个部门、各个活动环节，将长期目标分解为各个阶段的分目标。通过分解，确定了组织的各个部分在未来各个时期的具体任务以及完成这些任务应达到的具体要求。分解的结果是形成组织的目标结构，包括目标的时间结构和空间结构。目标结构描述了组织中较高层次的目标（总体目标与长期目标）与较低层次目标（部门、环节、个人目标与各阶段目标）相互间的指导（如总体目标对部门目标、长期目标对阶段目标）与保证（部门目标对整体目标或阶段目标对长期目标）关系。

（3）目标结构分析。目标结构分析是研究较低层次的目标对较高层次目标的保证能否落实，即分析组织在各个时期的具体目标能否实现，从而能否保证长期目标的达成；组织的各个部分的具体目标能否实现，从而能否保证整体目标的达成。如果较低层次的某个具体目标不能充分实现，则应考虑事先能采取有关补救措施，否则就应调整较高层次的目标要求，有时甚至可能导致整个决策的重新修订。

（4）综合平衡。第一，综合平衡是分析由目标结构决定的或目标结构对应的组织各部分在各时期的任务是否相互衔接和协调，因此包括任务的时间平衡和空间平衡。时间平衡是要分析组织在各时段的任务是否相互衔接，从而能否保证组织活动顺利地开展；空间平衡则要研究组织的各个部分的任务是否保持相应的比例比系，从而能否保证组织的整体活动协调地进行。

第二，综合平衡还要研究组织活动的进行与资源供应的关系，分析组织能否在适当的时间筹集到适当品种和数量的资源，从而能否保证组织活动的连续性。

第三，综合平衡还要分析不同环节在不同时间的任务与能力之间是否平衡，即研究组织的各个部分是否能够保证在任何时间都有足够的能力去完成规定的任务。由于组织的内外环境和活动条件经常发生变化，从而可能导致任务的调整，因此在任务与能力平衡的同时，还需留有一定的余地，以保证这种将会产生的调整在必要时有可能进行。

（5）编制并下达执行计划。在综合平衡的基础上，组织即可为各个部门（如业务、人事、财务、供应）编制各个时段（长期、年度、季、月等）的行动计划，并下达执行。

五、 计划编制的方法

计划编制的方法很多，本书篇幅决定了我们不可能就此展开详细讨论，在此只介绍两种方法的基本原理：一种与计划的时间（进度）安排有关，另一种则主要应用于计划安排中的部门间关系分析。

1. 网络计划技术

网络计划是以网络图的形式来制定计划，通过对工作过程进行科学的统筹安排，并据以组织和控制工作的进行，以达到预期的目标。

网络计划技术于20世纪50年代后期在美国产生和发展，目前在组织活动的进度管理，特别是企业管理中得到广泛应用。这种方法是以网络图的形式来制定计划，通过网络图的绘制和相应的网络时间的计算，了解整个工作任务的全貌，对工作过程进行科学的统筹安排，并据以组织和控制工作的进行，以达到预期的目标。

网络图是计划技术的基础。任何一项任务都可分解成许多步骤的工作，根据这些工作在时间上的衔接关系，用箭线表示它们的先后顺序，画出一个各项工作相互联系，并注明所需时间的箭线图，这个箭线图就称为网络图。图7-1便是一个简单的网络图形。

分析图7-1，可以发现，网络图由以下部分构成。

（1）“──→”，工序。这是一个工作过程，有人力、物力参加，经过一段时间才能完成。图中箭线下的数字便是完成该项工作所需的时间。此外，还有一些工序既不占用时间，也不消耗资源，是虚设的，叫虚工序，在图中用“┈┈►”表示。网络图中应用虚工序的目的是为了避免工序之间关系的含混不清，以正确表明工序之间先后衔接的逻辑关系。

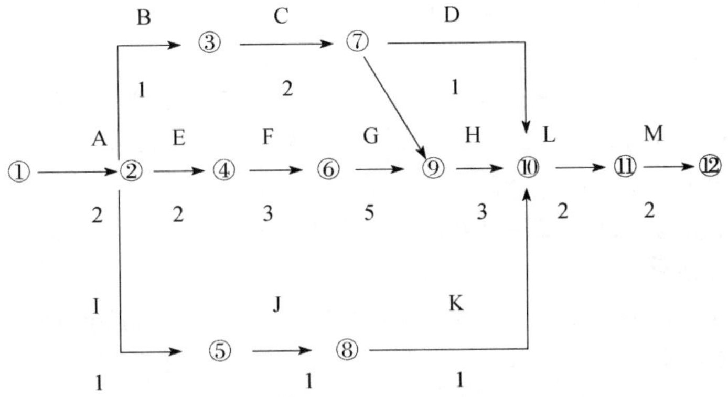

图 7-1　网络图例

（2）“○”事项。它是两个工序的连接点。事项既不消耗资源，也不占用时间，只表示前道工序结束、后道工序开始的瞬间。一个网络图中只有一个始点事项、一个终点事项。

（3）路线。网络图中由始点事项出发，沿箭线方向前进，连续不断地到达终点事项为止的一条通道。一个网络图中往往存在多条路线，例如，图 7-1 中从始点①连续不断地走到终点⑫的路线有 4 条。

1）①→②→③→⑦→⑩→⑪→⑫

2）①→②→③→⑦→⑨→⑩→⑪→⑫

3）①→②→④→⑥→⑨→⑩→⑪→⑫

4）①→②→⑤→⑧→⑩→⑪→⑫

比较各路线的路长，可以找出一条或几条最长的路线。这种路线被称为关键路线。关键路线上的工序被称为关键工序。关键路线的路长决定了整个计划任务所需的时间。关键路线上各工序的完工时间提前或推迟都直接影响整个活动能否按时完工。确定关键路线，据此合理地安排各种资源，对各工序活动进行进度控制，是利用网络计划技术的主要目的。

利用网络计划制定计划，主要包括三个阶段的工作：

- 分解任务，即把整个计划活动分成若干个数目的具体工序，并确定各工序时间，然后在此基础上分析明确各工序时间的相互关系；
- 绘制网络图，根据各工序之间的相互关系和一定的规则，如两个事项之间只能由一条箭线相连，绘制出包括所有工序的网络图；
- 根据各工序所需作业时间，计算网络图中各路线的路长，找出关键路线。

2. 投入产出分析

投入产出分析是 20 世纪 40 年代由美国经济学家列昂惕夫首先提出的。它的主要根据是各部门经济活动的投入与产出之间的数量关系。所谓投入就是将人力、物力投入生产过程，在其中被消耗，这是生产性消费；所谓产出就是生产出一定数量和种类的产品。

投入产出分析作为一种综合计划方法，首先要根据某一年份的实际统计资料求出各部门之间的一定比例，编制投入产出表；然后计算各部门之间的直接消耗系数和间接消耗系数（合计便是完全消耗系数）；进一步根据某些部门对最终产品的要求，算出各部门应达到的状况，据此编制综合计划。

这种方法的主要特点是：

- 反映了各部门的技术经济结构，可用以合理安排各种比例关系，特别是进行综合平衡的一种有效工具。
- 在编表过程中不仅能充分利用现有的统计资料，而且能建立各种统计指标之间的内在关系，使统计资料系统化，编成的投入产出表则是一个比较全面反映经济过程的数据库，可以用来做多种经济分析和经济预测。
- 由于通过表格形式反映经济现象，涉及的数学知识不深，因而易于理解，并易于为计划执行者所接受。
- 适用范围较广，不仅可用于国家、部门或地区等宏观层次的计划制定，而且可用于企业的计划安排。

第二节　组织战略管理

计划作为对组织内部从事活动的具体内容和要求，组织战略是一种特殊意义的计划。特别是企业战略，它是在竞争环境下发展出来的，因而其构建方法也有其特殊性。现代企业业务的复杂化和多样化，促使组织战略分化成业务战略和公司战略两个层面。近年来，国际化的趋势也在赋予战略管理新的内容。

一、　组织战略的构建

组织战略的构建是在决策的基础上，从组织的使命出发，根据组织外部环境的分析与自身资源分析，将自身资源与环境发展相匹配的过程。

> 组织战略的构建是在决策的基础上，从组织的使命出发，根据组织外部环境的分析与自身资源分析，将自身资源与环境发展相匹配的过程。

1. 组织使命

组织使命（或称宗旨）是回答组织是谁，为什么而存在的问题。组织使命是超越组织的具体的活动，是指导一切活动的准则；它规定了组织的核心价值观和核心目标，是组织处世的态度和原则。德鲁克认为，“只有明确界定了企业的宗旨和企业使命，才有可能确定清晰而现实的企业目标。企业的宗旨和使命是确定优先次序、制定战略、编制计划、进行工作安排的基础；是进行管理工作设计，特别是进行管理结构设计的出发点”[㊀]。

例如，华为的使命就是“追求在电子信息领域实现顾客的梦想，并依靠点点滴滴、锲而不舍的艰苦追求，使我们成为世界级领先企业”。由此，华为确定了其经营领域、经营目标和基本经营策略：“为了使华为成为世界一流的设备供应商，我们将永不进入信息服务业。通过无依赖的市场压力传递，使内部机制永远处于激活状态，为客户服务是华为存在的唯一理由”。十几年来，华为人以客户的价值观为导向，以客户满意度作为评价标准。瞄准业界最佳，以远大的目标规划产品的战略发展，立足现实，孜孜不倦地追求、一点一滴地实现。今天，华为形成了无线、固定网络、业务软件、传输、数据、终端等完善的产品及解决方案，全球有 700 多个运营商选择华为作为合作伙伴。

㊀ 彼得·德鲁克. 管理：使命、责任、实务［M］. 北京：机械工业出版社，2009.

2. SWOT 分析

最早提出 SWOT 理论的是以安德鲁斯为代表的哈佛商学院的商业政策研究小组。他们认为组织战略就是可以做的（might do）与公司能做的（can do）之间的匹配。所谓“可以做”即环境提供的机会与威胁；“能做”即为公司自身的强项与弱项。

SWOT 分析是由公司的优势（strengths）、劣势（weaknesses）、机会（opportunities）和威胁（threats）四个方面分析构成。它包括四个基本问题：我们能做什么，即企业的优势和劣势在哪里；我们打算做什么，即组织和个人的价值；我们可以做什么，即外在的机会和威胁；其他人期望我们做什么，即股东的期望（见图 7-2）。

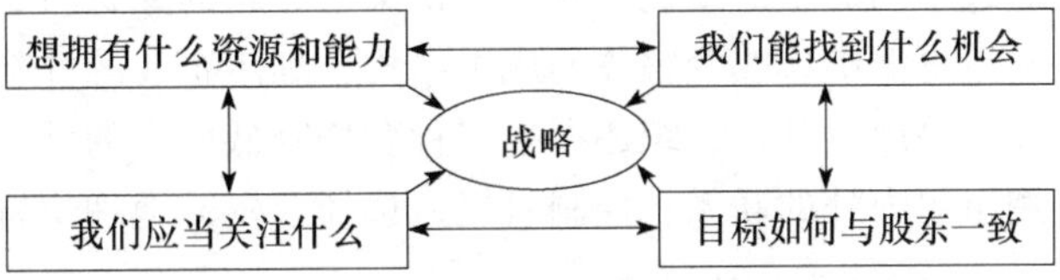

图 7-2　SWOT 原型：指导战略选择的关键问题

资料来源：克雷格·弗莱舍，等．战略与竞争分析［M］．北京：清华大学出版社，2004：94.

因此，企业战略制定过程的四个基本步骤是：对外部环境进行研究，发现机会与威胁，找到企业关键成功因素；对内部资源进行评估，认清企业的优势和劣势，形成特色竞争力；结合企业的社会责任，依据管理者的价值观念将可以做的与能做的相匹配，制订出战略方案，由此来评估和选择战略方案。

因此，SWOT 理论提出四种战略制定和选择的思想：①将内部优势与外部机会相匹配，形成 SO 战略。所谓 SO 战略就是一种发挥自身企业内部优势而利用外部机会的战略，这种战略是所有管理者都希望看到的；②将内部劣势与外部机会相匹配，形成 WO 战略。所谓 WO 战略就是通过利用外部机会来弥补自身弱点；③将内部优势与外部威胁相匹配，形成 ST 战略。所谓 ST 战略则是利用企业的优势回避或减少外部威胁的影响；④将内部劣势与外部威胁相匹配，形成 WT 战略。WT 战略则旨在减少企业内部弱点的同时回避或减少外部威胁，通常这样的公司正面临着被并购、收缩和宣布破产等情景。

最后对 SO 战略、WO 战略、ST 战略、WT 战略加以比较形成可行的最佳战略。

二、　业务层面战略

在组织的制定和选择战略上，按照不同的研究视角，已经有多种分析框架。从顾客价值创造角度，波特提出低成本、差异化和集中化三种通用战略。波特认为，“竞争优势归根到底来源于企业为客户创造的超过其成本的价值……而超额价值产生于以低于对手的价格提供同等的效益，或者所提供的独特的效益补偿高”。

1. 低成本战略

所谓的低成本战略就是组织通过各种降低成本的手段，总以低于竞争对手的成本或价格的方式，提供实物产品、服务和观念，从而获得高于行业平均利润的战略。

> 所谓的低成本战略就是组织通过各种降低成本的手段，总以低于竞争对手的成本或价格的方式，提供实物产品、服务和观念，从而获得高于行业平均利润的战略。

低成本企业可以获取高于产业平均水平的收益，主要原因在于：其成本优势可以使公司在与竞争对手竞争中受到保护，因为其他对手失去利润时，这家公司仍然可以获取利润；低成本企业一般拥有较大的市场份额，它们需要较大的采购量和销售量，因此，它们在供应商涨价和顾客压价时，就具有其他企业没有的砍价能力。

组织可以通过多种途径来实现总成本领先。第一，通过扩大规模，利用规模性经济。格兰仕就是通过不断扩大产量，成为全球最大的微波炉制造商，实现微波炉成本领先。第二，通过技术改革降低成本。邯钢通过炼钢全连铸改造使得每吨钢的成本下降了200多元。第三，通过提高管理水平，降低管理费用。如丰田开展大规模成本压缩运动，从2000年6月计划实施以来，3年时间在设计、生产、采购和固定费用四个方面节约成本1万亿日元。第四，通过对上下游的整合，减少企业间的摩擦来降低交易成本；第五，企业也可以通过不同的生产工艺、新的分销渠道、新的原材料、纵向整合上的重大差异等多种方式来重新构造价值链，改变整体的成本结构，利用企业的优势资源来改变竞争的基础。

除此之外，组织还存在多种多样降低成本的手段。如均衡生产量，减少生产波动；有效利用组织内外的联系；控制时机，选择有机的地理位置等手段来降低成本。

2. 差异化战略

所谓差异化战略是通过提供不同于竞争对手的某种特殊产品，或以不同的产品提供方式，或以特殊保证产品使用价值实现的方式来实现顾客价值增值，从而获得高于行业平均利润的战略。

所谓差异化战略是通过提供不同于竞争对手的某种特殊产品，或以不同的产品提供方式，或以特殊保证产品使用价值实现的方式来实现顾客价值增值，从而获得高于行业平均利润的战略。与低成本企业不同，差异化战略追求的是通过提高特殊顾客价值而获取超额利润。例如，在世界十大汽车公司中，奔驰公司产量最小，不到100万辆，但它的利润和销售额却名列前五名，其豪华汽车价格在10万美元以上，从而弥补了销售量上的不足。不论是产品的差异，还是提供产品方式和保证产品价值实现方式的差异，其核心是顾客价值的增值。保证企业差异化优势的基础是有效地创造顾客价值，企业可以通过降低顾客的成本和提高顾客收益两种机制来创造顾客需要的价值。事实上，只有企业让顾客得到了“实惠”，他们才会心甘情愿地支付溢价，才会有更高的品牌忠诚度。

（1）**降低顾客成本**。顾客成本是内容宽泛的概念，它不仅包括顾客的财务成本，还包括时间成本和精神成本。企业价值创造产生于降低其中一种或多种成本，并通过产品、产品提供方式和价值保证方式的全过程来实现。例如，戴尔计算机的直销就给消费者节省了购买上的时间成本；惠普的快速打印机既节省了操作时间，还降低了劳动负担；微软的视窗系统则减少了人们学习计算机的烦恼。

（2）**提高顾客收益**。顾客收益既有经济性的一面，也有非经济性的一面。值得注意的是顾客的收益往往会与顾客的偏好相关，例如一种独特的口味、可靠的服务、产品的可靠性、全系统的服务和全系列的产品等。因此，企业不可能通过相同的能力和制造标准来满足顾客的需求，增加顾客的收益只能是根据顾客的需要来提供多样性产品和服务。企业可以通过增加产品购买与使用的便利性和舒适性来提高顾客收益，也可以通过购买与使用过程的环境质量，以及满足消费者的社会心理和个人偏好来提高顾客收益。如劳力士表采用的艺术气质的计时工艺，它与卡西欧采用的电子计时工艺相比更能满足人们社会心理的需要；强生公司依据研发和制造中的稳定性来提供可靠的婴儿产品；英特尔的基础是实现了技术领先；卡特彼勒公司向全球顾客提供了48小时备用零件送货和免费安装。

对于生产型消费者来说，企业创造顾客价值就是能够为他们降低成本和创造特色给予有力的支持。企业是通过影响顾客的价值链来达到创造价值的目的，而这个过程的实现由它们两者价值链间的全部联系来决定。顾客价值链的分析是要从顾客价值链整体来考虑，而不是只注意其中的某些部分。例如英特尔公司提供的芯片最直接的影响是计算机的处理能力；而通过芯片的稳定性还影响着计算机的可靠性和维修费用；“Inter inside”还给下游企业带来了声誉的价值等。

3. 集中化战略

所谓的集中化战略就是专注于某一具体的区域市场、产品市场或购买群体，形成在特定领域内的独特资源和能力，从而获得高于行业平均利润的战略。集中化战略可以分成基于低成本的集中和基于差异化的集中，前者是在专注领域中实现总成本领先，后者则是在专注领域中实现不同于竞争对手的价值创造方式。

所谓的集中化战略就是专注于某一具体的区域市场、产品市场或购买群体，形成在特定领域内的独特资源和能力，从而获得高于行业平均利润的战略。

万向集团的成功就是集中化战略的典范。万向集团创立于1969年，是国务院120家试点企业集团之一。1979年，公司对多样化产品生产进行调整，把70多万元年产值的“多元化”产品调整掉。鲁冠球对员工说：“全部转向万向节，我们干定了，就是死，也要死在万向节上”。这样，在万向节这个领域，万向集团较其他汽车配件厂就拥有了更多资源。

我们认识集中化战略的关键不在于专注于某一特定领域，而在于当企业将注意力投向这些领域中能否形成独特的资源和能力。可以说，集中化战略本质是根源于注意力经济。西蒙早就提出注意力问题：“信息需要消耗什么是非常显而易见的，它会消耗信息接受者的注意力。因此，过量的信息会导致注意力的贫乏。”当企业出击全球市场时，广泛的市场信息和产品信息也同时消耗着企业的注意力资源，其创造资源的能力和速度也会随之下降。但只有当组织专注于发现低成本来源或者发现差异化途径，企业集中化战略才会产生效果。万向集团集中于万向节产品，使其产品质量迅速提高，专业的声誉也同时吸引了消费者的注意，从而一举占领美国市场，获得利润的大幅度增加。创造独特资源的能力才是企业集中化成功的关键所在。

三、 公司层面战略

不少的组织都会同时运作多项业务。组织开展哪些业务，同时进入哪些不同市场，如何管理这些不同业务，如何确定组织边界，如何处理母子公司关系，这些都取决于公司层面战略。

1. 一体化战略

一体化战略可以分成纵向一体化与横向一体化两种。所谓纵向一体化战略是指企业通过获取所有权，将公司活动范围扩张到上下游领域的战略。公司对上游供应商扩张被称为后向一体化战略（或后向整合战略）；公司对下游分销商、零售商或最终用户的扩张被称为前向一体化战略（前向整合战略）。所谓横向一体化战略则是指企业通过获取所有权，在同一行业中扩张活动范围的战略。

所谓纵向一体化战略是指企业通过获取所有权，将公司活动范围扩张到上下游领域的战略。所谓横向一体化战略则是指企业通过获取所有权，在同一行业中扩张活动范围的战略。

企业有很多原因会选择纵向一体化，其中最常见的有：第一，分享上下游的丰厚利润。我国彩电行业由于没有核心技术，行业利润很薄，向上游扩张改变经营局面，也就成为众多企业的理想。第二，削减交易成本。上下游的交易的不确定性、复杂性和机会主义行为都可能迫使公司进行一体化。例如，煤矿与发电企业间的冲突，就可能导致发电企业兼并、收购煤矿。第三，充分利用过剩资源。制造商拥有大量销售人员就引发向渠道扩张的可能；大型分销商如沃尔玛等也会考虑如何自己生产一些产品，充分利用自己的品牌。第四，传递核心资源和强化市场力量。研发企业为了保障其核心技术不泄露也可能会自己去生产。当上下游资源关系到企业竞争优势，企业可能不计成本，占领战略高地。

一般认为企业横向一体化的主要原因是为了实现规模经济和增加市场控制力。例如，在改革开放初期，我国电视制造企业处于小而全的状况，行业内众多的小企业瓜分市场，每家都难以达到有效规模。以长虹为代表的几家企业对整个行业进行了清洗，逐步实现了规模经营，增加了我国电视制造企业的国际竞争力。不少企业可能为了谋求增加行业市场力量，消除过度竞争而进行横向扩张。

2. 多元化战略

所谓多元化战略就是公司在多个行业或产品市场中，为了获得竞争优势而对业务进行的组织和管理行为。当然，企业纵向一体化战略也是多元化战略的一种。

所谓多元化战略就是公司在多个行业或产品市场中，为了获得竞争优势而对业务进行的组织和管理行为。

一般来说，多元化战略可以分成相关多元化与非相关多元化两种。相关多元化是指企业为了追求竞争优势，增加或扩展其已有资源和能力而采用的战略。[㊀]企业可以通过多业务共享相同的经营活动，或在多业务间传递核心能力来实现相关多元化。宝洁公司纸业务包括卫生纸和儿童尿片两项业务，都是以纸为主要原料。宝洁公司通过后向一体化，建立纸品制造厂为两个部门提供了原料；两项业务同属日用消费品，还可以共享相同的分销渠道。

非相关多元化则是借助公司内外部投资，通过财务资源优化配置来创造价值的战略行为。企业可以发现被市场低估的企业资产，通过外部资本市场运作，即通过买进或卖出资产来创造财富。

3. 合作战略

企业的合作形式按照合作的深度可以分为串谋、长期契约关系、集团网络和战略联盟等形式。

现在越来越多的人将战略联盟看成是企业合作的最基本形式，所谓战略联盟是企业之间的资源、能力和核心竞争力都能够结合在一起使用，从而获得两者在设计、制造、产品或服务上的共同利益。战略联盟有三种基本形式：一是资产战略联盟，在这种合作方式中，成员企业共同出资成立一家新的企业，并按照出资额的比例占有不同比例的股份。二是非资产战略联盟，在这种方式中，企业间是通过签订协议而不涉及资产的方式来实现合作的。企业间的知识联盟是非资产联盟的重要形式之一，它强调通过联盟来实现企业间的知识转移，使企业学习到新的知识和能力，以获得新的竞争优势。我国东方通信与摩托罗拉间的技术合作实质就是一种知识联盟。非资产联盟可以在采购、生产、分销等领域中进行。三是合资。它是战略联盟的一种特殊形式，它是由两家或多家设立并共同所有的一家新的独立组织。合资可以在成员感兴趣的任何项目中实施。

所谓战略联盟是企业之间的资源、能力和核心竞争力都能够结合在一起使用，从而获得两者在设计、制造、产品或服务上的共同利益。

除了联盟外，合作形式还有串谋、长期契约关系和集团网络。

串谋是指行业中的几个企业合作起来减少竞争、抬高价格并使得价格明显高于竞争水平价

㊀ 迈克尔 A. 希特，等. 战略管理：竞争与全球化［M］. 北京：机械工业出版社，2005.

格。串谋有明显串谋和默契串谋两种，明显串谋是公司之间直接对产品的品质和价格达成协议。在不少国家中，明显串谋行为受到法律限制。默契串谋是指企业之间通过观察对方的经营行为，在产品的质量和价格上实现一致，并使产品价格高于一般水平。

长期契约关系是企业在纯粹市场交换关系基础上的一种合作形式，它们之间的长期关系使得企业间可以通过正式计划来更好地协调相互的活动，从而增加企业间信息的沟通，减少摩擦成本。在长期契约关系中，违反契约就意味着未来生意的损失。

集团网络是特指在产业链中上下游企业之间长期的、半正式关系的复杂联合体，它包括两种网络：分包商网络（subcontractor networks）和企业集团（keiretsu）。许多日本企业采用分包商网络，厂商之间具有较高水平的合作，分包商被赋予一系列更加复杂的责任。企业集团则是更加紧密的网络关系，它们在一定程度上涉及更加正式的机构联系，如企业集团内部的交换股权，并且互相进入各自的董事会，三菱、三井、住友等6家企业的组合就是企业集团的典型例子。

20世纪80年代以来，管理实践表明，企业优势不仅来自于竞争优势，而且也来自于合作优势。合作可以给企业带来共同信息和知识，还可以降低交易成本、产生协同效应和专业化分工，也可以有效应对竞争和规避风险。

（1）获得低成本进入市场的机会，克服行业壁垒。例如，20世纪80年代以来，一批外资企业通过联盟进入了中国市场，像摩托罗拉、大众汽车、阿尔卡特等企业给中国市场带来先进的生产技术和优良的产品。即使不存在贸易壁垒，有时当地企业对于销售渠道的封锁也需要合作，多年来进入日本、印度市场的企业都是通过与当地企业联盟来完成的。此外，通过合作进入一个新的行业也是最常见的手段，这样可以获取关键性技术、知识和其他稀缺的投入要素，避免企业因缺乏新行业知识和供应链关系而带来的风险。

（2）加快产品研发，分担市场的风险。激烈变动的外部环境对企业的研发提出了更高的要求，既要不断缩短开发时间，同时还要降低开发成本，最大限度降低研发的风险。在这种情况下，企业常常会受到自身能力、信息不完全、消费者态度等因素的制约。而且随着技术的日益复杂化，开发的成本也越来越高。这些因素决定了新产品、新技术的研究和开发需要很大的投入，并具有很高的风险。因此，企业从技术自给转向技术合作，通过建立战略联盟、扩大信息传递的密度与速度，以避免单个企业在研究开发中的盲目性和因孤军作战引起的风险。

（3）获取范围经济和规模经济。市场和技术的全球化，提出了在相当大的规模和多个行业进行全球生产的要求，以实现最大的规模和范围经济，从而能在以单位成本为基础的全球竞争中赢得优势。虽然柔性制造系统可以将新技术运用到小批量生产中，但规模和范围经济的重要性对于企业的全球竞争力来说仍具有决定意义。建立战略联盟是实现规模经营并产生范围经济效果的重要途径。

（4）降低交易成本，实现稳定交易。与市场机制相比较，战略联盟具有稳定交易关系和便于监督的特点，能够自主地解决市场的内部化问题，降低交易成本，尤其是在高科技领域和中间产品市场上，为满足高科技领域的保密性要求，克服中间产品市场的不完全，战略联盟是一种理想的选择。

（5）促进企业学习。通过联盟来促进企业知识发展，形成企业间知识联盟已经成为当代战略联盟的一个主要发展趋势。知识联盟可以帮助企业从其他企业那里学到专业能力、潜在的隐性知识和获取创造新的知识的机会。例如，麦当劳与当地企业的合作更多是希望利用合作伙伴那里的专门的文化知识。

第三节　计划的执行与动态管理

计划工作目的是通过计划的制定和组织实施来实现决策目标。因此，编制计划只是计划工作的开始，更重要、更大量的工作还在于计划的执行。

组织计划执行的基本要求是：保证全面地、均衡地完成计划。所谓全面地完成计划，是指组织整体、组织内的各个部门要按一切主要指标完成计划，而不能有所偏废；所谓均衡地完成计划，则是指要根据时段的具体要求，做好各项工作，按年、季、月，甚至旬、周、日完成计划，以建立正常的活动秩序，保证组织稳步地发展。

如果说决策与计划的制定主要是专业工作者的事，那么计划的执行则需要依靠组织全体成员的努力，因此，能否全面、均衡地完成计划，在很大程度上取决于在计划执行中能否充分调动全体组织成员的工作积极性。

一、目标管理

为了调动组织成员计划执行中的积极性，我国一些企业于20世纪80年代初开始引进了目标管理的方法，并取得了一定的成效。目标管理是美国管理学家彼得·德鲁克于1954年提出的。德鲁克认为，为了充分发挥不同组织成员在计划执行中的作用，协调这些组织成员的努力，必须把组织任务转化为总目标，并根据目标活动及组织结构的特点分解为各个部门和层次的分目标，组织和各级管理人员根据分目标的要求对下层的工作进行指导和控制。

实行目标管理一般要展开以下步骤的工作。

（1）制定目标。包括确定组织的总体目标和各部门的分目标。总目标是组织在未来从事活动要达到的状况和水平，其实现有赖于全体成员的共同努力。为了协调这些成员在不同时空的努力，各个部门的各个成员都要建立与组织目标相结合的分目标，这样就形成了一个以组织目标为中心的一贯到底的目标体系。在制定每个部门和每个成员的目标时，上级要向下级提出自己的方针和目标，下级根据上级的方针和目标制订自己的目标方案，在此基础上进行协商，最后由上级综合考虑并做出决定。

（2）执行目标。组织中各层次、各部门的成员为达成分目标，必须开展一定的活动，活动中必须利用一定资源。为了保证他们有条件组织目标活动的展开，必须授予相应的权力，使之有能力调动和利用必要的资源。有了目标，组织成员便会明确努力的方向；有了权力，他们便会产生强烈的与权力使用相应的责任心，从而能充分发挥他们的判断力和创造力，使目标执行活动有效地进行。

（3）成果评价。成果评价既是实行奖惩的依据，也是上下左右沟通的机会，同时还是自我控制和自我激励的手段。

成果评价既包括上级对下级的评价，也包括下级对上级、同级关系部门相互之间以及各层次的自我评价。上下级之间的相互评价，有利于信息、意见的沟通，从而实现组织活动的控制；横向的关系部门相互之间的评价，有利于保证不同环节的活动协调进行；而各层次组织成员的自我评价，则有利于促进他们的自我激励、自我控制以及自我完善。

（4）实行奖惩。组织对不同成员的奖惩，是以上述各种评价的结果为依据的。奖惩可以是物质的，也可以是精神的。公平合理的奖惩有利于维持和调动组织成员饱满的工作热情和积极性，奖惩有失公正，则会影响这些成员行为的改善。

（5）制定新目标并开始新的目标管理循环。成果评价与成员行为奖惩，既是对某一阶段组织活动效果以及组织成员贡献的总结，也为下一阶段的工作提供参考和借鉴。在此基础上，为组织及其各个层次、部门的活动制定新的目标并组织实施，便展开了目标管理的新一轮循环。

计划在执行过程中，有时需要根据情况进行调整。这不仅因为计划活动所处的客观环境可能发生了变化，而且可能因为人们对客观环境的主观认识有了改变。为了使组织活动更加符合环境特点的要求，必须对计划进行适时的调整。

二、滚动计划

滚动计划是保证计划在执行过程中能够根据情况变化适时修正和调整的一种现代计划方法。滚动计划的基本做法是，制定好组织在一个时期的行动计划后，在执行过程中根据组织内外条件的变化定期加以修改，使计划期不断延伸，滚动向前。

> 滚动计划是在制定好一个时期的行动计划后，在执行过程中根据组织内外条件的变化定期加以修改，使计划期不断延伸，滚动向前的一种现代计划方法。

滚动计划方法主要应用于长期计划的制定和调整。长期计划面对的环境较为复杂，有许多因素组织本身难以控制，采用滚动计划，便可适时根据环境变化和组织活动的实际进展情况进行调整，使组织始终有一个为各部门、各阶段活动导向的长期计划。当然，这种计划方式也可应用于短期计划工作；比如年度或季度计划的编制和修订。采用滚动方式编制年度计划时，可将计划期向前推进一个季度，到第一季度末根据第一季度计划执行结果和客观情况的变化，对原来的年度计划作相应的调整，使计划期向前推延一个季度。

滚动方式计划有以下主要特点：

- 计划分为若干个执行期，其中近期行动计划编制得详细具体，而远期计划则相对粗略。
- 计划执行一定时期，就根据执行情况和环境变化对以后各期计划内容进行修改、调整。
- 上述两个特点决定了组织的计划工作始终是一个动态过程，因此滚动方式计划避免了计划的凝固化，提高了计划的适应性，从而对实际工作具有指导作用。

本章回顾

小　结

计划是将企业决策目标所需开展的活动在时间和空间上进行分解。从时间上看，可以将企业计划分为长期计划和短期计划；从涉及的职能来看，可将企业分为业务计划、财务计划以及人事计划。计划的制定为组织分工、组织活动的资源筹措以及为组织活动的检查与控制提供了依据。与决策一样，计划的编制也是一个过程，包括资料收集、任务分解、目标结构分析、综合平衡以及编制并下达执行计划等五个阶段的工作。管理者在计划编制过程可以利用网络技术、投入产出分析等方法。战略是组织最重要的计划，组织战略的构建是在决策的基础上，从组织的使命出发，根据组织外部环境的分析与自身资源分析，将自身资源与环境发展相匹配的过程。从业务层面来看，组织战略有低成本、差异化和集中化三种形式；从公司层面来看，组织战略有一体化、多元化和合作战略等多种形式。21世纪企业间的合作变得越来越重要。编制计划只是计划工作的开始，更重要、更大量的工作还在于计划的执行。目标管理以及滚动计划方法的运用将为计划的执行和调整提供有力的保证。

关键术语

计划	一体化战略	网络计划	SWOT法
相关多元化	非相关多元化	低成本战略	战略联盟
差异化战略	集中化战略	目标管理	滚动计划

思考题

1. 为什么说计划与决策既相互区别，又相互联系？
2. 组织的业务计划、财务计划、人事计划主要涉及哪些内容？
3. 计划编制包括哪几个阶段的工作？
4. 网络计划技术基本原理是什么？
5. 如何构建组织战略，什么是SWOT方法？
6. 什么是低成本战略、差异化战略和集中化战略？
7. 三种基本业务战略是如何获取超额利润的？
8. 什么是一体化战略，企业选择一体化的常见原因有哪些？
9. 什么是相关多元化战略，什么是非相关多元化战略？
10. 企业实施合作战略有哪些？
11. 何谓目标管理，如何利用目标管理组织计划的实施？
12. 滚动方式计划有何基本特点？

延伸阅读

1. 彼得·德鲁克．管理：使命、责任、实务［M］．北京：机械工业出版社，2008.
2. 彼得·德鲁克．管理的实践［M］．北京：机械工业出版社，2008.
3. 迈克尔A希特，等．战略管理：竞争与全球化［M］．北京：机械工业出版社，2005.
4. 杰恩·巴尼．获得与保持竞争优势［M］．北京：清华大学出版社，2003.
5. 韩伯棠．管理运筹学［M］．北京：高等教育出版社，2000.
6. 毛义华．工程网络计划的理论与实践［M］．杭州：浙江大学出版社，2003.

案例讨论

联想是如何决定收购IBM PC的

从2005年5月1日，联想正式宣布完成收购IBM全球PC业务后，就陷入了质疑和期待的目光中，联想上下也陷入了沉默。直到2005年8月9日，联想公布了一份不错的成绩单：将IBM PC首次计入公司业绩后，联想集团2005财年第一季度实现净利润3.57亿港元，同比增长6%，集团营业额比2004年同期增长了234%，达196亿港元。联想人悬了几个月的心才安然回落。

柳传志首次披露联想收购IBM PC的决策内幕，“我们做这个事情绝不是为让世界轰动。这个企业是我们的命，我们要靠它吃饭，所以会把很多问题想得非常清楚”。

利益权衡

2004年12月8日，联想宣布并购IBM PC事业部，这件事引起了全球相当大的关注和反响。据我当时了解，对并购不看好的占绝大多数，中国的IT界、经济界的朋友对我们的勇气给予了足够的肯定，但是对于结果基本持怀疑态度。

联想不少骨干员工分散在世界各地有名的商学院学习，我问他们，你们的教授怎么看这件事？他们回答，多数都是不看好。我很理解这样的答案，因为在全球并购中成功的也就占25%～35%，更何况一个来自中国这样的第三世界国家的企业去并购代表美国精神的IBM。

我又问这些员工，你们参加MBA的班上，教授们谈他们不看好的理由是什么？听了很多答案之后，我就放心多了，基本上他们所有的担心都没有超过当初我们思考的范围。

第一个问题就是IBM为什么要出卖这块业务。

20世纪80年代以前，IBM是个软硬件全都自己设计和制造的企业。到了20世纪90年代，开始调整战略，逐渐想把自己变成一个软件、服务型企业。因此IBM连续出售了其生产制造部门，包括大容量硬盘、打印机等几大块业务。

1984年我开始办企业的时候，IBM的营业额就是800多亿美元，到了现在IBM的营业额是900多亿美元，但是他们的毛利润率、净利润率都有了非常大的提高，这就是IBM在20世纪90年代初改革的结果。而IBM卖出的几部分硬件业务，之后的业绩也都很好，真正实现了双赢。因此这次出售PC业务，是IBM原定战略的继续。

第二个我们要讨论的问题是，为什么IBM本身亏损的PC业务卖到我们这里就可以赢利。

尽管是亏损，但是IBM PC业务的毛利实际是相当高的，达到24%，联想本身毛利才是14%。但是，联想在14%的毛利之中实现了5%的净利，而IBM有24%的毛利却是亏损。原因非常简单，就是IBM PC部门的费用成本太高，而有些费用是IBM PC部门因为处在IBM整个体系中所无法避免的。

比如说IBM总部的摊销。IBM总部要花钱，按照各个事业部的营业额大小摊销，IBM PC部门营业额有100多亿美元，占了IBM全部营业额的1/9左右。于是就按1/9做摊销。PC部门的毛利24%比其他同行要高，但是和IBM其他诸如软件服务等事业部来比就低很多，禁不住大幅度的费用摊销。

联想认为，制造业本身就是一个毛巾拧水的行业，钱要一点一滴地通过管理挤出来。而IBM公司提倡的是高投入、高产出。在调查的时候，我们就发现他们从生产、研发到服务每个环节都有大幅度降低成本的可能。另外，采购也会产生巨大效益。

把这几项综合起来，我们认为，双方合作以后，仅仅从节流角度讲就会产生大幅的效益。所以从长远来看，收购IBM PC不是亏损不亏损的问题，而是赢利规模多大的问题。

当时我在决定做不做这件事的时候，再三要求我们的顾问和管理班子一定要保守再保守，评估的每个数字绝不可以有任何浮夸。从现在的业绩看来，他们的估计是过于保守了。

风险规避

除了并购的好处，我们最关心的还是并购以后的风险。

第一个风险是市场风险，新公司成立后原来的客户是否承认你的产品，以前买IBM产品的客户是否会流失。

我们采取了下面这些措施。一是产品品牌不变，按照协议，并购五年之内IBM的品牌归我们使用，ThinkPad这个品牌永远归联想使用。二是跟客户打交道的业务人员不变化。三是我们专门把总部设在纽约，说明这是一间真正的国际公司。本来我们是考虑设两个总部，一个在美国，另一个在中国，后来考虑市场反应，就只在纽约设一个总部。并购之后，新联想派出2 000多个销售人员做市场工作，IBM也调动了一些人和这2 000人一起做大客户工作。事实证明这个措施是有力的，把风险控制住了。

第二个风险是员工流失的风险。现在看来，IBM PC的员工几乎没有流失。主要原因是我们做了两方面的工作。一是对IBM的高层骨干员工讲述新公司的愿景。原来IBM PC部门并不占主导地位，公司的战略是控制发展，所以骨干员工的能力得不到充分的发展。而这间新公司主要做的就是PC，他们的能力有一个充分的发展空间。另外新联想的文化将完全是一个国际企业的文化，而不是一个他们认为的固执的中国公司，这家公司会让高层骨干员工感到非常愉快。二是人员待遇不变，而且部分高层骨干还比原来的待遇有大幅增长。这项措施实施之后，使得军心安定。

第三个风险也是最大的风险，就是业务怎么整合，人员、文化怎么磨合。商学院的老师给他们的学生讲课的时候谈到这个案例时更多的担心都在这方面。

我们是怎么考虑的呢？第一，当我作为联想集团董事局的主席真正下决心批准方案向前推进的时候，主要是了解了这个基本情况以后才做的。就是在调查和谈判深入之后，发现双方的工作语言是共同的，管理模式基本上是一个层次。他们做的事我们全懂，我们做的事他们也全懂，这就给我们奠定了业务整合的基础。如果联想之前没有经过ERP的业务整合，没有一系列重大的改革措施，还是一个比较老旧的企业，那不管我们怎么努力双方是没法磨合的。

第二，双方的业务是互补的，这减少了碰撞的机会。这点非常重要，大家知道HP和康柏整合，非常大的困难是双方有冲突的业务如何协调。两家原本都在欧洲市场做，合并之后欧洲原有市场人员马上要裁员一半，如何进行，是个很大的麻烦。但这个问题在联想和IBM就不存在。IBM PC部门的发展受到总部的战略限制，总部的战略是发展软件和服务业，要PC为这个战略服务，因此它的PC只卖给大客户。这跟联想的发展战略正好是互补的，联想在中国消费类市场绝对占第一位。IBM的主要客户在欧美，联想的主要客户在中国，从这个角度讲是互补的。另外IBM最擅长的是高档笔记本，联想最擅长的是台式机。这样总的看来，双方从业务关系上也是互补居多。

第三，联想以前的CEO杨元庆，在合并以后，将要担当主席，由IBM原有人员选拔一名做CEO。习惯了做CEO的杨元庆是否习惯做主席是我们要考虑的问题之一。杨元庆有很多优点，做事情的感觉非常好，但人比较固执，他能否和新CEO进行很好的配合？现在两个人配合得非常好。两个人提出三个词作为合作的指导思想：坦诚、尊重、妥协。双方都有各自的习惯，坦诚地亮出各自的观点，总要有一方妥协。前几个月妥协起了非常好的作用，如果一开始大家产生碰撞，别人就会认为不是工作上的碰撞，而是中国人和美国人的碰撞，这样就会引起队伍分化。

整合以后到现在已有4个月了，整合以后第一季度的业绩已在香港股市有所公布，业绩大大出乎投资人的意料。

到目前为止，这个并购案基本是按照预定步骤来实现的。总结我们的经验，首先是预先想清楚事情后再动手。并购前要把并购目的、战略步骤、出了问题如何应对等一步步一层层地想清楚。尽管不可能想的和实际完全一样，但是差不了太多，到真的动起手来，情况就会好很多。

资料来源：中国经营报，2005年9月10日。

讨论题

1. 联想为什么要收购IBM PC部门？其战略目标可能是什么？

2. 在IBM PC问题上，联想是如何决策的？其决策的基础有哪些？

3. 如果你是IT企业的总裁，你认为应当如何才能做好企业并购计划？

第三篇　组织

第八章　组 织 设 计

无边界公司应该将各个职能部门之间的障碍全部消除。

——杰克·韦尔奇《杰克·韦尔奇自传》

凡治众如治寡，分数是也；斗众如斗寡，形名是也。

——孙武《孙子兵法》

第一节　管理幅度与管理层次

成功的演出，不仅需要每个演员的天才表演艺术，而且首先要求编出优秀的剧本。同样，组织的高效运行，首先要求设计的组织结构合理。组织设计的必要性是由组织的活动内容复杂、参与人员数量众多，而管理者的有效管理幅度有限所决定的。

一、 个人活动与集体活动

管理任何人类的集体活动是必需的，组织工作亦然。如果说一般意义上的管理是对人们从事的业务活动的计划、组织和控制，那么，管理中的组织职能则首先是（或主要是）对管理人员劳动的管理。组织结构的设计就是要在管理劳动分工的基础上，设计出组织所需的管理职务和各个管理职务之间的关系。

个体劳动者和手工作坊不存在组织结构问题。个体劳动者需要安排的只是自己的活动，自己的时间和资源的分配；手工作坊或规模很小的其他社会组织，其主管可以直接管理每一个成员的活动，而不需假手他人。但是，在一个拥有成百上千乃至几万人的大型现代社会组织中，由于时间和精力的限制，主管人员可能无法直接、面对面地安排和指导每个成员的工作，而需要委托或多或少的人与他一起分担管理工作。委托多少人，委托什么样的人，每个受托人从事何种性质的工作，他们在工作中的关系以及与委托者的关系如何，要解决这些问题，就需要设计组织的机构和结构，确定管理职务的类型和组合方法，规定他们的工作任务和相互关系。

可以说，组织设计的必要性和重要性是随着组织活动内容的复杂和参与活动的人员数量的增加而不断提高的。

二、 管理幅度、 管理层次与组织结构的基本形态

组织的最高主管因受到时间和精力的限制，需委托一定数量的人分担其管理工作。委托的结果是减少了他必须直接从事的业务工作量，与此同时，也增加了他协调受托人之间关系的工

作量。因此，任何主管能够直接有效地指挥和监督的下属数量总是有限的。这个有限的直接领导的下属数量被称为管理幅度。

由于同样的理由，最高主管的委托人也需将受托担任的部分管理工作再受托给另一些人来协助进行，并依此类推下去，直至受托人直接安排和协调组织成员的具体业务活动。由此形成组织中最高主管到具体工作人员之间的不同管理层次。

主管领导能够直接指挥的下属数量被称为管理幅度。

显然，管理层次受到组织规模和管理幅度的影响。这与组织规模成正比：组织规模越大，包括的成员越多，则层次越多；在组织规模一定的条件下，这与管理幅度成反比：主管直接控制的下属越多，管理层次越少，相反，管理幅度越少，则管理层次越多。

管理层次与管理幅度的反比关系决定了两种基本的管理组织结构形态：扁平结构形态和锥形结构形态。

扁平结构是指在组织规模已定、管理幅度较大、管理层次较少时的一种组织结构形态。这种形态的优点是：由于层次少，信息的传递速度快，从而可以使高层尽快地发现信息所反映的问题，并及时采取相应的纠偏措施；同时，由于信息传递经过的层次少，传递过程中失真的可能性也较小；此外，较大的管理幅度，使主管人员对下属不可能控制得过多过死，从而有利于下属主动性和首创精神的发挥。但过大的管理幅度也会带来一些局限性，比如主管不能对每位下属进行充分、有效的指导和监督；每个主管从较多的下属那儿取得信息，众多的信息可能淹没了其中最重要、最有价值的信息，从而可能影响信息的及时利用等。

扁平结构是指在组织规模已定、管理幅度较大、管理层次较少时的一种组织结构形态。

锥形结构是管理幅度小，从而管理层次较多的高、尖、细的金字塔形态。其优点与局限性正好与扁平结构相反：较小的管理幅度可以使每位主管仔细地研究从每个下属那里得到的有限信息，并对每个下属进行详尽的指导；但过多的管理层次，不仅影响了信息从基层传递到高层的速度，而且由于经过的层次太多，使信息在传递过程中失真；同时，过多的管理层次，可能使各主管感到自己在组织中的地位相对渺小，从而影响积极性的发挥；过多的管理层次也往往容易使计划的控制工作复杂化。

锥形结构是管理幅度小，从而管理层次较多的高、尖、细的金字塔形态。

组织设计要尽可能地综合两种基本组织结构形态的优势，克服它们的局限性。

三、 影响管理幅度的因素

综合发扬两种基本组织形态的优点，要求确定合理的管理层次和管理幅度。由于管理层次的多少取决于管理幅度的大小，因此后者便成了矛盾的主要方面。

任何组织都需要解决主管人员直接指挥与监督的下属数量问题，但在同样获得成功的组织中，每位主管直接管理的下属数量却往往是不同的。根据孔茨和奥唐奈的介绍：美国五星上将艾森豪威尔在第二次世界大战中任盟军欧洲部队最高司令官时，有 3 名直属下级，而这 3 名下属没有一个有多至 4 名下属的；1975 年，通用汽车公司的总经理有两名执行副总经理和一个由 13 名副总经理组成的小组向他直接报告工作；同样，一家管理较好的运输公司的最高主管直接领导 7 名主要下属。这些事

有效的管理幅度受到管理者和被管理者的工作内容、工作能力、工作环境与工作条件等因素影响。

实表明，努力去确定一种适用于任何组织的管理幅度是没有意义的，也是不可能有结果的。有效的管理幅度受到诸多因素的影响，主要有管理者和被管理者的工作内容和性质、工作能力、工作环境与工作条件。

1. 工作能力

主管的综合能力、理解能力、表达能力强，则可以迅速地把握问题的关键，就下属的请示提出恰当的指导建议，并使下属明确地理解，从而可以缩短与每一位下属在接触中占用的时间。同样，如果下属具备符合的能力，受过良好的系统培训，则可以在很多问题上根据自己符合组织要求的主见去解决，从而可以减少向上司请示、占用上司时间的频率。这样，管理的幅度便可以适当宽一些。

2. 工作内容和性质

第一，主管所处的管理层次。主管的工作在于决策和用人。处在管理系统中不同的层次，决策用人的比重各不相同。决策的工作量越大，主管用于指导、协调下属的时间就越少。而越接近组织高层，主管人员的决策职能越重要。所以主管人员的管理幅度要较中层和基层管理人员小。

第二，下属工作的相似性。下属从事的工作内容和性质相近，则对每个人工作的指导和建议也大体相同。这种情况，同一主管对较多下属的指挥和监督是不会有什么困难的。

第三，计划的完善程度。下属如果单纯地执行计划，且计划本身制定得详尽周到，下属对计划的目的和要求明确，那么，主管对下属指导所需的时间就不多；相反，如果下属不仅要执行计划，而且要将计划进一步了解，或计划本身不完善，那么对下属指导、解释的工作量就会相应增加，从而减少有效管理幅度。

第四，非管理事务多少。主管作为组织不同层次的代表，往往必须占用相当的时间去开展一些非管理事务。这种现象对管理幅度也会产生消极的影响。

3. 工作条件

第一，助手的配备情况。如果有关下属的所有问题，都要主管亲自处理，那么，必然要花费他大量的时间，他能直接领导的下属数量也会受到进一步的限制。如果主管配备了必要的助手，由助手去和下属进行一般的联络，并直接处理一些明显的次要问题，则可以大大减少主管的工作量，增加其管理幅度。

第二，信息手段的配备情况。掌握信息是进行管理的前提。利用先进的技术去收集、处理和了解下属的工作情况，不仅可以及时地提出忠告和建议，而且可使下属了解更多的与自己工作有关的信息，从而更能自如、自主地处理分内的事务。这显然有利于扩大主管的管理幅度。

第三，工作地点的相近性。不同下属的工作岗位在地理上的分散，会增加下属与主管以及下属之间的沟通困难，从而会影响主管直属下属的数量。

4. 工作环境

组织环境稳定与否会影响组织活动内容和政策的调整频度与幅度。环境变化越快，变化程度越大，组织中遇到的新问题越多，下属向上级的请示就越有必要，越经常；同时上级能用于指导下属工作的时间和精力就越少，因为他必须花更多的时间去关注环境的变化，考虑应变的措施。因此，环境越不稳定，各层主管人员的管理幅度就越受到限制。

上面列举的远不是影响管理幅度的全部因素，但对这些有限因素的考察足以表明，必须根据组织自身的特点来确定适当的管理幅度，从而决定管理层次。

第二节　组织设计的任务、依据与原则

要合理地组织主管的各级“受托人”的工作，把每个受托人安排到适当的位置上，就要首先绘制一个优秀的组织结构蓝图。

一、组织设计的任务

设计组织的结构是执行组织职能的基础工作。组织设计的任务是提供组织系统图和编制职务说明书。组织结构系统图的基本形状，如图 8-1 所示。

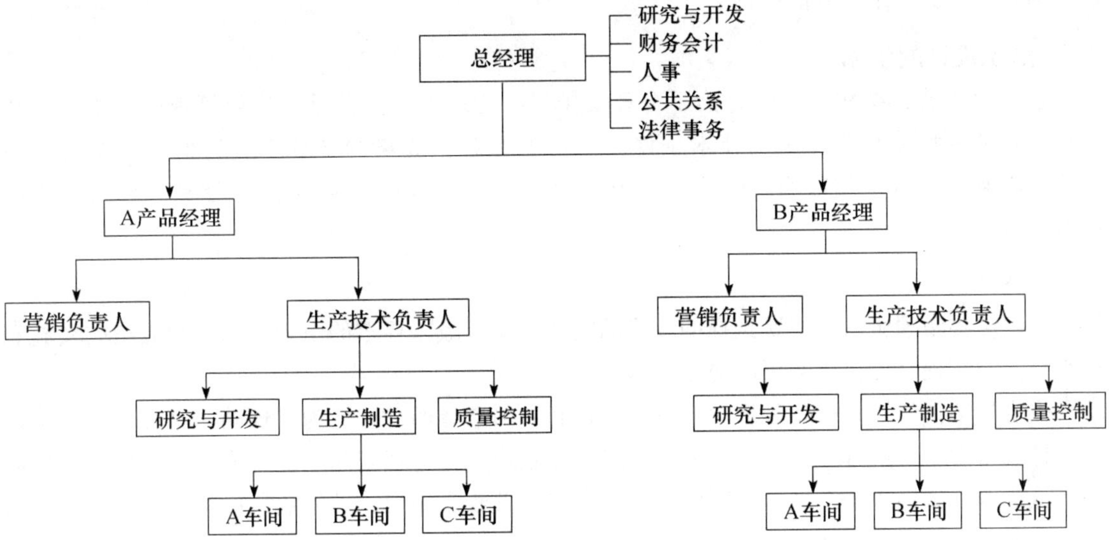

图 8-1　组织结构系统图

图中的方框表示各种管理职务或相应的部门；箭线表示权力的指向；通过箭线将各方框的连接，标明了各种管理职务或部门在组织结构中的地位以及它们之间的相互关系。比如，A 产品经理必须服从总经理的指示，并向总经理报告工作；同时，他又直接领导着 A 产品营销负责人和生产技术负责人的工作。

> 职务说明书规定了该管理职务的工作内容、职责与权力、与组织中其他部门和职务的关系，要求担任该职务者所必须拥有的基本素质、技术知识、工作经验、处理问题的能力等条件。

职务说明书要求能够简单而明确地指出：该管理职务的工作内容、职责与权力、与组织中其他部门和职务的关系，要求担任该职务者所必须拥有的基本素质、技术知识、工作经验、处理问题的能力等条件。

为了提供上述两种组织设计的最终成果，组织设计者需完成以下三个步骤的工作。

（1）职务设计与分析。组织系统图是自上而下绘制的，我们在研究现有组织的改进时，也往往从自上而下地重新划分各个部门的职责来着手。但是，设计一个合理的组织结构都需要从最下层开始，也就是说，组织设计是自下而上的。

职务设计与分析是组织设计最基础的工作。职务设计是在目标活动逐步分解的基础上，设

计和确定组织内从事具体管理工作所需的职务和数量，分析担任每个职务的人应负的责任，应具备的素质要求。

（2）部门划分。根据各个职务所从事的工作内容的性质以及职务间的相互关系，依照一定的原则，可以将各个职务组合后分成被称为“部门”的管理单位。组织活动特点、环境和条件不同，划分部门所依据的标准也是不一样的。对同一组织来说，在同时期的背景中，划分部门的标准也可能会不断调整。

（3）结构的形成。职务设计和部门是根据工作要求进行的。在此基础上，还要根据组织内外能够获取的现有的人力资源，对初步设计的部门和职务进行调整，并平衡各部门、各职务的工作量，以使组织机构合理。如果再次分析的结果证明初步设计是合理的，那么剩下的任务便是根据各自工作的性质和内容，规定各管理机构之间的职责、权限以及义务关系，使各管理部门和职务形成一个严密的网络。

二、 组织设计的依据

管理职务及其结构的设计是为了合理安排组织管理人员的劳动，需要管理的组织活动总是在一定的环境中利用一定的技术条件，并在组织总体战略的指导下进行的。组织设计不能不考虑到这些因素的影响。此外，组织的规模及其所处阶段不同，也会要求与之相应的结构形式。

1. 战略

组织结构必须服从组织所选择的战略的需要。适应战略要求的组织结构，为战略的实施和组织目标的实现，提供了必要的前提。

战略是实现组织目标各种行动方案、方针和方向选择的总称。为实现同一目标，组织可以在多种战略中进行挑选。比如，作为经济组织的企业，为实现利润、求得成长的目标，既可以生产低成本、低档次的产品，以廉价去争取众多的低收入用户，求得数量优势，也可以利用高精技术和材料生产高档次产品，争取高收入消费者，以求得质量优势；在同一类商品的生产中，既可以制造适应各类消费者需要的不同规格、不同型号的产品，也可以专门制造某一类用户特殊需求的产品；在产品的销售市场上，遇到无力抗争的竞争对手时，企业既可以通过开发新产品来避开，也可以通过市场转移来寻求生机。

战略选择不同，在两个层次上影响组织结构：不同的战略要求不同的业务活动，从而影响管理职务的设计；战略重点的改变会引起组织的工作重点、各部门与职务在组织中重要程度的改变，因此要求各管理职务以及部门之间的关系作相应的调整。

2. 环境

任何组织作为社会的一个单位，都存在于一定的环境中。组织外部的环境必然对内部的结构形式产生一定程度的影响。这种影响主要表现在两个不同的层次上。

（1）对职务和部门设计的影响。组织是社会经济大系统的一个子系统。组织与外部存在的社会子系统之间也存在分工问题。社会分工方式的不同决定了组织内部的工作内容，从而所需完成的任务、所需设立的职务和部门不同。在我国旧的经济体制下，企业的任务仅是利用国家供给的各种生产要素制造产品。要素的配置按国家规定的系统拨给，产品的去向按国家组织的渠道流出。企业内部的机构设置主要偏重于围绕着生产过程的组织。随着经济体制的改革，国家逐步把企业推向市场，使企业内部增加了要素供应和市场营销的工作内容，要求企业必须相应地增设或强化资源筹措和产品的销售部门。

（2）对各部门关系的影响。环境不同，使组织中各项工作完成的难易程度以及对组织目标实现的影响程度也不相同。同样在市场经济体制中，对产品的需求大于供给时，企业关心的是如何增加产量、扩大生产规模，增加新的生产设备或车间。企业的生产职能、生产部门会显得非常重要，而相对要冷落销售部门和销售人员；一旦市场供大于求，从卖方市场转变为买方市场，则营销职能会得到强化，营销部门会成为组织的中心。

外部环境是否稳定，对组织结构的要求也是不一样的。稳定环境中的经营，要求设计出被称为“机械式管理系统”的稳固结构，管理部门与人员的职责界限分明，工作内容程序经过仔细的规定，各部门的权责关系固定，等级结构严密；而多变的环境则要求组织结构灵活（称为“有机的管理系统”），各部门的权责关系和工作内容需要经常做适应性的调整，等级关系不甚严密，组织设计中强调的是部门间的横向沟通而不是纵向和等级控制。

3. 技术

组织的活动需要利用一定的技术和反映一定技术水平的物质手段来进行。技术以及技术设备的水平不仅影响组织活动的效果和效率，而且会作用于组织活动的内容划分、职务的设置和工作人员的素质要求。信息处理的计算机化必将改变组织中的会计、文书、档案等部门的工作形式和性质。

技术对组织结构的影响，最明显的可能是作为经济组织的企业。现代企业的一个最基本特点是在生产过程广泛使用了先进的技术和机器设备。由人制造的设备和设备体系有其自身的运转规律，这个规律决定了运用设备进行作业的工人的生产组织。在某些条件下，人们必须在一个封闭的生产车间内完成某一类产品的制造；而在另一条件下，人们又可以让不同车间的生产专门化，只完成各类产品的某几道工序的加工。

4. 规模与组织所处的发展阶段

规模是影响组织结构的一个不容忽视的因素：适用于仅在某个区域市场上生产和销售产品的企业组织结构形态不可能也适用于在国际经济舞台上从事经营活动的巨型跨国公司。

组织的规模往往与组织的发展阶段相联系。伴随着组织的发展，组织活动的内容会日趋复杂，人数会逐渐增多，活动的规模会越来越大，组织的结构也随之而经常调整。

美国学者 J. Thomas Cannon 提出了组织发展五阶段的理论，认为组织的发展过程中要经历“创业”、“职能发展”、“分权”、“参谋激增”和“再集权”阶段，指出发展的阶段不同，要求有与之相适应的不同的组织结构形态。

（1）创业阶段。在这个阶段，决策主要由高层管理者个人做出，组织结构相当不正规，对协调只有最低限度的要求，组织内部的信息沟通主要建立在非正式的基础上。

（2）职能发展阶段。这时决策越来越多地由其他管理者做出，而最高管理者亲自决策的数量越来越少，组织结构建立在职能专业化的基础上，各职能间的协调需要增加，信息沟通变得更重要，也很困难。

（3）分权阶段。组织采用分权的方法来对付职能结构引起的种种问题。组织结构以产品或地区事业部为基础来建立，目的是在企业内建立“小企业”，使后者按创业阶段的特点来管理。随之而来出现了新的问题，各“小企业”成了内部的不同利益集团，组织资源能够多于开发新产品的灵活性减少，总公司与“小企业”的许多重复性管理劳动使用增加，高层管理者感到对各“小企业”失去了控制。

（4）参谋激增阶段。为了加强对“小企业”的控制，公司的主管增加了许多参谋助手。而参谋的增加又会导致他们与直线管理的矛盾，影响组织中的命令统一。

（5）再集权阶段。分权与参谋激增阶段所产生的问题可能诱使公司高层主管再度集中决策权力。同时，信息处理的计算机化也使再集权成为可能。

三、 组织设计的原则

组织所处的环境、有用的技术、制定的战略、发展的规模不同，所需的职务和部门及其关系也不同，但任何组织在进行机构和结构和设计时，都需遵守一些共同的原则。

1. 因事设职与因人设职相结合的原则

因事设职是使目标活动的每项内容都落实到具体的岗位和部门，使“事事有人做”。

因事设职是使目标活动的每项内容都落实到具体的岗位和部门，使“事事有人做”，而非“人人有事做”。因此，组织设计中，逻辑性地要求首先考虑工作特点的需要，要求因事设职，因职用人，而非相反。但这并不意味着组织设计中可以忽视人的因素，忽视人的特点和人的能力。

组织设计过程中，必须重视人的因素，这是多方面的要求。

（1）组织设计往往并不是为全新的、迄今为止还不存在的组织进行设计，而是随着环境、任务等某个或某些影响因素的变化，重新设计或调整组织的机构与结构。这时就不能不考虑到现有组织中成员的特点，组织设计的目的不仅要保证“事事有人做”，而且要保证“有能力的人有机会做他们真正胜任的工作”。

（2）组织中各部门、各岗位的工作最终是要人去完成的，即使是一个全新的组织，也并不总是能在社会上招聘到每个职务所需的理想人员。如同产品的设计，不仅要考虑到产品本身的结构合理，还要考虑到所能运用的材料的质地、性能等的限制一样，组织机构和结构的设计，也不能不考虑到组织内外还有人力资源的特点。

（3）任何组织首先是人的集合，而不是事物的集合。人之所以参加组织，不仅要满足某种客观的需要，而且希望通过工作来提高能力、展现才华、实现自我的价值。现代社会中的任何组织，通过其活动向社会提供的不仅是某种特定的产品或服务，而且是具有一定素质的人。可以说，为社会培养各种合格的人才是所有社会组织不可推卸的责任。为此，组织设计也必须有利于人的能力的提高，有利于人的发展，必须考虑到人的因素。

2. 权责对等的原则

权责对等原则就是要求在组织设计中保障为完成工作职责所需要的相应的人力、物力和财力以及信息等权力的可获性。

组织中每个部门和职责都必须完成规定的工作。而为了从事一定的活动，都需要利用一定的人力、物力或财力等资源。因此，为了保证“事事有人做”、“事事都能正确地做”，则不仅要明确各个部门的任务和责任，而且在组织设计中，要规定相应的取得和使用必需的人力、物力、财力以及信息等工作条件的权力。没有明确的权力，或权力的应用范围小于工作的要求，则可能使责任无法履行，任务无法完成。当然，对等的权责也意味着赋予某个部门或岗位的权力不能超过其应负的职责。权力大于工作的要求，虽然可以保证任务的完成，但会导致不负责任地滥用，甚至会危及整个组织系统的运行。

3. 命令统一的原则

除了位于金字塔顶部的最高行政指挥外，组织中的所有其他成员在工作中都会收到来自上级行政部门或负责人的命令，根据上级的指令开始或结束、进行或调整、修正或废止自己的工作。但是，一个下属如果同时接受两个上司的领导，而两个上司的指示并不总是保持一致的话，那么，他的工作就会混乱，无所适从。这时，下属无论依照谁的命令行事，都有可能受到另一个上司的指责。当然，如果下属足够聪明，且有足够的胆略，他甚至可以用一个上司的命令去否定另一个上司的指示，不采取任何执行行动。这显然也会给整个组织带来危害。这种现象便是组织设计中应注意避免的、组织工作中不允许存在的“多头领导”现象。与之相对应的“命令统一”或“统一指挥”原则，指的是组织中任何成员只能接受一个上司的领导。

命令统一的原则要求组织设计要遵循一个下级只能服从一个上级领导的原则，将管理的各个职务形成一条连续的等级链，明确规定链中每个职务之间的责任、权力关系，禁止越级指挥或越权指挥。

命令统一是组织工作的一条重要原则，甚至是一项基本原则。组织内部的分工越细，越深入，命令统一原则对于保证组织目标实现的作用越重要。只有实行了这条原则，才能防止政出多门、遇事相互扯皮、推诿，才能保证有效地统一和协调各方面的力量、各单位的活动。

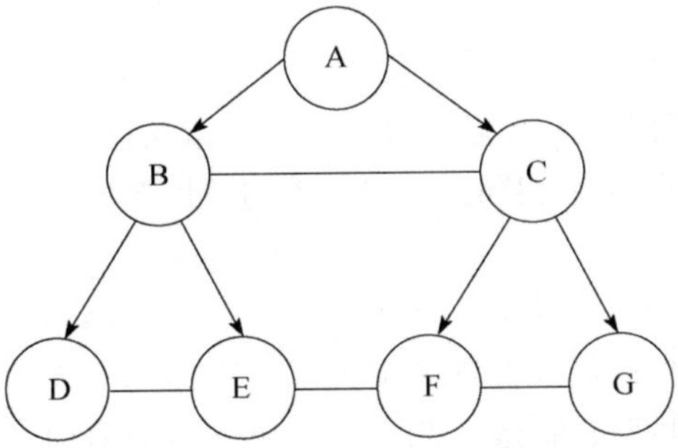

图 8-2　组织职务之间的等级关系

但是，这条重要的原则在组织实践中常遇到来自多方面的破坏。最常见的有两种情况。图 8-2 表明了组织中各个职务之间的等级关系。

（1）在正常情况下，D 和 E 只接受 B 的领导，F 和 G 只服从 C 的命令，B 和 C 都不应闯入对方的“领地”。但是，如果 B 也向 F 下达指令，要求他在某时某刻去完成某项工作，而 F 也因为 B 拥有与自己的直系上司 C 相同层次的职务而服从这个命令，则出现了双头领导的现象。这种在理论上不应出现的现象，在实践中却常会遇到。

（2）在正常情况下，A 只能对 B 和 C 下达命令，但如果出于“效率”和速度的考虑，为了纠正某个错误或及时停止某项作业，A 不通过 B 和 C，直接向 D、E 或 F、G 下达命令，而这些下属的下属对自己上司的上司的命令，在通常情况下是会积极执行的。这种行为经常反复，也会出现多头或多头领导。这种越级指挥的现象给组织带来的危害是极大的，它不仅破坏了命令统一的原则，而且会引发越级请示的行为。长此下去，会造成中层管理人员在工作中的犹豫不决，并增强他们的依赖性，诱使他们逃避工作和责任。最后会导致中间管理层乃至整个行政管理系统的瘫痪。

为了防止上述现象出现，在组织中要根据一个下级只能服从一个上级领导的原则，将管理的各个职务形成一条连续的等级链，明确规定链中每个职务之间的责任、权力关系，禁止越级指挥或越权指挥；在组织实践中，在管理的体制上，要实行各级行政首长负责制，减少甚至不设多级行政主管的副职，以防止副职“篡权”、“越权”，从而干扰正职的工作，以保证命令统一原则的贯彻。

第三节　横向组织设计

组织机构和结构的确定首先是为了管理的方便。组织设计的实质是通过对管理劳动的分工，将不同的管理人员安排在不同的管理岗位和部门中，通过他们在特定环境、特定相互关系中的管理作业来使整个管理系统有机地运转起来。

管理劳动的分工，包括横向和纵向两个方面。横向的分工，是根据不同的标准，将管理劳动分解成不同岗位和部门的任务，横向分工的结果是部门的设置，或"组织的部门化"；纵向分工，是根据管理幅度的限制，确定管理系统的层次，并根据管理层次在管理系统中的位置，规定管理人员的职责和权限，纵向分工的结果，是责任分配基础上的管理决策权限的相对集中或分散。

本节主要讨论部门化的问题。部门化组织的横向设计，其任务是将整个管理系统分解，并再分解成若干个相互依存的基本管理单位，它是在管理劳动横向分工的基础上进行的。分工的标准不同，所形成的管理部门以及各部门之间的相互关系也不同。组织横向设计中经常运用的部门划分的标准是职能、产品以及地区。

一、　职能部门化

职能部门化是根据业务活动的相似性来设立管理部门。判断某些活动是否相似的标准是：这些活动的业务性质是否相近，从事活动所需的活动技能是否相同，这些活动的开展对同一目标（或分目标）的实现是否具有紧密相关的作用。

职能部门化是根据业务活动的相似性来设立管理部门。

在商品经济中，企业为了实现生存和发展的目标，必须赢利。而赢利的前提是有效地向社会提供人们需要的商品。因此，不同的企业，虽然所属行业、产品类型、制造工艺不同，但它们的活动都围绕着生产条件的筹集与组合、物质产品或劳务的用户寻找以及为这两者提供资金保证来展开的。生产、营销以及财务被认为是企业的基本功能，缺少了其中的任何一项，企业便无法生存。除了这些非常重要的基本职能外，企业还需要一些保证生产经营能顺利开展的辅助性的或次要职能，如人事、公共关系、法律事务等职能。图8-3是一个典型的职能部门化的组织结构系统图。

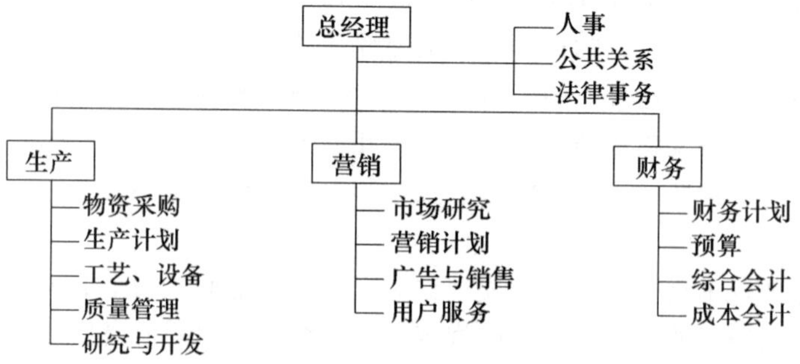

图8-3　职能部门化的组织结构系统图

职能部门化是一种传统的、普遍的组织形式。这首先是因为职能是划分活动类型，从而设立部门的最自然、最方便、最符合逻辑的标准，据此进行的分工和设计的组织结构可以带来专业化分工的种种好处，可以使各部门的管理人员或专心致志地研究产品的开发和制造，或积极努力地探索和开发市场，或认真仔细地记录、分析和评价资金的运动；同时，按职能划分部门，由于各部门在最高主管的领导下从事相互依存的整体活动的一部分，因此有利于维护最高行政指挥的权威，有利于维护组织的统一性；此外，由于各部门只负责一种类型的业务活动，因此有利于工作人员的培训、相互交流，从而提高技术水平。

职能部门化的局限性主要表现在以下几个方面：由于各种产品的原料采购、生产创造、产品销售都集中在相同的部门进行，各种产品给企业带来的贡献不易区别，因此不利于指导企业产品结构的调整；由于各部门的负责人长期只从事某种专门业务的管理，缺乏总体的眼光，因此不利于高级管理人才的培养；由于活动和业务的性质不同，各职能部门可能只注重依据自己的准则来行动，因此可能使本来相互依存的部门之间的活动不协调，影响组织整体目标的实现。为了克服这些局限性，有些组织利用产品或工区的标准来划分部门。

二、 产品部门化

按职能设立部门往往是企业发展初期、品种单纯、规模较小时的一种组织形式。但是随着企业的成长和品种多样化，把制造工艺不同和用户特点不同的产品集中在同一生产或销售部门管理，会给部门主管带来日益增多的困难。因此，与扩大企业规模相对应，如果主要产品的数量足够大，这些不同产品的用户或潜在用户足够多，那么组织的最高管理层除了保留公共关系、财务、人事甚至采购这些必要的职能外，就应该考虑根据产品来设立管理部门、划分管理单位：把同一产品的生产和销售工作集中在相同的部门进行。

从职能部门化到产品部门化可能要经历一个发展过程。当企业规模还不足够大，各种产品的产量和社会需求量还不足够多的时候，组织中可能采取的变通方法是：职能部门内部不同的工作人员按产品的类别划分工作任务，然后随着产品需求量和生产量的发展再采取产品部门化的形式。图8-4是一个典型的产品部门化的组织图。

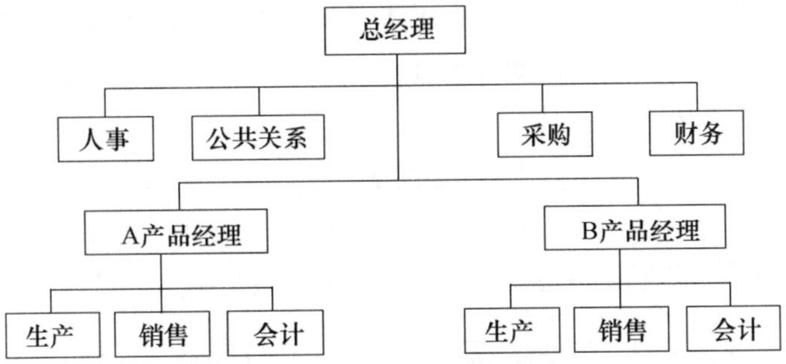

图8-4　产品部门化的组织图

产品部门化具有下述优势。

（1）能使企业将多角化经营和专业化经营结合起来。整个企业向社会提供多种产品，而每一个部门只专门生产一种产品。因此，既可以使企业因多角化经营减少市场风险，提高经营的稳定性，又可以使企业的各部门因专业化经营而提高生产率，降低劳动成本。

（2）有利于企业及时调整生产方向。按产品设立管理部门，要比按职能设立部门更容易区分和摊派各种产品的收益与成本，从而更容易考察和比较不同产品对企业的贡献，因此有利于企业及时限制甚至淘汰或扩大发展某种产品的生产，使整个企业的产品结构更加合理。

（3）有利于促进企业的内部竞争。由于各个产品部门对企业的贡献容易辨认，因此可能导致部门间的竞争。这种内部竞争如果处理不当，虽可能影响总体利益的协调，但如果加以正确引导，则可以促进不同的产品部门竞相改善本部门工作，从而有利于促进企业的成长。

（4）有利于高层管理人才的培养。每个部门的经理都需独当一面，完成同一产品制造的各种职能活动，这类似于对一个完整企业的管理。因此，企业可以利用产品部门来作为培养有前途的高层管理人才的基地。

产品部门化的局限性是需要较多的具有像总经理那样能力的人去管理各个产品部门。同时各个部门的主管也可能过分强调本单位利益，从而影响企业的统一指挥；此外，产品部门某些职能管理机构与企业总部重叠会导致管理费用的增加，从而提高了待摊成本，影响企业竞争。

三、 区域部门化

区域部门化是根据地理因素来设立管理部门，把不同地区的经营业务和职责划分给不同部门的经理。

组织活动在地理上的分散带来的交通和信息沟通困难曾经是区域部门化的主要理由。我们很难设想在一个交通和通信联络不方便的区域或国家，公司总部的经理人员能正确合理地遥控指挥一个在千里之外的生产单位的产品制造活动。但是，随着通信条件的改善，这个理由已不再那么重要。

取而代之的是社会文化环境方面的理由。随着管理理论研究的深入，人们越来越清楚地认识到社会文化环境对组织活动有着非常重要的影响：不同的文化环境决定了人们不同的价值观，从而使人们的劳动态度、对物质利益或工作成就的重视程度以及消费偏好不一样，因此，要求企业采用不同的人事管理或营销方法。文化背景是历史上形成的。由于历史上各个地区之间的相互封闭，使得今天的一定的文化环境总是同一定的地理区域相联系。因此，根据地理位置的不同设置管理部门，甚至使不同区域的生产、经营单位成为相对自主的管理实体，可以更好地针对各地区劳动者和消费者的行为特点来组织生产和经营活动。在国际范围内从事经营业务的跨国公司尤其如此，它们不仅使分散在世界各地的附属公司成为独立的实体，而且对公司总部协调国际经营的高级管理人员的业务划分，也是根据区域标准来进行的。典型的区域部门化组织结构图，如图8-5所示。

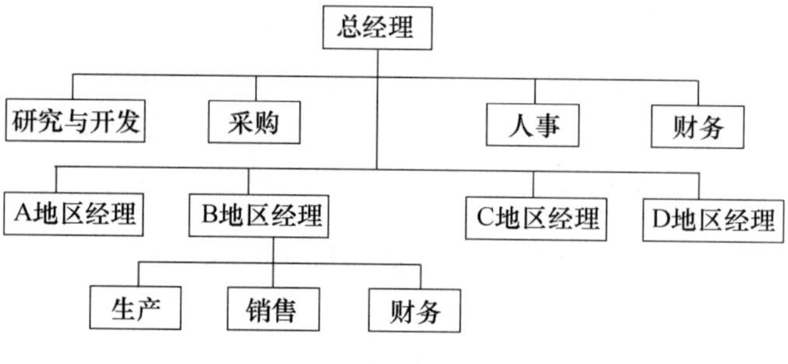

图8-5　区域部门化组织结构图

按区域划分管理部门的优点和弊端类似于产品部门化。

四、 综合标准与矩阵组织

从上面给出的各种组织结构图中，我们不难发现，任何组织都不可能根据唯一的标准来设计，而必须同时利用两个或两个以上的部门化方式，在职能化的情况下，各职能部门可能按地区或产品来组织各个小组（分部门）的业务工作；在利用产品或区域标准的情况下，不仅公司总部保留了必要的人事、财务、采购等职能部门，而且相对独立的地区或产品部门也设立了一些必要的职能机构。

矩阵组织是综合利用各种标准的一个范例。这是一种由纵横两套系统交叉形成的复合结构组织：纵向的是职能系统，横向的是为完成某项专门任务（如新产品开发）而组成的项目系统。项目系统没有固定的工作人员，而是随着任务的进度，根据工作需要，从各职能部门抽人参加，这些人员参加完与自己有关的工作后，仍回到原来的职能部门。图 8-6 是一种常见的矩阵式组织结构图。

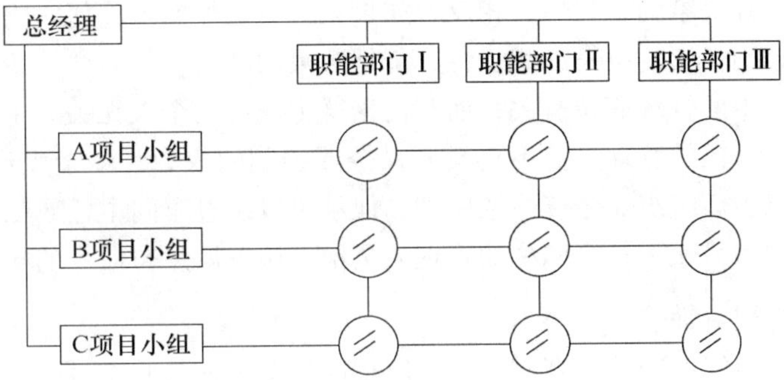

图 8-6 矩阵式组织结构图

矩阵组织具有很大的弹性和适应性，可以根据工作的需要，集中各种有专门组织知识和技能的人，短期内迅速完成重要的任务；由于在项目小组中集中了各种人才，便于知识和意见的交流，能促进新的观点和设想的产生；此外，由于成员来自各个不同的职能部门，项目小组的成员是根据工作的进展情况临时从各职能部门抽调的，其隶属关系不变，从而不仅可能使他们产生临时观念，影响工作责任心，而且由于要接受并不总是保持一致的双重领导，在工作中可能有时会感到无所适从。

矩阵式组织的特点决定了它主要适用于那些工作内容变动频繁、每项工作的完成需要众多技术知识的组织，或者作为一般组织中安排临时性工作任务的补充结构形式。

第四节 纵向组织设计

纵向组织设计是将管理权力在不同管理层次之间进行分配。组织的不同部门拥有的权力范围不同，会导致部门之间、部门与最高指挥者之间以及部门与下属单位之间的关系不同，从而组织的结构不同。比如，同是按产品划分设立的管理单位，既可以是单纯的生产车间，也可以是一个与其他部门性质相同、拥有相同自主权的分权化经营单位（事业部甚至分公司）。这便是纵向组织设计所要解决的任务，这主要涉及组织的集权与分权问题。前一种情况多半发生在权力相对集中的组织中，而后者则是分权化组织的主要特征。

一、 权力的性质与特征

设计一个集权或分权的组织，分析某个组织主要是集权还是分权，需要解决的第一个问题是界定权力的含义。

“权力”通常被描述为组织中人与人之间的一种关系，是指处在某个管理岗位上的人对整个组织或所辖单位与人员的一种影响力，或简称管理者影响别人的能力。定义影响力的权力主要包括三种类型：专长权、个人影响权与制度权（或称法定权）。专长权是指管理者因具备某种专业知识或技能而产生的影响能力；个人影响权是指因个人的品质、社会背景等因素而赢得别人的尊重与服从的能力；制度权是与管理职务有关、由管理者在组织中的地位所决定的影响力。与个人的品质、社会背景、知识、技能有关的影响力显然不会成为集中或分散对象，因此，我们这里关心的主要是制度权力。

作为赋予管理系统的某一职位的权力，制度权的实质是决策的权力：决定干什么的权力，决定如何干的权力，以及决定何时干的权力。制度权的这三个方面从本质上来说是不可分割的：只有决定干什么的权力，而不能决定行动的内容和方式，会影响决策者对目标实现的可行性研究，从而可能导致决策的盲目性；相反，如果只有决定如何干、何时去完成的权力，而无权确定行动的方向，则会影响决策的积极性，降低决策的动力。

制度权力与组织中的管理职位有关，而与占据这个职位的个人无关。生产经理一旦调任营销或财务主管，对原部门的管理人员不再具有命令或控制的权力；赋予生产经理职位的权力，也并不意味着他可以破坏组织命令统一性原则，他不可以绕过车间主任或工长而直接给某个工人分配任务。制度权力只赋予某个职位的管理人员给直接下属发布命令的权力。

二、 集权与分权的相对性

集权是指决策在组织系统中较高层次的一定程度的集中，与此相对应，分权是指决策权在组织系统中较低层次的一定程度的分散。

> 集权是指决策在组织系统中较高层次的一定程度的集中；与此相对应，分权是指决策权在组织系统中较低层次的一定程度的分散。

集权和分权是一个相对的概念。绝对的集权意味着组织中的全部权力集中在一个主管手中，组织活动的所有决策均由主管做出，主管直接面对所有的执行者，没有任何中间管理人员，没有任何中层管理机构。这在现代社会经济组织中显然是不可能的。而绝对的分权则意味着全部权力分散在各个管理部门，甚至分散在各个执行者、操作者手中，没有任何集中的权力，因此主管职位显然是多余的，一个统一的组织也不复存在。所以，在现实社会中的组织，可能是集权的成分多一点，也可能是分权的成分多一点。我们需要研究的，不是应该集权还是分权，而是哪些权力宜于集中，哪些权力宜于分散，在什么样的情况下集权的成分多一点，何时又需要较多的分权。

三、 组织中的集权倾向

集权与分权虽然同样必不可少，但组织中几乎普遍存在一种集权的倾向。

1. 集权倾向的产生原因

集权倾向主要与组织的历史和领导的个性有关，但有时也可能是为了追求行政上的效率。

（1）组织的历史。如果组织是在自身较小规模的基础上逐渐发展起来的，发展过程中没有其他组织加入的话，那么集权倾向可能更为明显。因为组织规模较小时，大部分决策都是由最高主管（层）直接制定和组织实施的。决策权的使用可能成为习惯，一旦失去这些权力，主管可能产生失去了对“自己的组织”控制的感觉。因此，即使事业不断发展、规模不断扩大，最高主管或最高管理层仍然愿意保留不应集中的大部分权力。

（2）领导的个性。权力是赋予一定职位的管理人员的，它是地位的象征。权力的运用可以证实、保证并提高其使用者在组织中的地位。组织中个性较强和自信的领导者往往喜欢所辖部门完全按照自己的意志来运行，而集权则是保证个人意志绝对服从的先决条件。当然，集中地使用权力，统一地使用和协调本部门的各种力量，创造比较明显的工作成绩，也是提高自己在组织中的地位、增加升迁机会的重要途径。

（3）政策的统一与行政的效率。从积极方面来看，集权化倾向的普遍存在有时也是为了获得它的利益。集权至少可以带来两个方面的好处：一是可以保证组织总体政策的统一性；二是可以保证决策执行的速度。集中的权力制定出组织各单位必须执行的政策，可以使整个组织统一认识、统一行动、统一处理内外的各种问题，防止各自为政、政出多门、互相矛盾；同时，集权体制下决策的制定可能是一个缓慢的过程，但任何问题一经决策，便可借助高度集中的行政指挥体系，使各个层次“闻风而动”，迅速组织实施。

2. 过分集权的弊端

一个组织，当它的规模还比较小的时候，高度集权可能是必需的，而且可以充分显示其优越性。但随着组织规模的发展，若仍将许多决策权过度地集中在较高的管理层次，则可能表现出种种弊端，其中最主要的有以下几个方面。

（1）降低决策的质量。大规模组织的主管远离基层，基层发生的问题经过层层请示汇报后再做决策，则不仅影响决策的正确性，而且影响决策的及时性。高层主管了解的信息在传递过程中可能被扭曲，而根据被扭曲的信息制定的决策是很难保证其质量的；即使制定的决策正确，但由于信息多环节的传递需要耽误一定的时间从而可能导致决策的迟缓，等到正确的方案制订出来时，问题可能已对组织造成了重大的危害，或者形势已经发生了变化，问题的性质已经转换，需要新的解决方法。

（2）降低组织的适应能力。作为组织细胞的组织，其整体和各个部分与社会环境有着多方面的联系。随着组织的发展，这种联系变得更频繁、更复杂。而与组织有联系的外界环境是在不断发展和变化的。处在动态环境中的组织必须根据环境中各种因素的变化不断调整。这种调整既可能是全局性的，也可能是且往往是局部性的。过度集权的组织，可能使各个部门失去自适应和自调整的能力，从而削弱组织整体的应变能力。

（3）降低组织成员的工作热情。权力的高度集中，使得组织中的大部分决策均由最高主管或高层管理人员制定，基层管理人员和操作人员的主要任务甚至唯一的任务是被动地、机械地执行命令。长此以往，他们的积极性、主动性、创造性会被逐渐磨灭，工作热情消失，劳动效率下降，从而使组织的发展失去基础。

上述弊端的任何一项的发展，都会对组织造成致命性的危害；同时，由于集权是一种方便的行为、普遍化的现象，因此，我们应着重研究其对应面：非集权化或权力的分散。

四、 分权及其实现途径

1. 分权的标志

要研究和指导组织的分权，首先要确定组织是否实行了分权以及分权程度的标志。

评价分权程度的标志主要有四个。

（1）决策的频度。组织中较低管理层次制定决策的频度或数目越大，则分权程度越高。

（2）决策的幅度。组织中较低层次决策的范围越广，涉及的职能越多，则分权程度越高。比如按地区划分的管理单位，如果只有权对生产问题做出决策，则组织的分权程度较低；相反，如果它对市场营销甚至财务问题也有一定的决策权，则企业是一个分权化组织的可能性就比较大。

（3）决策的重要性。决策的重要性可以从两个方面衡量：一是决策的影响程度，二是决策涉及的费用。如果组织中较低层次的决策只影响该部门的日常管理，不影响部门今后的发展，从而决策对整个组织的影响程度较小，则组织的分权程度较低，反之则较高；类似地，低层次管理部门能够制定需要较多费用决策的组织，其分权程度就比另一个相应层次的管理部门只能做出需要较少费用决策的组织要高。

（4）对决策的控制程度。如果高层对较低层的决策没有任何控制，则分权程度极高；如果低层在决策后要向高一级管理部门报告备案，则分权程度次之；如果低层在决策前要征询上级部门的意见，向其“咨询”，则分权程度要低。

2. 分权的影响因素

分权虽然是必要的，但组织中也存在许多因素有利于分权，同时也存在不少妨碍分权的因素。

（1）组织中促进分权的因素。组织活动及其管理在诸多方面要求分权，其中最主要的因素有以下三个方面。

第一，组织的规模。组织的规模越大，管理的层次越多。多层次管理人员为了协调和指挥下属的活动，必然要求相应的权力。因此，权力往往随着组织规模的扩大和管理层次的增加而与职责一起逐层分解。同时，组织规模达到一定程度以后，决策权仍高度集中，则可能导致“规模不经济”。因此，分权往往是发展中的组织避免或至少是推迟达到“最佳规模”的手段。

第二，活动的分散性。组织的某个工作单位如果远离总部，则往往需要分权。这是因为对总部来说，不在现场的指挥难以正确、有效地指挥现场的操作；同时，分散在各地区的单位主管往往表现出强烈的自治欲望，这种欲望如果不能得到一定程度的满足，则可能破坏组织的效率。

第三，培训管理人员的需要。“在游泳中学会游泳”，在权力的使用中学会使用权力。低层管理人员如果很少有实践权力的机会，或只有很少实践权力的机会，则难以培养其成为能够统御全局的人才，从而不能使组织在内部造就高层管理的后备力量。相反，独当一面的分权化单位主管可以非常迅速地适应总经理的工作。

（2）不利于分权的因素。不利于分权的因素有：①政策的统一性。组织作为一个统一的社会单位，要求内部各方面的政策是统一的。如果一个企业在同一产品销售给不同用户的价格、职工的报酬标准等方面采取不同的政策，则可能导致统一组织的解体。分权则可能对组织的统一性起到某种破坏作用。②缺乏受过良好训练的管理人员。分权与管理人员的培训是互为因果的。现有组织的重新设计不能不考虑组织现有管理人员的素质。分权化导致的基层决策权的增加，要求这些权力被正确、有效地运用，才符合分权的初衷，才能促进组织效率的提高。然而，正确地运用权力，要求管理人员具有相应的素质。现有组织如果缺乏足够的符合要求的低层管理人员，则往往对进一步分权造成限制。缺乏受过良好训练的管理人员，也往往成为组织的主管不愿分权的借口。

3. 分权的途径

权力的分散可以通过两个途径来实现：组织设计中的权力分配（制度分权）与主管人员在工作中的授权。

制度分权与授权的结果虽然相同，都是使较低层管理人员行使较多的决策权，即权力的分散化，但实际上这两者是有重要区别的。

制度分权，是在组织设计上考虑到组织规模和组织活动的特征，并在工作分析、职务和部门设计的基础上实行的。而授权则是担任一定管理职务的领导者，在实际工作中，为充分利用专门人才的知识和技能，或出现新增业务的情况下，将部门解决问题、处理新增业务的权力委任给某个或某些下属。

制度分权与授权的含义不同，决定了它们具有下述区别。

（1）制度分权是在详细分析、认真论证的基础上进行的，因此具有一定的必然性，而工作中的授权则往往与管理者个人的能力和精力、拥有的下属的特点、业务发展情况相联系，因此具有很大的随机性。

（2）制度分权是将权力分配给某个职位，因此，权力的性质、应用范围和程度的确定，需要根据整个结构的要求；而授权是将权力委任给某个下层，因此，委任何种权力、委任后应作何种控制，不仅要考虑工作的要求，而且要依据下属的工作能力。

（3）分配给某个管理职位的权力，如果调整的话，不仅影响该职位或部门，而且会影响其与组织其他部门的关系。因此，制度分权是相对稳定的。除非整个组织结构重新调整，否则制度分权不会收回。相反，由于授权是某个主管将自己担任的职务所拥有的权限因某项具体工作的需要而委任给某个下属，这种委任可以是长期的，也可以是临时的。长期的授权虽然可能制度化，在组织结构调整时成为制度分权，但是授权不意味着放弃权力，在组织再设计之前，不管是长期或是临时授予的权力，授权者都可以收回，使之重新集中在自己手中。

（4）制度分权主要是一条组织工作的原则，以及在此原则指导下的组织设计中的纵向分工；而授权则主要是领导者在管理工作中的一种领导艺术，一种调动下属积极性、充分发挥下属作用的方法。

另外，必须指出，作为分权的两种途径，制度分权与授权是互相补充的。组织设计中难以预料每个管理岗位上的工作人员的能力，同时也难以预测每个管理部门可能出现的新问题，因此，需要各层次领导者在工作中的授权来补充。

本章回顾

小结

组织设计的必要性是由主管人员的管理幅度有限决定的。管理幅度的大小决定了组织中管理层次的多少，从而决定了组织的扁平结构和锥形结构两种基本形态。组织设计的任务是在职务设计与分析的基础上，划分部门并确定各部门的相互关系。在开展上述工作的过程中要考虑到组织的战略、环境、技术以及规模等因素的要求与影响，遵循因事设职与因人设职相结合、权责对等、命令统一等原则。

组织设计的实质是将管理劳动进行纵向和横向的分工。横向分工是将管理劳动分解成不同岗位和部门的任务，并据此设置不同的部门。根据任务分解标准的不同，横向组织设计的结果可形成不同的职能部门、产品部门、区域部门或矩阵组织形式。纵向分工是在管理系统中的位置，规定各层次管理人员的职责和权限。纵向分工的结果，是权责分配基础上管理决策权限的相对集中或分散。管理权力过分集中虽然有可能导致决策质量、组织的适应能力以及组织成员的工作热情降低，但由于组织历史、领导个性以及追求政策统一与行政效率等原因，组织中仍经常表现出集权的倾向。为了克服集权的弊端，组织可采取制度分权和工作中的授权两类措施来促进和保证管理决策权限在一定程度上的分散。

关键术语

管理幅度　命令统一原则　扁平结构　职务说明书
部门化　矩阵结构　因事设职原则　集权
权责对等原则　分权

思考题

1. 何谓管理幅度，为什么以及如何确定合理的管理幅度？
2. 组织基本的结构形态有哪两种类型，这两种结构形态有何特点？
3. 组织设计的任务是什么？
4. 组织设计要考虑到哪些因素的影响，要遵循哪些基本原则？
5. 职能部门化、产品部门化、区域部门化有哪些优势和局限性？
6. 何谓矩阵组织，矩阵组织有何特点？
7. 何谓权力，管理权力有哪些类型？
8. 组织中为什么会存在集权的倾向？
9. 过分集权可能带来哪些弊端？
10. 管理权力的人员要考虑到哪些影响因素，组织如何实现权力的分散？

延伸阅读

1. 丹尼尔 A 雷恩. 管理思想的演变［M］. 北京：中国社会科学出版社，2000：382-406.
2. 卡斯特，罗森茨韦克. 组织与管理：系统方法与权变方法［M］. 北京：中国社会科学出版社，2000.
3. 杰伊·洛希，保尔·劳伦斯. 组织结构与设计［M］. 南昌：江西人民出版社. 2002.
4. 保罗·麦耶斯. 知识管理与组织设计［M］. 珠海：珠海出版社，1998.
5. R L 达夫特. 组织理论与设计精要［M］. 北京：机械工业出版社，1999.

案例讨论

通用电气公司的组织管理

美国各大公司的企业管理体制从20世纪60年代以后，为了适应技术进步、经济发展和市场竞争的需要，强调系统性和灵活性相结合、集权和分权相结合的体制。到20世纪70年代中期，美国经济出现停滞，有些企业在管理体制方面又出现重新集权化的趋向。有一种称做“超事业部制”的管理体制，就是在企业最高领导之下、各个事业部之上的一些管辖事业部的机构应运而生。美国通用电气公司于1979年1月开始实行“执行部制”，就是这种“超事业部”管理体制的一种形式。

（1）公司的基本情况。美国通用电气公司是美国也是世界上最大的电器和电子设备制造公司，它的产值占美国电工行业全部产值的1/4左右。这家公司的电工产品技术比较成熟，产品品种繁多，据称有25万多种品种规格。它除了生产消费电器、工业电器设备外，还是一个巨大的军火承包商，制造宇宙航空仪表、喷气飞机引航导航系统、多弹头弹道导弹系统、雷达和宇宙飞行系统等。美国《工业研究》杂志举办的1977年度100种新产品的评选中，美国通用电气公司的新产品获奖最多。闻名于世的可载原子弹和氢弹头的阿特拉斯火箭、雷神号火箭就是这家公司生产的。

这家电气公司是由老摩根在1892年出资将爱迪生通用电气公司、汤姆逊-豪斯登国际电气公司等三家公司合并组成。在两次世界大战中，这家公司大发战争财，获得了迅速发展。第一次世界大战后，该公司在新兴的电工技术部门——无线电方面居于统治地位，1919年成立了一个子公司，即美国无线电公司，几乎独占了美国的无线电工业。第二次世界大战又使通用电气公司的产量和利润额急剧增长。

通用电气公司在创立后的80多年中，以各种方式吞并了国内外许多企业，攫取了许多企业的股份，1939年其美国国内所辖工厂只有三十几家，到1947年就增加到125家，1976年年底在国内35个州共拥有224家制造厂。在国外，它逐步合并了意大利、法国、德国、比利时、瑞士、英国、西班牙等国的电工企业。1972年该公司在国外的子公司计有：欧洲33家、加拿大10家、拉丁美洲24家、亚洲11家、澳大利亚3家、非洲1家。到1976年年底，它在24个国家共拥有113家制造厂，成为一个庞大的跨国公司。

通用电气公司是摩根财团控制的一家大工业公司。它经营了几十年，攫取巨额利润，资产雄厚，规模庞大，1976年和1977年在美国大公司中都是名列第九位。据1978年5月8日美国《幸福》杂志的统计，美国通用电气公司1977年的总资产达136.96亿美元，销售总额达175.15亿美元，这一年的纯利润为10.88亿美元，在美国各大公司中占第五位，职工总人数38.4万人。该公司从1956年开始建新厂生产导弹，并向外国提供核武器。例如，在日本搞原子能、原子燃料和海军鱼雷等。1976年与法国合作研制涡轮飞机和可以装备鱼雷潜艇或运载火箭的发动机。在1973年接受美国军事订货共14.2亿美元，在各大公司中居第二位。

（2）不断改革管理体制。由于通用电气公司经营多样化，品种规格繁杂，市场竞争激烈，它在企业组织管理方面也积极从事改革。20世纪50年代初，该公司就完全采用了“分权的事业部制”。当时，整个公司一共分为20个事业部。每个事业部各自独立经营，单独核算。以后随着时间的推移，企业经营的需要，该公司对组织机构不断进行调整。1963年，当波契（Boych）接任董事长时，公司的组织机构共计分为5个集团组、25个分部和110个部门。当时公司销售正处于停滞时期，五年内销售额大约只有50亿美元。到1967年以后，公司的经营业务增长迅速，几乎每一个集团组的销售额都达到16亿美元。波契认为业务扩大之后，原有的组织机构已不能适应，于是把5个集团组扩充到10个，把25个分部扩充到50个，110个部门扩充到170个。他还改组了领导机构的成员，指派了8个新的集团总经理、33个分部经理和100个新的部门领导，同时还成立了由5人组成的董事会，他们的职责是监督整个公司，并为公司制定比较长期的基本战略。

（3）新措施——战略事业单位。在20世纪60年代末，通用电气公司在市场上遇到威斯汀豪斯电气公司的激烈竞争，公司财政一直在赤字上摇摆。公司的最高领导为力挽危机，于1971年在企业管理体制上采取了一种新的战略性措施，即在事业部内设立“战略事业单位”。这种“战略事业单位”是独立的组织部门，可以在事业部内有选择地对某些产品进行单独管理，以便事业部将人力物力能够机动有效地集中分配使用，对各种产品、销售、设备和组织编制出严密的有预见性的战略计划。这种“战略事业单位”可以和集团组相平，也可以相当于分部的水平，例如医疗系统、装置组成部分和化学与冶金等，还有些相当于部门的水平如碳化钨工具和工程用塑料。通用电气公司的领导集团很重视建立“战略事业单位”，认为它是“十分有意义的步骤”，对公司的发展是一个“重要的途径”，1971年，该公司在销售额和利润额方面都创出了纪录。从该公司20世纪六七十年代迅速发展的情况看，这项措施确实也起到不小的作用。1966~1976年的11年中，通用电气公司的销售额增长了一倍，由71.77亿美元增加到156.97亿美元，纯利润由3.39亿美元增加到9.31亿美元。同时期内的固定资产总额由27.57亿美元上升到69.55亿美元。

（4）重新集权化——执行部制。20世纪70年代中期，美国经济又出现停滞，通用电气公司于1972年接任为董事长的琼斯(Jones)，担心到20世纪80年代可能会出现比较长期的经济不景气，到1977年年底他又进一步改组公司的管理体制，从1978年1月实行“执行部制”，即“超事业部制”。这种体制就是在各个事业部上再建立一些“超事业部”，来管辖和协调各事业部的活动，即在事业部的上面又多了一级管理。这样，一方面使最高领导机构可以减轻日常事务，便于集中力量掌握有关企业发展的决策性战略计划，另一方面也增强了企业的灵活性。在改组后的体制中，董事长琼斯和两名副董事长组成最高领导机构执行局，专管长期战略计划，负责和政府打交道，以及研究税制等问题。执行局下面设5个“执行部”(即“超事业部”，包括消费类产品服务执行部、工业产品零件执行部、电力设备执行部、国际执行部、技术设备材料执行部)，每个执行部由一名副总经理负责。执行部下共设有9个总部(集团)、50个事业部、49个战略事业单位。各事业部的日常事务，以致有关市场、产品、技术、顾客等方面的战略决策，以前都必须向公司最高领导机构报告，而现在则分别向各执行部报告就行。这5个执行部加上其他国际公司，分别由两位副董事长领导。此外，财务、人事和法律3个参谋部门直接由董事长领导。

（5）建立网络系统。通用电气公司在企业管理中广泛应用电子计算机后，建立了一个网络系统，大大提高了工作效率。这个网络系统把分布在49个州的65个销售部门、分布在11个州的18个产品仓库，以及分布在21个州的40个制造部门（共53个制造厂）统一连接起来。在顾客打电话来订货时，销售人员就把数据输入这个网络系统，它就自动进行下一系列工作，如查询顾客的信用状况，并查询在就近的仓库有无这种产品的存货，在这两点得到肯定的回答以后，这个网络系统同时办理接受订货、开发票、登记仓库账目，如果必要，还同时向工厂发出补充仓库存货的生产调度命令，然后通知销售人员顾客所需货物已经发货。这全部过程在不到15秒钟的时间内即可完成。还有一点值得注意的是，除了办事速度快以外，这个网络系统实际上已把销售、存货管理、生产调度等不同的职能结合在一起了。

（6）科研组织体制。同样，美国通用电气公司也非常重视科研工作，而且已有悠久的历史。从公司成立后的第二年，就有一位德国青年数学家斯坦梅兹搞科研工作，1900年就成立了实验室。据1970年《美国工业研究》报道，该公司共有207个研究部门，其中包括一个研究与发展中心，206个产品研究部门。共有科研人员17 200余人，占公司职工总人数的4%。1973年通用电气公司共有31 000名获得技术学位的专业人员，其中半数以上从事研究与发展工作。1972年，公司科研总费用超过8亿美元，其中3亿美元由本公司承担，5亿美元主要用于和美国政府订立合同的研究与发展工作上。

通用电气公司的科研工作分为基础理论和应用研究两个方面。它的研究与发展中心从事这两方面的工作，并着重于基础理论研究，为全公司服务，同时对各行业共性的一些课题进行联合研究。这个研究与发展中心的前身是该公司在1900年成立的一个实验室，也是美国从事基础研究的第一家工业实验室。它的创始人是美国麻省理工学院的一位青年化学家怀特纳和通用电气公司的两名技术人员。这个实验室的早期工作主要是在电灯泡、X 射线管、闸流管及有关的化学、冶金方面进行基础研究。在两次世界大战中，这个研究实验室研究战争中使用的通信和雷达装置。第二次世界大战末期，研究实验室的研究人员扩充到600 多人。1968 年，这个研究实验室正式命名为研究与发展中心，到1973 年共有工作人员17 000人，其中325 人是物理学博士。目前，由公司的一名副总经理兼任研究与发展中心的主任。这个研究与发展中心下面设两个研究部，即材料学与工程部（分4 个研究室）以及物理科学与工程部（分5 个研究室）。此外有3 个行政管理部，即研究应用部，下设对外联络、计划分析、人事研究、情报研究4 个科室，负责将研究成果迅速推广到公司的各个生产部门，并在通用电气公司以外建立广泛的技术联系；研究管理部，负责管理实验工厂及服务站，领导财会科、设备科和福利科；法律顾问部，由11 人组成，负责对专利的审议、发明的评价和专利应用方面的法律事务。此外，公司的206 个产品研究部门则一般设在产品生产厂附近，研究人员大致在几十人到数百人之间，重点放在应用研究方面。

讨论题

1. 你是如何看待通用电气公司组织结构调整的合理性的？
2. 为什么在大讲授权管理的时代，通用电气组织调整会考虑重新集权化？
3. 通用电气公司组织结构调整过程运用了哪些组织管理原则？
4. 试分析通用电气公司组织结构调整与其发展战略的关系？

第九章　人员配备

我们所需要的是培养与明日的任务相匹配的管理人员。

——彼得·德鲁克《管理的实践》

成功的人力资源管理首先在于赢得雇员的献身精神。

——加里·德斯勒《人力资源管理》

第一节　人员配备的任务和原则

组织设计仅为系统的运行提供了可供依托的框架。框架要能发挥作用，还需由人来操作。因此，在设计了合理的组织机构和结构的基础上，还需要为这些机构的不同岗位选配合适的人员。人员配备是组织设计的逻辑延续，这项工作的主要内容和任务是：通过分析人与事的特点，谋求人与事的最佳组合，实现人与事的不断发展。

一、　人员配备的任务

人员配备是为每个岗位配备适当的人，也就是说，首先要满足组织的需要，同时，人员配备也是为每个人安排适当的工作，因此，要考虑满足组织成员个人的特点、爱好和需要。人员配备的任务可以从组织和个人这两个不同的角度去考察。

人员配备是为每个岗位配备适当的人和为每个人安排适当的工作。

1. 从组织需要的角度去考察

（1）要通过人员配备使组织系统开动运转。设计合理的组织系统要能有效地运转，必须使机构中每个工作岗位都有相应的人去占据，使实现组织目标所必须开展的每项活动都有合格的人去完成。这是人员配备的基本任务。

（2）为组织发展准备干部力量。组织是一个动态系统。组织处在一个不断变化发展的社会经济环境中。组织的目标、活动的内容需要经常根据环境的变化做适当的调整，由目标和活动决定的组织机构也会随之发生相应的变化。组织的适当调整过程往往也是发展壮大的过程。组织的机构和岗位不仅发生质的改变，而且会在量上不断增加。所以，我们在为组织目前的机构配备人员时，还要考虑机构可能发生的变化，为明天的组织准备和提供工作人员，特别是管理干部。由于管理干部的成长往往需要较长的时间，因此组织在使用工作人员的同时，应通过使用来培训管理干部，要注意管理干部培训计划的制定和实施。

(3) 维持成员对组织的忠诚。人才流动对个人来说可能是重要的，它可以使人才自己通过不断的尝试，找到最合适自己的才能、给自己带来最大利益的工作。但是对整个组织来说，人才流动虽有可能给企业带来“输入新鲜血液”的好处，但其破坏性可能更甚：人员不稳定，职工离职率高，特别是优秀人才的外流，往往使组织几年的培训费用付之流水，而且可能破坏组织的人事发展计划，甚至影响企业在发展过程中的干部需要。因此，要通过人员配备，稳住人心，留住人才，维持成员对组织的忠诚。

2. 从组织成员需要的角度去考察

留住人才，不仅要留住其身，而且要留住其心。只有这样，才能达到维持他们对组织忠诚的效果。然而，组织成员是否真心实意地、自觉积极地为组织努力工作，要受到许多因素的影响。就人员配备来说，要达到这个目的，必须注意以下两个方面：

(1) 通过人员配备，使每个人的知识和能力得到公正的评价、承认和运用。工作的需求与自身的能力是否相符，是否感到“大材小用”，从而“怀才不遇”，工作的目标是否富有挑战性。这些因素与人们在工作中的积极、主动、热情程度有着极大的关系。

(2) 通过人员配备，使每个人的知识和能力不断发展，素质不断提高。知识与技能的提高，不仅可以满足人们较高层次的心理需要，而且往往是职业生涯中通向职务晋升的阶梯。通过人员配备，使每个组织成员都能看到这种机会和希望。

二、 人员配备的工作内容和程序

为了完成上述任务，人员配备过程中要开展以下工作。

1. 确定人员需要量

人员配备是在组织设计的基础上进行的。人员需要量的确定主要以设计出的职务数量和类型为依据。职务类型提出了需要什么样的人，职务数量则告诉我们每种类型的职务需要多少。

构成组织机构基础的职务可以分成许多类型。比如，全体职务可以分成管理人员与生产作业人员；管理人员中可以分成高层、中层、基层管理人员；每一层次的管理人员又可分成直线主管与参谋或管理研究人员；生产操作人员可分成技术工人与专职工人、基本生产工人与辅助生产工人等。

如果我们是为一个新建的组织选配人员，那么只需利用上述职务设计的分类及数量去直接在社会上分开招用、选聘。然而，我们遇到的往往是现有组织的机构与人员配备重新调整的问题，所以在通常情况下，在进行了组织的重新设计后，还需检查和对照企业内部现有的人力资源情况，两相对比，找出差别，确定需要从外部选聘的人员类别与数量。

2. 选配人员

职务设计和分析指出了组织中需要配备哪些素质的人。为了保证担任职务的人员具备职务要求的知识和技能，必须对组织内外的候选人进行筛选，做出最恰当的选择。这些待聘人员可能来自企业内部，也可能来自外部社会。从外部新聘员工或从内部进行调整，各有其优势和局限性。我们将在第二节中加以深入分析。现在需要指出的是候选人能力考察的困难：对于外部候选人的实际工作能力我们往往所知甚少，而对于内部候选人我们了解的也只是他们以前从事较低层次工作时的能力，至于他们能否胜任需要担负更大责任的工作，往往难以得出比较可靠、肯定的结论。候选人实际工作能力的辨识困难告诉我们必须谨慎、认真、细致地进行人员配备。把不合适的人安排在不合适的岗位上，不论是对个人还是对组织，都会带来不利的影响。必须研究和使用一系列科学的测试、评估和选聘方法。

3. 制定和实施人员培训计划

人的发展有一个过程。组织成员在明天的工作中表现出的技术和能力需要在今天培训；组织发展所需的干部要求现在就必须开始准备。维持成员对组织忠诚的一个重要方面是使他们看到自己在组织中的发展前途。人员特别是管理人员的培训无疑是人员配备中的一项重要工作。培训既是为了适应组织技术变革、规模扩大的需要，也是为了实现成员个人的充分发展。因此，要根据组织的成员、技术、活动、环境等特点，利用科学的方法，有计划、有组织、有重点地进行全员培训，特别是有发展潜力的未来管理人员的培训。

三、 人员配备的原则

为求得人与事的优化组合，人员配备过程中必须遵循一定的原则，主要有：

（1）因事择人的原则。选人的目的在于使其担当一定的职务，要求其从事与职务相应的工作。要使工作卓有成效地完成，首先要求工作者具备相应的知识和能力。因此，因事择人是人员配备的首要原则。

（2）因才使用的原则。不同的工作要求不同的人去进行，而不同的人具有不同的能力和素质，能够从事不同的工作。从人的角度来考虑，只有根据人的特点来安排工作，才能使人的潜能得到充分的发挥，使人的工作热情得到最大限度的激发。

（3）人事动态平衡的原则。处在动态环境中的组织是在不断发展的，工作中的人的能力和知识是在不断提高和丰富的，同时，组织对其成员素质的认识也是不断扩充和完善的。因此，人与事的配合需要不断地调整，使能力有所发展并得到充分证实的人担任更高层次的、责任更多的工作，使能力平平、不符合职务需要的人有机会开展力所能及的活动，从而使每一个人都能得到最合理的使用，实现人与工作的动态平衡。

第二节 人员选聘

人是组织活动的关键资源。组织中的其他物力或财力资源需要通过人的积极组合和利用才能发挥效用。人在组织中的地位决定了人员配备在管理工作中的重要性。由于每一个具体的组织成员都是在一定的管理人员的领导和指挥下展开工作的，因此管理人员的选拔、培养和考评应该成为企业人事管理的核心。

一、 管理人员需要量的确定

制定管理人员选配和培训计划，首先需要确定组织目前和未来管理人员的需要量。一般来说，计算管理干部的需要量，要考虑下述几个因素。

（1）组织现有的规模、机构和岗位。管理人员的配备首先是为了指导和协调组织活动的开展，因此首先需要参照组织结构系统图，根据管理职位的数量和种类，来确定企业每年平均需要的管理人员数量。

（2）管理人员的流动率。不管组织做出何种努力，在一个存在劳动力市场且市场机制发挥作用的地区，总会出现组织内部管理人员外流的现象。此外，由于自然力的作用，组织中现有的管理队伍会因病老残退而减少。确定未来的管理人员需要量，要有计划地对这些自然或非自然的管理队伍减员进行补充。

（3）组织发展的需要。随着组织规模的不断发展，活动内容的日益复杂，管理工作量将会不断扩大，从而对管理人员的需要也会不断增加。因此，计划组织未来的管理干部队伍，还需要预测和评估组织发展与业务扩充的要求。

综合考虑上述几种因素，便可大致确定未来若干年内组织需要的管理干部数量，从而为管理人员的选聘和培养提供依据。

二、 管理人员的来源

组织可以从外部招聘或从内部提拔所需的管理人员。

1. 外部招聘

外部招聘是根据一定的标准和程序，从组织外部的众多候选人中选拔符合空缺职位工作要求的管理人员。

外部招聘干部具有以下优点：

（1）被聘干部具有“外来优势”。所谓“外来优势”主要是指受聘者没有“历史包袱”，组织内部成员（部下）只知其目前的工作能力和实绩，而对其历史特别是职业生涯中的失败记录知之甚少。因此，如果他确有工作能力，那么便可迅速打开局面。相反，如果从内部提升，部下可能影响后者大胆地放手工作。

（2）有利于平息和缓和内部竞争者之间的紧张关系。组织中空缺的管理职位可能诱发几个内部竞争者都希望得到。每个人都希望有晋升的机会。如果员工发现自己的同事，特别是原来与自己处于同一层次具有同等能力的同事提升而自己未果时，就可能产生不满的情绪，懈怠工作、不服从管理甚至拆台。从外部选聘可能使这些竞争者得到某种心理上的平衡，从而有利于缓和他们之间的紧张关系。

（3）能够为组织带来新鲜空气。来自外部的候选人可以为组织带来新的管理方法与经验。他们没有太多的束缚，工作起来可以放开手脚，从而给组织带来较多的创新机会。此外，由于他们新近加入组织，没有与上级或下属历史上的个人恩怨关系，从而在工作中可能很少顾忌复杂的人情网络。

外部招聘也有许多局限性，主要表现在：

（1）外聘干部不熟悉组织的内部情况，同时也缺乏一定的人事基础，因此需要一段时间的适应才能开展有效的工作。

（2）组织对应聘者的情况不能深入了解。虽然选聘时可借鉴一定的测试、评估方法，但一个人的能力是很难通过几次短暂的会晤、几次书面测试而得到正确反映的。被聘者的实际工作能力与选聘时的评估能力可能存在很大差距，因此组织可能聘用一些不符合要求的管理干部。这种错误的选聘可能给组织造成极大的危害。

（3）外聘干部的最大局限性莫过于对内部员工的打击。大多数员工都希望在组织中有不断发展的机会，都希望能够担任越来越重要的工作。如果组织经常从外部招聘管理人员，且形成制度和习惯，则会堵死内部员工的升迁之路，从而挫伤他们的工作积极性，影响他们的士气。同时，有才华、有发展潜力的外部人才在了解到这种情况后也不敢应聘，因为一旦应聘，虽然在组织中工作起点很高，但今后提升的机会很小。

由于这些局限性，许多成功的企业强调不应轻易地外聘管理人员，而主张用内部培养和提升的方法。

2. 内部提升

内部提升是指组织成员的能力增强并得到充分地证实后，被委以需要承担更大责任的更高职务。

作为填补组织由于发展或病老残退而空缺的管理职务的主要方式，内部提升制度具有以下优点。

（1）有利于鼓舞士气、提高工作的热情，调动组织成员的积极性。内部提升制度给每个人带来希望。每个组织成员都知道，只要在工作中不断提高能力、丰富知识，就有可能被分配担任更重要的工作，这种职业生涯中的个人发展对每个人都是非常重要的；职务提升的前提是有空缺的管理岗位，而空缺的管理岗位的产生主要取决于组织的发展，只有组织发展了，个人才可能有更多的提升机会。因此，内部提升制度能更好地维持成员对组织的忠诚，使那些有发展潜力的员工能自觉地、更积极地工作，以促进组织的发展，从而为自己创造更多的职务提升的机会。

（2）有利于吸收外部人才。内部提升制度表面上是排斥外部人才、不利于吸收外部优秀的管理人员，其实不然。真正有发展潜力的管理者都知道，加入到这种组织中，担任管理职务的起点虽然比较低，有时甚至需要一切从头做起，但是凭借自己的知识和能力，花较少的时间便可熟悉基层的业务，从而能迅速地提升到较高的管理层次。由于内部提升制度也为新来者提供了美好的发展前景，因此外部人才会乐意应聘到这样的组织中工作。

（3）有利于保证选聘工作的正确性。已经在组织中工作若干时间的候选人，组织对其了解程度必然要高于外聘者。候选人在组织中工作的经历越长，组织越有可能对其做全面深入的考察和评估，从而选聘工作的正确程度可能越高。

（4）有利于使被聘者迅速开展工作。管理人员能力的发挥要受到他们对组织文化、组织结构及其运行特点了解程度的影响。在内部成长中提拔上来的管理干部，由于熟悉组织中错综复杂的机构和人事关系，了解组织运行的特点，所以可以迅速适应新的管理工作，工作起来要比外聘者更得心应手，从而能迅速打开局面。

同外部招聘一样，内部提升制度也可能带来某些弊端。主要有以下两个方面。

（1）引起同事的不满。在若干个内部候选人中提升一个管理人员，可能会使落选者产生不满情绪，从而不利于被提拔者开展工作。避免这种现象的一个有效方法是不断改进干部考核制度和方法，正确地评价、分析、比较每一个内部候选人的条件，努力使组织得到最优秀的干部，并使每一个候选人都能体会到组织的选择是正确的、公正的。

（2）可能造成“近亲繁殖”的现象。从内部提升的管理人员往往喜欢模仿上级的管理方法。这虽然可以使老一辈管理人员的优秀经验得到继承，但也可能使不良作风得以发展，从而不利于组织的管理创新，不利于管理水平的提高。要克服这种现象，必须加强管理队伍的教育和培训工作，特别是不断组织他们学习管理的新知识。此外，在评估候选人的管理能力时，必须注意对他们创新能力的考察。

三、 管理人员选聘的标准

“士兵有权得到能干的指挥官”，这是在古罗马恺撒大帝时就已成为一句格言，同时，组织中的每个成员都有权得到最称职的管理干部。战争中，士兵们不得不把自己的生命托付给指挥作战的长官；类似地，在现代社会生活中，组织成员不得不把自己许多需要得到满足的希望寄托于优秀的管理干部。管理人员的配备对组织活动的效率有着非常重要的影响。因此，必须选择合适的管理人员来担任合适的管理工作。怎样才算是合适的管理人员，这就需要讨论管理干部所必须具备的素质，即我们应根据哪些标准去选聘管理人员。

在具体讨论管理干部的标准以前，有必要作两点说明：第一，组织中不同层次、不同职能机构的管理职务，需要完成不同的工作，要求职务担任者具备不同的知识和技能。因此，要列出一个适合所有管理岗位工作人员的条件清单非常困难，甚至是不可能的。第二，选聘管理干部的主要依据是贡献还是能力？由于这两者并不总是一致的，个人对组织的贡献并不仅仅取决于自己的能力，还要受到自身以外许多其他因素的影响，因此，我们选择了后者。那么不依成员对组织的贡献程度来提升干部是否意味着对贡献者的不公平呢？我们认为不是的。对组织成员贡献的补偿主要是分配中的报酬，特别是给予物质方面的报酬。当然，贡献的大小有时也是能力高低的一种标志，如果某个成员不仅为组织提供了特殊贡献，而且在提供贡献过程中，充实了工作技能和知识，能够胜任更高层次的工作，那么这种特殊贡献应该成为予以提升的补充依据。

不同管理层次具体管理的业务工作是不同的，但其本质特征是一样的，即组织和协调他人的劳动。因此，从不同管理人员的具体要求中可以辨别出一些相同的方面。

1. 管理的欲望

强烈的欲望是有效地进行管理的基本前提。担任管理工作，对某些人来说，它意味着在组织中取得较高的地位、名声以及与之相应的报酬，但对更多成功的管理人员来说，它意味着可以利用制度赋予的权力来组织他人劳动，意味着通过他人的劳动来实现自己制定的、符合组织需要的目标，并从中获得心理上的满足。毋庸讳言，管理意味着对权力的运用。对权力不感兴趣的人，当然很难负责任地、有效地使用权力，从而难以借此获得积极的效果。

2. 正直的品质

正直是每个组织成员都应具备的基本品质，管理人员尤其如此。由于担任管理职务具有相当大的职权，而且组织对权力的运用往往难以进行严密、细致、及时、有效地监督，所以权力能否正确运用在很大程度上只能取决于管理人员的良知。管理人员必须是品德高尚的、值得信赖的，必须具有正直的品质。正直，意味着不对上曲意逢迎，敢于提出自己的观点，指出上级的错误；正直，意味着诚实地总结和汇报工作，不虚报成绩，不隐瞒缺点；正直，意味着对部属一视同仁，不拉帮结派，不分亲疏，不搞“顺我者昌、逆我者亡”，在评价下属工作时，有一套客观的公正的标准，而不是根据个人的好恶；正直，意味着脚踏实地地工作，而不是为了哗众取宠，摆臭架子，做表面文章。总之，正直意味着很多内容，应该成为管理人员的基本品质。管理人员若缺乏这种品质就可能涣散人心。当然，只有正直的品质而无工作的能力也不能成为合格的管理者，然而，有能力却不正直的管理人员，则可能给组织造成巨大的破坏，且能力越大，破坏越大。

3. 冒险的精神

管理的任务不仅在于执行上级的命令，维持系统的运转，而且要在组织系统或部门的工作中不断创新。只有不断创新，组织才能充满生机，才能不断发展。而创新意味着打破原机制的束缚，做以前没有做过的事，因此，存在失败的风险，且往往是希望取得的成功越大，需要冒的风险也越多。因此，要创新，就要敢于冒险。富于冒险但不盲目的精神，应该作为对组织中所有管理人员的共同要求。

4. 决策的能力

管理人员不仅要计划和安排自己的工作，而且更重要的是要组织和协调部属的工作。管理人员在组织下属工作的过程中要进行一系列的决策：本部门在未来时期内要从事什么活动，从事这种活动需达到何种状况和水平，谁去从事这些活动，利用何种条件、在何时完成这些活动，等等。管理过程中充满了决策。因此，掌握一定的决策能力对管理人员来说非常重要。当然拥有决策的能力，并不一定要求每位管理人员都能娴熟地运用决策的定量或定性的方法（管理人员在这方面的缺陷可以通过设立参谋人员或通过咨询而得到补偿），但管理者至少必须具有分析问题的能力和果断抉择的魄力：他们必须能够敏锐地观察事物的变化，善于捕捉信息，发现问题，能够透过现象抓住本质，判断问题的性质，预估事物的发展趋势；必须能够在基本把握事物变化的脉络以后，在管理研究人员制订并比较多种解决问题的可行方案的基础上，迅速果断地做出选择。成功的管理人员通常在别人还犹豫不决的情况下便能做出决策、采取行动。

5. 沟通的技能

管理人员既要理解别人，也需要别人理解自己。组织成员之间的相互理解是组织的基本保证。理解要借助信息的沟通来完成。信息沟通是在“说”和“听”的过程中实现的。管理人员要通过充分地“听”与艺术地“说”，来正确地理解上级的意图，认清组织的任务与目标，制定正确的落实措施，巧妙地提出自己的不同意见，争取上司的赞同；同时，也要通过娴熟地运用听与说的技巧，准确地表述自己的思想，布置下属的工作，并充分聆听下属的倾诉，体察他们的苦衷，了解下属工作的难度，协调他们的活动。

四、 管理人员的选聘程序与方法

不论是外聘还是内部提升，为了保证新任管理人员符合工作要求，往往需要把竞争机制引入人员配备工作中。通过竞争，可以使组织筛选出最合适的管理人员。竞争的结果可能是外部人员被选中，内部候选人被淘汰。即使这样，也不会影响整个组织内部员工的士气，因为他们知道：竞争面前，人人平等，组织是公正的，给予了自己同等的机会，所以即使未能入选也没有理由怨天尤人。

通过竞争来选聘管理人员的程序和方法如下。

（1）公开招聘。当组织中出现需要填补的管理职位时，根据职位所在的管理层次，建立相应的选聘工作委员会或小组。工作小组既可以是组织中现有的人事部门，也可以是由各方面代表组成的专门或临时性机构。

选聘工作机构要以相应的方式，通过适当的媒介，公布待聘职务的数量、性质以及对候选人的要求等信息，向企业内外公开“招标”，鼓励那些自认为符合条件的候选人应聘。

（2）粗选。应聘者的数量可能很多。选聘小组不可能对每一个人进行详细的研究和认识，否则所花费用过高。这时，需要进行初步筛选。内部候选人的初选可以比较容易地根据组织以往的人事考评来进行。对外部应聘者则需通过简短的初步会面、谈话，尽可能多地了解每个申请人的情况，观察他们的兴趣、观点、见解、独创性等，淘汰那些不能达到这些方面基本要求的人。

（3）对初选合格者进行知识与能力的考核。在粗选的基础上，要对余下的数量相对有限的应聘者进行细致的考核和评价。

1）智力与知识测验。测验要通过考试的方法测评候选人的基本素质，包括智力测验和知识测验两种基本形式。智力测验是目前流行的一种评估个人潜能的基本方法，要求通过候选人对某些问题的回答，来测试他的思维能力、记忆能力、思维的灵敏度和观察复杂事物的能力等。显然，管理人员必须具备中等水平以上的智力。知识测验是要了解候选人是否掌握了与待聘职务有关的基本的技术知识和管理知识，缺乏这些知识，候选人将无法开展管理工作。

2）竞聘演讲与答辩。这是知识与智力测验的补充。测验可能不足以完全反映一个人的基本素质，不能表明一个人运用知识与智力的能力。发表竞聘演讲，介绍自己任职后的计划和打算，并就选聘工作人员或与会人员的提问进行答辩，可以为候选人提供充分展示才华、自我表现的机会。

3）案例分析与候选人实际能力考核。竞聘演说使每个应聘者介绍了自己“准备怎么干”，向每个人表明了自己“知道如何干”。但是“知道干什么或怎么干”与“实际干什么或会怎么干”不是一回事。因此，在竞聘演讲与答辩以后，还需要对每个候选人的实际操作能力进行分析。测试和评估候选人分析问题和解决问题的能力，可借助“情景模拟”或称“案例分析”的方法。这种方法是将候选人置于一个模拟的工作情境中，运用多种评价技术来观测他的工作能力和应变能力，以判断他是否符合某项工作的要求。

情景模拟的具体方法很多，这里主要介绍“处理公文测验”与“无领导小组讨论”两种方法。

处理公文是管理人员特别是较高层次的管理人员的一项重要工作内容。处理公文的能力反映了一个人接受有用信息和利用信息进行决策的能力。运用这种方法的主要步骤是：①向候选人提供“一揽子”公文，包括电话记录、下级请示报告、上级批件、公司内部报告、外部函件等。其中既有重要事项，也有琐碎的小事；②要求候选人在规定时间内把这些公文处理完毕；③观察候选人在一大堆公文压力下的心理与行为，是分别轻重缓急、有条不紊或授权下属，还是杂乱无章，“眉毛胡子一把抓”；④询问候选人处理某些公文的依据是什么，有什么设想，为什么这样做而不那样做；⑤根据观测结果，选聘工作小组对候选人的管理能力做出集体评价。

“无领导小组讨论”的方法主要用于评价候选人的领导能力、合作能力、应变能力。其运用步骤是：①将候选对象编成若干小组；②规定身份，明确任务，向候选人提供相同的“公司”或“市场”材料，要求就公司在未来时期内增加赢利或提高市场份额制定对策。讨论时各自的指定身份是相同的，不存在领导与被领导的关系；③每个候选人根据提供的材料，开动脑筋，提出自己的看法与设想，进行讨论；④考核应变能力。讨论中每隔一定时间通报一次市场行情和企业生产情况的变化。有时，某个问题刚刚讨论完毕，解决问题的方案刚刚制订，便立即告诉候选人情况发生了变化。这时，要注意每个候选人的表现，在突然的变化面前是焦躁不安、不知所措，还是沉着冷静、应付自如；⑤最后，对参加讨论的每个人的领导能力、合作能力和应变能力进行评价，建议符合每个人特点的工作性质。

（4）民意测验。管理人员是通过别人的劳动来实现自己的目标的。管理工作的效果是否理想不仅取决于管理人员自己的努力程度，而且受到被管理人员接受程度的影响。因此，在选配管理人员时，特别是在选配组织中较高管理层次的管理人员时，还应注意征询所在部门甚至是组织所有成员的意见，进行民意测验，以判断组织成员对他（他们）的接受程度。

（5）选定管理人员。在上述各项工作的基础上，利用加权的方法，算出每个候选人知识、智力和能力的综合得分，并考虑到民意测验反映的受群众拥护的程度，并根据待聘职务的性质，选择聘用既有工作能力，又被同事和部属广泛接受的管理人员。

第三节 人事考评

员工的素质，特别是管理干部的素质，是企业活动效率的决定因素。美国钢铁大王卡内基曾经宣称："你可以剥夺我的一切，资本、厂房、设备，但只要留下我的组织和人员，四年以后我将又是一个钢铁大王。"人员对企业成功之重要，由此可见一斑。因此，企业对人力资本也应像对其他物力或财力资源一样，有规律地定期"盘点"，列出"清单"，以配合组织的发展，做好人事工作。

一、人事考评的目的和作用

人事考评首先是为了列出企业人力资源的清单，了解企业管理队伍的基本状况。但是提供清单本身并不是目的，它是为一系列具体工作服务的。

（1）为确定管理人员的工作报酬提供依据。这是许多企业进行人事评估的主要目的。工作报酬必须与工作者的能力和贡献结合起来，这是企业分配的一条基本原则。如果报酬仅取决于工作的性质（如流水线上的作业）或劳动的数量（比如在实际计件工资制的条件下），那么人事考评也许不太重要。这时，企业更加关心的是工作分析；分析流水生产中每道工序的作业对工人的体力和智力的要求，不论谁担任此项工作，都必须付给相同的报酬；分析作业方法，制定标准的作业时间，确定合理的计件单价，使任何作业者的报酬与其工作量成某种比例关系。

然而，管理人员的工作与流水线上的操作或按件计酬的工人有着本质的区别。这种区别主要表现在：管理人员的工作往往具有较大的弹性；管理人员的工作效果通常难以精确地量化处理；这种结果往往受到存在于管理人员之外的许多难以界定的因素的影响。由于这些特点，在确定管理人员的工作报酬时，不仅要根据担任这项职务所必需的素质的能力工资或职务工资，而且还应根据管理人员在工作中的态度、努力程度、实际表现等因素来确定绩效工资，如图9-1所示。如果说前者取决于工作或职务分析的话，后者则需要通过人事考评来提供依据。

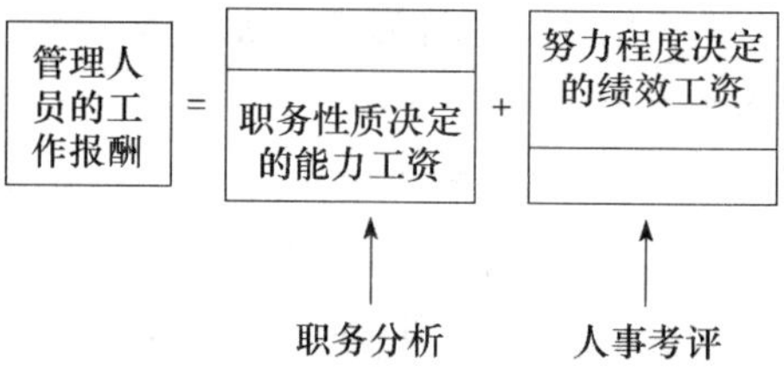

图9-1 绩效工资确定机理

（2）为人事调整提供依据。期初配备的管理人员并不一定与工作要求完全相符。有些管理人员在选聘时所表现出的曾令人留下深刻印象的工作能力在管理实践中并未能得到充分证实。相反，另一些管理人员在工作过程中素质和能力不断得到提高，表现出强烈的担负更重要工作的欲望，并试图努力证明自己是有能力负起更大责任的。由于诸如此类的原因，必须根据管理人员在工作中的实际表现，对组织的人事安排经常进行调整：将前者安排到力所能及的岗位上，给后者提供晋升的机会，对另一些人则可保持现在的职位。人事考评可以为我们制定包括降职、提升或维持现状等内容的人事调整计划提供依据。

（3）为管理人员的培训提供依据。管理人员的社会阶层、文化背景、过去经历以及受教育程度等因素决定了他们在具备一定优秀素质的同时，也存在某些方面的素质缺陷。这些素质缺陷影响了他们管理技能的提高，对他们现在的工作效率或未来的提升构成了不同程度的障碍。这些缺陷往往是由于缺少学习和训练的机会而造成的，因此可以通过企业的人员培训来消除或改善。人事考评可以帮助企业了解每个管理人员的优势、局限，因而能够指导企业针对管理队伍的状况和特点来制定相应的培训和发展规划。

（4）有利于促进组织内部的沟通。促进沟通也许只是一种副产品，是人事考评中一种派生的有利因素。制度化的人事考评，可以使下级更加明确上级或组织对自己的工作和能力要求，从而了解努力的方向；可以使上级更加关心下属的工作和问题，从而更关注他们的成长；可以使上下级经常对某些问题进行讨论，从而促进理解的一致性等。这些由于考评而带来的沟通的增加，必然会促进人们对组织目标与任务的理解，融洽组织成员特别是管理人员之间的关系，从而利于组织活动的协调进行。

二、 人事考评的内容

一般来说，为确定工作报酬提供依据的考评，着重于管理人员的平时表现，而为人事调整或组织培训进行的考评则偏向技能和潜力的分析。然而，组织中具体进行的人事考评，往往不是与一种目的有关，而是为一系列目的服务。因此，考评的内容不能只侧重于某一方面，而应尽可能全面。

1. 贡献考评

贡献考评是指考核和评估管理人员在一定时期内担任某个职务的过程中对实现管理企业目标的贡献程度，即评价和对比组织要求某个管理职务及其所辖部门提供的贡献与该部门的实际贡献。

贡献往往是努力程度和能力强度的函数。因此，贡献考评可以成为决定管理人员报酬的主要依据。贡献评估需要注意以下两个问题：

（1）应尽可能把管理人员的个人努力和部门的成就区别开来，即力求在所辖部门的贡献中辨识出有多大比重应归因于主管人员的努力。这项工作可能在实践中是非常困难也是非常重要的。因为在个人提供的努力程度不变的情况下，外部完全有可能发生不可抗拒的、内部无能为力的但对内部部门目标的实现起着重要促进或阻滞作用的变化。许多组织中往往存在着这样一些陷阱部门：从某个时刻开始，对内部门主管的人员“纷纷落马”，即使在其他部门表现突出的管理人员，来到这些陷阱部门后也往往一筹莫展。这种部门的产生往往与环境的变化有关：环境发生了重大变化后，该部门的业务性质可能发生了重大改变，业务急剧膨胀，而组织中该部门的性质及其与其他部门的关系却未做相应的调整。在这种情况下，需要考虑和分析的不是管理人员的表现和能力，而是组织机构和合理性。

> 贡献考评是指考核和评估管理人员在一定时期内担任某个职务的过程中对实现管理企业目标的贡献程度。

（2）贡献考评既是对下属的考评，也是对上级的考评。贡献考评是考核和评价具体管理人员及其部门对组织目标实现的贡献程度。而具体人员和部门对组织的贡献往往是根据组织的要求来提供的。因此，只有在被考评时期开始以前，组织（上级）对每个部门和管理岗位的工作规定具体的目标和要求，考评才可以进行。否则，不仅使下级不能了解努力的方向，从而不能做出有效的贡献，而且使考评失去了客观的标准。在这种情况下，下级不能提供积极贡献的原因不在他们自己，而在上级。所以说，对下级贡献的考评，也是对上级进行考评，考评上级组织下属工作的能力。

2. 能力考评

贡献虽然可以在一定程度上反映管理人员的工作能力，但不仅仅取决于后者。能力的大小与贡献的多少并不存在严格的一一对应关系。为了有效地指导企业的人事调整或培训与发展计划，还需要对管理干部的能力进行考评。

能力考评是指通过考察管理人员在一定时间内的管理工作，评估他们的现实能力和发展潜力。

能力考评是指通过考察管理人员在一定时间内的管理工作，评估他们的现实能力和发展潜力，即分析他们是否符合现任职务所具备的要求，任现职后素质和能力是否有所提高，从而能否担任更重要的工作。由于管理人员的能力要通过日常的具体工作来表现，而处理这些工作的技术和方法又很难与那些抽象地描述管理者素质特征或能力水准的概念对上号。因此，能力考评中切忌只给抽象概念打分。

"决策能力"、"用人能力"、"沟通能力"、"创新精神"、"正派的作风"等无疑是优秀的管理人员必须具备的基本素质，这是任何一个组织都会认识到的。但这只是一些抽象的概念，用这些未加细分的笼统甚至是模糊的概念去组织考评，只能增加考评难度，使考评者仅据自己的主观判断给被考评的对象任意打分，且这种打分往往是比较宽松的。

那么，怎样才能得到现实、可靠、客观的能力考评结论呢？美国管理学家孔茨等人认为，应该根据组织对不同管理人员的基本要求，借助管理学的知识，将管理工作进行发展，然后用一系列具体的问题说明每项工作，来考评管理人员在从事这些工作中所表现出的能力。

比如，为了考评管理人员能力的计划，可以提出以下问题：

- 他是否为本部门制定了与公司目标关系明确的可考核的长期和短期目标？
- 他是否理解公司政策在其他决策中的指导作用，并确保下属也这样做？
- 他是否定期检查计划的执行情况，以确保部门的实际工作与计划要求相一致？

又如，为了考评组织能力，可以提出以下问题：

- 他对下属的工作职责和任务是否有明确的要求，并确保下属能理解自己的任务？
- 他是否对下属在开展工作、承担责任的过程中授予了相当的职权？
- 他在授权后是否能控制自己不再利用这些职权进行决策，从而干预下属工作？
- 他是否建立了必要的信息反馈制度，并明确职权系统与信息反馈系统在管理中的地位的区别？

为了尽可能地得到客观的评价意见，上述问题应力求设计成是非判断题的形式。在难以设计成是非题的情况下，应努力对可供选择的多种答案（如"优秀"、"良好"、"一般"、"不符合要求"等）给予明确的界定。

根据对管理者的工作要求来进行能力考评，不仅具有方便可行、能够保证得到客观结论的好处，而且可以促使被考评者注重自己的日常工作，根据组织期望改进并完善自己的管理方法和艺术，从而起到促进管理能力发挥的作用。

最后需要指出的是，考评中的"明确"与"具体"的要求不应与"复杂"、"烦琐"相混同。只有经过专门训练的专家才能看懂及填写考评表，在实际操作中会遇到与简单抽象概念打分相类似的困难。因此在设计考评表时，要注意在具体、明确的基础上，用简洁的语言准确地提出能够反映管理人员能力特点或素质状况的问题。

三、 人事考评的工作程序与方法

贡献与能力考评，不仅对组织的人事工作，而且对管理者本身是非常重要的。考评工作可以从两个方面影响管理人员的积极性：考评结论直接反映了组织、上级、部属、同僚对自己的评价，从而反映了组织对自己努力的承认程度；组织根据考评结论而做出分配或晋升方面的决策，会影响自己在组织中的地位和发展前景。由于这两个原因，每个管理人员都会重视组织的考评，都会把组织对自己的考评与别人进行比较，以判断组织对自己是否公正。因此，为了促进或维持每一个管理人员更加积极地为组织工作，必须努力提高考评的公正性。

公平的考评要求依据一定的程序，确定合理的考评内容，选择适当的考评者，测试考评的误差，向被考评对象传达考评的结论，使之对不利于自己的评价有申辩的机会，以真正起到改善的效果。

（1）确定考评的内容。管理职务不同，工作要求不同，管理人员应具备的能力和贡献也不同，所以考评管理人员，首先要根据不同岗位的工作性质，设计合理的考评表，以合理的方式提出问题，通过考评者对这些问题的填写得到考评的原始资料。

（2）选择考评者。考评工作往往被视为人事管理部门的任务。实际上，人事部门的主要职责是组织考评工作，而非具体地填写每张考评表。考评表应该由被考评对象在业务上发生联系的有关部门的工作人员填写。

与被考评的对象发生业务联系的人员主要有三类：上级、关系部门及下属。由上级来填写考评表，主要是考核和评价下属的理解能力和组织执行能力；关系部门的考评主要是评估当事人的协作精神；下属的评价则着重于管理者的领导能力和影响能力。

传统的考评方法，往往是由直接上司来考评各管理人员。直接上司虽然对部属比较了解，而且这种考评方法也能促进上司去注意下属的情况和要求，但每个上司都不希望下属在能力和贡献评价中得到不好的评论（培养部下的能力往往是影响上司晋升的一个重要因素），所以在考评时往往打分过宽。这种考评方法还有可能促成管理人员只知“唯上”的坏作风，只愿求得上司的赏识，只做上司能够看得到的表面文章，而忽视了部下和关系部门的要求，不做扎扎实实的工作。让关系部门的同僚或部属来填写考评表中的有关部分，可以克服这些弊病，可以促进管理人员加强主管意识和协作意识。

（3）分析考评结果，辨识误差。为了得到正确的考评结果，首先要分析考评的可靠性，剔除那些明显不符合要求的、随意乱填的表格。比如对表中的各个问题均答“是”（给最高分），或均答“否”（给最低分），显然不是科学的实事求是的态度。对这类表格不加剔除，则会影响考评结论的质量。

在此基础上，要综合各考评的打分，得出考评结论，并对考评的主要内容进行对照分析。比如对某管理人员的贡献考评得分颇高，而能力考评得分则偏低，或相反，这就需要检查和分析考评中有无不符合事实的、不负责任的评价，检验考评结论的可信程度。

（4）传达考评结果。考评结果应及时反馈给有关当事人。反馈的形式可以是上级主管与被考评对象直接单独面谈，也可以用书面形式通知。有效的方法是把这两种结合起来使用：主管与被考评对象会晤之前，应让后者了解考评的结论，知道组织对自己能力的评价和贡献认识程度，以及组织所认为的自己的缺陷，从而要求改进的方向，以使被考评者有时间认真考虑这些结论，如果认为考评有欠公正或不全面，则可经过认真准备后，在会面时有充分申辩或补充的机会。

（5）根据考评结论，建立企业的人才档案。有规律地定期考评管理干部，可以使企业了解管理干部的成长过程和特点，可以使企业建立起人力资源档案，可以帮助企业根据不同的标准将管理人员分类管理，比如根据每个人的发展潜力分成：目前即可提升；经过适当培训后便可提升；基本胜任工作，但有缺陷需要改善；基本不符合要求，需要更换等几种类型，从而为企业制定人事政策、组织管理人员培训和发展提供依据。

第四节 人员培训

由于组织的发展或由于某种自然与非自然的原因，组织的管理队伍需要不断地更新和补充。人的成长总需要一个相对漫长的渐近过程，明天担任管理职务的干部要求今天就开始培训。因此，组织要在通过人事考评了解人力资源状况和特点的基础上，重视开展人员培训，特别是管理人员的培训工作。

一、 培训与管理队伍的稳定

管理人员的培训，不仅可以为组织的发展准备干部，而且对管理人员自己来说也是非常重要的：通过培训，不仅可以直接丰富个人的知识，增强个人的素质，提高个人的技能，而且可以辨识个人的发展潜力，使那些在培训中表现突出的管理人员在培训后有更多的机会被提拔担任更重要的工作。由于培训为个人发展和职务晋升提供了美好的前景，使个人未来在一定程度上有了保障，增强了管理人员在职业方面的安全感，因此，它有利于维持管理人员对组织的忠诚，能够促进管理队伍的稳定性。

管理队伍的稳定与组织的人员培训工作是相互促进的：一方面，培训提供了个人发展的机会，能够减少管理人员的离职；另一方面，管理干部的稳定性，又能促进企业放心地进行人力投资，使企业舍得花钱培训，而不需担心为他人作嫁衣。

二、 管理人员培训的具体目标

旨在提高管理队伍素质、促进个人发展的培训工作，必须实现以下四个方面的具体目标。

（1）传递信息。这是培训管理干部的基本要求。通过培训，要使管理人员了解企业在一定时期内的生产特点、产品性质、工艺流程、营销政策、市场状况等方面的情况，熟悉公司的生产经营业务。

（2）改变态度。每个组织都有自己的文化、价值观念、行动的基本准则。管理人员只有了解并接受了这种文化，才能在组织中有效地工作。因此，要通过管理人员，特别是对新聘管理人员的培训，使他们逐步了解组织文化，接受组织的价值观念，按照组织中普遍的行动准则来从事管理工作，与组织同化。

（3）更新知识。现代企业在生产过程中广泛地运用了先进的科学技术，管理者必须掌握与企业生产经营有关的科学知识。这些知识，既可以在工作前的学校教育中获取，更应该在工作中不断地补充和更新，因为随着科学技术进步速度的加快，人们原先拥有的知识结构在迅速地陈旧和老化。国外有人曾统计分析，认为1976年在学校学到的知识，到1980年就有50%过时了。苏联有人认为，大学学到的知识仅为实际工作中要求的10%，其余90%需要在工作以后不断补充。为了使企业的活动跟上技术进步的速度，为了使管理人员能有效地管理具有专门知识的生产技术人员的劳动，就必须通过培训来及时补充和更新他们的科学、文化、技术知识。

（4）发展能力。管理是一种职业，有效地从事这种职业，必须具备职业要求的基本知识，并在职业活动中不断提高。管理人员培训的一个主要目的，便是根据管理工作的要求，努力提高他们在决策、用人、激励、沟通、创新等方面的管理能力。

三、 管理人员的培训方法

知识的更新和补充可以相对迅速地通过集中脱产或业余学习的方法来完成，而态度的改变与技能的培养则需要在参与管理工作的实践中长期不懈地努力。我们关心的主要是培养能力与改变态度的培训方法。

1. 工作轮换

> 管理工作轮换是让培养对象先在一些较低层次的部门工作，以积累不同部门的管理经验，了解各管理部门在整个公司中的地位、作用及其相互关系。

工作轮换包括管理工作轮换与非管理工作轮换。非管理工作轮换是根据受培训的个人经历，让他们轮流在公司生产经营的不同部门和岗位上工作一段时间，以熟悉公司的各种业务。管理工作轮换是在提拔某个管理人员担任较高层次的职务以前，让他先在一些较低层次的部门工作，以积累不同部门的管理经验，了解各管理部门在整个公司中的地位、作用及其相互关系。

工作轮换，作为培养管理技能的一种重要方法，不仅可以使受训人丰富技术知识和管理能力，掌握公司业务管理的全貌，而且可以培养他们的协作精神和系统观念，使他们明确系统各部分在整体运行和发展中的作用，从而在解决具体问题时，能自觉地从系统的角度出发，处理好局部与整体的关系。

为了有效地实现工作轮换的目的，要对受轮换训练的管理人员提出明确的要求，并据此对他们在各部门工作期间的表现严格考核，以防止他们产生“做客”、“体验生活”的思想，从而在各部门匆匆而过，不能很好地利用这个机会。

2. 设置助理职务

在一些较高的管理层次设立助理职务，有时可以减轻主负责人的负担，使之从繁忙的日常管理中脱出身来，专心致力于重要问题的考虑和处理，而且这种方法还有培训待提拔管理人员的好处。比如，可以使助理开始接触较高层次的管理实务，并通过处理这些实务，积累高层管理的经验，熟悉高层管理工作的内容与要求；可以使助理很好地观察主管工作，学习主管处理问题的方法，吸收他的优秀管理经验，从而促进助理成长。此外，还可以使培训组织者更好地了解受训人（助理）的管理能力，通过他单独主持某项重要工作，来观察他的组织能力和领导能力，从而决定是否有必要继续培养或是否有可能予以提升。

3. 临时职务与彼得原理

当组织中某个主管由于出差、生病或度假等原因而使某个职务在一定时期内空缺时（当然组织也可以有意识地安排这种空缺），则可以考虑让受培训者临时担任这项工作。安排临时性的代理工作具有和设立助理职务相类似的好处，可以使受培训者进一步体验高层管理工作，并在代理时充分展示或迅速弥补他所缺乏的管理能力。

设立代理职务不仅是培训管理人员的方法，而且可以帮助组织进行正确的提升，防止“彼得现象”的产生。

英国学者彼得经过研究发现，在实行等级制度的组织里，每个人都崇尚爬到能力所不及的层次。他把自己的个人发现写成著名的《彼得原理》一书。由于组织中经常有些管理人员提升后不能保持原先的成绩，因此可能给组织带来效率的大滑坡。

彼得原理描述的实际上是这样一种事实：某个人被提拔担任管理工作后，任职初期由于缺乏经验，只能表现平平，甚至有点不自在。但随着工作时间的延长，管理经验不断丰富，能力不断提高，从而成绩不断改善。如果说初期他的能力与成绩只能勉强符合职务要求的话，那么现在可能远远超过了职务要求的水平。这时，组织便可能考虑将其提升。提升后可能经历与前一阶段类似的过程，即逐渐从“表现平平”到“超越职务需要”，这样便可再度获得晋升的机会。这样一直延续下去，直至有一天，他被晋升到某个高层次的职务以后，能力不能继续提高，成绩不能继续改善，甚至不符合职务的要求，工作表现在职务要求的“水平以下”，即彼得所谓的“爬到了能力所不及的阶层”。出现这种情况，对个人来说，失去了继续晋升的机会，对组织来说，则会引起效率的下降甚至滑坡。

如何才能防止彼得现象产生呢？从理论上来说，组织总是有可能（而且应该）及时撤换不称职的管理干部。但在实际工作中，“表现平平”的管理人员被降职的可能性极小，对“成绩较差”的干部，组织往往是比较宽容的。为了对他们本人“负责”，组织往往需要给他们提供一个改善的机会。而当他们的能力被再度证明不符合职务要求从而组织下决心撤换时，他们所在部门的工作已对组织目标的实现产生了一些不利的影响。因此消极的在提升后撤换不称职管理人员的方法，需要组织付出极高的代价。

积极的方法应通过分析彼得现象产生的原因去寻找。这种现象能够产生的一个重要原因是：我们提拔管理人员往往主要依据他们过去的工作成绩和能力。在较低层次上表现优异、能力突出的管理者能否胜任较高层次的管理工作？答案是不肯定的。只有当这些人担任高层次的管理工作的能力得到某种程度的证实后，组织才应考虑晋升的问题。检验某个管理人员是否具备担任较高职务条件的一种可行的方法，是安排他担任某个临时性的“代理”职务。通过对代理者的考察，组织可以更好地了解他的独立工作能力。如果在代理以前，该管理人员表现突出，部门内的人际关系很好，在执行工作中也表现出一定的创新精神，而在代理过程中，遇事不敢做主，甚至惊慌失措，每天向出差、休假的主管打上十几次电话，以请示汇报工作，那么，将“代理”转为“正式”显然是不恰当的。由于“代理”只是一个临时性的职务，因此，取消“代理”，使其从事原先的工作，对代理者本人也不会造成任何打击，但这样可以帮助组织避免一次错误的提拔。

本章回顾

小　结

人员配备是为岗位配备适当的人，因此，既要考虑组织成员的个人特点、爱好和需要，也要考虑组织的需要。人员配备的任务不仅是为了保证组织目前活动的顺利进行与个人现有能力的充分发挥，而且要为组织与个人的发展提供保证。

选聘管理人员是人员配备的主要工作内容。管理职位特别是高层管理职位出现空缺时，组织可以通过外部招聘或内部提升两种不同的途径去补齐。当然，究竟选择何种途径，要考虑到多方面的因素，特别是要考虑到对管理干部队伍士气的影响。为了合理地进行人事调整、公平提拔管理干部或对管理者给予报酬，必须对管理人员的素质特点以及组织的需要，有目的地进行培训。培训的方式可以是多种多样的。在职培训主要包括工作轮换、设立助理或临时职务等途径。要通过培训，达到传递信息、改变态度、更新知识、发展能力等目的。

关键术语

人员配备　　人事考评　　人事动态平衡原则　　内部提升
贡献考评　　能力考评　　外部招聘　　工作轮换
选聘程序

思考题

1. 人员配备满足组织和个人的哪些需要？
2. 人员配备包括哪些工作内容，从事这些工作需要遵循哪些原则？
3. 如何确定管理人员的需要量？
4. 外部招聘或内部提升管理干部有何优点和局限性？
5. 管理人应具备哪些基本素质？
6. 管理人员考评的目的和作用是什么？
7. 为什么不仅要考评管理人员的贡献，还要考评其能力？
8. 管理人员培训的目的是什么？
9. 为什么会出现彼得现象，如何防止彼得现象的出现？

延伸阅读

1. 彼得·德鲁克．管理的实践［M］．北京：机械工业出版社，2008.
2. 威廉P安东尼，等．人力资源管理：战略方法［M］．北京：中信出版社，2004.
3. 加里·德斯勒．人力资源管理［M］．北京：中国人民大学出版社，1999.
4. 劳伦斯S克雷曼．人力资源管理：获取竞争优势的工具［M］．北京：机械工业出版社，2009.
5. 萧鸣政．人员测评与选拔［M］．上海：复旦大学出版社，2005.
6. 徐芳．培训与开发理论及技术［M］．上海：复旦大学出版社，2005.
7. 文跃然. 薪酬管理原理［M］．上海：复旦大学出版社，2004.

案例讨论

TCL王牌公司的人力资源管理

广东惠州的TCL电子集团，凭借一流管理、一流产品、一流服务、一流队伍，以家电、通信、信息和电工四大支柱产业为基础，核心竞争力不断增强，从市场营销的国际化到生产制造、资本运营的国际化，在可持续发展过程中向世人推出了一个具有国际竞争力的中国品牌。王牌彩电是TCL集团规模最大、最具影响力的支柱产品。产品供应链末梢延伸至家居生活的每一个角落。几年来，王牌彩电在国内的市场占有率位居前三名。2000年4月公布的中国电子百强排名中TCL名列第三，而2000年上半年的销量排名中TCL又勇夺第一名桂冠。与此同时，在该年中国最有价值品牌的评比中，TCL以105.93亿元的品牌价值名列第五。这是整个TCL人，尤其是TCL王牌人引以为自豪的。

TCL王牌的人力资源管理体系比较健全和完善，人力资源部的工作重点主要是：招聘甄选人才；工作业绩考核；员工上岗前后及针对考核结果进行员工培训；结合激励机制及考核结果所进行的工资调整、职位变动等薪酬管理工作。相应地，人力资源部设置了4个组：招聘组、培训组、工资组和绩考组。

人力资源的招聘甄选系统

招聘组的职责是：综合考虑人力成本和公司现状及发展的需要，协助、配合各业务部门进行人员需求预测和规划，制定、实施相应的招聘与调配计划；同时，收集各用人部门反馈的人员使用情况信息，以检查招聘面试指标的有效性，并及时做出改进和完善。

招聘组的职能定位是以服务性为主的职能部门，为各用人部门提供所需的合适人员是招聘组的主要职责。为此，招聘组成员与各部门保持紧密联系，各部门负责将涉及人员变动的远期、近期工作计划及时向招聘组反馈，以便该组实时跟踪掌握各部门的人员需求情况。考虑人工成本等因素，公司对增员控制较严，根据实际需要，招聘组会同各部门按要求拟制增补人员报告，其中要注明所需增补人员的原因、到岗时间以及具有可操作性的条件和要求，然后报总经理或其授权人审批。通过后，招聘组便通过各种途径招聘：委托中介机构招聘人才；通过报纸、网络等刊登招聘广告；或直接前往人才市场现场招聘。

甄选过程通常包括面试和笔试两个步骤。参与面试的人员要由人力资源部和用人部门组成，由管理类人员和技术类人员搭配。不仅考察应聘者的专业水平，还要了解其语言表达、思维应变、交际能力、协作精神及性格特征等，力求吸纳最合适的人选。招聘组成员每年都要参加集团组织的招聘方面的培训，寻求科学有效的面试技巧，探求面试结果与实际工作业绩之间的关联度。

此后，如果面试者对应聘者较为满意，则通知其进行体检，如遇到患有传染性疾病的不合格人员，招聘人员会用适当方式说明情况，婉言谢绝。因为TCL公司是集体就餐，这样做不仅对在厂员工负责，也对应聘者负责，即使是在厂员工，每半年也要体检一次。对体检合格者，招聘组将应聘者资料及面试情况送总经理或授权人审批，最后通知应聘者来公司报到上班、办理手续等。应聘者的所有资料归此组整理归档，并输入公司的人力资源信息管理系统。

以员工培训为核心的人力资源开发系统

培训组的主要职责是：制定公司培训方面的管理制度和方法；为使包括应届大学毕业生在内的各类新员工尽快熟悉本职工作，协助用人部门，负责对其进行岗前培训；与用人部门一起，调查、收集并分析员工的培训需求，参考其他企业的培训经验，制定相应的培训实施计划；反馈培训效果，总结人力资源开发的成功经验与失败教训。

提高员工素质是保持公司竞争力的前提，TCL从集团到所属的各个二级企业均比较重视员工的培训。其中，王牌公司在这方面做得较为突出，它把员工的开发和培训当做企业发展的一项战略措施来抓，配合公司战略管理进行人才开发和员工培训是培训组的主要任务和职责，其培训工作系统有以下几个方面的特点。

其一，培训需求自下向上产生。培训需求来自以下三方面：一是经过工作分析，各部门员工都知道所从事工作的任职资格，如有差距则产生培训需求；二是经过定期的考核评议，根据考核结果，反馈给需要进一步"充电"的有培养前途和潜力的员工，进而产生培训需求；三是员工通过日常工作，认识到自身的不足，提出相应的培训需求。一定要有需求再培训，培训不是强加于人的，而是"有求才应"的，培训组定期下发培训需求表，让各部门填写培训需求计划。培训组汇总、整理、分析需求，必要时还要进行调查，在可行性分析的基础上及时安排实施计划。

其二，公司培训项目有很强的针对性。对不同层次的员工有不同内容、不同方式的培训。比如，针对一线生产员工的岗位技能培训；针对基层管理人员的现场管理、物流规划、动作研究等工业工程方面的培训；针对技术人员的专业知识培训；针对应届新入厂的研究生、本科生的岗前培训；针对高层管理人员的管理理念等方面的培训等。

其三，对培训效果进行跟踪反馈。培训要花费一定的费用，公司每年在这方面的投资较大。如果只有培训，没有效果跟踪、信息反馈，人力资源开发工作就会陷于被动，培训效益和作用就会大打折扣。为此，培训组在培训时及培训后均进行跟踪调查，了解培训是否达到了预期效果，并相应地对以后的培训工作进行调整和改进。

该公司员工培训以内部培训为主、外部

培训为辅，拥有多样化的培训形式。培训组不仅对组织内部有一技之长的员工进行培训，还聘请外部专家来公司讲学，甚至送员工到高校、科研机构等进行脱产培训。但考虑到培训成本及可操作性等因素，公司坚持以内部解决为主，充分依靠内部资源，减少费用支出。对内部不能完成的项目则安排外部培训。

工资组的薪酬管理

工资组的职责是：收集并分析同行业及其他行业的薪酬信息，提供决策支持，进行薪酬管理；结合公司情况，研究、制订具有一定竞争性同时又体现内部公平性的薪酬政策和方案。

公司薪酬管理政策比较灵活，应用利益驱动原理，将员工的收入与企业的效益结合起来。薪酬内容体系除基本工资外，不同工作性质和内容的人员有不同的奖金方案：对于研发中心人员，采用项目工资制，奖金和研究开发成果挂钩；对于生产一线员工，其奖金和当月产量挂钩，以效益奖的形式发放；而其他职能部门的效益奖金则取生产线效益奖的平均数。

另外，工资组时刻关注着全国范围内同行业和其他行业的薪酬情况，结合当地消费水平和自身实际，研究制定适合本公司的薪酬方案。同时，结合招聘组反馈的招聘信息以及定期的人员流失情况统计，分析本公司薪酬待遇的竞争力，并做出相应的调整，送总经理批准后实施。与此同时，工资组还研究薪酬福利的激励效应，时刻关注员工对薪酬待遇的态度，并将信息及时反馈给决策层，为公司战略经营管理提供支持。

人力资源绩效考评的职责、原则和程序

绩效组的职责是协助各部门进行员工考核。为贯彻“能者上、平者让、庸者下”的用人原则，真正将那些对企业发展有贡献和无贡献、贡献大与贡献小的人员区分开来，绩效组负责制定相应的绩效考核管理制度和原则。绩效组在总原则上指导各部门制定科学、合理、可行的考核指标体系，但具体的定性与定量指标尚需各部门结合自身工作内容而定。

定期对员工的工作业绩进行评议是人力资源部的一项重要工作。绩效考核的根本目的就是对员工的工作进行总结，鼓励先进，鞭策甚至淘汰落后，真正将员工按能力、绩效、素质等进行区分并区别对待，给员工以压力和动力，改变干好干坏、干多干少一个样的状况。在实际中，许多公司都希望人力资源部拿出一套现成的可操作的考核指标体系，而人力资源部由于不可能对各部门的工作都了解因而无法满足此需求。王牌公司在这方面的做法是：人力资源部在考核原则、相关制度及表格设计、考核程序的制定等方面下工夫，各部门则根据自身工作内容制定具体的考核指标。TCL公司考核方面的操作程序较为严格、规范，并注重实际效果。

TCL公司在绩效考核方面坚持以下基本原则。

明确公开原则。公司绩效评议的标准、方法、程序和责任均有明确规定，并且在实际评议操作中严格遵守这些规定。评议的标准都是通过描述工作职责、任职资格、工作量及人员定额等工作分析后确定的，因此能够形成一套科学合理、可操作性强、定性定量指标相结合的考核体系，大大减少了实施中的随意性和主观性。与此同时，评议的程序和责任对全体员工公开，有很强的透明度。

客观评议原则。由于考核指标是根据各部门的工作职责导出的，故而每一项指标都有明确的衡量标准，评议时也紧紧与实际工作业绩相结合，拿业绩与既定标准相比较，尽量避免掺入主观性和感情色彩。

同步反馈原则。许多公司评议工作由部门领导指定一个成员完成，其他人员签字即可，评议人员仅凭印象打分，没有与被评议者进行沟通，事后也没有将结果反馈给被评议者。TCL公司不仅组织评议小组对被评议者进行评议，还必须首先由被评议者进行自评，并明确规定评议一定要进行面对面的沟通，并将结果反馈给被评议者。在反馈评议结果时，应当向被评议者就结果进行解释，特别对那些自评与他评有较大差异的更要说明原因。同时，肯定成绩，指出不足，并提出改进意见和建议。如果被评议者对他评结果有疑义，可以提交上一级评议机构进行复评。

体现差别原则。评议的等级之间有明显的界限，针对不同的结果区别对待，好的可以推荐晋升，差的也要区别处理，对于绩效不高但仍有潜力的，则可以进行培训后再上岗或调岗，对其他差的可以降级甚至辞退，使评议真正起到鼓励先进、鞭策落后的效果。

该公司的评议程序很简单：被评议者首先填写述职报告，与此同时，评议小组成员了解被评议者的工作情况，加以整理分析，并整理评议提纲；接着进入实际的评议阶段，被评议者做简单的自我介绍，介绍自己的优势和劣势，自己的业绩和能力，而评议人员则对其按照评议提纲进行提问；然后将结果整理、汇总，反馈给被评议者及所在部门和人力资源部；最后由人力资源部进行总结，对评议方法、出现问题等进行跟踪。评议提纲主要描述了以下问题，包括：

- 你的工作目标及主要工作职责是什么？
- 你从事工作的原状、现状、采取的措施、效果等目标完成情况如何？
- 目前工作中存在的问题和解决的难点是什么？
- 你希望加强哪些知识、技能和能力，以提高你在当前工作中的表现？
- 未来一年你有什么打算，你的工作目标是什么？

通过上述提问，评议人员就可以了解被评议者的专业知识、分析解决问题的能力、沟通技巧、语言表达能力、思维应变能力及工作计划性等。

“没有问题是最大的问题”，越是在成功和荣誉面前，越要求员工有危机意识和紧迫感，越要保持清醒的认识，不仅认识别人也要认识自己，不仅清楚自己的优势还要了解自己的劣势，必须清楚我们还有哪些需要改进和完善的地方。处处寻找可以改进的地方，时时检讨自己，挑自己的毛病，并探求可以改善的方法和途径，这就是TCL王牌永葆青春的原因。

讨论题

1. 你认为TCL王牌的人力资源管理很好地体现了“以人为本的战略性激励”精神吗？如果是这样，那它又是如何体现的？

2. 试结合TCL王牌人力资源管理体系，讨论企业人力资源组织机构应如何设置，才能较好地发挥人力资源管理的应有职能？

3. 作为像TCL王牌这样的家电企业，你认为其人力资源管理系统设计应注意些什么问题，如何才能有效体现“以人为本”的宗旨和原则？

第十章　组织力量的整合

夫将者，国之辅也。辅周则国必强，辅隙则国必弱。

——孙武《孙子兵法》

有效组织工作的第一要件是，应该设法运用群体的力量和社会凝聚力，提升工作绩效。

——彼得·德鲁克《管理的实践》

第一节　非正式组织与工作团队

设计合理的组织机构中的各个部门要能协调地为组织目标的实现提供积极的贡献，要求组织的全体成员能和谐一致地开展工作。为此，需要整合组织中的各种力量，建立高效的信息沟通网络，处理好组织不同成员之间、直线主管与参谋之间以及高层管理人员之间的各种关系，使分散在不同层次、不同部门、不同岗位的组织成员的工作，朝着同一方向、同一目标努力。

一、非正式组织的产生与影响

1. 正式组织与非正式组织的关系

组织设计的目的是为了建立合理的组织机构和结构，规范组织成员在活动中的关系。设计的结果是形成所谓的正式组织。这种组织有明确的目标、结构、职能以及由此而决定的成员间的责权关系，对个人具有某种程度的强制性。合理、健康的正式组织无疑为组织活动的效率提供了重要的保证。

> 正式组织的活动以成本和效率为主要标准，目标是为了提高活动效率和降低成本。而非正式组织则主要以感情和融洽的关系为标准，其成员遵守共同的、不成文的行为规则。

非正式组织是伴随着正式组织的运转而形成的。在正式组织开展活动的过程中，组织成员必然发生业务上的联系。这种工作上的接触会促进成员之间的相互认识和了解，慢慢地形成小群体，并产生了一些被大家所接受并遵守的行为规则，从而使原来松散、随机性的群体渐渐成为趋向固定的非正式组织。

形成过程和目的的不同，决定了它们的存续条件也不一样。正式组织的活动以成本和效率为主要标准，要求组织成员为了提高活动效率和降低成本而确保形式上的合作，并通过对他们在活动过程中的表现予以正式的物质、精神奖励或惩罚来引导他们的行为。因此，维系正式组织的主要是理性原则。而非正式组织则主要以感情和融洽的关系为标准，这要求其成员遵守共同的、不成文的行为规则，不论这些行为规范是如何形成的，非正式组织都有能力迫使其成员自觉或不自觉地遵守。对于那些自觉遵守和维护规范的成员，非正式组织会予以赞许、欢迎和鼓励，而那些不愿就范或犯规的成员，非正式组织则会通过嘲笑、讥讽、孤立等手段予以惩罚。因此，维系非正式组织的，主要是接受与欢迎或孤立与排斥等感情上的因素。

2. 非正式组织的作用

非正式组织具有积极与消极两个方面作用。

（1）从积极方面来看，首先，非正式组织可以满足职工的需要。非正式组织是自愿性质的，人们之所以愿意成为非正式组织的成员，是因为这类组织可以给他们带来某些需要的满足。比如，工作中或工余间的频繁接触以及在此基础上产生的友谊，可以帮助他们消除孤独感，满足他们"被爱"以及"施爱心于他人"的需要，等等，这类需要能否得到满足，对人们在工作中的情绪从而对工作的效率有着非常重要的影响。其次，人们在非正式组织中的频繁接触会使人们相互之间的关系更加和谐、融洽，从而易于产生和加强合作精神。这种非正式的协作关系和精神若能带到正式组织中来，无疑会有利于促进正式组织的活动协调开展。最后，非正式组织为了群体的利益，为了在正式组织中树立良好的形象，往往会自觉或自发地帮助正式组织维持正常的活动秩序。虽然有时也会出现非正式组织的成员犯了错误相互掩饰的情况，但为了不使整个群体在公众中留下不受欢迎的印象，非正式组织对那些严重违反正式组织纪律的害群之马，通常会根据自己的规范、利用自己特殊的形式予以惩罚。

（2）从消极方面来看，非正式组织也可能造成危害。首先，非正式组织目标如果与正式组织冲突，则可能对正式组织的工作产生极为不利的影响。比如，正式组织力图利用职工之间的竞赛以达到调动积极性、提高产量与效益的目标，而非正式组织则可能认为竞赛会导致竞争，造成非正式组织成员的不和，从而会抵制竞赛，设法阻碍和破坏竞争，其结果必然会影响企业劳动竞赛的效果。其次，非正式组织要求成员一致性的压力，往往也会束缚成员的个人发展。有些人虽然有过人的才华和能力，但非正式组织一致性的要求可能不允许冒尖，从而使得个人才智不能得到充分发挥，对组织的贡献不能增加，这样便会影响整个组织工作效率的提高。再次，非正式组织的压力还会影响正式组织的变革，发展组织的惰性。这并不是因为所有非正式组织的成员都不希望改革，而是因为其中大部分人害怕变革会改变非正式组织赖以生存的正式组织的结构，从而威胁非正式组织的存在。

二、 工作团队的内涵和类型

1. 工作团队内涵

工作团队由因工作关系而结成的群体演化而来。与一般的非正式组织不同，工作团队是为了达到共同目标而由技能互补员工组成的正式工作小群体。这些人为一个项目共同工作，致力于实现组织目标，而非个人目标，它们的形成也往往是组织化的过程。工作团队比一般横向组织在规模上小得多，时间周期更短，往往横跨多个部门，表现出更强的灵活性。此外，工作团队成员联系的纽带并不是横向组织的职权关系，而是群体的规范。

现代社会，不论是营利组织，还是非营利组织，其活动越来越多依赖于团队整体的贡献。例如，球队。进入20世纪90年代以来，工作团队在现代管理中扮演着越来越重要的角色。首先，工作团队更加有利于组织创新。在顾客需要和技术突变的今天，将不同部门的人员组织起来，有利于不同思想的碰撞，产生出具有创造力的思想。在微软和谷歌，工作团队都是开发创新产品的必要条件。其次，工作团队可以实现跨部门的沟通和合作，减少工作时间，提高组织效率。由于组织权力分配是依据横向关系构建，这就造成组织内部沟通更多是存在于横向不同的部门内，跨部门的沟通会比部门内部沟通有更多的障碍。今天我国不少地方政府为了提高工作效率，组织的跨越公安、建委、经委等部门的工作团队等有效地提高了效率，提升了政府形象。再次，工作团队可以有效降低成本，提高质量。克莱斯勒在推出LH汽车系列之前，就组建了由营销、工程、设计等跨部门的团队，开展部门间无障碍的“连续设计”项目，将生产周期从原来的6年，大幅度降低到18个月。

工作团队是为了实现组织目标，由技能互补员工组成的正式工作小群体。有效的工作团队管理有利于组织创新，实现跨部门的沟通和合作，有效降低成本，提高质量。

2. 工作团队类型

由于团队目标、功能和资源等要素的差异，工作团队可以划分成问题解决团队、自我管理团队、跨职能团队和虚拟团队。

（1）问题解决团队是由不同区域为了解决特定任务而组建的团队，这些问题是组织某一部门经常出现的具有较高复杂性和专业性的问题，问题解决团队是对横向职能组织有效的补充。由于任务小组的成员来自不同区域，因此他们往往拥有不同地区的顾客和不同产品的知识背景，从而可以形成知识的互补。组织常见问题解决团队有“质量圈”（quality circle），也称为全面质量管理团队，它们定期聚会，对组织中各种质量问题进行鉴定、分析，并提出解决方案。其他问题解决团队还包括任务小组（task force），如研发团队和跨国团队等。

（2）自我管理团队是根据不同任务安排不同责任水平的团队，这些任务包括生产管理（原材料、操作、质量控制、生产维护）、销售管理、人员管理和物流等组织工作。自我管理工作团队不仅承担自我管理职责，也拥有必要的自主权。因此，它会大幅度提高团队成员的参与度，提升他们的满意度和归属感。常见的自我管理团队主要是用于员工弹性工作时间问题，由成员自行决策工作和休假。例如，谷歌公司的上下班和轮休时间就是由员工自我决定的。也有一些公司，自我管理团队还可以决定人员聘用、解雇和工作任务。在美国，西南航空公司的招聘工作就是由工作团队决定的，此外，不少高科技企业和高等院校的研发团队都是自行决定研究任务。

（3）跨职能管理团队是由来自不同职能部门的员工构建的工作团队，跨职能工作团队可以利用不同部门的知识多样性，激发工作团队的创造力；同时也可以加强部门间的沟通，有助于部门间障碍的解决。1999年在日产经营最困难时期，生于巴西的戈恩出任日产首席运营官，主导日产重组工作。而他的复兴计划核心之一就是组建了9个跨职能团队，具体负责的领域从研发、组织架构一直到产品复杂性等，这些团队的工作是要在3个月内对整个公司的运营进行回顾，然后提出议案，阐述如何让日产恢复赢利并为其寻求未来的发展机遇。当日产宣布2001财年业绩时，所有的日本企业几乎都被“镇住”了。2001财年，日产净收入达到29亿美元，营业收益率达到4.75%，提前一年实现了营业收益率4.5%的目标。同时，降低成本目标、出售非汽车业务计划、减少净汽车债务指标和降低采购成本目标，也均在2002财年之前全部实现。

（4）虚拟工作团队就是利用现代通信技术构建工作任务团队，它可以不受时间和空间限制，甚至可以跨越组织，利用组织社会网络资源来共同解决特定任务。随着全球化和信息科技的进步，越来越多的公司工作团队以虚拟形态出现，与其他实体工作团队相比，虚拟工作团队具有速度优势、人才优势、信息优势和成本优势。同样，虚拟工作团队更难以构建团队成员间的信任，也难以排除现代人的孤独感，不利于团队成员沟通能力的培养。

三、 有效利用管理团队

1. 建立团队信任，提高凝聚力

获取成员的信任是工作团队有效性的前提和保证。一个不能相互信任的团队，成员间相互猜疑、隐瞒信息，不愿意共享知识和价值观，这样的团队不会有凝聚力，也会丧失团队创造力，从而不会产生高水平的团队绩效。相反，如果团队建立了信任，成员之间将易于构建互相包容、互相帮助的人际氛围，成员之间更愿意开展合作，可以减少团队沟通与协调的成本，更易于形成团队精神以及保持成员积极热情的工作情绪。为此，工作团队成员，特别是有影响的、承担重要角色的成员需要开诚布公，要能够接受反对意见和不同观点，要诚实守信、恪守诺言。在体育场上总会有一些梦之队，因为团队成员的各种原因不能互相信任，从而使得梦之队往往从一开始就会陷入麻烦。因为这些梦之队成员总是忙于各类活动，很少有时间去培养彼此间的信任，此外，明星之间存在的竞争关系也会破坏团队绩效。

2. 明确成员角色，强化团队规范

（1）团队需要能够对其成员有所约束和控制，以保证团队行为协调和对外的形象。团队的规范是团队成员共同遵守的成文或不成文的规章、制度和价值观念。依照这些规范，工作团队有了对自我行为鉴别和处置的基础。团队规范调控的行为包括队员的工作行为，如成员应当做什么，做多少，以什么方式去做等，也包括成员间关系的行为，如成员之间的矛盾和冲突。正确的组织文化可以帮助每一个成员树立正确的价值观念和工作与生活的态度，从而有利于符合团队要求的行为规范。

（2）在明确了团队共同行动要求的同时，高绩效工作团队还需要对不同个体给予不同期望，也就是明确工作团队的合理角色构成。一个团队应当有哪些角色，在实际中会受到完成任务的性质、组织环境等因素的影响。基本的角色包括任务专家和团队维护专家。任务专家专注于工作，他能够将团队的思想转换成行动方案，推动团队行动的落实；而团队维护专家则更关心成员关系，他能够对不同的观点兼容并蓄，给予他人支持并帮助别人，保持团队合作稳定进行。

3. 培养沟通能力，避免过度冲突

不论是什么团队，团队之所以存在，一个重要的价值就是根源于团队成员的多样性。多样性为团队行动提供了不同的技能和知识，保证了组织的创造力。不同性格、年龄、教育程度、专业知识的差异，决定了团队成员必须要有更强的沟通能力，如何在多样性的团队中与他人一起工作。在多样性的工作团队中，成员应当能够坦诚地交流，积极参与他人工作。高绩效的工作团队往往有着广泛的沟通机制，这些机制有利于保证成员稳定的沟通时间和有效的交流方式。

第二节 直线与参谋

组织中的管理人员是以直线主管和参谋两类不同身份来从事管理工作的。这两类管理人员或更准确地说与此相应的管理人员的两种不同作用，对组织活动的开展和目标的实现都是必需的。然而，在现实中，直线与参谋的矛盾经常是组织缺乏效率的重要原因。因此，正确处理直线与参谋的关系，充分发挥参谋人员的作用，是组织力量整合的重要内容。

一、 直线、 参谋及其相互关系

在第八章我们曾分析过，管理层次和组织机构的产生在很大程度上是由于管理幅度而引起的。企业中最高主管，由于时间和精力的限制，不可能直接地、面对面地安排和协调每一个成员的活动，需要委托若干副手来分担管理的职能，各个副手又需要委托若干部门经理或车间主任，后者再委托若干科长或工段长来分担自己受委托担任的管理工作。依此类推，直至组织中的基层管理人员能直接安排和控制员工的具体活动。这种由管理幅度的限制而产生的管理层次之间的关系便是所谓的直线关系。

直线关系是一种命令关系，是上级指挥下级的关系。

从直线关系形成的过程来看，由于低层的主管是受高层主管的委托来工作，因此，必须接受他的指挥和命令。所以说，直线关系是一种命令关系，是上级指挥下级的关系。这种命令关系自上而下，从组织的最高层，经过中间层，一直延伸到最基层，形成一种等级链。链中每一个环节的管理人员都有指挥下级工作的权力，同时又必须接受上级管理人员的指挥，这种指挥和命令的关系越明确，即各管理层次直线主管的权限越清楚，就越能保证整个组织的统一指挥。直线关系是组织中管理人员的主要关系，组织设计的一个重要内容便是规定和规范这种关系。

参谋关系是伴随着直线关系而产生的。组织的规模越大，活动越复杂，参谋人员的作用越重要，参谋的数量越多，从而参谋与直线的关系就越复杂。

随着先进的科学技术和现代化的生产方法与手段在企业中的运用，企业活动的过程越来越复杂。组织和协调这个活动过程的管理人员，特别是高层次的主管人员越来越感到专门知识的缺乏。由于企业很难找到精通各种业务的“全才”，直线主管也很难使自己拥有组织本部门活动所需要的各种知识，人们常借助设置一些助手，利用不同助手的专门知识来补偿直线主管知识的不足，来协助他们的工作。这些具有不同专门知识的助手通常称为参谋人员。因此，参谋的设置是为了方便直线主管的工作，减轻他们的负担。虽然随着组织规模的扩大，参谋人员的数量会不断增加，参谋机构会逐渐规范化，为了方便这些机构的工作，直线主管也许会授予它们部分职能权力，但是，它们的主要职责和特征，仍然是同层次直线主管的助手，主要任务仍然是提供某些专门服务，进行某些专项研究，以提供某些对策建议。

参谋关系则是一种服务和协助的关系，授予参谋人员的是思考、筹划、建议和权力。

由此可见，直线与参谋主要是两类不同的职权关系。直线关系是一种指挥和命令的关系，授予直线人员决策和行动的权力；而参谋关系则是一种服务和协助的关系，授予参谋人员的是思考、筹划、建议和权力。

区分直线与参谋的另一个标准是分析不同管理部门和管理人员在组织目标实现中的作用。人们习惯于把那些对组织目标的实现负有直线责任的部门称为直线机构，而把那些为实现组织基本目标协助直线人员有效工作而设置的部门称为参谋机构。根据这个标准，人们通常把企业中致力于生产或销售产品与劳动的部门称为直线机构，而把采购、人事、会计等列为参谋机构。

这种分类方法有直观明确的好处，而且可以在一定程度上与职权关系角度的分类有某种吻合。比如，企业中生产、销售部门的主管，他们的主要工作内容是组织所辖部门的生产或销售活动，因此，主要精力是处理部门内部与直线下属的关系；而会计、人事等部门及其主管的主要活动内容则是记录生产与销售部门的资金运动或制定指导这些部门活动中的财务、人事政策，因此，主要精力是处理与这些直线部门发生的关系，为他们提供建议或服务。但是，根据在组织目标实现中的作用来分类，可能会引起某些混乱。比如，企业中的物资采购、仓库保管、设备维修以及后勤、食堂等部门，显然不是企业的主要部门，不直接参与企业的产品制造或销售服务活动。因此，根据在目标实现中的作用的标准来衡量，它们不能列为直线部门。毫无疑问，这些部门是为直线部门服务的。但把它们列为参谋部门也是不适宜的，因为它们只是提供工作或生活上的服务，并无参谋与建议的任务。为了避免这种混乱，我们认为应该主要从职权关系的角度来解释直线与参谋：直线管理人员拥有指挥和命令的权力，而参谋则是作为直线的助手来开展工作的。

二、 直线与参谋的矛盾

从理论上来说，设置作为直线主管助手的参谋服务，不仅可以保证直线的统一指挥，而且能够适应管理复杂活动需要多种专业知识的要求。然而在实践中，直线与参谋的矛盾往往是组织缺乏效率的原因之一。考察这些低效率的组织活动，通常可以发现两种不同的倾向：虽然保持了命令的统一性，但参谋作用不能充分发挥，或者参谋作用发挥失当，破坏了统一指挥的原则。因此，在实际工作中，直线与参谋都有可能产生对对方不满的情绪。

从直线主管这方面说，他们需要对自己所辖部门的工作结果负责。因此，对那些必须在工作中与之商量、倾听意见的上一级参谋人员和部门，当他们对与自己有关的工作指手画脚、喋喋不休地议论和评论时，就有可能认为他们干预了自己的工作，闯进了自己的领地，从而可能对他们产生不满。由于参谋人员只有服务和建议的权力，对直线主管的工作没有任何约束力，因此后者对他们的建议完全可以不予重视，只根据自己的认识和判断行事，并以所谓的“参谋不实际”、“参谋不了解本部门的特点”、“参谋只知纸上谈兵”等作为借口，直线主管对参谋作用的忽视，使得后者的专业知识不能得到充分利用。

从参谋人员的角度来看，会因为直线主管的轻视而产生不满。由于专门从事研究和咨询的参谋人员往往要比同层次的直线主管人员年轻，且受过更高水平的正规教育，组织聘用他们的目的是为了利用他们的某些专业知识，因此，他们理所当然地希望通过提出有见解的、能够被采纳的意见来证明自己的价值，作为进取的途径。当有人告诉他们，决策是直线主管的职能，他们的作用只是支持性的、辅助性的，从而是第二位的时候，他们自然会感到受挫甚至侮辱，从而会产生对直线主管的不满。

参谋人员为了克服来自低层直线管理者的抵制，往往会不自觉地寻求上级直线主管的支持。在许多情况下，他们能够得到这种支持，并使之产生一定作用。上级主管会对直线下属施加一定压力，要求他们认真考虑参谋人员的建议。这样，有可能使得直线与参谋的矛盾朝向有利于参谋的方面变化。但是，这时可能会产生另一种倾向：参谋借助上级直线主管的支持，不是向低层次的直线管理人员推荐自己的建议，“推销”自己的观点，而是以指挥者的姿态指手画脚、发布命令，强迫他们接受自己的观点，从而可能重新激起低级直线管理人员的不满，重新激化直线与参谋的矛盾。这时，高层次的直线主管可能面临这样一个两难选择：是支持自己在工作中必须依赖的主要下属直线负责人，还是继续支持没有把活动限于调查研究、提供咨询的参谋人员。在这个两难问题的解决中，参谋人员往往是牺牲者，因为高层主管几乎只有选择支持直线下属的可能。

引起直线与参谋矛盾的另一个可能的原因是，参谋人员高估了自己的作用。某些正确的建议被直线主管采纳并取得了积极的成果以后，参谋人员会沾沾自喜，“贪天之功为己有”，认为组织活动的成绩主要应归功于自己。相反，如果建议在实施过程中遇到困难，没有取得预期的有利结果，这时有些参谋人员又会迫不及待地推诿责任，声明之所以未能取得有利结果，是因为直线主管曲解了他们的建议，或者没有完全按照他们说的去做：建议是合理的，方案是正确的，但执行过程中变了样。既然这样，成绩要归于参谋，失误要怪罪于直线主管，那么直线主管漠视参谋的建议与作用也就不足为奇了。

三、　正确发挥参谋的作用

解决直线与参谋的矛盾，综合直线与参谋的力量，要在保证统一指挥与充分利用专业人员的知识这两者间实现某种平衡。解决这对矛盾的关键是要合理利用参谋的工作。参谋的作用发挥不够或过分，都有可能影响直线和整个组织活动的效率。合理利用参谋的工作，要求明确直线与参谋的关系，授予参谋机构必要的职能权力，同时，直线主管为了取得参谋人员的帮助，首先必须向参谋人员提供必要的信息条件。

1. 明确职权关系

无论是直线主管或参谋人员都应该认识到：设置参谋职务、利用参谋人员的专业知识是管理现代化组织复杂活动所必需的。但是，直线与参谋的职责、权限以及工作目的是不同的：直线主管需要制定决策，安排所辖部门的活动，并对活动的结果负责；而参谋人员则需在直线主管的决策过程中，进行研究，提供建议，指明采用不同方案可能得到的不同结果，以供直线主管在运用决策权力的过程中参考。

只有明确了各自工作的性质与职权关系的特点，直线与参谋才有可能防止相互之间矛盾的产生或以消极的态度去解决已产生的矛盾。

对直线主管来说，只有了解参谋工作的性质，才有可能自觉地发挥参谋的作用，利用参谋的知识，认真对待参谋的建议，充分吸收其中的合理内容，并勇于对这种吸收及据此采取的行动结果负责，而不是在行动中出现了问题后去责怪参谋人员，由于缺乏经验而制定了理论脱离实际的糟糕计划。对参谋人员来说，只有明确了自己工作的特点，认识到参谋存在的价值在于协助和改善直线主管的工作，而不是削弱他们的职权，才有可能在工作中不越权，而是努力地提供好的建议，推荐自己的主张，宣传自己的观点，以说服直线主管乐于接受自己的方案，并在方案实施、取得成绩以后不居功自傲，而直线主管采纳何种方案、采取何种行动，是要担负一定的风险的，因此活动的成绩应首先归功于直线经营管理人员。

总之，直线与参谋，越是明确各自的工作性质，了解两者的职权关系，就越有可能重视对方的价值，从而自觉地尊重对方，处理好相互间的关系。

2. 授予必要的职能权力

明确了参谋人员对管理复杂活动的必要性以后，直线主管会在理智上意识到，必须充分利用参谋的专业知识和作用。但是，人并不是单纯的理性动物，并非在任何时候、任何条件下都是理智的，影响人的行为的还有许多非理性因素。为确保参谋人员作用的合理发挥，授予他们必要的职能权力往往是必需的。

授予职能权力是指直线主管把原本属于自己的指挥和命令直线下属的某些权力授给有关的参谋部门或参谋人员行使，从而使这些参谋部门不仅具有研究、咨询和服务的责任，而且在某种职能范围内（比如人事、财务等）具有一定的决策、监督和控制权。

组织中参谋人员发挥作用的方式主要有以下四种：

- 第一种形式是参谋专家向他们的直线主管提出意见或建议，由后者把意见或建议作为指示传达到下级直线机构。这是纯粹的参谋形式，参谋与低层的直线机构不发生任何联系。
- 第二种形式是直线主管授权参谋直接向自己的下级传达建议和意见，取消自己的中介作用，以减少自己不必要的时间和精力消耗，并加快信息传递的速度。
- 第三种形式是参谋不仅向直线下属传达信息、提出建议，而且告诉他们如何利用这些信息以及应采取何种活动。这时，参谋与直线的关系仍然没有发生本质的变化。参谋仍然无权直接向直线下属下命令，只是就有关问题与他们商量并提出行动建议。如果直线下属不予理睬或不予重视，则需要由直线主管来发出行动指示。
- 第四种形式是上级直线主管把问题某些方面的决策和命令权直接授予参谋部门，即参谋部门不仅建议下级直线主管应该怎么做，而且要求他们在某些方面必须怎么做。这时，参谋的作用发生了质的变化，参谋部门不仅要研究政策建议或行动方案，而且要布置实施组织政策的执行。这些职能权力通常涉及人事、财务以及采购等领域。

必须指出，参谋部门职能权力的增加虽然可以保证参谋人员专业知识和作用的发挥，但也有带来多头领导、破坏命令统一性的危险。参谋部门有了职能权力以后，企业中的分厂厂长或事业部经理除了有一个直线主管（总经理或副总经理）以外，可能同时还要接受好几个职能部门负责人的指导甚至是领导。这些职能上司的存在虽然是由解决复杂问题所必需的专业知识决定的，但同样不可忽视的是，多头领导往往会造成组织关系的混乱和职责不清。因此，组织中要谨慎地授予职能权力。

谨慎地使用职能权力，包括两个方面的含义：首先是要认真地分析授予职能权力的必要性，只在必要的领域中使用它，以避免削弱直线主管的地位；其次要明确职能权力的性质，限制职能权力的应用范围，规定职能权力主要用来指导组织中较低层次的直线主管怎么干，而不是用于决定干什么，主要用于解决"如何"、"何时"等问题，而不能用于解决"什么"、"何地"、"何人"等问题。

最后，还需要指出，为了避免命令的多重性，组织中较高层次的直线主管还应该注意，在授出某些职权后，要让相应的参谋人员放手开展工作，而不能仍然频繁地使用自己已授出的权力。

3. 向参谋人员提供必要的条件

虽然直线与参谋的矛盾往往主要是由于参谋人员的过分热心所造成的，因此缓和他们之间的关系首先要求参谋人员经常提醒自己"不要越权"、"不要篡权"，但同时直线主管也应认识到，参谋人员拥有的专业知识正是自己所缺乏的，因此必须自觉地利用他们的工作。要取得参谋人员的帮助，必须先帮助参谋人员的工作，向参谋人员提供必要的工作条件，特别是有关的信息情报，使他们能及时了解直线部门的活动进展情况，从而能够提出有用的建议。一方面埋怨参谋部门不了解直线活动的复杂性，提出的建议不切实际，另一方面又不愿为参谋人员研究情况、获得信息提供必要的方便，这显然是直线主管应该注意避免的态度。

第三节 委员会

作为集体工作的一种形式，组织中存在多种多样的委员会。这些委员会，有的是为解决某个专项问题而临时成立的，而另一些则在组织中长期存在；有些只涉及某个专门职能，而另一些则是综合性质的；有些只是执行性的，而另一些则属于决策机构；有些只存在于组织的较高层次，而另一些则大量地活跃于组织的中间层或较低的管理层。这些委员会的存在，为综合各种知识，促进信息沟通，加强操作人员与管理人员之间以及管理人员特别是高层管理人员之间的协调，发挥着重要的作用。

一、 运用委员会的理由

由于委员会的性质和形式是多种多样的，因此它们存在的理由也往往各不相同。概括起来，利用委员会的方式开展工作的理由主要有以下几种。

1. 综合各种意见，提高决策的正确性

这通常是采用委员会工作方式的主要理由。集体决策的质量要优于个人决策，这是由多种原因决定的。比如，集体讨论可以产生数量更多的方案。个人的知识、经验和判断能力总是有限的。而集体讨论可以增加方案的数量。可供选择的方案数量越多，备选方案的正确程度或满意程度就可能越高。又如，委员会工作可以综合各种不同的专门知识。组织中需要解决的问题往往很少只涉及某一个方面的职能。企业的经营决策通常同时需要生产、营销、财务、人事等各个方面的专业知识。决策的层次越高，对知识的要求越广，从而越宜采用集体的方式，因为集体决策能够运用比个人更多、更广泛的经验和知识。再如，集体讨论，可以互相启发，从而可以完善各种设想以及决策的质量。通过讨论，可以启发和活跃人的思维，开阔思路，促进人们思考，使新设想不断产生、补充和完善。讨论中，他人不论是赞同还是反对自己的观点，都会促进每一个与会者去认真思索赞同或反对、坚持或修正的理由，从而使他们及时放弃自己不合理的设想，在充分接受他人意见的基础上不断完善自己的观点。委员会最终选择的方案，不论是谁最初提出的，都充分体现了集体的智慧。

> 委员会的功能为综合各种意见，提高决策的正确性；协调各种职能，加强部门间的合作；代表各方面的利益，诱导成员的贡献；组织参与管理，调动执行者的积极性。

2. 协调各种职能，加强部门间的合作

组织内的许多工作都要打破部门的界限，部门经理的决策不仅影响到本部门的工作，而且会对其他部门的活动产生影响。比如，销售部门与客户商定的交货日期，要求制造部门在生产进度上予以配合，同时它对市场情况的了解又会对生产部门的任务安排或设计部门的产品开发提供一定的指导。由于各职能部门的不同职能相互影响、相互依存，由于企业目标的实现有赖于这些不同职能部门的共同努力，所以，组织中常通过建立由主要职能部门经理组成的执行委员会来协调不同部门的活动，来组织信息的交流，通过委员会定期或不定期的会议，使得各个部门经理交换情报，了解关系部门的工作计划、存在问题以及相互要求以保证取得相互间的必要配合。

3. 代表各方面的利益，诱导成员的贡献

组织是由不同成员构成的，他们分属于不同的利益集团。如果各利益集团在组织中的决策机构中没有自己的代表，不能及时反映自己的要求，或者认为组织目标没有考虑本集团的利益，那么，他们对这些目标和政策就会采取一种抵制的态度。委员会的运用，往往是为了使组织内的不同利益集团能够派出自己的代表，发出自己的呼声。企业中的最高决策机构——董事会就是各利益集团的代表构成的，虽然从理论上来说董事会主要是代表股东来行使资本所有权的，但由于企业活动离不开管理人员和工人的努力，因此，在今天西方企业的董事会的构成中，往往都包括这两个方面的代表，组织在处理涉及不同部门的关系或同一部门内部的各种纠纷时，往往也根据这个标准来选择委员会的成员。只有使各个利益集团在决策过程中都有代表，才能使组织的所有成员对组织的目标和政策产生一定程度的认同和责任感。

4. 组织参与管理，调动执行者的积极性

委员会工作不仅有利于决策的制定，而且有利于决策的执行。通过委员会来研究和决定解决某个问题的方案，不仅可以使更多的人包括计划执行者的代表参与整个决策过程，使他们了解信息，增加知识，从而为计划的执行提供更好的条件，而且参与本身就是一种重要的激励方式，能够推动人们在执行过程中更好地合作。我们知道，上级的实际权威往往在很大程度上取决于下级的接受。仅仅担任纯粹的执行职能的组织成员在组织活动中对上级制定的决策并不总是积极响应的，有时甚至采取抵制的态度。在下属没能参与决策制定的情况下，为了取得他们在执行过程中的合作和贡献，上级决策者需要去解释和说服；但这种解释和说服并不总是有效，下属也许会被迫、勉强地去执行这类决策，但同时也会在执行过程中找出一大堆不能达到目标要求的理由。相反，人们通常愿意接受自己帮助制定的决策。参与研究和决定某个事情，在决策过程中充分考虑了自己建议性的或批评性的意见，即使最终没有接受自己的意见，人们也比较有可能以积极的态度去执行这种决策。

二、 委员会的局限性

由于委员会是由一组人来执行某种管理职能的，委员会的决策要在这一组人的意见基本一致的基础上才能制定，所以运用委员会的工作方式也有可能带来时间延误、决策折中以及职责不清等局限性。

1. 时间延误

为了取得大体一致的意见，制定出各方面基本上都能接受的决策，委员会需要召开多次会议。这些会议通常要耗费大量的时间。委员会是一个讲坛，所有成员都有权得到发言的机会，以阐明自己的观点，说服别人或向别人提出质询。只有在充分讨论的基础上，才有可能达到基本一致的集体决议。综合了各种知识和意见的集体决策的正确性往往伴随着时间上的迟缓性。这种时间上的延误，往往需要组织付出极大的代价，因为行动的最好时间可能在委员会的无休止的争论中悄悄溜去。也正是由于这个原因，有人认为，当组织不打算实质性地解决某个问题，而又需要做出某种表示时，最好的方法就是就这个问题成立一个由尽可能多的各方代表组成的委员会。

2. 决策折中

委员会的工作方式降低决策质量的可能性几乎与促进决策完善的机会一样多。委员会的成员既然是不同利益集团的代表，同时也有着自己个人的利益，他们往往把委员会视为充分表现自己、实现个人或集团目标的手段。在这种情况下，委员会难以发挥积极的促进合作的功能。只要某个利益集团和其代表的利益未能满足，委员会就难以做出任何决策，因为任何一方的代表都难以拒绝支持将要实施的计划来破坏委员会的统一行动。充分考虑了各个方面的利益，满足了各方的要求后，委员会也许最终能达到全体一致的决策，那么这种决策与其说是集体的意见，不如说是各种利益冲突的结果，是各种努力妥协、折中的产物，决策的质量是有限的，甚至没有实质性的内容。

3. 权力和责任分离

同组织中任何其他机构或职务一样，当委员会被授予一定的权限时，必须对相应的权力使用的结果负责。因此，从理论上来说，作为集体中的每个成员都必须对委员会的每项决策及其执行情况负责。然而，当我们进行了上面的分析，了解了委员会决策可能是各种利益集团相互妥协的结果后，我们应该已经认识到，这种“集体决策”是没有任何意义的：委员会的决策可能反映了每个人的意见，但并未反映任何人的所有意见，而任何人都不会愿意对那些只代表了自己部分利益和观点的决策及其行动负完全的责任。不仅委员会的普通成员如此，对委员会的工作起组织和协调作用的委员会主席也是如此。权力和责任的分离是委员会的主要缺陷之一，它可能导致没有任何委员会成员去关心委员会的工作效率。

三、　提高委员会的工作效率

上面的分析表明，委员会的工作形态对于协调不同利益集团的关系，调动各方面的积极性，促进不同职能部门和管理层次的沟通和协作是非常重要的，但是，如果运用不当，则有可能影响决策的速度和质量，增加决策的成本。因此，要求我们去探索改进这些缺点并提高委员会工作效率的方法。

1. 审慎使用委员会工作的形式

由于委员会的工作需要消耗大量的时间和费用，所以对那些琐碎、繁杂、具体的日常事务，不宜采用委员会的形式去处理。这些日常业务，不仅数量多，而且时间要求往往非常紧。如果利用委员会去处理，则可能经常产生决策延误的危险。相反，处理那些对组织的全局影响更重要、更长远，从而对时间要求往往不是很严格，组织可以而且必须进行详细论证的问题，则可作为提供咨询的参谋机构，甚至作为制定政策的决策机构的委员会工作方式。

另外，由于委员会通常可以用来进行协调，因此，处理问题只涉及一个职能或一个利益群体的内部时，利用委员会的工作似乎是多余的，而对于处理那些涉及不同部门的利益和权限的问题，委员会的形式往往是比较有效的。

2. 选择合格的委员会成员

对委员会成员的选择取决于运用委员会的目的。因此，必须根据委员会的性质来选择恰当的委员。如果运用委员会的目的在于进行专门研究，提供咨询意见和建议，那么，委员会成员应具有问题所涉及的不同专业的理论和实际知识；如果运用委员会的目的是协调各方面的利益和权限，那么委员会就是相关职能部门负责人或利益群体的代表；如果委员会作为一个决策机构而工作，那么委员会的成员就不仅应掌握必需的专门知识，能够代表不同方面的利益，而且应该具备相当的综合分析能力和合作精神。在任何性质的委员会中，成员都应有较强的表达能力和理解能力，不仅善于表达自己的观点，而且能正确地把握其他成员的思想。因为决定委员会工作效率的一个重要因素是成员间的相互沟通，而改善沟通的必要前提是这些在一起工作的人具有较强的沟通能力。

3. 确定适当的委员会规模

委员会的规模主要受两个方面因素的影响：沟通的效果以及委员会的性质。

委员会是利用开会、讨论的方式来开展工作的。参加讨论的人数过多，要使每一个与会者都有足够的机会去正确理解别人的观点或充分阐述自己的意见是比较困难的。信息沟通的质量与参会人数成反比：委员会的成员越少，沟通的效果越好；反之，成员越多，沟通的难度越大。因此，从信息沟通这个角度去考察，似乎倾向于较小的委员会规模。

但是，如果委员会的规模很小，那么就有可有与这种工作方式的逻辑使命相违背，只有少数人组成的委员会，不可以“综合各种知识”、“代表各方面利益”、“使执行者有足够的参与机会”，为了保证代表性，然后成立小组委员会，从而使相关部门或全体代表都有足够的机会发出自己的声音。

总之，在确定委员会的规模时，要努力在追求“沟通效果”与“代表性”这两者之间取得适当的平衡。

4. 发挥委员会主席的作用

委员会主席是一个重要角色，委员会的工作成效无疑在很大程度上受到其领导才能的影响。为了避免浪费时间和无聊的争论，委员会主席应在每次会议之前制定详细的工作计划，选择恰当的会议主题，安排好议事日程，为与会者准备必要的、能够帮助他们熟悉情况的有关论题的背景材料；在讨论过程中，要善于组织和引导，既能公正地对待每种意见，不偏袒任何一种观点，尊重每一个成员，给他们以平等的自由发表意见的机会，同时，也要能从总体角度出发，综合各种意见，提出能够代表多方利益，从而易于被大部分成员所接受的新观点。

5. 考核委员会的工作

要提高委员会的工作效率，首先必须了解委员会的工作情况，对委员会的工作效率进行考核。由于委员会主要是通过会议来开展工作的，因此考核委员会的工作必须检查它的会议效率。会议的效率与召开会议所得到的有利结果以及为取得该有利结果而支付的费用有关。虽然我们难以计算委员会的决策带来的直接货币收益，特别是难以对会议本身带来的协调、沟通和激励的好处进行量化处理，但是我们可以很方便地利用下述公式来计算委员会召开会议的直接成本：

$$C = A \times B \times T$$

式中，C 代表会议的直接成本；A 代表与会者平均每小时工资率；B 代表与会人数；T 代表会议延续的时间。显然，在委员会成员数量与工资水平不变的情况下，减少为取得特定结果而所需的会议时间，是减少直接成本从而提高委员会工作效率的重要途径。

本章回顾

小　结

为了使不同层次、不同部门、不同岗位的组织成员能够协调地为组织目标的实现提供贡献，必须整合组织中的各种力量，处理好正式组织与非正式组织、直线主管与参谋人员以及高层管理人员之间的各种关系。

非正式组织是伴随着正式组织的运转而形成的。非正式组织的形成过程、形成目标以及存续条件虽然有别于正式组织，但它的存在对正式组织目标的实现和活动的进行既可能起到积极的促进作用，也可能产生消极的影响。工作团队在现代管理中扮演着越来越重要的角色，来自于不同部门的多样性团队更加注重组织创新，实现了跨部门沟通和合作，有效地降低了成本，提高了质量。因此管理者应研究如何有效地利用各种工作团队形式，并能够根据团队运作规律，来保证团队的高效运行。

参谋本是为了方便直线主管的工作而设立的，但实践中两者在工作中常常发生矛盾，从而导致组织中虽然保证了命令的统一性，但参谋的作用不能充分发挥，或者参谋作用发挥失当，破坏了统一指挥的原则，从而降低了组织活动的效率。为了充分发挥参谋的作用，必须明确直线与参谋的职权关系，要给参谋人员授予必要的职能权力，提供必要的工作条件。

委员会是综合各种意见、代表各方利益、组织参与管理的一种重要的工作形式，但由于委员会是由一组人来执行某种管理职能的，因此委员会决策也可能导致时间延误、决策折中，甚至是权力和责任的分离。为了提高委员会的工作效率，必须为之选择合格的成员、确定适当的规模、发挥其主席的作用，并定期检查和考核其工作效果。

关键术语

正式组织	非正式组织作用	问题解决团队	委员会
非正式组织	自我管理团队	团队角色和规范	职权关系
工作团队	直线职权	参谋职权	委员会功能

思考题

1. 非正式组织与正式组织有何区别？
2. 非正式组织的存在及其活动对组织目标的实现可能产生何种影响？
3. 如何有效地利用非正式组织？
4. 什么是工作团队？它的有效性基础是什么？
5. 为什么在现实管理中，自我管理团队越来越普及？
6. 如何才能有效利用管理团队？
7. 直线关系与参谋关系有何区别？
8. 直线主管与参谋人员在工作中为什么会发生矛盾？
9. 如何正确地发挥参谋人员的作用？
10. 委员会工作方式有何贡献和局限性？
11. 如何提高委员会的工作效率？

延伸阅读

1. 哈罗德·孔茨，海因茨·韦里克. 管理学［M］. 北京：经济科学出版社，1993：第9~11章.
2. 尼克·海伊斯. 协作制胜：成功的团队管理［M］. 李靖坤，译. 大连：东北财经大学出版社，1998：2-253.
3. 詹姆斯·斯通纳，爱德华·弗雷曼. 管理学教程［M］. 北京：华夏出版社，2001：274-300.
4. 彼得·德鲁克. 管理的实践［M］. 北京：机械工业出版社，2008.
5. 王亚南. 中国官僚政治研究［M］. 北京：中国社会科学出版社，1997.

案例讨论

摩托罗拉平衡工作与生活的经验

摩托罗拉提倡员工平衡地对待工作和生活，公司也采取各种措施来支持这一政策。摩托罗拉的员工服务委员会定期为员工组织各种各样的文体活动。摩托罗拉的“道德专线”，致力于为员工解决所遇到的问题。

摩托罗拉的 “道德专线”

摩托罗拉专门为员工设立了“道德专线”服务电话或邮箱。道德专线为员工提供信息、忠告和建议等服务。员工可以利用它探讨任何疑虑或问题，处理紧急情况，道德专线努力确保一切问题或疑虑得到公正、谨慎、彻底的处理。在美国和加拿大，可以拨打一个免费电话号码与道德专线联系。如果在其他地区，可以使用所在国家的AT&T直接拨号或拨打（480）441-5757，并且要对方付费。为了保密，该线路未设来电识别功能。

员工拨打道德专线的电话或发送信件可以匿名。在有效调查开始之前若需提供进一步附加的信息，可以告诉打匿名电话的员工，希望对其电话跟进的打电话者将被指定一个秘密的识别号码。所有报告有关事务的人将会在最大限度内予以保密，道德专线也可以通过电子邮件联系。虽然电子邮件不是匿名的，但员工可以要求道德专线对员工的身份保密。

员工服务委员会

摩托罗拉设有“员工服务委员会”（Employee Services Committee，ESC），这是一个专门为摩托罗拉员工提供服务的机构。员工服务委员会的委员由来自不同层面的员工组成，分别占有一定比例，三年进行一次换届选举。

人力资源部总监和员工关系经理作为委员会的顾问，为委员会提出建议，并批准职工委员会的活动计划和活动费用。

员工服务委员会的工作方针如下：

- 加强摩托罗拉文化思想与中国文化的融合，形成适合于中国发展并使全体职工理解的企业文化和思想观念。
- 加强中国ESC组织的建设，培养出一批有领导和组织能力并能推动和弘扬企业文化的人才队伍。
- 依据公司整体发展战略和国家法律，创造最佳的人文环境，并最大限度满足员工物质文化需求的环境。
- 以摩托罗拉中国为基础，进一步扩大内部和外部的交流和合作，促进公司稳步成长。
- 完善内部机制，提高功能作用，保证直接、合法、公正、及时处理一切员工关系事务。

员工服务活动

摩托罗拉员工委员会经常组织各种各样的员工活动，包括晚会、卡拉OK、郊游、家庭日活动、球类比赛、游泳、俱乐部活动、运动会、对内对外救助、生日祝福、妇女节祝福、年终礼品等。

社团活动：摩托罗拉公司设有众多员工组织与社团，员工可以根据自己的兴趣，参加羽毛球、足球等各种俱乐部组织的活动。

定点活动：摩托罗拉员工可凭员工活动卡，自己或带家人到十几个定点的场所参加保龄球、滑冰、看电影等活动。

文体赛事：摩托罗拉公司经常组织、举办各类集体文体赛事，包括员工运动会、水上趣味运动会、球类比赛、卡拉OK比赛、时装秀、才艺展示等，不但丰富了员工的生活，而且增强了团队协作精神。

节日赠礼：每逢节日或员工的生日，员工会得到公司提供的新年赠礼、生日赠礼、婚育赠礼、妇女节赠礼、儿童节赠礼、中秋节赠礼等，使摩托罗拉内部充满了人性化的色彩。

家庭日：摩托罗拉在公司里定期举办“家庭日”，让员工和家属们欢聚一堂，让家属了解员工的工作，并对每个家庭对公司工作的理解和支持表示诚挚的感谢。

各种活动不仅丰富了摩托罗拉员工的生活，减轻了员工的工作压力，让员工可以拥有更加健康的身心投入到工作中，而且大大增强了摩托罗拉公司的凝聚力和员工的自豪感，增加了员工的忠诚度。

资料来源：http://www.dozedu.com/hr.

讨论题

1. 摩托罗拉公司如何实现工作与生活的平衡？员工服务作用有哪些？

2. 结合案例谈谈非正式组织对正式组织目标的实现会起到怎样的作用？

3. 与社会第三方服务组织相比，摩托罗拉员工服务是否会低效率？它可能拥有哪些优势？可能有怎样的局限性？

4. 假如你是摩托罗拉公司的决策者，你认为还可以利用何种非正式组织使得组织目标更好地达成。

第四篇　领导

第十一章　领导与权力

道之以政，齐之以刑，民免而无耻；道之以德，齐之以礼，有耻且格……为政以德，譬如北辰，居其所，而众星拱之。

——孔子《论语·为政》

我们应该深刻地注意群众的生活问题，从土地、劳动问题，到柴米油盐问题……要使他们从这些事情出发，了解我们提出来的更高的任务。

——毛泽东《关心群众生活，注意工作方法》

第一节　权力的本质

领导是管理工作的一个重要职能。无论在任何社会中，一个国家也好、一个企业也好，其兴衰成败都与领导水平的高低关系极大。权力对于领导是极为重要的，它是领导工作的基础，是领导者实现目标的手段。

权力是组织中一种无形的力量。虽然看不见它的存在，但它的影响却让你时时能感觉得到。当你感到某人可以为难他人，你总是避免惹他生气；当某人能够给你特殊的利益和奖赏时，你知道与他关系密切是大有益处的；当某人掌握着支配你的职位和责任的权力，你不得不服从规章制度，包括那些非正式制度；你的经验和知识能够使人尊重你，在一些问题上服从于你；当你喜欢某人，并乐意为他做事时，权力就在发挥其作用。因此，管理者要有能力和技巧在实践中运用权力，就必须认识权力的本质，了解权力的发展和变化，制定出合理巧妙的策略。

一、　权力与领导的关系

1. 领导的内涵

“领导”在汉语中可以当做名词用，即领导者的简称，也可以当动词用，即“领导者”的一种行为过程。管理学研究的领导是后者，是作为管理的一种职能来理解的。要给领导下一个统一的定义很困难，不同的人对于领导有着不同的理解。我们认为，所谓的领导就是领导者通过先行、沟通、指导、灌输和奖惩等手段对人们施加影响的过程，从而使人们积极主动地为实现组织或群体的目标而努力。在这个定义中有三个要素：

其一，权力在领导者和其他成员之间的分配是不平等的。领导者具有影响追随者的能力或力量。正是靠着权力的影响力，领导者获取人们的信任，把人们吸引到他的周围来，使人们心甘情愿地追随领导者制定的目标。

> 所谓的领导就是领导者通过先行、沟通、指导、灌输和奖惩等手段对人们施加影响的过程，从而使人们积极主动地为实现组织或群体的目标而努力。

其二，领导是一种艺术创造过程。领导者面临千变万化的组织环境，其部下也是千差万别，而且人们的情况还处在变化之中，越是高层次的领导行为，其面对的因素越具有复杂性和不确定性。因此，领导的过程就是艺术创造的过程。

其三，领导的目的是通过影响部下来达到组织目标。领导是目的性非常强的行为，它的目的在于使人们情愿地、热心地为实现组织或群体的目标而努力。

领导与管理两者有着本质的区别。从共性上来看，两者都是一种在组织内部通过影响他人的活动协调并实现组织目标的过程。两者基本的权力都是来自组织的岗位设置。从差异性上看，领导是管理的一个方面，属于管理活动的范畴，但是除了领导，管理还包括其他内容，如计划、组织、控制等；管理的权力是建立于合法的、强制性权力基础上的。而领导的权力既可以建立在合法的、强制性基础上，也可以建立在个人的影响力和专家权力等基础上。

因此，领导者不一定是管理者，管理者也并不一定是领导者。两者既可以是合二为一的，也可以是相互分离的。领导从根本上来讲是一种影响力，是一种追随关系。人们往往追随那些他们认为可以提供满足自身需要的人，正是人们愿意追随他，才使他成为了领导者。因此，领导者既存在于正式组织中，也存在于非正式组织中。管理者是组织中有一定的职位并负有责任的人，他存在于正式组织之中。有的管理者可以运用职权迫使人们去从事某一件工作，但不能影响他人去工作，他并不是领导者；有的人并没有正式职权，却能以个人的影响力去影响他人，他是一位领导者。为了使组织更有效，应该选取领导者来从事管理工作，也应该把每个管理者都培养成好的领导者。

领导的作用就是在先行、沟通、指导、灌输和奖惩部下为实现组织目标而努力的过程，要具有指挥、协调和激励三个方面的作用。

指挥作用 是指领导者需要头脑清醒、胸怀全局，能高瞻远瞩、运筹帷幄地帮助部下认清所处环境，指明活动的目标和达到目标的路径。

协调作用 是指领导者需要在各种因素的干扰下，来协调部下之间的关系和活动，朝着共同的目标前进。

激励作用 是指领导者通过为部下主动创造能力发展空间和职业发展生涯等行为影响部下的内在需求和动机，引导和强化部下为组织目标而努力的行为活动。

2. 权力与领导

(1) 权力的本质。权力就是一个人影响他人的能力，这种影响使得人们做了在其他情况下不可能做的事。权力这个定义包括三个方面的内容。

权力是依赖的函数。权力建立在依赖关系之上，只有当一个人控制了你所期望拥有的事物时，他才拥有对你的权力。这种依赖关系有可能来自物质或者精神方面，也有可能来自心理或者社会方面。无论是你感受到依赖性的存在，还是对此毫无察觉，只要权力在发挥作用，依赖关系就确确实实地存在着。B 对 A 的依赖性越强，则在他们的关系中 A 的权力就越大。

假定了人们对自己行为有一定的自主权。依赖感建立在 B 感知到的可选择范围以及他对 A

控制的这些选择范围的重要性的评价。A 迫使 B 做他不愿做的事，意味着 B 必须以自己的自主权做出选择。如果 B 从 A 中获取的利益不足于补偿选择的自主权，那么 A 与 B 的依赖关系就难以维持下去。

权力是潜在的，无须借助其他来证明自己的有效性。处于依赖关系中的 B 总是被限制在做他能力所及的事而不是他要做什么，例如，工作说明书、群体规范、组织规程和法律、法规都会限制人们的选择。

（2）权力与领导的关系。严格地说领导与权力是有差别的，最主要的差别在于目标的相容性。权力只需要依赖性，并不要求构成权力关系的双方有着一致的目标。领导则要求领导者与被领导者有着相互一致的方向，否则，领导工作就失去了意义。然而，权力对于领导工作是极为重要的。首先，领导过程中影响他人的基础是权力，任何领导者的影响力都是依赖于正式权力或非正式权力来实现的。自古以来，人类社会总是凭借权力来维护秩序与稳定。其次，组织中权力的配置决定了领导工作的方式。管理制度中权力集中与分散是造成集权式的领导者与民主式的领导者的重要原因。再次，正确地对待权力是领导工作成功的保证。权力本身的主要作用在于引而不发，而不是它的实际使用。组织运用惩罚权力的重要意义在于告诫员工其行为会带来什么后果。领导者希望通过引而不发的权力来建立一种符合组织要求的行为模式。

二、 领导权力的构成

1. 权力的来源

目前对于权力来源的解释主要是根据 J. R. P. 弗兰奇和 B. 瑞文在《社会权力基础》中提出的五种来源。

权力来源有五个方面：强制权、奖赏权、法定权、专家权和感召权。

（1）强制性权力，也称为惩罚权。它是指通过精神、感情或物质上的威胁，强迫下属服从的一种权力。从组织的角度来讲，如果 A 能解雇 B 或使其停职、降级，并且 B 很在乎他的工作，那么 A 对 B 就拥有了强制性权力。同样，如果 A 能给 B 分派他不喜欢的工作或以 B 感到尴尬的方式对待 B，那么 A 对 B 也拥有强制性权力。惩罚权源于被影响者的恐惧，部下感到领导者有能力将自己不愿意接受的事实强加于自己，使自己的某些需求得不到满足。惩罚权在使用时往往会引起愤恨、不满甚至报复行动，因此必须谨慎对待。

（2）奖赏性权力。它是基于被影响者执行命令或达到工作要求而对其进行奖励的一种权力。奖赏权源于被影响者期望奖励的心理，即部下感到领导者能奖赏他，使他满足某些需要。这些需要是人们认为有价值的任何东西。在组织情境中，奖赏可以是金钱、良好的绩效评估、职位晋升、有趣的工作任务，也包括良好的工作环境如友好的同事、有利的工作转换等。奖赏权的关键是奖赏内容与被影响者的需求相一致，奖赏权的大小取决于人们追求这些东西的程度。例如，领导者给予某部属一些重要责任，自认为对部属是一种信任与提拔，但部属却认为这样会使自己太累，心里感到不高兴。在这种情况下，领导者实际上没有真正实施奖赏权。

强制性权力与奖赏性权力实际上是一对相对的概念。如果你能剥夺他人有价值的东西或给他造成不良的影响，那么你对他就拥有了强制性权力。如果你能带给他人某种积极的利益或帮助他免于消极的影响，那么你对他就拥有了奖赏性权力。与强制性权力一样，并非要成为管理者才能通过奖赏性权力来施加影响。诸如友好、接受和赞扬之类的奖赏，组织中的任何一个人都可以使用。

(3) 法定性权力。它是指组织内各管理职位所固有的法定的、正式的权力。按照组织条例规定或法规的规定，你的主管作为你的上级，就合法地掌握着对你所做的事情的决定权和指挥权。合法权源于被影响者内在化的价值观，部属认为领导者有合法的权力影响他，他必须接受领导的影响。

以上三种权力都与组织中的职位联系在一起，是从职位中派生出的权力，因此统称为职位权力。

(4) 专家性权力。它是指由个人的特殊技能或某些专业知识而产生的权力。由于世界的发展日益取决于技术的发展，专门的知识技能也由此成为权力的主要来源之一。工作分工越细，专业化越强，我们目标的实现就越依赖专家。因此，正因为我们知道医生具有特殊的技能，由此也具有了专家性权力，我们大多数人都听从于医嘱。你也应该认识到计算机专家、税收会计师、太阳能工程师、工业心理学家以及其他各种专家都会因为他们的技能而获得一定的专家性权力。

(5) 感召性权力。这是与个人的品质、魅力、经历、背景等相关的权力，也常被称为个人的影响权。一些体育、文艺明星及传奇的政治领袖都具有这种权力，拥有巨大而神奇的影响力。它是一种无形的、很难用语言来描述或概括的权力。它是建立在超然感人的个人素质之上的，这种素质吸引了欣赏它、希望拥有它的追随者，从而激发人们的忠诚和极大的热忱。

专家性权力和感召性权力都是与组织的职位无关的权力，因此也称为非职位权力。这种权力是由于领导者自身的某些特殊条件才具有的。例如，领导者具有高尚的品德、丰富的经验、卓越的专业能力、良好的人际关系、特殊的个人背景以及善于激励成员的管理能力等。这种来自个人的影响力通常在组织成员自愿接受的情况下才能产生影响力，易于赢得组织成员发自内心的长时期的敬重和服从。显然，有效的领导者不仅要依靠正式的职位权力，还必须具有个人影响力，这样才会使被领导者心悦诚服，才能更好地进行领导。

2. 权力的基础

权力的依赖关系性质和程度的差异往往由相互关系中流动资源的稀缺程度、重要程度和替代性程度的依赖关系所决定。

> 权力的依赖关系性质和程度的差异往往由相互关系中流动资源的稀缺程度、重要程度和替代性程度的依赖关系所决定。

如果没有人对于你掌握的感兴趣，那就谈不上依赖。要想产生依赖，必须使人感觉到你掌握的资源的重要。重要性反映了个人或部门在一个公司主要活动中扮演的角色。对重要性的一种衡量方式就是个人或部门对组织最终产出的影响程度。越是重要的个人或部门，其权力就越大。

如果你所掌握的是某种充足性资源，拥有这种资源就不会增加你的权力。对于富豪来说，掌握金钱的人不再对其有影响力。因此，拥有稀缺资源才能使他人依赖你。在现代企业中，协调性知识成为稀缺资源，因此拥有协调性知识的“知本家”替代了资本的拥有者，成为企业权力的核心。

不可替代性也可决定权力的大小。不可替代性能增强部门或个人的权力。如果某一雇员不能被轻易地替代，他的权力就要大一些。如果组织没有可供选择的技巧和信息等资源，那么掌握这种资源的部门权力就会变大。不可替代性对权力的影响已在对计算机部门的编程人员的研究中得到证实。当计算机刚问世时，编程是一项专门化的工作，只有具备高水平的人才能从事这种职业。由于独具编程知识，所以编程人员控制着组织计算机的使用。大约10年之后，计算机编程成为一个极其普通的工作。程序人员可以被很容易地替代，所以编程部门的权力下降了。

三、 正确对待权力

领导者为了确保在实际工作中能够正确运用组织所赋予的职位权力和其个人的影响力，必须掌握正确对待权力的三条原则。

（1）慎重用权，不可滥用权力。领导者一旦滥用权力，不但会阻碍组织目标的实现，还会导致人际关系恶化、组织凝聚力下降，最终会导致领导者丧失权力。少数领导者头脑不够清楚，往往自觉或不自觉地炫耀手中的权力，以此树立自己的权威。这种做法通常只能招致人们的反感和厌恶。好的领导者用一种慎重小心的态度对待权力，该使用时使用，绝不夸大炫耀，十分珍惜组织给予的权力和自己多年辛勤工作在群众中形成的威信，但在确实需要使用权力时，领导者又要当机立断、雷厉风行地使用权力来维护组织和个人的利益。

（2）客观公正用权。领导者运用权力最重要的原则是廉明、客观一致地使用权力。领导者必须使部下相信，他使用权力是不徇私情、不谋私利的，是按照组织条例规定或法规的规定来办事的。这包括让大家知道使用权力的方式，建立工作秩序，从而可以服众，带来信誉，避免不确定性，从而提高组织工作效率。

（3）例外处理。规章制度是组织成员应当共同遵守的行为准则，领导者必须维护规章制度的严肃性，按照规章制度的要求来正确使用手中的权力。但在特殊情况下，他应当有权特殊事情特殊处理。例外处理不是为了破坏规章制度，而恰恰是为了使规章制度在执行过程中表现得更加合理，更加符合实际情况。

第二节 领导特质与行为理论

在你的心目中领导是什么样的？是像成吉思汗、李世民、林肯、马丁·路德·金，还是像当今商界名人比尔·盖茨、迈克尔·戴尔、杰克·韦尔奇？在对领导理论的研究中，人们首先是运用了特质法、行为法来探索领导者成功之路。

一、 领导特质理论

在探索成功领导者具备的共性特质上，研究人员采用了两种方法：一是将领导者与非领导者的特质相比较；二是把有效领导者的特质与无效领导者的特质相比较。

对于那些被公认为领导者的个体，如马丁·路德·金、圣女贞德、纳尔逊·曼德拉、玛格丽特·撒切尔、圣雄甘地等人，我们能够从他们身上分离出一个或几个非领导者所不具备的特质吗？人们没有找到一些特质因素总能对领导者与下属，以及有效领导者与无效管理者进行区分。现代管理学认为，对于一个成功的领导者来说，与生俱来的特殊品质并不是必需的。

20 世纪 90 年代的研究者发现领导者存在六项特质，即进取心、领导愿望、正直与诚实、自信、智慧和业务知识。这些个性特点是能够将有效的领导者与其他人区别开来的，但其中更多并不是天生的而是能够通过努力得到。德鲁克指出：领导的有效性是来自一种后天的习惯，是一系列实践的综合。

（1）进取心。进取心是指能够反映高水平努力程度的一系列个性特点。努力进取包括对成功的强烈欲望、不断地努力提高、抱负、精力、毅力、主动性。实证研究表明，在一些国家，高层管理者成功的欲望与组织的增长率显示了高度的相关性。然而对成功的欲望只能用于预测创业型公司的有效性，而不能用于预测特大型组织和官僚性组织部门的领导有效性。

（2）领导愿望。领导者有强烈的愿望去影响和领导别人，表现为乐于承担责任。他们不想被人领导，并能够在领导过程中获得满足和利益。当权力需要是符合道德的，而不是损害别人时，领导者将激发更多信任、尊重和对愿景的认同。

（3）正直与诚实。正直即言行一致，诚实可信。它除了是个人比较重要的性格特征外，对领导者来说更重要，因为这些特点能激发对别人的信任。

（4）自信。下属觉得领导者从未缺乏过自信。领导者角色是具有挑战性的，而挫折是难免的，自信能让领导者克服困难，在不确定的情况下敢于做出决策，领导者为了使下属相信他的目标和决策的正确性，必须表现出高度的自信。

（5）智慧。领导者需要具备足够的智慧来收集、整理和解释大量信息，并能够确立目标、解决问题和做出正确的决策。

（6）业务知识。一个有效的领导对其行业、公司和技术问题拥有较高的知识水平。领导者必须有足够的业务知识才能解释大量的信息，做出富有远见的决策。高学历在职业生涯中是重要的，但最终也不如有关组织的业务知识更重要。

关于领导特质研究的第二种方法，即对有效的领导者与无效的领导者的比较研究，是一种相对新颖的尝试，取得的研究成果也比较少。美国管理学家彼特认为人们可以找到确定的证据证明某些特性是不成功领导者的品质，这些难以胜任领导的品质可以归结为：对别人麻木不仁，吹毛求疵，举止凶狠狂妄；冷漠、孤僻、骄傲自大；背信弃义；野心过大，玩弄权术；管头管脚，独断专行；缺乏建立一支同心协力的队伍的能力；心胸狭窄，挑选无能之辈担任下属；目光短浅，缺乏战略头脑；犟头倔脑，无法适应不同的上司；偏听偏信，过分依赖一个顾问；懦弱无能，不敢行动；犹豫不决，无法决断。

二、　领导行为理论

行为理论的研究主要把注意力集中在领导行为的两个方面：领导职能和领导风格。对领导职能的研究是从为了使组织有效地运行和领导所要履行的职能角度来研究领导的行为特征。领导者风格则是关注于在指导和影响下属的过程中，领导者所乐于表现的各种行为方式。领导者职能的行为特征研究主要得出两个结论：完成任务职能或问题解决职能和群体维持职能或社会职能。群体维持职能包括协调内部冲突，确保群体对成员的尊重等活动。

1. 俄亥俄州立大学的研究

20世纪40年代末期，俄亥俄州立大学的研究人员弗莱里曼和他的同事们对领导者行为进行了全面的研究，他们希望确认领导者行为的独立维度，他们收集了大量下属对领导行为的描述，开始时列出了1 000多个因素，最后归纳出“定规维度”和“关怀维度”。

定规维度代表的是为了达到组织目标，领导者界定和构造自己与下属角色的倾向程度。它包括试图设立工作、工作关系和目标的行为。具有高定规特点的领导者会向小组成员分配具体工作，要求员工保持一定的绩效标准，并强调工作的最后期限。

> 定规维度代表的是为了达到组织目标，领导者界定和构造自己与下属角色的倾向程度。

关怀维度代表的是一个人具有信任和尊重下属的看法与情感这种工作关系的程度。高关怀的领导者帮助下属解决个人问题，他友善而平易近人，公平对待每一个下属，关心下属的生活、健康、地位和满意度等。

以关怀维度和定规维度概念为框架，通过对领导者行为的问卷调查，可以确定领导者在每种维度中的位置。如图 11-1 所示，根据这样的分类，领导者可以被分成四种基本类型：高关怀—高定规型、高关怀—低定规型、低关怀—高定规型和低关怀—低定规型。大量研究发现，一个在定规和关怀方面均高的领导者（高关怀—高定规型领导者，）常常比其他三种类型的领导者（低定规、低关怀或二者均低）更能使下属达到高绩效和高满意度。但是，高关怀—高定规型风格并不总是产生积极的效果。比如，当工人从事常规任务时，以高定规为特点的领导行为导致了高抱怨率、高缺勤率和高离职率，工作的满意度水平也很低。其他研究还发现，直接上级主管对领导者进行的绩效评估等级与高关怀性成负相关关系。

> 关怀维度代表的是一个人具有信任和尊重下属的看法与情感这种工作关系的程度。

总之，俄亥俄州立大学的研究说明，一般来说，高关怀—高定规型风格能够产生积极效果，但同时有足够的特例表明这一理论还需加入情境因素。例如，在军队基层组织之中和在大公司的非生产性监督人员和管理者之中，其结论差异是非常明显的。空军部队的士兵往往会认为，高关怀维度的空军指挥官不如任务导向的指挥官有效。

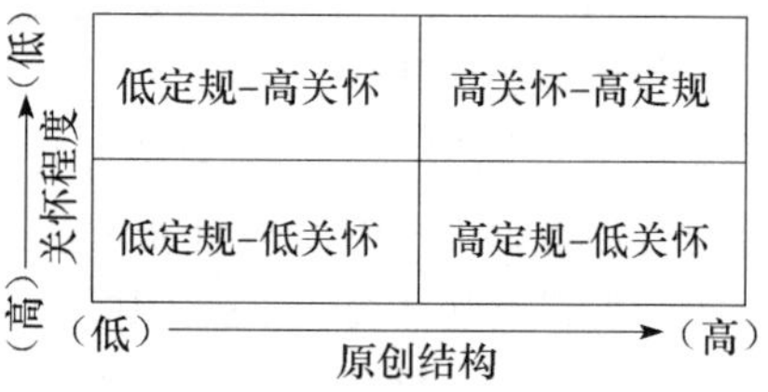

图 11-1　俄亥俄州立大学的领导风格研究

2. 密歇根大学的研究

与俄亥俄州立大学的研究同时，密歇根大学调查研究中心由 R. 利克特在 1947 年开始了相似性质的研究，目的是确定领导者的行为特点与满意水平和工作绩效的关系。

密歇根大学研究小组研究的结果是发现领导行为可以划分为两个维度，即员工导向和生产导向。员工导向的领导者被描述为重视人际关系，他们总会考虑到下属的需要，并承认人与人之间的不同。相反，生产导向的领导者倾向于强调工作的技术或任务事项，主要关心的是群体任务的完成情况，并把群体成员视为达到目标的工具。密歇根大学研究者的结论对员工导向的领导者十分有利，他们与高群体生产率和高工作满意度成正相关。而生产导向的领导者则与低群体生产率和低工作满意度联系在一起。

3. 管理方格理论

对于俄亥俄州立大学和密歇根大学的研究的重要理论发展是管理方格图。它是由布莱克和默顿设计出来，用来衡量领导者对员工与生产的关心程度。从俄亥俄州立大学研究和密歇根大学的研究中可以得出领导的风格不是一维的，任务导向和工作导向同时存在是可能的。《管理方格》一书将领导职能的行为特征划分成工作导向的管理和员工导向的管理两个维度，将领导的风格表示为一个连续统一体，每种风格分别划分成 9 个等级。两个维度共同作用，从而产生了 81 种不同的不同领导方式，界定了管理行为的范围。在图 11-2 中，最具有代表性的领导方式为五种类型。

- （1，1）贫乏型领导：管理者既不关心人，也不关心任务或生产。这种方式有时也称为放任式管理，因为领导者事实上根本没有发挥领导的作用。
- （1，9）乡村俱乐部型领导：管理者很少关心生产，但对人高度关心。
- （9，1）任务或权威式领导：管理者只关心生产与工作效率，对人却漠不关心。
- （5，5）中庸之道式领导：管理者对生产和员工都能够给予适当程度的关心。

- (9，9) 团队或民主型领导：管理者无论对生产还是对员工的士气与满意度都表现出高度的关心。

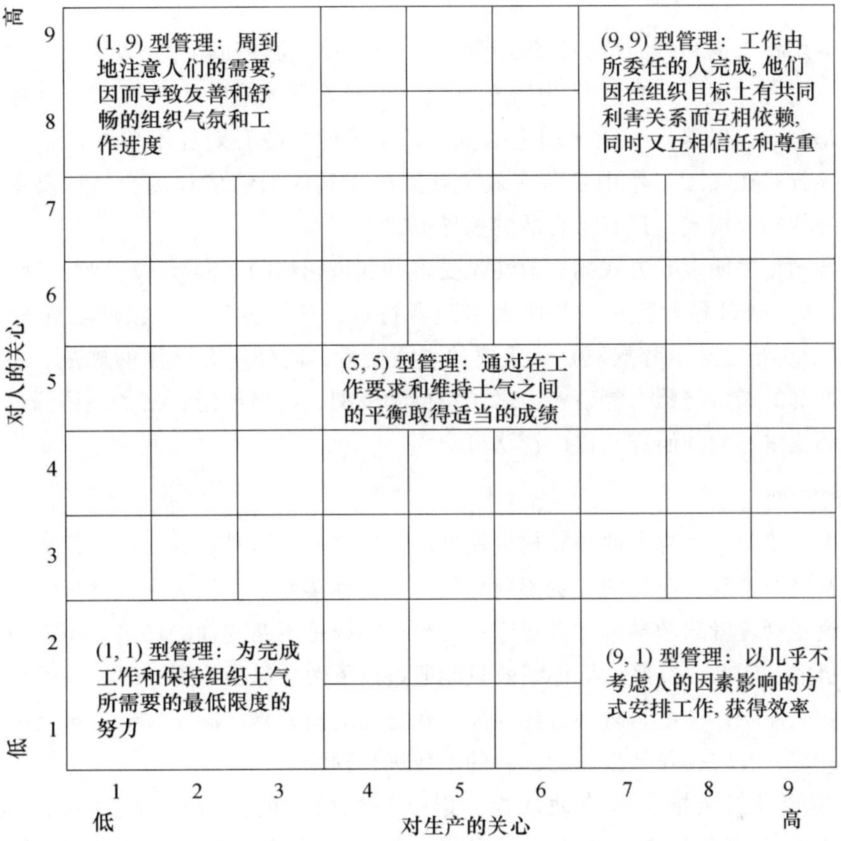

图 11-2　管理方格图

布莱克和默顿坚持认为，风格（9，9）是最有效的管理风格。他们相信，几乎在所有条件下，这种管理风格都能改进组织绩效，减少缺勤和离职率，使员工满意度提高。事实上能够成功地同时履行这两种职能的人应当是非常有效的领导者。然而实践中，一个领导者所拥有的气质、技巧或时间，使其往往只能充当好一个角色，但这并不意味着这个群体就一定会士气低落。已经有研究发现，最有效的群体能够分摊领导职能：一个人（通常为管理者或正式领导）履行完成任务的职能，另一位群体成员来履行社会职能。

20 世纪 60 年代，布莱克和默顿管理方格作为一种培训管理者的工具被加以广泛应用，但后来逐渐受到一些批评。主要是因为它只是讨论了一种直观的最佳的领导方式，而实际在不同的社会、不同的文化背景下难以做出最佳的选择；管理方格理论并没有给出如何培养管理者的答案。

不少实践表明：领导的风格与组织绩效有一定的联系。改进质量运动的某些方面与以员工为中心的领导风格存在内在的一致性。在全面质量管理体系（TQM）下，管理者职能的优先顺序要重新调整：他们的决策和控制职能缩小了，而作为教练的角色扩大了。随着“思考者”与“执行者”的界限越来越模糊，工作专业化无论在水平方向还是在垂直方向上都明显降低了。例如，销售一线的工作团队与其他从事沟通与协调工作的部门或单位的工作团队的职能会出现交叉。

第三节 权变领导理论

人们在运用特质论和行为论的过程中发现，在实际中何种领导方式最为有效要视具体的工作环境而定。没有“唯一”的特质为所有有效的领导者所共有，也没有哪一种领导风格在所有的条件下都有效。依据权变领导理论的观点，领导行为的有效性不单纯是领导者的个人行为，某种领导方式在实际工作中是否有效主要取决于具体的情境和场合。从权变领导理论来看，没有最好的领导模式，只有最合适的领导模式。

权变领导理论表明领导方式的有效性是受多种变量影响的。$S=f(L, F, E)$，其中，S代表领导方式，L代表领导者特征，F代表追随者特征，E代表环境。在环境变量中任务性质（任务复杂性、类型、技术和规模）是重要的中间变量，此外还有群体的规范、组织文化、控制的范围和外部的威胁与压力等诸多因素。费德勒模型、情境理论、路径—目标理论和参与理论对这些中间变量影响的研究获得广泛认可。

一、 费德勒模型

费德勒模型是第一个综合的领导权变模型。它的基本假设是，建立在以往成功经验基础上的管理者风格是非常难以改变的。费德勒深信，在管理实践中，绝大多数管理者都不是非常灵活的，试图改变管理者的领导风格来适应不可预见的或是不断变动的环境，不仅效率低下，甚至是枉费心机的。因此，良好的群体绩效只能通过以下两种途径取得：要么使管理者与管理环境相匹配，要么使工作环境与管理者相匹配。费德勒的模型是将确定领导者风格的评估与情境分类联系在一起，并将领导效果作为二者的函数进行预测。

（1）确定领导者风格。费德勒认为，影响领导成功的关键因素之一是领导者的基本领导风格。为了监测领导者的基本领导风格，他设计了最难共事者（LPC）问卷，该问卷的主要内容是询问领导者对最难共事者（LPC）的评价。如果回答者评价这位最难共事者大多用含敌意的词句（即在LPC问卷表上打“低分”），说明该领导者没有将同事的工作表现与人品好坏区分开来，因此，做出“低LPC分”型评价的领导者是趋向于任务导向型的领导方式。同样对自己认定的与之共事必带来不良绩效的最难共事者，如果对这个人的评价多使用善意的词句（即在LPC问卷表上打“高分”），则反映出该人的领导方式趋向于是关系导向型的，因为该领导者心中已清楚认识到工作表现差的同事并不见得人品就不好。

（2）确定情境。在LPC问卷的基础上，费德勒列出三个评价领导有效性的关键要素，即职位权力、任务结构和领导与成员的关系。

职位权力是指领导者所拥有的权力变量的影响程度。职位权力越大，群体成员遵从指导的程度越高，领导的环境也就越好；反之，则越差。

任务结构是指任务的明确程度和部下对这些任务的负责程度。如果这些任务越明确，且部下责任心越强，则领导环境越好；反之，当任务是非结构性时，群体的角色越模糊，则领导环境就越差。

领导与成员的关系是指领导对下属信任、信赖和尊重的程度。如果管理者与群体成员之间能够相互尊重、相互支持、相互信任、密切合作则关系是好的。这种关系对于领导者的权力和工作有效性的影响最大，领导可以通过非正式的方式来影响下属。相反，不被员工喜欢或信任的领导者，只能依靠命令才能完成群体任务。

（3）领导者与情境的匹配。费德勒根据领导情境中的三个变量组合成八种不同条件的环境条件。

根据领导情境的八种分类和领导类型的两种分类（高 LPC 值的领导和低 LPC 值的领导），费德勒对1 200个团体进行了抽样调查，得出了以下结论：领导环境决定了领导的方式。在环境较好的 1、2、3 和环境较差的 7、8 情况下，采用低 LPC 领导方式，即工作任务型的领导方式比较有效。在环境中等的 4、5、6 情况下，采用高 LPC 领导方式比较有效，即人际关系型的领导方式比较有效（见图 11-3）。

上下级关系	好				差			
任务结构	明确		不明确		明确		不明确	
职位权力	强	弱	强	弱	强	弱	强	弱
情境类型	1	2	3	4	5	6	7	8
情境特征	有利			中间状态				不利
有效的领导方式	任务型			关系型				任务型

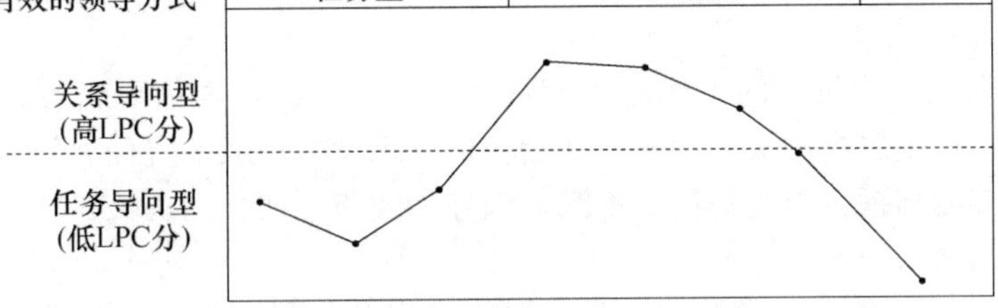

图 11-3 费德勒权变领导模型

（4）费德勒的模型的发展。费德勒和乔·葛西亚在原来的模型基础上进一步提出了认知资源理论，这一理论基于两个假设：第一，睿智而有才干的领导者与德才平庸的领导者相比，能制定更有效的计划、决策和活动策略；第二，领导者通过指导行为传达了他们的计划、决策和策略。在此基础上，费德勒和葛西亚阐述了压力和认知资源（如经验、奖励、智力活动）对领导有效性的重要影响。

新理论可以进行下面三项预测：第一，在支持性、无压力的领导环境下，指导型行为只有与高智力结合起来，才会导致高绩效水平；第二，在高压力环境下，工作经验与工作绩效之间为正相关；第三，在领导者感到无压力的情境中，领导者的智力水平与群体绩效为正相关。

二、 情境理论

另一个被广泛推崇的领导权变模型是保罗·赫塞和肯尼思·布兰查德开发的情境领导理论，该模型重视下属的权变因素，认为最有效的领导风格应随着员工的"成熟度"变化而变化。所谓的员工成熟度可以分成心理成熟度和工作成熟度。心理成熟度就是指员工自己追求成功、承担责任的愿望，心理成熟度高的人不需要太多的外在激励，他们主要是靠自我实现的动机。工作成熟度是指员工从事工作的能力、技巧和经验等。拥有高工作成熟度的人可以独立地完成其工作任务而不需要别人的指导。员工的成熟度是决定领导风格有效性的重要变量，科学的领导就是依据下属的成熟度水平选择正确的领导风格。

根据情境模型理论，随着员工的成长，领导者与员工之间的关系要经历四个阶段，领导者要因此而不断改变自己的领导风格，领导生命也随之呈现出周期性的变化，所以情境模型也被称为领导生命周期模型，如图11-4所示。

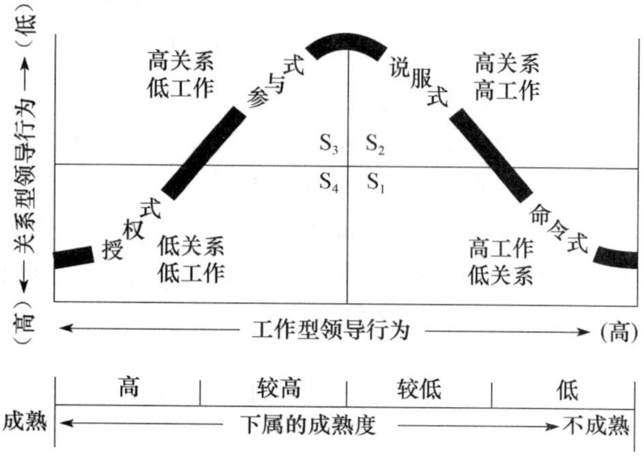

图11-4　领导生命周期模型

（1）命令式阶段。在员工进入组织的最初阶段，管理者采用任务导向的领导风格最为合适。管理者必须告诉他们组织中的规则和运作程序，指导他们怎样工作。在此阶段，管理者如果不能及时地发出命令，将会带来组织的混乱，使新员工焦虑不安。其他领导风格如高度重视人际关系等在此阶段是不适当的。

（2）说明式阶段。在下属开始理解他们的工作任务时，任务导向的领导风格仍是必要的。然而，当管理者对员工越来越熟悉，并且希望激发起他们更大程度的努力时，管理者对员工的信任与支持也在增加。这时，管理者需要加强关系导向的领导行为。

（3）参与式阶段。当员工的工作成熟度得到提高以后，不再需要管理者像开始那样直接指挥了。他们开始产生更高的成就动机，开始积极寻求承担更大的责任。领导者应当积极地转变角色，此时过多的指挥会引起他们的不满。领导者要与下属共同决策，其主要角色是为下属提供便利条件与沟通。

（4）授权式阶段。随着下属更为自信，更能够自我指导，更具有经验，下属在心理上和工作上成熟度都得到极大的提高。在这个阶段，下属们已经越来越希望按自己的意愿行事。领导者可以降低支持与鼓励的比重了，领导者的任务就是授权，不需要做太多事情。

情境领导模型给我们提供了一种动态的领导风格模型。事实上，我们今天的环境就是处于弹性、变化之中，管理者只有不断地评估下属的工作和心理的成熟度，才能确定哪种领导风格的组合是最为适当的。有效的管理者应当是先观察，后领导。

三、　路径—目标理论

路径—目标理论已经成为当今最受人们关注的领导观点之一，它是由罗伯特·豪斯、马丁·伊文斯建立的领导权变模型。它的基础是俄亥俄州立大学的领导研究与激励的期望理论。路径—目标理论的基本观点是，领导者的工作实质就是帮助下属达到他们的目标，并提供必要的指导和支持以确保他们各自的目标与组织总目标一致。路径—目标理论认为领导者的职能应包括：指明方向使通向工作目标的“旅行”更为顺利；减少阻碍目标实现的路障；通过提高实现绩效目标者的收益来增加个人满意的机会（见图11-5）。

路径—目标理论假设存在四种有关的领导行为：指示型领导，即定位于任务导向的行为；支持型领导，即定位于关系导向行为；参与型领导；成就导向型领导，即激励人们的行为，如设置挑战性的目标，并对出色的行为予以奖励。

路径—目标理论还假设存在两类情境作为领导行为与结果之间的中间变量：

（1）下属的权变因素，它包括下属的控制点、拜权主义倾向、经验和感知的能力。控制点是个人认为环境对其行为反应的程度。“内在控制点”类型的人相信他们所遇到的一切是他们自己造成的；“外在控制点”类型的人相信这一切只是运气或命运。拜权主义倾向是指个人对权威的敬重、钦佩、尊重的程度。经验和感知的能力是指人们对自己从事工作的能力的信心。

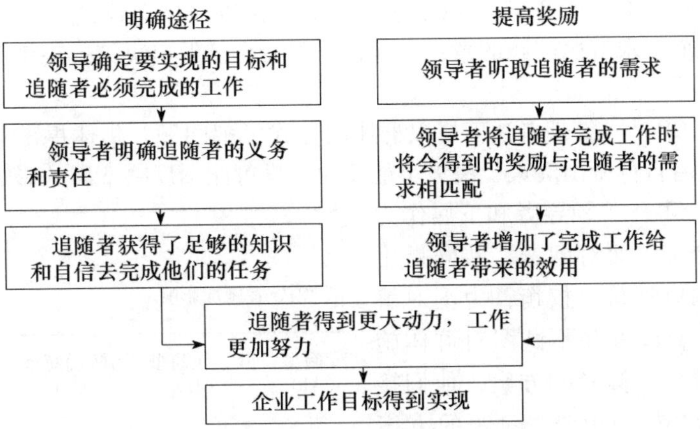

图 11-5　路径与目标中领导的作用

（2）环境的权变因素，它包括任务结构、正式权力系统、工作群体。下属的权变因素和环境权变因素共同决定了适当的领导方式产生了有效的业绩。

在考虑下属的权变因素决定了各种领导方式的恰当性上，路径—目标理论得出四类指导性建议：

- **指导型领导运用的情境**　指导型领导方式对拜权主义者更合适；在任务不明、压力过大或下属能力较低时，指导型领导方式更合适，它能帮助人们理解应当做什么；对知觉能力强或经验丰富的下属，指导型的领导可能被视为累赘多余。
- **参与型领导方式运用的情境**　对“内在控制点”类型的人更合适，因为这些人更愿意对自己的生活施加更多的影响；当某些员工获得的奖励并非他们所要，参与型领导可以通过与员工交谈，了解他们的需要，改变奖励，提高员工满意度并实现绩效改善。
- **支持型领导运用的情境**　组织中的正式权力关系越明确、越官僚化，领导者越应表现出支持型行为，降低指导型行为；当下属执行结构化任务时，支持型领导导致了员工高绩效和高满意度；当下属缺乏自信时，支持型领导可以增加下属自信，达到目标。
- **成就导向型领导运用情境**　下属如果感到工作缺乏挑战性，成就型领导为他们设置更高目标，将会提高下属的努力水平，从而达到高绩效的预期。

四、　领导者—参与模型

与豪斯的路径—目标理论相同，领导者—参与模型也认为，领导者可以根据不同的情境调整他的风格。领导者—参与模型由两个阶段的工作组成，即弗鲁姆—叶顿模型和弗鲁姆—亚戈模型。弗鲁姆—叶顿模型是 1973 年由弗鲁姆和叶顿共同提出的，该模型的目的是用于决定管理者在解决某些问题时，让下属参与的时机与参与的程度。这个模型分离出 5 种领导风格和 7 项权变因素，它们构成了一个从专断型到充分授权型的连续统一体，在此基础上，按照决策树来选择不同的领导策略。1988 年弗鲁姆和亚戈在批评路径—目标理论中提出，路径—目标理论没有考虑到在什么情形下管理者可以允许员工参与决策。作为一个解决之道，他们发展了传统的弗鲁姆—叶顿情境领导模型，这个模型同时把决策的质量和决策的可接受性考虑在内。

1. 领导决策风格

（1）专断型（AI）　管理者自己根据当时能够获得的信息，自行做出决策。

（2）分别磋商型（AII）　管理者从下属那里获得必要的信息，然后自己做出决定。他们要求下属提供信息时，可能告诉也可能不告诉下属问题是什么。下属在决策过程中的角色很清楚，只是提供决策所需要的信息，而不是提出或评价解决问题的方案。

（3）团队磋商型（CI） 管理者以个别接触而不是以群体会议的方式，让下属明了当前的问题所在并向他们征求解决问题的意见和建议，然后自己做出决策；决策可能包含也可能不包含下属的意见。

（4）参与型（CII） 管理者让下属以群体的方式了解问题，集体提出意见或建议；管理者收集意见与建议后自行做出决策，决策可能反映，也可能不反映下属的影响。

（5）授权型（GII） 领导者和下属作为一个群体，共同分享、面对问题，共同提出各种解决方案并加以评价、权衡，力图对解决方案达成共识。管理者并不试图对群体施加影响以采纳他们自己偏爱的方案，他们接受并实施群体一致支持的解决问题的方案（见图11-6）。

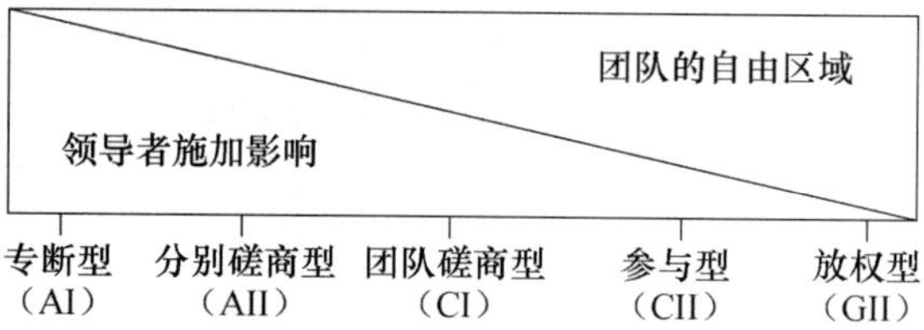

图11-6 领导类型与决策过程

2. 领导模式选择的情境因素

弗鲁姆—叶顿模型是用一系列权变因素的问题来分析领导的情境，以此来决定领导合适的风格。当面对某一特定问题时采用哪种领导风格，领导者可以扪心自问以下问题，可以通过是与否的选项加以判断。由于问题的性质不同，有时也许有不止一种领导风格是合适的（见图11-7）。

<table>
<tr><th></th><th>决策的重要性</th><th>承诺的重要性</th><th>领导的专业技能</th><th>承诺的可能性</th><th>团队的支持</th><th>团队的专业技能</th><th>团队的合作能力</th><th></th></tr>
<tr><td rowspan="22">问题陈述</td><td rowspan="18">高</td><td rowspan="13">高</td><td rowspan="5">高</td><td>高</td><td>—</td><td>—</td><td>—</td><td>专断型</td></tr>
<tr><td rowspan="4">低</td><td rowspan="3">高</td><td rowspan="2">高</td><td>高</td><td>授权型</td></tr>
<tr><td>低</td><td rowspan="3">团队磋商型</td></tr>
<tr><td>低</td><td>—</td></tr>
<tr><td>低</td><td>—</td><td>—</td></tr>
<tr><td rowspan="8">低</td><td rowspan="4">高</td><td rowspan="3">高</td><td rowspan="2">高</td><td>高</td><td>参与型</td></tr>
<tr><td>低</td><td rowspan="3">分别磋商型</td></tr>
<tr><td>低</td><td>—</td></tr>
<tr><td>低</td><td>—</td><td>—</td></tr>
<tr><td rowspan="4">低</td><td rowspan="3">高</td><td rowspan="2">高</td><td>高</td><td>参与型</td></tr>
<tr><td>低</td><td rowspan="3">团队磋商型</td></tr>
<tr><td>低</td><td>—</td></tr>
<tr><td>低</td><td>—</td><td>—</td></tr>
<tr><td rowspan="5">低</td><td>高</td><td>—</td><td>—</td><td>—</td><td>—</td><td>专断型</td></tr>
<tr><td rowspan="4">低</td><td rowspan="4">—</td><td rowspan="3">高</td><td rowspan="2">高</td><td>高</td><td>参与型</td></tr>
<tr><td>低</td><td rowspan="3">分别磋商型</td></tr>
<tr><td>低</td><td>—</td></tr>
<tr><td>低</td><td>—</td><td>—</td></tr>
<tr><td rowspan="4">低</td><td rowspan="3">高</td><td rowspan="3">—</td><td>高</td><td>—</td><td>—</td><td>—</td><td>专断型</td></tr>
<tr><td rowspan="2">低</td><td rowspan="2">—</td><td rowspan="2">—</td><td>高</td><td>授权型</td></tr>
<tr><td>低</td><td>参与型</td></tr>
<tr><td>低</td><td>—</td><td>—</td><td>—</td><td>—</td><td>—</td><td>专断型</td></tr>
</table>

图11-7 时间驱动决策树

（1）决策的重要性（decision significance）。这项决策对公司的重要性程度，如果决策非常重要，就需要较高的决策质量，咨询型和充分参与型领导就会更加有利。

（2）承诺的重要性（importance of commitment）。追随者对决策支持的重要性程度有多重要？如公司文化的确定，就需要追随者高度的承诺。在这种情况下，专断型、分别磋商型领导就难以有效。下属可能会对什么是最好的方案有着彼此不同的看法。如果有，CII 和 GII 的领导风格是最可取的风格。只有这样才能使得员工之间的分歧得到最终解决。

（3）领导的专业技能（leader expertise）。领导处理问题的相关技术如何？如果领导不具备相关知识和信息，领导者应当鼓励追随者参与进来，专断型领导风格将是不适当的。

（4）承诺的可能性（likelihood of commitment）。领导者如果面对需要高质量的决策，但下属有可能不支持的问题？那么 GII 的领导风格将是不适当的。在这种情形下，放弃自己做最终决策的权力可能意味着决策方案不具有解决问题所需的质量与力度。

（5）团队的支持（team support）。团队成员对于决策的支持，也是重要的权变因素。对于决策中团队要达成的目标，下属的支持处于什么样的水平？如果难以形成团队目标，领导者就不应当将事情交给团队来决定。

（6）团队的专业技能（team expertise）。团队成员是否拥有解决问题需要的合理的知识结构和相关信息。如果有，团队就可以在决策过程中发挥重要作用。

（7）团队的合作能力（team competence）。团队作为一个整体，其成员之间的配合能力如何？当团队具有熟练的技术来解决相互配合问题，那么使用放权型领导风格就有必要。

3. 决策选择模式

弗鲁姆的领导决策选择模型是由时间驱动和成长驱动两个决策树组成。以时间为基础的决策树适用于当企业面临很大危机，必须立刻要做出决策，在选择领导风格时将使用此模型，如图 11-7 所示；以员工成长为基础的模型则适用于决策时间压力不是很大，而增强员工的能力，特别是他们思考决策能力时使用的模型，如图 11-8 所示。

<table>
<tr><th></th><th>决策的重要性</th><th>承诺的重要性</th><th>领导的专业技能</th><th>承诺的可能性</th><th>团队的支持</th><th>团队的专业技能</th><th>团队的合作能力</th><th></th></tr>
<tr><td rowspan="15">问题陈述</td><td rowspan="12">高</td><td rowspan="8">高</td><td rowspan="8">—</td><td rowspan="4">高</td><td rowspan="3">高</td><td rowspan="2">高</td><td>高</td><td>专断型</td></tr>
<tr><td>低</td><td>参与型</td></tr>
<tr><td>低</td><td>—</td><td rowspan="2">团队磋商型</td></tr>
<tr><td>低</td><td>—</td><td>—</td></tr>
<tr><td rowspan="4">低</td><td rowspan="3">高</td><td rowspan="2">高</td><td>高</td><td>授权型</td></tr>
<tr><td>低</td><td rowspan="2">参与型</td></tr>
<tr><td>低</td><td>—</td></tr>
<tr><td>低</td><td>—</td><td>—</td><td>团队磋商型</td></tr>
<tr><td rowspan="4">低</td><td rowspan="4">—</td><td rowspan="4">—</td><td rowspan="3">高</td><td rowspan="2">高</td><td>高</td><td>授权型</td></tr>
<tr><td>低</td><td>参与型</td></tr>
<tr><td>低</td><td>—</td><td rowspan="2">团队磋商型</td></tr>
<tr><td>低</td><td>—</td><td>—</td></tr>
<tr><td rowspan="3">低</td><td rowspan="2">高</td><td rowspan="2">—</td><td>高</td><td>—</td><td>—</td><td>—</td><td>专断型</td></tr>
<tr><td>低</td><td>—</td><td>—</td><td>—</td><td>授权型</td></tr>
<tr><td>低</td><td>—</td><td>—</td><td>—</td><td>—</td><td>—</td><td>专断型</td></tr>
</table>

图 11-8 成长驱动决策树

两个模型都是从决策树的左边“问题陈述”开始，由“问题陈述”逐次考虑相关的决策情境，决策的重要性、承诺的重要性、领导的专业技能、承诺的可能性、团队的支持、团队的专业技能和团队的合作能力，由此在五种领导风格中做出选择。

弗鲁姆—亚戈模型继承了弗鲁姆—叶顿模型的基本思想。在此基础上提出决策的有效性取决于决策的质量、对决策承诺的程度、决策所耗用的时间等因素，并将权变的因素扩张为12项，其中10项是按5级量表评定的（只有TC、CP是按照是与否两级量表评定）。QR（质量要求）：此项决策的技术质量有多重要；CR（承诺要求）：下属对此项决策的承诺有多重要；LI（领导者的信息）：我是否拥有充分的信息做出高质量的决策；ST（问题结构）：问题是否结构清楚；CP（承诺的可能性）：你自己做决策，你的下属是否一定会对该决策做出承诺；GC（目标一致性）：解决此问题后所达成的组织目标是不是下属所认可的；CO（下属的冲突）：下属之间对于优选的决策是否会发生冲突；SI（下属的信息）：下属是否拥有充分的信息进行高质量的决策；TC（时间限制）：是否有相当紧迫的时间约束限制了你的下属的能力；CP（地理的分散）：把地域上分散的下属召集到一起的代价是否太高了；MT（激励—时间）：在最短的时间内做出决策对你来说有多重要；MD（激励—发展）：为下属的发展提供最大的机会对你来说有多重要。

弗鲁姆和亚戈认为，领导的效用是决策收益、决策成本和决策者能力的函数。领导的有效性等于决策的有效性减去决策成本，再加上参与决策的人的能力的开发而实现的价值。因此，领导的有效性应当全面地来看，不能只看决策的收益，即使领导者做出决策是高度有效的，但是，如果这些决策对发展其他人的能力没有作用或者作用极小，或者决策过程成本高昂，那么这些决策仍然会降低组织的整体人力资本水平。

第四节　组织学习与变革领导理论

当代领导理论顺应了时代的发展。在变革的时代，社会“正在寻求能扭转乾坤，指明方向，带领人们前进的英雄。每个组织也都在寻求独具慧眼的领导者——他们可以利用自己杰出的才能促使组织在激烈的竞争中获得成功”。领袖魅力的领导理论和变革型领导理论、高层团队管理理论和道德领导理论自然是众望所归。

一、领袖魅力式领导

领袖魅力式领导是当代领导理论对传统理论的复兴，越来越多的研究关注于有领袖魅力的领导者对下属和组织绩效会有什么影响。有关的研究表明，有领袖魅力的领导者与下属的高绩效和高满意度之间有着显著的相关性。员工为有领袖魅力的领导者工作会由于受到激励，从而付出更多的工作努力，他们喜爱自己的领导，对领袖魅力式领导表现出更高的满意度。

> 魅力领导是指远远超出一般的尊重、影响、钦佩和信任的，对追随者的情感具有震撼力的领导。

什么是领袖式魅力？这是一个很难下定义的概念。罗伯特·豪斯较早对领袖魅力进行了系统研究。他认为魅力是远远超出一般的尊重、影响、钦佩和信任的，对追随者的情感具有震撼力的一种力量。有领袖魅力的人是一个偶像化的英雄。同许多伟大的领导者一样，李·艾柯卡、托马斯·沃森、阿尔弗雷德·斯隆、斯蒂夫·乔布斯和杰克·韦尔奇都是世界企业界最富于领袖魅力的领导者的典型。

领袖魅力式领导者给人们留下了深刻的印象，马丁·路德·金有一个对更美好世界的梦想，肯尼迪宣称要把人类送上月球，沃尔特·迪士尼能用讲故事的方式迷倒人们，比尔·盖茨追求每张桌子上都有一台 PC。他们在行为的关键点上表现出与非领袖魅力式领导的根本性差异。

罗伯特·豪斯、瓦伦·本尼斯和麦吉尔大学的研究表明两者区别的关键特点在于：有领袖魅力的领导者有自信，他们对于自己的判断和能力有充分的信心；有目标愿景，他们认为未来定会比现在更美好，有领袖魅力的领导者通过向下属绘制诱人的前景来捕获下属的奉献、承诺和动力；通过清楚表述目标，他们能够使其他人明白所追求的目标，这表明了他们对下属需要的了解；拥有强烈的奉献精神，他们愿意从事高冒险性的工作，能够承受为之付出的高代价，为了实现目标能够自我牺牲；不循规蹈矩的行为，他们的行为是创造性的，反传统。因此，他们获得成功时，会令下属们惊诧而崇敬；他们是激进变革的代言人而不是传统现状的卫道士；具有环境敏感性，他们能够对需要进行变革的环境约束和资源进行切实可行的评估。拥有这些品质的领导者能激发起其追随者的信任、信心、接受、服从、同喜、同悲、钦佩及他们更高的工作绩效。在大量的群体、组织中和各种管理层次上，在世界众多国家（如美国、印度、荷兰、中国、日本和加拿大等）都能找到领袖魅力型领导方式的积极效果的证据。

如何获得领袖的魅力？尽管领袖魅力与个体气质有一定的联系，但领袖的魅力并非不可以由学习获得。大多数学者专家认为个体可以经过培训开发出其潜能，在某些方面展现出领袖魅力的行为。比如，可以指导受训的个体清晰地表述一个极高的目标；重视下属的需要，向下属传达高绩效的期望，对下属达到这些目标所具备的能力表现出很有信心；为了进一步捕捉领袖魅力的动态和生动特征，还可以训练使用领袖魅力的非言语特点。

领袖魅力式的领导对于组织的高绩效水平来说也是有条件限制的，只有在组织成员的任务中更多是思想性的，涉及观念的转变时，领袖的魅力才会凸显出来。因此，在文化、政治、宗教领域和战争时期容易产生领袖式的领导者。在企业中，大多数的领袖魅力式领导出现于企业面临转折时期，因为这个时期需要思想的转变。如李·艾柯卡就是出现在克莱斯勒的生死危机之时；比尔·盖茨出现于新产品导入时期；斯蒂夫·乔布斯的个人计算机概念改变了人们的日常观念，在苹果公司赢得了员工的忠诚。

然而，不幸的是在组织经过了危机和剧变之后，领袖魅力式领导的作用会有所减退，甚至可能成为社会、组织和群体的负担。他们过于自信往往难以听取别人的意见；他们并不能安分于组织稳定的运行，习惯于变化，往往会造成组织不应有的震荡。克莱斯勒的李·艾柯卡、波兰德全球软件公司的菲利普·凯恩都是因为独断的风格和自负的决策使得企业陷入财务危机之中。

二、　变革型领导与交易型领导

变革型领导理论是 1978 年詹姆斯·麦格雷戈·伯恩斯在对政治型领导人进行定性分类研究的基础上提出的，后由伯纳德·巴斯等人不断完善。人们对变革型领导的兴趣可能源于两个方面的原因。其一，进行组织“变革”成为潮流，很多大公司包括 AT&T、IBM 和 GE 都实施了广泛的变革计划，企业需要变革型的领导者；其二，许多研究人员感到，领导理论把注意力过分集中在特质、行为和情境上，已经在组织变革上失去了对“领导者”的洞察力，如何才能找出像杰克·韦尔奇这样的商业领袖。在各行各业中都存在变革型领导，像亨利·福特实现了他的愿景，让人们买得起大规模制造的汽车；乔治·巴顿将军改变了第三军；李·艾柯卡带领克莱斯勒从破产的边缘走向成功；杰克·韦尔奇使GE的市值提升了30多倍，排名世界第二位；詹·卡尔森使斯堪的纳维亚航空公司（SAS）从亏损800万美元提升到赢利7 100万美元。

交易型领导者的特点

- 权变奖励：努力与奖励相互交换原则，良好的绩效是奖励的前提，承认成就。
- 通过例外管理（主动）：监督、发现不符合规范与标准的行为。
- 通过例外管理（被动）：只有在没达到标准时才进行干预。
- 自由放任：放弃责任，回避决策。

所谓的交易型领导就是指领导与下属间关系是以两者一系列的交换和隐含的契约为基础。交易型领导者首先确定员工需要做什么，再通过运用组织正式权力，使下属明确某种职能，获得组织绩效，从而能够得到奖励。领导者则从下属的工作绩效中获益。交易型领导的主要特征是依赖组织的奖惩来影响员工的绩效，其前提是领导者明确下属的需求，员工明确达到绩效标准整个过程就像一项交易。巴斯还将这种交换行为分成权变奖励领导行为和例外管理领导行为两种：所谓权变奖励领导行为是指领导和下属间的一种主动、积极的交换，领导认可员工完成了预期的任务，员工也得到了奖励；主动性例外交换一般在问题发生前，持续监督员工的工作，以防止问题的发生。同时一旦发生问题，立即采取必要的纠正措施。被动性例外往往则是在问题已经发生或没有达到规定的标准时，以批评和责备的方式介入。

变革型领导者特点

- 领袖魅力：提供远见和使命感，逐步灌输荣誉感，赢得尊重与信任。
- 感召力：传达高期望，使用各种方式强调努力，以简单明了的方式表达重要意图。
- 智力刺激：鼓励智力、理性活动和周到细致的问题解决活动。
- 个别化关怀：关注每一个人，针对每个人的不同情况给予培训、指导和建议。

所谓的变革型领导是依靠于个人的领袖魅力和非制度权力，通过授权来提高下属对自身重要性和任务价值的认识，通过把愿景变成现实，使人们为了群体而超越个人利益，以此激励下属做出更多的贡献。变革型领导把组织建成了兴奋而富有活力的组织。詹姆斯·麦格雷戈·伯恩斯就认为，变革型领导是与其追随者以互相提升动机和道德水平的方式相互结合的。因此，变革型领导是“改革领导”“革命领导”和“英雄领导”。变革型领导的特征在于：它超越了交换的诱因，通过对员工的开发、智力激励来鼓励员工为群体的目标、任务以及发展前景超越自我的利益，实现预期的绩效目标；集中关注较为长期的目标，强调以发展的眼光鼓励员工发挥创新能力，并改变和调整整个组织系统，为实现预期目标创造良好的氛围；引导员工不仅为他人的发展，也为自身的发展承担更多的责任。变革型领导行为拓宽了领导行为的研究范围。

变革型领导能够在组织中制造兴奋点，产生更强的影响和冲击力。他可以使下属为追求组织共同的愿景兴奋和激动，他能够将“事情可能是什么样”变成“事情就是什么样”。在惠普公司，制造兴奋点的能力是选择管理者的一条明确标准。变革型领导制造兴奋点可以通过三个途径：一是依靠他们的领袖魅力。二是对追随者给予个性化的关注，变革型领导者赋予人们以挑战性的工作，增加了人们的责任感。他们保持沟通渠道畅通，对每个人都不同，为发展下属提供一对一的辅导。三是通过智力激发。变革型领导者诱发追随者对问题和解决方案的认识。他们唤醒人们的想象与创造力，而问题的解决完全由下属完成。

变革型领导拥有巨大的潜力，他们可以给衰落的组织重新注入活力，能够帮助个人发现工作与生活的价值和兴奋点，但是，如果他们的目标和价值体系与文明社会的基本准则相悖，那么他们就会对社会构成极大的威胁。阿道夫·希特勒就是典型的例子。一个人具有激发起巨大的奉献、牺牲与热情的能力，并不能保证其事业是正义的，是人们值得为之付出的。

变革型领导不是总经理与首席执行官的专有权力。福特汽车公司在与密歇根大学商学院合作中，曾把上千名中层经理送去加入一项促进变革型领导方式的计划中。通过这种方法，中层经理的传统角色产生了变革。这项训练包括商业环境变革分析、公司战略、人际关系和对变革需要的讨论。参与者评估他们自己的领导方式并发展了一项培训后实施的具体变革创意——一个产生必要和持续不同的变革。在之后6个月中，经理人员们在工作中实施变革。几乎一半的创意造成了组织或工作单位的变革。这些变化中54%是微小的、渐进的或更个性化的。管理人员带来变革性变化，依赖于他们对这项培训的态度、他们的自尊水平以及在其工作中他们从其他人那里获得的支持数量。因此，有一些管理人员并不像所希望的那样反应，但加入到这一培训中的多数人变得更加富于变革性，而且已经着手进行公司的重大变革。

三、 高层领导团队理论

1. 从领导者到领导团队

不同于传统领导理论，高层管理团队理论是一系列有关领导群体关系研究的总称。

组织的领导工作并不是一个人的工作，而是领导群体的有机协作，特别是学习型组织更加强调的领导集体行为。在现代领导理论的研究中，人们的视角已经从领导的风格与个人品质转向对领导群体关系的研究。事实上，组织的领导效能不仅与核心领导者有关，也受到领导班子中其他成员的影响。在我国传统领导文化中，就一直强调领导班子红白脸的配合。毛泽东就说过：“不善于处理自己和委员之间的关系，不去研究怎样把会议开好，就很难把这‘一班人’指挥好。如果这‘一班人’动作不整齐，就休想带领千百万人去作战，去建设。”（《毛泽东选集》第4卷第1 440页。）

现代高层管理团队研究的兴起是从20世纪80年代Hambrick和Mason提出的“高层梯队理论”（upper echelons theory）。该理论认为组织决策极其复杂，它是多重行为因素共同作用的结果，是决策者个人特质的反映。复杂的环境导致一个管理者不可能观察到组织和外部环境的每一个方面，因此，他对组织和其环境的理解就必定存在先天缺陷；管理者个人的思维模式也使得他对组织和环境的理解存在局限性。“高层梯队理论”提出战略领导者的研究重点应该是整个高层管理团队，而不仅仅是领导者个人；领导理论要充分注意高层管理团队的人口背景特征，包括年龄、组织或团队中的任期、职业背景、教育、性别、种族、社会经济基础和财务状况等，因为这些因素决定了管理者思维的偏好。

我们认为，所谓的高层管理团队（top management team，TMT）是指由组织高层领导群体组成的具有高度合作性和高绩效创造性的团体。它的成员来自组织最高层，他们负责组织的战略制定与执行层，对组织运营活动拥有很大的决策权与控制权。企业的高层团队成员包括CEO、总经理、副总经理以及直接向他们汇报工作的高级经理。当然，高层管理团队具有团队的一般性质，他们是那些良性互动、认同共同目标、资源整合优化、高效能的领导班子。

2. 管理团队结构对领导效率的影响[㊀]

理论研究与管理实践表明，高层管理团队的平均年龄、教育水平、知识结构和任职年限都对领导效率有着重要影响。①高层管理团队的平均年龄和年龄的差距影响着团队领导效率。一般认为年轻的管理团队更容易改变组织发展战略，更愿意尝试创新的冒险行动；而年长的管理团队则经验更加丰富，思维模式更加稳定，决策时会更多利用以往的知识与信息；他们比年轻经理更难适应环境的变化，更加看重收入的稳定性，因此他们会表现得更加倾向于回避冒险。所以，随着高层管理团队平均年龄的增加，组织决策会趋向于回避风险，组织战略更加稳定。②高层管理团队的平均教育水平会影响团队的认知能力和管理技巧。越来越多的研究表明，公司战略变化是与团队教育水平密切相关。研究发现高教育水平的团队倾向于采取重要的战略决策来获得企业长期生存发展，他们执行变革战略更加坚定。③高层管理团队成员的任期会对组织绩效产生影响。人们一起工作很长时间，一些相关的思想、行为开始影响团队行为，特别是沟通行为。团队任期与领导绩效呈现倒U形关系。处在融合期的管理团队，由于管理者之间缺乏了解，沟通不足，对自我角色认识不清，因此，融合度很低。随着合作时间的推移，他们逐渐能够分享不同的观点，明晰了自己的角色定位，在团队中找到发挥自己专长的地方。但伴随时间的推移，管理团队会变得超常稳定，管理者们的小圈子趋向封闭，他们变得缺乏适应性与创新，这时团队绩效会下降。

3. 同质性与异质性问题

高层管理团队结构的同质性与异质性问题也是团队领导理论的研究重点之一。所谓同质性是指高层管理团队成员间特征以及重要态度、价值观的趋同化，而异质性是指成员之间的差异化，包括认识性差异与经验差异。一般认为，高层管理团队同质性程度超高，有相似的背景和经验，就越能降低沟通障碍，使交流变得容易，思想与行动更趋向统一与一致；但成员的思维也会因为趋同，整体忽视新的机会，产生思维的结构性偏差。相反，高层管理团队异质性越高，就越会阻碍成员间的交流，团队凝聚力与团队沟通的副作用越明显，就越会增加团队冲突与政治运动，在争夺权力中浪费时间。高层团队的异质性也可能因为决策选择的不同而增强创新性与个性。

高层管理团队的异质性对组织绩效的影响是不确定的，它随公司的战略和社会背景而变化。可以认为，在相对简单的环境下，团队的同质性能使团队的沟通更加方便、快捷，促进公司的绩效。但是在复杂的情况下，如公司的重新定位、环境震荡、技术变革以及总裁继任，领导班子异质性可以增强战略重新定位的灵活性，对团队绩效有积极作用。高同质性管理团队适于解决常规问题，而高异质性管理团队则利于解决特殊问题。例如，知识结构的差异越大就越能获取一系列多元的信息、技能和观念，拥有广泛的关于战略制定、战略方案的设想。研究发现，高层管理团队教育异质性对组织的投资回报率与销售增长率直接产生积极的作用。

4. 领导团队的管理

有效运作的高层管理团队的核心在于开发领导角色，建立团队规范，解决冲突和获取凝聚力。高层管理团队中的职责划分是由任命或选举产生的，但非正式团队的领导角色则是在管理

㊀ 孙海法，伍晓奕．企业高层管理团队研究的进展［J］．管理科学学报，2003（4）．

者们的相互交往过程中逐渐形成的。善于表达自己观点，经常为他人提供意见和为群体活动提供指导的人通常都是非正式团队的领导。不能有效解决高层管理团队中非正式领导的角色问题，就会引发管理团队的效率变化。

消除团队冲突会减少高层管理团队中的抵触与不满，高层管理团队中的冲突分为认知冲突与情绪冲突。认知冲突起因于人们对任务的目标及完成方法的认识不一致，情绪冲突起因于个体与个体之间的怀疑或不适应。情绪冲突不仅削弱决策质量和成员间的理解，而且降低了成员的满意感，伤害了成员间的感情，导致团队效率低下。为了使团队更为有效，应该营造一种鼓励适度的认知冲突、抵制情绪冲突的团队氛围。

高层管理团队达到高效能的前提是目标相融的问题，即管理者的目标与组织目标一致性的问题。团体的有效性取决于任务的依存度、力量感和结果的依存度。任务依存度是团队工作需要成员相互作用的程度，力量感是可以增加群体对有效性的共同信念；结果依存度是团队结果能否被所有成员感知的程度。如果团队内不能同呼吸、共命运，将难以塑造团队的归属感。增加人际吸引力也是增加团队凝聚力的重要途径，因为人们倾向于加入由自己认同和赞赏的团队，公司需要在组建高层管理团队时，就吸引那些拥有共同基本价值观念的管理者。

本章回顾

小 结

权力产生于人与人之间的依赖。领导权力可以来自法定权力、奖惩权力，也可以来自个人的专家权力和感召力。有效的领导者有着特殊的后天品质，他们热情、正直、勇敢、自信，具有专业知识和人格的魅力。领导的效用从本质上来说是决策收益、决策成本和决策能力的函数，领导的有效性是领导风格与情境相适应。现代的领导理论中下属的权变因素和环境的权变因素共同决定了适当的领导方式对业绩的影响。当代的领导理论更加突出时代变革与组织学习的需要。领袖魅力式领导与变革型领导在一定程度上反映了人们的希望。高层管理团队理论的出现反映了这样的事实，组织的领导工作并不是一个人的工作，而是领导群体的有机协作，特别是学习型组织更加强调领导的集体行为。

关键术语

领导	情境领导理论	行为理论	领袖魅力式领导
费德勒模型	领导特质理论	领导者—参与模型	高层管理团队理论
权力基础	路径—目标理论	权变领导理论	变革型领导

思考题

1. 权力与领导的关系是什么？
2. 领导权力的五种基本形式是什么，如何认识领导权力的构成？
3. 有效领导者与无效领导者的品质特征有哪些？
4. 什么是领导者职能的两大行为特征，必须由一名领导者同时具有两种特征吗？
5. 领导者的风格具有哪些基本形式，布莱克和默顿认为哪一种最有效？
6. 费德勒模型的基本假设是什么，工作情境是如何决定领导者风格的有效性的？
7. 情境理论和路径—目标理论确定了几种领导风格，这些模型认为哪些权变因素有助于确定最有效的领导方式？
8. 简述领导者—参与模型的五种管理决策风格，弗鲁姆和亚戈对此做出了哪些修改？
9. 阐述领导者魅力理论，你认为个人魅力型领导的风险在哪里？
10. 阐述变革型领导理论，讨论当代领导理论面临的挑战。
11. 什么是高层管理团队理论，它对现代领导活动有哪些启发？

延伸阅读

1. 丹尼斯·朗．权力论［M］．北京：民主与建设出版社，2000.
2. 理查德·哈格斯，罗伯特·吉纳特，戈登·柯菲．领导学［M］．北京：清华大学出版社，2006.
3. 乔恩L皮尔斯，约翰W纽斯特罗姆．领导者与领导过程［M］．北京：中国人民大学出版社，2003.
4. 彼得·德鲁克．卓有成效的管理者［M］．北京：机械工业出版社，2008.
5. 约翰·科特．权力与影响［M］．北京：华夏出版社，1998.

案例讨论

阿里巴巴的精神控制术：马云打造职场乌托邦

在以“白娘子传奇”闻名的江南杭州，坐落着两个气质与这座城市极不协调的楼层。15天前，这个富有“攻击性”的空间——“淘宝”，迫使全球最有影响力的女人之一，eBay总裁惠特曼放弃了亲自角逐中国互联网市场的欲望。

与其气质一脉相承的，还有附近华星时代广场和创业大厦的9个楼层——“支付宝”和“阿里巴巴”。2007年伊始，“支付宝”宣布对非“淘宝”商家收取技术服务费。锋芒毕露的背后，他们有一个共同的小个子领袖——马云，因超凡的个人魅力，他被公众供奉于“神坛”已经有6年。

“多么奇怪！”一位杭州的老媒体人说，“6年共2 190天，这个正迅速扩张的团队仍超乎寻常地保持‘亢奋’和‘战斗欲’。”然而这个团队的绝大部分人，拿着国内同行业中下水平的工资（在杭州处于中等），却有着职场人士对职责少见的忠诚、幸福感和向心力。

关于这种神秘能量的来源，坊间有诸多私语，如一个“中国式狂想”，“精神控制术”，进一步的解释是：“个人崇拜在国内互联网公司中，无出其右，极其宗教感的文化保证了团队的勃起。”另有人将其比喻为“米老鼠帝国”：“在迪士尼，没人敢把以前的思想一扫而光，每个人心里都明白，公司创建人沃尔特不会喜欢那样的。”

对此，阿里巴巴的官方说法不痛不痒——“企业文化”。但据接近该公司的人士透露，在新近结束的集团战略会议上，阿里巴巴已第一次将此魔力作为“制度化”建设提出，“其在阿里巴巴2007年战略的重要性，甚至要高于‘速度’、‘创新’这些互联网公司耳熟能详的名词”。

“职场乌托邦”

“这恐怕是中国笑脸最多的一个公司，而且执行力超强，但我也不知道为什么。”这是卫哲的答案。两个月前，他刚从百安居中国区总裁变身为阿里巴巴集团资深副总裁。7个月前，首次踏入阿里巴巴的卫哲，这个传统零售业的“销售狂人”就已经看到，一群互联网销售人员在一部部冰冷的电话前长时间站立，手舞足蹈。

“难道你不觉得，这是理所当然的吗?”一位淘宝新雇员已经没有疑问，虽然两个月前，他还因不能理解公司无处不在的激情而独自偷笑。另一位因挫折极度消沉的女士来到阿里巴巴，3个月后姿态已焕然一新。尽管她3 000元左右的薪水在大部分白领看来毫无兴奋点，但她口气铿锵：“请不要再和我提自杀那些愚蠢的话题，我正在给中国的电子商务做贡献。”

魔力还蔓延到与阿里巴巴雇员朝夕相处的亲人。马云习惯不定时邀请他们到公司“视察”并非秘密，但是大部分人不知道他们走出大门后，会对“枕边人”感慨：“加油干吧，以后就靠你了。”曾有一位以抱怨“丈夫工作过于拼命”著称的妻子，最后在阿里巴巴员工大会时跌跌撞撞冲上了主席台：“我想感谢你们，我很荣幸将丈夫交给了阿里巴巴。”

还有一些更激动人心的画面。据一位淘宝雇员透露，当淘宝交易额冲过目标值时，雇员们将在部门经理带领下愉快地“裸”奔，男士脱掉上衣，甚至只剩下一条裤衩。当然，这一业绩并不直接返点到个人薪水上。

这里的一位“销售冠军”还在一个寒冷的冬日跳下了西湖。事情源起一次“豪赌”，如果他能在2004年实现一年1 000万元的销售额（相当于其2003年的3倍），马云将应允他去世界上他喜欢的一个城市喝咖啡，但如果失败，代价是在最冷的节气“跳西湖”。结果，该销售冠军达到了似乎异想天开的销售额，但离马云“老客户续签持续率必须在80%以上”的附加条件差了一个百分点。

还有更多疯狂的场景。阿里巴巴和各子部门的狂欢频繁发生，马云会打扮成维吾尔族姑娘或江南小城的普通渔夫；而阿里巴巴的首席财务官蔡崇信，这个被业界认为不好说话、极其严肃的人，偶然也会穿上女人的丝袜，在众目睽睽下跳起缠绵的钢管舞。

所有的人都在提示，这个类似“职场乌托邦”的团队，是马云头脑的一个翻版。这个拥有4 800多名员工的团队有着和军事企业一样高度统一的价值观，马云推崇的“六脉神剑”——“客户第一”、“团队合作”、“拥抱变化”、“诚信”、“激情”和“敬业”。

有人指出，如果把“职场”视为一个交易系统，阿里巴巴人降低了交易成本，“长期处于同样的氛围，对内高度统一，大家都用同样的逻辑对待他人，不适合的人将被‘舆论’自然淘汰，实际上避免了很多单位的‘口是心非’，是管理成本的极大节省”。

“精神控制术”

然而，阿里巴巴团队魔力来源的核心，关乎人性的深层秘密。对此，有一位通晓心理学的商界人士解释：“阿里巴巴一直在有意无意维护马云的‘神坛’形象，以实现类似崔健的歌曲《一块红布》中叙述的‘神秘控制’。”

这个判断似乎得到了佐证。大部分员工事先听说过马云的传奇，而在其此后的职业生涯中，马云的神话、价值观和理想在公司的各种场合被宣讲、重复，然后无孔不入地传染。而当一个团队对领导者产生图腾崇拜的心理，它内在循环所产生的力量，将导致遇敌时的所向披靡。

根据美国心理学家利夫顿（Robert Jay Lifton）对“精神控制”的分析，除核心的“神秘控制”外，方式还包括发展一套内部术语用于交流与思考，以强化个体对所倡导价值的使用等。

在这里，每个淘宝雇员都有一个“花名”，它们来自马云酷爱的金庸小说。最近，这个“花名”单正逐渐向中国神话《西游记》的角色拓展。

“符号是一种自我定位。”员工们说，当

这些“令狐冲”、“黄蓉”和“孙悟空”在一起，把每次平淡的业绩冲刺幻化为热烈的小组竞争。而马云判断员工优劣的思维，已在公司广而告之——有业绩没团队合作精神的属“野狗”，应被坚决清除；老好人但没业绩的属“小白兔”，会被逐步淘汰；有业绩也有团队精神的属“猎犬”，这才是阿里巴巴最需要的。

与此同时，员工保持着忙碌状态。这些雇员除要共同冲刺高标准的部门业务指标外，个人还要接受公司安排的各种培训，这些必须修满学分的科目包括“阿里课堂”、“阿里夜谈”、“阿里夜校”、“百年大计”、“百年诚信”和“百年阿里”等。

“这已经是阿里巴巴团队的一个定式。”上述杭州老财经媒体人说，忙碌被认为是实现“精神控制”的必要条件，因为忙碌将导致员工们没有时间深入思考集团内部的事，不能分身接受更多信息，因此对身边一切习以为常。

但不少淘宝员工说，“精神控制”并不是“蒙蔽”。他们的理解是：“马云通过团队培训和系列潜移默化的训导，让员工在他的价值观和体系面前选择，否则能力再强，也不能待在阿里巴巴。”

不过，两者在解读阿里巴巴团队魔力的另一入口——“一个严厉的制度设置”时，取得了一致。

的确，这里除有每年10%的淘汰率外，还有一个与众不同的考核制度——50%是业绩考核，另50%则以“六脉神剑”为参照的价值观打分；又如这个公司奖罚分明，也曾有一位销售冠军因对客户“过度承诺”伤害“诚信”一条，而被驱逐。

这里的员工还被热情告之，他们拥有一个特别的“安全保障”——个人对公司的“不满”除可以向上司沟通外，还有来自人力资源部门一位负责点对点的“员工关系”的职员。

在另一些人看来，这又是一种“头脑”监管。“我尝试的结果是更坏，而不是更好。”阿里巴巴某个老雇员说，“虽然提倡民主，但实际上，我们的文化之一就是‘服从’，因为‘上司总是对的’。”

期权与“魔力”

有批评人士指出，对于互联网这样一个以自由为时尚的行业，阿里巴巴的管理方式貌似“污点”。不过，最近专业鉴定和出版机构荷兰CRF关于“中国杰出雇主2007”的评选中，阿里巴巴作为中国唯一的互联网企业荣登榜单。

有人说，这里的雇员每人每年有1 800元的“outing”（游玩）费；有一个连厕所也充满人生哲语的办公室；这里以客户利益至上，“六脉神剑”的各个要素都积极向上；如果工作卖力，销售人员的提成其实相当不菲，何况这里还“温情脉脉”，如果离开（包括被淘汰）也有重新回来的机会，因为每个人的编号都被无限期保留。

在新近结束的集团战略会议上，阿里巴巴要将此魔力作为“制度化”建设提出，使其成为一个诉诸文字的“基本法”。分析人士认为，在一个知识时代，团队价值即最大价值。尽管阿里巴巴分散的股权结构让人担心，但“如果马云控制了团队和士气，并有效地使团队共进退，那么这是一个不可能被并购的企业，因为投资人的并购目的是实现投资增值”。

现在，这个“魔鬼训练营”团队因为扩张正在迅速变成一个庞然大物，阿里巴巴在一年内进入了将近1 000名员工。而马云还可能退休，他个人对团队的现实影响可能会逐渐减弱。

“如果这个集体还在，我会愿意留下。”这是淘宝新员工的回答。或许，这也是阿里巴巴需要“基本法”的另一个原因，但是，这种管理方式是否真能够长久？

在最根本的经济利益上，据了解，在2003年9月后进入“阿里巴巴”事业部的员工将不能获得公司期权（“淘宝”和“支付宝”仍能获得)，虽然之后马云为这批员工补了部分股权，但数量仅在每人2 000 ~ 4 000股，相比此前几万股已经大大减少。

现在，按照阿里巴巴公司的官方说法，每位新进员工仍有机会获得公司期权，但主要以奖励形式出现，并不是绝对。而事实上，阿里巴巴事业部与其他事业部的期权分配相比显得比较少，因此某些员工颇有意见。而确有部分拥有2 000 ~ 4 000股的员工私下透露，等期权兑现可能会考虑离开。

资料来源：21世纪经济报道，2007-01-06)

讨论题

1. 阿里巴巴公司是从哪几个方面进行“精神控制”的?

2. 阿里巴巴公司的高层领导是如何运用其领导权力的？其合理性是什么?

3. 通过阿里巴巴公司的案例，你认为如何才能提高领导的魅力?

第十二章　激励理论

凡将举事，令必先出。曰事将为，其赏罚之数，必先明之。

——管子《管子·立政》

如果一个人需要借助外界的力才能动一下的话，那么他还会需要第二次、第三次。只有一个人自身产生了动力，才谈得上真正受到了激励。

——赫茨伯格《工作与人性》

第一节　激励的原理

领导者要影响工作的绩效，就必须要能够了解被领导者的愿望，根据组织活动的需要和个人素质与能力的差异帮助他们实现各自的愿望，以此提高下属的工作积极性。成功的管理者必须知道用什么样的方式有效地调动下属的工作积极性。

一、　动机与激励

所谓激励就是鼓舞、指引和维持个体努力行为的驱动力。组织激励就是调动下属的工作积极性，把潜在的能力充分地发挥出来，使其朝着组织所期望的目标表现出积极主动的、符合要求的工作行为。

> 激励就是鼓舞、指引和维持个体努力行为的驱动力。

现代心理学研究表明，人们之所以会产生一些特定的有意识的行为是由其动机决定的。动机是驱使人产生某种行为的内在力量，一个人愿不愿意从事某项工作，工作积极性是高还是低主要取决于他从事这项工作的动机及动机的强弱。一个组织中下属的工作绩效如何，常常不是能力的问题，而是其积极性有没有被调动起来，他的动机有没有被激发。

> 动机是由人的内在需要所引起的，动机过程就是需要获得满足的过程。

动机是由人的内在需要所引起的，动机过程就是需要获得满足的过程。人之所以愿意做某事，是因为做这件事本身能满足其个人的某种需要，或者完成这件事能给他带来某种需要的满足。动机的过程产生于个体存在未被满足的需要，当需要未被满足时就会产生紧张，进而激发个体的内驱力，这种驱动力将导致寻求特定目标的行为，例如，饥饿会使人去寻找食物，孤独会使人去寻求关心。美国管理学家罗宾斯认为，处于紧张的状态之中的个体为了缓和这种紧张状态而努力，紧张程度越大，努力程度越高。如果最终目标需要得到满足，紧张就得以解除。其规律如图 12-1 所示。

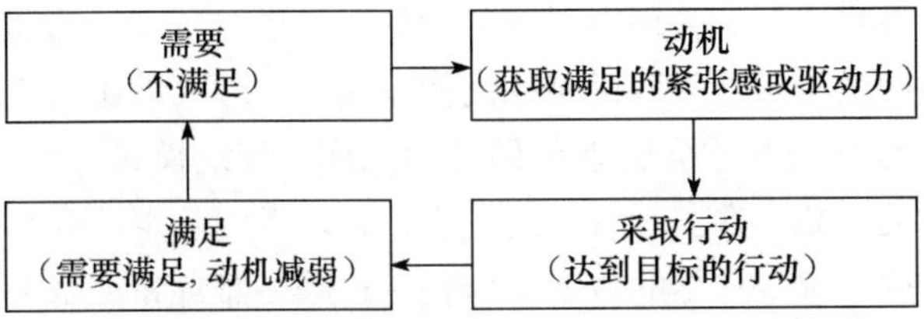

图 12-1 激励过程与人的行为规律

首先，组织激励过程就是要诱发和刺激员工未被满足的需要。事实上，并不是在任何情况下有需要就一定会引发行为的动机。相反，只有当需要达到一定的强度时，动机才会产生。当人的需要还处于萌芽状态时，它以模糊的形式反映在人的意识之中，这时的需求只是一种意向；当需要不断增强，人们比较明确地知道是什么造成其内心的不安并意识到可通过什么手段来满足时，意向便转化为愿望；当人的心理进入到愿望阶段后，在一定的外界条件刺激下就可能形成满足这种需要而行动的动机。组织激励就是要诱发和刺激员工的未被满足的需要，使其处于紧张的状态之中，从而产生行为的动力。当组织诱发和刺激员工的紧张程度越大，则其工作的积极性就会越大，其潜能就越能充分地发挥。

其次，组织激励过程是要使这种解除紧张的努力指向组织目标。为了解除或减轻紧张状态，被激励的员工会努力工作。但努力工作未必产生高的工作绩效。因为处于紧张的根源是来源于个体内在的需要，如果个体的需要与组织的目标不一致，那么他所表现出的高水平的努力只会与组织的利益背道而驰。组织激励本身就包含了组织目标与个体目标的相容。组织中无激励的行为和有激励而无效果的行为，都说明组织激励的机理出现了问题。例如，领导者打算通过增加额外的休息日来提高员工的劳动生产率，但结果可能有效，也可能无效，因为在一定的环境下，员工可能更愿意保持以往的工作日，希望提高薪水，而不是增加闲暇支出。

最后，组织激励力是取决于某一行动的效价和期望值。所谓效价，是指个人对达到某种预期成果的偏爱程度，或某种预期成果可能给行为者带来的满足程度；期望值则是某一具体行动可带来某种预期成果的概率，即行为者采取某种行动，获得某种成果从而带来某种心理上或生理上满足的可能性。显然，能够满足某一需要的行动对特定个人的激励力是该行动可能带来结果的效价与该结果实现可能性的综合作用的结果。激励力、效价和期望值之间的相互关系可表示为：激励力 = 某一行动的效价 × 期望值。

> 内容激励理论关注于管理者通过提供何种诱导和刺激才能产生现实的动机，导致行为的产生。过程激励理论是研究管理者如何将动机转化成实现目标的特定行为的激励过程问题。

组织激励按其性质可以分成“内容激励理论”和“过程激励理论”。“内容激励理论”关注于管理者通过提供何种诱导和刺激才能产生现实的动机，导致行为的产生。“内容激励理论”对员工的各种需要的内容和性质进行研究，回答“员工为什么会努力工作”，“是什么吸引着员工努力工作”等与动机形成有关的问题。这方面的代表性成果有需要层次理论和双因素理论等。“过程激励理论”是研究管理者如何将动机转化成实现目标的特定行为，以及此次行为对其个人需要的满足状况又如何影响下一回行为的激励过程问题。这方面的代表理论有期望理论、公平理论和强化理论等。

二、 激励假设

1. 人性的假设

无论是内容激励理论还是过程激励理论都要以人性的假设为前提。当前关于人性的假设经历了从传统模式、人际关系模式到人力资源模式的转变。

传统模式通常与泰勒及其科学管理理论联系在一起。管理者对重复性的工作进行研究，选择最有效率的工作方式，并用工资激励系统来激励员工。这种理论基础的假设是，经理人员比员工更理解工作，员工的本性是懒惰的，只有通过金钱刺激才能驱动他们努力工作。传统模式认为，公司以高工资作为回报，要求员工服从管理者的权威。在实际管理过程中，管理者的基本任务是把工作任务分解成简单、重复、易学的操作步骤；制定详尽的日常工作程序；严格监督和控制下属。从实践上看，对销售人员按定额基数的完成情况来付酬，可以视为这种理论的一种应用。

人际关系模式往往是与埃尔顿·梅奥及其同时代的人联系起来。梅奥和其他人际关系研究者发现，很多工作因为重复与枯燥，实际上降低了对员工的激励程度，而社会交往则会创造和保持激励。人际关系模式则认为，因为管理者对员工关心体贴，改善了他们的工作环境，所以，他应该接受管理者的权威，接受已经由管理者规定好的工作条件。在实际管理过程中，管理者的基本任务就是让员工认识到自己的价值和作用；听取员工对于工作的意见；让下属在一定程度上进行自我指导和自我控制。在实践中沿用这一理论的做法包括：意见箱、公司制服、公司简报以及员工参与绩效评价过程。沃尔玛公司的许多做法体现了这一理论。

人力资源模式则通常与道格拉斯·麦格雷戈联系在一起。麦格雷戈和其他理论家批评人际关系理论依旧在操纵员工，只不过是换了一种更复杂、更巧妙的方式。人力资源模式发现：人们并不是天生厌恶工作，人们愿意为自己的目标做出贡献。绝大多数的人可以运用自己的创造力、责任感进行自我指导和自我控制来完成工作。人力资源模式认为：管理者开发了员工的潜能，提供了员工创造的舞台。因此，员工接受组织并主动提升组织资源的价值。在实际管理过程中，管理者的基本任务就是发现未开发的人力资源；创造轻松愉快的氛围，使员工能力得到发挥；鼓励员工充分参与，不断地扩大自我指导和自我控制的范围。

2. *激励理论前提假设*

我们的激励理论是建立在基本的假设基础上的，要理解激励理论需要了解一些基本假设。

第一，激励只是决定个体绩效的诸多因素之一。影响个体绩效的还有能力、资源和其他条件，只有激励对于提高员工的绩效往往是不够的。沃尔玛的员工们除了从管理人员那里得到激励信息之外，他们还有决定自己行为的自由，这也是一种资源。

第二，激励是一种供给不足的短缺资源，需要定期补充。激励能量满足热力学定律，它的流动具有不可逆的方向性。组织具有较高的激励能量，就像冬季房屋里的暖气，会慢慢逃逸，激励的影响力随时间的过去会消失。组织只有不断地提供新的激励能量，员工才能获得持续的动力。激励的理论和实践是一个永无休止的过程。

第三，激励作为一种工具，它应当渗透到组织管理各职能之中。计划、组织、领导、控制、创新等职能都要加入激励的因素。管理者应当将激励的内容作为一种投入要素用于战略性计划，用以设计组织内的各种关系、权力的配置和对组织活动的监控。

第二节　内容激励理论

人类的行为具有一定的目的性，都在寻求实现某种特定的目标，满足某种特定的需要。个体之间的素质和能力及其情境是不同的，因此，其内在的需要也是有差异的。管理者应当理解需要种类的一般框架和组织中员工关心问题的一般形式，从而可以依据员工的差异提供不同的诱因来实现激励过程。

一、 需要层次理论

美国社会心理学家亚伯拉罕·马斯洛提出，每个人都有五个层次的需要：生理的需要、安全的需要、社交或情感的需要、尊重的需要、自我实现的需要。

（1）生理的需要是最基本的需要，如衣、食、住、行等。在经济欠发达的社会，必须首先研究并满足这方面的需要。

（2）安全的需要是保护自己免受身体和情感伤害的需要。

（3）社交的需要包括友谊、爱情、归属及接纳方面的需要。马斯洛认为，人是一种社会动物，人们的生活和工作都不是孤立地进行的。人们希望在一种被接受或有归属感的情况下工作，而不希望在社会中成为离群的孤鸟。

（4）尊重的需要分为内部尊重和外部尊重。内部尊重因素包括自尊、自主和成就感；外部尊重因素包括地位、认可和关注或者说受人尊重。自尊是指在自己取得成功时的一种自豪感，它是驱使人们奋发向上的推动力。受人尊重，是指当自己做出贡献时能得到他人的承认。

（5）自我实现的需要包括成长与发展、发挥自身潜能、实现理想的需要。这是一种追求个人能力极限的内驱力。

马斯洛认为每个人都有五个层次的需要：生理的需要、安全的需要、社交或情感的需要、尊重的需要、自我实现的需要。

自我实现是需要层次理论提出的最著名的概念。这种需要一般表现在两个方面。一是胜任感方面，有这种需要的人力图控制事物或环境，而不是等事物被动地发生与发展；二是成就感方面，对有这种需要的人来说，工作的乐趣在于成果和成功，他们需要知道自己工作的结果，成功后的喜悦要远比其他任何报酬都重要。按照马斯洛的看法，只有平均10%的人达到自我实现。也就是说，绝大多数人的工作和生活中还有大量未被开发的潜力。

在这五个层次的需要中，马斯洛把生理需要、安全需要称为人的基本的低层次的需要，而把社交需要、尊重需要和自我实现需要称为较高级的需要。高层需要是从内部使人得到满足，而低层次的需要主要是从外部使人得到满足。

马斯洛的需要层次理论是建立在其理论的基本假设基础上的。马斯洛认为：①人的行为受到人的需要欲望的影响和驱动，但只有尚未满足的需要才能够影响人的行为，已满足的需要不能起激励作用；②人的各种需要由于重要程度和发展顺序不同，可以形成一定的层次性。人的五种需要按照由低到高的顺序，可以排列为金字塔状的层次结构，只有当较低层次的需要得到满足后，才会产生更高层次的需要；③人的行为是由主导需要决定的。对于具体的人来说，并不是在任何条件下都同时具有这五种需要且保持它们间同等的需要强度。对人的行为方向起决定作用需要的就是这个人在这一时期的主导需要。

马斯洛的需要层次对于激励理论有着突出的贡献，它指明了人的需要的基本类型；划分了人的需要的两大类层次，指出了只有在低层次需要得到满足之后，高层次的需要才可能被人关注；需要层次理论还促使人们开始关注个人发展和自我实现的重要性。

但是马斯洛的需要层次缺乏实证的基础，没有注意到人类需要层次高低也是具有相对性的一面。尽管总体上说高层次需要的满足滞后于低层次需要的满足，但这只是一种相对的过程。人类需要实际上具有多样性、层次性、潜在性和可变性等特征，也就是说一个人在不同时期可有多种不同的需要，即使在同一时期，也存在着多种程度不同、作用不同的需要；需要的层次应该由其迫切性来决定，而不是绝对由低到高排列。因此，只有在认识到了需要的类型及其特征的基础上，企业的领导者才能根据不同员工的不同需要进行相应的有效激励。

二、 双因素理论

美国心理学家弗雷德里克·赫茨伯格和其助手于20世纪50年代后期在匹兹堡地区的11个工商业机构中，向近2 000名工程师和会计师进行了一项调查研究。在调查中，赫茨伯格把调查的对象的反应归纳为16个有关个人与工作关系的范畴，他要求受访者在具体情境下详细描述他们认为工作中特别满意或特别不满意的方面。通过对调查结果的综合分析，赫茨伯格发现：引起人们不满意的因素往往是一些工作的外在因素，大多同他们的工作条件和环境有关；能给人们带来满意的因素，通常都是工作内在的，是由工作本身所决定的。

赫茨伯格提出导致工作满意的因素和导致工作不满意的因素有着本质的差别。他分析指出：人们通常将满意与不满意看成是相互对立的两个方面，但事实上，"满意"的对立面是"没有满意"；同样，"不满意"的对立面是"没有不满意"。因此，他提出了双因素理论，主张将导致满意的因素和导致不满意的因素应区别对待。

保健因素是那些与人们的不满情绪有关的因素。激励因素是指那些与人们的满意情绪有关的因素。

赫茨伯格认为影响人们行为的因素主要有两类：保健因素和激励因素。保健因素是那些与人们的不满情绪有关的因素，如公司的政策、管理和监督、人际关系、工作条件等。

保健因素处理不好，会引发对工作不满情绪的产生，处理得好，可以预防或消除这种不满。但这类因素并不能对员工起激励的作用，只能起到保护和维持工作现状的作用。所以保健因素又称为"维持因素"。

激励因素是指那些与人们的满意情绪有关的因素。如图12-2所示，激励因素主要包括这些内容：工作表现机会和工作带来的愉快，工作上的成就感，由于良好的工作业绩而得到的奖励，对未来发展的期望，职务上的责任感等。赫茨伯格认为如果激励因素处理得好，能够使人们的行为得到切实的激励。当然，如果不提供这些因素员工也不会即刻产生不满的情绪。如果处理不当，其不利效果顶多只是没有满意情绪，而不会导致不满。

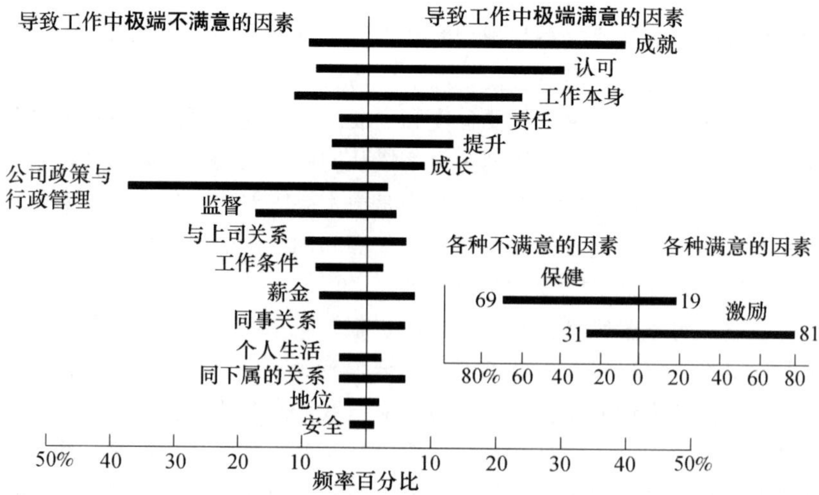

图12-2 赫茨伯格双因素图

资料来源：Reprinted by permission of *Harvard Business Review*. Frederick Herzberg, "One More Time: How Do You Motivate Employees?"（January-February 1969）: 57. Copyright © 1969 by the President and Fellows of Harvard College; all rights reserved.

赫茨伯格双因素理论的重要意义，在于它强调了来自保健因素的外在奖励和来自激励因素的内在奖励的重要区别；管理者要调动员工的积极性，必须在做好外在奖励的同时，还要重视内在奖励；为以后的理论（如海克曼和奥德海姆工作设计模型）打下基础。但应当指出的是赫茨伯格双因素理论受到了众多学者的批评，这些学者认为它的研究方法适用性与可靠性令人怀疑；满意度的评价标准也缺乏普遍的适用性，它还忽视了情境变量等。

三、 ERG 理论

耶鲁大学的克莱顿·爱尔德弗发展了马斯洛的需要层次理论，提出了需要的 ERG 理论。与马斯洛理论相比，需要层次理论具有广泛的适用性，而 ERG 理论则是针对理解员工的工作需要，但 ERG 弥补了需要层次理论缺乏实证研究支持的缺陷，它拥有相当确凿的支持性材料。

ERG 理论认为每个人都有三类核心的需要：生存、联系、成长的需要。不同类型的需要可以同时起作用。

ERG 理论提出员工有三类核心的需要：生存（existence）、联系（relatedness）、成长（growth）的需要。正是如此，克莱顿·爱尔德弗的需要理论被称为 ERG 理论。生存需要指所有物质和生理的欲望。它包括马斯洛所说的生理需要和安全需要。联系需要包括与他人的联系以及在相互交流思想和感情中获得满足。这类需要和马斯洛的社会需要、尊重需要中的外在部分相对应。成长需要是个人发展的内在需要，它包括马斯洛尊重需要的内在部分和自我实现需要的特征。发展需要激励员工创造性地、有效地改变自身和环境，它的满足来自个人能力的充分发挥或者拓展新的能力。ERG 理论与马斯洛层次需要的本质差异并不是用三个需要代替五个需要，而是 ERG 证实不同类型的需要可以同时起作用。虽然马斯洛认为自我实现的需要只有在其他需要都满足之后才显出重要性，爱尔德弗却坚持认为个体尤其是后工业时代员工的生存需要和发展需要可以同时被激励并得到满足。

ERG 理论还包括挫折—倒退维度。它并不同意马斯洛观点，即认为一个人会滞留在某一特定的需要层次上直到这一层次需要得到满足。ERG 理论认为如果高层次需要得不到满足，那么满足低层次的愿望会更加强烈，即使低层次需要已经得到满足。

ERG 理论比马斯洛理论有更多的科学支持，而且与我们关于个体差异的常识更加一致。ERG 理论与我国学者关于人类需要具有多样性、层次性、潜在性和可变性特征的观点更为接近。因此，ERG 理论比马斯洛观点更为有效。

四、 麦克利兰理论

麦克利兰理论也称为三种需要理论或后天需要论，它是由美国管理学家戴维·麦克利兰提出的。和其他激励需要理论一样，戴维·麦克利兰也认为存在一些基本的需要引导着人的行为，他在约翰·阿金森工作的基础上，证实了三种基本需要，即成就需要、归属需要和权力需要与个体工作过程中的激励程度高度相关。但与传统的需要理论不同，麦克利兰理论的前提假设是：这些需要是后天获得的，它们在个体中如何达到平衡也是因人而异的。

成就需要是对成就的强烈愿望和对成功及目标实现的执著。有些人他们追求的是个人的成就而不是成功后的报酬，他们有一种欲望将事情做得比以前更好、更有效率，这种内驱力就是成就需要。实证研究表明，高度的成就需要同工作中的高绩效相联系。那些在富于竞争性的工作中取得成功的人，他们对取得成就的需要远远高于平均水平。大多数管理者和企业家都有高水平的成就需要，他们比一般的专业人员具有更高的成就需要。麦克利兰的研究还表明，非管理人员也有取得成就的需要。

归属需要指被他人喜欢和接受的愿望。有高归属需要的人更愿意与他人和睦相处，可能会较少考虑高水平地履行职责。高归属需要者喜欢合作而不是竞争的环境，希望彼此间的沟通和理解。毋庸置疑，很多人都需要和他们的同事保持密切联系。有着强烈归属需要的人可能是成功的"整合者"，如品牌管理人员和项目管理人员等。他们能够协调组织中几个部门的工作，具有过人的人际关系技能，能够与他人建立积极的工作关系。

权力需要是影响和控制他人的愿望。具有高权力需要的人喜欢承担责任，努力影响他人，喜欢处于竞争性环境和令人重视的地位，有高个人权力需要的人只关心实现个人的目标。权力需要常常表现为双刃剑，当这种需要表现为对他人恶意的控制和利用，对组织来说就是一种不利的"个人化权力"。如果权力需要可以导致组织和社会的建设性改进，那么它就是一种积极的"社会化权力"。有着强烈权力需要的人，会有较多的机会晋升到组织的高级管理层。原因在于，成就的需要可以通过任务本身得到满足，而权力的需要只能通过上升到某种具有高于他人的权力层次才能得到满足。麦克利兰对 AT&T 公司管理层进行了 16 年的跟踪研究，结果发现在这家公司高层管理者中有一半以上的人对权力有强烈的需要。

既然高成就需要同工作的高绩效正向相关，那么识别高成就需要者的特征对于管理者来说就非常重要。麦克利兰通过 20 多年的研究指出，高成就需要者更喜欢个人责任，能够获取工作反馈和适度冒险性的环境。高成就需要者接受困难的挑战，能够承担失败的责任。他们不是赌徒，因为从偶然的成功中他们得不到任何的成就感。也应当指出，高成就需要的人并不一定就是好的管理者，特别是在大型组织中。归属需要和权力需要与管理者的成功有着密切关系。

麦克利兰理论的重要性在于，它表明了使员工与其工作相匹配的重要性。与具有高度成就需要的员工不同，高归属需要感的员工则喜欢安定、保险系数高和可预见的工作场所。体贴细心的管理者更适合他们；麦克利兰的研究还表明，下属的三种基本的激励需要是可以通过培训来培育和激发的。在一定程度上，管理者能够通过创造适当的工作环境来提高员工的成就需要，管理者可以赋予员工一定程度的自主权和责任感，逐步使其工作更具挑战性。

第三节　过程激励理论

过程激励理论主要研究管理者所提供的激励因素是否能够发挥作用，以及如何发挥激励作用。有效的管理者不仅应该知道给员工什么激励，更应该知道如何激励才能更有效果。

一、期望理论

组织中常常会出现这样一种情况，即面对同一种需要以及满足同一种需要的活动，为什么不同的组织成员会有不同的反应：有的人情绪高昂，而另一些人却无动于衷呢？这些问题是激励需要难以回答的，维克托·弗鲁姆于 20 世纪 60 年代中期提出的期望理论给出了自己的解释。

> 期望理论认为，只有当人们预期到某一行为能够带来既定的成果，并且它对个人具有吸引力时，人们才会采取特定的行动，以达到组织的目标。

期望理论认为，只有当人们预期到某一行为能够带来既定的成果，并且它对个人具有吸引力时，人们才会采取特定的行动，以达到组织的目标。根据期望理论的研究，员工对待工作的态度依赖于对三种关系的判断，如图 12-3 所示。

（1）努力—绩效的关系。个人感到通过努力而达到个人绩效的可能性。

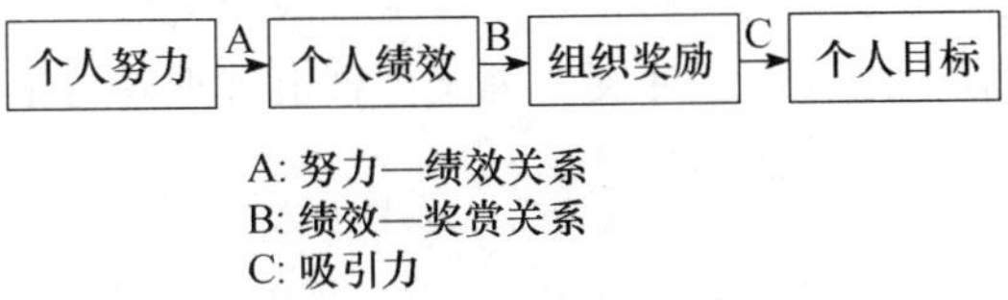

图 12-3　简化的期望模式

（2）绩效—奖赏的关系。个人相信达到一定工作绩效后可以获得所希望奖赏的可能性程度。

（3）奖赏—个人目标的关系。如果工作完成，组织奖励满足个人目标或需要的程度和对于个人的重要性程度。

我们可以把这三部分看成为要使员工激励水平达到最大化所必须回答的问题：①需要付出多大努力才能达到某一绩效水平，我是否真能达到这一绩效水平，概率有多大；②如当我达到这一绩效水平后，是否会得到组织的奖赏，我的所得与我付出的努力相匹配吗；③如果能够得到奖励，这一奖赏能否满足个人的目标，吸引力有多大。因此，在一项工作上人们受到激励的程度（激励力 M），取决于经努力后取得成果的价值（效价 V）与他对实现目标的可能性的估计（期望值或称期望率 E）的乘积。用公式可以表示为：

$$M = V \times E$$

在一项工作上人们受到激励的程度（激励力 M），取决于经努力后取得成果的价值（效价 V）与他对实现目标的可能性的估计（期望值或称期望率 E）的乘积。

也就是说，如果个体越是认为一项工作及其结果能够给自己带来满足程度的评价，那么其效价就越高。如果个体越是认为自己能够顺利完成某项工作，那么其期望值也就越高。较高的激励力是由效价和期望值共同作用的结果。在高激励力的条件下，员工们会很有信心地去努力工作。事实上，效价不仅是量的概念，也有质的内容，即取决于预期结果的类型，有些个体自己直接“感受”到的是内在报酬，如成就感、自尊的提高以及工作中新技能的发展等；有些与此相反是外在报酬，比如奖金、表扬、晋升等。某一绩效水平可能同时与内在报酬和外在报酬相联系，每种报酬都有各自的激励力量。美国沃尔玛公司的政策以及各种鼓励方式，似乎是在对员工保证：你们只要付出努力，就一定能得到你们想要的。

期望理论的基础是自我利益，它假设每一员工都在寻求获得最大的自我满足。期望理论的核心是双向期望，管理者期望员工的行为，员工期望管理者的奖赏。期望激励的前提是管理者应当知道什么对员工最有吸引力。管理学家科恩认为，根据期望理论的真谛，管理者应就任务分配、工作目标、员工需要以及完成特定工作后员工个人的成长机会等，与员工进行商议。

期望理论的员工判断依据的是员工个人的知觉，而与实际情况关系不大。不管实际情况如何，只要员工以自己的知觉确认自己经过努力工作就能达到所要求的绩效，达到绩效后就能得到具有吸引力的奖赏，他就会努力工作。期望理论也考虑到人们行为决定的某些动态特征。随着时间的流逝，预期也能够从积极走向消极。如果对过去行为所获得的工作报酬感到沮丧，你就可能对“努力会取得预期目标，努力会得到报偿”的预期丧失信心。

期望理论的倡导者纳德勒和罗拉认为，管理者在同员工打交道时，必须同时对许多因素加以注意：①根据每位员工对报酬价值的估价决定报酬形式。若想使报酬成为激励因素，必须使之适合于报酬的对象。管理者可以通过观察员工在不同条件下的反应和询问他们需要哪种报酬，来决定给员工以何种报酬。②决定你期望的绩效。管理者必须明确自己需要什么样的绩效，这样就能告知员工若想得到报偿，该做些什么。③设置的目标要可以达到。如果员工们觉得要达成这个目标太困难了或不可能，他们受到的激励就很低。④把报酬和绩效联系起来。若想保持激励的力量，短期内一定要对成功实现的绩效给予适当报偿。⑤分析哪些因素会抵消报酬的效价。工作环境中的一些因素与管理者的报酬体系之间存在冲突，可能会要求管理者对报酬做些调整。⑥确保报酬要足够大。小的报酬只能产生小的激励力量。

二、 公平理论

公平理论是美国心理学家亚当斯在1965年首先提出来的，它主要研究相对报酬对工作积极性的影响。公平理论的前提假设是：工作激励的一个主要影响因素是个体对所得报酬是否公平、是否公正的估价。

1. 公平的评估

所谓的公平就是个体在工作中的投入与工作所得报酬之间的比率。个体的工作投入包括教育、经验、努力水平和能力；工作所得报酬包括认可、薪酬、福利、满意度、安全感、工作分配、惩罚等。根据公平理论，当个体获得报酬时，他们并不会只是关心所得报酬的绝对量，而是还将自己所获报酬与所付出的努力之比值与其他人相比来判定其所获报酬是否公平或公正。亚当斯提出"贡献率"的基本观点可以表述为下面的公式：

公平就是个体在工作中的投入与工作所得报酬之间的比率。

$$O_p/I_p \text{ 与 } O_x/I_x$$

式中 O_p 代表自己对所获报酬的感觉；O_x 代表自己对他人所获报酬的感觉；I_p 代表自己对投入的感觉；I_x 代表自己对他人的投入的感觉。

如果 $O_p/I_p = O_x/I_x$，那么人们会认为两者关系是公正的或是公平的，他可能会为此而保持工作的积极性和努力程度。如果 $O_p/I_p > O_x/I_x$ 说明员工得到了过高的报酬或付出的努力较少。这是由于报酬过高而感到不公正或不公平；如果 $O_p/I_p < O_x/I_x$ 说明员工自己所获报酬相对于自己的投入较少，员工会对组织的激励措施感到不公平，并由此产生不满。

员工选择的与自己进行比较的参照类型有四种，分别是"自我—内部"：员工在当前组织中不同职位上的经验；"自我—外部"：员工在当前组织以外的职位或情境中的经验；"别人—内部"：员工所在组织中其他人或群体的经验；"别人—外部"员工所在组织之外的其他人或群体的经验。在组织中任期较短的员工可能由于缺乏内部其他人的信息，他们往往依赖于自我的经验，任期较长的员工更多是与自己的同事做比较。组织中高层次的员工可能掌握了更多其他组织的信息，甚至是全球范围内的情况。因此，他们往往进行"别人—外部"的比较。

对公平的评价并不客观，公平是主观的愿望或感觉。即使员工投入的时间和精力没有他人多，但他仍有可能觉得应该获得较高的报酬，因为他可能会过高地评价自己的能力。近期的研究表明，公平理论中包含了时间因素。在某一界限以内，人们能够容忍一系列的不公平事件，但是超出一定范围后，一桩明显的小事足以将个体推出其可容忍的范围以外，人们会感到忍无可忍，做出不适当或过激的反应。

美国航空公司一度大面积出现员工的离职和旷工，公司对此百思不得其解。究其原因就在于公司的显性双轨制度，在同一工作岗位上的新老员工，工资差距很大。新员工难以忍受他们的低工资成为公开制度化的管理内容，他们抱怨工资待遇不公平的制度形式。结果在公司内部，各个职能和团队的工作都面临巨大的协调困难。员工之间抵触情绪明显，消极怠工严重。

2. 恢复公平

如果人们发现 O_p/I_p 与 O_x/I_x 相比并不平衡，就会感到紧张，这样的心理是进一步驱使员工追求公正和公平动机的基础。人们用不同的方法来降低不公平感，他们会通过重新评估形势来最后评价其是否公平并考虑通过实际做一些事情来改变 O_p/I_p 与 O_x/I_x 的比率。那些觉得所受待遇不公平的人会通过减小努力程度、降低工作水平或者停止工作来减少他们的投入，或者他们会试图通过提高自己的产出来恢复公平。如计件工资的员工通过增加产量，降低质量来增加自己的工资，他们也可以通过改变自我认识来恢复公平。有些人会宽慰自己：自己所付出的努力可能没有原来想象的那么大，或者自己的报酬可能或多或少更有价值。例如，一个没有得到提升的人也许会觉得那份工作需承担的责任过重，并非自己真正的所求。

其他一些恢复公平的方法集中于改变其他人的比率。他们可以通过改变对其他人的看法或者选择另一个不同的参照对象来恢复公平。例如，他人的工作并不像以前想象的那样令人满意等。最后恢复公平的方法，也可能是员工离开工作场所寻求其他激励报酬制度，或是同自己过去的这一比值相比较。有一个例子可以说明这一点。与其所做努力成比例时，他才会产生满意感，因而才会受到激励。

3. 程序公平

近年来的公平理论研究不仅着眼于分配公平，而且还注意到了程序公平的内容。因为，管理者如果想在组织内吸引人才，留住人才和激励员工，减少员工的不满意度，其关键就在于让员工相信管理者能提供程序性的公平，即用来确定报酬的程序公平。事实上，即使人们认为他们得到的产出不公平，但是只要程序公平，他们也会认为已获得了公平。

与分配公平相比，程序公平更能影响员工对组织的承诺和对管理者的信任。因为在程序公平的决策过程中，人们可以获得对决策公平性的解释，至少员工能得到公平的倾听抱怨的机会、提出问题的时间和信任。如果员工和管理者能够共同制定决策，并关注过程的公平性，那么或许最终员工个人可能未能如愿以偿，但是他们已经能够理解所使用的程序已是尽可能公平了。

公平理论告诉管理人员，工作任务以及公司的管理制度都有可能产生某种关于公平性的影响作用。当员工的离职率普遍上升时，说明企业组织已经使员工产生了强烈的不公平感，它可能不仅是组织的激励措施不当，而且是组织中的程序公平遭到了破坏，也就是说企业的现行管理制度存在缺陷。

公平理论的不足之处，在于员工本身对公平的判断是极其主观的，这种行为对管理者施加了比较大的压力。因为人们总是倾向于过高估计自我的付出，而过低估计自己所得到的报酬，而对他人的估计则刚好相反。因此管理者在应用该理论时，应当注意实际工作绩效与报酬之间的合理性，并注意留心对组织的知识吸收和积累有特别贡献的个别员工的心理平衡。

三、 强化理论

美国心理学家斯金纳、桑迪克等人认为，个体对外部事件或情境（刺激）所采取的行为或反应，取决于特定行为的结果。当行为的结果对他有利时，这种行为会重复出现；当行为的结果不利时，个体可能会改变自己的行为以避免这种结果，这就是著名的效果法则。强化激励理论认为，管理者可以利用效果法则，通过对工作环境和员工行为结果的系统管理来修正员工行为，使其行为符合组织目标。有四种常见的修正行为的方法。

（1）**正强化**。正强化就是应用有价值的结果从正面鼓励符合组织目标的行为，以增加这种行为重复出现的可能性。正强化包括：表扬、推荐信、优秀绩效评估和加薪等。工作本身也可以成为正强化，充满乐趣、富于挑战性或内容丰富的工作远比机械单调的工作有正强化效应，从而具有更强的激励性。

（2）**负强化**。负强化也称为规避性学习，它是员工改变自己的行为结果以规避不愉快的结果。负强化是事前的规避，它通常表现为组织的规定所形成的约束力。员工为了取消或避免不希望的结果而对自己行为的约束。

（3）**惩罚**。惩罚就是运用消极的结果以阻止或更正不当的行为。例如对员工批评、斥骂、处分、降级、撤职或是减薪、扣发奖金、重新分派任务、解雇等。与负强化不同，负强化只包含惩罚的威胁，在员工表现满意时并不付诸实际；而惩罚则是落实对组织不利行为的惩罚措施。"杀鸡儆猴"中的"杀鸡"就是惩罚，"儆猴"则是负强化。

（4）**忽视**。忽视对行为不给予强化的结果。当这种情况出现，动机就会弱化，行为也会逐渐消退或消除。比如，对出色的工作不予表扬，对他人的帮助忘记致谢，不理睬开玩笑的人。忽视就是对员工行为的"冷处理"，以达到行为的自然消退。

强化理论认为，在塑造组织行为的过程中，应当重点放在积极的强化，而不是简单的惩罚上。惩罚往往会对员工的心理产生不良的副作用。创造性地运用强化手段对于管理者十分必要。在现代扁平化组织中，管理者不像过去那么指望靠加薪、提升来激励员工。因此，创造性地设计出新的强化方法和奖励措施，例如才智的挑战、更大的责任、弹性的工作时间等仍然是管理者的重要课题。

有时一些简单的规则可能有助于人们对强化理论的认知，哈默尔规则就是其中之一。它包括六个规则：①不要对所有的个体给予同样的奖励。为了使行为强化有效果，奖励应基于工作绩效。对每个人都给予同样的奖励，实际上是强化了不好或中等表现，忽视了突出表现。②注意忽视强化对于员工行为产生的影响。管理者做出反应或者不做出反应都会影响下属行为。没表扬一个理应受到表扬的下属，会导致他下一次工作时不那么努力。③一定要让人们清楚如何做才会得到奖励。组织应建立一个行为标准，让每个人都知道怎么做才能得到奖励，下属也可以相应调整他们的工作方式。④务必告诉下属他们错在哪里。如果管理人员收回对下属的奖励，却不对其说明这样做的理由，下属会迷惑不解，他也许会感到自己被愚弄了。⑤不要当众惩罚一个员工。训斥下属也许是制止不当行为的一种有用方式。但是，当众指责会使下属感到屈辱，并且可能引起工作团队内全体成员对管理者的不满。⑥要公正。一种行为应得到与其结果相对应的奖励。没有奖励应得到奖励的人，或是过度奖励不值得奖励的下属，都会削弱奖励的强化效果。

四、心理契约理论

当代激励理论研究的显著特征就是力图抓住时代的精髓，特别是体现在以下几个方面：雇佣关系的变化，从组织动力学角度思考问题，以及整合众多重要组织行为学的理论。心理契约就是这方面具有代表性的研究。

心理契约问题研究的兴起，首先与近十年来组织内雇佣关系的变化密切相关。20世纪80年代中期以来，各种新技术的迅速发展，全球经济模式的转变，给组织发展带来了巨大的压力。为了保持竞争和迎接挑战，欧美企业在经营战略和运作模式上做出了重大的调整，如合并、重组、裁员、缩减开支等，这些调整导致组织内雇佣关系发生改变，雇用双方尤其是雇员原先形成的心理平衡被打破。在企业组织结构调整、雇佣关系改变的过程中，心理契约是最敏感、最集中反映这种变化的核心因素。

个人和组织间的雇佣关系通常通过书面契约来规定，但是合同的制定与理解都是处于一定的文化和知识结构之下。在员工脑海中也存在一个心理合同，它由员工对管理者行为的一系列假设构成。

心理契约就是存在于组织成员和不同的管理者之间的没有明文规定的一整套期望。

美国管理学家谢恩将心理契约的概念引入管理领域。谢恩认为心理契约就是“组织中每个成员和不同的管理者以及其他人之间，在任何时候都存在的没有明文规定的一整套期望”。卢梭丰富了心理契约的内涵，将“对于义务的承诺与互惠”纳入其中。在任何组织中，心理契约被打破时都会产生情绪和极端的反应，打破期望会产生失望的感觉，打破义务则会产生愤怒的情绪，从而导致人们对于组织的重新评价。

研究表明，心理契约对工作满意、离职倾向和组织政策有显著影响。心理契约对雇员在受伤害期间的行为有重要影响；在对组织效果的预测上，心理契约较组织承诺有更高的解释力；雇用双方心理契约的一致性越高，雇员对组织的满意度越大。无论双方是否互相信任，心理合同对员工的满意度、激励和组织的有效性都有着重要意义。

心理契约是一个复杂的心理结构，众多的研究表明心理契约的内容会因时代背景的不同而有所差异。研究传统的心理契约关注于安稳、持久和忠诚，而现在则比较关注交易性和雇用性。就雇员的责任来说，过去比较强调忠诚、高出勤率、绩效好、遵从权威，而现在则强调内部和谐、创新、适应性和超凡绩效；就雇主的责任来说，过去期待的是连续、工作稳定、培训和生涯发展，现在期待的是对新增利润的公平奖酬与可就业能力的开发。一般来说，雇员的心理契约受组织气氛和文化、人力资源管理政策和实践、阅历、期望和可选择性等原因变量的调节，同时又对工作满意度、组织承诺、工作安全感、雇佣关系、动机、组织成员行为、缺勤率和离职倾向等结果变量产生影响。

在管理实践中，良好的心理契约激励作用的基础是所有参与方确信心理合约是一个动态的关系，所有参与方灵活地、积极地、不断地进行协商。一些公司，像惠普和康明斯发动机公司，由于有良好的待遇和员工间的良好关系，在雇用条件方面已经成功地引入变革。这些公司和其他一些公司通过员工的参与并通过使他们的期望明晰和认同而获得成功。当施乐公司被日本人抢走市场份额，需要更多的员工参与到旨在提高顾客回应和公司竞争能力的活动中时，CEO 戴维·克恩斯明确表示所有人的需要都将改变。当美国技术公司开始通过提前退休来精简人员时，它允许员工自主选择在一年内退休的日期。唐纳利则戏剧般地革新了公司文化，他要求老员工要像新员工一样：提交简历，通过面试，参加新员工定向活动，并签订一个强调团队精神、创新和顾客服务的新雇用合同。以上这些是对新企业世界的需求相互适应的范例，通过强调公平的程序和认同的心理契约而使其可行。

五、 波特—劳勒综合激励模型

从不同的激励环节和不同的角度来看，激励理论总是展现出千姿百态。事实上它们都是突出不同激励环节作用的结果。在管理实践中，孤立地看待和应用它们都是不完善的，实践中激励和绩效之间并不是简单的因果关系。要使激励能产生预期的效果，就必须考虑到奖励内容、奖励制度、组织分工、目标设置、公平考核等一系列综合因素，并注重个人满意程度在努力中的反馈。另外，需要注意的是，所有的激励理论都是一般而言的，而每个员工都有自己的特性，他们的需求、个性、期望、目标等个体变量各不相同。

如图12-4所示，美国心理学家波特和劳勒提出激励工作的一种总体框架模型。从这个模型可以看出，个人的努力受到个人目标的影响，是个人目标的延伸。它体现了目标激励理论的思想。它要求管理者要帮助个体设置适当的目标来引导其行为。

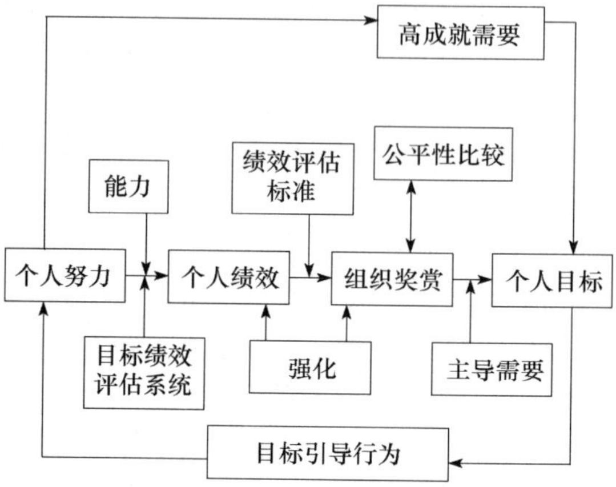

图12-4　综合的激励理论模式

个人努力与个人绩效之间，个人绩效与组织奖赏之间、组织奖赏与个人目标之间的逻辑联系正是反映了期望理论的基本思想。个人的努力能否取得预期的成绩并实现预期的目标，有赖于个人能力的培养和组织绩效评估系统的公正性、客观性。因此，知人善任和分配难度适合的工作任务对于引导组织成员行为有重要的影响。就绩效与奖酬之间的关系而言，若个人感到自己所得的奖酬来自于自己工作的努力和绩效，则会取得更好的效果。在奖酬和个人目标之间，如果组织提供的奖酬满足了个人的目标，那么个人的积极性将会大大提高。

公平理论、成就需要理论、强化理论都可以在波特—劳勒综合激励模型中找到自己的位置。它表明了激励工作是一件相当复杂的事，充满了科学性和艺术性。管理者和领导者根据激励理论处理激励实务时，应该针对员工的不同特点采用不同的方法。

第四节　管理实践中的激励问题

在实践过程中，管理者运用激励理论创造出一系列激励技术和有效的实施方案，既丰富了激励理论，又给管理学中的激励问题带来了新的发展动力。

一、　目标激励

无论是管理学家德鲁克的目标管理理论（MBO），还是心理学家洛克的目标设定理论都有一个共同基础：一个为员工所接受的清楚的目标，可以使员工受到激励。所以，目标激励是至关重要的、有效的激励手段。克里斯托弗·埃利和克莱斯门·沙利描述了个体目标设定过程推理的四个阶段：确定要达到的标准；判断这个标准能否达到；判断这个标准与个体目标是否匹配；接受标准，目标随之确定，开始为实现目标采取行动。

实践表明，当目标明确并具有挑战性时，能更有效地激励个体或团队行动。目标管理理论将目标的具体性、参与决策、明确时间规定、绩效反馈作为目标激励的四个组成部分。当员工们亲自参加的目标确定时，士气会更高，也会产生更大的责任感来完成目标。对员工的行动做出准确的反馈，可以帮助他们调整工作方法，鼓舞他们为实现目标做坚持不懈的努力。

目标设定需要相当的管理技术。更具体的、有挑战性的、可实现的目标问题总是在某些具体条件下更有效；在群体之中，当成员之间的相互协作对群体的绩效至关重要时，则个体的绩效目标就可能是无效的。因为追求个体绩效目标可能会降低合作，所以绩效目标要根据群体的需要来设定；管理者不断延伸目标会进一步激发员工产生更大的积极性和更高的绩效。

二、　员工参与计划

现代管理实践突出了员工参与对员工绩效的激励意义，员工参与计划已经成为企业的普遍形式。管理者鼓励员工参与是基于这样的理念：通过员工参与企业的管理工作可以增加员工自主性、提高员工的责任感、加强员工之间和员工与管理者之间的联系，从而使得他们的成就需要、归属需要和权力需要得到满足，员工积极性会更高，对组织更忠诚，对工作更满意。

目前常见的员工参与主要有四种形式：员工持股制度、员工投资基金制度；员工董事会制度；劳资协商委员会、工作委员会；自律性工作小组、工作丰富化制度、质量管理圈等。

质量管理圈是目前应用最广泛的员工参与形式。在20世纪50年代质量管理圈在日本得到充分的使用，因此，它常常被认为是日本企业获取低成本高质量产品的技术。质量管理圈一般由8~10个员工和管理者组成共同承担责任的工作群体。典型的质量管理圈运作程序是通过定期讨论质量问题，探讨问题的成因，推荐解决问题的方案，形成解决问题的措施。一般认为，质量管理圈能够促进员工、技术人员、管理人员之间的交流，能够激发员工的积极性和创造性，提高产品的质量和生产的效率。

成功的参与管理应当建立在民主管理的基础上，组织内的成员相互了解、相互支持团体决策，并且有一个为全体成员认可的高标准的目标。

三、　工作设计和工作满意度

传统管理依靠的是外在激励手段，即对高绩效员工的奖励都是来自老板、企业或他人。现代企业管理实践同时注重了内在激励的力量，也就是来自工作本身的驱动力。内在激励是创造性激励的基础。管理者赋予员工以有挑战性的问题、创造新东西的机会，这种工作本身就能鼓舞人们在工作上投入时间和精力，内在激励还包括让员工自由地去做最感兴趣的工作等。

良好的工作设计能够带来高激励、高绩效和高满意度，并减少旷工和工人流动率。无激励性工作的一个典型就是高度专业化的装配线工作，每个工人重复着枯燥的动作。对原有工作重新构造或重新设计可以通过工作轮换和工作丰富化来完成，即员工可以从一个工作转到另一个工作或者增加了更高责任的工作。灵活的工作日程可以满足员工想得到更多闲暇时间的需要。这一激励计划满足兼职员工的需要，同时又消除了员工因长期从事某种工作而导致的枯燥和单调。

海克曼和奥德海姆提出了一个完整的工作设计模型。他们认为，具有高激励的工作应该使人们相信自己正在做有意义的事情；觉得自己对工作结果负有个人责任；知道自己工作完成的好坏程度。事实上，能够带来这些心理的工作通常包括五个核心工作特性：技能多样性、任务同一性、任务重要性、自主性和反馈。

> 海克曼和奥德海姆认为，具有高激励的工作应该使人们相信自己正在做有意义的事情；觉得自己对工作结果负有个人责任；知道自己工作完成的好坏程度。

工作生活质量（QWL）计划的目标就是给员工创造一个提高福利和满意度的工作条件，满足员工的所有需要。QWL有八个方面内容：充足和公平的薪酬；安全和健康的环境；能发挥人们潜力的工作；个人发展和安全的机会；一个培养自我认可的向上发展的社会环境；法制化、个人隐私权、异议的权利和适宜的过程；对个人休闲和家庭需求造成最小侵害的工作角色；有社会责任感的组织行为。

四、　员工持股计划与股票期权制

员工持股计划（ESOP）给予员工部分企业股权，允许他们分享改进的利润绩效。相对而言，员工持股计划在小企业的管理中比较流行，但也有像宝洁公司这样的大企业采用这种激励计划。员工持股计划实际上是公司以放弃股权的代价来提高生产率水平。绝大多数企业主管发现这种激励形式的效果很不错。员工持股计划使得员工们更加努力工作，因为他们是所有者，要分担企业的盈亏。但要使这种激励计划有效进行，管理人员必须向员工提供全面的公司财务资料，赋予他们参加主要决策的权力，以及给予他们包括选举董事会成员在内的投票权。

股票期权制（ESO）就是赋予获得人按照约定的价格在未来一定期限内购买一定数量公司股票的权利。在发达国家中已经成为奖励企业高级管理人员的重要手段，据对美国最大的前10家公司的CEO的调查表明，以股票期权为主的长期收益激励占其报酬结构的96%以上。当今期权激励之所以能够成为重要的激励手段，首先是因为股票期权激励最大限度地降低了获得人的风险，如果企业的股票没有上涨，股票期权的获得人并不会因此有所损失；其次，股票期权能够减少资方的风险、避免经理人员的短期行为和“内部人控制”所带来的风险；最后，股票期权可以充分挖掘经理人员和企业员工的潜力，因为只有企业高增长，才能给经理人员和员工带来高回报。

五、 薪酬管理的发展

进入20世纪90年代以来，西方企业在薪酬管理上提出了一系列形式新颖的激励计划，这些计划主要包括绩效工资、分红、员工持股、总奖金、知识工资和灵活的工作日程等。

（1）绩效工资。它是对企业中员工贡献的绩效而相应得到的奖励，所以也称为奖励工资。这种工资实际上是激励的期望理论和强化理论的逻辑结果，因为增加工资是和工作行为挂钩的。通用汽车公司就曾大力推行这种激励计划。公司管理层在取消员工的年度生活补贴后，建立了一种绩效工资制度，通过涨工资刺激员工的工作任务。公司管理层分别对员工人数的上限10%、上中部25%、中部55%和下限10%强化工资差别。

（2）分红。分红是员工和管理人员在特定的单位中，当单位绩效打破预先确定的绩效目标时，得到奖金的一项激励计划。这些绩效目标可以是细化了的劳动生产率、成本、质量、顾客服务或者利润。与绩效工资不同的是，分红鼓励协调和团队工作，因为全体员工都对经营单位的利益在做贡献。绝大多数公司都采用了某种精确的指定绩效目标和奖金的核算方法。

（3）总奖金。总奖金是以绩效为基础的一次性现金支付计划。单独的现金支付旨在提高激励的效价。这种计划在员工感到他们的奖金真正反映公司的繁荣时才有效，不然，效果适得其反。

（4）知识工资。知识工资是指一个员工的工资随着他能够完成任务的数量增加而增加。知识工资增加了公司的灵活性和效率，因为公司需要做工作的人会越来越少。但要贯彻这项计划，公司必须有一套高度发达的员工评估程序，必须明确工作岗位，这样工资才可能随着新工作的增加而增加。

（5）灵活的工作日程。灵活的工作日程主要是让员工自己选择工作日程，对于传统的固定的八小时工作制加以修改。主要修改内容为四天工作制、灵活工作时间和轮流工作制。为了满足员工想要更多闲暇时间的需要，可以采用每天增加工作长度，每周缩短为四天工作日。为了适应兼职、母亲以及其他特殊需要的员工可以让他们选择每天的工作时间。

这些激励计划最明显的特点就是增加企业的吸引力，特别是对于吸收和留住知识工作者、熟练的技术工人具有显著的益处，它也可以降低员工的搜寻成本和培训成本。

六、 团队管理与员工激励

20世纪90年代以来，企业组织中的团队正在改变传统的企业组织的运作模式，有效地提高了组织的绩效。团队管理被CEO看做“未来的推动力”。

所谓的团队是由两个或两个以上致力于共同目标的彼此相互影响的个人组成的单位。团队有正式团队和非正式团队两类。正式团队产生于完成特定的组织目标的任务，如项目小组、委员会等。质量小组就是常见的正式团队。非正式团队产生于人们之间的相互交往和相互联系中。有效的团队在于它有出色的产出，能够满足组织内外的需求；有效团队的成员间有共同的价值观，满足员工的个人需要，有助于成员间的沟通和问题的解决；有效的团队成员乐于在一起工作，乐于参与。

首先，成功的团队管理要以绩效为主。有效团队的关键是要树立共同的目标。优秀的团队担负着组织的重大任务，如果没有对目标的共同理解和认知就无法完成任务，它们将与个体的简单堆砌没有本质的区别。优秀的团队在如何分配任务和角色以及如何决策上达成一致，建立规则并检查它们自身的战略绩效。有清晰、强烈的目标和有效的战略，人们才会团结在一起结成一股强大的力量，能够完成超越个人能力的工作。团队与个人一样，需要有绩效的反馈。顾客的反馈是重要的，团队的有些顾客就在组织内，团队要负责使他们满意，要接受或寻找绩效的反馈。

其次，激励团队合作。团队努力也来自于把团队的任务设计得更有激励性，以使得他们关注自己的正面形象，努力地为团队的工作做贡献，对团队其他成员负责。团队成员之间相互负责，而不是只对管理者负责，责任激发了相互的承诺和信任。团队通过将绩效与相应报酬挂钩而获得最大程度的激励。

再次，确立团队规范和角色。规范是人们应该如何思想和行为的共同价值观，形成组织文化的基础，角色是对不同的个人应如何行动的不同期望；规范一般应用于所有的团队成员，在规范结构内不同的成员有不同的角色。团队有两个必需的重要角色，即任务专家角色和团队维护角色。任务专家角色是由那些拥有更多相关工作技能和能力的个人来担当。团队维护专家的任务是确立团队的目标，建立承诺和信任并提高士气，加强团队成员技能的融合和水平，管理与外界的关系，消除提高团队绩效的障碍。

最后，增强团队的凝聚力。工作团队最重要的财产之一是凝聚力。凝聚力的重要性在于它有助于让成员满意。在一个团结的团队中，成员相互之间交流和友好相处。他们为作为团队的一员而骄傲。即使他们的工作没完成，人们也能从他们的同事那里获得一定的满意度。凝聚力对绩效也有重要影响。最近对制造团队创造力的研究表明：在凝聚力强的单位中，数量和质量都提高了。而在另一团队内的冲突阻碍了任何质量和生产率的提高。可见，凝聚力对绩效产生正面作用。

本章回顾

小 结

激励是决定个体绩效的因素之一，它是一种短缺资源。管理者要按照员工的不同类型，利用各种手段和方法持续不断地激励员工，这样他们才能获得连续的动力，才会使得他们持续性地创造更高的工作绩效，展现其优良品质。马斯洛的需要层次理论、赫茨伯格的双因素理论、ERG理论和麦克利兰理论为管理者提供了不同的诱发和激励员工需求的手段；期望理论阐述了员工的努力与其工作绩效和个人目标之间的关系对员工行为发生的深刻影响；组织也可以通过强化人们的行为结果来修正员工的行为；心理的平衡也是影响员工行为的因素之一。公平理论突出了公平感受的作用，心理契约理论进一步描述了安稳、持久、忠诚、可雇用程度等心理因素的作用。现实中目标激励、员工参与计划、工作设计和工作满意度、薪酬管理、团队管理等方法是可供借鉴的有效的激励方法。

关键术语

激励	公平理论	ERG 理论	目标激励
期望理论	双因素理论	心理契约	员工参与
需要层次理论	强化理论	麦克利兰理论	股票期权制

思考题

1. 什么是激励，它的假设前提有哪些？
2. 如何认识激励过程与人的行为规律的关系？
3. 阐述需要层次理论、双因素理论的基本内容，它们遇到了哪些批评？
4. 比较 ERG 理论与马斯洛需要理论的异同？
5. 阐述麦克利兰理论的主要内容和主要意义。
6. 分析个人努力、工作绩效与个人目标之间的关系是如何影响个体行为绩效的？
7. 讨论组织中不公平感受会引发的员工行为的变化。
8. 组织行为修正技术有哪些形式，如何才能有效的运用行为修正技术？
9. 心理契约理论对于你的工作有什么启迪，你是否清楚你的心理契约结构？
10. 讨论在实践中如何实施目标激励和员工参与计划。
11. 结合工作实践讨论如何进行工作设计，提高工作满意度。
12. 在实践中如何实施职工持股计划、薪酬管理、团队管理等激励手段？

延伸阅读

1. 华伦·本尼斯. 领导艺术全书［M］. 北京：海潮出版社，2002：208-252，337-382.
2. 理查德 L 达夫特. 领导学：原理与实践［M］. 北京：机械工业出版社，2005：144-161.
3. 托马斯·彼得斯，罗伯特·沃特曼. 追求卓越［M］. 北京：中央编译出版社，2000：245-300.
4. 詹姆斯 C 柯林斯，杰里 I 波勒斯. 基业长青［M］. 北京：中信出版社，2002：117-150.
5. 丹尼尔 A 雷恩. 管理思想的演变［M］. 北京：中国社会科学出版社，2000：475-505.

案例讨论

安利的人性化激励制度

企业的成功，仅仅依靠产品的品牌是不够的，整体人员的忠诚度常常像一只无形的手，在左右着公司业绩。而之所以产生忠诚度，与更合理化、人性化的分配、嘉奖制度的出台是密切相关的。每个公司只有正视这个问题，更好地激励员工，才不会在市场竞争中处于劣势。

作为国内唯一经国家三部委批准的直销公司，安利（中国）自 1995 年在广州经济技术开发区投资建工厂以来，截止到 2001 年 7 月，累计上缴国家及各地区税务局的税款超过 17 亿元人民币。谈到安利（中国）的成功，固然与它优异的产品质量、领先的科研能力和对社会的积极回报有关，更值得关注的还应当是安利有着先进的销售人员激励制度，由此产生的销售人员忠诚度使安利的全球化市场战略的宏伟目标得以实现。

嘉奖：提升忠诚度

安利销售人员的嘉奖制度，是对优秀员工激励制度的完美诠释。帮助销售人员相信自我、挑战自我和成就自我使安利的骨干销售队伍固若金汤，并由此提升了顾客满意度和忠诚度，从而使员工更加明白，努力工作是为了什么。

合理的奖金制度。安利公司针对销售人员设计的奖金制度曾被美国著名的哈佛商学院收入教材。这一合理的奖金制度不仅更好地激发了销售人员的销售热情，同时也把安利和危害社会的非法传销“老鼠会”区分开来，因为在这一制度下不可能一劳永逸或者不劳而获。销售业绩上升了，收入自然提高；反之，如果抱着拉人头的一劳永逸思想，收入就会下降，甚至为零。

花红的可世袭性。当你为安利事业发展所做的贡献达到一定程度时，就能享受可以世袭的管理花红；前人栽树，后人乘凉，这洞悉了中国人的心理。以你为本，为你着想，杜绝了你发愤图强的后顾之忧。

旅游研讨会。无论是享有“购物天堂”美称的香港，还是“欧洲之花”的巴塞罗那，都可以看见不同肤色安利销售人员的身影。别小瞧这种境外旅游“贿赂”，它吸引了很多销售人员为之全身心投入工作。旅游形式的产品、销售技能研讨会既丰富了知识，增加了阅历，又陶冶了情操，放松了身心。而在安利团队旅游中享受的那份尊荣，有着独自旅游无法体验的快乐。每个参加过这种活动的销售人员，回来后无不更加勤勉地工作。

良好心态来自过硬的心理素质教育

安利公司的产品专业知识培训很有特色，并富有成效。它是根据中国市场销售代表的薄弱点来制定的，首先，它要求每个安利产品的营业代表要有展示自我的勇气，并熟悉产品的性能、性价比演示及其独有的销售主张（USP）。所有的安利营业代表在掌握了上述的基本销售技巧后，紧接着要增强自己与潜在用户的沟通能力，于是便有了营业代表不断演示产品品质及其正确的使用方法，而且通过专业的测试工具，诸如pH试纸的酸碱度测试，使顾客对产品的功效认识由理论上升到实践，为进一步说服其购买相关产品减轻了难度。安利的培训不仅仅是聆听，更多的是销售人员的自我展示，是一种行为毅力的积累。当然，在实际的销售工作中会遇到各式各样的问题，比如客户不给你演示产品或服务的机会，藐视你的存在，这时需要的是销售人员锲而不舍的精神和良好的心理承受能力。而良好的心态，来自于安利未雨绸缪的心理素质教育。安利为每一位即将成为产品销售代表的培训对象，在将来的具体工作中会遇到的一些问题，做了预见性分析，并为他们提供了客观的解决和借鉴方法，免除了他们在解答客户咨询时难以周全的尴尬。同时通过这种不间断的延续型培训，无形当中增加了整个销售团队的凝聚力。

品牌与沟通能力缺一不可

在一味追求顾客忠诚度的今天，国内企业往往忽视了对企业产品销售有载体作用的销售人员的忠诚度，只是通过建立销售人员薪金的等级制度，让他们被动地去挑战自己。销售人员究竟需要一种什么样的激励制度呢?

安利公司认为，在产品质量优越的前提下，顾客的忠诚度来源于顾客对企业提供的产品或服务的满意度，而顾客第一次亲密接触企业产品或服务的载体就是企业销售人员，而并非广告。销售代表的精神面貌是企业的一面镜子，销售代表的销售技巧和热情从很大程度上决定了产品的市场占有率，尤其在一般日用消费品市场上的表现更为突出。国内的企业正忙于由单一的产品或服务提供者向学习型组织转变，就是要通过提升自己的综合素质、产品制造和服务提供经验，从而提高市场占有率，以达到市场最大化的境界。这需要一个过程，在这个过程中，销售人员应该能看到自己的明显进步，激发他们不断完善自我的决心和信心。

公司单纯为自己的销售人员提供仅限于产品知识的教育和学习机会，显然是不够英明的。一种叫做“ERG”的理论正受到安利公司的关注，根据中国实际情况，安利将销售代表的需求分为三类：生存需求（existence needs），即生理及安全方面的物质需求；关系需求（relatedness needs），与人际关系及社会结构有关的方面，如被爱、有人需要和得到承认；成长需求（growth needs）与个人进步及成长有关的方面，即尊重和自我实现。需求能否满足，影响着销售代表的忠诚度。

安利公司给予销售代表的不仅仅是他们对物质的渴望，更给了他们事业和精神上的追求。而国内的有些公司给予销售人员的，除了赤裸裸的物欲就没有什么新鲜的了。

安利公司深知，原有的市场营销4P理论已经受到挑战，专业人士指出未来市场营销的重点集中在品牌和沟通能力上。一个公司拥有纯粹的品牌，没有与客户的沟通能力，仅靠产品去打动顾客，市场很难做大；一个企业只具备良好的沟通能力，但缺少有内涵和竞争力的品牌，也很难主宰它所属的市场范畴。要想成为市场竞争中的优胜者，公司必须兼备上述两个特征。安利有着良好的品牌形象，而沟通能力的代表是什么呢？不是天花乱坠的广告，而是有扎实说服技巧的销售人员。一旦掌握终端客户资料的销售人员因为缺乏对公司的热爱而倒戈或跳槽，势必影响一个阶段的公司产品或服务的销售。安利公司对于销售代表忠诚度的维护，不只是单纯依赖加薪和升职，更是通过公司独有的凝聚力及人文气息感染他们，让他们觉得公司不再是为了薪金和职位而拼杀的战场，更是关怀他们成长的“家庭”。

资料来源：http://www.southhr.com/HRmanage.

讨论题

1. 安利的销售激励制度在哪些方面符合了现代激励理论？

2. 如何看待安利销售代表心理素质培训与员工激励管理的关系？

3. 讨论安利品牌建设对销售代表的激励作用？

第十三章　沟 通 理 论

有效的沟通取决于沟通者对议题的充分掌握，而非措辞的甜美。

——葛洛夫

沟通是组织的生命线，传递组织发展的方向、期望、过程、产物和态度。

——贝克《管理沟通》

第一节　沟通的原理和策略

管理工作的方方面面都离不开沟通，都需要建立在信息的有效传递的基础上，领导工作更不例外。由于个体的和组织间的差异，要保持成员间协调一致，产生协同效应，顺利实现的组织目标，就必须消除个体和组织的信息传递障碍，化解各种因沟通不足而引发的管理冲突。沟通是信息的传递与理解的过程，是在两个或更多人之间进行的事实、思想、意见和情感等方面的交流。有效的沟通管理不仅是要了解复杂的沟通过程，还要制定合理的沟通策略，对沟通网络与沟通方式进行恰当选择。

> 沟通是信息的传递与理解的过程，是在两个或更多人之间进行的事实、思想、意见和情感等方面的交流。

一、　沟通的重要性

进入21世纪以来，人类活动的全球化和社会信息化的进程在快速推进。政治与文化的多元冲突，经济之间的交融都使得“沟通”成为时尚词汇，管理沟通在今天变得非常重要。

首先，有效沟通可以降低管理的模糊性，提高管理的效能。组织内外存在大量模糊的、不确定信息。沟通可以澄清事实、交流思想、倾诉情感，从而降低信息的模糊性，为科学决策奠定基础。事实上，往往越是组织决策的关键信息，越是来源不确定，越是模糊不清。管理者的沟通能力就在消除信息不确定上起到关键作用。

其次，沟通是组织的凝聚剂、催化剂和润滑剂，它可以改善组织内的工作关系，充分调动下属的积极性。沟通可以了解员工的愿望，满足员工的需要；沟通也可以让员工了解组织，参与管理，增进员工对组织目标的认同，建立相互信任的融洽的工作关系。

最后，沟通是组织与外部环境之间建立联系的桥梁。组织间的沟通可以降低交易成本，实现资源有效再配置，提高组织的竞争能力。有资料表明，60%以上的医患冲突并非产生于医疗事故，而是由于沟通不充分产生的。从某种意思上说，组织的沟通能力对培养顾客忠诚度至关重要。

二、 沟通的过程

1. 沟通过程模型

沟通是一个复杂的过程，沟通过程的模型可以用图13-1反映出来。

任何沟通都是发送者将信息传递到接收者的过程，其中发送的信息内容可以多种多样，诸如想法、观点、资料等。沟通的过程可以分解成以下步骤。

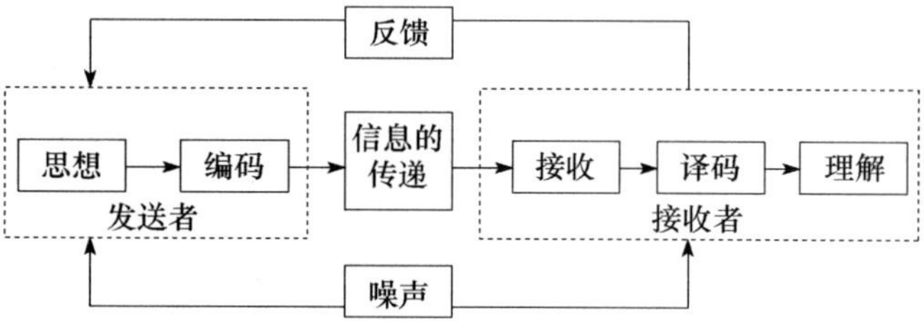

图13-1 沟通过程

（1）发送者发出信息。信息发送者出于某种原因，希望接收者了解某个信息，发送者明确了自己要沟通的内容。

（2）编码。发送者将这些信息译成接收者能够理解的一系列符号，如语言、文字、图表、照片、手势等。要发出信息只有编码后才能传递。

（3）传递信息。通过某种通道将信息传递给接收者，由于选择编码的方式不同，传递的方式也不同。传递的方式可以是书面的，也可以是口头的，甚至还可以通过形体动作来表示。

（4）解码。接收者将通道中加载的信息翻译成他能够理解的形式，解码的过程包括接收、译码和理解三个环节。

（5）反馈。接收者将其理解的信息再反馈给发送者，发送者对反馈信息加以核实并做出必要的订正。反馈的过程只是信息沟通的逆过程，它也包括信息沟通过程的几个环节：发出信息、编码、传递信息、解码和再反馈。反馈构成了信息的双向沟通。

2. 沟通障碍

噪声的干扰会破坏沟通的有效性。所谓噪声是指一切干扰、混淆或者模糊沟通的因素，它既包括来自沟通过程系统外在因素的影响，也包括系统内部功能上的扰动因素。例如，由于发送者、接收者自身的知识和能力不足，而造成的对于有效沟通扰动等。有数据表明，5%～20%的人存在着不同程度上的沟通焦虑，他们害怕在人群中讲话，缺乏沟通技术。

沟通的五个环节都会受到噪声的干扰。发送者不能明确所要沟通的内容，或者不能正确编码就会造成发出的信息失真；通道的选择不利和传递中信号的遗失又会造成信息传递的失真；接收者在接收、翻译、理解过程中的不当往往带来信息接收的失真；同样，反馈也会带来反馈失真。由于存在信息的发出失真、传递失真、接收失真和反馈失真，因此，无障碍沟通变得十分困难。正是有效沟通的困难性，沟通能力已成为衡量领导者水平的重要尺度之一。

三、 沟通网络

沟通网络是指由若干环节的沟通路径所组成的总体结构，许多信息往往都是经过多个环节的传递，才最终到达接收者。因此，恰当地选择网络对于有效沟通至关重要。信息沟通网络的基本形式有五种：链式、轮式、Y 式、环式和全通道式，如图 13-2 所示。

沟通网络是指由若干环节的沟通路径所组成的总体结构，许多的信息往往都是经过多个环节的传递，才最终到达接收者。

（1）链式。链式是信息在沟通成员间进行单线、顺序传递，形如链条状的沟通网络形态。在这种单线串联连接的沟通网络中，成员之间的联系面很窄，平均满意度较低。信息经层层传递、筛选，容易失真。在现实组织中，严格按直线职权关系和指挥链系统而在各级主管人员间逐级进行的信息传递就是链式沟通网络应用实例。

（2）轮式。这种网络中的信息是经由中心人物向周围多线传递的。此网络中只有领导人物是各种信息的汇集点与传递点，其他成员之间没有相互的交流关系，所有信息都是通过他们共同的领导人进行交流的，因此，信息沟通的准确度很高，解决问题速度快，主管人员控制力强，但其他成员满意度低，领导者可能面临着信息超载的负担。一般地说，轮式网络适合于组织接受紧急任务，需要进行严密控制，同时又要争取时间和速度的情形。

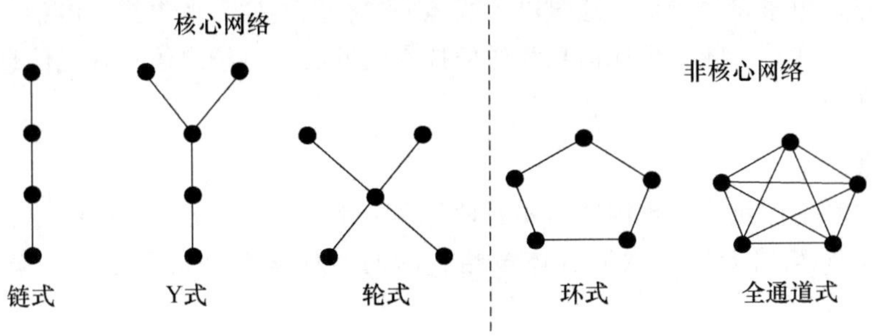

图 13-2　五种信息沟通的形式

（3）Y 式。它是轮式与 Y 式相结合的纵向沟通网络。与轮式网络一样，Y 式网络中也有一个成员位于沟通网络的中心，成为网络中因拥有信息而具有权威感和满足感的人。此网络中组织成员的士气比较低，同时，与轮式网络相比较，因为增加了中间的过滤和中转环节，容易导致信息曲解或失真，因此沟通的准确性也受到影响。现实中经常看到的是倒 Y 式网络形态。比如，主管、秘书和几位下属构成的倒 Y 式网络，就是秘书处于沟通网络中心地位的一个实例，由此我们不难理解为何秘书的职位不高却常拥有相当大的权力。

（4）环式。环式网络可以看成是将链式形态下两头沟通环节相联结而形成的一种封闭式结构，它表示组织所有成员间都不分彼此地依次联络和传递信息。环式网络中的每个人都可同时与两侧的人沟通信息，因此大家地位平等。在环式沟通网络的组织中，集中化程度比较低，具有较高的满意度。但由于沟通的渠道窄、环节多，信息沟通的速度和准确性都难以保证。

（5）全通道式。这是一个全方位开放式的沟通网络系统，所有成员之间都能进行相互的不受限制的信息沟通与联系。采取这种沟通网络的组织，集中化程度低，成员地位差异小，所以有利于提高成员士气和培养合作精神。同时，这种网络中具有宽阔的信息沟通渠道，成员可以直接、自由而充分地发表意见，有利于提高沟通的准确性。但由于这种网络沟通的渠道太多，易造成混乱，沟通过程通常费时，从而影响工作效率。委员会方式就是全通道式沟通网络的应用实例。

四、 沟通的方式

常见的沟通方式有书面沟通、口头沟通、非言语沟通和电子沟通。

口头沟通就是以口语为媒体的信息传递，主要包括面对面的交谈、电话交谈、开会、讲座、讨论会等。在口头沟通下，沟通比较迅速、灵活并且反馈及时。但是，信息经过越多的人传送，其失真的潜在可能性就越大。

常见的沟通方式有书面沟通、口头沟通、非言语沟通和电子沟通。

书面沟通是以文字为媒体的信息传递，主要包括文件、报告、信件、书面合同等。书面方式沟通具有比较规范、信息传递准确度高、传递范围广、有据可查、便于保存等特点，但是书面沟通耗费更多的时间，缺乏反馈。事实上，花费一个小时写出的东西只需10～15分钟就能说完。

非言语沟通是指非口头和非书面形式的沟通，如刺耳的警笛、十字路口的红绿灯、谈话的语调、演员的手势等都是非言语沟通。体态语言和语调是日常沟通中使用最广泛的非言语沟通形式。研究表明，在面对面的交谈中，信息的55%来自于面部表情和身体语言，38%来自语调，只有7%真正来自于词汇。恰当地使用非言语沟通形式可以提高沟通的效果。

电子沟通是以电子符号的形式通过电子媒体而进行的沟通，如电报、电话、电子邮件、计算机网络、录音录像等。随着现代信息和通信技术的发展，电子媒体在现代信息沟通中将扮演越来越重要的角色。

五、 沟通策略

沟通的五个环节决定了管理沟通需要五种基本策略，从五个方面消除噪声，保证信息的流畅和准确。这五个策略分别是沟通客体策略、沟通主体策略、信息策略、渠道策略和环境策略。[㊀]

管理沟通需要从沟通客体策略、沟通主体策略、信息策略、渠道策略和环境策略五个方面消除噪声，保证信息的流畅和准确。

（1）沟通客体策略就是要求在沟通过程中对信息的接收者，即沟通的客体进行客观准确的分析，明确沟通客体的需要，从而选择恰当的方式进行有效沟通。事实上，成功的沟通都是建立在对客体的深刻理解基础之上的。在沟通过程中，作为信息发送者的沟通主体要换位思考，要分析四个基本问题：受众是谁，他们了解什么，他们感觉如何，如何激发他们，从而根据沟通客体的需要，对沟通目标、沟通的内容和渠道加以选择。最常见的无效沟通就是根本无视沟通客体的存在，一下子将所有信息发送出来，即使出于善意的目的，受众也难以有效接收其内容。

（2）沟通主体策略是信息发送者要对自我进行客观的分析，认清自己的特征，明确沟通目的，界定自身的沟通地位，来选择沟通方式的策略。在沟通主体分析中，关键明确三个问题：我是谁，我在什么地方，我能给受众什么。沟通主体应在沟通目标的引导下，结合自身的地位、良好的意愿、专业知识、外表形象和价值取向来选择恰当的沟通方式。沟通主体无效策略常常表现于忘记自己是谁，没有分清此时此刻沟通主体的社会角色。

（3）信息策略就是要在发送信息前确定如何完善沟通信息的结构，有效地选择信息。信息策略包括如何强调信息和如何组织信息两个部分。强调信息是要平衡好信息发送的时间成本和发送信息效率之间的矛盾。不要将重要的内容埋葬在中央地带，要充分考虑到受众的注意力因素。组织信息包括确定目标、明确观点、安排主体内容和结构。无效信息策略常常会表现为观点不明确，目标不符合实际，信息内容和结构逻辑混乱，以及发送信息的无效率性。例如，

㊀ 魏江，严进．管理沟通：成功管理的基石［M］．北京：机械工业出版社，2006.

有的人常常词不达意、语言紊乱都是缺少合理的信息策略。

(4) 渠道策略就是根据沟通主体、客体与信息内容对传播信息渠道做出恰当选择。任何传递信息的路径都是沟通的渠道。它不仅包括口头、书面，还包括传真、电子邮件、语音信箱、电子会议、电话、电话会议、博客等。

(5) 环境策略就是在沟通前充分考虑环境背景对有效沟通的影响，或者根据目标和客体的差异来选择不同的环境。沟通主体策略、沟通客体策略、信息策略和渠道策略都受到环境因素影响，特别是文化环境的影响。无效的环境策略常常会表现为沟通不分场合，造成沟通客体和沟通主体的被动，或者是表现为与受众的国家、地区、行业、组织及群体间的行为习惯和文化的冲突。

第二节 人际沟通

组织中最普遍的沟通形式就是成员间的人际沟通。在知识经济时代，组织成员日益成为组织流程中专有知识的载体，成为产生组织效率的核心资源。个体间的人际沟通在某种程度上代表了组织中知识传播和扩散的程度。

一、 人际沟通的障碍

人际沟通过程中，各种噪声的干扰构成了对组织成员有效沟通的挑战。信息的发出失真、传递失真、接收失真和反馈失真主要根源于人际因素、文化因素和结构因素所带来的威胁。

(1) 有效沟通。组织中人际沟通的有效性主要表现在7个方面，也被称为7C原则。①可依赖性（credibility）。沟通的发送者与接收者之间建立彼此信任的关系。②一致性（context）。沟通的方式与组织内外环境一致。③内容（content）。沟通的内容具有意义。④明确性(clarity)。所用言语或词语是双方共同认可的，避免模棱两可、含糊不清、容易产生歧义的言语。⑤持续性与连贯性（continuity and consistency）。沟通过程可以重复与强化传送的内容，建立反馈机制。⑥渠道（channels）。选择能够充分提高沟通目的和效率的渠道。⑦接收者的接收能力（capability of audience）。充分考虑接收者的接收能力，即员工的成熟度。

> 人际沟通的有效性表现为可依赖性、一致性、内容、明确性、持续性与连贯性、渠道和接收者的接收能力七个方面。

(2) 人际挑战。沟通的人际挑战是指个体认知差异和个体间的关系所造成的沟通障碍。个体人格特质会导致：低适应，表现为紧张、自我怀疑、喜怒无常等；低社交，表现为羞怯、不自信、退缩等；低责任心，表现为冲动、粗心、无责任心等；低合作性，表现为独立、冷漠、粗鲁等；低心智开放，表现为迟钝、平淡、没有想象力等。

个体的知觉错误会导致：高期望效应，会左右人的预见目标；知觉定式，会将对象归类，强加在某种品质中；晕轮效应，在印象的基础上加以评价；投射效应，在他人身上看到自己特质的倾向；选择性知觉，只接受期望的信息等。个体的各种知觉错误都会影响沟通中的信息的编码、发送、接收和理解等。个体间的关系主要指双方的信任关系方面和它们关系网络的特性。沟通双方的信任关系直接构成了有效沟通的可依赖性；双方的相似程度也与信息的可靠性与准确性有直接关系。

> 人际沟通面临三大挑战：因个体认知差异和个体间的关系所造成的沟通障碍；因文化差异而造成的障碍和因组织结构因素造成的沟通障碍。

（3）文化挑战。文化是人类特有的适应环境的能力，是人类各种行为背后的驱动力。当信息从一种文化模式传递到另一种模式，文化的差异就会筑造人际沟通的障碍。亨廷顿认为：在新的世界里人类冲突的根本原因不是意识形态或经济，人类间大的冲突与分歧的主导因素将是文化。不同文化的差异通过自我意识与空间、交流与语言、衣着与打扮、食品与饮食习惯、时间与时间意识、各种不同的季节观念、人们的各种关系、价值观与规范、信仰与态度、思维过程与学习、工作习惯与实践等方面表现出来。

在组织沟通中，文化情境常常成为文化间沟通的障碍。在高文化情境中，比如中国、韩国、日本等，人际沟通具有这样的特征：建立社会信任先于建立工作关系；看重人际关系和亲善；注意沟通环境。在低文化情境中，比如德国、瑞士、北美等，人际沟通表现出相反的特点：看重个人专长和绩效；直截了当谈论任务、工作和困难；注重清晰、准确的沟通过程。

非言语沟通也明显地展示出跨文化的特征。合适的身体语言，如姿势、手势、目光接触、面部表情、语音语调等，只有与特定的文化联系才能准确表达其含义；个人的空间也有一定的规则，英国人就喜欢有距离的人际空间；民族中心主义也常常是非言语沟通的主要障碍。

（4）组织结构挑战。组织结构因素包括地位差别、信息传递链、团体规模和空间约束四个方面。研究表明，地位差别是沟通中的一个重要障碍。地位的高低对沟通的方向和频率有很大影响；一般来说，信息通过的等级越多，到达目的地的时间也越长，信息失真则越大。这种信息连续地从一个等级到另一个等级时所发生的变化，称为信息链传递现象；当工作团体规模较大时，人与人之间的沟通也相应变得较为困难，其中部分原因是沟通渠道的增长大大超过人数的增长；企业中的空间约束不利于员工之间的交流，限制了他们的沟通。一般来说，两人之间的距离越短，他们交往的频率也就越高。

二、 改进人际沟通技能

《幸福》杂志对《财富》500强企业中的191名主管人员进行调查后发现：对于这些主管来说，导致管理失败最主要的原因是缺乏人际沟通的技能。可见，改进人际沟通技能对于管理者非常重要。要达到有效沟通，就要应对来自人际沟通过程中的人际挑战、文化挑战和组织结构的挑战。因此，在很大程度上就是要处理好沟通过程中五个方面的问题：克服认知差异、抑制情绪化反应、保持积极倾听和建设性反馈、获取沟通的信任、避免沟通中言语与非言语的矛盾。

（1）克服认知差异。人际沟通的挑战往往会以认知差异的形式表现出来。为了克服认知和语言上的差异，发送者应该使信息清晰明了，尽可能使具有不同观点和经验的接收者都能够理解。只要有可能，就应该尽力了解沟通对象的背景，尽可能设身处地从别人的角度看待问题，有助于降低信息沟通的模棱两可。当传递的主题不清楚时，适当提问是至关重要的。为了克服语言上的差异，要求接收者确认或重述信息的要点是很有益处的。要鼓励接收者提出疑问，对不清楚的要点加以澄清。对信息的各种相互替代的表达方式保持敏感也是有益的。有时，即使是一个微不足道的重新表述也会带来有益的效果。

> 处理好沟通过程中五个方面的问题：克服认知差异、抑制情绪化反应、保持积极倾听和建设性反馈、获取沟通的信任、避免沟通中言语与非言语的矛盾。

（2）抑制情绪化的反应。情绪化的反应，比如愤怒、爱、戒备、憎恨、嫉妒、恐惧、窘迫等，会使信息的传递严重受阻或失真。处理情绪因素的最简单方式就是暂停进一步的沟通直到恢复平静。管理者就应该尽力预期员工的情绪化反应，并做好准备加以处理。管理者也需要关注自己情绪的变化，以及这种变化如何影响他人。

(3) 获取沟通的信任。一个人的可信度是其谦逊、公正和善意逐渐为人所承认的长期过程的结果。世上没有创造充满信任气氛的捷径。与沟通对象之间的和谐关系只有经过前后一贯的行为才能逐步形成。发送者的可信度受其发送信息时所处环境的影响。这里的环境是指进行沟通工作关系的历史。如果员工曾多次遭到管理者的轻视或管理者不履行其诺言，管理者与这些员工的沟通效果就会大打折扣。

> 积极倾听不是被动地听，而是集中精力对信息进行主动搜寻。在积极倾听中，信息的发送者和接收者都在思考。

(4) 保持积极倾听和建设性反馈。事实上，“听”并不是件容易的事情。积极倾听不是被动地听，而是集中精力对信息进行主动搜寻。在积极倾听中，信息的发送者和接收者都在思考。积极倾听还伴随着建设性反馈（言语的和非言语的），只听而无反馈，犹如对牛弹琴。要提高倾听技巧需要把握五个关键点：

第一，寻找兴趣点，努力去听。不管你是否爱听，都要多想一想发言者所说的对自己是否有用。倾听是一项艰苦的工作，但你得到的会超过你付出的。

第二，注意领会要点。不要太关注发言者的性格、特殊习惯、声音或服装等，要把注意力放在发言者说的是什么上。不要太拘泥于事实和细节，把注意力放在中心思想上。

第三，集中注意力，灵活应变。排除外界干扰，要离谈话者更近一点，不要看其他材料。准备多种记录方法并选择适合发言者风格的方法，要培养勇于挑战困难的信心。

第四，把说的时间省下来，多去想。利用思维速度的优势，人们思维的速度是讲话速度的四倍，把说话时间省下来的时间用在思考讲话者说了什么。

第五，评判内容而不是传送，要沉着。不被表面上的言语打动，在完全理解发言者所说以后再作评价。在敏感的问题上不要过于感情用事，不要让情绪影响到对问题的理解。

第三节 组织沟通

组织内每时每刻都存在着大量流动的沟通信息，这些沟通信息不仅来自组织中个体间的人际交流，还包括组织内沟通的信息和组织间沟通的信息。组织内沟通是指组织中以工作团队为基础单位进行的信息交流和传递的方式；组织间沟通就是组织之间如何加强有利于实现各自组织目标的信息交流和传递的过程。管理者不但要具备良好的人际沟通的技能，还应当会管理组织内沟通和组织间沟通。

一、 组织内沟通的形式

按照沟通信息的流向和正式程度，组织内沟通可以分为纵向沟通、横向沟通和非正式沟通。

1. 纵向沟通

> 组织内沟通分为纵向沟通、横向沟通和非正式沟通。

组织中的纵向沟通是指沿着命令链进行的向上和向下的沟通。向下沟通是信息从组织的最高管理层开始，通过各个管理层次向下流动的过程。向下沟通的主要内容可以是建议、指导、通知、命令、员工业绩评价等，沟通的目的是把与组织目标和有关的信息提供给员工。

相反，向上沟通是沟通信息从组织的底层向较高管理层流动的过程，它通常包括进度报告、建议、解释以及关于支援和决策方面的请求等。向上沟通对组织来说与向下沟通同等重要。通过向上沟通雇员有机会向上反映问题，管理者也可以准确地了解下属的情况，就此减轻员工的挫折感，增强员工的参与意识，提高士气。有效的向上沟通同向下沟通一起形成双向的沟通渠道。

2. 横向沟通

组织中的横向沟通是指沟通信息在层级结构的同一水平上的流动。横向沟通经常发生在工作群体内部成员之间、两个工作群体之间、不同部门的成员之间以及直线部门和参谋部门的员工之间。横向沟通的主要宗旨在于为组织协调与合作提供一条直接的渠道。横向沟通能够产生组织内不同部门间的信息共享、相互协作；它还有助于消除组织内部的冲突；通过朋友和同事间的交流，横向沟通产生社会和情感的支撑。因此，横向沟通可以避免纵向沟通中信息流动过于缓慢的弊端，减轻管理者的沟通负担。它能够帮助员工提高士气和效率，增加员工满意度。

今天世界一流的企业都将建立有效的横向沟通看做企业竞争的有力武器。摩托罗拉每年开会使整个公司的不同职能部门和事业部交流和共享新发现、新经验；惠普利用公用数据库的形式使不同产品部门共享信息和创意；通用电气公司的杰克·韦尔奇用“整合化多样化”使得不同部门之间相互交流技术资源、人员、信息、观点和资金。

3. 非正式沟通

纵向沟通和横向沟通都是组织中的正式沟通，它们是通过组织中的正式渠道来进行的。在组织中还存在一些非官方的、私下的沟通，这种非正式渠道的沟通就称为非正式沟通。典型的非正式沟通形式是小道消息，它们传播着各种各样的观点、猜想、疑问、刁难、敌意、奉承和威胁，这些内容都是员工所关心的和他们有关的信息。组织内的传言体系由一些非正式沟通网络在许多点上相互覆盖、相互交错而组成，有些消息灵通人士可能属于不止一个非正式沟通网络。传言产生于权力体系的周围，它能把各个方向的组织成员（水平方向、垂直方向和斜线方向）都联系起来。

与正式沟通相比，非正式沟通具有信息交流速度快、效率较高、能够满足员工情感需要和不确定性等特点。美国学者戴维斯提出了四种可能的传言链：单线传言链是信息按照一人传一人方式，依次传递；闲谈传言链是由一人把取得的信息告知所有其他成员；随机传言链中信息拥有者在传递信息时并无选择性；积聚传言链中，人物A将信息传递给经过选择的有限人员，其中的部分人员又将信息有选择地传递给其他人。戴维斯认为积聚传言链是组织中占据主导地位的传言模式。

二、 组织沟通的障碍

如同人际沟通一样，在组织沟通过程中各种噪声也会干扰组织沟通的有效性。正式沟通也会因为各种因素的影响而常常失去效率。

有四个组织因素影响着组织沟通的有效性：正式的沟通渠道、组织的权力结构、工作专门化以及“信息所有权”。

1. 影响组织沟通的因素

在组织沟通过程中，同样受到来自人际因素、文化因素和结构因素等一般因素的挑战。除此之外，一些组织特有因素也构成了对组织沟通的挑战。管理学家雷蒙德·莱西卡认为有四个组织因素影响着组织沟通的有效性：正式的沟通渠道、组织的权力结构、工作专门化以及“信息所有权”。

正式沟通渠道影响组织沟通的有效性表现在两个方面：其一，随着组织的发展和成长，正式沟通渠道的覆盖范围越来越广。通常在大型组织中进行有效的沟通比在一个小型组织中进行沟通困难得多。其二，正式沟通渠道妨碍信息在组织的各个层次间的自由流动。有时在正式渠道中，高层管理者会得不到本应得到的信息。

组织的权力结构也影响沟通的有效性。组织中地位和权力的差异往往可能决定了某些人之间的沟通比较顺畅。沟通的内容和准确性也会受到权力结构的影响，有些高层主管人员同基层的谈话会变得具有形式化和繁文缛节的特点。

同一工作群体的成员常常使用相同的术语，拥有同样的目标、任务、知识背景和近似的处事风格。因此，工作专门化会使不同群体内部的沟通变得更为容易。相反，会使得差异度较高的群体间的沟通受到抑制。

信息所有权是指个人拥有与工作有关的私人信息和知识。拥有这种信息和知识的个人，会在组织中获得专家权力。具备专家权力的个人很多是不愿意别人来共享“私人知识”的。所以，组织内完全公开的沟通往往难以实现。

2. 正式沟通过程中的常见障碍

在正式沟通过程中，组织的权力结构、工作专门化、信息所有权和渠道本身都对沟通的有效性构成了威胁。

第一个常见问题是沟通信息不完全。当管理者没有给员工提供完成任务所必需的信息时，向下沟通就会出现问题。管理者通常对向下沟通的准确性和完整性过度乐观。事实上，他们有时可能没能向下传达重要的信息，也可能没有给员工足够的指导，以使其完成任务。有的管理者会有意保留信息以使员工依赖他们，故意对沟通进行控制。不完整的向下沟通会使员工对工作感到困惑和无能为力。

第二个常见问题是管理者和下属之间、下属与下属之间缺乏公开性。管理者可能认为有些和下属没有关系，他们不会与员工真正共享信息，即使在非常重要的信息上仍然会有所扣留。在沟通过程中，现代的员工会对管理者缺乏公开性感到很失望，特别是在组织面临危机或重大变革的时候更是如此。

第三个常见问题是信息过滤。信息过滤在组织沟通中有多种情形：①组织结构的信息传递链现象使得信息失真率大大提高；②由于员工具有成就愿望，加上管理者和员工之间缺乏信任和害怕承担后果的心理，人们总是喜欢报喜不报忧，以防止对他们不利的信息的传播；③由于横向权力的不平均配置，人们出于维护权力的需要也会使得横向沟通的准确性受到限制。信息过滤给组织带来了严重的问题，它会带来组织沟通失效。

三、 提高组织沟通的效率

提高组织沟通的效率根本上是要进行有效的纵向沟通、横向沟通和组织间沟通，消除组织沟通过程中的障碍。

1. 管理纵向沟通

公开式管理近来被认为是管理纵向沟通的有效方法。公开式管理是一种与组织内所有员工共享重要信息，并与他们共同发掘其价值的过程。需要共享的信息包括财务目标、收入表、预算、销售额和销售预测以及其他有关公司的绩效和前景的数据。

公开式管理原则，具体内容如下：

- 将公司管理转化成员工也可以获胜的竞赛。
- 翻开书，同员工分享财务和经营信息。
- 教会员工读懂公司的财务报表。
- 向员工展示他们的工作是如何影响公司的财务状况的。

- 建立非财务指标同财务状况的关系。
- 确定需要优先考虑的领域并授权员工们设法改进。
- 共同考察结果并注意保持员工们的责任心。
- 公布结果并庆祝取得的成功。
- 根据员工对财务指标的贡献分配奖金等报酬。
- 同员工分享对公司的所有权。

科学管理之父泰勒在20世纪早期认为向所有雇员公开秘密是愚蠢的，几乎所有人包括高级管理人员、中层经理、工会领导和员工也都这样认为。公开式管理可能会导致重要的情报被泄露给竞争者；员工也可能会对他们所得到的回报不满意。但是，近年来一批企事业通过公开管理获得了成功，像阿莫科、唐纳利、巴克斯特保健和AES等大公司。一位管理者这样说："为什么你把比分告诉队里面5%的人而不告诉剩下95%的人？"事实说明，完善的沟通系统可以使员工理解工作的意义，认清完成了预定的目标会得到什么回报，并促使每个人都来关心公司的业务。它可以激发人们思考如何以不同的方式为公司做贡献，学习新的技能，通过苦干和巧干提高工作绩效。

2. 进行团队对话

团队对话被认为是现代组织内横向沟通的重要形式。团队是两个或两个以上相互作用和协作以便完成组织预定的某项特别目标的单位。团队是在一种分权的结构中共享信息，在各个方向上自由沟通，团队成员共同承担领导职能，成员之间保持密切联系、相互协作并一致努力去达到预定目标。

进行有效的团队对话首先是构建团队沟通规范，排除障碍。沟通规范就是形成清楚的惯例：轮流发言、积极倾听、以支持的立场来提问、提问题帮助别人理清思路和问题等。要避免钻牛角尖、贴标签、对发言者评头论足、对话题不感兴趣、开小差、感情用事、给发言者加脚注等不良习惯。其次，促使成员参与沟通。使每个成员都得到说话的可能，给成员留有空间，保持成员平衡的心理等，创造一个更有利于平等沟通的氛围。最后，有效的团队对话还包括成功地引发沟通对话，进行合作性分析等。

3. 创造竞争中的合作

当前管理实践的全新观念就是建立竞争者之间的战略联盟。企业战略联盟是指由两个或两个以上有共同战略利益和对等经济实力的企业（或特定事业和职能部门），为达到拥有市场、共同使用资源等战略目标，通过各种协议、契约而结成的优势互补、风险共担、生产要素水平式双向或多向流动的一种松散的合作模式。

它实质上是以合作代替对抗，是更高形式的激烈竞争的开始。有人说，竞争对手之间"没有永久的敌人"。日本有的管理学者认为企业之间的竞争呈相互攻击性是一种必然存在，但这种攻击性主要体现在产品质量、服务、创新和发明上，而不要攻击竞争对手本身。因为那种把竞争对手置于死地的做法，一是会导致两败俱伤，造成资源的浪费；二是失去竞争对手，即失去了外部压力，自己也就没有了发展的动力。只有联合起来才可以取得双赢，求得共同发展。所以人们称企业战略联盟为"双赢"的战略。竞争中合作，合作中竞争，已经成为世界经济发展的一种必然趋势。

第四节 冲突管理

冲突对任何组织都是难免的，特别是随着组织所面临的内外部环境越来越复杂，冲突现象越来越突出。托马斯等人进行的一项调查表明：企业中的管理人员处理冲突问题的时间大约占他们工作时间的20%。管理冲突的能力可以说是成功管理者的基本素质。

一、 冲突与冲突的类型

冲突发生于对稀缺资源分配方式的分歧以及不同的观点、信念、行为、个性的冲撞。一般认为，冲突是相互作用的主体之间存在着不相容的行为或目标。按照冲突发生的层次来划分，可以分为四个层次：个人内心的冲突、人际关系冲突、团体之间的冲突和组织层次的冲突。

> 冲突发生于对稀缺资源分配方式的分歧以及不同的观点、信念、行为、个性的冲撞。

（1）个人内心的冲突。个人内心的冲突通常涉及一些目标、认知或情感的冲突。它一般发生于个人面临多种难以做出的选择，此时会表现得犹豫不决，茫然不知所措。个人内心冲突一般表现为三种类型：①接近的冲突。它要求个人在两个或两个以上的方案中做出选择，每个选择都有积极结果，形象地说就是个人面临着“鱼和熊掌不可兼得”的局面；②接近-规避冲突。个体在选择是否去从事一件利弊难以权衡的事情时，使其内心发生冲突。如企业家面对是否从事高风险高收益的投资；③规避的冲突。个人面对着必须在两个都只能产生消极结果的方案中做出抉择，即所谓“两害相权取其轻”。

（2）人际关系冲突。这是指两个或两个以上的个人感觉到他们的态度、行为或目标的对立所发生的冲突。许多人际冲突建立在角色冲突或角色模糊的基础上。如企业中质量检验员与生产人员、会计人员与审计人员的冲突等。角色的冲突多数是因为角色要求与组织的态度、价值观念和可接受的行为的看法不一致，组织成员之间所承受的压力不同，成员之间信息、压力的不相容；或者是成员之间一方的压力来自于另一方就会产生角色的冲突。当角色信息存在或这些信息无法有效沟通时，角色模糊就会发生。应激是对严重的角色冲突和角色模糊的常见反应。

（3）团体之间的冲突。这是组织内团体之间由于各种原因而发生的对立情形。团体之间的冲突通常有垂直冲突、水平冲突、指挥系统与参谋系统的冲突、正式系统与非正式系统之间的冲突四种形式。它可能是同一团体内部成员之间的冲突，导致成员分化成两个或更多个小团体，从而把团体内的冲突转化为团体间的冲突，也可能是分别处于两个团体内的成员间的个人冲突逐渐升级而成。

（4）组织层次的冲突。从系统的观点出发，任何组织都属于一个更广泛的环境系统的子系统，为了生存和发展，组织必须与外界环境之间进行各种要素的交换，并在交换过程中求得一种动态平衡。于是，组织在与其生存环境中的其他一些组织发生关系时，经常会由于目标、利益的不一致而发生各种各样的冲突。如企业与它的竞争对手之间会发生冲突，各个政党与其对手之间的竞争也是不可避免的，甚至可以说，组织内部的冲突是在其外部冲突的影响下造成的。

二、 冲突形成的原因和过程

1. 冲突产生的共因

相互依赖性和相互间的差异是冲突形成的客观基础，组织内资源的稀缺和机制的不完善推动了冲突的形成。

相互依赖性是专业化和社会分工的结果。越来越复杂的社会环境和高精技术要求，使得人们几乎不可能独立地发挥作用完成组织的目标要求，而只能扮演分工以后较为专业化的某一具体的角色。相互依赖关系表明，一个人行动的结果会受到其他人的影响。如果一方的行动妨碍了另一方的目标的实现，那么冲突就会产生。

冲突产生的直接原因可以归为彼此之间的差异性。具有一定的相互依赖关系的双方，差异性越大，越难达成一致的协议。于是这些彼此间的差异性必然伴随着一定的意见分歧，导致冲突的最后发生。组织中主要存在以下几种差异性：①信息差异。信息差异是指双方所获得的信息、了解的事实之间的差异。组织成员具有不同的信息来源渠道，彼此间信息非对称，各人都有自己的“私人信息”，加上信息传递过程中的偏差遗漏，信息处理方式的不同都会导致信息差异。②认识的差异。组织成员之间背景不同，包括受教育程度、家庭出身、价值观念不尽相同，各个部门的组织文化不同，有着各自不同的行为方式、价值观念，成员间的组织地位不同，看问题的角度也会不同。③目标要求的差异。它包括组织部门间目标的差异，以及组织成员个人价值主张的差异。④角色差异。组织中的个人都充当着不同的角色，并按照角色的要求而行动，个人的角色差异也会引起冲突。

相互依赖性和相互间的差异是冲突形成的客观基础，组织内资源的稀缺和机制的不完善推动了冲突的形成。

内在资源的稀缺和机制不完善推动冲突的形成。组织的资源相对于组织发展能力总是处于稀缺状态，资源稀缺性是组织的基本特性。所以，组织的活动必然会受各种条件的制约，当两个或两个以上的主体同时依赖于组织的稀缺资源时，双方之间极有可能因为如何分配资源而发生一些冲突。组织中信息沟通不善、内部奖励制度不当、作为激励手段的竞争机制、特定事件的处理不当都会引发组织内的冲突，特别需要说明的是竞争机制也有负面作用。

研究表明，群体之间的竞争常常导致群体间冲突的增加，生产率却没有明显的提高；更为严重的是，两个相互依赖的群体之间的竞争反而会使效率下降。

2. 冲突形成的过程

美国学者罗宾斯将冲突的过程分成五个阶段：第一阶段是“潜在的对立或不一致”，这个阶段组织认识到了潜在的对立和不一致，具有产生冲突的条件；第二阶段是“认知和个性化”，在这个阶段双方对相互的不一致有了情感上的投入，潜在的对立显现出来；第三个阶段是“行为意向”，双方有了从事某种特定行为的决策；第四个阶段是“行为”，冲突行为的强度是个连续体，它从轻度的意见分歧，到公开质问，到武断的言语攻击，到威胁和最后通牒，再到挑衅性身体攻击，最后摧毁对方的公开努力；第五个阶段是“结果”，结果只有两个，要么提高群体绩效，要么降低群体绩效。

三、 冲突观念的变迁

20 世纪 40 年代以前，在早期的组织理论中，人们普遍认为冲突是有害的，会妨碍组织目标的实现，甚至认为冲突的出现是管理失败、组织崩溃的前兆。因此早期的研究和实践是建立在反冲突的基础上的，都是致力于消除组织中的冲突现象，特别是在“非人格化”的传统组织中，人被认为是完全理性的，他们很清楚地知道组织的目标，而且也理性地知道合作的重要性，所以冲突是应该绝对避免的。冲突及绩效的关系如表 13-1 所示。

表 13-1 冲突的类型与工作绩效

情况	冲突水平	冲突类型	组织内活动的性质	工作绩效
A	很低或没有	破坏性	冷漠、停滞不前、对改革没有反应、缺乏创意	低
B	适量	功能性	生活化、能自我批评、能革新	高
C	高	破坏性	破坏性、无秩序、不合作	低

自 20 世纪 40 年代末到 70 年代中期，人们开始认识到冲突是不可消除的，组织应当接纳冲突，使之合理化。

现代组织理论中对组织冲突的看法有了根本的改变。如 L. R. Pondy 曾说：就如身体上的病痛一样，它是组织有了麻烦的症状。一个压制冲突的组织，是剥夺了自我调节和稳定成长的组织。Olson 认为，在组织中冲突是平常的事，因为“在一个大型的组织中，要所有的人都为其个人的利益而采取合作的方式工作是不大可能的”。事实上，冲突只是企业组织中的成员在相互交往、相互作用的过程中发生的一种关系而已，它本身具有两面性——建设性功能和破坏性功能。也就是说，组织存续过程中出现的冲突虽然是不可避免的，但并不一定会给组织带来破坏性的后果，有些冲突对组织目标的实现还是有益的。关键在于如何对冲突进行管理，使其消极作用最小，积极作用最大。

四、 管理冲突

1. 冲突管理策略

为了有效地解决组织中的人际关系冲突，美国的行为科学家托马斯提出了一种两维模式。托马斯认为发生冲突以后，参与者有两种可能的策略可供选择：关心自己和关心他人。其中，“关心自己”表示在追求个人利益过程中的武断程度；“关心他人”表示在追求个人利益过程中与他人合作的程度。于是，就出现了五种不同的冲突处理的基本策略。

（1）回避策略。回避策略是指既不合作又不武断的策略。这时，人们将自己置身于冲突之外，忽视了双方之间的差异或保持中立态度。这种方法反映出当事人的态度是任冲突自然发展，对自己的利益和他人的利益均无兴趣。回避可以避免问题扩大化，但常常会因为忽略了某种重要的意见、看法，使对方受挫，易遭对手的非议，故长期使用效果不佳。

（2）强制策略。强制策略是指高度武断且不合作的策略。它代表了一种“赢—输”的结果，即为了自己的利益牺牲他人的利益。一般来说，此时一方在冲突中具有占绝对优势的权力和地位，于是会认为自己的胜利是必要的。相应地，另一方必然会以失败而告终。强制策略通常是使人们只考虑自己的目的，所以同样不受对手的欢迎。

（3）克制策略。克制策略代表着一种高度合作而武断程度较低的策略。可以说这是无私的策略，因为当事人是牺牲自己的利益而满足他人的要求。通常克制策略是为了从长远角度出发换取对方的合作，或者是屈服于对手的意愿。因此，克制策略是最受对手欢迎的，但容易被对手认为是过于软弱或是屈服的表示。

（4）合作策略。合作策略是在高度的合作精神和武断的情况下采取的策略。它代表了冲突解决中的“双赢”局面，即最大限度地扩大合作利益，既考虑了自己的利益，又考虑了他人的利益。一般来说，持合作态度的人有几个特点：一是认为冲突是一种客观的、有益的现象，处理得恰当会有利于一些问题的解决；二是相信对手；三是相信冲突双方在地位上是平等的，并认为每个人的观点都有其合理性；四是他们不会为了共同的利益而牺牲任何一方的利益。

（5）妥协策略。在妥协策略下，合作性和武断程度均处于中间状态，它建立在“有予必有取”的基础之上，这种策略通常需要一系列的谈判和让步才能形成。与合作方式相比，妥协策略只求部分地满足双方的要求。但妥协策略却是最常用的，也是被人们广泛接受的一种处理冲突的策略。因为妥协策略至少有以下优点：一是尽管它部分地阻碍了对手的行为，但仍然表示出合作的姿态；二是它反映了处理冲突问题的实利主义态度；三是它有助于保持双方之间的良好关系。一项研究表明，人们之所以欢迎妥协策略，是因为妥协策略的确提供了一个解决办法，而不能解决问题是软弱的表现，此外，完全接受对方提出的意见需要很大的勇气。

近年来，还有人把冲突反应模式的研究扩大到了多维度，如美国学者利克特瑞于 1993 年提出了一种三维模型：关心自己的观点、关心别人的观点和理性的破坏。其中，前两个维度代表内容维度，详细说明了个人从两个相反的角度讨论问题的程度。第三个维度说明的是在相互作用过程中的情绪特征。这种模式很好地把问题和情绪区别开来。

2. 冲突管理策略的有效性

从权变理论出发，在任何一种冲突中，某种方式是否比其他方式更为有效主要取决于当时的冲突情境，也就是说，冲突管理的的功效和有效性包括把方式与情境加以配合。确定冲突管理的有效性取决于：对组织效益的贡献；社会需要的满足程度；组织成员的精神需要和伦理道德需要的满足程度。

五、 通过谈判解决冲突

谈判是两个或多个以上的既有冲突又有一致利益的个体，相互公开意见，就某些重大问题进行磋商以求达到可能的协议的行为。市场经济本身就是一种契约经济，一切有目的的经济活动，一切有意义的经济关系都要通过谈判来建立。谈判的结果和谈判的形式有两种情况：零和谈判和双赢谈判，其关键在于谈判双方的力量和态度。

> 谈判是两个或多个以上的既有冲突又有一致利益的个体，相互公开意见，就某些重大问题进行磋商以求达到可能的协议的行为。

零和谈判（也称分配性谈判）就是有输有赢的谈判，一方所得就是另一方所失。零和谈判能够成功，在于双方的目标都有弹性并存在重叠区，重叠区就是双方和解达成协议的基础。谈判双方只进行谨慎的交流，不完全信任对方，甚至欺骗、威胁对方。总之，双方进行的是一场紧张的冲突。

双赢谈判（也称整合性谈判）就是谈判结果能找到一种双方都受益的方案。这种谈判要求双方对另一方的需求十分敏感，各自都比较开放和灵活，双方都对另一方有足够的了解和信任。在此基础上通过开诚布公的谈判，就可能找到双赢的方案，从而建立起牢固的长期的合作关系。

那些成功培养起谈判能力的公司都在实际操作和思维方式方面进行了四个方面的改革。

- 建立一个全公司范围的谈判机构，确保谈判者的利益和公司的利益一致。
- 放宽谈判的评价标准，不再只是关注成本和价格。
- 划清交易和发展关系之间的界限。
- 即使交易不符合公司全体的最佳利益，也能让谈判者舒心离去。

优秀的管理者实现有效的谈判，一般有以下原则：①理性分析谈判的事件。抛弃历史和感情上的纠葛，理性地判别信息。依据其真伪，分析事件的是非曲直，分析双方未来的得失。②理解你的谈判对手。他的制约因素是什么，他的真实意图是什么，他的战略是什么，他的兴奋点和抑制点在哪里。③抱着诚意开始谈判。态度不卑不亢，条件合情合理，提法易于接受，必要时可主动让步（也许只是一个小小的让步），尽可能寻找双赢的方案。④坚定与灵活相结合。对自己目标的基本要求要坚持，对双方最初的意见不必太在意，那多半只是一种试探，有极大的伸缩余地。当陷入僵局时，应采取暂停、冷处理后再谈，或争取第三方调停，尽可能避免破裂。

本章回顾

小 结

有效的沟通可以增进员工对组织目标的 认同、建立融洽的工作关系、调动下属的积极性和提高管理的效能。沟通有着多种不同的方式和不同的网络。管理沟通需要从沟通客体策略、沟通主体策略、信息策略、渠道策略和环境策略五个方面消除噪声，保证信息的流畅和准确。人际沟通的有效性受到人际因素、文化因素、结构因素的威胁。管理失败的主要因素之一是缺乏沟通的技能，有效的沟通应当克服认知的差异、抑制情绪化的反应、保持积极的倾听和建设性的反馈、避免表达方式上的矛盾。正式的沟通渠道、组织的权力结构、工作专门化以及“信息所有权”影响着组织沟通的有效性。当前提高组织沟通效率的过程中要充分注意加强纵向沟通的管理、进行团队对话、竞争合作关系的创造。组织内在的特性和组织资源与制度的状况都决定了组织中的冲突是不可避免的；压制冲突实际上是剥夺了自我调节和稳定成长。根据对组织效益的贡献、社会需要的满足和组织成员精神需要的满足来有效地管理冲突，也可以通过谈判来解决组织中的冲突。

关键术语

沟通　公开式管理　冲突　冲突管理策略
横向沟通　沟通策略　有效沟通　谈判
沟通过程

思考题

1. 简述沟通的过程和沟通的重要性。
2. 简述五种信息沟通的形式及其特点。
3. 结合实际讨论在不同的情境下，非言语沟通过程中应当注意的问题。
4. 描述人际沟通过程的共同障碍，如果出现，应当如何克服？
5. 阐述组织内部沟通的形式和特点。
6. 阐述影响组织有效性的四个因素，如何提高组织沟通的效率？
7. 讨论在当前的管理实践中，为什么要加强组织间的沟通？
8. 冲突的基本类型有哪些？冲突形成的基本原因是什么？
9. 讨论如何区分组织中不同类型的冲突，如何加以解决？
10. 谈判的主要形式有哪些，它的一般原则是什么？
11. 如何才能将谈判变成组织的动力？

延伸阅读

1. 拉尔夫 G 尼科尔斯，等．有效沟通［M］．北京：中国人民大学出版社，2004.
2. 查尔斯 E 贝克．管理沟通［M］．北京：中国人民大学出版社，2002.
3. 苏珊娜·杰纳兹，卡伦·多德，贝丝·施奈德．组织中的人际沟通技巧［M］．北京：中国人民大学出版社，2006.
4. 丹尼·厄特尔德．将谈判整合为公司能力［J］．哈佛商业评论，2002（12）．
5. 魏江，严进．管理沟通：成功管理的基石［M］．北京：机械工业出版社，2006.

案例讨论

戴尔的邮件门

2005 年 5 月 30 日早晨，《第一财经日报》报道了一条爆炸性消息：戴尔的一位销售人员以避免“支持中国政府”为由，在电子邮件中试图劝说IBM的原客户采购戴尔的产品。这组邮件是戴尔美国中大西洋地区战术项目军队系统（销售）经理与其所公关的目标客户（一家总部位于美国新泽西州的公司的一位主管军队系统计算机采购的负责人）之间的往来信件。该公司是一家系统集成和咨询公司，成立于1983年，公司的客户包括美国联邦政府以及很多美国军方客户。在一份发出日期标注为2005年4月27日下午8时12分（美国东部时间）的电子邮件中，这位名叫Chris的戴尔公司的销售人员称，“要知道，联想公司是一家中国政府控制的企业，最近刚刚收购IBM的个人计算机业务。尽管美国政府已经批准了联想的收购，但是，大家必须明白一点，现在客户们每买IBM一美元的产品，都是直接支持和资助了中国政府。”戴尔这位销售人员在随后的一份邮件中进一步强调称：“IBM将个人计算机业务卖给了联想，而联想是一个中国政府控制的公司。”

消息披露后，在中国国内引起轩然大波。复旦大学美国研究中心教授沈丁立就此认为：“这是不讲良心的做法。”沈丁立告诉记者，在美国部分所谓的精英眼中，来自中国的“穷小子”（联想）收购了IBM的PC业务，是不可接受的，“他们能接受日本企业的收购，但不能接受来自中国的收购，他们会认为是技术侵略”。沈丁立表示，对戴尔公司出自市场竞争需要可能妖魔化中国和中国企业的做法感到遗憾。《IT时代周刊》总编辑曹健表示，戴尔利用一些反华情绪来促销自己的产品打压对手是很卑鄙的。这一事件在网民中引起了极大关注，在新浪网进行的实时调查中，83.31%的网民认为戴尔员工行为违反公平竞争，只有11.28%的网民认为戴尔员工行为属正当行为。

2005年5月30日下午18时，联想集团做出正式回应，集团新闻发言人对外发表了三点看法：第一，近两个月来联想不断听到其美国销售团队反映类似情况，对于30日媒体报道中所提及的戴尔公司的这种做法，联想深表遗憾；第二，作为一家国际知名企业，（戴尔）应当尊重基本的商业准则，尊重各个国家的政府及企业，公平竞争；第三，在未来的国际竞争中，新联想非常有信心面对各种挑战，会凭借实力竞争，遵守商业准则，新联想会向全球客户证明自己是一家非常优秀的企业。

针对这一事件，戴尔公司最初并没有直接反应，该公司中国新闻发言人2005年5月30日表示，并不清楚有此事发生。她希望能从媒体获得进一步的信息，以便更好地对此进行核实和调查。两天后，戴尔美国总部于下午发布官方声明，承认确有其事，并宣布将对发表该言论的员工进行严肃处理。接到戴尔的声明之后，记者第一时间致电联想集团企业推广部宣传总监朱光，但他表示联想目前不愿就此做出任何评论。2005年6月3日，戴尔通过代理公司向本报发来声明称，“戴尔美国销售人员与客户邮件”一事引起了公司的高度重视，公司对该员工发表这样的言论深表遗憾，该言论绝不代表公司的立场。此外，戴尔在声明中还表示，“诚信取胜”是公司的行为守则。在戴尔公司的员工行为守则中，对于发表任何有关竞争对手及其产品的评论均有明确和严格的规定。戴尔一贯致力于在中国的长期投资和发展，与中国政府有着长期良好的合作关系。戴尔公司对中国政府所给予的一贯支持表示感谢。

讨论题

1. 造成“邮件门”事件的主要原因在哪里，你认为企业应当如何加以预防？

2. 从沟通的原理来看，你认为戴尔公司的“邮件门”事件处理上存在哪些问题？

3. 从企业危机管理的角度来看，你认为戴尔公司处理的是否恰当，如果存在不足应该如何改进？

第五篇 控制

第十四章　控 制 活 动

如果强调什么，你就检查什么；你不检查，就等于不重视。

——IBM 公司前总裁郭士纳

一个伟大的企业，对待成就永远都要战战兢兢，如履薄冰。

——海尔集团总裁张瑞敏

第一节　控制原理

控制是管理工作的重要职能之一，它是保证组织实际活动与计划活动动态一致的过程。控制工作的目的是要通过确立标准、衡量绩效和纠正偏差等过程来监督计划、组织、领导、创新等管理活动的效果，保证组织前进的方向。有效的控制系统是适应调整目标、纠正偏差、应对危机发生、提高组织效率的基础。

一、　管理控制的含义

所谓控制就是监督组织各方面的活动，保证组织实际运行状况与计划保持动态适应的过程。控制好比是汽车驾驶员的方向盘，它把组织、人员配备、领导指挥职能与计划设定的目标联结在一起。控制工作定义中的动态一致有两方面的含义：既包括按照既定的计划标准来衡量和纠正计划执行中的偏差，还包括在必要时修改计划标准，以使计划更加适合实际情况这一层含义。

> 所谓控制就是监督组织各方面的活动，保证组织实际运行状况与计划保持动态适应的过程。

首先，在现实中，控制的必要性体现在管理工作只做好了计划、组织和领导仍然是不够的。这是因为组织的内外环境每时每刻都在发生变化，它必然要求对原先制定的计划做出相应的调整。其次，由于组织成员认识能力不同和工作能力的差异，就会造成对计划要求的理解和执行发生差异，加强对成员的工作控制非常必要。最后，随着组织规模的变化，必然会出现组织内的分权，形成组织内委托-代理的管理层级结构。分权程度越高，控制就越有必要。控制系统可以提供管理人员工作绩效的信息和反馈，以保证授予他们的权力得到正确的利用，与组织的目的和方向相统一。如果没有控制，没有为此而建立相应的控制系统，对于出现权力的滥用或其他情况，也就无法发现，更无法采取及时的纠正行动。

控制与管理。要理解控制职能的含义，首先需要认识控制与计划之间的联系。事实上，计划和控制是同一个事物的两个方面。①计划工作为控制提供了标准。没有计划，控制就会丧失方向，人们将不知道要控制什么，也不知道怎么控制。②控制是计划工作得以实现的保证。没有控制，计划就会成为一纸空文。人们无法知道自己干得怎样，存在哪些问题，哪些地方需要改进。③计划与控制的效果互相依赖。计划越明确、全面和完整，控制的效果也就越好；控制工作越是科学、有效，计划也就越容易得到实施。

在管理工作的实际过程中，很难区分出计划与控制究竟哪个是开始、哪个是结束。控制可以说既是一个管理工作过程的终结，又是一个新的管理工作过程的开始。现实中，上一阶段控制的结果就可能导致组织确立新的目标、提出新的计划，并在组织结构、人员配备和领导等方面做出相应的改变。正是在这种意义上，控制职能也可以说是下一阶段管理工作过程的起点。管理工作本质上就是由计划、组织、领导、控制等职能有机地联系而构成的一个不断循环的过程。

二、 管理控制的目标和特点

1. 管理控制的目标

在现代管理活动中，管理控制工作的目标主要有两个。

（1）限制偏差的累积。一般来说，任何工作的开展都不免要出现一些偏差。虽然小的偏差和失误不会立即就给组织带来严重的损害，但在组织运行一段时间后，随着小差错的积少成多和积累放大，最终就可能对计划目标的实现造成威胁，甚至给组织酿成灾难性的后果。防微杜渐，及早地发现潜在的错误和问题并进行处理，就有助于确保组织按预定的轨迹运行下去。有效的管理控制系统应当能够及时获取偏差信息，及时采取矫正措施，以防止偏差的累积而影响到组织目标的顺利实现。

管理控制的目标包括限制偏差的累积和适应环境的变化。

（2）适应环境的变化。组织计划和目标在制定出来后总要经过一段时间的实施才能够实现。在这段实施过程中，组织内部的条件和外部环境可能会发生一些变化，如组织内部人员和结构的变化、政府可能出台新的政策和法规等，这些变化的内外环境不仅会妨碍计划的实施进程，甚至可能影响计划本身的科学性和现实性。因此，任何组织都需要构建有效的控制系统，帮助管理人员预测和把握内外环境的变化并对这些变化带来的机会和威胁做出正确、有力的反应，以将组织调整到适应的状况。

2. 管理控制的特点

管理控制有以下四个特点。

（1）目的性。同其他管理工作一样，控制工作也具有明确的目的性特征。管理控制无论是着眼于纠正执行中的偏差还是适应环境的变化，都是紧紧地围绕组织的目标进行的，总是受到一定的目标指引，服务于达成组织特定目标的需要。控制工作的意义就体现在，监督组织活动中各职能工作的效果，促使组织更有效地实现其根本目标。

（2）整体性。控制的整体性具有多方面的含义：首先，管理控制覆盖组织活动的各个方面，各层次、各部门、各单位的工作，以及企业生产经营的各个不同阶段等，都是管理控制的对象。组织中可以有对于人员的控制、财务的控制、作业的控制、信息的控制、组织绩效的控制五大方面。其次，管理控制中需要把整个组织的活动作为一个整体来看待，使各方面的控制能协调一致，达到整体的优化。最后，管理控制应该成为组织全体成员的职责，而不单单是管理人员的职责。让全体成员参与到管理控制工作中来。

（3）动态性。管理工作控制的基本形式之一就是跟踪控制，其控制标准和方法都随着外部环境和内部条件不断地变化。同时，管理控制依赖于组织文化、惯例的进化方向性特征，所以，管理控制是动态演化的控制。这根本不同于机械控制中类似于电冰箱的温度调控的程序控制。

（4）人本性。管理控制不可忽视其中的人性面因素。控制不仅仅是监督，更重要的是指导和帮助，管理控制应该成为提高员工工作能力的工具。只有当员工认识到纠正偏差的必要性并具备纠正能力时，偏差才会真正被纠正。通过控制工作，管理者可以帮助员工分析偏差产生的原因，端正员工的工作态度，指导他们采取纠正的措施。这样，既能达到控制的目的，又能提高员工的工作和自我控制能力。

三、 管理控制的基本类型

根据控制信息获取的过程可以将管理控制划分为前馈控制、现场控制和反馈控制三类。

1. 前馈控制

前馈控制是一种防患于未然的控制，它是在工作开始前对工作中可能产生的偏差进行预测和估计并采取防范措施，将可能的偏差消除于产生之前。前馈控制有两个主要内容：一是检查组织能否筹措到在质和量上符合计划要求的各类资源；二是检查已经或将要筹措到的资源经过转换后是否符合要求。例如，企业对进厂原材料进行检验，对员工进行上岗前培训，制定组织的基本规章制度等，这些都属于前馈控制。

前馈控制的实施要求条件比较高，它要求管理人员能充分认识到控制因素与计划工作的影响关系，掌握及时和准确的信息。从现实看要做到这些往往是比较困难的。但是，前馈控制是在工作开始之前进行的，可以避免事后控制对已铸成的差错无能为力的弊端；此外，它不针对具体人员，因而不易造成面对面的冲突，易于被员工接受并付诸实施。

2. 现场控制

它是在计划执行进行中的控制，也称为同步控制或同期控制。现场控制主要有监督和指导两项职能。监督是按照预定的标准检查正在进行的工作，以保证目标的实现；指导是管理者针对工作中出现的问题，根据自己的经验指导下属改进工作，或与下属共同商讨矫正偏差的措施以便使工作人员能正确地完成所规定的任务。

现场控制具有指导的职能，有助于提高工作人员的工作能力和自我控制能力。现场控制是控制系统的核心，它的效果依赖于管理者的个人素质、作风、指导方式以及下属对指导的理解程度。但是，现场控制的运用容易受到管理者的时间、精力和业务水平的制约，还容易在控制者与被控制者之间形成对立情绪，伤害被控制者的工作积极性。但随着计算机和网络技术的发展，实时信息可以在异地之间迅速传播，这样在一定程度上突破了控制的现场限制。如远程技术、网络结算等。

3. 反馈控制

它是在工作结束或行为发生之后进行的控制，故常称为事后控制。这种控制把注意力主要集中于工作或行为的结果上，通过对已形成的结果进行测量、比较和分析，发现偏差情况，依此采取措施，从而对今后的活动进行纠正。比如，企业发现不合格产品后追究当事人的责任，发现产品销路不畅而相应做出减产、转产或加强促销的决定等都属于反馈控制。

反馈控制的主要弊端是：损失或偏差已经产生，只能“亡羊补牢”。在实际工作中，反馈控制得到了相当广泛的应用。主要是因为在周期性重复活动中，反馈控制可以避免下一次活动发生类似的问题；反馈控制还可以消除偏差对后续活动过程的影响，如产品在出厂前进行最终的质量检验，剔除不合格品，可以避免这些产品流入市场后对品牌信誉和顾客使用所造成的不利影响；反馈控制还可以提供员工奖惩的依据。

总的来说，三种控制方式都各有优缺点。有效的管理控制不能只依靠某一种控制方式，而必须根据特定情况将各种控制方式各有侧重地结合起来使用，以取得综合控制效果。

四、 管理控制的要素

管理控制的工作过程，如图 14-1 所示，一般由以下三个方面的步骤组成。

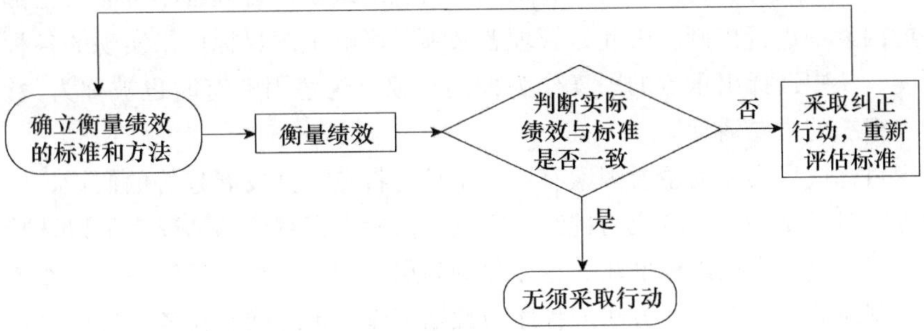

图 14-1 控制过程示意图

（1）制定控制目标，建立绩效标准。控制目标、控制标准是控制工作得以开展的前提，是检查和衡量实际工作的依据和尺度。如果没有控制目标、标准，便无法衡量实际工作，控制工作也就失去了目的性。

（2）衡量实际工作，获取偏差信息。偏差信息是实际工作情况或结果与控制标准要求之间所发生偏离程度的信息。了解和掌握偏差信息，是控制工作的重要环节。如果没有或无法得到这方面的信息，那么就无法知道是否应该采取矫正措施以及应采取多大强度的矫正措施，这样控制工作便无法正常地开展。信息是控制的前提和基础。

（3）分析偏差原因，采取矫正措施。任何控制行动都是针对问题及其产生的原因而采取相应的解决对策。控制措施、对策、办法的提出必须建立在对偏差原因进行正确分析的基础上。不正确的归因会导致控制行动的低效、无效甚至负效果。

总之，控制目标与标准、偏差信息、矫正措施是控制工作的三项基本要素，它们相互关联、相互依存、缺一不可。无论在什么地方，也无论控制的对象是什么，着眼于纠正偏差的控制过程都包括这三项基本要素并要求开展与这三项要素相对应的工作步骤。图 14-1 的外圈就反映了以“纠偏”为目标的控制工作过程的基本步骤。内圈反映了此种以促使组织更好地适应环境的变化为目标的管理控制过程。它反映了控制的以“调试”或“适应”为目标的控制工作过程的基本步骤。

第二节 有效管理控制

有效的控制需要明确管理控制的过程，并能够根据管理对象的差异，灵活地采用相应的反应措施，进行权变性管理。事实上，无论控制的对象是什么，也无论采用什么样的控制手段和方法，完整的控制过程都包括确定绩效标准、衡量工作、纠正偏差和采取矫正措施四个步骤。

一、 确定绩效控制标准

没有一套完整的控制标准，衡量绩效和纠正偏差就会失去客观的依据。因此，制定控制标准是控制工作的起点。在实际工作中，组织中有效的控制标准一般需要具有简明性、一致性、可行性、相对稳定性和前瞻性等。控制标准的制定是从确定控制对象、选择关键控制点到制定控制标准的科学决策过程。

1. 确定控制对象

在现实中，由于人力、物力、财力和知识与信息的限制，管理者不可能对全部影响组织实现目标成果的因素都进行控制。因此，管理者必须对影响组织目标成果实现的各种要素进行科学的分析研究，从中选择出重点的因素作为控制对象。这些因素有时也被称为关键绩效区域，它们通常涉及组织的主要活动。

影响组织目标成果实现的主要因素有：关于环境特点及其发展趋势的假设、资源投入、组织活动过程等。对于哪些因素应成为控制的重点，需要根据具体的情况来加以选择。在工作成果较难衡量而工作过程也难以标准化、程序化的高层管理和创新性活动中，工作者的素质和技能是主要的控制对象。而在工作方法或程序与预期工作成果之间有比较明确或固定关系的常规性活动中，工作过程本身就是主要的控制对象。

2. 选择关键控制点

关键控制点有时也被称为战略控制点。事实上，企业控制住了关键点，也就控制了全局，正如俗话所说，“牵牛要牵牛鼻子”。比如啤酒酿造企业中，啤酒质量是控制的一个重点对象。尽管影响啤酒质量的因素很多，但只要抓住了水的质量、酿造温度和酿造时间，就能保证啤酒的质量。

选择关键控制点需要注意：影响整个工作运行过程的重要操作与事项；能在重大损失出现之前显示出差异的事项。管理者应该选择那些易检测出偏差的环节进行控制，这样才有可能对问题做出及时、灵敏的反应；若干能反映组织主要绩效水平的时间与空间分布均衡的控制点。因为关键控制点数量的选择应足以使管理者对组织总体状况形成一个比较全面的把握。

在选择关键控制点的过程中，管理人员可以对自己提出下列问题：什么能最好地反映本组织的指标？在计划目标未实现时，什么信息能让我最快、最准确地了解工作进展的情况，什么信息能让我最好地确定关键的偏差，什么信息能告诉我谁对成功或失败负全部责任，什么样的标准在控制工作中成本最低，什么样的标准在控制信息的收集中更为合算？

3. 制定控制标准

组织在选择了关键控制点后，就可以依据关键控制点制定出明确的控制标准。制定控制标准常用的方法有统计性方法、经验估计法、工程法三种。控制标准可分为定量标准和定性标准两大类。定量标准主要分为实物标准（如产品数量、废品数量）、价值标准（如单位产品成本、销售收入、利润等）、时间标准（如工时定额、交货期）。除了定量标准外，组织中还经常使用一些定性标准，有关产品和服务质量、组织形象等方面的衡量一般都是定性的，如产品等级、合格率、顾客满意度等指标就是对产品质量的一种间接衡量。由于控制的对象不同，控制标准的类型很多。企业究竟要以何种方法制定何种控制标准，这取决于所需衡量的绩效成果及其影响因素的领域和性质。

奉行“质量优良、服务周到、清洁卫生、价格合理”宗旨的美国著名的麦当劳公司，为确保其经营宗旨得到贯彻，制定了可度量的以下几条工作标准：95%以上的顾客进餐馆后三分钟内，服务员必须迎上前去接待顾客；事先准备好的汉堡包必须在五分钟内热好并供应给顾客；服务员必须在就餐人离开后五分钟内把餐桌打扫干净。这是对定性标准予以量化处理的实例。

二、衡量实际工作

1. 确定适宜的衡量方式

衡量实际工作就是以控制标准为尺度对实际工作加以检验，衡量绩效的目的是取得控制对象的有关信息，及时、准确地掌握偏差是否发生，并判断偏差的严重程度，从而对控制对象进行纠偏或者调试。为此，在衡量实际工作成效的过程中管理者应该对需要衡量什么、如何衡量、间隔多长时间进行衡量和由谁来衡量等做出合理的安排。

（1）衡量的项目。管理者应该针对决定实际工作成效好坏的重要特征项进行衡量，但实际中容易出现一种趋向，即侧重于衡量那些容易获取统计数据的项目。我国有些高等院校对教师工作绩效的衡量只是通过发表论文数量衡量其科研水平。事实上，忽视了那些不易衡量但实际相当重要的项目。

（2）衡量的方法。管理者可以通过观察、报表、报告、抽样调查、召开会议等多种方法来获得实际工作绩效方面的资料和信息。各种衡量各有利弊，在衡量实际工作成绩过程中可以多种方法结合使用，以确保所获取信息的质量。

（3）衡量的频度，即衡量实绩的次数或频率。有效的控制要求确定适宜的衡量频度。对控制对象或要素的衡量频度过高，不仅会增加控制的费用，而且还会引起有关人员的不满，影响他们的工作态度，从而对组织目标的实现产生负面影响，但是衡量和检查的次数过少，则有可能造成许多重大的偏差不能被及时发现，不能及时采取纠正措施，从而影响组织目标和计划的完成。适宜的衡量频度取决于被控制活动的性质、控制活动的要求。

（4）衡量的主体。衡量实绩的主体不一样，控制工作的类型也就形成差别，也会对控制效果和控制方式产生影响。例如，目标管理之所以被称为一种“自我控制”方法，就是因为工作的执行者同时成为工作成果的衡量者和控制者。相比之下，由上级主管或职能人员进行的衡量和控制则是一种强加的、非自主的控制。

2. 通过衡量绩效，检验标准的客观性和有效性

衡量工作成效是以预定的标准为依据来进行的，这就出现了一个问题：偏差到底是执行中出现的问题还是标准本身存在的问题？如果是前者，当然需要纠正；如果是后者，则要修正和更新预定的标准，这样利用预定标准去检查各部门、各阶段和每个人工作的过程就同时也是对标准的客观性和有效性进行检验的过程。

检验标准的客观性和有效性是要分析对标准执行情况的测量能否取得符合控制需要的信息。在为控制对象确定标准的时候，人们可能只考虑了一些次要的非本质因素，或只重视了一些表面的因素，因此，利用既定的标准去检查人们的工作，有时候并不能够达到有效控制的目的。衡量过程中的检验就是要辨别并剔除那些不能为有效控制提供信息及容易产生误导作用的不适宜标准，以便根据控制对象的本质特征制定出科学合理的控制标准。

三、 鉴定偏差和矫正措施

对实际工作衡量后，进一步就是将衡量结果与标准进行对比，发现偏差是否在可接受的范围内。如果有较大偏差，则要分析造成偏差的原因，确定矫正措施实施的对象并采取矫正措施。

1. 分析衡量的结果，找出偏差产生的主要原因

一旦实际工作的绩效在可接受的范围之外，偏差也就发生了。在实施矫正措施以前，首先必须对偏差的性质加以认定。事实上，有些偏差可能并不会对组织的最终成果产生重要影响。例如，有些偏差可能是由于计划本身和执行过程中的问题造成的，而另一些偏差则可能是由于某些偶然、暂时、局部性的因素引起的。其次，要对造成偏差的原因进行深入、透彻的分析，真正透过表面现象找出造成偏差的深层原因，为“对症下药”地制定纠偏措施提供根本保证。

2. 确定矫正措施实施的对象

在管理控制过程中，造成偏差的原因无非有三个方面：一是原先的计划或标准制定得不科学，本身就存在偏差；二是由于外在环境发生了预料不到的变化，原有的计划不再适应新形势的需要；三是由于组织内部因素的变化，如工作人员的懈怠等。因此，矫正措施的实施对象可能是组织所开展的活动，也可能是衡量的标准，甚至是指导活动的计划。针对矫正措施的对象和产生偏差的主要原因，就可以制订改进工作或调整计划与标准的纠正方案。

3. 选择恰当的矫正措施

选择矫正措施的过程中应当注意：

（1）使矫正方案双重优化。第一重优化是要考虑采取矫正措施带来的效果是否大于不纠偏的损失。有时即使产生了偏差，但最好的方案也许是不采取任何行动。这种情况多数是发生在矫正措施的实施条件尚不成熟的阶段；第二重优化是在此基础上，通过对各种经济可行方案的比较，找出其中追加投入最少、解决偏差效果最好的方案来组织实施。

（2）充分考虑历史的因素。管理者在实施管理控制中，在制订和选择追踪决策方案的时候，就需要充分考虑组织由于初始决策的实施已经消耗资源和这种消耗对客观环境造成的种种影响以及人员思想观念的转变等问题。企业流程再造计划之所以能为企业赢得市场竞争力，也是以合理重置企业为方向，结合企业的现状来矫正企业的流程。

（3）治标与治本并重。在选择矫正措施过程中，必须考虑对于所出现的问题是准备采取应急性矫正行动，还是永久性矫正行动，这个问题往往会涉及组织战略的选择。应急性矫正可以及时将出现问题的工作拉到正常的轨道上，但问题的根源可能得不到发现和根除，还可能会引致其他问题的产生，结果可能会使管理者疲于解决不断出现的各种表面问题。永久性矫正是找到彻底解决问题的突破口，然后针对此采取解决的行动。但是永久性矫正行为往往需要的资金、时间和其他条件都比较苛刻，有时难以满足。实际中，一种有效的方法就是治标与治本并重，以治本先于治标，在治本的方向下，引导治标。

我国的经济改革事实上就是对计划经济的矫正。采用的方法就是用市场经济方向引导对传统经济体制的逐步矫正，事实证明取得了比较理想的效果。

（4）注意消除人们对矫正措施的疑虑。任何矫正措施都会在不同程度上引起组织的结构、关系和活动的调整，从而会涉及某些组织成员的利益重新分配。因此，管理者在选择矫正措施过程中，应考虑到对矫正措施所持的不同态度，特别注意消除执行者的疑虑，争取更多的人理

解、赞同和支持这项矫正措施，以避免方案在付诸实施的时候可能出现人为的障碍。

四、 管理控制的艺术

管理控制并不同于物理、机械和其他领域的控制，管理控制是对组织和人的控制，它必须要考虑成员的反应。只有从控制的基本原则出发，适时地、适度地、客观地和有弹性地来处理控制问题，才有可能达到有效控制。

1. 对控制的三种潜在反应

在现实中，组织成员并不能像机器那样按照控制系统设计者所期望的那样与期望值相符。一个控制系统如果不考虑成员对控制系统的潜在反应就不会有效。

（1）机械的程序行为。组织成员的行为如果能够按照控制系统的标准进行，当然是组织应当加以肯定的。但是，组织成员为了避免不必要的麻烦，有可能只做系统要求的行为，这样成员的行为就变成了一种机械的、缺乏灵活性的程序性行为。

成员的机械的程序行为会使得组织失去活力，组织内缺乏创造性，造成整个组织行动缓慢。在服务性企业中，机械的程序行为通常会导致恶劣的客户服务。例如，在对病人的抢救中，医院没有病人所需的血液，但医务人员按照规定拒绝病人亲属的献血，结果导致抢救无效。问题的实质不在于控制标准本身，而是在于控制系统被看成是机械的程序，而不是被看成是管理企业的工具。

（2）策略性行为。组织成员会发现控制系统存在的各种空隙，恶意利用它们来使控制系统变得无效。最常见的策略行为是操纵信息或报告虚假的数据。人们可能故意编造出对即将发生的事情的错误预测。人们可能会有意反馈虚假的信息给管理信息系统，以掩盖错误或不良的绩效。

在制定预算的过程中策略性行为也经常发生，人们会歪曲他们对未来的预测和要求。事实上，预算的确定过程就像一场下属和管理者之间的拔河比赛：下属尽量获得宽松的预算，管理者尽量将“宽松”余地降到最小。当管理者制定了脱离实际的过低标准时，同样也会出现策略行为，因为员工很容易就达到标准。

（3）对控制的抵制。有时人们会对新的控制系统进行强烈的抵制。因为，新的控制系统可能降低了人们的自主性、威胁人们的工作保障和地位；新的控制系统可能改变专家和权力结构，从而会使得已有的权力和专家的头衔发生变更；新的控制系统可能会改变组织的社会结构，结束过去那种融洽的合作关系，使人们进行竞争。

2. 有效控制的艺术

有效的控制应当是依据组织的情境，做到适时控制、适度控制、客观控制和弹性控制。

（1）适时控制。组织活动中产生的偏差只有及时采取措施加以纠正，才能避免偏差的扩大，或防止偏差对企业不利影响的扩散。及时纠偏，要求管理人员及时掌握能够反映偏差产生及其严重程度的信息。纠正偏差的最理想方法应该是在偏差未产生以前，就注意到偏差产生的可能性，从而预先采取必要的防范措施，防止偏差的产生。预测偏差的产生，虽然在实践中有许多困难，但在理论上是可行的，即可以通过建立企业经营状况的预警系统来实现。

（2）适度控制。控制的范围、程度和频度要恰到好处。首先，要避免控制过多或控制不足。有效的控制应该既能满足对组织活动监督和检查的需要，又能防止与组织成员发生强烈的冲突。过多的控制会对组织中的人造成伤害，对组织成员行为的过多限制，会扼杀他们的积极性、主动性和创造性，最终会影响企业的效率；过少的控制，将不能使组织活动有序地进行，不能保证各部门活动进度和比例的协调，将会造成资源的浪费。其次，要处理好全面控制与重点控制的关系。并不是所有成员的每一项工作都具有相同的发生偏差的概率，并不是所有可能发生的偏差都会对组织带来相同程度的影响。例如，企业工资成本超出计划的5%对经营成果的影响要远远高于行政系统的邮资费用超过预算的20%。适度控制要求企业在建立控制系统时，利用ABC分析法和例外原则等工具找出影响企业经营成果的关键环节和关键因素，并据此在相关环节上设立预警系统或控制点，进行重点控制。最后，要使花费一定费用的控制得到足够的控制收益。控制费用基本上随着控制程度的提高而增加，控制收益的变化则比较复杂。企业应根据活动的规模特点和复杂程度来确定控制的范围和频度从而建立有效的控制系统。

（3）客观控制。有效的控制必须是客观的、符合企业实际的。客观的控制源于对企业经营活动状况及其变化的客观了解和评价。控制过程中采用的检查、测量的技术和手段必须能正确地反映企业经营时空上的变化程度和分布状况，准确地判断和评价企业各部门、各环节的工作与计划要求的相符或相背离程度。没有客观的标准、态度和准确的检测手段，人们对企业实际工作就不容易有一个正确的认识，从而难以制定出正确的措施，进行客观的控制。

（4）弹性控制。一般地说，弹性控制要求企业制定弹性的计划和弹性的衡量标准。企业在生产经营过程中经常可能遇到某种突发的、无力抗拒的变化，这些变化使企业计划与现实条件严重背离。有效的控制系统应在这样的情况下仍能发挥作用，维持企业的运营，也就是说，应该具有灵活性或弹性。弹性控制通常与控制的标准、控制系统的设计有关。比如，有效的预算控制应能反映经营规模的变化，应该考虑到未来的企业经营可能呈现出不同的水平，从而为标示经营规模的不同参数值规定不同的经营额度，使预算在一定范围内是可以变化的。

第三节　管理者的控制

组织内所有人的工作都应当得到监控，管理者也不例外。组织的发展必然会产生分权，各级管理人员在代表组织行使权力的过程中，都有可能偏离组织的方向和目标。现代企业的公司治理结构从制度层次上来控制管理者的行为。报酬机制、控制权机制、声誉机制和市场机制也是可以利用的监控管理者的有效途径。

一、 管理者的监控问题

管理者监控问题是指通过确立标准、绩效衡量和纠正偏差等过程来对管理者本身的行为实施控制的过程。由于管理者在组织中占有特殊的地位，管理者工作的偏差往往会给组织带来重大的影响。较之于组织其他成员，管理者的绩效标准更加难以确定，对管理者偏差的矫正也具有特殊的内容，人们尚未发明一套有效的工具直接计量经理人员在行使权力过程中所表现出的努力程度和效果。当代管理学对于管理者监控问题的研究主要集中在管理者的绩效行为是否背离组织的方向和目标的问题上。

1. 管理者监控问题的产生

管理者监控问题的产生是与现代企业的发展分不开的，是伴随着企业的所有权与经营权的分离而产生的。正如，亚当·斯密在《国富论》中所说，股份公司中的经理们是为他人尽力，他们不可能像对待自己钱财那样用意周到，疏忽和浪费是股份公司经营中难免的弊端。亚当·斯密明确地说出了，当企业所有权与经营权分离产生后，经营者就会产生背离所有者目标的可能。于是，管理者监控问题也就产生了。

现代企业出现经营权与所有权的两权分离是由于两方面的压力驱使而成：一是随着企业经营规模的扩大，所有者具有的知识和能力已经不再能够满足企业存在和发展的需要，被迫授权于企业中具有管理能力的并垄断了专门经营信息的管理者来从事企业的经营；二是现代企业的发展也带来产业股权高度分散，股东对企业的影响越来越小。

以美国铁路业为例，美国铁路业的成长开始于 19 世纪 40 年代末，由于修筑铁路需要大量的资本，这些资本不可能再像以前一样向居住于铁路沿线的农场主商人或制造商筹募，所以铁路业的筹资很早就采用了发行股票的办法，这使得铁路业与其他产业相比，股权特别分散。再加上铁路管理需要非常专业化的知识和能力，受过训练并且具有铁路和桥梁修筑经验的土木工程师，他们在管理知识和能力方面与出资者相比占有明显优势。这就使得铁路业具有了所有权与控制权分离的特征。

现代企业的两权分离在 20 世纪 20 年代成为美国企业界的普遍现象。贝利和米恩斯对 200 家美国大公司进行实证研究表明，在 20 世纪初的 30 年中，44% 的企业中，企业股权高度分散，没有人持股 5% 以上，企业财产的经营实际上摆脱了所有者的控制，企业被经营者所控制。钱德勒的研究表明，1963 年在非金融企业中，管理者控制的企业数量已经达到 84. 5%，以两权分离为根本特征的经理式公司已成为现代工商企业的标准形式。

2. 代理风险与内部人控制现象

代理风险。按照格罗斯曼、哈特、詹森和梅克林等人的观点，现代企业活动本质就是一种委托—代理关系。公司股东作为所有者是企业活动的委托人，管理人员则是代理人。代理人是自利的经济人，具有不同于公司所有者的目标函数，具有机会主义的倾向。于是，企业管理人员可能会背离所有者目标，产生代理风险。

常见的代理风险表现为：①管理者可能采取私立账户、转移资产、造假账、违反规定报销等手段，挪用公司资金，贪污企业资产；②管理者可能在产品定价、销售、原材料和机器设备采购、选择供应商和销售商、投资和融资等方面损害企业利益，自己收取回扣，出卖公司经济技术情报，收取贿赂；③代理人挥霍公款，过度职务消费；④代理人工作不努力、决策不负责、盲目冒险投机经营、行为短期化，为了个人收入最大化，不惜运用其掌握的经营决策权力，追求企业短期利润最大化，忽视甚至损害企业的长远发展；⑤代理人为了提高社会地位片面追求企业规模扩张。

内部人控制。在现代企业中，代理风险往往只是一种影响企业绩效的潜在可能性因素。但是，当管理人员控制了企业活动时，这些可能性因素就具备了转化的条件。

所谓的内部人控制是指公司高层经理人员事实上或依法掌握了公司的剩余控制权，以使其利益在公司决策中得到充分的体现，从而损害所有者利益的行为。可以说，内部人控制是伴随着现代企业发展而滋生的一种普遍现象。经济学家青木昌彦将内部人控制分为“法律上的内部人控制”和“事实上的内部人控制”。前者是指经理人员通过持有公司的股权而掌握对公司的控制权；后者是指经理人员虽然不持有公司的股权，但在公司的资产使用、处理和收益的分配等方面实际上拥有的控制权。

所谓的内部人控制是指公司高层经理人员事实上或依法掌握了公司的剩余控制权，以使其利益在公司决策中得到充分的体现，从而损害所有者利益的行为。

3. 代理风险的根源

在现实中，企业管理者代理人既有动机，又有条件损害委托人的利益，委托代理制存在相当大的风险性。

第一，委托—代理过程中双方利益不相同。各自追求的目标有差异，行为的动机或激励不统一。第二，责任不对等。企业的代理人掌握着企业的经营控制权，但不承担盈亏责任；企业的委托人失去了企业经营控制权，但最终承担盈亏责任。这种责任的不对等，极大地弱化了对代理人的制约，增大了决策失误的危险性。第三，信息不对称。委托人不直接从事生产经营，他不可能像代理人那样掌握了企业生产经营的信息。第四，契约不完全。企业委托代理关系是一种契约关系，委托人能不能通过签订一个完善的合同，有效地约束代理人的行为，维护自己的利益不受代理人的侵犯呢？这是不可能的。因为世界上没有完美无缺、无所不包、无所不能的契约，由于企业经营的不确定性、信息的局限性，合同总会有漏洞，有考虑不周、估计不到的地方，有空子可钻，而且，如果合同把什么都规定死了，代理人也就无法自主经营，实际上也就不是真正的委托代理制了。

二、 公司治理结构与基本模式

现代企业的公司治理结构中心任务就是要从制度上解决代理风险，即通过建立起有效的激励约束机制，促使管理者的利益目标与企业的目标相统一，自觉地为股东利益最大化服务。

1. 公司治理结构

公司治理结构就是所有者对公司的经营管理和绩效进行监督和控制的一整套制度安排。

所谓公司治理结构就是所有者对公司的经营管理和绩效进行监督和控制的一整套制度安排。1999年5月，由29个发达国家组成的经济合作与发展组织（OECD）理事会通过了《公司治理结构原则》。该原则对公司治理结构界定为："公司治理结构是一种据以对工商公司进行管理和控制的体系。公司治理结构明确规定了公司各个参与者的责任和权利分布，诸如，董事会、经理层、股东和其他利害相关者，并且清楚地说明了决策公司事务时所应遵循的规则和程序。同时，它还提供了一种结构，使之用以设置公司目标，也提供了达到这些目标的监控和运营的手段。"

具体而言，公司治理结构是有关所有者、董事会和高级执行人员即高级经理人员和其他利益相关者之间权力分配和制衡关系的一种制度安排，表现为明确界定股东大会、董事会、监事会和经理人员职责和功能的一种企业组织结构。

从本质上讲，这些安排决定了公司的目标、行为、如何控制风险和收益、如何分配等一系列重大问题。有效的或理想的公司治理结构应该能够发挥管理者的经营才能；能够保证经营者从股东利益出发，而不是只顾个人利益；能够保证股东自由买卖股票，给投资者以流动性的权力。我国国有企业要重新构建现代企业制度，必须在改制后的公司中建立起有效的内部治理结构，依法规定股东大会、监事会、董事会和经理层的责、权、利，并使其相互协作、相互制衡。

2. 公司治理结构的模式

主导的公司治理模式有以美、英和加拿大等国家为代表的市场导向型模式和以德、日等国为代表的网络导向型模式。

市场导向型的特征为：存在非常发达的金融市场；公司的所有权结构较为分散，开放型公司大量存在；公司控制权市场非常活跃，对企业家的行为起到重要的激励约束作用；外部企业家市场和与业绩紧密关联的报酬机制对企业家行为发挥着重要作用。

网络导向型模式的特征是：公司的股权相对集中，持股集团成员对公司行为具有决定作用；银行在融资和企业监控方面起到重要作用；董事会对企业家的监督约束作用相对直接和突出；内部经理人员流动具有独特作用。

一般认为，市场导向型模式存在一种市场约束机制，能对业绩不良的企业家产生持续的替代威胁，有利于保护股东的利益，但它也易导致企业家过分关注短期有利的财务指标，缺乏内部直接监督和约束，企业家追求企业规模的过度扩张行为得不到有效制约等。

网络导向型可以在不改变所有权结构的前提下将代理矛盾内部化，管理失误可以通过公司治理结构的内部机制加以纠正，但由于缺乏活跃的控制权市场，无法使某些代理问题从根本上得到解决；金融市场不发达，企业外部筹资条件不利，企业负债率高。

3. 能够绕过内部人控制吗

无论什么模式都难以绕过内部人控制的槛。现实中要建构有效的公司治理结构是件很困难的事。这主要是因为经营活动的风险性特点决定了必然赋予经理人员相当程度的随机处置权，使他们能灵活机动地处理和调整企业的经营活动。随机处置权的赋予必然构成对经理人员的控制的障碍。在企业战略经营方向和内容的调整上，经理人员日常运用的随机处置权会引起积累性效应，“积小权为大权”，使得公司战略性决策必然依赖于企业日常经营管理的路径。

此外，企业所有者对管理者有着职位上的依赖，管理人员可以给他们带来经济上的报酬，但企业所有者却难以改变管理人员的报酬水平或剥夺其职务。因为这往往取决于企业的规模、经理市场的供求状况、管理人员知识和能力的异质性程度等多种因素，如表 14-1 所示。

表 14-1 董事会为什么变成了经理的“橡皮图章”
——日本公司重要事项的决策权比例 (%)

	公司数（家）	总裁	董事长	董事会	常务会	主管领导	母公司	大股东	其他
组织改革方针	668	62.1	3.6	11.8	21.6	1.8			1.5
重大财务战略	668	55.2	4.8	13.8	23.7	4.2	0.6	0.1	1.3
股息水平	668	54.3	5.8	18.9	18.9	2.2	0.7	0.1	2.8
薪俸水平	670	51.9	2.7	11.8	24.9	8.5	1		1.6
开展新业务	669	50.8	2.5	14.9	28.4	4.8	0.1		1.2
兼并收购	653	61.6	7.4	14.1	16.8	0.5	1.1		3.7
公司风纪	655	68.9	5.2	7.8	18	0.8			3.4

三、 管理者监控的有效途径

尽管对管理者的有效监控是件相当困难的事情，但是，实践表明还是可以通过多种机制的共同作用来在一定程度上完成监控的工作。在当代企业管理的实践中，已经形成了四类对管理者行为激励与约束的机制，即报酬机制、控制权机制、声誉机制和市场竞争机制。

1. 报酬机制

从管理者的监控角度来说，报酬是调动管理者积极性、激励并约束其行为的一个重要因素，是其对企业贡献的奖励。

报酬可以满足经营者的生存需要，如果管理者在其他地方得不到满足其生存需要的工资报酬，为了这份报酬管理者就不得不按所有者要求从事工作，约束自己的行为，避免出现可能导致结束其职业生涯的渎职行为和失误。

建立报酬机制主要解决三方面问题：报酬构成、报酬结构变化对管理者行为的影响及最优报酬结构的确定；报酬数量与管理者的积极性的关系及最优报酬数量确定；准确地衡量管理者的能力和努力程度。

以什么样的业绩指标衡量管理者的努力程度和能力？利润、股票价值、销售额、资产额等一般指标与管理者的努力程度和能力的相关性有多大？管理者的报酬应与哪种或哪几种指标“挂钩”？这里并没有定论，而是需要结合具体管理的实践不断探索。

2. 控制权机制

控制权对于管理者来说既是激励因素又是约束因素。控制权机制使经营者感到失去经营控制权的威胁，一方面是来自企业内部所有者通过法人治理机制对经营者的监督约束；另一方面是来自市场竞争约束和其他企业对本企业的接管、兼并或重组的资本市场行为。如果管理者为了满足权力需要拥有控制权，那么他就不得不约束自己的机会主义行为，将自己的目标与企业的发展方向统一起来。

如果允许管理者拥有部分剩余索取权，在法人治理结构中他不仅是经理，而且还是股东或董事，随着其拥有的剩余索取权的逐渐增大，其行使经营控制权受到的约束会逐渐减弱，权力需要日益得到更高满足，控制权的激励作用日益增大，其积极性日益增高。现实中，管理者控制权的大小通过法人治理结构对管理者的控制权授予和约束进行动态调整，旨在保证控制权机制既对管理者行为有约束作用，又对管理者行为有激励作用。

3. 声誉机制

从管理学角度来看，追求良好声誉，是经营者的成就发展需要和自我实现需要。可以说，声誉是一种终极的激励手段。现代企业管理者努力经营，并非仅仅是为了占有更多的剩余，还期望得到高度评价和尊重，期望通过企业的发展证实自己的经营才能和价值，达到自我实现。高报酬并不能替代良好声誉所带给经营者对自我实现需要的满足。

经济学从追求利益最大化的理性假设出发，认为经营者追求良好声誉是为了获得长期利益，是长期动态重复博弈的结果。由于契约是不完全的，契约各方履行职责是基于相互信任，而相互信任的基础是多次重复交易，长期信任就形成了声誉。对于管理者而言，声誉机制的作用机理在于没有一定的职业声誉会导致其职业生涯的结束，而良好的职业声誉则增加了其在企业家市场上讨价还价的能力。

在现实中，声誉机制受到公平因素和期望因素等多种因素的影响。其一，如果声誉能准确地反映经营者的努力和能力，则声誉机制能够起到对管理者的监控作用。反之，如果经营者可以通过一些非正常手段“浪得虚名”，声誉的激励约束机制将可能发生扭曲。其二，如果经营者对未来预期悲观，管理者就有可能会不去重视声誉，只顾眼前利益。只有当经营者对未来预期乐观，声誉机制对经营者的激励约束作用才会表现强烈。

4. 市场竞争机制

如果市场竞争是充分的话，市场竞争机制就是一种对经营者监控的有效机制。市场竞争对企业家的监控主要通过两方面来表现：一方面是市场竞争能够在一定程度上揭示有关企业家能力和努力程度的信息，而这些信息原本是企业家的私人信息。市场竞争这种信息显示机制为企业家报酬机制、控制权机制和声誉机制发挥作用提供了信息基础。另一方面是市场竞争的优胜劣汰机制对企业家的控制权形成一种威胁，低能力或低努力程度的企业家随时都有可能被淘汰，而战胜对手、寻求自我实现又是企业家激励力量的来源。

对经营者行为的市场竞争约束包括企业家（经理人）市场、资本市场和产品市场三方面：①企业家市场能够造成经营者之间的竞争，使经营者始终保持“生存”危机感，能够在很大程度上显示出经营者的能力和努力程度。②资本市场的约束机理一方面表现为股票价值对企业家业绩的显示，另一方面则直接表现为兼并、收购和恶意接管等资本市场运作对经营者控制权的威胁。企业资本结构的变化，尤其是以破产程序为依托的负债的增加会在一定程度上有效约束经营者的机会主义行为。③产品市场的约束机理在于来自产品市场的利润、市场占有率等指标在一定程度上显示了企业家的经营业绩，产品市场的激烈竞争所带来的破产威胁会制约经营者的偷懒行为。

市场机制的局限是它假设了充分竞争的存在。在垄断的产品市场，企业得不到有关竞争者的利润等方面的信息。资本市场的存在在一定程度上会产生降低长期投资积极性、破坏经理职位稳定性的结果。

第四节 外部控制与供应链管理

就控制本意而言，它对组织本身的活动进行有效监控，保证组织实际运行状况与计划保持动态适应的过程。事实上，造成组织活动与目标的偏差不仅有组织内部活动，更有外部环境的变化作用。组织管理活动不仅要调控内部的行为偏差，而且要影响和改变外部环境，促使外部环境朝有利于组织目标的方向发展。可以说，进入 21 世纪以来，组织管理的控制活动已经远远超出组织的范围，从组织内部的控制延伸到组织间的协调与合作。

一、 外部控制及其意义

组织外部控制就是管理者通过游说、劝导、协作、合作、并购等各种手段调整和影响环境因素，以使得组织实际运行状况与计划保持一致的过程。从企业组织来看，外部控制最主要的环境影响因素包括政府决策行为以及供应商、销售商等利益相关者行为。由此，发展出两类主要外部控制思路，前者常常称为企业的政治控制策略，后者称为企业供应链控制策略。

1. 外部政治控制

第二次世界大战以后，以美国为代表的西方国家，为了减少市场无序的波动，开始重视政府对市场经济的干预与诱导，加强了政府与企业关系的协调。人们逐步对企业与政府的关系认知也从简单的收税纳税关系，转向一种相互依存的关系。政府开始强调利用企业解决经济发展、劳动就业、科技发展等重要的社会问题。同时，一些企业，特别是一些超大规模的企业也重视参与美国国会的立法活动，进行有关法律草案的研究和游说活动。

有研究表明㊀，在我国企业为了能够实现组织目标，也广泛采用七种政治控制策略，首先是直接参与策略，中国企业可以通过当选人大代表而直接参与各级人民代表大会决策，对政府的重大政策事项发表意见。有些国有企业的领导人可以直接参与政府的决策。这些都是中国特有的现象。其次是代言人策略，例如，一些驻京或驻省会办事处可能演变成准政治中介机构。此外，还有信息咨询策略、调动社会力量策略、经营活动政治关联策略、财务刺激策略和制度创新策略。而企业能否实施上述政治策略，取决于企业是否拥有政治资源，包括有形资源、无形资源和组织资源。企业的外部政治控制不仅可以为企业争取到政府合同，获取政府采购市场，也可以为企业获取资金、土地的支持，减少税收。例如中国政府为发展新型能源而提出相关政策和资金支持，此外，企业的外部政治控制还可能为企业增加美誉度，谋求进出口配额、

㊀ 田志龙，高勇强，卫武．中国企业政治策略与行为研究［J］．管理世界，2003（12）：98-106.

行业标准制定、行业规则修改等机会，增加企业的竞争优势。

2. 供应链控制与合作

所有的组织活动过程都处于一个众多外部组织构成的网络之中，这些组织包括从获取原材料，将它们转变成中间产品，然后到成品，再通过配送系统将产品送给客户，以及提供保证客户价值实现的相关服务，等等，这个网络就被称为组织供应链。组织行为偏差很大程度上会受到供应链中其他组织行为的影响，牛鞭效应就是其中一个著名的问题，错误信息会在供应链中逐层放大，造成整个系统的混乱。外部供应链控制就是加强组织与外部供应链中其他组织的合作，选择好合作伙伴和合作方式，有效地激励它们合作行动，减少合作成本，以实现从采购、产品、交货到服务供应链整体效益的最大化。事实表明，组织发展不仅在于其拥有的竞争优势，更在于其善于与供应链其他组织合作。合作既可以增加它们的共同信息和知识，创造组织间的协同效应、推进专业化分工，又可以减少企业的交易成本和经营风险，有效地应对来自复杂环境的竞争。

组织供应链是指从获取原材料、中间产品，到成品，再到配送和服务组织构成的整体网络。

（1）享受共同信息和知识。企业间的合作可以加快企业间知识和信息的传递，特别是企业内部隐性知识的传递，从而较快地扩大企业的智力资本，提升企业的竞争优势。例如一些传统产业为了尽快进行产业升级，纷纷与IT企业结盟。美国的食品企业普遍认为，21世纪网上订购食品的数量将会大幅增加，因此雀巢、皮尔斯伯里、凯洛格、桂格麦片等一批企业都与互联网企业合作，以便通过联盟来学会如何在网上与顾客打交道，实现网上订货。

（2）促进专业化分工。企业间深度的合作细化了社会分工，通过专业化可以降低工作难度、提高生产技能、节约人员成本和培训费用，从而为社会创造出更多经济租金。

（3）减少相互竞争。任何企业都想回避过度的竞争，特别是当企业间竞争白热化时所谓的“断喉竞争”（cutthroat competition）阶段，在这个阶段中行业的定价低于平均水平，20世纪80年代国际航空业的竞争就是一个典型例子。避免这种竞争的有效办法就是企业间相互合作，达到相互默契与相互克制。为了避免与竞争对手在多个领域中出现被动局面，企业往往需要在其薄弱领域寻求合作者来保持平衡。惠普与BEA Systems公司的合作在计算机和服务两个领域超过竞争对手太阳微系统公司。

组织供应链控制可以实现享受共同信息和知识；促进专业化分工；减少相互竞争；降低交易成本，最终实现供应链秩序构建。

（4）降低交易成本。企业间的合作有助于降低交易费用。合作企业间通过重复性博弈和嵌入的社会关系加强了相互间的信息了解，减少了信息的不对称性，从而极大地降低了交易成本。同时，共同知识的建立、信息的快速传递也提高了机会主义的成本，大大防止了机会主义行为的发生。

（5）建构供应链秩序。企业合作还有助于建立平等意识和公平的规范，扩大共有规则和惯例，提高相互间的信任，产生供应链的良好生态秩序，最终实现组织间的协同效应。

二、选择组织合作形式

企业的合作形式按照合作的深度可以分为串谋、长期契约、集团网络和战略联盟等形式。

串谋是指行业中的几个企业开展合作以减少竞争、抬高价格并使得价格明显高于竞争水平价格。串谋分为明显串谋和默契串谋，明显串谋是公司之间直接对产品的产量和价格达成协议。在不少国家中，明显串谋行为受到法律限制。默契串谋是指企业间通过观察对方的经营行为，达到在产品的产量和价格上的一致，并使得产品价格高于竞争水平。

长期契约关系是企业在纯粹市场交换关系基础上的一种合作形式，它们之间的长期关系使得企业间可以通过正式计划来更好地协调相互的活动，从而增加企业间信息的沟通，减少摩擦成本。在长期契约关系中，违反契约就意味着未来生意的损失。

集团网络特指在产业链中上下游企业之间长期的、半正式关系的复杂联合体，它包括两种网络：分包商网络（subcontractor networks）和企业集团（keiretsu）。许多日本企业采用分包商网络，厂商之间具有较高水平的合作，分包商被赋予一系列更加复杂的责任。企业集团则是更加紧密的网络关系，它们在一定程度上涉及更加正式的机构联系，如企业集团内部的交换股权，并且互相进入各自的董事会，三菱、三井、住友等六家公司的组合就是企业集团的典型例子。

现在越来越多的人将战略联盟看做企业合作的最基本形式，所谓战略联盟是企业之间的资源、能力和核心竞争力都能够结合在一起使用，从而获得两者在设计、制造、产品或服务上的共同利益。战略联盟有三种基本形式：一是资产战略联盟，在这种合作方式中，成员企业共同出资成立一家新的企业，并按照出资额的比例占有不同比例的股份。二是非资产战略联盟，在这种方式中，企业间是通过签订协议而不涉及资产的方式来实现合作的。企业间的知识联盟是非资产联盟的重要形式之一，它强调通过联盟来实现企业间的知识转移，使企业学习到新的知识和能力，来获得新的竞争优势。我国东方通信与摩托罗拉间的技术合作实质上就是一种知识联盟。非资产联盟可以在采购、生产、分销等领域开展。三是合资。它是战略联盟的一种特殊形式，是由两家或多家设立并共同所有的一家新的独立组织。合资可以在成员感兴趣的任何项目中实施。

> 所谓战略联盟是企业之间的资源、能力和核心竞争力都能够结合在一起使用，从而获得两者在设计、制造、产品或服务上的共同利益。

三、 减少组织合作的成本

企业的合作是双刃剑，既能产生价值，也会发生成本和带来风险。合作者的背叛、合作的整合以及合作所带来的战略刚性是合作的三个主要成本。

背叛的成本 在一定的条件下，合作者会选择“杀熟”来获取经济利益，使得企业蒙受损失。囚犯困惑的博弈论模型表明，在完全信息和理性人假设下，囚犯的博弈都是通过选择背叛达到纳什均衡。经济学理论认为，当背叛的长期收益大于合作收益时，背叛行为就会在理性人上发生。一般来说，产业集中度越小，企业间交往的频率越低、企业监督信息反馈速度越慢、环境与行为的因果关系越模糊，那么合作的收益也就越小，背叛发生的可能性就越大，背叛的行为就越容易发生。由于我国银企间长期缺乏有效的监督机制，合作背叛行为屡屡发生。北方某大型化工集团，下属46个企业，有800多个账户，平均一个单位近20个账户，企业在本地银行扔下一堆债务，干脆把户头开到异地，出现了“本地穷光蛋，异地是大款”的怪现象。

整合的成本 即使企业间合作的价值很大，成员企业的合作愿望很高，企业间合作还会遇到各种冲突的考验，如企业间的文化冲突、战略目标冲突、对合作认知的冲突、核心能力的保护等。企业的合作伙伴之间往往有着各自的文化，每个企业的文化都是长期形成的共同行为准则，它对员工的行为进行有效的约束和激励，而企业间的合作必然带来两种文化的交融，特别是在经济全球化的情况下，不同文化间的碰撞更为突出，而文化交融不仅要花费足够的时间和精力，往往还会将一些好的东西破坏，造成企业文化功能衰退。惠普康柏合并后的最大挑战来自两种不同企业文化的整合。有着绵厚力量的惠普公司的企业文化和以市场为导向并且注重快速反应的康柏公司的企业文化确实存在着明显的冲突。

合作的刚性成本表现合作行为本身对企业其他的战略行为产生约束和对企业灵活性的削弱。

刚性的成本 一旦企业间的合作已经形成，那么合作行为本身就会对企业其他的战略行为产生约束，发生路径的依赖，从而削弱企业战略的灵活性。合作关系中通常倾向于选择坚持现有的战略、维持现状，而不选择更有吸引力的战略行为来进行战略调整。因为在合作关系中，合作给企业增加的价值往往是为企业增添了内在的协同性，对于现有合作的改变都可能会使其他部分价值发生改变；企业对于现有既得利益的念旧和对变化的担忧，也会让它们放弃一些可能更好的合作机会；此外，合作中观念整合过程形成的信念、规范、意识以及制度和语言上的一致性，都是长期博弈的结果，是网络各方的最佳反应策略，因而，这种自我维系的内在秩序处于没有任何一方想单方偏离的状态，除非有强烈的外界刺激。

本章回顾

小　结

控制的过程是与计划、组织和领导等管理职能密切相关的。管理控制的目的主要是限制偏差的积累、适应环境的变化两个方面。前馈控制、现场控制和反馈控制是控制的三种基本类型，完整的控制过程包括确定绩效标准、衡量工作偏差、纠正偏差和采取矫正措施四个方面。在控制过程中也要充分注意有效控制的艺术。在现代企业中，代理风险和内部人控制现象日渐突出，有效监管管理者不仅要完善公司法人治理结构，同时还要结合报酬机制、控制机制、声誉机制和市场竞争机制手段。外部环境的变化也是引发组织控制的原因，组织管理活动不仅要调控内部的行为偏差，而且要影响和改变外部环境，促使外部环境朝着有利于组织目标的方向发展。政治控制策略和供应链控制策略是现代管理的两个主要策略。

关键术语

控制	供应链控制	控制要素	合作成本
外部控制	控制类型	合作价值	公司治理结构
控制目标	政治控制	内部人控制	

思考题

1. 管理控制是什么？如何认识控制的重要性？
2. 管理控制的目标和特点是什么？
3. 简述三种基本控制的类型。它们的前提是什么，实施过程应当注意哪些问题？
4. 讨论如何在不同的情境下确立管理控制的标准？
5. 讨论实际衡量过程中应当注意哪些问题？
6. 简述鉴定偏差和矫正措施的过程。如何选择适当的矫正措施？
7. 代理风险是什么，它的根源何在？

8. 为什么说法人治理结构无法解决内部人控制问题?
9. 如何利用市场来解决管理者的监控问题?
10. 在实践过程中有效的控制应当注意哪些策略问题?
11. 什么是外部控制?它有哪些类型?
12. 供应链控制对现代管理的影响有哪些?
13. 试讨论如何有效地影响组织间合作?

延伸阅读

1. 托马斯 S 贝特曼. 管理学:构建竞争优势[M]. 北京:北京大学出版社,2001:529-560.
2. James R Barker. 束紧的铁笼子:自我管理团队中的协和控制. 管理科学季刊最佳论文集[C]. 北京:北京大学出版社,2005.
3. 罗伯特·孟克斯,尼尔·米诺. 监督监督人:21世纪的公司治理[M]. 北京:中国人民大学出版社,2006.
4. 陈传明. 比较企业制度[M]. 北京:人民出版社,1995.
5. 陈传明. "内部人控制"成因的管理学思考[J]. 中国工业经济,1997(11).
6. 马士华,林勇. 供应链管理[M]. 北京:机械工业出版社,2010.
7. 伊夫·多兹,加里·哈默尔. 联盟优势[M]. 北京:机械工业出版社,2004.

案例讨论

奶粉事件与三鹿集团倒塌

小小的三聚氰胺在一夜之间惩罚了中国奶业。三鹿奶粉事件,让总资产达到16亿元的三鹿集团顷刻之间轰然倒塌。

早在2004年4月,安徽阜阳"大头娃娃"事件,三鹿就上过一堂风险警示课。当时,阜阳地方媒体公布本市45家不合格奶粉和伪劣奶粉"黑名单"中,三鹿奶粉榜上有名。随后,三鹿婴儿奶粉在全国多个市场被强迫下架,每天损失超过1 000万元,但经过紧急公关,17天后,三鹿从"黑名单"中消失,成功躲过了一劫。

在"大头娃娃"事件后,三鹿集团的关注点并不在内部治理,而在企业的外部扩张。据三鹿退休高层回忆,真正让名不见经传的三鹿走向强大的是,1993年11月,三鹿与唐山市第二乳品厂实行"产品联合",这种实际上就是贴牌生产的合作方式,被认为是成功经验在三鹿内部推行。之后三鹿又控股参股多家企业,但"产品联合"的模式并没有消失,据三鹿高层编撰的《三鹿人成功之路》,2004年其拥有的21家工厂中就有6家贴牌企业。在河北省11个地区,每个地区都有三鹿贴牌工厂,在石家庄就有几家。三鹿采取的方式是,以品牌作为交换,收取51%的利润。在经营管理上,三鹿有派驻人员,但由于三鹿不掌控工厂,故而所起的作用不大。这种贴牌生产,能迅速带来规模的扩张,可也给三鹿产品质量控制带来了风险。一家甘肃贴牌工厂技术负责人说,三鹿每年派人来一两次,但并不常驻我们厂,各批次送检样品都是我们自己邮寄到石家庄三鹿进行检测,而非三鹿主动采集。

"三鹿扩张得太快了",一位不愿透露姓名的乳业分析人士对本报记者说,"这让其管理水平下降。"最近两年三鹿经理人队伍中引入不少"空降兵",三鹿固有的企业文化也在产生变化。河北省一位退休高层领导也评论田文华说:"随着企业的快速扩张,田文华头脑开始发热,出事就出在管理上。"三鹿的快速扩张对原料奶产生巨大需求,同时河北地区因为有更多乳企的加入，奶源争夺加剧。在三鹿十届三次职工代表大会上，田文华布置的2008年下半年五项工作中，第四项就是“加强奶源建设，充分保证原奶供应”。

然而，在实际执行中，三鹿仍将大部分资源聚焦到保证原奶供应上，三鹿30多万吨产能中有25万吨的奶粉产能有直接关系，而其他企业在当地少有奶粉工厂，无法消化质量较差的奶源。石家庄鹿泉小宋楼村附近一家养殖小区一年前给三鹿交奶，这家养殖小区负责人曾说过，当时负责与三鹿接洽销售的员工告诉他，只要每天交奶超过20吨，三鹿检验要求就会大大降低。这种说法也得到一位当地奶业协会人士的证实，“奶农告诉我，在奶源紧缺时期，企业检测要求就会大大降低”。

不过，奶源管理的混乱，并非三鹿的“一贯作风”。三元乳业前总经理高青山公开表示，1998年后，三鹿的奶源建设曾是全国样板，可以说，三鹿堕落之迅速是国内奶源管理混乱的一个表征。奶源管理的混乱只是众多奶业混乱现象中的一个。2005年7月，三鹿酸奶在天津、衡水、沧州市场出现断货现象，生产厂销售部与仓库人员为了缩短物流时间，擅自将正在检测过程中的产品提前出厂，导致了轰动一时的“早产奶”事件。三鹿在“摆平”舆论之后，除了将销售部门有关人员调离岗位，对三鹿酸奶销售直接负责人采取了扣除20%年薪的处罚以外，没有从消除内控隐患的角度思考问题，又一次失去了整改的机会。从2008年3月起，三鹿陆续接到一些患泌尿系统结石病儿童家长的投诉，一些媒体也开始以“某品牌”影射三鹿。然而，面对即将到来的危机，三鹿的应急机制几近失效。在整个事件过程中，三鹿处理危机的方式是能推就推、能拖就拖、能瞒就瞒，导致事态日益恶化。直到9月11日东窗事发前夕，三鹿集团仍坚持说：“三鹿集团是国内最大的奶粉生产企业，公司的产品经国家有关部门检测，均符合国家标准，目前尚没有证据表明食用奶粉与患肾结石有必然联系。”后来实在瞒不住了，公司才发布公告，承认部分批次三鹿婴幼儿奶粉受三聚氰胺污染。“三鹿没有表现出一个大品牌面对危机时所应有的大气魄和大动作。这样迟钝、被动的危机反应，足以让公众的信心跌到谷底。”

资料来源：根据相关案例整理。

讨论题

1. 从控制理论角度来看，三鹿集团失控是在哪些环节上出现了问题？

2. 三鹿集团未能把握住哪些关键要素和控制点？

3. 造成管理失控的原因有哪些？如何看待管理者和企业扩张战略对管理控制的影响？

4. 从社会管理视角讨论如何才能有效控制好食品安全产业链？

第十五章　控制系统、质量与运营绩效

知胜有五：知可以战与不可以战者胜，识众寡之用者胜，上下同欲者胜，以虞待不虞者胜，将能而君不御者胜。

——孙武《孙子兵法》

质量是以一种最经济的手段，制造出市场上最有用的产品。

——爱德华·戴明《质量、生产力与竞争地位》

第一节　信息技术与控制系统

信息是控制过程的关键性资源，有效的管理控制系统建构在信息控制的基础上。信息控制系统已是现代管理控制的重要内容。信息技术的高速发展与广泛应用不仅丰富了管理控制的内容和手段、改善了控制程序，而且也使信息与知识的控制成为今天改善组织绩效的有效工具。当今世界经济的发展直接与信息技术的发展紧密关联，全球经济一体化与企业经营国际化，要依靠信息技术所提供的条件；虚拟经济的技术依托正是信息网络和信息工具。如果没有发达的通信基础设施和完备的信息网络，现代世界是不可想象的。

一、　信息技术与管理信息化发展

人类在社会中生活，必须进行信息沟通。人类在信息沟通和使用上经历了几次重大的革命。第一次革命是人类创造了语言，有了最基本的沟通工具；第二次革命是文字的产生，这样不但提高了信息传递的准确性，而且可以留存记录；第三次革命是印刷术和造纸技术的发明，为信息提供了价格低廉、传递方便的载体；第四次革命是电报电话以及后来的传真、广播、电视的发明，克服了空间和时间的障碍；而第五次革命是由计算机技术和通信技术有机结合而形成的现代信息技术的出现，它带来了社会的信息化。

所谓组织信息化就是指，在组织活动过程中，通过普遍地采用信息技术和电子信息装备，更有效地开发和利用信息资源，来提高组织的综合素质、管理能力和绩效水平的过程。组织信息化的过程涉及组织结构、人员素质、管理方式、组织文化等多方面广泛而深刻的变化，因而，它是一个长期、复杂的过程。

现代信息技术在企业各种组织中得到了广泛的运用，从计算机应用领域的比例来看，根据国外的估计，直接用于企业管理的占60%以上，主要集中在以下几个方面。

（1）生产过程的信息化。企业生产过程的信息化是在机械化的基础上实现监测和控制的自动化。现在已经有各种自动化的形式，例如在制造业中从单机的自动检测与自动控制到计算机辅助设计（CAD）、计算机辅助生产准备（CAP）、计算机辅助制造（CAM），在流程工业中从巡回检测、常规控制系统到集散控制系统（DCS）。

（2）管理过程的信息化。在现代化管理的各个环节中，信息的获取、加工处理与利用是必不可少的。现代化的管理需要功能更齐全、速度更快捷的信息工具，而以电子计算机和现代通信技术为基础的现代信息技术正是这样的工具。1946 年电子计算机出现以后，在半个多世纪中涌现了一批具有代表性的信息系统，如电子数据处理系统（TPS）、管理信息系统（MIS）、决策支持系统（DSS）、经理信息系统（EIS）等。

（3）办公自动化。现代办公正在向无纸化迈进。办公室工作人员的工作主要是处理文字信息、处理数据信息、存档、沟通和决策。这些工作可以借助信息工具完成得更快更好。文字处理系统、桌面出版系统、电子邮递系统、图形图像处理系统、电子日程管理、语音信箱、语音会议、视像会议等的推广应用，大大提高了办公室工作的效率和质量。

（4）集成一体化系统。把不同的应用结合成一体，构成一种多功能系统，就更能发挥信息技术的作用，如制造资源计划系统（MRPⅡ系统）、企业资源计划系统（ERP）、计算机集成制造系统（CIMS）和流程工业中的计算机集成生产系统（CIPS）。随着互联网的发展与广泛应用，企业通过内部的局域网和外部的万维网，将各类应用系统结合起来，建立客户关系管理系统（CRM），还可以开展网上营销的电子商务。

今天企业信息化在很大程度上决定了企业的竞争力和发展前景。第一，企业信息化能够将企业变得透明，杜绝暗箱操作，减少企业的漏洞。企业的信息化系统是一个经营运作透明化的系统。在企业信息化系统中，成本的核算更加准确；资金管理更加严格；预算系统更加准确；财务报表更加快捷；财务集中控制能更加有效地防范风险。第二，企业信息化创造了新的供应链运作方式，可以快速响应市场。传统企业营销模式大多是按库存生产。第三，企业信息化可以推动服务创新，实现个性化服务，提高客户满意度。第四，企业信息化可以带来企业流程的改造，如订单流程、产品开发流程、销售流程、管理流程等方面的变革，可以降低经营成本，提高企业的竞争力。

联想从 20 世纪 90 年代中期开展大规模的信息化建设以来，几年内使联想的各项成本明显降低，经营效益显著提高，有力地促进了企业竞争力的提高：库存周转由 1995 年的 72 天降到 2000 年的 22 天，节省资金 21 亿元，每年降低成本 1.26 亿元；应收账周转天数从 1995 年的 28 天降到 2000 年的 14 天，节省资金 7.82 亿元，成本降低了 0.47 亿元；网上资源预订，使差旅费、办公用品费用降低了 10% 左右；以上各项每年总计降低成本 6 亿多元。公司总体费用由 1995 年的 20% 降到 2000 年的 9%。

二、 信息技术条件下控制系统的变化

1. 控制系统

任何控制系统至少有四个要素构成，如图 15-1 所示：探测器，它用于发现控制对象的变化；鉴定器，它是通过标准来比较发生的变化的偏差；受动器，也称为“反馈设施”；通信网络，它是在探

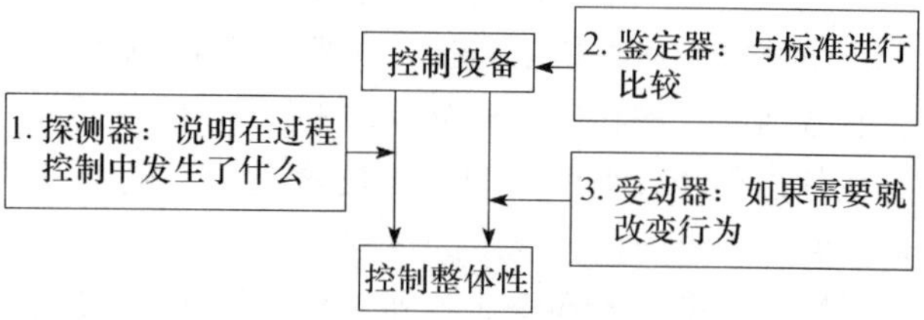

图 15-1　一般控制系统构成

测器、鉴定器和受动器之间传输信息的设备。

根据国际 COSO 组织的观点，管理控制系统包括风险评估、信息沟通、监控手段、控制过程四个控制因素，管理控制系统是在一定的控制环境下，控制主体、组织战略、四个控制因素相互统一的有机整体。控制系统的环境提供组织架构，塑造组织文化，并影响着组织成员的控制意识，是其他控制要素的基础。风险评估就是分析和辨认实现所定目标时可能发生的风险，并适时加以处理；监控手段是组织控制过程中所使用的各种方法；控制程序是为了保证指令得到实施而制定并执行的控制政策和程序，是组织实施控制的制度保证。

管理控制系统是在一定的控制环境下，控制主体、组织战略、四个控制因素（风险评估、信息沟通、监控手段、控制过程）相互统一的有机整体。

2. 学习型的控制系统

传统的组织具有严格的层级关系、固定的职责、高度正规化的特性。在现代竞争环境下，科层组织的机构臃肿，管理流程复杂，缺乏横向的有效沟通，信息流动速度慢等弊端已经制约了组织的发展，影响了组织的效率。在现代信息技术条件下，组织向网络化和学习型转变，组织变得扁平、快速、灵活。组织内的充分授权使得组织向心力加大，也更加具有活力和创造力。

现代组织通过分散决策来换取速度和灵活性，并不应当以牺牲控制为代价，放权并不是无政府状态。在现代信息技术条件下，管理控制系统的本质发生了转变，它既能维护灵活性和创造性，同时又能对组织活动实施有效的监控，使组织战略与组织活动相适应。管理控制要从科层控制转变到学习型控制。如图 15-2 所示，为此，学习型的控制系统应当能够进行系统的思考，理解个别与整体的因果关系；能够有一种主动的发现问题的途径，反映出对于组织的发展动态；能够具有“信息学者”的控制主体，满足处理密集型信息的需要；能够通过人和技术合一，来获取、分析和存储信息，将信息作为未来组织的记忆和经验的源泉；能够具有学习型成员，将信息转换为行动。

所谓学习型的控制系统是指那些能够进行系统的思考，理解个别与整体的因果关系；能够反映出组织发展动态；具有将信息转换为行动的系统。

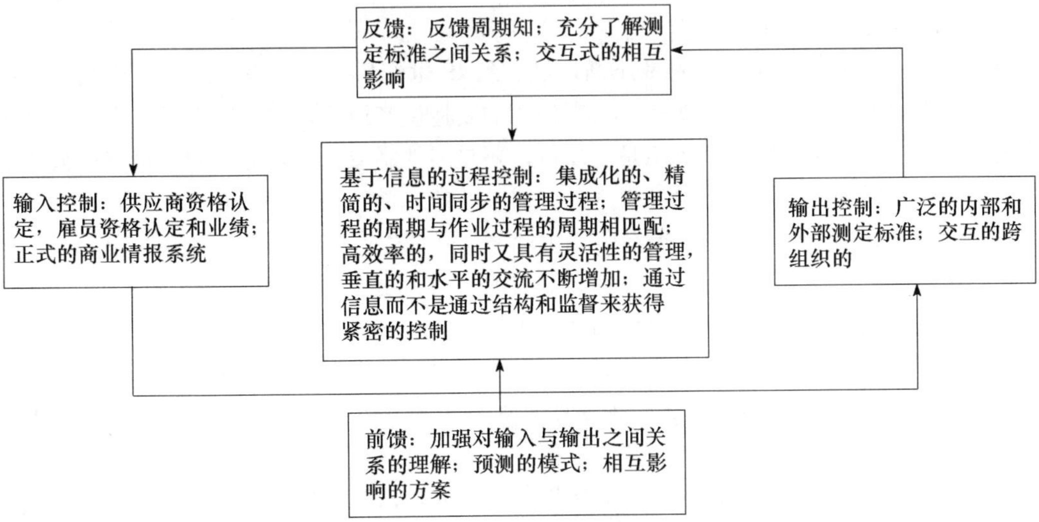

图 15-2　学习型的控制系统

（1）风险评估的变化。在现代信息技术条件下，伴随业务流程的改变，系统的开放性、信息的分散性、数据的共享性，极大地改变了以往封闭集中状态下的运行环境，从而改变了传统的风险控制内容和方法。一个控制良好的电子数据处理系统具有更大的潜力来减少错误和舞弊的发展，保证企业业务处理活动严格按商业规则进行。

（2）信息沟通的变化。在现代信息技术条件下，组织的信息沟通具有开放化、实时化、电子化的技术特点。现代信息系统为员工、管理者、顾客、供应商和其他利益相关者提供了有效的沟通渠道。在现代信息技术下，信息网络衔接组织的各职能部门，可以实现会计和业务的一体化处理，使会计核算从事后的静态核算转变为事中的动态核算，信息需求者可以获取实时信息。这样，控制系统可以由顺序化向并行化发展。通过这种方式，可以使企业的设计、制造、销售、工业工程等人员并肩工作，共同控制企业的物流和信息流。

（3）监控手段的变化。在现代信息技术条件下，各种信息控制系统如 TPS、MIS、DDS、MRP、ERP、CIMS、CIPS 等提供了多种有效监控的方法和手段，增强了控制手段的多样性、灵活性、高效性，加强了内部控制的预防、检查与纠正的功能。信息化控制系统是一个经营运作透明化的系统，是解决做假账问题的有效手段，它可以使组织运作过程中所有环节的人财物的变化，都可以通过财务绩效，如实、准确、适时地体现出来。

（4）控制程序的变化。基于学习型的控制系统，它的规则不仅是保证安全性和运作的平稳性，而且是将紧密控制性和灵活性、高效率和创新、稳定性和高速性有机统一。

第二节　基于信息技术的柔性作业系统

作业管理提供从劳动力、原材料等资源到最终产品和服务转换过程的设计、作业和控制，其目的在于高效、低耗、灵活、准时地生产合格产品并向顾客提供满意的服务。20 世纪现代信息技术的发展，突破了工业化的标准化、大规模的生产模式，创造出一批柔性化的作业系统，包括准时制生产（JIT）、制造资源计划（MRP Ⅱ）、柔性生产系统（FM）、敏捷制造（AM）、供应链管理（SCM）和企业资源计划（ERP）、计算机集成化制造系统（CIMS）等。

一、　作业控制方式的发展

17 世纪的工业革命推动了制造业不断发展，到 19 世纪后半叶，单一品种或少品种小批量生产成为制造企业的生产模式，替代了手工作坊的制造生产模式。它的特点是工人具有高超的操作技术；生产过程组织分散，无论是产品设计还是零件制造，都是分散的，最终由公司的负责人协调；使用通用设备，实行单件生产。

到 19 世纪末 20 世纪初，为了提高劳动生产率，降低生产成本，进而增强竞争力，以零部件生产的标准化、系列化为基础的大量生产模式产生了。这种模式典型的代表就是 1913 年福特制成了汽车装配流水线。相比于以前的手工工场制造方式及单件小批机器生产模式，大规模生产模式的产品品种单一、批量大，它能够迅速提供大量质优价廉的产品，极大地提高了企业的竞争力。20 世纪 60 年代以前，大规模生产管理模式一直占据着主导地位，其作用在美国和战后日本经济的发展中得到了淋漓尽致的发挥。

近几十年来，随着西方发达国家工业化进程的完成，人们的物质生活得到了极大丰富，消费者的需求结构发生了根本性变化，人们不满足于量上的需要，而是追求生活品质的提高和个性化的需求。生产管理应当对消费者需求迅速反应，追求多品种、适应性、小批量的目标。现代信息技术的发展，为企业实现大规模的定制生产提供了可能。在准时制生产、制造资源计划、柔性生产系统、敏捷制造、供应链管理和企业资源计划等管理系统下，企业不仅能够迅速地进行低成本生产，而且能够满足消费者个性化的需要。现代生产模式有多种不同的称谓，有柔性化生产模式，有大规模定制模式、精益化生产模式等，都反映了现代生产控制个性化、灵活性、敏捷性的特征。三种生产模式的比较如表 15-1 所示。

表 15-1 三种生产模式的比较

	手工生产方式	大量生产方式	精益生产方式
产品特点	完全按顾客要求	标准化，品种单一	品种规格多样化，系列化
加工设备和工艺装备	通用，灵活，便宜	专用，高效，昂贵	柔性高，效率高
分工与工作内容	粗略，丰富多样	细致，简单，重复	较粗，多技能，丰富
操作工人	懂设计制造，具有高操作技艺	不需要专门技能	多技能
库存水平	高	高	低
制造成本	高	低	更低
产品质量	低	高	更高
权力与责任分配	分散	集中	分散

二、 准时制生产方式

准时制（JIT）生产方式是起源于日本丰田汽车公司的一种生产管理方法，也常称为“丰田生产方式”。这种生产方式的核心是追求一种无库存的生产系统，或使库存达到最小的生产系统，为此而开发了包括“看板”在内的一系列具体方法。

1. JIT 生产方式的基本思想和实施手段

JIT 生产方式的基本目标就是“彻底消除浪费”。在 JIT 生产方式中，所谓浪费也就是不会带来任何附加价值的诸因素。JIT 生产方式的基本手段也可以概括为以下三个方面。

（1）适时适量生产，即“在需要的时候，按需要的量生产所需的产品”。对企业来说，各种产品的产量必须能够灵活地适应市场需要量的变比。否则，由于生产过剩会引起人员、设备、库存费用等一系列的浪费。要实现适时适量生产必须实现生产同步化和生产均衡化。

（2）弹性配置作业人数。降低劳动费用是降低成本的一个重要方面。弹性配置作业人数就是根据生产量的变动，弹性地增减各生产线的作业人数，尽量用较少的人力完成较多的生产。为了适应变化，应当实施独特的设备布置，以满足小批量生产的需要；作业人员必须是具有多种技能的“多面手”。

（3）质量保证。在 JIT 生产方式中，通过“自动化”机制使得造成不良产品的“元凶”暴露出来，从而不断提高企业的生产效能，在实现成本节约的同时提高产品质量。

2. 看板管理

在实现适时适量生产中具有极为重要意义的是作为其管理工具的看板。看板的主要机能是传递生产和运送的指令。在 JIT 生产方式中，生产计划是集中制定的，同时传达到各个工厂以及协作企业。而与此相应的日生产指令只下达到最后一道工序或总装配线，对其他工序的生产指令通过看板来实现，即后道工序“在需要的时候”用看板向前道工序去领取“所需的量”时，同时就等于向前道工序发出了生产指令。看板就相当于工序之间、部门之间以及物流之间的联络神经而发挥着作用。

看板必须按照既定的运用规则来使用。“没有看板不能生产，也不能运送”是其中一条规则，根据这一规则，可以防止过量生产和过量运送。根据规则“不能把不良品送往后道工序”，当在制品没有储存时，不良品数目增加就会影响到后道工序的生产，后道工序所需得不到满足，就会造成全线停工，立即使问题暴露。

JIT是追求尽善尽美的哲学理念，在生产过程中，零件投入时不停顿、不堆积、不超越、按顺序、按节拍一个一个地产出；整个生产线如同一台设备、实现劳动集成同步化均衡作业、零废品率和零库存。针对准时制生产方式的特点，美国麻省理工学院研究者John Krafcik更广泛地把日本汽车工业生产的管理模式命名为精益生产。精益生产可以表述为通过系统结构、人员组织、运作方式和市场营销等各方面的改革，使生产系统对市场变化做出快速适应，并消除冗余无用的损耗浪费，以求企业获得更好的效益。

三、 制造资源计划

制造资源计划是企业对其生产系统和经营活动建立一种计划模型，并通过利用该模型把企业制造资源和经营任务的需求进行平衡，从而保证企业目标的实现。这里的企业制造资源既包括企业生产系统的内部资源要素，如物料、人员、设备、技术以及生产系统的非结构化要素和相应的管理体制，也包括与生产系统发生联系的企业内部和外部资源，如产品销售和原料供应的市场资源、企业筹集资金的财政资源、企业产品开发能力和工艺加工水平的技术资源等。物料是指原材料，也包括零部件、成品、外购件、备品备件等。物料管理包括库存管理、需求计划，控制工序对物料的需求，进而达到既满足物料供应，保证合理生产，又要控制储备限度，尽量少占用流动资金、加速资金周转、降低生产产品成本的综合目的。

制造资源计划是企业对其生产系统和经营活动建立一种计划模型，并通过利用该模型把企业制造资源和经营任务的需求进行平衡，从而保证企业目标的实现。

制造资源计划和物料需求计划（MRP）的基本思想是围绕物料转化来组织制造资源，实现按需要准时生产的目标。1957年，美国生产与库存控制协会（APICS）首先开创了物料需求计划的研究领域。到20世纪70年代，MRP便发展成为一项成熟的企业管理新技术、新方法和新软件。MRP是将企业主生产计划的产品级计划通过网络规划的方法，按照物料清单分解为零件级的计划，并直接指挥着自制件的生产数量和进度以及外构件的数量和配套日期。MRP的主要处理模块以及逻辑关系，如图15-3所示。

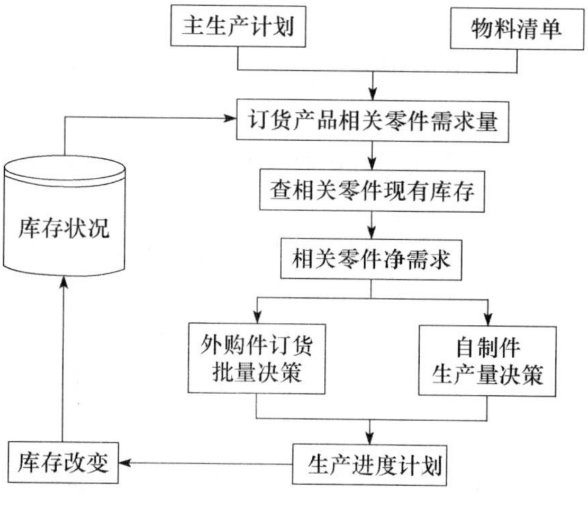

图15-3 MRP的主要处理模块以及逻辑关系

MRP的对象是相关需求类型的物件，例如一个复杂的机械产品可以由成千上万个与产品呈相关需求的零件构成，对于每个零件又有其生产工艺和周期，而每道工艺又涉及相应的加工资源；产品要定期按量完成，必须明确每种相关零件的生产量、资源投入量、投入产出的日期等。MRP计划中考虑到生产过程中的废品率问题，一般按净需求量进行生产，所以会存在零件库存的问题。

进入20世纪80年代后，随着企业管理的进步和计算机等相关支撑技术的飞速发展，MRP技术又发展到了第二阶段。这一阶段的重点是将MRP的信息共享程度提高，使生产、采购、销售、财务管理等环节紧密结合，形成一个借助于信息流实现物流与资金流集成的生产管理系统，即所谓的制造资源计划。为了避免名词混淆，物料需求计划则称为MRP，而制造资源计划则称为MRP Ⅱ。与MRP相比，MRP Ⅱ除了物料需求计划功能外，还增加了生产能力计划、生产活动控制、采购和物料管理计划、物料需求和生产能力模拟，涉及制造、分销和财务三大部分，是集成度更高的企业管理信息系统。MRP Ⅱ的运行可以伴随生产系统的实时运作，即时反映系统运行的状态，辅助管理者进行决策、指挥和控制，因此MRP Ⅱ的运行体现了一个动态信息系统的特性。

四、 企业资源计划

企业资源计划（ERP）是MRP Ⅱ的扩展和提高，MRP Ⅱ是ERP的重要组成部分。ERP并不是一个单一的理论，而是在综合了物流后勤学、价值链与业务流程重组思想、准时制生产、全面质量管理以及现代管理会计等一系列理论的基础上建构起来的。

所谓企业资源计划，就是将企业内部各个部门，包括财务、会计、生产、物料管理、品质管理、销售与分销、人力资源管理、供应链管理等，利用信息技术整合，连接在一起。ERP的作用是将各部门连贯起来，让企业的所有信息在网上显示，不同管理人员在一定的权限范围内，从网上轻易获得与自身管理职责相关的其他部门的数据，如企业订单和出库的情况、生产计划的执行情况、库存的状况等。

> 所谓企业资源计划，就是将企业内部各个部门，包括财务、会计、生产、物料管理、品质管理、销售与分销、人力资源管理、供应链管理等，利用信息技术整合，连接在一起。

企业管理人员通过ERP可以避免资源和人事上的不必要的浪费，高层管理者也可以根据这些及时准确的信息，做出最好的决策。ERP管理思想的核心是实现对整个供应链和企业内部业务流程的有效管理，主要体现在事先计划和事中控制的思想。ERP的计划体系主要包括：主生产计划、物料需求计划、能力计划、采购计划、销售执行计划、利润计划、财务预算和人力资源计划等，并且这些计划功能和价值控制功能已经完全集成到整个供应链中。ERP可以根据财务资金的状况追溯资金的流向，也可以追溯相关的业务活动，这样改变了以往资金流信息滞后于物料流信息的状况，便于实施业务处理进程中的控制与决策。此外，计划、业务处理、控制与决策功能，都要在整个供应链中实现。

知识链管理是ERP的一个发展方向。ERP可以在21世纪的知识经济环境下，将企业或社会的知识资源纳入其管理之中，即把知识的创造、识别、获取、开发、分解、储存、传递、继承、共享、评判、使用等组织成一条与生产经营关联、与管理矩阵交织在一起的知识链，并进行有效、优化的管理。

五、 计算机集成制造系统

计算机集成制造系统（CIMS）是把产品开发、设计、生产工艺、组织管理利用计算机技术及信息网络进行集成发展而成的，是形成自动化工厂的物质技术和组织管理的基础。CIMS综合生产过程中信息流和物流的运动，将市场研究、生产决策、经营管理、设计制造与销售服务等功能集成一体，使企业走向高度集成化、自动化、智能化的生产技术与组织方式。

CIMS集成内涵：CIMS集成并不是将不同的单元简单地连接起来，而是组成了一个有一定功能的新系统。这个集成表现在五个方面：①将不同的硬件设备、操作系统、数据库管理系统等集成为一个系统，用于组织可共享的软硬件资源平台。②将企业数据统一规划，建立数据库，不同部门、专业、层次人员高度共享；③将决策支持系统、管理信息系统、计算机辅助设计等应用系统组成集成的工程设计系统（CIEDS）；④将多种高技术综合运用，实现技术集成；⑤人和组织集成。总之，CIMS就是组建了以网络为支撑，以数据库为核心，把各类功能系统和应用软件有机统一的计算机运用系统。

计算机集成制造系统（CIMS）是把产品开发、设计、生产工艺、组织管理利用计算机技术及信息网络进行集成发展而成的，是形成自动化工厂的物质技术和组织管理的基础。

CIMS一般可以划分为以下四个功能子系统和两个支撑子系统：工程设计自动化子系统、管理信息子系统、制造自动化子系统、质量保证子系统以及计算机网络子系统和数据库子系统。①管理信息子系统，包括预测、经营决策、各级生产计划、生产技术准备、销售、供应、财务、成本、设备、人力资源的管理信息功能。②产品设计与制造工程自动化子系统，通过计算机来辅助产品设计、制造准备以及产品测试。③制造自动化或柔性制造子系统，它是CIMS信息流和物料流的结合点，是最终产生经济效益的聚集地，由数控机床、加工中心、清洗机、测量机、运输小车、立体仓库、多级分布式控制计算机等设备及相应的支持软件组成。根据产品工程技术信息、车间层加工指令，完成对零件毛坯的作业调度及制造。④质量保证子系统，包括质量决策、质量检测、产品数据的采集、质量评价、生产加工过程中的质量控制与跟踪功能。

第三节　质量控制

在日益激烈的竞争环境下，产品和服务质量的控制已经关系到组织的生死存亡。一些优秀的企业都是通过推行先进的质量管理理念，提升了组织的竞争力。如杰克·韦尔奇在通用电气公司推行全面质量管理，获取了巨大成功。质量管理专家朱兰说过：21世纪是质量的世纪。

一、　质量与质量管理

1. 质量的定义

不管是营利活动还是非营利活动都存在质量问题。好质量是低成本、高效率、低损耗、高效益的保证。质量不仅针对产品，也可以针对过程。例如，可以说计算机质量和网络质量；也可以指某项活动过程的质量，还可以指企业信誉、体系的有效性。质量的概念也是见仁见智，具有代表性的观点有，“符合性质量”，是以克劳斯比（Philip Crosby）为代表，把产品质量定义为产品符合规定要求的程度，符合标准就是合格质量。“适用性质量”，是以顾客需要的程度作为判定依据。例如，朱兰提出“质量就是适用性”；劳埃德·多宾斯提出“质量是一种感觉，认为一种东西比其他同类要好”。

质量是反映实体满足明确和隐含需要的能力的特性总和。

目前人们对质量的认识逐渐统一于国际标准化组织（ISO）关于质量的定义，即质量是“反映实体满足明确和隐含需要的能力的特性总和”。其中明确的需要是指合同、标准、规范等文件已经规定的需要；隐含需要则是指组织、顾客和其他利益相关者的惯例或一般做法。

一般认为，质量特性可分为固有特性和赋予特性两种。固有特性是指在某事物中本来就有的，它反映了某事物满足需求的能力。固有特性也有层次差别，可以分成关键特性、重要特性和一般特性。关键特性是指这些特性不满足要求，将直接导致产品不能使用，或产生威胁人身安全等严重后果；重要特性则是指这些特性如果不能满足将会引发产品无法正常使用。赋予特性是指产品形成后因不同需要所赋予的特性，如包装的美观度，交货期等。产品质量满足顾客要求，不仅是固有特性要满足顾客要求，而且赋予特性也要满足顾客要求。

2. 戴明的质量管理 14 条

W. 爱德华·戴明（W. Edwards Deming，1900—1993），全面质量管理最著名和最有影响力的倡导者。1950 年，戴明博士应聘赴日本讲学，而后几乎每年赴日继续指导，日本早期的经营者几乎都见过戴明博士而受教于他，并实践戴明博士的品质经营理念，奠定了日本全面质量管理的基础。戴明的全面治理管理理论和观点为全世界各地的学者所传颂，被称赞为 20 世纪后期最重要的管理大师。

戴明认为，改进质量是企业的永恒目标。要实现该目标，零缺陷是关键，必须要以对产品质量的统计过程控制（statistical process control，SPC）为基础，要运用多个质量统计方法来度量各个领域的性能。通过质量控制的统计方法，可以不断减少产品质量的波动，通过持续改善减少产品质量的变异，从而实现真正低成本条件下可预测的一致性和可靠度。戴明认为仅仅依靠质量管理部门自身无法支撑和保持在整个企业范围内进行持续改进质量的努力。管理者的首要任务就是学习如何改变，接受重大变革。戴明质量管理 14 条的目的就在于改变传统的工作方式。

（1）确定永恒目标，提高产品与服务。最高管理层必须从短期目标的迷途中归返，转回到长远建设的正确方向，也就是把改进产品和服务作为恒久的目的来经营，这需要在所有领域加以改革和创新。

（2）采纳新的质量思想。绝对不能容忍粗劣的原料、不良的操作，以及有瑕疵的产品和松散的服务。

（3）不再依赖大量检验。检验其实是抽查有无次品，检验出来已经太迟，成本高而且效益低。正确的做法是改良生产过程。

（4）不以价格作为采购的唯一决策要素。价格本身并无意义，只是相对于质量才有意义。因此，管理部门应重新界定原则，采购工作才会改变。公司一定要与供应商建立长远的关系，并减少供应商的数目。采购部门必须采用统计工具来判断供应商及其产品的质量。

（5）持续不断地改进生产及服务系统。在每一个活动中，必须降低浪费和提高质量，无论是采购、运输、工程、方法、维修、销售、分销、会计、人事、客服还是生产制造。

（6）建立在职培训制度。培训必须是有计划的，且必须建立于可接受的工作标准上，必须使用统计方法来衡量培训工作是否有效。

（7）建立现代的督导方法。督导人员必须要让高层管理者知道需要改善的地方，管理者在了解之后必须采取行动。

（8）消除员工畏惧心理。所有同事必须有胆量发问，提出问题或表达意见。

（9）打破部门界限。每一部门不应只顾独善其身，而需要发挥团队精神，才能有助于改善设计、服务、质量和成本。

（10）取消针对工作人员的计量化目标。激发员工提高生产率的指标、口号、海报等必须废除。很多配合的改变往往是在一般员工控制范围之外，因此这些宣传品只会导致反感。虽然无须为员工定下可计量的目标，但公司本身却要有这样的一个目标：永不间歇地改进。

（11）取消员工标准量，废除管理人员的数值目标。定额会把焦点放在数量而非质量。计件工作制更不好，因为它鼓励制造次品。

（12）消除妨碍基层员工工作畅顺的因素。任何导致员工失去工作尊严的因素必须消除，包括不清楚何为好的工作表现。

（13）鼓励每一个人自我教育与提高。由于质量和生产力的改善会导致部分工作岗位数目的改变，因此所有员工要不断接受训练及再培训。培训应包括基本统计技巧的运用。

（14）采取行动，完成机制转变。戴明认为整个企业应该团结协作，共同创造质量文化。高层管理者的任务是制定和实施战略规划，建立组织来指导质量不断改进，使得每一个人都能在组织中找到自己的角色。

二、 全面质量管理

1. 全面质量管理的含义

国际标准ISO 8402提出全面质量管理是“一个组织以质量为中心，以全员为基础，目的在于通过让顾客满意和本组织所有成员及社会受益而达到长期成功的管理途径”。

> 全面质量管理是“一个组织以质量为中心，以全员为基础，目的在于通过让顾客满意和本组织所有成员及社会受益而达到长期成功的管理途径”。

全面质量管理（total quality management，TQM）的核心思想是，企业的一切活动都围绕着质量来进行。它不仅要求质量管理部门进行质量管理，还要求从企业最高决策者到一般员工均应参加到质量管理过程中。全面质量管理还强调，质量控制活动应包括从市场调研、产品规划、产品开发、制造、检测到售后服务等产品生命循环的全过程。可以看出，全面质量管理的基本特点是对象全面管理、全员参加、全过程、全面运用各种有效方法，全面控制质量因素，力求全面提高经济效益的质量管理模式。

所谓对象全面管理是指全面质量管理的对象是广泛的，用户对产品质量的评价是以产品适用程度、使用时间持久性、使用的稳定性为依据。因此企业要以用户满意为基准，以赶超名优产品为目标，按照用户的要求规划质量目标，制定质量标准，不断提高产品适用程度。企业各方面工作最终都会影响质量，特别是从事产品的研发、制造等环节，全面质量管理要有一套完整体系来保证质量的持续提高。

所谓全员参加意味着质量控制由少数质量管理人员扩展到企业的所有人员。全面质量管理要全员参与、人人有责，上至最高管理者，下到所有员工，都要分担一定责任。朱兰博士统计表明，产品质量问题80%是由于各级领导、管理人员的工作失误造成的，现场工作人员只有20%的责任。

所谓的全过程是指将质量控制从质量检验和统计质量控制扩展到整个产品生命周期。决定产品质量的不仅是生产终端的检验把关，更重要的是产品形成全过程的控制。只有对顾客需要进行识别、开发、采购、生产与服务运作，并在测量与监控等各环节实现严格的质量控制，才能保证和提高质量。

所谓全面运用一切有效方法是指应用一切可以运用的方法，而不仅仅是数理统计法。随着全面质量管理的长期实践已经形成多样化的方法体系，如PDCA循环、朱兰三部曲、因果分析法、分层（分类）法、调查表法、价值工程法、帕累托法；数理统计法包括直方图、控制图、相关图、抽样检验和正交试验法、优选法；新工具有系统图法、关联图法、矩阵图法、箭头图法、KJ法、数据解析法、PDPC法等。通过这些方法的运用，最终实现全社会效益的提高。

2. 全面质量管理实施原则

ISO 9000标准中提出了质量管理八项原则。这八项原则反映了全面质量管理的基本思想。

（1）以顾客为关注焦点。顾客是决定企业生存和发展最重要的因素，服务于顾客并满足他们的需要应该成为企业存在的前提和决策的基础。为了赢得顾客，组织必须首先深入了解和掌握顾客当前的和未来的需求，在此基础上才能满足顾客要求并争取超越顾客期望。为了确保企业的经营以顾客为中心，企业必须把顾客要求放在第一位。

（2）领导作用。“领导者确立组织统一的宗旨及方向。他们应当创造并保持使员工能充分参与实现组织目标的内部环境”。企业领导能够将组织的宗旨、方向和内部环境统一起来，并创造使员工能够充分参与实现组织目标的环境，从而带领全体员工一道去实现目标。

（3）全员参与。产品和服务的质量是企业中所有部门和人员工作质量直接或间接的反映。为了激发全体员工参与的积极性，管理者应该对职工进行质量意识、职业道德、以顾客为中心的意识和敬业精神的教育，还要通过制度化的方式激发他们的积极性和责任感。在全员参与过程中，团队合作是一种重要的方式，特别是跨部门的团队合作。

（4）过程方法。质量管理理论认为，任何活动都是通过“过程”实现的。通过分析过程、控制过程和改进过程，就能够将影响质量的所有活动和所有环节控制住，确保产品和服务的高质量。因此，在开展质量管理活动时，必须要着眼于过程，要把活动和相关的资源都作为过程进行管理，才可以更高效地得到期望的结果。

（5）管理的系统方法。开展质量管理要用系统的方法和思想。系统思想和方法应该遵循以下步骤：确定顾客的需求和期望；建立组织的质量方针和目标；确定过程和职责；确定过程有效性的测量方法并用来测定现行过程的有效性；寻找改进机会，确定改进方向；实施改进；监控改进效果，评价结果；评审改进措施和确定后续措施等。

（6）持续改进。质量管理的目标是顾客满意。顾客需要在不断地提高，因此，企业必须要持续改进才能持续获得顾客的支持。另一方面，竞争的加剧使得企业的经营处于一种“逆水行舟，不进则退”的局面，要求企业必须不断改进才能生存。

（7）以事实为基础进行决策。为了防止决策失误，必须要以事实为基础。为此必须要广泛收集信息，用科学的方法处理、分析数据和信息。不能够“凭经验，靠运气”。为了确保信息的充分性，应该建立企业内外部的信息系统。坚持以事实为基础进行决策就是要克服“情况不明决心大，心中无数点子多”的不良决策作风。

（8）与供应商建立互利的关系。在目前的经营环境中，企业与企业已经形成了“共生共荣”的企业生态系统。企业之间的合作关系不再是短期的甚至一次性的合作，而是要致力于双方共同发展的长期合作关系。

3. 全面质量管理的基本方法——PDCA 循环

PDCA 循环又叫“戴明循环”，简称“戴明环”。熟练掌握和灵活运用 PDCA 循环方法，对于提高质量管理体系运行的效果和效率十分重要。PDCA 循环如图 15-4 所示。

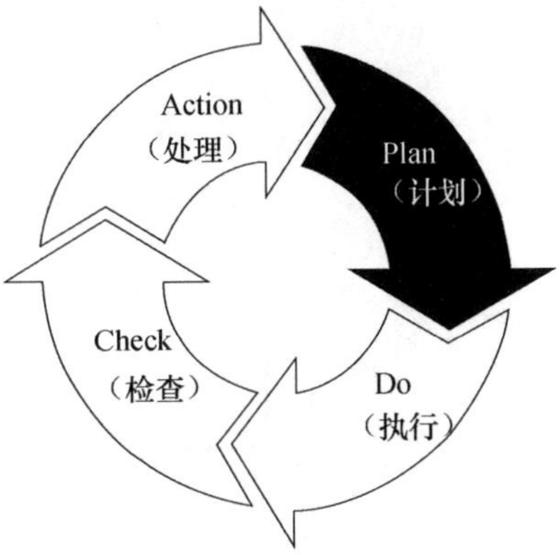

图 15-4　PDCA 循环

PDCA 循环分为四个阶段：

第一个阶段为计划阶段，又叫 P 阶段（plan）。这个阶段的主要内容是通过市场调查、用户访问、国家计划指示等，摸清用户对产品质量的要求，确定质量政策、质量目标和质量计划等。

第二个阶段为执行阶段，又称 D 阶段（do）。这个阶段是实施 P 阶段所规定的内容，如根据质量标准进行产品设计、试制、试验，其中包括计划执行前的人员培训。

第三个阶段为检查阶段，又称 C 阶段（check）。这个阶段主要是在计划执行过程中或执行之后，检查执行情况，是否符合计划的预期结果。

第四个阶段为处理阶段，又称 A 阶段（action）。主要是根据检查结果，采取相应的措施。

在全面质量管理中，通常把 PDCA 循环四阶段进一步具体化为 8 个步骤：①分析和评价现状，以识别改进的区域；②确定改进的目标；③寻找可能的解决办法，以实现这些目标；④评价这些解决办法并做出选择；⑤实施选定的解决办法；⑥测量、验证、分析和评价实施的结果，以确定这些目标已经实现；⑦正式采纳更改；⑧必要时，对结果进行评审，以确定进一步改进的机会。其中，①、②、③、④即 P——计划；⑤即 D——执行；⑥即 C——检查；⑦、⑧即 A——处理。

PDCA 循环不断反复使用，大环套小环，一环扣一环，小环保大环，互相衔接，互相促进，不断推进改进过程，如同爬楼梯，循环前进，螺旋上升。

三、 六西格玛管理

1. 六西格玛管理及其优势

20 世纪 80 年代中期，摩托罗拉开始推行六西格玛，1987 ~ 1989 年，质量水平提高了 10 倍，并于 1988 年获得了首届马尔科姆·鲍德里奇质量奖。1989 ~ 1991 年，质量水平又提高了 10 倍，并在 4 年的时间内节约了 22 亿美元。20 世纪 90 年代中期，总裁杰克·韦尔奇在通用电气大力推行六西格玛管理，成效卓著，公司业绩的增长在华尔街引起震撼效果。世界上的知名公司纷纷开始引入六西格玛，由此掀起了六西格玛管理的热潮。

“σ”是希腊字母，统计学上表示标准差，用以度量质量特性总体相对于目标值的偏离程度，“σ”值越小，反映参数的数据越集中，离散程度越小，这说明过程中产生缺陷的可能性越小。几个“σ”是一种表示质量的统计尺度，以正态分布曲线为例，3 倍 σ 即表示中心值到上限（USL）或下限（LSL）之间所划分的等分数为 3，6 倍 σ 表示等分数为 6。目前，在质量管理领域，用来表示质量控制水平，若控制在 3σ 水平，表示产品合格率不低于 99.73%；若控制在 6σ 水平，表示产品不合格率不超过 0.002ppm，也就是每生产 100 万个产品，不合格品不超过 0.002 个，考虑 1.5 倍漂移，不合格率也只有 3.4ppm。接近于零缺陷水平。其质量特征如图 15-5 所示。

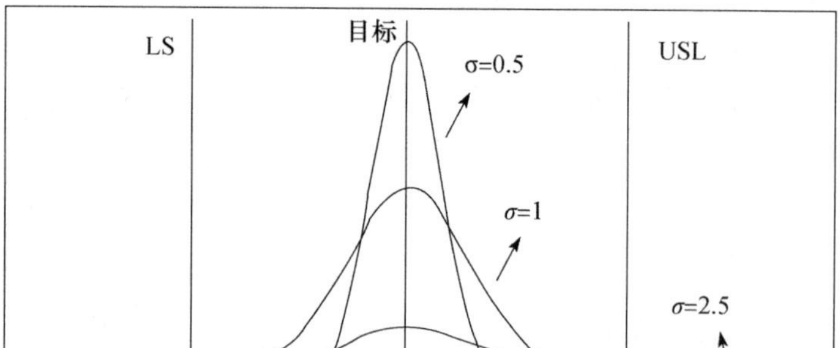

图 15-5　六西格玛质量特征

六西格玛管理的基本内涵是提高顾客满意度和降低组织的资源成本，强调从组织整个经营的角度出发，而不只是强调单一产品、服务或过程的质量，强调组织要站在顾客的立场上考虑质量问题，采用科学的方法，在经营的所有领域追求“无缺陷”的质量，以大大减少组织经营全领域的成本，提高组织的竞争力。

2. 六西格玛管理原则

在推动六西格玛时，企业要真正能够获得巨大成效，必须把六西格玛当成一种管理哲学。在这个哲学里，有六个重要主旨。

（1）真诚关心顾客。六西格玛是以顾客为中心，关注顾客的需求。它的出发点就是研究客户最需要的是什么？最关心的是什么？再针对这些需求来设定企业目标，衡量绩效。

（2）根据资料和事实管理。六西格玛管理方法是一种高度重视数据，依据数字、数据进行决策的管理方法，强调“用数据说话”、“依据数据进行决策”，“改进一个过程所需要的所有信息，都包含在数据中”。六西格玛管理广泛采用各种统计技术工具，使管理成为一种可测量、数字化的科学。

（3）以流程为重。六西格玛项目的一个显著特点，是项目的改进都是突破性的。通过这种改进能使产品质量得到显著提高，或者使流程得到改造，从而使组织获得显著的经济利益。实现突破性改进是六西格玛的一大特点，也是组织业绩提升的源泉。

（4）主动管理。企业必须时常主动去做那些一般公司常忽略的事情，例如设定远大的目标，并不断检讨；设定明确的优先事项；强调防范而不是救火；常质疑“为什么要这么做”，而不是常说“我们都是这么做的”。

（5）合作无界限。改进公司内部各部门之间、公司和供应商之间、公司和顾客间的合作关系，可以为企业带来巨大的商机。六西格玛强调无界限的合作，让员工了解自己应该如何配合组织大方向，并衡量在企业的流程中，各部门活动之间有什么关联性。

（6）追求完美，但同时容忍失败。在六西格玛企业中，员工不断追求既能够提供较好服务，又降低成本的方法。企业持续追求完美，但也能接受或处理偶发的挫败，从错误中学习。

3. 六西格玛管理组织体系

在美国通用电气公司推广下，逐渐形成了独特的六西格玛组织体系。它们通常是由执行领导、倡导者、黑带大师、黑带、绿带和项目团队传递并实施的。

（1）执行领导。六西格玛管理是由组织最高管理者推动的，主要负责建立组织的六西格玛管理愿景；确定组织的战略目标和组织业绩的度量系统；确定组织的经营重点等。

（2）倡导者。六西格玛管理倡导者是实施六西格玛的组织中的关键角色。主要负责六西格玛管理在组织中的部署，构建六西格玛管理基础，向执行领导报告六西格玛管理的进展，负责六西格玛管理实施中的沟通与协调。

（3）黑带大师或黑带主管。一般来说，他们是六西格玛管理的专家。他们为倡导者提供六西格玛管理咨询，为黑带提供项目指导与技术支持。他们负有以下职责：对六西格玛管理理念和技术方法拥有较深的了解与体验，并将它们传递到组织中；培训黑带和绿带，确保他们掌握了适用的工具和方法；为黑带和绿带的六西格玛项目提供指导；协调和指导跨职能的六西格玛项目；协助倡导者及管理层选择并管理六西格玛项目。

（4）黑带。六西格玛黑带是六西格玛管理中的关键角色。在一些组织中，他们是专职的并具有一定的技术与管理工作背景。在任职期间需完成一定数量的六西格玛项目并为组织带来相应的经济效益。他们负有以下职责：领导六西格玛项目团队，实施并完成六西格玛项目；向团队成员提供适用的工具与方法的培训；识别过程改进机会并选择最有效的工具和技术实现改进；向团队传达六西格玛管理理念，建立对六西格玛管理的共识；向倡导者和管理层报告六西格玛项目的进展；将通过项目实施获得的知识传递给组织和其他黑带；为绿带提供项目指导。

（5）绿带。六西格玛绿带是组织中经过六西格玛管理方法与工具培训的、结合自己的本职工作完成六西格玛项目的人员。他们一般是黑带领导的项目团队的成员，或结合自己的工作开展涉及范围较小的六西格玛项目。

（6）六西格玛项目团队。六西格玛项目通常是通过团队合作完成的。项目团队由项目所涉及的有关职能（比如，技术、生产、工程、采购、销售、财务、管理等）人员构成，一般由3～10人组成，并且应包括对所改进的过程负有管理职责的人员和财务人员。

第四节　运营绩效及其评价

控制目的并不是监管，监管只是手段，其目的还是提高组织绩效，实现组织目标。管理者需要正确理解组织绩效，对组织绩效有一套科学有效的评估方法。因为，确立标准、衡量绩效是纠正偏差的前提，特别是在现代企业高度竞争的环境下，更需要对组织绩效进行有效的评估。

一、　生产效率

在组织运营过程中，人们一直高度重视生产效率，所谓生产率是指产出价值与生产投入的原材料价值之间的比率，它是生产效率的衡量指标。组织生产率的高低非常重要，它是企业利润水平的主要决定因素，因此也最终反映了企业的生存能力。企业生产率通常从两个方面来衡量：一是全要素的生产率用于衡量组织利用全部投入资源的生产产品和服务效率的总体指标，二是劳动生产率是产出与直接劳动的比率。劳动生产率可以使管理者直接看到人员劳动对产出的影响。

劳动生产率＝产出/直接劳动力

按照生产的不同层次，可以分解出不同的生产率指标。除了企业生产率指标外，总体生产率（aggregete productivity）是一个国家达到的生产率总水平；一个产业的企业所达到的生产率水平被称为产业生产率（industy productivity）。

> 所谓粗放经营是指数量扩张型，高投入高产出、高投入低产出，或者是在资源耗费和占用偏大的条件下的一种经济增长方式。

就我国经济发展而言，虽然在过去的30年中，我们的经济取得高速发展，但这种发展通常被称为粗放型，是单纯投入量的扩张。2000年，我国制造业的劳动生产率为3.82万元/人年，约为美国的4.38%、日本的4.07%、德国的5.56%；我国制造业的增加值率为26.23%，与上述三国相比分别约低22.99个、11.69个和22.12个百分点。粗放经营存在于我国改革开放以前的几十年的国家经济建设中，并伴随着改革开放的进程至今仍未根本解决，其原因主要是经济、社会、技术及制度因素的作用。

二、　运营绩效与供应链绩效

生产率与运营绩效之间是必要关系，生产率是运营绩效的保障，一个没有生产率的组织实际上很难谈得上运营绩效。从管理学视角来看，仅有生产率是不够的，生产率指标只是反映管理的效率，并不是管理的效果，运营绩效只能通过组织运营的结果与目标符合程度来反映。所谓运营绩效就是组织为实现其目标而展现在不同层面上的有效输出。马尔科姆·鲍德里奇质量奖也反映了在当代运营管理中，整体组织运营绩效的重要性。马尔科姆·鲍德里奇质量奖提出的并不只是产品质量概念，而是“使组织和个人得到进步和发展，提高组织的整体绩效和能力，为顾客和其他相关方创造价值，并使组织持续获得成功”。

虽然从理论上来说，组织运营绩效是一个非常清晰的概念，但在实际过程中，由于组织运营的过程复杂性和目标多重性，使得结果衡量指标变得很困难。例如，组织目标实现需要很长时间，组织运营过程和员工行为考核就非常必要。从这个意义上说，运营绩效也是组织和组织成员在工作中表现出能够有效实现目标的一组行为。在资源短缺的情况下，运营绩效表现在是否使得组织拥有更多关键性资源，例如企业关键人才的获取，显然这些行为是组织运营有效性的重要证据。

在今天，企业间合作对运营的影响越来越大，最终产品销售在很大程度上依赖于供应链中其他合作企业的良好运营，如何提高生产效率而非简单完成生产过程，还包括成功地将产品和服务传递给终端客户。因此，供应链绩效管理也成为提升组织整体绩效的内容，它包括：如何了解终端客户，了解供应链伙伴的需求，调整供应链成员的能力，也就是说企业不仅需要了解客户，还要认知客户的客户，以及终端客户对产品和服务的需求、数量等；企业需要对供应链伙伴的能力进行审计，判断这些成员在哪些方面能与终端客户一致，能与供应链融为一体。优秀的供应链执行者对客户需求做出响应，更快地预测市场变化，更好地控制成本，给供应链整体带来更多利润。

三、 运营绩效评价

保证评估的客观公正十分重要，对管理者来说可以准确了解企业情况，为科学的决策提供依据；对组织成员来说，也是保护其工作积极性的手段。

运营绩效评估实施过程是从决定评价内容开始，由于对运营绩效本身认识的不同，在选择评价内容时就会产生较大差异，从而也会形成不同的评价指标。以结果为导向的评价往往着重赢利性、增长率和市场份额的变化；而以过程为导向的组织运营绩效评价是以组织内部的健康状况为对象，它们更多会使用员工满意度、工作氛围、相互信任、沟通有效性等来考虑运营绩效。

美国学者罗伯特·卡普兰和戴维·诺顿两个人提出了平衡计分卡理论，对以往的各类评价方法进行了综合。平衡计分卡超越传统以财务量度为主的绩效评价模式，提出从学习和成长、业务流程、顾客再到财务四维度的评价内容。卡普兰和诺顿认为影响组织运营绩效的根源应当从组织运营活动的因果链中去寻找，组织绩效评价就是将它们转化成可衡量的指标，即企业运营绩效的根源是员工的学习和成长，它是组织绩效的根本。只有员工学习和成长了，才能有企业内部运营流程持续地改进；只有员工在业务上能满足顾客的需要，才能实现更高的顾客满意度，唯有如此，企业才能实现财务方面的绩效改进。

平衡计分卡中的目标和评估指标来源于组织战略，它把组织的使命和战略转化为有形的目标和衡量指标。①在学习和成长方面，组织为了实现长期的业绩必须进行对未来的投资，其指标包括员工满意度、员工再培训、组织的信息系统等；②在客户方面，组织将要参与竞争的客户和市场目标转换成一组指标，如市场份额、客户留住率、客户获得率、顾客满意度、顾客获利水平等；③在内部经营过程方面，要以确认客户和股东的要求为起点、满足客户和股东要求为终点的全新的内部经营过程。这方面的指标包括产品质量、完成订单时间、生产率、新产品开发等；④在财务方面，要使业务流程和客户满意度转化为销售额的增加、经营费用的减少和资产周转率的提高，才能为组织带来利益。

布鲁尔和斯潘将平衡计分卡方法从公司推广到整个供应链绩效，在学习和成长方面的指标确定了数据和知识的共享、从产品准备到交付客户时间等；在业务流程方面的指标包括选择数量/订单处理周期、供应链里增值时间等；在客户方面的指标有供应链上客户服务点数量、对客户订单响应时间、客户对供应链价值的认识；在财务方面的指标涵盖了供应链达到目标成本百分比、利润百分比、供应链中的资产回报率。布鲁尔和斯潘的供应链绩效评价方法从四个维度反映了供应链整合、供应链降低成本、提高响应速度的特性，但对于供应链质量、可靠性和创新性还有待深化。

本章回顾

小　结

现代信息技术的发展为管理控制提供了新的手段和方法。企业信息化经历了生产过程信息化、管理过程信息化、办公自动化、集成一体化等阶段。今天企业的信息化已经在很大程度上影响了企业的竞争力。同时，也使得企业的组织控制从科层控制转向学习型控制。基于信息技术，作业系统也创造出一批柔性化的系统，包括准时制生产、制造资源计划、柔性生产系统、敏捷制造和企业资源计划、计算机集成化制造系统等，使得作业控制方法发生了根本性变革。

产品和服务质量的控制已经关系到组织的生死存亡。一些优秀的企业都是通过推行先进的质量管理理念，提升了组织竞争力。戴明质量管理14条、全面质量管理理论和六西格玛管理对于管理现代组织，包括非营利组织，都是具有指导性的思想源泉。控制的目的并不是监管，监管只是手段，其目的还在于提高组织绩效，实现组织目标。管理者需要正确理解组织绩效，对运营绩效有一套科学有效的评估方法。平衡计分卡从组织运营活动的因果链中去寻找，组织绩效评价就是将它们转化成可衡量的指标。

关键术语

管理控制系统	学习型控制系统	制造资源计划	JIT 生产方式
质量	PDCA 循环	六西格玛质量	劳动生产率
管理信息系统	看板管理	企业资源计划	CIMS 系统
戴明质量管理14条	全面质量管理	运营绩效	平衡计分卡

思考题

1. 现代信息技术发展的特点是什么？它在现代管理领域中主要的应用领域是什么？
2. 简述国际 COSO 管理控制系统的四个控制因素。
3. 简述信息技术条件下控制系统的变化趋势。
4. 当代作业控制发展趋势是什么，你认为是什么因素促成了它的变化？
5. 阐述 JIT 生产方式的基本思想和实施手段。
6. 简述企业资源计划的三个主要思想和意义。
7. 简述 CIMS 的构成和运作流程以及它对企业整体效率的影响。
8. 质量是什么？它的发展经历了哪几个阶段？
9. 戴明的质量管理 14 条包括哪些内容？
10. 什么是全面质量管理，其实施原则是什么？
11. 什么是 PDCA 循环？它有哪几个阶段？
12. 什么是六西格玛管理？它有哪些原则？
13. 什么是生产率？如何运用生产率指标判定粗放型经营方式？
14. 什么是运营绩效和供应链绩效？如何提升供应链绩效？
15. 什么是平衡计分卡，它的衡量指标包括哪些方面？

延伸阅读

1. 詹姆斯·斯通纳，爱德华·弗雷曼. 管理学教程［M］. 北京：华夏出版社，2001：474-514.
2. R 麦克劳德. 管理信息系统［M］. 北京：北京大学出版社，2006.
3. 杰克 R 梅雷迪思，斯科特 M 谢弗. MBA 运营管理［M］. 北京：中国人民大学出版社，2004.
4. 门田安弘. 新丰田生产方式［M］. 保定：河北大学出版社，2001.
5. 韩之俊，许前. 质量管理［M］. 北京：科学出版社，2003.
6. 马士华，林勇. 供应链管理［M］. 北京：机械工业出版社，2010.
7. ［美］罗伯特·卡普兰，大卫·诺顿. 平衡计分卡：化战略为行动［M］. 广州：广东经济出版社，2004.

案例讨论

丰田汽车公司是怎样起飞的

丰田汽车公司成功的秘诀是它那传奇般的生产运作体系。竞争对手们多年来一直在努力效仿，但谁也不能做到像丰田公司那样好。麻省理工学院斯隆商学院教授迈克尔·库苏马诺说："丰田在制造、工艺以及营销等关键领域把超群出众的技巧融于一体，我不知道有哪家公司做得比丰田好。要是丰田想把通用汽车公司挤垮，我想他们能够做得到。"

没有一家公司能照搬丰田的生产体系，更不用说取得丰田那样的结果。通用汽车、福特和克莱斯勒都零打碎敲地采用了其中一些内容，本田公司的生产体系在许多方面非常类似丰田生产体系，但是谁也赶不上它们的大师。一位名叫约翰·舒克的美国人 1983 年去了日本，在丰田工作了一段时间，他现在是密歇根大学日本技术管理教程的主任。他说："尽管人们对丰田生产体系做了透彻的研究，但是并没有正确地理解。"

从表面上看，丰田生产体系很简单。它可以用公司喜欢印在 3 英寸见方的卡片上的那种口号式的语句来解释：最大限度地流动，消灭浪费，尊重人。从概念上讲丰田生产体系并不复杂，但是执行和协调会使人流血、流汗、流泪。肯塔基管理丰田装配厂的迈克·达普里莱（MikeDaPrile）把它描述为三个层次：技术、制度和哲学。他说："许多工厂装了紧急拉绳，如果出现问题，你可以拉动绳子让装配线停下来，5 岁的孩子都能拉动这根绳子，但是把正确的哲学灌输到车间要费很大劲。许多人不愿把必要的权力交给车间应该得到那些权力的人。"

采纳丰田生产体系需要不同的思维方式。例如，在多数工厂，工人努力超产，因为一旦他们达到指标，就可以轻松了，结果工作流程忽高忽低。在丰田公司，超产被视为最严重的一种浪费。公司设计一道道工序有条不紊地进行，没有上下波动，给客户的数量正合适。结果是工厂平稳运转，每个人都在忙碌。舒克说："丰田生产体系需要大量详尽的计划、严格的纪律、勤奋的工作和对细微之处的专注。"

看运行中的丰田生产系统就像看一件赏心悦目的东西。丰田公司的装配厂有一种比较活跃的氛围：每个动作都有明确的目的，没有懒散现象。在一般的工厂你会看到一堆堆未加工完的零件，装配线停下来检修，工人站在那里无所事事。在丰田公司，生产过程就像设计的舞蹈，而工人看上去就像舞蹈演员：取零件，进行安装，检查质量，而这一切都是在完美的环境中进行的。达普里莱说："我们相信四个 S——清扫（sweeping）、分类（sorting）、筛选

(sifting)、整洁（spk-and-span）。"

对任何制造商来说，采取丰田生产体系要求信念大跃进。由于没有零件库存，供应商和工人受到很大的按计划生产的压力，如果没有完成计划，还要加班。一个薄弱的环节会使整个系统瘫痪。2月，日本一家为丰田公司提供制动阀的公司遭到火灾的破坏，丰田汽车公司生产停顿，一直到其他70家供应商接过那家公司的生产。

更难模仿的是，丰田公司总在调整自己的生产体系。在20世纪90年代，它力图提高工厂自动化程度，但是机器太贵，不灵活，公司又后退了。在面临日本劳动力长期短缺的情况下，丰田最近力求使工人工作轻松一些。它现在把装配线分成几部分，允许工人在每个部分的最后存少量未加工好的零件以备出现中断时使用。

这种调整能力是丰田成功的重要因素，但是很少被人们认识到。在东京大学教学的哈佛大学商学院毕业生藤元考宽研究过丰田汽车公司。他说："丰田真正的力量在于它的学习能力。它的雇员注意思考问题，为用户着想，这些是公司生气勃勃的源泉。丰田公司的做法不断变化，但它的基本原则不变。"

丰田生产体系妙就妙在它的原则适用于汽车业的其他部分，而不限于制造部分。产品开发同车间的运转一样，也需要领导、协作和交流。卡尼公司的老顾问詹姆斯·梅蒂亚卡说："许多人把产品开发视为艺术成就，但他们在竞争中失败了。重要的不是超群出众的人，而是超群出众的系统（实际上是工厂）和从错误中吸取教训的文化。丰田汽车公司有很强的实力。他们可以在18个月或者更短的时间推出一种轿车，他们不会重犯同一种错误。"

丰田汽车公司这样做遵循的是丰田生产体系的原则。正像藤元和他在哈佛大学商学院的合作者金·克拉所写的，有效的产品开发不仅需要创造性和搞创新设计的自由，而且需要在计划安排、资源利用和产品质量方面进行约束和控制。丰田汽车公司对放在工程师（或者电子技术人员）桌上等待批准修改的蓝图就像它对未加工完的零件一样，认为只要放在那里，就妨碍工作的完成，消除它或者推动它才可以使过程得到改善。

同丰田汽车公司其他工种一样，产品开发也在变化。在20世纪90年代早期，丰田系统精明强干，推出更多型号，提供更多选择，但是价格高出市场能承受的程度。所以，两年前公司重新把工程技术人员分成三组——前轮驱动车组、后轮驱动车组和货车组，使各组内部不同项目比较容易使用统一零件。即将完成对丰田产品开发系统研究的库苏马诺说："在权衡产品的统一和分化与合算地共用零件方面，丰田汽车公司干得很出色，比其他公司都好。"

改组工作由负责研究与发展的常务副总裁、63岁的和田昭洋主管。通过成立三个组，和田实际上把权力从丰田公司富有传奇色彩的Shusas（权力巨大的总工程师，各个项目完全由他们说了算）手中夺了过来。这些总工程师曾被视为丰田系统的核心，人们责备他们互相竞争，造成新型号成本过高，过于复杂。此外，和田说："总工程师们往往模仿已经投入市场的型号，而不是自己创新。我喜欢不过分注意市场声音的人。"1994年丰田推出的受欢迎的RAV4多用途运动型汽车体现出了创新精神。它不同于当时市场上其他任何多用途运动型汽车，用的是轿车底盘而不是货车底盘，比较轻，开起来比较舒服。

丰田公司使产品开发又上了一个新台阶，令竞争者胆战心惊。多数汽车公司按顺序开发类似的型号。先设计凯美瑞小轿车，然后设计凯美瑞小客车。这样可以减轻工程技术负担，确保一种型号的问题在另一种型号开始研制以前解决。但是丰田公司是几种类似的型号同时开发，工程方面的工作是重要的。这使比如说悬置小组能同时研究几种不同的方案。和田说："我们劝人们看看其他项目以简化研制过程。他们可以互相吸取失败的教训和成功的经验。"麻省理工学院的库苏马诺认为：项目重叠使丰田公司从设计到投产的时间可以节省15%，工程设计时间可以节省50%。

在这种新的方式下，丰田公司的高产似乎无与伦比。在过去两年，它推出了18种新车型或重新设计的车型，其中包括新的Corolla，在日本、欧洲和美国有不同的型号。几种日本车型，如Picnic和ComllaSpacio，从批准设计到投产只用了14个半月的时间，大概创下了业界的纪录。和田说，丰田在过去4年中的制造产量增加了1倍，而开支预算只增加了20%，这种成绩令人吃惊。

除了努力推出新型号外，丰田汽车公司在技术方面也让人眼花缭乱。它在日本将成为第一家出售成批生产的混合型发动机汽车的公司，这种车称为Prus，由电动机推动，电动机的能量来自电池块和1.5升的汽油发动机，前者使汽车开动，后者使汽车保持行驶速度。由于发动机的工作少了，Prius汽车每加仑汽油大约可行驶106公里，排出的二氧化碳只有普通发动机的一半。丰田公司希望每月卖出1 000辆，但是这种车并不赚钱，因为它的成本是公司要价17 900美元的两倍。奥田硕相信日本和其他地方的消费者比过去任何时候都更关心环境问题，他希望公司能利用这一变化。

丰田宣布它在发动机设计方面有了新的突破，令业界大为吃惊。1998年款的Corolla汽车120马力的发动机比以前少用了25%的零件，重量减轻了10%，燃料利用率高10%，价格大大降低。公司没有透露所有细节，但人们知道它取消了几个支架，把它们与发动机铸在一起；它还合并了几个电子传感器。这些变化以及日元对美元的汇率非常有利的下跌，使1998年款Corolla汽车的价格比1997年款的价格令人意外地降低了1 500美元。

丰田公司在技术上再显身手，宣布它在研究21世纪初取代以汽油为动力的内燃机的发动机方面居领先地位。奥田硕说，公司在调动一切力量研究燃料室技术，在2005年以前生产出这种汽车。燃料室通过氢氧化学反应发电，不产生有害气体。梅赛德斯-奔驰汽车公司已经宣布它可望在8年内研制出燃料室汽车，但奥田硕显然决心超过它。

没有一家汽车公司能生产自己所需要的一切，而丰田对外部供应商的依赖超过其他大多数公司。它自己生产30%的汽车零件，通用汽车公司约65%。几年前，丰田汽车公司把供应商作为丰田生产系统的一个组成部分，常常通过购买股票获得控股权来完善这种关系。丰田公司率先搞的适时交付零件的做法已经传到其他行业，但是丰田汽车公司还通过让供应商充分参与其经营活动的各个方面来加深它与供应商的关系。

丰田公司在日本自己的“后院”培养供应商，从中得到的好处是其他任何汽车制造商无法比拟的。戴尔说，丰田的独立供应商离公司的装配厂平均只有约95公里，每天可送八次货。相比之下，通用汽车公司在北美的供应商离它们服务的工厂平均约687公里，每天交货不到两次。结果，用库存占销售的百分比衡量，丰田及其供应商的库存只有通用汽车公司的1/4。据戴尔估计，如果通用汽车公司的效率像丰田汽车公司那样高，它每年可节省5亿美元。

丰田与供应商的关系远不止地理位置相近。阿尔文工业公司（Arvin Industries，向丰田和其他汽车公司供应排气系统和减震悬架的公司）的首席执行官拜伦·庞德（Byron Pond）说：“一些制造商问‘我怎么迫使你接受我的意见?’而丰田汽车公司问‘我怎么帮你改进?’”为了让阿尔文公司成为供应商，丰田汽车公司在印第安纳的两名工程师在阿尔文公司的工厂里待了7个月，改进了工序和材料管理并提高了质量，使阿尔文公司成为丰田公司的合同供应商，尽管该公司还为一家与丰田竞争的公司供货。庞德说：“丰田是一家不可思议的公司。”

讨论题

1. 丰田公司生产体系的核心思想是什么，这一思想是如何在生产中得到贯彻的?

2. 丰田公司生产管理体系在生产、研发及人员管理方面都发挥了什么样的作用?

3. 讨论如何在我国企业中运用丰田生产体系?

第十六章　控制方法与危机控制

10 年来我天天思考的都是失败，对成功视而不见，也没有什么荣誉感、自豪感，而是只有危机感。也许是这样才存活了10 年。

——任正非《华为的冬天》

第一节　官僚控制的方法

所谓控制方法就是对那些能够衡量和纠正组织行为偏差一般性方法的统称。威廉·大内将组织的控制从战略层次角度划分为三类：行政控制、市场控制和团体控制（见表 16-1）。迄今为止，人们发现对组织行为的约束和调整是通过组织机制和市场机制来实现的。其中，组织机制可以分成正式制度和非正式制度两类。事实上，行政控制就是利用正式制度的控制，而团体控制就是利用非正式制度的控制。所谓行政控制就是利用正式的章程、规则、法规和权威来规范人们的行为。它主要利用预算控制、审计控制和财务控制等手段。团体控制（clan control）是基于人们相同的价值观、目标和相互信任上的控制。此外，市场控制用价格机制对组织的行为进行规范，它将组织内部的经济活动视为经济交易。它是将市场机制引入组织，这是现代管理学的创造。

表 16-1　组织控制类型与特征

类　型	特征和要求
行政控制	利用正式的章程和规则、标准、层级制、法规和权威
市场控制	利用价格、竞争、交换关系
团体控制	利用传统、共同价值观和信念、信任

所谓行政控制本质上是依赖于韦伯所描述的科层组织，即具有组织内的分工和专业化、层级化的权力结构、明确的规章制度和组织程序、正式的沟通方式等特征。在企业中，规范员工行为的常用规章和程序有企业基本制度、管理制度、技术规范、业务规范和行为规范。无论是组织权力结构、规章，还是组织程序都是通过人流、物流、信息流和资金流来实现控制。而所有这些要素流动的性质，都可以用资金流来表征，也可以通过资金投放和收缩来调整。因此，预算控制、审计控制和财务控制等手段就成为行政控制的基本方法。

一、　预算控制

预算就是用数字特别是用财务数字的形式来陈述的组织中短期活动计划，它预估了在未来特定时期内的收入，还规定了各部门支出的额度。预算控制是将实际和计划进行比较，确认预算的完成情况，找出差距并进行弥补，以实现对组织资源的充分合理利用。预算还结合了前馈控制、同期控制和反馈控制，并广泛运用于组织的各个不同层次的控制中。

1. 预算的用途

编制预算主要有四种用途。

（1）落实战略计划。战略是组织的长期发展计划，在战略制定中涉及很多不确定因素。预算则是考虑在年度内特定情况的约束下，组织以何种方式来落实战略计划，从而提高绩效。以货币形式表示的预算，往往传递了利润的获取、资本的使用等组织关键性资源的信息。它可以使管理者了解组织状况的变化方向以及组织中的优势部门与问题部门所在，从而为调整组织活动指明了方向。

预算控制是将实际和计划进行比较，确认预算的完成情况，找出差距并进行弥补，以实现对组织资源的充分合理利用。

（2）指定责任。预算的编制明确了每个管理者的责任，预算还授权责任中心的管理者可以支配一定数额的开支。

（3）确定绩效评估的基础。由于预算用货币形式为企业各部门的各项活动编制计划，因此它使企业在不同时期的活动效果和不同部门的经营绩效具有可比性，用数量形式的预算标准来对照企业活动的实际效果大大方便了控制过程中的绩效衡量工作，也使之更加客观可靠。

（4）协调作用。通过为不同的职能部门和职能活动编制预算，不仅为协调企业活动提供了依据，更重要的是，预算的编制及执行始终与控制过程联系在一起，编制预算是为企业的各项活动确立财务标准，并在此基础上，很容易测量出实际活动偏离预期效果的程度，从而为采取纠正措施奠定了基础。

2. 预算的类型

财务报表用来追踪出入组织的商品和服务的货币价值。财务报表是组织监控三个主要方面的财务状况的基本工具：①流动性，将资产转变为现金以满足现期财务需要和偿债需要的能力；②总体财务状况，负债和股本之间的长期平衡（扣除负债后的资产）；③赢利能力，在长期内获取稳定利润的能力。财务报表被管理者、股东、金融机构、投资分析家、工会及其他企业利益相关者广泛用来评估组织的业绩。例如，管理者可以对组织现在的财务报表与过去的财务报表进行比较，还可以与竞争对手的财务报表进行比较，用以衡量组织在一定时期内的业绩。获得足够的信息后，他们就能洞察出变化趋势，并采取纠正措施。另一方面，银行家和投资分析家则根据财务报表来决定是否应该向某家公司投资。但是，财务报表并不能显示所有相关信息。例如，由于组织活动的特点不同，预算表中的项目则会有所不同。一般来说，预算内容包括经营预算、成本预算、现金预算、资产负债预算等，经营预算是由收入预算、支出预算组成的。

（1）收入预算。收入预算是所有利润项目预算中最关键的，但也是最不确定的。它是由预期的销售价格和销售量的乘积来计算，用以衡量营销的效率。拥有大量的订单则比较容易做出准确的销售预算。即使是波动的市场销售也可以通过控制广告、服务、人员培训及其他因素来影响销售，对销售做出预测。

（2）成本预算。传统的成本会计计量方法已经不适合今天的经济环境，因为它是以过时的组织层次划分为基础的。克莱斯勒和通用电气都开始采用以活动为基础的成本计量（ABC）方法。ABC 法假设组织是由为满足客户需求的不同业务人员组成的集合，组织是由人力资源、采购、维护三个部分组成。ABC 法就是对活动流程进行确认，并将成本匹配到特定的业务中去。通过要求员工将每天的活动进行分解以定义他们的基本活动。例如，公司质量控制部门的员工从事的活动包括统计销售订单、部件来源、工程变化和解决问题。这些活动形式就构成了ABC法的基础。用传统的方法虽然也可以得到相同的成本总额，但ABC法是根据业务活动的过程来配比成本的，它更直观准确地表现了成本在产品和服务中的分布情况；它还指出了哪些是浪费性的活动，或哪些活动发生的费用对这项活动能为客户提供的利益来说过高。通过提供这样的信息，ABC法迅速成为一种监督企业业务流程的有效方法。

（3）现金预算。现金预算是对企业未来生产与销售活动中现金的流入与流出进行预测。现金预算只能包括那些实际包含在现金流程中的项目，如赊销所得的应收账款在用户实际支付以前不能列为现金收入。企业的销售收入很大，即使利润相当可观，但大部分尚未收回，或收回后被大量的库存材料或在制品所占用，那么它也不可能给目前的企业带来现金上的方便。通过现金预算，可以帮助企业发现资金的闲置或不足，从而指导企业及时利用暂时过剩的现金，或及早筹齐维持运营所短缺的资金。

（4）资产负债预算。资产负债预算是对企业会计年度末的财务状况进行预测，它可以发现企业未来的财务安全性不高、偿债能力不强等问题；可能要求企业在资金的筹措方式、来源及其使用计划上做相应的调整。另外，通过将本期预算与上期实际发生的资产负债情况进行对比，还可发现企业财务状况可能会发生哪些不利变化，从而指导事前控制。

3. 预算的编制

如果组织有了战略发展计划和下一年的经济发展预测，编制预算的过程就开始了。因为组织的战略发展目标和环境预测是管理者制定预算的指导方针。一般而言，预算的编制是由主管人员来负责，预算部门和预算委员会负责提供预算信息及相关技术。预算部门是由总会计师负责，设计预算系统和形式，把不同部门的预算整合成组织的总预算，并报告预算的实际绩效；预算委员会的职能是审查预算，协调不同的观点，修改和批准预算建议书。在计划实施中，预算委员会还要审查控制报告，以监督计划的实施过程，审核预算的变动。

有效的预算过程是“自上而下”与“自下而上”的结合。单纯的“自上而下”有可能会导致预算脱离实际，从而难以成功；单纯的“自下而上”如果控制不严，就会偏离组织的战略发展目标。在编制预算过程中，在对组织有限的资源进行分配时，有些管理者可能会担心分配不公。当管理者之间彼此竞争时，关系就会紧张起来。管理者知道管理层将会根据其完成预算的情况来评价其绩效，所以他们也会对预算感到焦虑。因此，他们就会关心预算标准是什么，并夸大他们对资源的需求，以便为自己留有一些余地。相反，他们的上级管理者关心的是建立具有进取性的预算目标。所以，高层管理者经常努力裁减这些下级管理者的费用申请或提高其收入目标，这就导致了彼此之间的不信任和焦虑，特别是在员工开始怀疑预算将不会满足他们的需要时，更是如此。扩大预算编制过程的组织成员参与范围，可以减少这类焦虑反应。当所有管理者都参与预算编制时，他们更可能对资源分配感到满意。

财务报表是用来追踪出入组织的商品和服务的货币价值，它是组织监控资产的流动性、总体财务状况和赢利能力的基本工具。

二、财务控制

财务报表是用来追踪出入组织的商品和服务的货币价值，它是组织监控资产的流动性、总体财务状况和赢利能力的基本工具。对组织整体绩效进行控制的两个主要的财务报表是资产负债表和利润表。

1. 资产负债表

资产负债表反映的是企业在某一时点的财务结构。资产负债表分为三个部分：资产、负债、股东权益。资产是公司拥有的各种物品的价值，它包括流动资产和非流动资产。货币资金、短期投资、应收票据、应收账款、存货等都属于流动资产。长期投资、固定资产净值、无形资产则属于非流动资产。负债是公司所承担的债务数量，它包括流动负债（如应付账款、应付票据等）和长期负债。股东权益是公司应付给股东的数额。资产、负债和股东权益三者关系如下：

资产 = 负债 + 股东权益

2. 利润表

利润表反映了公司收入和支出的各项内容。它概括了公司在一定时期内的财务绩效。损益控制是公司最常用的控制手段，在多样化经营的公司中，主要是针对每个事业部。如果控制是由部门进行的，比如，在事业部中，部门经理必须对本部门的收入和费用、利润和亏损进行控制。各个部门的产出、成本包括管理费用在内都由各个部门自身承担。预期的净收入是衡量一个部门绩效的标准。

3. 财务评价

利用财务报表提供的数据，并通过财务比率和经营比率，可以对组织整体绩效进行检查，这些比率可以说明公司运营的有利和不利之处。

（1）偿债能力评价。组织偿债能力可以分为短期偿债能力和长期偿债能力。衡量短期偿债能力大小的有流动比率、速动比率和现金比率指标。流动比率是流动资产和流动负债的比率，这个比率表明企业用于偿还流动负债的流动资产的充足程度；速动比率是速动资产和流动负债的比率，所谓速动资产就是能够迅速转化为现金的资产，包括现金、应收及预付款项等；现金比率是可以立即运用的资金与流动负债的比率。

反映长期偿债能力的指标有资产负债率、负债权益率、利息保障率和长期负债与营运资金比率。资产负债率是负债总额与资产总额的比率。企业的资产负债率反映了在企业全部资产中有多大的比例是通过借债而筹集的。负债权益率是企业由债权人和股东提供的资金的相对数量，这一比率如果低于1.5，就认为没有过度负债。

资产负债率 = 负债总额/资产总额

（2）营运能力评价。营运能力是企业各项经济资源，包括人力资源、生产资料资源、财务资源、技术信息资源和管理资源等，在环境条件和企业目标的约束下，通过配置组合与相互作用而生成的推动企业运行的物质能量。

营运能力分析包括流动资产周转情况分析、固定资产周转情况分析和总资产周转情况分析。反映流动资产周转情况的指标主要有应收账款周转率、存货周转率和流动资产周转率。应收账款周转率是反映应收账款周转速度的指标，它是一定时期内赊销收入净额与应收账款平均余额的比率。应收账款周转率有两种表示方法。一种是应收账款在一定时期内（通常为一年）的周转次数，另一种是应收账款的周转天数即所谓应收账款账龄。存货周转率是一定时期内企业销货成本与存货平均余额间的比率。它是反映企业销售能力和流动资产流动性的一个指标，也是衡量企业生产经营各个环节中存货运营效率的一个综合性指标。在一定时期内应收账款周转的次数越多，表明应收账款回收速度越快，企业管理工作的效率越高。这不仅有利于企业及时收回货款，减少或避免发生坏账损失的可能性，而且有利于提高企业资产的流动性，提高企业短期债务的偿还能力。在存货平均水平一定的条件下，存货周转率越高，表明企业的销货成本数额增多，产品销售的数量增长，企业的销售能力加强。

总资产运营能力可以用总资产周转率次数和总资产周转天数来衡量。总资产周转率次数是销售收入净值与平均资产总额的比率。总资产周转率是从周转速度来衡量企业全部资产的使用效率，总资产周转次数越多说明企业资产分布结构合理，运营能力强。

（3）赢利能力评价。赢利能力是企业偿债能力与营运能力的综合体现。它可以直接由资产结构、资产运用效率、资产周转速度以及偿债能力等方面表现出来。总资产报酬率是指企业一定时期内利润总额与资产总额的比率。在竞争比较激烈的情况下，总资产报酬率越高，说明总资产利用的效果就越好。

尽管财务比率既提供了绩效标准又提供了已完成任务的指标，但过度地依赖财务比率也是有负面效应的。因为比率总是基于某一时间段（月、季或年），它容易引起管理近视——管理者以牺牲长期战略目标为代价而过分注重短期收入和利润。此外，财务比率将其他重要因素都放在了次要位置，即研发、管理开发、人力资源管理及其他因素可能没有得到足够的关注。因此，比率的使用应辅以其他控制手段进行补充。组织可以通过市场份额、获得专利权的数量、新产品的销售、人力资源开发及其他绩效指标对管理者进行考核。

三、 审计控制

从证实财务报表的诚实和公正，到为管理决策提供关键性的基础，审计有着许多重要的作用。审计是对反映企业资金运动过程及其结果的会计记录及财务报表进行审核、鉴定，以判断其真实性和可靠性，从而为控制和决策提供依据。审计控制分为三种主要类型：外部审计、内部审计和管理审计。

1. 外部审计

外部审计是由外部机构（如会计师事务所）选派的审计人员对企业财务报表及其反映的财务状况进行独立的评估。为了检查财务报表及其反映的资产负债的账面情况与企业的真实情况是否相符，外部审计人员需要抽查企业的基本财务记录，以验证其真实性和准确性，并分析这些记录是否符合公认的会计准则和记账程序。外部审计实际上是对企业内部虚假、欺骗行为的一个重要而系统的检查，而企业往往会掩盖那些可能会被发现的不光彩的事，因此外部审计起着鼓励诚实的作用。外部审计的优点是可以保证审计的独立性和公正性。但是，由于外部的审计人员不了解内部的组织结构、生产流程的经营特点，在对具体业务的审计过程中可能会产生困难。此外，处于被审计地位的内部组织成员也可能会产生抵触情绪，不愿积极配合，这也可能增加审计工作的难度。

出于战略的考虑，企业也可以利用公开信息对竞争对手或其他公司进行外部审计。这类审计包括：调查其他公司，寻找购并的可能性；对主要供应商的信誉进行评估；发现竞争对手的长处和短处以保持或加强企业的竞争优势。外部审计常常作为发现和调查借贷欺诈行为的反馈控制手段。

2. 内部审计

内部审计是对公司本身的计划、组织、领导和控制过程所做的阶段性评估。它评估的是：公司为自己做了什么；公司为客户或产品和服务的其他接受者提供了什么。公司可以对很多因素做出评价：财务的稳定性、生产效率、销售效果、人力资源开发、赢利增长、公共关系、社会责任或其他有关组织效果的指标。审计涉及公司的过去、现在和未来。内部审计可以由财务部门的指定人员作为一项独立任务来完成。在规模较大的组织里，也可以由一个专职的内部审计小组来进行。审计的范围与深度根据公司规模和政策的不同而有所不同，既可以做相对窄的调查，也可以除了对控制系统进行评价之外，还对公司的政策、程序、权力的使用以及管理方法的整体质量和效果等进行广泛、综合的分析。通过对现有控制系统有效性的检查，内部审计人员可以提供有关的改进建议，以促使公司政策符合实际，工作程序更加合理，作业方法被正确掌握，从而实现组织的自我修正。

3. 管理审计

管理审计是一种对企业所有管理工作及其绩效进行全面系统的评价和鉴定的方法。管理审计既可以由内部的有关部门进行，也可以聘请外部的专家来进行。

管理审计的方法是利用公开记录的信息，从反映企业管理绩效及其影响因素的若干方面将企业与同行业其他企业或其他行业的著名企业进行比较，以判断企业经营与管理的健康程度。

反映企业管理绩效的影响因素主要有：①经济功能，即检查企业产品或服务对公众的价值，分析企业对社会和国民经济的贡献；②企业组织结构；③企业赢利状况，根据赢利在一定时期内的持续性和稳定性来判断；④研究与开发，管理者对待研发的态度如何，新产品的比重和企业的研发储备如何；⑤财务政策，评价企业的财务结构是否健全合理，企业是否有效地运用财务政策和控制来达到短期和长期目标；⑥生产效率；⑦销售能力，这方面的评估内容包括企业商誉、代销网点、服务系统以及销售人员的工作技能和工作态度；⑧对管理者的评估，即对企业的主要管理人员的知识、能力、勤奋、正直、诚实等素质进行分析和评价。

管理审计常常存在一些不良的现象：从事了不必要的工作；重复工作；不良的存货控制；机器设备的不经济使用；不必要的费用和资源的浪费等。尽管如此，管理审计仍然可以对整个组织的管理绩效进行评价，为指导企业未来改进管理系统的结构、工作程序和结果提供了有用的参考。

第二节　市场控制与团体控制

尽管通过使用法定权威、标准化、规定、规则和封闭监督的行政控制一直占据着控制理论的中心地位，但是控制概念背后的哲学和原则正在发生着变化。管理者常常被教会如何规范员工的工作，保证他们严格按照标准的生产程序进行生产。事实上，正式的行政控制系统并不总是最有效的。市场控制和团体控制在当代控制理论中悄然崛起，它们提供了更为灵活的规范员工行为的方法。

一、　市场控制

与行政控制是利用组织力量相比，市场控制则是借助于经济力量，它是通过价格机制来规范员工的行为。当组织利用竞争性价格来评定公司和部门的效率时，市场控制的方法就已经开始起作用了。

1. 市场控制与内部市场

> 市场控制则是借助于经济力量，它是通过价格机制来规范员工的行为。

最早提出“内部市场”理论设想的是美国麻省理工学院的 Forrester 教授，他在 1965 年发表了一篇题为《一种新的企业设计》的文章，首次阐述了“内部市场”的理论构想。美国 Ackoh 教授在

《创造公司的未来》一书中从管理科学的角度阐述了将“内部市场”付诸实施的主要原则：①将一个组织建成由大量的“内部企业”构成的机构，“内部企业”成为组织的基本“砖块”。这些“内部企业”就好像通常所说的企业，具有对运作的自主控制权。由于这些“内部企业”都要以其经济绩效进行核算和考核，因此它们又被称为“利润中心”。②组织的高层管理者集中管理组织的结构，不再通过直接的命令来管理组织，而是把市场机制引入到组织内部。企业管理层如同联邦政府一样，通过制定金融政策、财务政策、政治方针、激励方案等来管理整个组织。③在“内部市场”中，要重视并鼓励集体的合作精神。“内部市场”不能是一个放任自流的市场，而应该是一个“企业家社团”，通过鼓励和促进各“内部企业”之间的合资或联合，形成集体资源的共享，创造一种集体合作的文化。

今天在企业内部，尤其是在跨国公司内部，内部市场已经广泛存在。内部市场的形式也已经多样化了。以实物流为基础的有：内部成品市场、内部中间产品市场、内部技术情报市场等。此外，还有内部资本市场和内部劳务市场。1987年，美国的出口贸易中有40%是内部贸易，在进口贸易中也有38.9%是内部贸易。当今世界贸易总额的40%以上是公司内部的贸易。企业市场控制的产生是外部市场的不完全和组织管理成本两个方面压力的产物，企业内部市场化既可以节约交易费用，又可以避免较高的组织费用。

行政控制机制的产生在很大程度上是为了避免外部控制过程中不信任和缺乏信息的弊端，但是，完全利用行政机制控制企业会产生很多阻碍企业发展的因素，比如行政机制影响信息的传递和处理的效率；庞大的管理体系使企业付出高额的组织费用；企业各部门缺少发展动力等问题。要使企业具有活力、精干高效，最好的办法就是在企业中引进市场机制，使下属部门的独立性增强，用市场机制自行控制和衡量它们的经济行为。内部市场控制使价格成为产品和服务价值的指示器，价格机制对控制生产率的绩效可以发挥重要作用。其表现在：①内部市场控制可以通过内部市场将市场竞争引入到企业的内部，从而提高企业的市场应变能力、运作效率。②内部市场控制能够调动下属部门和员工的积极性。利润中心可以拥有更大的经营决策权和利润分配权，以充分发挥各部门的创造力。③内部市场控制还有助于组织结构的变革，有利于消除科层组织结构的臃肿，建立网络化组织。④市场经济本质上是分工经济，内部市场控制也有助于提高企业的专业化水平。

2. 三个层次的内部市场控制

内部市场控制的特点和作用可以通过公司层、部门层和个人层表现出来。

在公司层次上，市场控制通常用于规范独立的事业部门，每个事业部门都是典型的相互竞争的利润中心。高层经理人员可以使用盈亏指标来进行绩效评估。

> 所谓转移价格就是组织内部不同事业部门之间进行贸易时所确定的内部价格。

事业部门层次上的市场控制表现为公司内部贸易。转移定价就是组织运用市场机制调整内部交易的一种方法。所谓转移价格就是组织内部不同事业部门之间进行贸易时所确定的内部价格。转移定价法的主要原理是：当外部存在高度竞争市场时，转移价格应该等于外部市场价格。转移价格的市场控制增加了企业成本控制的压力，各事业部门可以通过外包来寻找外部供应商，例如，培训和开发既可以由内部的人力资源部门来做，也可以由外部的咨询公司来做。转移定价在跨国公司中也成为在全球范围内配置资源、避免高税收、应对东道国政府以获取高额利润的一种重要手段。

个人层次上的市场控制常常表现为激励制度和工资制度。市场价格通常是员工潜在价值的最好量度，以市场为基础的控制能刺激员工加强自身的技能，使有较高经济价值的人更快地被晋升到较高的职位。市场控制符合当今人力资源管理的发展趋势，即不是简单地提高员工福利，而是更加注重提高员工的可就业能力。CEO 的股票期权在本质上是一种市场控制方法，如今 CEO 一半以上的工资要依靠长期的突出业绩。

二、 团体控制与信任

虽然基于行政和市场机制的控制系统已经满足现代企业的控制需要，但是，不论是控制的对象、控制的环境还是管理的性质现在都在发生变化，因而需要团体控制来补充传统的行政控制留下的空白。所谓的团体控制是组织学习型控制的一种表现，它主要利用企业文化手段（如企业共享的价值观、承诺、传统、信念）来控制行为，团体控制需要组织具有共享的价值观和员工之间的相互信任。

1. 从行政控制到团体控制

组织的成员和工作的性质正在发生变化。在知识经济时代，企业中智力劳动所占的比重越来越大，对成员的智力要求越来越高。工人已不只是传统的体力工人，知识工人的出现改变了工人的层次结构。在知识型企业中，企业已经变成了“专家”的联盟。管理者往往并不了解员工的工作内容，当真正的专家位于组织的最底层时，以层次控制为基础的行政控制就变得不现实了。

控制的环境也在发生变化。企业的市场环境和技术环境都不再长期相对稳定，消费趋于个性化和多样化，技术也从例行技术趋向非例行技术。组织的产品生产和服务提供都适应于柔性的作业系统。这个问题将在下一章中得到更加深入的讨论。在组织成员的智力工作和非标准化、非程序化的作业下，行政控制的直接监督显然是不可能的。

雇佣关系也发生了变化。过去，员工最关心的是工资、安全、工作时间和其他类似的问题。现在，更多的员工希望的是更合适的工作、参与决策、提供解决问题的方案、被赋予挑战性的工作，他们都想充分发挥自己的才能。管理控制系统的改变，要求管理控制要从科层控制转变为学习型控制，从行政控制的方法转向行政控制与团体控制并举。管理者必须对员工进行授权赋能，给予员工相应的决策权力，相信他们会从公司的利益出发。同时，管理者应在彼此尊重的基础上建立平等互助的工作关系、共同的价值观念和行为准则；通过组织的文化来约束、控制每个人的行为，以实现组织的共同目标。

2. 管理文化的团体控制

团体控制的本质是将个体融入团体，将个人的自我内在价值观与组织的价值观和目标相统一，通过团体的共同行为范式来实现组织成员的自我约束和自我控制。这种约束力量主要来源于个人的价值观、目标和标准，因此，组织文化是团体控制的基础。

> 团体控制就是将个体融入到团体之中，将个人的自我内在价值观与组织的价值观和目标相统一，通过团体的共同行为范式来实现组织成员的自我约束和自我控制。

管理文化的团体控制的难度要比行政控制和市场控制的难度大得多。实践表明，文化强弱与组织绩效是一种比较复杂的关系。强文化的表现就是每个人都充分理解并相信公司的价值观念、目标和准则。强文化对员工行为有着较强的影响，可以使公司员工在行为上循规蹈矩、同心协力。但是，强文化内会形成娇骄二气、官僚主义，从而失去创造的活力；错误方向的强文化可以使企业以同一步伐走向衰败。与强文化相比，弱文化中不同的人有不同的价值观，目标不明确，行为也不统一。严重的弱文化体现在：失去了对企业的控制，造成企业内的混乱和矛盾。

科特在《企业文化与经营业绩》中提出，有效的团体控制的基础应当是灵活适应型文化。这种文化追求的是适应市场变化，并在这一过程中领先于其他企业文化。所谓的领先就是在核心价值观念上，管理者更加关注顾客、股东、员工等企业构成要素，重视对企业发展有益的改革和改革过程；在共同行为上，密切注意企业要素的变化，特别是顾客的变化，更好地为顾客、股东和公司员工服务。灵活适应型文化并不是一味地强调文化控制的强弱，而是追求团体控制下的文化创造力。在灵活适应型文化中，有一个共同价值观念，即总是处于不断的变革之中，长期地保持和继承企业文化以适应市场。在这种强文化控制下，管理者可以通过塑造核心价值观念来发挥自己在企业文化方面的领导才能，促进企业以优异的经营业绩持续增长。

三、 控制模式的选择

组织管理者在实际的管理中选择何种控制模式，并不是随心所欲的。有效的控制模式是指控制模式的特征与环境特性和组织结构特性之间的匹配。这种匹配的表现正如 R. 达夫特指出的那样，每个组织中都会同时存在三种控制形式，但只有一种控制形式占据主导的地位。行政控制是应用最为广泛的控制模式，几乎在每一个组织中都能发现某种形式的行政控制。在环境相对稳定、技术变化较慢且属于例行技术、组织规模较大的情况下，行政控制模式是最为有效的。行政控制与科层组织结构相匹配，在行政控制中虽然信息传递较慢，但它的纠偏能力是其他模式无法比拟的。

与行政控制相反，团体控制则适用于组织规模较小、外部环境不稳定、技术不明确、技术属于非例行的情况。团体控制中信任、共享的价值观和行为准则成为重要的资源。团体控制最适合于矩阵式、网络化的横向组织结构。但是，团体控制往往需要很长的时间。由于价值观念的刚性，团体控制的有效性也常常难以如愿。团体控制在本质上是学习型的，随着知识经济社会的发展，团体控制在组织控制中的比重将会逐渐加大。市场控制对技术环境、组织环境和组织的规模没有限制，其在超大型组织中的应用价值更大，在跨国公司中，市场控制成为普遍的形式。在产品易于定价和多元化经营的组织中，运用市场控制最为适宜。因为在多元化经营中，每一个产品事业部都是一个利润中心，市场控制是最有效率的。实际上，控制模式的选择不是简单地挑选某种控制的形式，还包括对不同控制模式的有机组合。每个企业都要根据自己的战略、技术环境和组织定价能力在不同控制形式之间进行平衡，在不同的部门和岗位上做出适当的安排。

第三节 危机管理与控制

组织发展过程中潜伏着各种危机因素。虽然危机变幻莫测，但还是有一些规律可循。为了阻止或减少组织危机所带来的损害，需要对危机进行缩减，做些有效的预备活动；还需要在时间紧迫、人财物资源短缺和信息不充分的情况下做出危机反应与恢复性活动，以使组织恢复到正常的状态。近年来在我国突发的三鹿奶粉事件、双汇瘦肉精事件、达芬奇家具事件等都凸显了危机管理的重要性。

一、 危机及其特征

所谓的危机是指具有严重威胁、不确定性和有危机感的情境，它会引发组织中一系列的负面影响，对组织及其员工在财务和形象上造成巨大的损害。危机具有突发性、破坏性、紧迫性、信息不充分和资源严重缺乏的特征。

1. 危机的特征

(1) 危机的突发性。危机事件常常会在人们注意不到的时间和地点发生。它会使原有的发展格局突然被打乱，从而使人们陷入混乱局面，人们不得不面临一个全新的、不熟悉的环境。正是由于危机的突发性从而导致了管理者几乎来不及行动或做出反应。于是，面对危机有些管理者会表现得束手无策。

> 所谓的危机是指具有严重威胁、不确定性和有危机感的情境，它会引发组织中一系列的负面影响，对组织及其员工在财务和形象上造成巨大的损害。

(2) 危机的破坏性。危机造成的损失往往是严重的，例如，2000 年 10 月国家药品监督管理局公布了对含有 PPA（苯丙醇胺）的药物禁止销售的通告，中美天津史克生产的康泰克为此损失高达 6 亿元人民币，企业的几十个产品一夜之间失去市场。组织的危机损失可能是有形的财务损失，如机器设备、房屋建筑等生产资料及原材料的损失，资金的流失，甚至人员的伤亡；也可能是无形的形象损失，如企业形象及个人信誉的破坏等。

(3) 危机的紧迫性。不仅危机的发生是突然的，而且危机的发展也非常迅速，随着危机的扩展，危机所造成的损失会越来越大。对危机的反应越快速，危机的反应决策越准确（决策的准确度与时间有一定的相关关系），损失就会越小。所以在危机中，时间非常紧迫，对时间的把握在很大程度上决定了危机事件管理的有效性。

(4) 危机的信息不充分。在危机过程中，信息的不充分与危机的突发性和紧迫性有关。因为管理者对突发的危机情境缺乏认识，也没有时间去收集信息。此外，各种信息获取渠道的破坏，例如，通信基站已遭受破坏，从而造成内外部的信息交流无法有效地进行；在危机中，人们处于惊慌状态，人们因为过度紧张而造成信息失真的比率会大幅提高，使得管理者接收到的信息比正常情况下的信息更加复杂，此时，对危机管理有用的信息就显得非常不充分。

(5) 资源严重缺乏。一般来说，用于解决危机的资源是非常有限的。因为在危机中对资源的需求量非常大、使用速度非常快，即使有充分的资源准备，也难以满足危机反应和恢复的需要，特别是危机中的人力资源更加紧缺，训练有素的危机反应人员毕竟有限。那些未受过训练的人员在危机中会惊慌和感到有压力，无法冷静地参与解决危机，因此在危机中，解决危机的人员会感到格外的短缺。

2. 危机发展的过程

危机的形成和发展可以分为四个阶段，即危机的前兆阶段、危机的爆发阶段、危机的持续阶段和危机的解决阶段。①危机的前兆阶段。危机前兆是危机向人们发出的警告。在危机的开始阶段，危机的各种征兆会不断出现。有时前兆不是十分明显，让人难以判断，人们往往会忽视危机的前兆，认为不会带来什么危害，或者错误地认为为时尚早，从而缺乏采取相应的措施。②危机的爆发阶段。进入该阶段以后，危机的发生已经不可逆转。在危机的爆发阶段，危机的突发性、破坏性、紧迫性、信息不充分和资源严重缺乏的特点都会暴露出来。爆发阶段的主要任务就是减少危机继续造成的损失，阻止或延缓危机的蔓延，避免连锁反应。③危机的持续阶段。在这个阶段，危机已经不再继续造成明显的损失。管理者面对的是如何进行危机的处理，即进行危机的调查、自我分析和各种恢复工作。④危机的解决阶段。通过解决危机使组织恢复到正常的状态。一般来说，组织的有形损失较为容易恢复，而无形损失则需要很长的时间恢复。

3. 有效的危机管理

危机管理就是根据危机的特征和发展阶段，在危机管理基础工作上，通过危机发生前的风险评估和预备活动、危机发生后的解决计划和决策以及恢复活动来避免或最大限度地减少危机的损害。

危机管理的过程包括缩减、预备、反应、恢复四个环节，简称4R。

危机管理的基础工作包括组织沟通、媒体管理、危机管理组织的架构等活动。这些活动贯穿于危机管理的全过程，而不是哪个阶段所特有。在危机发生前后，组织都面临如何进行组织沟通，以消除组织内外的冲突。在很大程度上，危机是组织冲突不断升级的结果；媒体管理也贯穿于危机管理的始终，无论是危机发生前还是危机发生后，组织的危机管理都要获得公众的认可，需要得到媒体的支持和利益相关者的帮助。有效的媒体管理可以帮助组织传递信息，改善组织形象，为管理者提供社会支持和解决问题的外脑。

美国危机管理专家罗伯特·希斯将危机管理的过程概括为4R，即缩减（reduction）、预备（readiness）、反应（response）、恢复（recovery）。在危机发生前，缩减活动就是对危机发生的风险进行识别和评估，并对危机风险加以预防和控制；预备活动就是对如何应对各种危机风险发生所做的准备。它包括建立各种危机的预警机制、进行人员培训、组织演习等。在危机发生后，反应活动和恢复活动都是通过影响分析、计划、技能要求、审计来确定危机的恰当解决方法，以求减轻危机的损失，更好地从危机中恢复过来（见表16-2）。

表16-2 危机管理者的五个主要工作

- 危机管理者对危机情境要防患于未然，并使危机影响最小化
- 危机管理者要未雨绸缪，在危机发生之前就做出反应和恢复计划，对员工进行危机处理的培训，并为组织或社区做好准备以应对未来可能出现的危机及其冲击
- 在危机情况出现时，危机管理者需要及时出击，在尽可能短的时限内遏制危机苗头
- 当危机威胁紧逼、冲击在即时，危机管理者需要面面俱到，不能小视任一方面
- 危机过后，危机管理者需要对恢复和重建进行管理

资料来源：罗伯特·希斯. 危机管理［M］. 北京：中信出版社，2001：21.

二、 危机的缩减

组织的危机缩减活动首先是要识别各类危机风险，认清危机风险的来源。陷入危机情境往往是外部环境和内部管理两个方面共同作用的结果。外部环境因素主要有自然灾害、国家政策和经济环境变化的制约、市场波动的冲击、金融风暴、科技进步的负面影响、文化环境变迁的制约等；内部管理因素主要有经营管理观念与经营管理方式落后、管理基础工作薄弱、劳动生产率低下、技术进步缓慢、产品陈旧不能适应市场需求、管理行为失误、投资决策盲目等。外部环境因素对组织来说大多是不可控因素，也是企业无法回避的。内部管理因素大多是可控因素，组织通过危机管理可以降低其危害。

其次，要对危机风险加以评估。危机的风险评估既有定量的方法也有定性的方法。头脑风暴法、德尔菲法、电子会议法都可以运用到危机的风险评估上。常用的危机风险评估方法叫做“危机晴雨表”，它由测定危机影响值和危机发生概率两个部分构成。①测定危机发生的概率和危机的影响值（CIV），对危机的影响从五个方面加以分析：假如危机升级，危机会加剧到何种程度；新闻媒体和政府部门的影响程度如何；危机在多大程度上影响正常业务的进行；企业的形象

会受到何种程度的损害；企业的利润会受到何种程度的损害。②以危机影响值和危机发生概率为两个坐标，将潜在的危机因素划分成四种类型：红色区域（发生概率大于50%，危机影响值大于5）；灰色区域（发生概率大于50%，危机影响值小于5）；琥珀色区域（发生概率小于50%，危机影响值大于5）；绿色区域（发生概率小于50%，危机影响值小于5）。如图16-1所示，当危机处于红色区域时已经相当危险，应当立即采取相应的措施。在危机的风险评估中应当考虑动态的因素和人的心理感觉对客观性的影响。

再次，对危机风险进行有效的预防和控制。预防和控制危机风险可以采用风险回避方法、风险转移方法、减少损失方法。回避风险就是避免从事可能发生该类危机的活动。风险转移的常用方法有：通过购买保险来转移风险；将具有危机风险的财产与活动出售和分包给其他组织及个人以转移风险；签订免除责任协议，例如，医院在手术前与病人家属签署协议来规避手术过程中的风险；组织也可以通过期货套期保值等财务型非保险转移的方法来转移危机风险。减少损失的方法就是降低各种危机源引发危机的能力，改善危机风险所处的环境，抑制危机源与环境之间的相互作用，做好各种措施。

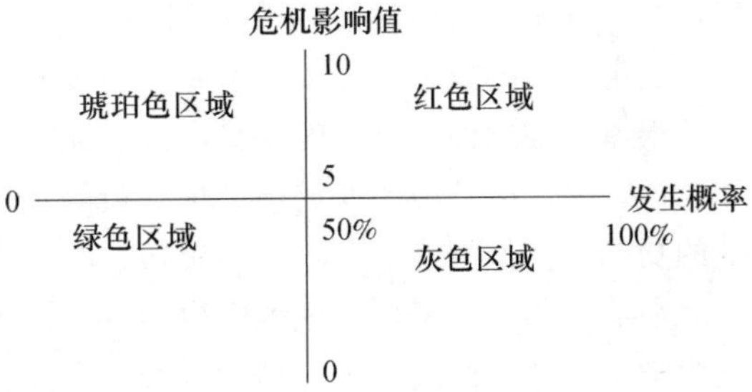

图16-1　危机晴雨表

三、　预警系统

建立危机的预警系统是危机预备管理活动的一个重要方面。预警系统就是组织为了能够感知危机的来临，及时地向组织和个人发出警告而建立的危机信号监测系统。预警系统有利于组织进行快速的反应，因为预警系统可以及时地发出警告，减少判断危机是否发生所花费的时间，还可以弥补因人们的经验欠缺所导致的危机识别障碍。预警系统还可以减少危机监测成本，改善危机监测效果。

1. 危机预警系统的类型

预警系统可以从不同角度加以划分，从预警系统的状态角度可以分成动态或静态的预警系统、移动的或固定的预警系统。从系统的物质属性角度可以分成电子预警系统和指标预警系统。

电子预警系统主要借助于电子手段来进行信息采集、分析、决策和发出警报。电子预警系统是自动预报系统，它要求危机信息和危机之间有着比较明确的关系，如火灾中的烟雾和温度的关系。指标预警系统一般来说用于危机信号与危机的发生之间没有明确的关系，不能简单地将信号与危机的发生直接联系起来。因此，需要对原始的危机信号进行加工，转化成一系列的指标，然后通过综合的指标体系来判定。例如，企业技术创新风险预警系统就是从环境因素、市场因素、技术因素、资金因素、管理因素五个方面来构造的综合指标体系。其中，技术因素就包括企业技术力量、技术的熟练程度、技术领先度、技术难度和技术前景等。建立预警指标系统要选择合适的指标体系，指标不仅要能及时地反应危机的发生，而且还要有相对稳定的内涵和可持续性。动态预警系统是可以通过激活周围的系统或其支持系统来巡视周围环境发展变化，对不利变化做出及时的反应；静态预警系统缺乏对系统发展变化的审视，但它具有简单、操作方便、价格便宜等优点。移动预警系统具有可移动性，可以根据需要被安排在合适的地方。固定预警系统则不可以移动，只能对特定的地方进行监测。混合型系统就是混合使用静态和动态、固定和移动的预警系统。混合型预警系统既便宜又全面，因此被大多数组织所采用，但混合型系统的不足之处在于：覆盖面不完整，可能会出现盲区；系统过多也使系统失灵的可能性加大。

2. 预警系统的建立及其使用中的问题

危机预警系统的建立过程一般可以概括为7个步骤：①确定组织中哪些危机源的监控需要建立危机预警系统；②评估危机风险源、危机征兆、危机征兆与危机发生之间的关系；③根据评估结果确定危机监测的内容和指标，并确定危机预警的临界点；④选择危机预警系统的类型，确定采用的技术、设备、程序和需要配备的系统资源；⑤评估危机预警系统的性能，如系统的误差、准确性、可信度、稳定性、连续性、系统维护措施等；⑥确立预警系统的使用人员和维护人员，以及使用人员与维护人员的责任、权利和义务；⑦向利益相关者说明危机预警系统的功能，使他们能够理解危机警报，并在收到危机警报时能做出正确的反应。

在危机预警系统使用过程中也会存在以下问题：①危机预警系统由于在系统设计上的缺陷或维护不当，从而使系统在运行过程中可能会出现失灵，对即将来临的危机没有发出或不能及时发出警报。②危机预警系统将不是危机发生的信号识别为危机发生的信号，在没有危机威胁时发出危机警报。③预警接收的不确定因素会造成人们对危机警报的反应迟钝。这些不确定性主要来自：预警信息来源是否具有权威性；预警信息是否清晰、连贯；危机预警系统是否具有权威性；危机发生的频率；组织效率和社会文化的影响等。④警报过多，大量警报的刺激会带来许多不利的影响。危机管理的经验表明，被预警的区域中存在20%的人去做出与预警相悖的选择。这20%的人员包括：未能接收到预警信息的人；喜欢自己亲自证实信息的人；害怕结果的人；自认为懂得更多的人；有其他原因的人，如其财产、文物处于危险区域等。管理者要采取合作策略来控制好这些人，并配有预备抢救方案来解决这20%人员的实际危机。

四、 危机反应与恢复管理

当危机事件一旦发生，危机管理的任务就是要减少危机所造成的损失，尽快从危机中恢复过来，从而使组织能够继续发展。

1. 危机反应管理

危机反应管理的目标就是要阻止或减少人、财、物的继续损失，阻止或延缓危机的蔓延，避免或延缓连锁反应，减少或避免人员伤亡。因此，有助于管理者反应行动的技巧就是在处理危机时要反复思考三个关键性的问题：如何争取更多的时间，如何获得更多的信息，如何降低资源损失或耗费。这种思考可以使管理者集中精力，减少压力并有效地解决问题。有效的危机反应措施应当包括以下几个方面的内容。

（1）迅速建立危机反应小组。迅速建立危机反应小组，可以使危机反应有统一的指挥中心，以协调、全面地展开危机反应的各项行动。危机事件反应小组是以CMSS（crisis management shell structure）结构为基础的。CMSS包括危机反应信息部分的咨询系统和信息系统以及危机反应决策部分的决策系统和操作系统四个大系统。

（2）隔离危机。危机爆发所产生的巨大能量使危机具有向外扩张的强烈内在冲动。如果要避免或减少危机的连锁反应，就要采用有效的隔离机制，阻止危机的蔓延。在隔离危机时，组织要了解危机不能被有效隔离的各种原因，然后再有针对性地采取相应的措施。

（3）突出重点，有步骤地采取行动。危机反应人员不应该平均地使用力量，因为危机反应的资源和时间是有限的。如果平均地使用力量，危机反应就可能出现顾此失彼的现象，从而导致重大的损失。因此，危机反应行动应有主次之分。有效的行动需要对危机各部分进行评估：危机各部分继续造成损失的严重程度，危机各部分导致危机蔓延的可能性，危机各部分导致连锁反应的可能性，危机各部分中需要救治的人员，危机反应的有效程度，危机各部分在危机反应中的重要程度，危机中是否存在对危机恢复、组织的可持续发展，甚至对组织的生存有重要作用的方面。

（4）获取更多的信息。获取更多的信息是危机反应能有效进行的保证。如果危机反应中获得的信息不充分，就会浪费危机反应的资源和时间。当危机管理者向受害者收集信息时，应该用怀疑的眼光对待受害者提供的信息，不能盲目地接受，管理者要在综合众多的信息之后，再做出对危机的判断。

（5）节约物质资源，做好后勤保障管理。危机中后勤保障工作需要获取和储备危机反应所需要的资源，合理地配置资源，并将资源提供给危机反应人员。

（6）做好人的管理。危机对受害者、反应者、旁观者的生理和心理都会产生影响。对危机爆发后的逃避反应、惊慌失措、回救反应和其他心理影响导致的异常反应要恢复其理智。危机对人体生理的影响应主要依靠医务人员来处理。现场的危机反应人员要根据医学要求处理和搬运伤员，以便伤员在交给医务人员之前能得到较好的料理。

2. 危机恢复管理

在危机已经得到基本控制以后，危机管理的重点就转向了危机恢复管理。危机恢复管理的目的是恢复危机所带来的损害以维持组织的生存，同时也要抓住危机所带来的机会进行重组，从而使组织获得新的发展。

一般来说，危机造成的损害都会打断组织的正常运营，影响组织运作的连续性，甚至威胁到组织的生存。危机恢复管理首先是要弄清危机事件的损害大小，评价恢复的价值和组织恢复能力，确定恢复工作的方向。当危机损害程度太大，组织恢复能力有限，组织生存出现困难时，恢复工作主要是维持生存，等待组织的重新崛起。斯图尔特研究发现，只有29%的小企业在大危机发生的两年后仍然可以维持经营，大量小企业由于直接的损坏、渠道的破坏、缺少维持运作的物资支持、劳动力减少、客户流失等原因而倒闭。当危机所造成的损失对组织生存有关键性的作用时，组织就要极力恢复危机造成的损失，维持组织的连续性，甚至可以牺牲组织未受危机影响的部分。如果危机造成的损失对组织生存没有太大的影响，其他部分则根据组织的能力而定，有能力恢复的就恢复，没有能力恢复的可以放弃恢复或剥离出售。

危机恢复管理并不是简单地再现危机前的局面，而是应该抓住时机力争使组织获得新的发展。危机往往会打破旧的均衡，给组织带来革新的机会。如果企业能够以此为动机，按照社会的发展方向进行组织变革和再造，将会最大限度地减少危机所造成的损失；恢复危机管理也可以借组织同心协力、共渡难关之机，塑造组织内部的团结；恢复危机管理还可以利用组织内部自我反省的机会，对一些潜在的问题进行反思；危机往往会使组织受到新闻媒体、公众、利益相关者的更多关注。组织的良好表现可以向社会展现积极的形象，从而消除原有的一些偏见。

制定危机恢复计划用以指导具体的危机恢复行动。危机恢复计划一般包括：①危机恢复对象总论。危机恢复对象有哪些，危机恢复对象的重要性排序等。②每种危机恢复对象所需资源的分配。每种危机恢复对象可以得到哪些资源，资源如何进行储备，如何提供给危机恢复人员，供应的时间表如何制定等。③每种危机恢复对象的人员配置。每种危机恢复对象由哪些人负责，主要负责人的确立、权利和责任等。④补偿和激励。危机恢复人员的激励政策，额外付出可以得到的补偿等。⑤危机恢复的预算。各种危机恢复对象的预算约束、危机恢复的分阶段预算等。⑥危机恢复个人与团队之间的协调和沟通政策等。

本章回顾

小 结

行政控制、市场控制和团体控制是三种主要的控制手段与方法。在行政控制中，预算控制的重点是落实组织的战略计划。它通过自上而下与自下而上的结合，确立组织的收入预算、成本预算、现金预算和资产负债预算等；资产负债表、利润表是进行组织绩效控制的主要财务报表，利用财务报表中的数据可以检测企业的偿债能力、营运能力和赢利能力。审计控制则是对企业的资产运动过程和会计结果进行审核、监督，以判定其真实性。行政控制存在阻碍企业发展的因素，市场控制和团体控制对行政控制进行了有益的补充。企业内部的市场价格机制可以有效地提高企业的应变能力和运作效率；通过对团体价值观念的整合和团体共同行为方式的塑造，可以实现对员工的自我约束与自我控制。在组织的发展过程中潜伏着各种危机，有效的危机管理过程的实现要依赖对缩减、预备、反应和恢复过程的有效控制。

关键术语

行政控制	财务报表	预算控制	财务控制
转移价格	团体控制	危机	危机管理过程
市场控制	审计控制		

思考题

1. 预算的主要目的和预算的主要类型分别是什么？
2. 预算编制过程应当注意哪些问题？
3. 简述财务报表的两种基本形式，讨论利用财务报表进行控制的缺陷。
4. 如何依据财务报表来确定组织的偿债能力、营运能力和赢利能力？
5. 简述审计的三种基本形式及其主要特点。
6. 什么是市场控制和团体控制？它们产生的根据是什么？
7. 行政控制、市场控制和团体控制三者的关系如何？
8. 如何才能有效地选择控制的模式？
9. 组织危机的特征和发展过程是什么？
10. 简述危机缩减活动的主要内容。
11. 简述预警系统的类型，建立和使用预警系统应当注意的主要问题有哪些？
12. 讨论如何处理好危机反应和危机恢复管理工作？

延伸阅读

1. 詹姆斯·斯通纳，爱德华·弗里曼. 管理学教程［M］. 北京：华夏出版社，2001：453-470.
2. 托马斯 S 贝特曼. 管理学：构建竞争优势［M］. 北京：北京大学出版社，2001：529-560.

3. 罗伯特·希斯. 危机管理［M］. 北京：中信出版社，2001.

4. 诺曼R奥古斯丁. 危机管理［M］. 北京：中国人民大学出版社，2001.

5. 道格拉斯R爱默瑞. 公司财务管理［M］. 北京：中国人民大学出版社，2003.

6. 吴江. 公共危机管理能力［M］. 北京：国家行政学院出版社，2005.

案例讨论

鄂尔多斯集团财务管控

内蒙古鄂尔多斯羊绒集团公司的财务改革经历了一个循序渐进的过程，但是，随着集团事业的迅猛发展和快速扩张，原有的管理手段已经不适应发展的需要。部分下属企业出现了重指标、轻监管、弱化财务管理，甚至指挥不力、调度不灵、有令不行、有禁不止的倾向。一些下属企业依靠集团的“温床”，只管生产加工，忽视了销售市场的开拓，片面追求利润指标，费用摊提不实，成本控制不力，存货超储严重，造成资金闲置浪费，周转不畅，效率低下。全集团出现了高存款、高贷款的“双高”现象，有的企业存款闲置浪费而不能实施调剂使用。财务人员单方面听命于企业领导的指挥，甚至出现欺上瞒下、违纪违规、损害集团大局利益的现象。所有这些问题的产生，都说明缺乏一套严谨、高效的财务管理机制。从1999开始，鄂尔多斯集团公司创立了以“四统一分，两级管理”为主要内容的财务管理新机制，确立了以内部银行为中心的资金管理体制。

四大职能中心的重中之重：财务中心

鄂尔多斯集团公司具有四大职能中心：投资中心、管理中心、财务中心、技术中心。这四大职能中心里最基础和最根本的是财务控制。集团在1997年组建了财务公司。它的主要职能可概括为：“四统一分，二级管理，两个重点，六项工作。”“四统”是指机构、人员、制度、资金统一。

- **机构统一：**集团下属企业财务部门的设立全部由集团财务公司统一决定，大企业设部，中企业设科，小企业设股。
- **人员统一：**全集团所有财务人员由集团财务公司派驻和管理，实行垂直领导，人员的工资、奖金、升迁、职称评定，全部实行垂直管理。
- **制度统一：**财务方面的制度由财务公司统一执行。过去各成员企业报销制度各行其是，你一个标准，我一个标准，非常混乱。现在就是一个制度，各成员企业必须严格统一执行。
- **资金统一：**全集团所有的资金由财务公司一个账户统一管理。所有下属企业在外的开户一律取消，成立内部银行，从源头上管理资金的流向。过去有些企业乱借钱，乱担保，给集团造成了很大的损失。
- **“一分”：**就是分别核算。各成员企业仍旧是独立核算，自负盈亏。

“四统一分”把过去管不住、管不到位的地方从源头上管住了，只要动用资金，就先报预算，由集团审批，不合理的就给卡住了。“二级管理”是指，集团一级核算，各企业一级管理。集团把下属的各投资主体管住，各企业再对自己的车间、总务、工会、分厂等部门进行二级管理。“两个重点”是指，集团的财务管理以资金和成本为重点，采取“抓大放小”的方式抓资金的源头；控制成本，以倒算成本、模拟市场来进行成本指标的分解。

“六项工作”是指，①比价采购，即原辅材料的采购，采取货比三家的方式进行。②工程招标。集团所有的建筑、安装、设备维修全部实行招标制，提高透明度。集团下属的建设安装公司和其他非集团企业一样参与竞标。③预算控制。集团所有单位和部门的支出都要实行预算申报，由集团统一进行资金预算管理。④成本否决。集团把成本指标给下属企业分解以后，如果完不成，对这个企业领导则要否决。⑤费用包干。除有成本的单位外，党政工作处、事业发展处、企业管理处、劳资处、财务处、财务公司等行政部门都实行成本费用包干，即核定一定费用，超支不补，节约部分给予奖励。⑥盈亏考核：指标的考核与部门的经营责任、业绩、职务的升迁都有相互呼应的关系。

财务运营只用 “一个漏斗”

财务公司实施账户统一管理后，银行的利息费用降低了2 800多万元。因为变散存为统存，仅利息一项1999年就至少节约了836万元。

账户统一管理的好处是：第一，统一管理后，由过去的零存变成现在统存在集团一个账户上，可积聚大量的资金，内部从而可以运筹资金，形成内部贷款；第二，启动大量资金还贷款，负责财务的副总经理随时控制资金的流向，如果发现有一笔贷款要到期了，就拿出一笔资金先还掉。过去这个企业的钱不可能还那个企业的钱，内部互相是一种堡垒形式，现在打通了，是一个企业的概念。在财务的运营上他们称之为“一个漏斗进出”。财务管理从被动转为主动。

集团的子公司想用资金，首先必须保证它的回款，并预先提出申请。比如集团某个企业预计年销售额2 000万元，那就给它的账上记下2 000万元。企业要买原料，需要预付款，必须把原料的购进单、用户单、支借单和用款申请报告提供给财务公司，如果三证齐全，自己的账上有资金，就可以批准动用；如果账上没有钱，那要首先向财务公司贷款，财务公司给予贷款后，计收利息。子公司在财务公司存款也要收取利息。这样各家的核算清晰方便，财务公司统一监控。子公司给职工发放福利费，要先打报告。如集团规定每个职工福利费一年是100元，子公司想发200元，财务公司不给发放，这要在过去就管不了，集团公司一个制度出台以后，全能管住。所以财务管理就由过去的事后管理变成了现在的事前分析、事中管理、事后控制。这样，就把过去的被动管理变成了主动管理。

营销环节的财务控制

鄂尔多斯集团的内销市场由集团在北京注册的全资子公司——北京东胜鄂尔多斯工贸中心负责，集团和它在管理上是垂直领导。在财务关系上也实行“四统一分”，然后再通过它贯彻到其分公司去。其分公司资金都要集中到工贸中心的账户上，然后工贸中心再全部打回集团财务公司的统一账户上，与此同时附有一个分配表，即其资金里边应该给某一个企业多少，给另一个企业多少，财务公司再给它分开账户进行管理。如果有一个企业资金闲置不用，集团就可以拿来还集团其他企业的到期贷款，这就把资金的利用率有机地结合了起来。

工贸中心在全中国各地有39家分公司，分公司的业务主要是批发和零售两块。批发主要针对全国各大商场，由专人管理。零售就是管理专卖店，工贸中心在全国有200多个专卖店。1999年集团对工贸中心进行全面整顿后，工贸中心下面的分公司变成了营销、配货、财务三位一体。

财务方面，由集团财务公司对工贸中心、工贸中心对分公司实行直统。就像中央银行层层往下直统管理，财务人员的任命、工资和奖金发放，由工贸中心直接进行。分公司经理不能想雇谁就雇谁，而是由工贸中心的财务部直接给配置，配谁就是谁，账上销售款不准分公司动用，工贸中心财务部指令分公司的财务人员汇款。如果不汇，就处理财务人员。

资料来源：王林祥，张银荣．以内部银行为中心的资金管理［J］．企业管理，2002（8）．

讨论题

1. 鄂尔多斯的财务控制具有什么特点？其理论依据是什么？

2. 鄂尔多斯的财务控制能给我们什么启迪？

3. 鄂尔多斯的管控模式适用的环境条件是什么？在哪些环境下可能会对实施这种管控模式不利？

第六篇　创新

第十七章　管理的创新职能

企业通过创新行为获得竞争优势，包括新技术和新方法。

——迈克尔·波特《国家竞争优势》

创新是唯一的出路，淘汰自己，否则竞争将淘汰我们。

——英特尔公司前总裁安迪·格鲁夫

第一节　创新与创新管理

随着环境复杂性程度和变化速度的提高，管理环境动态性特征越来越显著。在动态环境中生存的社会经济系统，仅维持是不够的，还必须不断对组织活动进行调整，以适应环境变化的要求，这就是经常被人们所忽视的管理的“创新职能”。

本章旨在分析创新与维持的关系，它们对系统生存和发展的作用，创新的类别、内容以及过程，以揭示创新的规律，指导创新职能的履行。

一、　作为管理职能的创新工作

1. 创新与管理创新的内涵

“创新”并不是陌生的词汇，在当今社会中它经常出现在各类媒体特别是管理学著作、教材之中。不少学者对创新都有自己的表述，比较经典的定义来自熊彼特的破坏性创造理论，他在《经济发展理论》中提出，创新就是建立一种新的生产函数，即把一种从未有过的关于生产要素和生产条件的“新组合”引入生产体系。他将创新归纳为五类：以引入一种新产品为主要内容的创新，以引入一种新的生产方法为主要内容的创新，以开辟新市场为主要内容的创新，以获得新的原材料为主要内容的创新，以及以实现一种新的组织为主要内容的创新；德鲁克认为任何改变现存物质财富、创新潜力的方式都可以称为创新，Amindon 也将创新看做新思想的活动，是付诸行动的一切新的想法。因此，所谓创新就是指产生新的思想和行为的活动，它一般包括设备的更新、产品的开发或工艺的改进等。

> 所谓创新就是指产生新的思想和行为的活动，它一般包括设备的更新、产品的开发或工艺的改进等。与具体操作活动创新不同，管理创新是指对管理活动改变的过程，是一种产生新的管理思想和新的管理行为的过程。

如果我们将组织活动划分成具体的操作活动与管理活动的话，

在熊彼特的五种创新形式中，包括不同类型的活动，既有具体操作活动的创新，如新产品的引入，也有管理活动的创新，如创造新的生产方式。因此，人们的创新活动也同样可以分成具体操作创新和管理创新。当然，具体操作创新特别是技术方面的革新是创新的重要内容，但不是创新活动的全部内容。

从逻辑顺序上来考察，在特定时期内对某一社会经济系统（组织）的管理工作主要包括以下内容：①确立系统的目标，即人们从事某项活动希望达到的状况和水平；②制定并选择可实现目标的行动方案；③分解目标活动，据此设计系统所需要的职务、岗位并加以组合，规定它们之间的相互关系，形成一定的系统结构；④根据各岗位的工作要求，招聘和调配工作人员；⑤发布工作指令，组织供应各环节活动所需的物质和信息条件，使系统运行起来；⑥在系统运转过程中，协调各部分的关系，使他们的工作相互衔接、平衡地开展；⑦检查和控制各部门的工作，纠正实际工作中的失误和偏差，使之符合预定的要求；⑧关注内外条件的变化，寻找并利用变革的机会，计划并组织实施系统的创新和发展。

上述管理工作可以概述为；设计系统的目标、结构和运行规划，启动并监视系统的运行，使之按预定的规则操作；分析系统运行中的变化，进行局部或全局的调整，使系统与内外环境保持动态一致。显然，管理过程由两个部分构成：维持与创新。任何组织系统的管理工作无不包含在“维持”或“创新”中，维持和创新是管理的两类基本活动。

与具体的操作活动创新不同，管理创新是指在探究人类创新活动规律的基础上，对管理活动改变的过程，是一种产生新的管理思想和新的管理行为的过程。作为管理活动的一种状态，管理创新就是通过改变管理活动的理念和方法，引入新的管理理念和方法，来实现组织管理效率的提升。当然，不管是操作创新，还是管理创新都是以创新活动规律的认知为前提，但是，企业中的创新活动，不仅是员工的自发性行为，更包括企业自觉的管理过程。例如，我国航天创新，神舟系列飞船的成功发射，就是有计划、有组织管理的结果。因此，管理创新通过对人类创新规律的把握，合理安排组织中的操作创新活动，也是管理创新活动的有价值的副产品。管理创新中的“管理”，不仅是一个名词，同时也是一个动词，即对于人类创新活动的管理过程。所以，我们认为，创新首先是一种思想及在这种思想指导下的实践，是一种原则以及在这种原则指导下的具体活动，是管理的一种基本职能。

我们认为管理创新之所以能够成为管理活动的一个独立职能，原因在于：①管理创新对任何组织来说都是一种重要的活动；②与创新管理活动相对的，维持管理只是管理活动一个环节，管理工作离开了创新环节，管理是不完整，也是无效的（详见“创新管理与维持管理关系”部分）；③管理创新也与其他管理职能一样，具有其内在逻辑性，是人类理性活动的一部分，这种活动既可以被人们所认知，也能够被实践。

作为管理职能的创新，其主要内容包括计划创新（战略创新）、技术创新、组织创新、领导创新和环境创新等，它们构成创新管理活动的基本框架。战略创新旨在探求组织新的目标和目标实现的新路径；技术创新、发现新的组织活动或对组织活动的变革，这些活动旨在完成从投入品到产品的转换；组织创新就是为技术创新活动提供新的组织支持，以适应新环境下的生产和服务；领导创新是为提供与企业创新活动一致的领导方式和人员保障[⊖]；而环境创新则要变革组织环境，以便于组织目标的顺利实现。

⊖ 有关领导创新的内容参考本章第二节的相关内容。

2. 创新工作是重要的管理活动

组织作为一个有机体也和所有的生物有机体一样，都处于不断进化和演变过程之中，任何组织管理只有维持工作显然是不够的，它无法实现组织的可持续发展。管理的创新职能就是要突出“物竞天择，适者生存”的基本规律对组织的作用。

创新对组织来说至关重要，这首先是因为创新是组织发展的基础，是组织获取经济增长的源泉。在过去的一个世纪，人类的经济获得了迅猛的增长，20 世纪大部分行业的增长率超过了第一次工业革命时期。这种发展和增长的根源就是熊彼特所说的创新。创新是经济发展的核心，创新使得物质繁荣的增长更加便利。

其次，创新是组织谋取竞争优势的利器。当今社会，各类组织迅速发展，使得组织间的相互竞争成为普遍现象，特别是全球化的深入，工商业的竞争更加激烈。要想在竞争中谋取有利的地位，就必须将创新放在突出的地位。竞争的压力要求企业家们不得不改进已有的制度、采用新的技术、推出新的产品、增加新的服务。有数据表明，在创造性思维和组织效益之间存在直接的正相关性。

最后，创新是组织摆脱发展危机的途径。我们所说的发展危机是指组织明显难以维持现状，如果不改革组织就难以为继。发展危机对于组织来说是周期性的，组织每一步的发展都有其工作重心的转变和新的发展障碍。在创业期间管理目标更主要是对需求的快速、准确反应，以及资金的充裕和安全问题；进入学步期和青春期，组织管理的目标更多在于利润的增长以及销售量和市场份额的扩大；组织成熟期后管理目标转向维持现有的市场地位。相应地，在各阶段组织会出现领导危机、自主性危机、控制危机和硬化危机。组织只有不断创新才能渡过各种难关，持续健康地发展。

3. 企业创新工作内在逻辑

企业家（entrepreneur）一词来源于法语，它本身就具有冒险家的含义。从中文的含义来看，“企”就是踮着脚，“业”是天职，企业家的含义就是踮起脚，怀着憧憬，希望看到更远的人[㊀]。我们认为所谓的企业家是指企业中能够承担风险和不确定性、发现市场机会并具有创新精神的管理者，它具有两个基本要件：创造利润和指向未来。

企业家是指企业中能够承担风险和不确定性、发现市场机会并具有创新精神的管理者，它具有两个基本要件：创造利润和指向未来。

（1）所谓承担风险和不确定性是指企业家能够克服经营过程中的各种知识与理性的不完全性来发挥作用，他们通过承担经营风险来获得回报，所以企业家在风险领域发挥着更大的作用。

（2）所谓发现市场机会是指企业家能够发现市场机会和那些被市场低估的资源价值。事实上，企业家发现市场机会的警觉是与他们的注意力方向以及解决问题的方法相联系。

（3）创新是企业家的本质，熊彼特认为企业家就是创新者，正是通过创新来获得经济租金，企业家的创造活动包括创造新的产品、使用新的生产方法、开辟一个新的市场、获取新的供货来源以及实现新的组织形式。

人们对管理的创新职能存在一些误解，例如有些人会将创新看成是偶然性的活动，是非正常的千奇百怪的事情，创新源于个别吃螃蟹的人，等等。事实上，就个体的某次创新活动而言，它可能出自于勇于探索的成员，创新的成果也会超出常人的想象，会具有偶然性因素的作

㊀ 贾良定，贾三多．论企业家精神及其五项修炼［J］．南京社会科学，2006（9）．

用，但是，组织的创新工作并不等于个别的创新活动，而是大量的创新活动表现出的共性的逻辑与原则。作为管理职能的创新工作就是在这种原则指导下的创新活动。

实践和理论研究都表明，组织的创新工作经历了内外因素分析、创新计划和决策、组织和实施创新活动等几个环节。内外因素分析就是要分析公司所面对的内外环境因素，分析组织的创新需求，明确组织可创新的问题，认知创新活动的利弊得失。创新计划和决策阶段的任务是确定公司新的愿景和战略，制定创新的计划，如创新的内容、创新的深度和力度、创新的切入点、创新的时间进度和预期达到的目标；在组织和实施创新阶段包括组建创新团队，培训创新骨干，组织重构和重新分配资源，进行创新进程的控制并评估创新的成果，将获得的成果加以推广和应用。于是，组织进入新的管理阶段，其目标是保持和巩固创新的结果，使得创新活动带动组织绩效的全面提升。创新工作就在这种逻辑下持续进行，永无止境。

二、 创新管理与维持管理的关系

作为管理的基本内容，维持与创新对系统的存在都是非常重要的。

维持是保证系统活动顺利进行的基本手段，也是组织中最常见的工作。根据物理学的递增原理，原来基于合理分工、职责明确而严密衔接起来的有序的系统结构，会随着系统在运转过程中各部分之间的摩擦而逐渐地从有序走向无序，最终导致有序平衡结构的解体。管理的维持职能便是要严格地按预定的规划来监视和修正系统的运行，尽力避免各子系统之间的摩擦，减少因摩擦而产生的结构内耗，以保持系统的有序性。没有维持，社会经济系统的目标就难以实现，计划就无法落实，各成员的工作就有可能偏离计划的要求，系统的各个要素就可能相互脱离，各自为政，各行其是，从而整个系统就会呈现出一种混乱的状况。所以，维持对于系统生命的延续是至关重要的。

但是，仅有维持是不够的。

任何社会系统都是一个由众多要素构成的，与外部不断发生物质、信息、能量交换的动态、开放的非平衡系统。而系统的外部环境是在不断地发生变化的，这些变化必然会对系统的活动内容、活动形式和活动要素产生不同程度的影响；同时，系统内部的各种要素也是在不断发生变化的。系统内部某个或某些要素在特定时期的变化必然要求或引起系统内其他要素的连锁反应，从而对系统原有的目标、活动要素间的相互关系等产生一定的影响。系统若不及时根据内外变化的要求，适时进行局部或全局的调整，则可能被变化的环境所淘汰，或为改变了的内部要素所不容。这种为适应系统内外变化而进行的局部和全局的调整，便是管理的创新职能。

任何社会经济系统，不论是谁创建了它，不论创建的目的是什么，一旦它开始存在，它首先必须追求的目标是维持其存在、延续其寿命、实现其发展。但是，不论系统的主观愿望如何，系统的寿命总是有一定期限的。我们把系统自诞生被社会承认开始到消亡被社会淘汰结束的时期称为系统的寿命周期。一般社会经济系统在寿命周期中要经历孕育、成长、成熟、蜕变以及消亡五个阶段。

从某种意义上来说，系统的社会存在是以社会的接受为前提的，而社会之所以允许某个系统存在，是因为该系统提供了社会需要的某种贡献；系统要向社会提供这种贡献，则必须首先以一定的方式从社会中取得某些资源并加以组合。系统向社会的索取（投入资源）越是小于它向社会提供的贡献（有效产出），系统能够向社会提供的贡献与社会需要的贡献越是吻合，则系统的生命力就越是旺盛，其寿命周期则越可能延长。孕育、初生期的系统，限于自身的能力和被社会的了解程度，提供社会所需要的贡献的能力总是有限；随着系统的成长和成熟，它与社会的互相认识不断加深，所能提供的贡献与社会需要的贡献便趋向和谐；而一旦系统不能跟上社会的变化，其产品或服务不再被社会需要，或内部的资源转换功能退化，系统向社会的索取超过对社会的贡献，则系统会逐步地被社会所抛弃，趋向消亡。

根据上面的分析，可以看出，系统的生命力取决于社会对系统贡献的需要程度和系统本身的贡献能力，而系统的贡献能力又取决于系统从社会中获取资源的能力、利用资源的能力以及对社会需要的认识能力。要提高系统的生命力，扩展系统的生命周期，就必须使系统提高内部的这些能力，并通过系统本身的工作，增强社会对系统贡献的需要程度。由于社会的需要是在不断变化的，社会向系统供应的资源在数量和种类上也在不断改变，系统如果不能适应这些变化，以新的方式提供新的贡献，则可能难以被社会允许继续存在。系统在不断改变或调整取得组合资源的方式、方向和结果的过程中，向社会提供新的贡献，这正是创新的主要内涵和作用。

综上所述，作为管理的两个基本职能，维持与创新对系统的生存发展都是非常重要的，它们是相互联系、不可或缺的。创新是维持基础上的发展，而维持则是创新的逻辑延续；维持是为了实现创新的成果，而创新则是为更高层次的维持提供依托和框架。任何管理工作，都应围绕着系统运转的维持和创新而展开。只有创新没有维持，系统会变成无时无刻无所不变的无序的混乱状态，而只有维持没有创新，系统则缺乏活力，犹如一潭死水，适应不了任何外界变化，最终会被环境淘汰。卓越的管理是实现维持与创新最优组合的管理。

（1）创新管理与维持管理在逻辑上表现为相互连接、互为延续的链条。组织的管理总是从创新到维持，再到创新和再到维持循环反复的过程。美国管理学者戴维 K. 赫斯特运用案例研究的方法揭示了组织管理的维持和创新生态的循环过程，这种过程如同森林的产生、成长、毁灭和再生的循环过程。与此类似，阿伯纳西和厄特拜克在产品生命周期理论基础上描述创新类型的分布。在产品的幼年期，组织中需要重大产品创新；进入产品成长期，重大的工艺创新占据主导地位；而在成熟期主要是维持活动；在衰退期中组织又呼唤着重大的产品创新。

（2）有效的管理是实现维持与创新最优组合的管理。维持与创新逻辑上的相互连接、互为延续的关系并不意味着两者在空间和时间上的分离。事实上，组织管理活动是维持和创新的相互融合。有效的管理就是要根据组织的结构维度和关联维度来确定维持和创新的组合。一方面，过度维持会导致组织的僵化和保守，抑制人的能力的发展，也会忽视市场的竞争和技术的变化，导致组织反应能力的下降，使得组织失去发展的机会；过度的维持往往只注重短期利益，忽视了组织的长期的发展战略。另一方面，过度的创新和对创新的采纳消耗了大量的物力、财力资源，并不能从创新收益中得到补偿；过度创新会导致组织规章制度权威性减弱、结构体系紊乱、专业化程度削弱；严重的过度创新还会导致组织凝聚力下降，乃至组织瓦解。

（3）维持管理与创新管理在目标和方向上的不同也就表现为在基本职能上的差异。就管理使命方面来说，创新管理是力图突破现状，率领所领导的企业抛弃一切不适宜的传统的做法；而维持管理则致力于维持秩序和守业。在计划上，创新是以确定组织未来的经营方向为目标，包括愿景目标和实现愿景目标的战略。而维持管理一般是编制短期、周密的计划方案和预算。在组织上，创新管理联合所有相关者，形成企业内外相互密切配合的关系网络。而维持管理一般是设计体现合理的工作分工和协作、汇报关系的结构体系，并配备合适的人员执行结构设计所规定的角色任务。在领导上，创新管理通过与所有能提供合作和帮助的人进行大量的沟通交流，并提供有力的激励和鼓舞，率领大众朝着某个共同方向前进；而维持管理借助于指挥、命令，通过上级对下级的指导、监督，使各层次、各部门的人员能按部就班地开展工作。在控制上，创新管理表现为尽量减少计划执行中的偏差，确保主要绩效指标的实现。而维持管理因应环境变化的需要而适时、适度地调整计划目标。总体上来说，维持管理与创新管理在风格上表现出较大的差异性。在组织中，一个管理者往往难以承担起两方面的角色任务。例如，像艾柯卡那样优秀的创新管理者，却无法完成维持管理的任务。

三、 管理创新分类与基本内容

1. 管理创新的基本内容

管理的基本职能活动可以分成计划、组织、领导和控制。因此，按照不同职能管理的特点，也可以将管理创新划分成计划创新、组织创新、领导创新和控制创新。在现有的理论研究和实践活动中，战略创新、组织创新、技术创新和环境创新是四种最常见的管理创新形式。

(1) 战略创新。什么是战略创新呢？加里·哈默尔提出：“在不断变化的世界里，战略改革是创造财富的关键。战略创新能够调整现存行业模式……既为客户创造价值，又能打乱竞争者的脚步。战略创新是新来者面对巨大的资源短缺也能成功的唯一途径。”[㊀] 企业是在一定的经济环境中从事经营活动的，特定的环境要求企业按照特定的方式提供特定的产品。当环境发生变化，企业的生产方向、经营目标以及企业在生产过程中与其他社会经济组织的关系就要进行相应的调整。例如，在高度集权的经济体制背景下，企业必须严格按照国家的计划要求来组织内部的活动。当社会发生了根本转型，企业同国家和市场的关系发生了变化，企业必须通过其自身的活动来寻求生存和发展。企业的目标就要调整为“通过满足社会需要来获取利润”。至于企业在各个时期具体的经营目标，则更需要适时地根据市场环境和消费需求的特点及变化趋势加以整合，每一次调整都是一种创新。

> 战略创新就是发现和变革组织目标，探寻新的战略路径。它能够调整现存行业模式……既为客户创造价值，又能打乱竞争者的脚步。

(2) 技术创新。现代工业企业的一个主要特点是在生产过程中广泛运用先进的科学技术。技术水平是反映企业经营实力的一个重要标志，企业要在激烈的市场竞争中处于主动地位，就必须顺应甚至引导社会技术进步的方向，不断进行技术创新。由于一定的技术都是通过一定的物质载体和利用这些载体的方法来体现的，因此企业的技术创新主要表现在要素创新、要素组合方法的创新以及产品创新三个方面。

(3) 组织创新。组织创新就是为技术创新活动提供新的组织支持，以适应新的环境下的生产和服务。企业的组织创新包括制度创新、结构创新和文化创新三个层面的内容。要素组合的创新主要是从技术角度分析了人、机、料各种结合方式的改进和更新，而制度创新则需要从社会经济角度来分析企业系统中各成员间正式关系的调整和创新。制度是组织运行方式的原则规定。企业制度主要包括产权制度、经营制度和管理制度三个方面的内容。企业系统的正常运行，既要求具有符合企业及其环境特点的运行制度，又要求具有与之相应的运行载体，即合理的组织形式。因此，企业制度创新必然要求组织形式的创新和发展。组织文化创新首要是从企业的生存环境根本性变化入手，对企业文化进行变革，支持组织创新活动，以实现组织行为与环境的一致性。我们当今的时代科技发展突飞猛进，社会文化都在发展着根本性变化，企业间的竞争越来越残酷，企业文化的变革势在必行。

㊀ 加里·哈默尔．战略创新和追求价值 [M]．北京：华夏出版社，2001.

（4）环境创新。环境是企业经营的土壤，同时也制约着企业的经营。环境创新不是指企业为适应外界变化而调整内部结构或活动，而是指通过企业积极的创新活动去改造环境，引导环境朝着有利于企业经营的方向变化。例如，通过企业的公关活动，影响社区、政府政策的制定；通过企业的技术创新，影响社会技术进步的方向等。就企业来说，环境创新的主要内容是市场创新。市场创新主要是指通过企业的活动去引导消费，创造需求。新产品的开发往往被认为是企业创造市场需求的主要途径。其实，市场创新的更多内容是通过企业的营销活动来进行的，即在产品的材料、结构、性能不变的前提下，或通过市场的地理转移，或通过揭示产品新的物理使用价值，来寻找新用户，抑或通过广告宣传等促销工作，来赋予产品以一定的心理使用价值，影响人们对某种消费行为的社会评价，从而诱发和强化消费者的购买动机，增加产品的销售量。

市场创新主要是指通过企业的活动去引导消费，创造需求的组织活动。

2. 管理创新的分类

管理创新可以从创新程度、变革方式和组织化程度等多个角度分类。

（1）按照管理创新程度分类，可以将管理创新工作分成渐进式创新与破坏性创新。所谓渐进式创新是对现有的管理理念和管理方法进行局部性的改进，从而产生的一种新的管理活动；与渐进式创新不同，破坏性创新则是对现有的管理理论、手段和方法的根本性突破。管理活动是对人的活动协调和优化，对人的本性假设往往是管理理念中重要的一项内容，管理者根据其有效管理理念和环境状况，选择适度的管理方法，实现组织内部目标设置、资源分配、人员的激励和控制。因此，在环境没有发生根本性变化的情况下，管理者可以从已有的管理理念出发，对管理制度和管理方法进行适度调整，充分保证管理活动的有效性，这种创新管理就是一种渐近式管理。相反，社会经济不断发展，社会成员和社会成员间的关系都发生了巨大的变化，因此，它要求管理者从管理理念出发，根据不同的人性假设和不同的技术手段来创新管理活动，这种创新就是破坏性创新。

（2）按照管理创新变革方式分类，可以将其分为局部创新、整体创新、构件创新和结构创新。局部创新是指在系统性质和目标不变的前提下，系统活动的某些内容、某些要素的性质或其相互组合的方式，系统的社会贡献的形式或方式等发生变动；整体创新则往往改变了系统的目标和使命，涉及系统的目标和运行方式，影响了系统社会贡献的性质。事实上，管理活动主要包括管理理念和管理方法，要素创新是指对构成整个管理活动的基本要素进行的创新，例如管理网络化就是利用网络技术对信息处理方式的变革，是一种要素层面的创新，也有不少管理创新是在管理投入要素的核心概念不变的情况下，对要素组合方式进行创新。这种创新被称为结构创新。

（3）从创新的组织程度上看，可分为自发创新与有组织的创新。任何社会经济组织都是在一定环境中运转的开放系统，环境的任何变化都会对系统的存在和存在方式产生一定影响，系统内部与外部直接联系的各子系统接收到环境变化的信号以后，必然会在其工作内容、工作方式、工作目标等方面进行积极或消极的调整，以应付变化或适应变化的要求。同时，社会经济组织内部的各个组成部分是相互联系、相互依存的。系统的相关性决定了与外部有联系的子系统根据环境变化的要求自发做了调整后，必然会对那些与外部没有直接联系的子系统产生影响，从而要求后者也做出相应的调整。系统内部各部分的自发调整可能产生两种结果：一是各子系统的调整均是正确的，从整体上说是相互协调的，从而给系统带来的总效应是积极的，可以使系统各部分的关系实现更高层次的平衡，除非极其偶然，这种情况一般不会出现；二是各子系统的调整有的是正确的，有的是错误的，这是通常可能出现的情况。因此，从整体上来说，调整后各部分的关系不一定协调，给组织带来的总效应既可能为正，也可能为负（这取决于调整正确与失误的比例），也就是说，系统各部分自发创新的结果是不确定的。与自发创新相对应的是有组织的创新。有组织的创新包含两层意思：①系统的管理人员根据创新的客观要求和创新活动本身的客观规律、制度化地检查外部环境状况和内部工作，寻求和利用创新机会，计划和组织创新活动。②系统的管理人员要积极地引导和利用各要素的自发创新，使之相互协调并与系统有计划的创新活动相配合，使整个系统内的创新活动有计划有组织地展开。只有有组织的创新才能给系统带来预期的积极的比较确定的结果。鉴于创新的重要性和自发创新结果的不确定性，有效的管理要求有组织地进行创新。为此，必须研究创新的规律，分析创新的内容，揭示创新过程的影响因素。

当然，有组织的创新也有可能失败，因为创新本身意味着打破旧秩序，打破原来的平衡，因此，具有一定的风险，更何况组织所处的社会环境是一个错综复杂的系统，这个系统的任何一次突发性的变化都有可能打破组织内部创新的程序。但是，有计划、有目的、有组织地创新，取得成功的机会无疑要远远大于自发创新。

第二节　创新的领导与组织

变革与创新是对孪生兄弟。创新的过程无不以变革为开始，变革过程也是为了创造出新的产品、新的技术、新的制度和新的组织结构。创新工作就是按照变革与创新过程的规律，从事组织和领导变革与创新活动，使得组织发展与内外环境达到动态平衡。

一、　变革与创新的过程

1. 抵制变革与创新的根源

组织的创新工作始于管理者对于组织内外环境的分析，弄清组织实施变革与创新活动的真实价值。尽管组织总是面对着各种变革与创新的压力，但是大多数的变革与创新都会遇到组织内外的抵触情绪，这些消极因素追求安于现状。因此，任何变革与创新活动都是有代价的。有效的创新工作必须对组织中的每种变革与创新的驱动力与抵制力有着清晰的认识，从而明确实施某项创新活动可能的收益和成本。下列问题是管理者从事变革与创新时必须加以思考的：组织为什么要实施某项变革与创新活动；变革与创新的成功实施可能给组织带来的变化；这种转变可能给组织带来任何额外的损失。

组织中对变革和创新的抵触力来自于复杂的系统因素：组织的文化、既定的发展战略、组织的结构、技术水平、领导的风格、成员的因素都可能使得变革与创新受到阻碍。人的因素是变革与创新抵触力中最活跃的因素。组织成员抵触情绪的基本原因如下。

（1）个人利益。变革与创新意味着原有的组织结构被打破，工作流程将被重新设计，利益将重新分配。人们害怕失去原有的利益，担心丢掉工作、薪水减少或者丧失现在的权力和地位。

（2）缺乏了解。不少组织进行变革与创新的方式存在问题，缺乏与组织成员进行事前的有效沟通，变革与创新领导小组闭门造车。组织成员需要知道如何进行变革，如果出现信息真空，就难免谣言四起，让人们焦躁不安。即使变革与创新的方案能使每个人受益，人们也可能会因为缺乏了解而误解它，进而反对它。

（3）评价差异。组织成员间私有信息的差异会导致人们对变革与创新活动有着不同的评价和看法，信息的不对称使得组织员工并不像管理者那样看待企业制定的新的战略目标；组织成员怀念“过去的好时光”也会导致变革与创新目标认知的差异。这种不同的评价结果产生的抵制力不一定是消极的，因为持有不同意见的双方都可能是正确的。

（4）惰性。人们习惯于原来的工作方式，并不希望打破现状，这使得人们不自觉地产生对变革与创新的抵制情绪。

（5）团队心理压力。有些团队不能承受变革的心理压力。如果一个团队凝聚力强，来自同事的压力就能让其成员反对哪怕是合理的变革与创新。因为变革可能会否定过去的成绩，失去同事的网络，打乱原有的工作节奏。所以大家不愿打破现状而去尝试新路。此外，变革与创新的时机和其出现的突然性也会造成抵触的情绪。不少组织的创新的阻力就是来自于缺乏对变革时机的合理把握；缺乏赋予人们足够的心理准备时间。

2. 激发变革与创新的过程

激发人们变革通常需要经过三个阶段：解冻、实施变革与创新、冻结。

激发变革过程有解冻、实施变革与创新、冻结三个阶段。

解冻就是指在组织内部广泛宣传变革与创新的必要性，让每个人和每个团体都能够真正感受到变革与创新的必要，接受变革与创新的挑战。对付变革抵触情绪的方法如表17-1所示。

转变就是实施变革与创新的过程。它是指通过寻找机会、提出构想、迅速行动、坚持不懈等变革与创新的环节，提出变革与创新的观念和将其付之行动的过程。在转变过程，要使得组织成员认同变革与创新促进者的价值观、态度和行为，并将之内化为自我的价值观和行为。组织和领导变革与创新是创新职能的重要部分。

冻结是指通过加强和支持手段，使得变革与创新活动锁定成为组织的新范式和新规范。

表17-1　对付变革抵触情绪的基本方法

方　法	一般的应用条件	优　点	缺　点
教育和沟通	信息缺乏或资料及分析不精确	人们一旦被说服，就往往会帮助实施变革	如果涉及的人很多，就会很费时间
参与和投入	变革的发起者所需的资料不完整或者其他人的反对力量强大	参加到变革计划中的人会热衷于它的实施，他们所掌握的相关信息也将被包括到计划之中	如果参与者设计了一项不合适的变革方案，就很浪费时间
提供便利和支持	人们是因为调整问题而反对	这是处理调整问题的最好方法	可能耗费时间和金钱，并有可能白费
协商和同意	有些人或有些团体将在变革中遭到明显的损失，而且这些团体的反对力量很强大	有时这是一条避免强烈的抵触的简便途径	如果它提醒了其他人都要通过协商才顺从的话，你将要付出相当高的代价
操纵和拉拢	当其他技巧都无效或太昂贵时	这是一种相对迅速、节约的解决方式	为未来埋下隐患，因为人们可能会认识到自己被操纵了
明示的或暗示的强制	时间紧急而且变革的发起人有相当的权力	迅速并能解决任何反抗	如果发起者激怒了某些人，就很危险

资料来源：科特，施莱辛格. 选择变革战略［J］. 哈佛管理评论，1979.

3. 实施变革与创新活动的过程

就“创新一族”来说，它们必然依循一定的步骤、程序和规律，总结众多成功企业的经验。成功的变革与创新要经历“寻找机会、提出构想、迅速行动、坚持不懈”这样几个阶段的努力。

（1）寻找机会。创新与变革是对原有秩序的破坏。原有秩序之所以要打破，是因为其内部存在着或出现了某种不协调的现象。这些不协调对系统的发展提供了有利的机会或造成了某种不利的威胁。创新活动正是从发现和利用旧秩序内部的这些不协调现象开始的。不协调为创新提供了契机。

旧秩序中的不协调既可存在于系统的内部，也可产生于对系统有影响的外部。就系统的外部说，有可能成为创新契机的变化主要有：技术的变化，从而可能影响企业资源的获取、生产设备和产品的技术水平；人口的变化，从而可能影响劳动市场的供给和产品销售市场的需求；宏观经济环境的变化，迅速增长的经济背景可能给企业带来不断扩大的市场，而整个国民经济的萧条则可能降低企业产品需求者的购买力；文化与价值观念的转变，从而可能改变消费者的消费偏好或劳动者对工作及其报酬的态度。

就系统内部来说，引发创新的不协调现象主要有：①生产经营中的瓶颈，可能影响了劳动生产率的提高或劳动积极性的发挥，因而始终困扰着企业的管理人员。这种卡壳环节，既可能是某种材料的质地不够理想，且始终找不到替代品，也可能是某种工艺加工方法的不完善，或是某种分配政策的不合理。②企业意外的成功和失败，如派生产品的销售额从而其利润贡献不声不响地、出人意料地超过了企业的主营产品，老产品经过精心整顿改进后，结构更加合理、性能更加完善、质量更加优异，但并未得到预期数量的订单……这些出乎企业意料的成功和失败，往往可以把企业从原先的思维模式中驱赶出来，从而可以成为企业创新的一个重要源泉。

企业的创新，往往是从密切地注视、系统地分析社会经济组织在运行过程中出现的不协调现象开始的。

（2）提出构想。敏锐地观察到了不协调现象的产生以后，还要透过现象究其原因，并据此分析和预测不协调的未来变化趋势，估计它们可能给组织带来的积极或消极后果，并在此基础上，努力利用机会或将威胁转换为机会，采用头脑风暴法、德尔菲法、畅谈会法等提出多种解决问题、消除不协调，使系统在更高层次实现平衡的创新构想。

（3）迅速行动。创新成功的秘密主要在于迅速行动。提出的构想可能还不完善，甚至可能很不完善，但这种并非十全十美的构想必须立即付诸行动才有意义。“没有行动的思想会自生自灭”，这句话对于创新思想的实践尤为重要，一味追求完美，以减少受讥讽、被攻击的机会，就可能坐失良机，把创新的机会白白地送给自己的竞争对手。T. 彼得斯和 W. 奥斯汀在《志在成功》一书中介绍了这样一个例子：20 世纪 70 年代，施乐公司为了把产品搞得十全十美，在罗彻斯特建造了一座全由工商管理硕士（MBA）占有的 29 层高楼。这些 MBA 在大楼里对第一件可能开发的产品设计了拥有数百个变量的模型，编写了一份又一份的市场调查报告……然而，当这些人继续不着边际地分析时，当产品研制工作被搞得越来越复杂时，竞争者已把施乐公司的市场抢走了 50% 以上。创新的构想只有在不断地尝试中才能逐渐完善，企业只有迅速地行动才能有效地利用“不协调”提供的机会。

（4）坚持不懈。构想经过尝试才能成熟，而尝试是有风险的，是不可能“一打就中”的，是可能失败的。创新的过程是不断尝试、不断失败、不断提高的过程。因此，创新者在开始行动以后，为取得最终的成功，必须坚定不移地继续下去，绝不能半途而废，否则便会前功尽弃。要在创新中坚持下去，创新者必须有足够的自信心，有较强的忍耐力，能正确对待尝试过程中出现的失败，既为减少失误或消除失误后的影响采取必要的预防或纠正措施，又不把一次“战役”（尝试）的失利看成整个“战争”的失败，知道创新的成功只能在屡屡失败后才姗姗来迟。伟大的发明家爱迪生曾经说过：我的成功乃是从一路失败中取得的。这句话对创新者应该有所启示。创新的成功在很大程度上要归因于“最后五分钟”的坚持。

二、 领导变革与创新

创新工作的重要的内容就是根据创新与变革活动的规律，领导组织创新与变革活动。管理学家J. 科特提出成功的变革与创新的领导包括八个环节：树立紧迫感、建立强有力的领导联盟、构建愿景规划、沟通创新愿景、广泛的授权运动、夺取短期胜利、巩固已有成果及深化创新，将创新成果制度化。

（1）树立紧迫感是创新工作的一项关键责任。领导创新与变革管理需要仔细审视现实中的竞争压力，认清危机和机遇。市场竞争环境的压力既为组织的变革与创新提供了动力，也为变革与创新指明了方向。

（2）建立强有力的领导联盟是指创新工作必须要有组织的保障。组织一个强有力的领导创新的群体，赋予它们领导创新的足够的权力，鼓励领导群体的成员协同作战。组织的创新与变革工作常常由于缺乏强有力的领导联盟而导致失败。

（3）构建愿景规划能够引导创新的方向。组织的愿景既是创新工作的出发点也是创新的归宿。一个清晰可信的、令人鼓舞的愿景确定了组织存在的理由和目标；它说明组织的经营哲学和经理理念，对组织的活动起指导作用；它能够统一员工的信念，争取利益相关者的依赖和支持。组织的愿景是由组织成员的个人愿景汇集而成，是组织成员的共同愿景。

（4）沟通创新愿景就是利用各种可用的媒介工具，与其他人沟通新的愿景规划和战略，通过领导联盟的示范，传授新的行为。

（5）广泛的授权运动是实现组织创新愿景的基础。授权以实施愿景规划就是要扫清创新途中的障碍；改革阻碍组织实现创新的体制和机构；鼓励甘冒风险与非传统的观点、活动与行为。

（6）夺取短期胜利就是不只是等待愿景的完全实现，而是计划取得一些小的胜利，让每个人都能看到进步。要夺取短期胜利就是要制定逐步改进绩效的规划；实施规划，改进绩效；表彰和奖励参与绩效改进并获得成效的员工。尽可能做到将短期胜利的积极影响扩展到整个组织。

（7）巩固已有成果及深化创新就是利用对前一阶段成果的良好信任，改革与愿景规划不相适应的体制、结构、政策；培养、任用、晋升能执行愿景规划的员工；选用新项目、新观点和创新推动者再次激活整个创新过程。

（8）将创新成果制度化就是将创新的活动融入到组织文化之中，展示创新的积极成果，表明新的行为方式和改进结果之间的联系，不断地寻找新的变革力量和领导者，不断吸引创新先导者共同对变革与创新负起责任。

三、 创新管理的技能

有效的创新工作需要管理者为部属的创新提供条件、创造环境，有效地组织系统内部的创新。

1. 正确理解和扮演“管理者”的角色

管理人员往往是保守的。他们往往以为组织雇用自己的目的是维持组织的运行，因此自己的职责首先是保证预先制定的规则的执行和计划的实现，“系统的活动不偏离计划的要求”便是优秀管理的象征。因此，他们往往自觉或不自觉地扮演现有规章制度的守护者的角色。为了减少系统运行中的风险，防止大祸临头，他们往往对创新尝试中的失败吹毛求疵，随意惩罚在创新尝试中遭到失败的人，或轻易地奖励那些从不创新、从不冒险的人……在分析了前面的关于管理的维持与创新职能的作用后，再这样来狭隘地理解管理者的角色，显然是不行的。管理人员必须自觉地带头创新，并努力为组织成员提供和创造一个有利于创新的环境，积极鼓励、支持、引导组织成员进行创新。

2. 创造促进创新的组织氛围

促进创新的最好方法是大张旗鼓地宣传创新，激发创新，树立“无功便是有过”的新观念，使每一个人都奋发向上、努力进取、跃跃欲试、大胆尝试。要造成一种人人谈创新、时时想创新、无处不创新的组织氛围，使那些无创新欲望或有创新欲望却无创造行动从而无所作为者感觉到在组织中无立身之处，使每个人都认识到组织聘用自己的目的不是要自己简单地用既定的方式重复那些也许重复了许多次的操作，而是希望自己去探索新的方法，找出新的程序，只有不断地去探索、去尝试才有继续留在组织中的资格。

3. 制定有弹性的计划

创新意味着打破旧的规则，意味着时间和资源的计划外占用，因此，创新要求组织的计划必须具有弹性。

创新需要思考，思考需要时间。把每个人的每个工作日都安排得非常紧凑，对每个人在每时每刻都实行“满负荷工作制”，则创新的许多机遇便很难发现，创新的构想也无条件产生。美籍犹太人宫凯尔博士对日本人的高节奏工作制度就不以为然，他说：一个人“成天在街上奔走，或整天忙于做某一件事……没有一点清闲的时间可供他去思考，怎么会有新的创见？”他认为，每个人“每天除了必需的工作时间外，必须抽出一定时间去思考”。美国成功的企业，也往往让职工自由地利用部分工作时间去探索新的设想。据《创新者与企业革命》一书介绍，IBM、3M、奥尔-艾达公司以及杜邦公司等都允许职工利用5% ~15% 的工作时间来开发他们的兴趣和设想。同时，创新需要尝试，而尝试需要物质条件和试验的场所。要求每个部门在任何时间都严格地制定和执行严密的计划，则创新会失去基地，而永无尝试机会的新构想就只能留在人们的脑子里或图纸上，不可能给组织带来任何实际的效果，因此，为了使人们有时间去思考、有条件去尝试，组织制定的计划必须具有一定的弹性。

4. 正确地对待失败

创新的过程是一个充满失败的过程。创新者应该认识到这一点，创新的组织者更应该认识到这一点。只有认识到失败是正常的，甚至是必需的，管理人员才可能允许失败，支持失败，甚至鼓励失败。当然，支持尝试、允许失败并不意味着鼓励组织成员去马马虎虎地工作，而是希望创新者在失败中取得有用的教训，学到一点东西，变得更加明白，从而使下次失败到创新成功的路程缩短。美国一家成功的计算机设备公司在它那只有五六条的企业哲学中这样写道：“我们要求公司的人每天至少要犯 10 次错误，如果谁做不到这一条，就说明谁的工作不够努力。”

5. 建立合理的奖酬制度

要激发每个人的创新热情，还必须建立合理的评价和奖惩制度。创新的原始动机也许是个人的成就感、自我实现的需要，但是如果创新的努力不能得到组织或社会的承认，不能得到公正的评价和合理的奖酬，则继续创新的动力会渐渐失去。促进创新的奖酬制度至少要符合下述条件。

（1）注意物质奖励与精神奖励的结合。奖励不一定是金钱上的，而且往往不需要金钱方面的，精神上的奖励也许比物质报酬更能满足驱动人们创新的心理需要，而且，从经济的角度来考虑，物质奖励的效益要低于精神奖励，金钱的边际效用是递减的，为了激发或保持同等程度的创新积极性，组织不得不支付越来越多的奖金。对创新者个人来说，物质上的奖酬只在一种情况下才是有用的：奖金的多少首先被视为衡量个人工作成果和努力程度的标准。

（2）奖励不能视为"不犯错误的报酬"，而应是对特殊贡献甚至是对希望做出特殊贡献的努力的报酬，奖励的对象不仅包括成功以后的创新者，而且包括那些成功以前甚至是没有获得成功的努力者。就组织的发展而言，也许重要的不是创新的结果，而是创新的过程。如果奖酬制度能促进每个成员都积极地去探索和创新，那么对组织发展有利的结果是必然会产生的。

（3）奖励制度要既能促进内部之竞争，又能保证成员间的合作。内部的竞争与合作对创新都是重要的。竞争能激发每个人的创新欲望，从而有利于创新机会的发现、创新构想的产生，而过度的竞争则会导致内部的各自为政、互相封锁；协作能综合各种不同的知识和能力，从而可以使每个创新构想都更加完善，但没有竞争的合作难以区别个人的贡献，从而会削弱个人的创新欲望。要保证竞争与协作的结合，在奖励项目的设置上，可考虑多设集体奖，少设个人奖，多设单项奖，少设综合奖；在奖金的数额上，可考虑多设小奖，少设甚至不设大奖，以给每一个人都有成功的希望，避免"只有少数人才能成功的超级明星综合征"，从而防止出现相互封锁和保密、破坏合作的现象。

第三节　工作流程的再造

工作流程就是为了实现组织目标和任务的工作路径，它表现了各类工作间的顺序关系。实现组织目标和任务的工作流程往往是多种多样的，最佳的工作流程是实现了目标、技术、人员间的动态均衡。美国管理学者迈克尔·哈默和詹姆斯·钱皮首先提出了业务流程再造的思想（BPR），它强调流程导向来代替传统的职能导向的组织形式，它追求流程的改造和创新，为组织的创新工作提供了全新的思路。

一、　工作流程的特性和功能

1. 组织基本流程的类型

组织中基本的工作流程按照其在组织结构中的不同可以分成战略流程、经营流程和保障流程三个基本层次。

> 工作流程就是为了实现组织目标和任务的工作路径，它表现了各类工作间的顺序关系。

战略流程是通过这些流程组织规划和开拓它的未来，包括战略规划、产品与服务的开发以及新流程开发等。计划决策流程是战略流程中的主要流程之一，它的基本功能是确定企业长远发展的目标、投资方向、重大投资项目以及如何实施、如何执行，确保企业明确自己未来的共同理想。经营流程则是用于实现组织的日常功能，如赢得顾客、满足顾客、顾客支持、现金与收支管理、财务报告等。生产作业流程、营销流程和资金核算流程是经营的三个流程。

生产作业流程是企业最基本的流程，其基本功能是确保投入产出的有效进行，使得生产成本低，资源配置效率高，产出尽量多，从而产生良好的经济效益；营销流程是指从需求预测、产品设计、产品推广、渠道选择到售后服务等营销活动的全过程。资金核算流程主要是对生产经营过程中的成本费用、资金占用等进行核定，以达到成本控制的目的。

保障流程是为战略流程和经营流程顺利实施提供保障的流程，例如人力资源管理、管理会计、信息系统等。其中人事管理流程的基本功能是为企业运作准备和开发人力资源，并在工作中评价、考核员工，调动其工作积极性，防止差错；信息收集流程就是指企业的信息管理部门如何到外界各部门各方面收集、处理、汇总、传递信息的全过程；资金筹措流程是企业到资本市场上进行信用融资、权益融资的全过程。它的功能是为企业很好地筹措经营运作所需要的长期资金和短期资金，保证企业资金的正常周转运作。

2. 组织工作流程构成的影响因素

（1）工作流程的构成。组织工作流程作为完成一项任务的全过程，因此，它的构成因素是离不开工作本身和工作各环节的先后次序和各环节间的转换关系的。

1）工作。组织的工作流程是由一些具体工作或步骤所组成，任务的特性决定每个流程中具体工作的内容及要求。对于程序性任务人们已经有了明确的工作顺序和步骤，只要照此进行便可获得圆满成果。在非程序性的任务中，这些任务对于人们来说是偶然发生的、没有规律性、探索性的工作，没有既定的工作步骤，人们需要探索什么是应该做的工作，什么是不应该做的工作，什么是最佳的工作路线等问题。

2）逻辑关系。它是指流程中具体工作步骤之间客观存在着先后顺序的关系。但是，现实中一个工作流程的逻辑关系不是唯一的，完成任务的途径具有可选择性。每个工作流程的现实的选择都受到各种影响构成的作用。这种可选择性赋予工作流程可以改造和变动的特性，从而为人们探求最为满意的工作流程、追求高效地完成任务提供了可能。

3）转换关系。任何的流程从上一个工作环节到下一个工作环节的转换也会受到时间、空间、各种物理条件和社会条件的限制。转换关系是对这些限制的描述。转换时间是转换关系中的基本因素，流程的转换时间越长则完成任务的效率就会越差。一个满意的工作流程既需要合理地确定基本工作单位，也需要基本工作单位的先后顺序环节，还需要工作单位间很快地衔接。充分节约转换过程的物质、能量、信息和时间。

（2）影响工作流程构成的因素。在工作流程中，无论是流程的工作步骤的划分，还是工作步骤的逻辑关系与转换关系的确定事实上都受到了组织文化、工艺技术特征、管理的风格等因素的制约。工作流程本身就是对这些因素在一定程度上的折射反映。

1）组织的文化。组织文化特别是组织的价值观念会导致工作环节和工作步骤的明显差异，进而可能产生不同的效率。如图17-1所示的两组银行储蓄服务的工作流程就表明了不同的价值取向。

两个流程相比较而言，尽管流程完成的目的一样、任务一样，但流程内包含的工作环节与工作步骤的设定完全不同。前者更加注重的是内部工作的秩序和准确性；后者则关心提高办事的效率和顾客的满意度，它的整个服务时间只有前者的1/3。前者恰恰是计划经济条件下的银行所信奉的“银行工作不能出错”、“你们要我服务”的理念和价值观的产物。后者则是从以顾客为中心、提高顾客满意度的观念出发设定的。

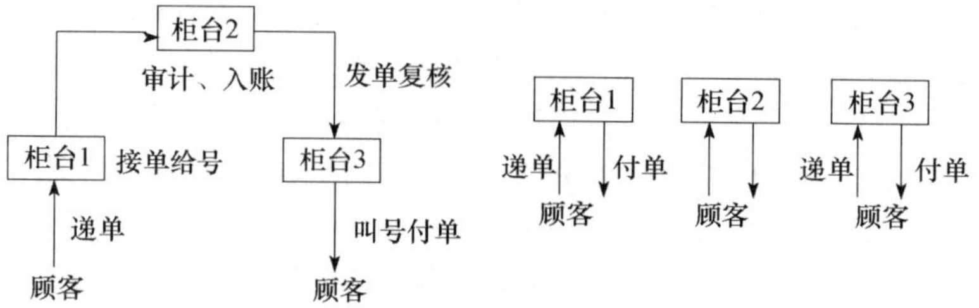

图 17-1　不同流程的文化背景

资料来源：芮明杰. 管理学：现代的观点［M］. 上海：上海人民出版社，1999：373.

2）工艺技术特征。工艺技术特征对于组织流程的影响在于它决定了组织工作流程中物质、能量和信息传递的内容。不同的工艺和技术要求不同的设备、不同的人员素质、不同的原材料投入，因此，它决定工作环节的差异和逻辑关系与转换关系的差异。每次技术与工艺的变革都毫无例外地引发工作流程的变化。从生产流程来看，随着信息技术的发展，工业化的大规模的流水线生产正在让位于大规模定制生产。可以预见技术工艺未来的巨大进步，必然导致现有企业组织流程的改变。

3）管理风格。管理风格是由领导的风格和方式、企业的组织结构和组织战略特性决定的，管理风格与工作流程有着密切关系。管理风格的差异会导致对工作环节的设置。例如在计划流程中，民主式的管理风格会产生更多的由下而上的组织决策流程。反之，集权式管理风格更容易形成从上至下的命令服从过程。管理风格也影响着逻辑关系的选择和转换关系的安排。在低成本战略的企业中，人事管理的工作流程更多是严格的秩序关系、平稳的转换关系、程序对于人员的控制，而在差异化战略的企业中，它的人事管理流程则着重于发挥员工的积极性和创造性。

二、　流程再造的基本观念

组织工作流程的根本目标是追求如何在组织目标与组织文化、工艺技术和管理风格下提高组织效率，因此，在动态的环境下，各种内外环境因素的变化都要求对组织的流程加以变革和再造，只有如此才能实现组织目标、技术和人员的动态平衡。

（1）组织企业实施业务流程再造是企业长期可持续发展的战略需要。在激烈的市场竞争下，为了争夺有限的顾客资源，企业要立于不败之地就必须提高其工作流程的效率，来获取竞争的优势；企业技术变革速度加快，产品的生命周期缩短，消费需要日益多样化和个性化都要求不断对战略工作流程、经营工作流程和保障工作流程加以再造，以适应时代的发展和社会的需要。

组织工作流程再造是根据组织发展的战略规划，对企业各项运作活动及其细节进行重构、设定与阐述的系统工程。组织流程再造必须以组织的发展战略为指导，这样才能明确组织再造的方向，提供组织再造的动力。

在传统职能式组织中，组织的作业流程被分割成各种简单的任务，并根据任务组成各个职能管理部门，各部门将注意力集中于本部门或个别任务效率的提高上，而忽视了流程整体对于目标的实现。而 BPR 强调的是将系统思想贯彻于再造企业工作流程的全过程，并在其中借助工业工程技术、运筹学方法、管理科学、信息技术等现代社会人文科技手段，从工作流程、组织结构和企业文化等方面对企业进行系统重构，最终实现企业整体资源的全局化最优，而不是单个环节或作业任务的最优。

（2）组织工作流程再造的根本目标是建立顾客满意的工作流程。顾客需求是企业一切活动的目标和中心。现实生活中大多数企业缺乏真正鼓励员工去全面满足顾客需求的制度与激励机制。BPR 提倡以顾客导向进行组织变通，鼓励给员工授权和正确运用信息技术，以达到适应快速变动的环境的目的。其根本目的就是要为企业构建“把顾客需要放在中心地位”的流程体系。

BPR 要求从订单到交货或提供服务等一连串的企业作业活动，按照“所有工作/活动必须以满足顾客需求为核心”的原则，打破原有的科层组织中的职能与部门界限，使企业的活动重新构建在跨越职能部门与分工界限的“顾客需要导向”的基础上。

BPR 要求重新检查每一项作业或活动，识别企业的核心工作流程和不具有价值增值的作业活动，简化或合并非增值的部分，剔除或减少重复出现和不需要的流程所造成的浪费，并将所有具有价值增值的作业活动重新组合，优化企业的整体工作流程，缩短交货周期，提高企业运营效率。BPR 通过把“管理职权在再造过程中移交给一线人员”，“使原本无人过问、支离破碎的工作流程变得紧凑有效”，加快了对顾客需求的响应速度，提高了产品与服务的品质和有效性，从而根本性地增强了企业的竞争力。

（3）BPR 追求实现目标、技术和人的动态平衡。组织的共同目标和人们的协作意愿要通过信息沟通来连接才能成为动态的过程，由信息传递技术所决定的传递渠道、体系、覆盖面及密度在很大程度上影响着组织的结构。现代信息技术已经使信息的快速处理、实时传输与全方位共享成为可能，这意味着，它使企业实现资源跨时空限制的协同控制与分布式管理成为可能。BPR 的核心任务正是要将现代信息技术和人这两个关键要素有效运作在工作流程的再设计与重构活动之中，从而推进企业组织的技术性（如技术、标准、程序、结构、控制等）和社会性（如组织文化、政策、行为规范、作业风格、激励方式等）变革以适应企业整体绩效改进和长远发展的需要。

1992 年，IBM 以“更加注重以顾客为中心”的再造指导原则，设计了 12 个顾客关系流程。其中之一是“解决方案交付”流程：一个 IBM 和顾客之间就一个完整的包括硬件、软件、技术支持、咨询服务和零部件等的 IT 系统而达成的协议。再造后的流程，通过“定价工具”软件，把定价的权力和责任赋予了项目小组，与原来靠 IBM 总部进行定价的老方法相比，新的流程将交货时间缩短了近两个月。

三、　流程再造的基本途径

再造流程具体怎么进行呢？作为一种探索，再造流程可能应从以下思路着手。1990 年 CLC 咨询公司按工作推进过程中所表现出来的组件、任务与典型活动的不同而把 BPR 实施划分为三个阶段。如表 17-2 所示，国内研究者也给出了一些类似的三阶段九步骤的 BPR 项目实施程序[㊀]：第一，发现与准备阶段，三个步骤分别是，①在回顾企业战略、结构、业务流程，重新定义发展目标的基础上，明确企业定位，确定可开展的项目群；②进行初步分析，分析再造给企业带来的变化；③选择前期项目切入点并明确其范围，或选择典型的样板/示范项目。第二，重新设计阶段，三个步骤分别是：①运用业务活动图示法等工具对业务流程进行细致的区分；②设计多种体现简化、整合、自动化原则的新的业务流程方案；③对各个方案进行投入—产出或成本—效益的分析与评价。第三，具体实施阶段，三个步骤包括：①选取合适方案，并准备好应急方案；②方案实施；③更新相关数据，为下一步工作做准备。

㊀ 季建中，顾培亮．企业过程再造：管理模式的变革，参阅 www. amteam. org.

表 17-2　BPR 的实施阶段

阶　段	组　件	任务与典型活动
第一阶段　发现	动员、评估、挑选、参与	启动项目；开发沟通战略；挑选和建立变革团队；建立愿景；评估组织文化
第二阶段　再设计	动员、分析、革新、工程实施、委任	对既有流程（文化、技术因素）进行连续性的评估，最后概括、总结并肯定组织变革
第三阶段　实现	动员、行动、沟通、衡量、维持	全面整合组织变革所涉及的组织结构、流程、技术、人员等各种因素

面对着多种多样的 BPR 实施程序，将经常采用的 BPR 运作程序大致划分为四大类。

第一类：描述项目（确定项目边界）；设立愿景、价值观和目标；再设计业务流程和相关工具、模型评估概念；制订实施方案；实施再设计；通过绩效衡量来实现持续性的流程改进。

第二类：项目界定；建立 AS-IS 流程模型，即对现有流程进行诊断；再设计业务流程；进行成本—收益分析；计划并实施新的流程体系；评估流程绩效。

第三类：项目界定，确定项目理想目标；向业务相关人员（顾客、合作者、业内标杆、技术领先者）学习；建立愿景，并设计新的业务流程模型；开发相配套的技术支持系统和组织结构；实施改进分析，并准备跟踪业务的成本收益变化；定义流程、系统，开展必要的培训并实施计划；开发解决方案；实施解决方案并衡量绩效改进效果。

第四类：项目界定并组建项目团队；运用头脑风暴法来发掘新的流程和技术；分析并优化改进的可能性（收益分析）；机会择优并设计解决方案；开发新的业务流程、信息系统和可用工具；制定实施计划并执行解决方案；绩效衡量。

本章回顾

小　结

管理的过程由维持与创新两个部分构成。作为管理职能的创新具有其内在的逻辑结构。维持活动保证了系统活动的顺利进行，创新活动则为更高层次的维持提供了依据和框架。战略创新、技术创新、组织创新、领导创新和环境创新是组织创新活动的主要内容。创新与变革既需要考虑成功可能给组织创新带来的变化，同时也要考虑失败可能给组织带来的额外的损失。成功创新与变革需要合理安排创新与变革各阶段的活动，进行有效的组织和领导。业务流程再造为组织创新提供了全新的思想。流程再造的基本精神可能会给组织创新与变革活动提供有益的启迪。

关键术语

创新管理	制度创新	技术创新	组织创新
企业家精神	战略创新	创新领导	业务流程
维持管理	市场创新		

思考题

1. 简述创新职能的内涵和创新工作的积极性。
2. 创新管理与维持管理的关系是什么？

3. 简述目标创新的内涵，如何进行目标创新？
4. 简述技术创新的主要内容和特点。
5. 讨论组织中产权制度创新、经营制度创新、管理制度创新三者的关系。
6. 讨论在不同的情境下抵制组织变革的主要因素可能是什么？
7. 如何管理变革与创新的实施过程？
8. 简述科特的领导成功创新与变革管理的八个环节。
9. 讨论如何提高你的创新能力？
10. 影响工作流程的主要因素有哪些？如何利用这些因素进行创新管理？
11. 你对工作流程再造基本观念的看法是什么？流程再造过程中应注意什么问题？

延伸阅读

1. 福朗斯·赫恩本．管理大师论创新：创新领导与绩效组织［M］．上海：上海交通大学出版社，2003.
2. 彼得·德鲁克．创新与企业家精神［M］．北京：机械工业出版社，2008.
3. 加里·哈默尔．战略就是革命［J］．哈佛商业评论（中国版），2004（6）.
4. 加里·哈默尔．战略创新和追求价值［M］．北京：华夏出版社，2001.
5. 库苏马诺，马凯勒．下一波经济的战略思考［M］．北京：华夏出版社，2003.
6. 约翰·科特，詹姆斯·赫斯克特．企业文化与经营业绩［M］．北京：华夏出版社，1997.
7. 加里·哈默尔．管理创新：理由、内容与方法［J］．哈佛商业评论（中国版），2006（3）.
8. 詹姆斯·钱皮．企业再造［M］．北京：中信出版社，2002.
9. 迈克尔·哈默，詹姆斯·钱皮．改革公司［M］．上海：上海译文出版社，1998.

案例讨论

苹果的商业模式创新

彼得·德鲁克说过，当今企业之间的竞争，不是产品之间的竞争，而是商业模式之间的竞争。虽然每个行业所处的外部环境相同，但总有一些企业与众不同，这些企业往往能够获得大大超过行业平均水平的收益，商业模式的创新在某种程度上决定了企业的命运。

是什么力量让苹果公司走出了曾经的低谷，异军突起成为行业领头羊？究其原因，笔者认为，正是由于它那独特的商业模式创新给企业注入了无穷的活力。

赢利点创新：硬件、软件、服务三轮驱动

赢利点创新主要是指围绕着企业的业务是什么、面向哪些目标客户、为什么是这个产品或服务、有没有其他更好的产品或服务来提高利润等方面的创新，它往往是在定位层面上找到一种新的突破点。哈佛商学院市场营销学教授西奥多·莱维特曾告诫其学生："顾客不是想买一个1/4英寸的钻孔机，而是想要一个1/4英寸的钻孔！"

曾经有人抱怨买唱片时只是想要其中的一两首歌曲却要为整张唱片付费，这个不经意的想法便成为苹果公司发家致富的秘诀。

2001年，苹果公司推出第一款iPod音乐播放器，当时全美每年仅售出72.4万台数码音乐播放器，似乎看不出什么市场前景，但苹果随即推出的iTunes网上音乐点播商店，提供一首歌曲只需付费99美分的合法音乐下载。同时，只有使用iPod才可以播放从iTunes下载的音乐。截至2006年年底，iTunes

音乐商店的下载业务一度占据了北美合法音乐下载市场的82%。iPod已经从一台音乐播放器变成了一只宠物、文化符号或身份的象征。

苹果真正的创新不仅仅是硬件层面的，而是让数字音乐下载变得更加简单易行，成功利用“iPod + iTunes”组合开创了一个全新的商业模式——将硬件、软件和服务融为一体，并且，苹果看到了基于终端内容服务市场的巨大潜力。在其整体战略上，它也已经开始了从纯粹的消费电子产品生产商向以终端为基础的综合性内容服务提供商的转变。

“iPhone + AppStore”的商业模式创新更是适应了手机用户对个性化软件的需求，从而使得手机软件业开始进入一个高速发展的空间，开创了手机软件业发展的新篇章。

iPod + iTunes、iPhone + AppStore、iPad先后改变了传统音乐、手机和出版行业，建立了这三个行业的新秩序，而苹果自己也因为成功地找准了赢利点，开创了硬件、软件和服务产业的关键环节，从而取得了骄人的业绩。正如彼得·德鲁克所言：“顾客决定了企业是什么，决定了企业生产什么，企业是否能够取得好的业绩。由于顾客的需求总是潜在的，企业的功能就是通过提供产品和服务，激发顾客的需求。”

与众不同的资源能力创新

资源能力创新指对企业内部所有资源整合和运作能力的创新。它是企业的主要活动，包括服务、市场营销及销售、外部物流、运营、内部物流等，也包括一些相关的辅助活动，如企业基础设施、人力资源管理、技术开发和采购等。这些都属于资源能力创新的范畴。

在产品设计上，所有苹果系列的产品都如艺术品般精美，设计理念屡次超出业界对产品想象力的极限。苹果公司并不是以生产的可能性为依据调整产品，而是更多地倾向于利用最新的技术和创新的方法来超越消费者的预期。比如，被客户所熟知的重力感应系统、多点触摸技术，以及USB和Wi-Fi都是率先在苹果的产品上使用的。近日推出的iPhone4则使用了一种名为Retina（视网膜）屏幕的显示技术，与此前的iPhone产品相比，即使观看屏幕近景，也不会有颗粒感。

在把握需求方面，苹果的研发团队并不热衷去做大量的客户调研，因为设计的客户体验许多并不是随机抽样的客户自己能够想象出来的。苹果的客户体验设计更多地来源于乔布斯本人和其他精英对客户的洞察力，设计人员最关心的不是设计的功能，而是需要服务于客户的指标。苹果公司对客户反馈的收集采取的是一种双重机制：首先是一种“开箱体验”的方式。通过将用户从打开苹果产品到开始使用的全程拍摄下来，可以让工程师亲身体会到还有什么可以改进。其次，在产品新推出的几周，由产品经理亲自接听热线电话，回答问题，并听取用户对产品的意见。乔布斯一直相信，只有对用户体验进行研究，才能够改变产品的命运。

在市场营销方面，口碑营销让苹果产品充满了诱惑，吸引消费者先睹为快。苹果公司每年只能开发出一两款产品，但是每一款产品都力求将最新科技发挥到极致，令人们兴奋，但同时又知道如何使用它，成为口碑营销成功的最强基石。苹果公司对保密工作非常重视，但是同时乔布斯也很会利用Macworld年度大会为媒体和消费者创造谈资，保证在每个新产品发布前夕能够在各界引发话题，苹果公司成功地实现了文化、产品、品牌和口碑之间的良性循环。

事实上，苹果公司每次发布新品都出现火爆场面。这一方面说明苹果的产品拥有设计新颖、性价比高的特点，另一方面主要是由于苹果在每次新品发布前都会造成一种“市场饥渴”的假象，吸引消费者蜂拥而至。苹果利用饥渴营销这种方式更加加深了用户对品牌的依恋程度，为品牌树立起高价值的形象。

在定价策略上，苹果每次推出新硬件产品，总是遵循多版本的方式，即一次只出几种版本，照顾到不同价位的顾客需求。对价格比较敏感的顾客就会主动降低对内存大小的期望，而接受较低的价格，而那些对价格不敏感的顾客，则愿意为了更高的内存而支付更高的价格。

此次只有 Wi-Fi 功能的 iPad 以低价策略进入中国内地市场，并且通过自有渠道和特定经销商的方式销售，也是苹果公司一次精明的市场运作范例。抢在联通发布具有更高端功能的3G 版之前，率先以低价发售只带有 Wi-Fi 功能的 iPad，既可以通过低价的方式抢先渗透部分市场，又避免了两个版本产品线内的竞争。

“拉帮结派”的商业生态创新

商业生态主要是指企业将其周围的环境看做一个整体，打造一个类似生态系统的商业生态，以产业链、相关利益链构成，包括大量的企业、供应商、消费者、市场中介(销售渠道、提供服务的单位）等。在复杂多变的市场中，顾客的需求也是多变的，单个企业已无法完成这一任务，需要整个系统提供解决方案。

早在苹果推出“iPod + iTunes”模式之时，就已经为商业生态创新夯实了基础。2008 年 3 月，苹果公司发布开发包 SDK 并提供免费下载，以便第三方应用开发商开发针对 iPhone 的应用软件，为全世界有想法的程序员和公司提供了一个方便而又高效的商业平台，降低了开发人员所负担的费用。花费 99 美元可以加入 iPhone DeveloperProgram，不仅能得到官方技术的支持，也允许将软件在 AppStore 上销售，开发者可以自由定价，销售收入与苹果三七分成，除此之外没有任何管理、账目、挂载费用。对于第三方开发厂商和个人开发者来说，都有极强的吸引力，因而极大地调动了第三方开发者的积极性。在资金流结算方面，苹果和信用卡公司合作，可以直接通过信用卡进行网上交易，为客户提供了极大的便利，也促进了自身业务的增长。

许多知名杂志和报纸也推出了 iPad 以及 iPhone 版本。iPad 带给报刊读者的是一种前所未有的阅读体验：选择阅读文字或观看视频，可以通过微博等平台与人交流，也可以让内置扬声器给自己朗读新闻，更重要的是 iPad 可以在各种场合（办公室、地铁、卧室甚至卫生间）使用，读者可以在轻薄的屏幕上找到近似阅读纸质媒介的亲切，这种感觉完全不同于在互联网上的阅读。

苹果每推出一款新的产品，都会引发一场革命，从最早的 iMac 到后来的 iPod 和 iPhone 都对产业的商业格局产生巨大的影响：iPod 改变了唱片业的商业格局；iPhone 改变了手机业的商业格局；iPad 影响的远远不止是电子阅读器这个行业，而是整个出版业，苹果改变了商业生态系统！

混合创新，缔造商业帝国

苹果在推出 iPod + iTunes 之前，在数字媒体平台上的布局已有十余年。1991 年 5 月，苹果的首款数字媒体软件 QuickTime 面世。苹果对这款媒体软件寄予厚望，为第三方开放了流媒体服务器软件的源代码，帮助他们利用 QuickTime 编写程序，同时尽力向开发商社团推销其数字媒体平台。但在 2001 年之前，QuickTime 并没有为苹果公司带来独立的利润来源，只是作为苹果 Mac 操作系统的一个很好补充。

2001 年苹果的市值不过才 80 亿美元，当年引入 iPod、iTunes 之后，苹果才迎来了业绩上的大跃进，2005 年市值达到 310 亿美元。“iPod + iTunes”模式的创新，解决了苹果数字媒体平台的独立赢利问题，对苹果意义非凡。这种赢利点创新给销售带来了巨大的拉动作用。发现了赢利点后的苹果并没有满足现状，在围绕着赢利点的关键资源能力创新上也下足了功夫。当 iPhone 推出 App Store 之后，苹果公司的赢利领域开始真正扩展到以赢利点创新为核心、以关键资源能力创新为依托、以商业生态创新为保障的“增值服务”上来。此时的苹果，完全实现了从“硬件软件一体化、靠硬件赢利”到“软件 + 硬件 + 服务 + 商业生态”的华丽蜕变。

资料来源：管理学家龚超的文章。

讨论题

1. 你是否认为苹果的成功是具体技术创新的成功？管理创新具有什么样的地位？

2. 你认为苹果公司商业模式创新中是如何处理维持管理与创新管理间的关系的？

3. 从苹果公司商业模式创新经验来看，成功的商业模式创新至少包括哪些基本内容？

4. 从本案例来看，苹果公司是如何领导和组织商业模式创新的？

第十八章　企业技术创新

创新不仅是指一项主要的科技创新的商业化，还是指小型技术知识变革的应用。

——罗尔·罗斯维尔《技术创新》

创新是企业家的特殊工具，企业家利用创新为不同的企业或服务寻找市场机会的变革。

——彼得·德鲁克《创新与企业家精神》

第一节　技术创新及其管理

技术是从投入品到产出品的转换方式，企业的生产技术包括将原材料转换到成品过程的一切方法、工艺、技能和系统。由于任何产品都是借助一定的生产手段，对原材料加工和组合生产出来的，因此，技术水平就成为企业产品和企业组织生产的基础，并以技术水平为标志，进行技术创新，提高技术水平就成为企业增强在市场上竞争力的重要途径。例如，柔性制造、准时制生产、并行工程、网络分销等技术的出现都带来巨大的工业变革。

目前世界上一些发达国家（如美国、日本、芬兰、韩国等）的技术进步贡献率在70%以上，研发投入占GDP的比重一般在2%以上。在一些世界优秀企业中，技术创新已经成为企业主要的利润来源。2006年在IBM年度总利润的81亿美元中，专利转让就占了17亿美元，专利转让的收入是IBM增长最快的利润来源之一。

一、　技术创新及其贡献

1. 技术创新的内涵

经济学家熊彼特曾在《经济发展理论》中把创新定义为企业家的职能，并认为企业家之所以能成为企业家，并不是因为他拥有资本，而是因为他拥有创新精神并实际地组织了创新。根据熊彼特的观点，一个国家或地区经济发展速度的快慢和发展水平的高低，在很大程度上取决于该国或该地区拥有创新精神的企业家的数量以及这些企业家在实践中的创新努力。正是由于某个或某些企业家的率先创新、众多企业家的迅速模仿，才推动了经济的发展。

一些人经常将技术创新与技术发明相混同。实际上，创新的概念远比发明宽泛，发明是一种创新，但创新绝不仅仅是发明。如果说发明是在新知识、新理论创造基础上出现的一种全新技术的话，那么创新则既可能是这种全新技术的开发，也可能是原有技术的改善，甚至还可能仅是几种未经改变的原有技术的一种简单的重新组合。美国管理学家彼得·德鲁克在《创新与企业家精神》中曾以集装箱为例，指出“把货车车身从车轮上取下，放到货船上，在这个创新中并没有包含多少新技术，可这是一项创新”，这项创新缩短了货船留港的时间，“把远洋货船的生产率提高了三倍左右，或许还节约了运费。如果没有它，过去40年中世界贸易的迅猛扩大就可能不会发生”。

2. 技术创新基本内容

企业的技术创新主要表现在要素创新、要素组合方法的创新以及产品创新三个方面。

（1）要素创新。企业的生产过程是一定的劳动者利用一定的劳动手段作用于劳动对象使之改变物理、化学形式或性质的过程。参与这个过程的要素包括材料、设备和企业员工。材料创新的内容包括：开辟新的来源，以保证企业扩大再生产的需要；开发和利用量大价廉的普通材料（或寻找普通材料的新用途），替代量少价昂的稀缺材料，以降低产品的生产成本；改造材料的质量和性能，以保证和促进产品质量的提高。现代材料科学的迅速发展，为企业的原材料创新提供了广阔的前景。现代企业在生产过程中广泛地利用了机器和机器设备体系，不断进行设备的创新，对于改善企业产品的质量，减少原材料、能源的消耗，节省劳动力的使用都有着十分重要的意义。任何生产手段都需要依靠人来操作和利用，企业在增加新设备、使用新材料的同时，还需要不断提高人的素质，使之符合技术进步后的生产与管理的要求。企业的人事创新，既包括根据企业发展和技术进步的要求不断地从外部获取合格的新的人力资源，而且更应该注重企业内部现有人力的继续教育，用新技术、新知识去培训、改造和发展他们，使之适应技术进步的要求。

（2）要素组合方法的创新。利用一定的方式将不同的生产要素加以组合，是形成产品的先决条件。要素的组合包括生产工艺创新和生产过程的组织两个方面。工艺创新既要根据新设备的要求，改变原材料、半成品的加工方法，也要求在不改变现有设备的前提下，不断研究和改进操作技术和生产方法，以求现有设备得到更充分的利用，使现有材料得到更合理的加工。生产过程的组织包括设备、工艺装备、在制品以及劳动在空间上的布置和时间上的组合。空间布置不仅影响设备、工艺装备和空间的利用效率，而且影响人机配合，从而直接影响工人的劳动生产率。

（3）产品创新。产品创新包括许多内容，这里主要分析物质产品本身的创新。关于产品使用价值在实现过程中的创新，我们在“环境创新”中分析。物质产品创新主要包括品种和结构的创新。品种创新要求企业根据市场需要的变化，根据消费者偏好的转移，及时地调整企业的生产方向和生产结构，不断地开发出用户欢迎的适销对路的产品。产品结构的创新在于不改变原有品种的基本性能，对现在生产的各种产品进行改进和改造，找出更加合理的产品结构，使其生产成本更低、性能更完善、使用更安全，从而更具市场竞争力。产品创新是企业技术创新的核心内容，它既受制于技术创新的其他方面，又影响其他技术创新效果的发挥：新产品、产品的新结构往往要求企业利用新的机器设备和新的工艺方法，而新设备、新工艺的运用又为产品的创新提供了更优越的物质条件。

3. 技术创新的贡献

我们知道技术创新包括材料创新、产品创新、工艺创新和手段创新四个方面内容。从这四个方面来看，技术或者依附于物质产品而存在，或者是为物质产品的实体形成而服务。因此，不论是何种内容的技术创新，最终都会在一定程度上增强产品的竞争力，从而促进企业竞争力的提高。一项权威的调查显示：与缺乏创新的企业相比，成功创新的企业能获得20%甚至更高的成长率；如果企业80%的收入来自新产品开发并坚持下去，5年内市值就能增加一倍。

企业产品竞争力的强弱从根本上来说取决于产品对消费者的吸引力。消费者对某种产品是否感兴趣，不仅要受到该产品功能完整和完善程度的影响，还取决于这种或这些功能实现的费用总和。功能的完整和完善程度决定着消费者能否从该种产品的使用中获得不同于其他产品的满足，功能实现的费用（包括产品的购买费用和使用、维修费用）则决定着消费者为获得此种产品而需要付出的代价，因此，产品竞争力主要表现为产品的成本竞争力与产品的特色竞争力。

技术创新促进企业竞争力的提高便是通过影响产品的成本或特色而起作用的。材料的创新不仅为企业提供了以数量丰富、价格低廉的原材料取代价格昂贵的稀缺资源的机会，而且还有可能通过材质的改善促进企业产品质量的提高；产品创新既可使企业为消费者带来新的满足，也可使企业原先生产的产品表现出新的吸引力；工艺创新既可为产品质量的形成提供更可靠的保证，也可能降低产品的生产成本；物质生产条件的创新则直接带来劳动强度的下降和劳动生产率的提高，从而直接促进产品生产成本的下降和价格竞争力的增强。

综上所述，技术创新一方面通过降低成本而使企业产品在市场上更具价格竞争优势，另一方面通过增加用途、完善功能、改进质量以及保证使用而使产品对消费者更具特色吸引力，从而在整体上推动企业竞争力不断提高。

二、 技术创新过程管理

与组织其他创新过程一样，有组织的技术创新过程是提高技术创新水平的关键。技术创新过程的管理包括评估技术需求、进行技术创新决策、获取新的技术和技术创新组织管理四大环节。

> 技术创新过程的管理包括评估技术需求、进行技术创新决策、获取新的技术和技术创新组织管理四大环节。

1. 评估技术需求

技术需求的存在是技术创新的主要驱动力，可以说，没有技术需求也就没有创新的动力。一个经典案例就是美国一批大型钢铁企业在采用连续铸造工艺和碱性氧炉方面明显落后于欧洲企业和国内小钢铁企业，结果造成因设备老化、成本较高而长期处于竞争劣势。如果美国大型钢铁企业能够正确对技术需求做出评估，就会避免这种不利局面。

评估技术需求包括对现有技术和外部技术趋势两个方面的评估。就现有技术评估而言，企业需要弄清：哪些是组织依赖的关键技术，这些技术为企业提供竞争优势，已经并证明为有效的技术；哪些是行业的基础技术，这些技术是行业内普遍使用的，也是组织不可或缺的；哪些是萌芽技术，这些技术尚在开发之中，但它们有可能改变未来的竞争基础；哪些是加速技术，这些技术还没有证明其价值，但仍有潜力。

就外部技术趋势而言，企业可以将组织实际的关键技术与其他公司加以比较，通过这种基准化方法来判定企业在关键技术和基础技术引入上可能带来的实际变化。企业也可以通过扫描行业中新的技术来源，发掘出企业的加速技术和萌芽技术。

有一点需要说明，越来越多的情况是新产品和新技术的出现带动了人们需求的增长。即使是计算机行业的专业人员在PC出现以前，也难以想象人们对PC的依赖性。这就可能提高了技术需求评估的复杂性程度。

2. 技术创新决策

技术创新决策是受到多种因素综合影响，突出的有市场接受度、技术可行性、经济可行性、可预期的发展能力和组织适应性等。①可预期的市场接受度，技术创新常常是由外部的需求而引发，管理人员要对新技术在短期运用和长期需求两个方面做出判断；②技术可行性，组织要考虑技术上的可行性，例如，本章案例讨论中铱星计划本身在技术上就十分复杂，风险较高；③经济可行性，公司是否有足够的财务支持去赢得技术创新竞争以及新技术带来的成本变化；④可预期的能力发展，公司新技术的发展应当与公司核心能力的构建相一致，公司战略要有效地处理公司核心能力、核心技术与核心产品三层的关系，因此，企业技术创新不仅要考虑目前的财务问题，更主要的是要把核心能力的构建放在首要位置；⑤组织适应性，决策技术创新时，必须与组织文化、组织目标相适应。

3. 获取新的技术

公司可以通过多个途径获取新的技术。①内部开发，自己研发一种新的技术，以保证超越竞争对手，占据竞争优势位置；②购买产品，不少工艺技术和产品都可以通过市场交易获取；③许可，通过支付许可费，获取使用权，例如 1996 ~ 2006 年，韩国国内所有手机制造商在无线通信技术领域向位于美国圣迭戈的高通公司支付的许可使用费总共达到 30. 3 亿美元，特别是在 CDMA 技术上，仅此一项技术支付的费用就高达 26. 3 亿美元，这种做法有利于形成行业标准；④承包开发，公司可以通过与研究所、大学等外部技术提供单位签订承担开发合同，获得市场无法购买的新技术；⑤购买技术，通过技术交易来获取技术诀窍，事实上，也有企业在价格适宜的情况下出售技术诀窍给竞争对手；⑥合资开发，特别是拥有不同新技术的企业之间通过联合来开发新的技术；⑦购买所有权，公司可以通过购买拥有新技术公司的所有权，来拥有新的技术。

4. 创新组织管理

技术创新常常和组织创新、领导方式的变革联系在一起。新的领导和新的组织必须能够充分激发员工的创新热情、消除官僚主义、具有创新型文化、有合理的奖酬制度、有弹性的计划等。

三、 技术创新并非易事

有研究表明仅 1/700 的技术创新思想最终能够成功，但大多数都没有结果，特别是新的发明技术，它们要么最终技术难以可行，要么即使技术可行也无法获得市场认可。据一项综合先前研究成果和基于专利、投资及调研数据的研究（见图 18-1）发现3 000个最初的创新思想当中，仅仅有 1 个能够在商业上获得成功。医药行业的结论是1 000个化合物中仅仅有 1 个成为新药，上市需要 12 年，总耗资 3. 5 亿美元。这种现象被人们称为技术创新隧道，用以说明创新的艰难。

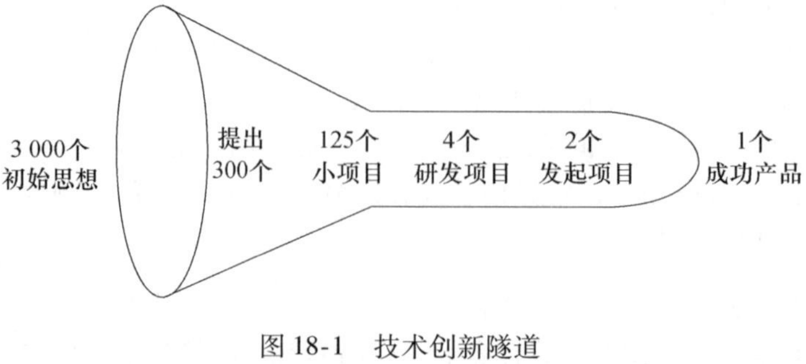

图 18-1　技术创新隧道

技术创新的困难还来源于被克里斯坦森称为的两难困境，这源于“破坏性创造”过程中的“不对称性”。克里斯坦森通过对机械挖掘、钢铁、零售、摩托车等行业的考察，发现每个市场都存在一个顾客可以利用或吸收的改进率（在图 18-2 中用虚线表示）；在每个市场都存在不同的技术改进轨迹（在图 18-2 中用实线表示）。技术改进速度总是超过该技术在应用市场的消费者吸收率（即实线的斜率大于虚线斜率）。问题的关键在于现存行业中主要竞争企业总是通过向原有消费者提供更好的产品方式来竞争，它们的技术创新是一种维持性创新。不同的是，破坏性创新并不旨在向现有市场上的现有消费者提供更好的产品，而是在新的市场或低端市场上提供比较简单、更加便捷与廉价的产品。一旦破坏性产品在市场中确立了自己的地位，改进循环就开始了。正是行业中既定的这种技术创新状况造就了技术创新的两难困境。

破坏性创新是指那些技术创新，它们是在新的市场或低端市场提供比较简单、更加便捷与廉价的产品。

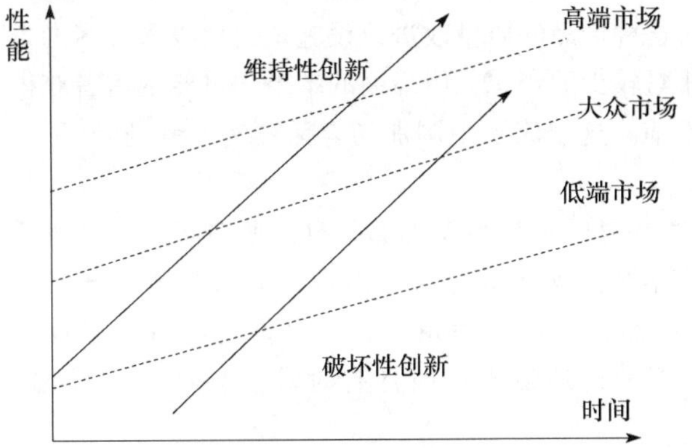

图 18-2　破坏性创新模式

资料来源：克里斯坦森，等．困境与出路［M］．北京：中信出版社，2004．

（1）现有市场中的领导企业其巨大的技术创新压力来自于行业中的主流顾客，他们要求有更好的产品，往往愿意为优秀产品花费不菲的代价。因此，行业中领导企业的技术创新主要是遵循市场需求的原则和基于现有产品的技术改良路线。它们会根据市场中顾客的新要求，进行技术的改良，这种改良都是渐进性的。新进入企业只能更为关注技术的差异化，当破坏性技术出现时，新企业总是力图将其商业化，创造一个不同于传统企业产品的差异化产品。

（2）“出现新一代产品的信号非常微弱，它们往往来自于现有市场的边缘或一个新的顾客群体”，从这个方面来说，领导企业与边缘化企业具有信息不对称性。低端市场的破坏性创新，往往是从领导企业最易忽视的顾客中寻找突破。新兴市场的破坏性创新者一般不太会引起领导企业的警觉，因为它们总是认为，这些最初的市场微乎其微，目前还不必对其过分关注。

即使当领导企业开始注意到新兴市场时，由于其资源配置模式都用于支持持续性创新，因此它们几乎没有在创造性破坏新的市场或保留低端市场上进行防御的动力。“产业中原有企业无法很好地适应这种变革，这时竞争优势逐渐向产业的新进入者转移”。

第二节　技术创新动力

创新源于企业内部和外部的一系列不同的机会。这些机会可能是企业刻意寻求的，也可能是企业无意中发现，但发现后立即有意识地加以利用的。美国学者彼得·德鲁克把诱发企业创新的这些不同因素归纳成七种不同的创新来源：意外的成功或失败、企业内外的不协调、过程改进的需要、行业和市场结构的变化、人口结构的变化、观念的改变以及新知识的产生。

一、 意外的成功或失败

企业经营中经常会发生一些出乎预料的结果：企业苦苦追求基础业务的发展，并为此投入了大量的人力和物力，但结果却是这种业务令人遗憾地不断萎缩；与之相反，另一些业务，企业虽未给予足够的关注，却悄无声息地迅速发展。不论是意外的成功，还是意外的失败，都有可能是向企业昭示着某种机会，企业必须对之加以仔细的分析和论证。

意外的成功通常能够为企业创新提供非常丰富的机会。这些机会的利用要求企业投入的代价以及承担的风险都相对较小。但如果说意外的失败是企业不得不面对的现实的话，那么未曾料到的成功则常被企业所忽视。这些意外的成功既然是“出乎意料”的，也通常是领导者所陌生的、不熟悉的，且大多与组织追求的目标和多年来形成的习惯及常识相悖。比如，企业可能长期致力于某种上流产品的研发和完善，对这种产品的质量改进或设施现代化投入过多的资金，而对一些顾客需求的特殊产品则仅投入相对较少的资源，但最终的结果却可能是后者获得极大的成功，而前者的市场销量则长期徘徊不前。这正应了中国那句老话“有心栽花花不开，无心插柳柳成荫”。

然而，在日常生活和经济生活中，人们通常只愿观察和发现那些自己所熟悉或自己所希望出现的结果，有时虽然也观察到了那些未曾预料或希望的结果出现，但对其意义却难以有充分的认识。这样，意外的成功虽然为企业创新提供了大量的机会，但这些机会不仅可能被企业领导人视而不见，在他们的眼皮底下悄悄地溜走，而且有时甚至被视为“异端”而遭到排斥。

德鲁克曾举过这样一个例子。20 世纪 50 年代，纽约最大的一家百货公司的董事长面对家用电器的大量销售不知所措。因为在这类商店，以前主要是“向来买时装的人推销家用电器”，而现在则是“向来买家用电器的人推销时装”，这类商店“时装销售额占总销售额的 70% 是比较正常的”，而“家用电器销售额增长过快，占 3/5 则显得不太正常”。于是，商店在设法提高时装的销售额而无任何结果后，便想到了“唯一可做的事是把家用电器的销售额压低到它们应有的水平”。这种政策带来的必然是公司营业状况的不断恶化。到了 20 世纪 70 年代，随着新管理班子的到来，才开始把侧重点倒了过来，对企业经营的内容和主要方向进行重新组合，给了家电销售以应有的位置，从而使公司再度繁荣。显然，如果该公司早一点从意外的家电销售额增长中看到发展的机会并及时加以利用，那么这个公司也许早已发达了。

意外的成功也许会被忽视，未曾料到的失败则不能不面对。一项计划——这可以是某种产品的技术开发，也可以是其市场开发，不论企业在其设计、论证以及执行上如何精心和努力，最终仍然失败了，那么这种失败里必然隐含了某种变化，这实际上向企业预示了某种机会的存在。比如，产品或市场设计的失败可能是这种设计所依据的假设不再能够成立，这既可能表现为居民的消费需要、消费习惯以及消费偏好已经改变，也可能表现为政府的政策倾向进行了调整。这种改变或调整虽然使计划的开发遭到失败，或使原先热门的产品不再好销，但却为一种或一些新的产品提供了机会。了解了这种变化，发现了这种机会，企业便可有针对性地进行有组织的创新。

不论是意外的成功还是意外的失败，一经出现，企业就应正视其存在，并对之进行认真的分析，努力搞清并回答这样几个问题：究竟发生了什么变化；为什么会发生这样的变化；这种变化会将企业引向何方；企业应采取何种对策才能充分地利用这种变化，使之成为企业发展的机会。

二、 企业内外的不协调

当企业对外部经营环境或内部经营条件的假设与现实相冲突，或当企业经营的实际状况与理想状况不相一致时，便出现了不协调的状况。这种不协调既可能是已经发生了的某种变化的结果，也可能是某种将要发生的变化的征兆。与意外事件一样，不论是已经发生的还是将要发生的变化，都可能为企业的技术创新提供一种机会。因此，企业必须仔细观察不协调的存在，分析出现不协调的原因，并以此为契机组织技术创新。

根据产生原因的不同，不协调也可分成不同的类型。宏观或行业经济景气状况与企业经营绩效的不符是可以经常观察到的一种现象。整个宏观经济形势很好，对行业产品的需求逐渐上升，同行业中的其他经济单位也在不断成长，而本企业的销售额却不能增加，市场份额因此不断萎缩。随着市场的扩大，由于企业的销售额虽然可能在短期内不一定有较大的下降，故而不协调对企业发展的长期影响不一定能被企业及时意识到，但是行业发展了，企业却停步不前，这显然是一种不正常的现象。这种不协调反映了企业在产品结构、原料利用、市场营销、成本与价格、产品特色等某些经营方面存在问题。分析这些问题之所在，寻找这些问题产生的原因，便可为技术的创新提供一种思路和机会。

假设和实际的不协调也是一种常见的不协调类型。任何企业，实际上任何人也是这样，都是根据一定的假设来计划和组织其活动的。假设如果不能被实际所证实，那么企业战略投资或日常经营就可能是朝着一个错误的方向努力。这时，企业的努力程度越高，带来的负面效果就越大。及时发现假设与现实的不符，企业就可以及时地改变或调整努力的方向。企业对消费者价值观的判断与消费者实际价值观的不一致是假设与现实不协调的典型类型，也是企业常犯的一种重要错误。赫鲁晓夫 1956 年访问美国时曾对美国公众指出："苏联人永远不会想拥有小汽车，对他们来说，便宜的出租汽车更有意义。"这个判断实际上假定在消费者的价值观中，汽车只是一种交通工具而已，而没有意识到，汽车除了帮助人们在陆地上移动外，还是其拥有者权力和社会地位的象征，它给人们带来的不仅是时间的节约，而且是自由度、移动性的增加。赫鲁晓夫的错误判断为西方企业家提供了丰富的机会，同时也导致了苏联汽车黑市的形成。

在所有不协调的类型中，消费者价值观判断与实际不一致不仅是最为常见的，对企业的不利影响也是最为严重的：根据错误的假设组织生产，企业的产品始终不可能真正满足消费者的需要，从而生产费用难以得到补偿，企业的生存危机迟早会出现。相反，如果在整个行业的假设与实际不符时企业较早地发现了这种不符，则可能给企业的技术创新和发展提供大量的机会。

三、 过程改进的需要

意外事件与不协调是从企业与外部的关系这个角度来进行分析的，过程改进的需要则与企业内部的工作（内部的生产经营过程）有关。由这种需要引发的创新是对现已存在的过程（特别是工艺过程）进行改善，把原有的某个薄弱环节去掉，代之以利用新知识、新技术重新设计的新工艺、新方法，以提高效率、保证质量、降低成本。由于这种创新的需要通常存在已久，所以一旦采用，人们常会有一种理应如此或者早该如此的感觉，因而可能迅速被组织所接受，并很快成为一种通行的标准。

过程的改进既可能是科学技术发展的逻辑结果，也可能是推动和促进科技发展的原动力。

实际上，在过程改进所需要的知识尚未出现以前，任何改进都是不可能实现的。因此，在组织这种改进之前，企业（也可能是在宏观层次上）可能要针对生产过程中的薄弱环节进行长期的“基础研究”，以产生出克服这种薄弱环节所需的新知识。只有在新知识产生以后，人们才能实际地考虑如何将其应用于工业生产、改进生产过程中的某个环节。必须指出，从基础研究到应用分析，最后到工艺与方法的实际改进，这个过程可能非常漫长。

与前两个因素相联系，过程的改进以及与此相联系的技术创新也可能是由外部的某个或某些因素的变化而引起的。比如，劳动力资源的匮乏以及由此造成的劳动成本的增加，促使企业努力推进生产过程的机械化和自动化。

四、 行业和市场结构的变化

企业是在一定的行业结构和市场结构条件下经营的。行业结构主要指行业中不同企业的相对规模和竞争力结构以及由此决定的行业集中或分散度；市场结构主要与消费者的需求特点有关。这些结构既是行业内或市场内各参与企业的生产经营共同作用的结果，也制约着这些企业的活动。行业结构和市场结构一旦出现了变化，企业必须迅速对之做出反应，在生产、营销以及管理等诸方面组织创新和调整，否则就有可能影响企业在行业中的相对地位，甚至带来经营上的灾难，引发企业的生存危机。相反，如果企业及时应变，则这种结构的变化给企业带来的将是众多的创新机会。所以，企业一旦意识到行业或市场结构发生了某种变化，就应迅速分析这种变化对企业经营业务可能产生的影响，确定企业经营应该朝什么方向调整。

实际上，处在行业之内的企业通常对行业发生的变化不甚敏感，而那些“局外人”则可能更易观察到这种变化以及变化的意义，因而也较易组织和实现创新，所以，对已在行业内存在的现有企业来说，行业结构的变化常构成一种威胁。

面对同一市场和行业结构的变化，企业可能做出不同的创新和选择。比如，20 世纪初汽车市场从贵族向平民的变化就曾引发了企业四种不同的反应，且不同反应均取得了成功。第一种类型是罗尔斯·罗伊斯的反应，意识到汽车将成为“普通的”交通手段，该公司开始集中全力生产作为“王族标志”的汽车，其特点是用古老的手工制造方法，由熟练的技术工人进行单个加工和装配，许诺永不磨损，并配之以平民难以承受的价格，以保证此种类型的汽车永远只为一定社会阶层的人所拥有。自此，该公司生产的汽车始终是一定社会地位的象征。与此相反，随着汽车市场向普及化的方向发展，福特公司的反应则是组织汽车的大量生产，使其 T 型车的价格降到当时最廉价车的1/5。杜兰特则从汽车市场的发展中看到了建立大型公司的机会，从而在组织上进行了创新，组建了大型现代企业通用汽车公司。意大利人阿汉尼则看到了汽车在军事上的发展，组建了专门生产军官指挥车的菲亚特公司，迅速成为意大利、俄国以及奥匈帝国军队指挥车的主要供应商。

因此，面对市场以及行业结构的变化，关键是要迅速地组织创新的行动，至于创新努力的形式和方向则可以是多重的。

五、 人口结构的变化

人口因素对企业经营的影响是全方位的。作为企业经营中一种必不可少的资源，人口结构的变化直接决定着劳动市场的供给，从而影响企业的生产成本；作为企业产品的最终用户，人口的数量及其构成确定了市场的结构及其规模。有鉴于此，人口结构的变化有可能为企业的技术创新提供契机。

作为一种经营资源的人口，其有关因素（如人口数量、年龄结构、收入构成、就业水平以及受教育程度等）的变化相对具有可视性，其变化结果也较易预测。比如，2020 年进入劳动市场的人口目前已经出生，就业人口中已经从业的年限决定了未来若干年内每年退休人员的数量。根据类似的资料，企业大致可以判断未来劳动市场的供给情况以及工业对劳动力的需求压力，并从中分析企业创新的机会。

需要指出的是，分析人口数量对企业创新机会的影响，不仅要考察人口的总量指标，而且要分析各种人口构成的统计资料。总量指标虽然可在一定程度上反映人口变化的趋势，但这种数据也可能把企业的分析引入歧途。实际上，在总量相同或基本未变的人口中，年龄结构可能有着很大的差异或已经发生重大的变化。比如，西方国家在第二次世界大战结束后普遍出现了"婴儿潮"，但不久生育率即逐渐下降，因此自 20 世纪 50 年代开始，人口总体水平波动不大。但在总量大致相当的情况下、人口的年龄构成却发生了重要变化。比如在 20 世纪 60 年代，青年人数量剧增，而 20 世纪 80 年代以后中年人的数量则稳步增加，老年人的比重在此之后则大量上升。人口结构的这种变化对企业经营提供的机会或造成的压力以及对企业创新的要求显然是有重要区别的，因此，人口变量的研究应重在人口年龄构成的分析，特别是人口中比重较大的核心年龄层次的分析。

与作为资源的人口相反，作为企业产品最终用户的人口，其有关因素对企业经营的影响从而对创新的要求是难以判断和预测的。比如，如果说我们可以大致确定年龄结构的变化对劳动力市场的影响，那么判断这种变化对居民消费倾向从而对需求的影响则是非常困难的。与之相关的分析，我们归纳到下一个问题中去。

六、 观念的改变

对事物的认知和观念决定着消费者的消费态度，消费态度决定着消费者的消费行为，消费行为决定一种具体产品在市场上的受欢迎程度。因此，消费者观念上的改变影响着不同产品的市场销路，为企业提供着不同的创新机会。观念反映了人们对事物的认识和分析的角度。从企业创新的角度来说，观念的改变既可意味着消费者本身有关认识的改变，也可意味着企业对消费者某种行为或态度的认识的改变。这种改变有时并不改变事实本身，但对企业的意义则是不一样的。有一则案例很好地说明了这一点。有两家制鞋商分别派出销售人员去某岛推销自己的产品。甲厂派出的推销员到了岛上以后，迅速给厂部发来一份电报，强调鞋制品在该岛无任何市场，因为岛上居民无一人穿鞋，并表明自己将迅速归厂。而另一家厂商的推销员则迅速发电报，要求企业立即寄来大批货物，因为该岛有着非常巨大的市场潜力，且目前尚无其他厂家参与竞争。显然，对同一客观现实的不同认识将给两家企业带来不同的市场和发展机会。当然，上述第二家企业要充分开发该市场，还需在岛民消费观念的改变上进行必要的示范、宣传以及劝导。

需要指出的是，以观念转变为基础的创新必须及时组织才能给企业带来发展和增长的机会。所谓及时，是指既不能过迟，也不能过早。滞后于竞争对手行动，等到许多竞争企业都已利用消费观念的改变开发了某种产品才采取措施，那么待企业措施产生效果、推出产品时，由于消费观念转变而出现的市场可能早已饱和了。相反，如果消费者的观念尚未转变或刚刚开始转变，企业在敏锐地观察到这种机会后即迅速采取行动，这样固然可以领先竞争者许多，但为了促成这种消费观念的转变并使市场真正形成，所需的费用将不仅使企业受益，而且使整个行业受益。换句话说，企业开发的将不仅是企业市场，而是行业市场。与稍后行动的企业相比，即时迅速行动的企业前期投入的各种费用可能过高，因而在成本上可能处于不利地位。

七、 新知识的产生

一种新知识的出现，将为企业创新提供异常丰富的机会。在各种创新类型中，以新知识为基础的创新是最为企业重视和欢迎的。但同时，无论在创新时间、失败的概率或成功的可能性预期及对企业家的挑战程度上，这种创新也是最为变化莫测、难以驾驭的。

与其他类型的创新相比，知识性创新具有最为漫长的前置期，从新知识的产生到应用技术的出现，最后到产品的市场化，这个过程通常需要很长的时间。不仅在自然科学领域如此（这是人们所熟悉的），以社会科学新知识为基础的创新也是这样。比如，早在19世纪初，圣西门就提出了有目的地利用资本去促进经济发展的商业银行理论，但是直到其去世20多年后，才由他的门徒雅各布和皮里兄弟俩在1852年创办了世界上第一家商业银行——“信贷公司”。

知识性创新的第二个特点是这类创新不是以单一因素为基础，而是以好几种不同类型的知识的组合为条件。虽然在这类创新的组织中首先需要依靠一种或少数几种关键的技术以及相关的知识，但在所有其他必备知识尚未出现之前，创新是不可能实现的。这种对知识集合性的要求也是这类创新前置期较长的一个重要原因。飞机、计算机等的出现无不说明了这一点。

前置期较长和对相关知识的集合性要求不仅决定了企业必须在早期投入大量的资金，而且由于即便投入许多资源和新知识也可能什么都不会出现或难以齐全，因此与其他创新相比，以新知识为基础的创新需要承担更大的风险。

上面我们介绍了德鲁克关于创新的七种来源。显然，创新这个词本身的含义已经表明其机会和可能是难以穷尽的。同时还需指出，在企业实践中，创新通常是几种不同来源或影响因素共同作用的结果。

第三节 技术创新的战略决策

任何企业都在执行一套符合自己特点的技术创新战略。这种战略可能是有意制定的，也可能是在无意识中形成的。在后一种情况下，技术创新战略是一系列选择的综合结果。这些选择一般涉及创新的基础、创新的对象、创新的水平、创新的方式以及创新实现的时机等多个方面。

一、 创新基础的选择

创新基础的选择需要解决在何种层次上组织创新的问题。但同样显而易见的是，理论上的创新，特别是用于为企业服务的理论创新不是一两次突击性的工作可以完成的，它需要企业特别是企业中有关科研人员长期地、持久地且经常是默默地工作。这种工作可能带来成功的结果，也可能是组织了众多的研究人员长期地进行了艰辛的工作后一无所获。基础研究的上述特点决定了选择此种战略不仅具有较大的风险，而且要求企业能够提供长期的、强有力的资金以及人力上的支持。

应用性研究只需企业利用现有的知识和技术去开发一种新产品或者探寻一种新工艺。与基础研究相比，它所需时间相对较短、资金要求相对较少、创新的风险也相对较小，研究成果的运用对于企业生产设施调整的基础性投资的要求相对较低，当然，与之相应，它对企业竞争优势的贡献程度也相对要小一些。

从某种意义上来说，现代企业从事的大多是应用性的研究工作以及与之相应的创新。日本学者森谷正规认为，“20世纪60年代以来，很难找到一种以全新的原理为基础的技术”。以电子学为例，晶体管的生产是一种以全新理论为基础的创新。这种创新从根本上改变了以其为基本部件的产品的生产过程。但自此以后，“没有一个新的电子元件像晶体管一样被开发……微型计算机和超大规模集成电路只是在一个小硅片上集中了数量惊人的晶体管，却没有离开以前的技术原理”。但是，如果创新的过程始于基础研究，则无疑将给企业的应用性开发提供异常广阔的空间。

二、 创新对象的选择

从第一节的介绍中我们已经看到，技术创新主要涉及材料、产品、工艺、手段等不同方面。由于企业生产所需要的原材料主要是从外部获取的，因此材料创新主要是在外部进行的（这种创新实际上是上游企业的产品创新），所以企业可选择的创新对象主要涉及产品、工艺以及生产手段三个领域。

产品创新使产品在结构或性能上有所改进或全部创新，不仅能给消费者带来一种全新的享受，而且还可能降低产品的生产成本或者减少产品在使用过程中的费用，所以给企业带来的不仅是特色的形成，而且可能是成本优势。工艺创新则既可能为产品质量的形成提供更加可靠的保证，从而加强企业的特色优势，也可能促进生产成本的降低，从而使企业产品在市场上更具价格竞争力。

产品与工艺的创新主要是由企业完成的，外部一般很难替代企业来从事这项工作。生产手段的创新则不然。由于每种机器设备的制造都需要利用企业不可能同时拥有的专门的技术、人员和其他生产条件，而且企业即使拥有这些条件生产所需的机器设备，但由于数量有限，不可能达到规模经济的要求，生产成本可能很高，因此企业一般都是从外部获取各种机器设备。由于这个原因，生产手段的创新也可借助外部力量来完成。但是，生产手段的创新不是孤立地进行的，它既可能是产品创新或工艺创新的结果（产品结构或工艺制造方法的变化必然要求生产手段也做相应的调整），也可能由此而引发产品或技术的创新。因此，由外部厂家来实现生产手段的改造，则有可能使企业与此相关的产品创新或技术创新的意图或过程过早地为竞争者所察觉，从而难以通过创新带来竞争优势的形成或提高。在这种情况下，某些关键生产手段技术创新的内部组织就是必然的选择了。

三、 创新水平的选择

创新水平的选择与创新基础的选择都涉及通过创新可能达到的技术先进程度，不过创新基础的选择可能导致整个行业的技术革命，特别是基础研究导致的创新可能为整个行业的生产提供一个全新的基础，而创新水平的选择则主要是在行业内相对于其他企业而言的，需要解决的主要是在组织企业内部技术创新时，是采取一个领先于竞争对手的“先发优势”战略，还是实行“追随他人之后”，但目的仍是“超过他人”的“后发优势”战略。

“先发优势”是在行动上“先人一步”，目的是在市场竞争中“高人一筹”。先人一步行动，率先开发出某种产品或某种新的生产工艺，这种战略意图是很明显的，即在技术上领先同行业内的其他企业，以获得市场竞争中至少是在某段时期内的垄断地位。

> 先发优势是指企业利用在行动上的“先人一步”的好处，获取在创新竞赛上的领先地位。

（1）先发优势可给企业带来的贡献，具体有以下几个方面。

1）可给企业带来良好的声誉。先发制人可使企业树立起一种开拓者或领先者的形象或声誉。这种声誉是竞争者难以形成的。一旦某个企业在某个领域最先开发了某种技术，今后人们需要利用这种技术或购买与之相关的产品时，首先想到的将是这家企业。人们在评价这家企业时，也将主要是以技术领先者的形象去看待它。

> 后发优势就是企业主动规避技术竞赛风险，选择恰当时机进入，获取技术竞赛上领先地位的行为。

2）可以使企业占据有利的市场地位。在其他企业还未意识到之前，企业即已开发并进入某个市场。显然，企业最先占领的通常也是最易占领的是可以给企业带来最丰厚利润的市场区段。此外，最先进入市场的企业所采用的经营方法有可能逐渐被整个行业所接受，并成为行业的标准。

3）可以使企业进入最有利的销售渠道。任何产品都是经由一定的销售渠道被传递到消费者手中的。这种渠道虽然可能是企业自己专门建立的，但由于建立并维持一个专有渠道需要投入巨额资金，因此利用一个存在于外部的通用渠道是比较普遍的选择。这一通用渠道的容量总是一定的，其不同部位表现出不同的吸引力。率先行动者自然可以选择最有利的部位。不仅如此，率先行动者还可能利用先进入的机会，与渠道签订排他性的合约，从而封锁后来者利用现存机构进入市场的通道，使后来者难以进入市场或至少提高其进入市场的成本。

4）可以使企业获得有利的要素来源。新的产品或新的产品制造方法可能需要企业利用新的生产资源。与销售渠道的进入一样，率先行动者可以获得最有利的原材料等要素来源，甚至可以与供应商签订排他性的要素供应协议。

5）可以使企业获取高额的垄断利润。率先推出某种产品可以使企业至少在初期成为这种产品的垄断生产经营者，从而可以使企业以远远高出成本的价格将产品销售给那些对产品感兴趣的用户。当然，如果企业不愿自己生产，也可将生产这种产品的技术专利以高价卖给对之感兴趣的企业。

（2）率先行动带来的并非都是鲜花，“先发”并非每次都能达到“制人”的目的。率先开发某种技术或产品可能给企业带来以下几个方面的烦恼。

1）要求企业付出高额的市场开发费用。对市场上尚未出现过的产品，潜在用户尚未了解其功能特性，甚至不知道这种产品的存在，因此要开拓销路，企业必须投入大量的市场开发费用。率先行动的性质决定了企业不可能与其他同行分摊这笔费用。独自承担巨额的市场开发费用，将使企业处于一个非常困窘的两难境地：开发失败，将给企业带来巨大的损失；开发成功则从中获益的将不仅是企业自己，因为先行企业开发的不仅是自己的市场，而是整个行业的市场。显然，独自承担巨额的市场开发费用给企业带来的收益和风险是不对称的。

2）需求的不确定性。率先行动者虽然投入了大量的市场开发费用，但用户队伍能否形成，被唤醒的市场有多大容量，已表现出的需求可能朝什么方向变化，这些都是不确定的，特别是由于环境中众多因素的影响，已经表现出的需求也是千变万化的。这种不确定性使得先行企业的技术开发和市场开发活动具有更大的风险。相反，后期行动的企业则可以更新的、更确定的信息为基础，因而风险相对较小。

3）技术的不确定性。这种不确定性是由两个方面的原因造成的。一方面，一种新技术，不论是关于产品的技术还是关于工艺的技术，被实际运用之初都不可能非常完善，它只能在实际运用中逐渐成熟；另一方面，技术的变化不一定是连续性的，可能呈现出一种跳跃性的态势，由于这种非连续性，今天还是先进的技术，明天可能就落后了。当技术相对确定、其变化沿着相对连续的路线前进时，率先行动的企业在时间上的领先是一种优势，因为它可以不断地把从原有技术上学到的东西转移到新技术上去，从而可以始终在技术上保持领先状况。相反，不确定性和非连续性则给后来的追随者提供了机会。

由于这些原因，许多企业宁愿采用追随战略，而不愿先人一步。当然，后发的目的也是为了先至，是为了制人，而非受制于人。实际上，由于上面列举的原因，后发者虽然在时间上、在用户心目中的技术水平形象可能处于稍微不利的地位，但它可以分享先期行动者投入大量费用而开发出的行业市场，可以根据已基本稳定的需求进行投资并在率先行动者技术创新的基础上组织进一步的完善，使之更加符合市场的要求，因此，后发优势战略有时也不失为一种合理的选择。

四、 创新方式的选择

不论技术创新的水平和对象如何，企业在技术创新活动的组织中都可以有两种不同的选择：利用自己的力量独立开发或者与外部的生产、科研机构联合起来共同开发。

独立开发与联合开发要求企业具备不同的条件，需要企业投入不同程度的努力，当然企业的受益也会不同。独立开发，不仅要求企业拥有数量众多、实力雄厚的技术人员，而且要求企业能够调动足够数量的资金。独立开发若能获得成功，企业将可在一定时期内垄断性地利用新技术来组织生产，形成某种其他企业难以模仿的竞争优势，从而获得高额的垄断性利润。当然，如果开发不能获得预期的结果，企业也将独自咽下失败的苦果。联合开发，企业可以与合作伙伴集中更多的资源条件进行更为基础性的创新研究，并共同承担由此而引起的各种风险。开发如果失败，企业将与合作伙伴一道来分担各种损失，当然，若开发成功，企业也不能独自利用研究成果组织产品或工艺的创新，合作伙伴也有权分享共同的成果，有权从这种成果的利用中分享一份市场创新的利益。

影响企业在开发方式上选择的，不仅是企业自身的资源可支配状况以及开发对象的特点要求，对市场经济条件下竞争与合作的必要性认识的不同也可能是其深层次的原因。

竞争无疑是市场经济的第一原则。正是竞争促进了社会生产率的提高，带来了整个社会资源的合理配置。在技术创新领域也是一样，竞争促使不同的企业投入大量的人力和物力竞相开发和采用新技术、生产新产品、利用新的材料和设备，以获得市场经营中的某种成本或特点优势，占有更多的市场份额，获得更多的利润。企业技术水平的提高最终必然会促进整个社会的技术发展。但是，不同企业单独进行所有的技术创新研究，特别是与基础理论有关的技术创新研究，所从事的将大部分是重复性的劳动。这种分别进行的重复性劳动，不仅可能由于力量分散而进度缓慢，而且必然会导致整个社会资源的浪费。相反，如果将这些创新活动在一定范围内有组织地协调进行，则不仅会带来资源的节约，而且必然会大大加快成果形成的速度，开发成功后，将在更大的范围内使更多的企业受益，从而为整个社会的技术进步带来更大的贡献。

实际上，合作研究与开发不仅为经营范围限于国内的企业所重视，而且是许多国际企业的普遍选择。随着世界经济区域化、集团化的发展以及国际市场竞争的加剧，国际企业为了增强建立全球性市场的能力，适应全球性公司发展的需要，在多个方面实行战略联盟。这种联盟不仅表现为有形资产投资上的合作，而且表现为无形资产的共同投资。前者如联合兴建新的企业或相互在对方企业持有一定股份，后者则主要与研究和开发合作或技术转让有关。研究和开发上的合作主要指联盟各方将其资金、技术设备以及各种优势结合起来共同使用，以开发新的产品或生产技术，并在此基础上共同开发国际市场。技术转让则主要指与合作开发相关的联盟内企业间技术资料的相互交换，以共享某些技术开发的成果。

合作开发不仅可以使合作各方共同承担巨额的开发费用以及与之相关的开发风险，而且由于优势互补而开发出独自进行时难以开发出的新技术。比如，美国通用电气公司和法国斯奈克马公司合作开发一种新型飞机引擎，其费用需10亿~20亿美元，时间约需10年。显然，这个费用和风险是其中任何一家公司都不愿且难以承担的。又如，IBM与苹果计算机公司长期以来在电脑行业相互竞争，但为了发展一套完整的计算机操作系统，这两家公司决定共同投入10亿美元合资研究和生产新一代个人计算机的硬件、软件和网络。分析家们认为，这种合作将改变销售额高达900亿美元的世界个人计算机行业的竞争结构。但正如苹果公司前总裁约翰·斯卡利（John Scully）在《商业周刊》中所指出的，“如果没有20世纪90年代的战略联盟，这种高科技的公司想要生存和发展是不可想象的”。

日本企业在这个问题上的许多做法值得中国企业借鉴。日本核心技术局1986年的一份调查表明，在接受调查的261家企业中，90%有过和同行业合作研究的经验，接近70%的企业和部分对手共同研究项目。日本机械产业振兴协会则宣布，近年来日本企业作为合作研究成果的联合专利申请数量呈迅速上升的趋势。

人们可能会认为，联合研究主要涉及通用技术或基础研究领域，因为只有在这些领域进行合作，然后在应用性研究方面进行竞争才会给各个企业带来最大利益。然而日本政府1989年的一份调查表明，只有14%的联合研究指向基础研究领域，而有1/3指向应用研究，更有1/2以上的项目实际上是产品开发项目。

当然，联合研究的有组织进行，不仅需要企业的积极主动，更需要政府的推动，特别是与基础研究相关的联合性开发更需要政府的推动。在日本，有相当多的联合研究项目与政府有关。日本政府制定了许多推进民间企业进行联合研究的专门制度与相关政策。比如，1961年推出了矿业、工业研究组合制度，1966年推出了大型工业技术研究开发制度，1985年制定了基础技术研究促进制度等。这些制度导致了技术研究组合等联合研究形式极大地推动了竞争企业为共同利益而开展联合研究的选择。

日本企业与日本政府在联合研究上的努力对我国企业技术创新战略的制定无疑提供了许多启示。

第四节　主导设计与标准战略

一、 技术的演化

企业技术的创新过程在两大基本力量作用下呈现动态性特征：一是来自于需求方的消费者，他们决定是否采用创新，这个过程就是创新技术扩散的过程；二是供应方的竞争企业，它们决定是否模仿，即是否学习这项创新，使自己的产品与创新企业进行竞争。整个技术创新的演化都呈现出非直线演化特征，构成一条S形曲线。

虽然一项技术创新活动表现一种随机过程，但其演化过程却表现为稳定演化模式。技术进步S曲线是由性能维度（如产量、速度和功率等）和时间维度构成（见图18-3）。

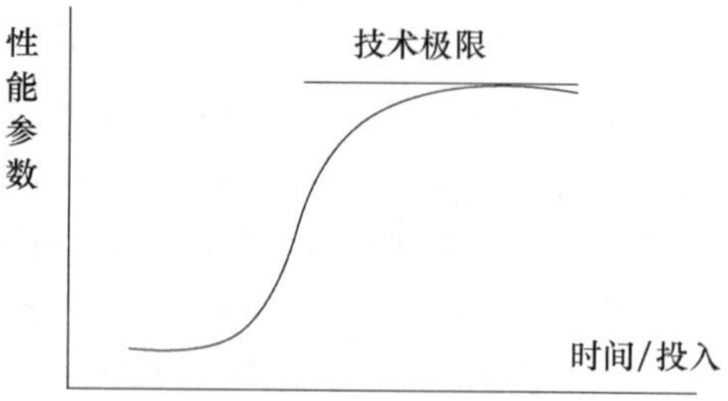

图18-3　技术进步S曲线

从这两个维度来考察，技术性能特征演化明显划分成四个阶段：①早期阶段，一旦技术创新出现，在这个技术的早期阶段性能特征没有多少提高。②成长阶段，在这个阶段技术性能迅速提高。③增速减缓阶段，在这个阶段性能持续提高，但提高速度放缓。④成熟阶段，性能不再提高。如表 18-1 所示，英特尔微处理器发展基本与经典 S 曲线所吻合，戈登・摩尔本人预测晶体管小型化将在 2017 年左右达到物理极限。

表 18-1　英特尔微处理器晶体管密度变化

年　份	晶　体　管	英特尔 CPU
1971	2 250	4004
1972	2 500	9008
1974	5 000	8080
1978	29 000	8086
1982	120 000	286
1985	275 000	386™
1989	1 180 000	486™ DX
1993	3 100 000	Pentium
1997	7 500 000	Pentium Ⅱ
1999	24 000 000	Pentium Ⅲ
2000	42 000 000	Pentium 4

技术 S 曲线也常常用来描述技术创新扩散的过程，在早期新技术并不为人们所认识，技术采用增长缓慢；当新技术为人们熟悉后，大量采用者涌入；直到市场饱和，再没有多少进入者，新的技术开始出现。罗杰斯提出不同类型用户采用新技术的过程。①创新者，他们是第一批创新技术的使用人，他们在购买行为上具有冒险性，他们的偏好有高度不确定性和复杂性，他们拥有足够资金可以承受采用新技术产品带来的风险。罗杰斯估计这类人群占全体技术用户的 2.5% 左右。②早期采用者，他们形成了一个比较完整的社会群体，并且常常引领时代潮流。早期采用者在所处的环境中受他人尊重，他们是技术创新极好的“传教士”，这类人群占全体的 13.5% 左右。③早期大多数，这类人群在采用新技术时往往经过深思熟虑，他们与同事有密切的交往，但很少占据领先地位。他们大约占全体的 34%。④晚期大多数，这类人群拥有较少的资源，采用新技术往往是被经济因素或群体压力所推动。他们对创新持有怀疑和谨慎的态度，直到大多数新技术的不确定都消除，他们才会采用新技术。他们大约占全体的 34%。⑤落伍者，创新用户的最后 16% 被称为落伍者，他们主要依据过去的经验做决策，几乎没有什么新潮观念，他们对创新和变革持有高度怀疑的态度。

新技术的演化还表现为技术之间的相互替代，新技术从初始的紊乱阶段开始，到进入快速进步期，然后回到衰退阶段，最终被新的技术所取代。这种技术间相互替代的周而复始就构成了技术周期。技术替代曲线如图 18-4 所示。

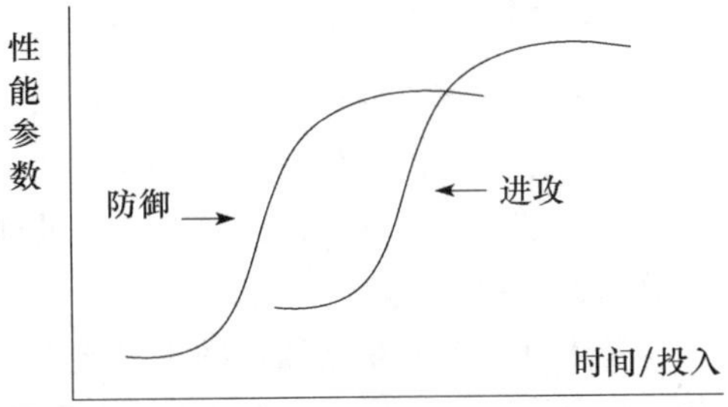

图 18-4　技术替代 S 曲线

厄特巴克和阿伯内西提出了一个著名的技术发展模型。这个模型将技术的周期划分成易变阶段和确定阶段。

（1）易变阶段是从技术断裂开始的，在这个时期，市场结束了集中于一种标准产品的时代，这个时期技术高度不确定，不断犯错误。接下来进入混乱期，多个根本性技术创新出现，它们都进入自己的循环。但根本性技术创新还可能是原始实验性的，许多参与技术竞赛的企业开发出基于根本性创新的各种创新类型。例如，第一台个人计算机在 20 世纪 70 年代出现时，随之就有许多使用不同微处理器的、格式化磁盘和操作系统的模型出现。

易变阶段的最后时期是主导设计出现。所谓主导设计是一种赢得市场忠诚的有稳定技术结构的设计，它使创新者和竞争者之间都开始集中于一种主导产品设计，企业间竞赛的重心转向该技术的工艺创新。例如，IBM PC 的出现很快成为市场主导设计：一个 TV 监视器、标准磁盘驱动、QWERT键盘、88 英特尔芯片、MS-DOS 操作系统等开发设计。

（2）确定阶段是改进和不断完善主导设计的渐近性创新阶段。在确定阶段这种渐近式创新并没有停止，例如在白炽灯主导设计出现后，专业化玻璃吹制设备代替了通用工具，出现了高容积的真空泵以及工艺改进。

二、 主导技术与“赢者通吃”

“赢者通吃”已经成为当今最时髦的词汇，一旦主导设计出现，虽然还会有一些替代技术能够在市场中生存，但大部分市场将被少数几项技术所控制。主导设计能够“赢者通吃”的根源在于它成为行业的标准。例如，当1936 年道格拉斯公司把全金属、低翅的单翼机、可控斜度的螺旋桨等创新整合进它的 DC-3 飞机时，实现了飞机的经济性，其他企业努力模仿道格拉斯的设计模式，DC-3 产品架构成为飞机产业的主导设计。道格拉斯成为世界上最大的商用飞机制造商。

> 所谓主导设计是一种赢得市场忠诚的有稳定技术结构的设计，它使得创新者和竞争者之间都开始集中于一种主导产品设计，企业间竞赛的重心转向该技术工艺的创新上。

当一家企业的技术成为市场主导设计，企业不仅可以在短期内赢得几乎垄断的地位，而且会影响后面几代产品与技术的趋向，表现出明显的路径依赖特征。因为一旦主导技术形成，它反过来又影响制造商和消费者在该技术方面的知识积累。拥有主导技术的企业不必寻找陌生领域；可以在自己已有的知识基础上去发展，形成该技术领域的良好口碑。相反，那些支持技术没有成为主导设计的公司，它们将被迫采用主导技术，将自己在原创技术上的投资、学习经验和品牌都丧失殆尽，更不幸的可能是企业会被市场拒之门外。

> 所谓网络效应是指产品对用户所创造的价值取决于安装基础的规模，即市场上使用该类产品的用户群的大小。

网络外部性是市场选择主导技术的重要原因。所谓网络效应是指产品对用户所创造的价值取决于安装基础的规模，即市场上使用该类产品的用户群的大小。网络效应分为直接网络效应和间接网络效应。前者是指同一市场内用户之间的相互依赖性，即使用同一产品的用户可以直接增加对方的效用。后者主要产生于基础产品与辅助产品之间技术上的互补性，这种互补性又导致了两种产品之间的相互需求。用户安装基础越大，生产互补产品的厂商就越有兴趣发展这种产品，而互补产品数量的增加和质量的提高又使基础产品的用户获得更大的价值。一旦主导技术出现可以提供产品标准化，减少产品的差别和不确定性；它也减少了产品的混乱现象，降低了生产成本，进而可以使企业能够设计标准化产品和可替代产品，优化组织结构，提高效率，实现规模经济。

技术锁定效应是市场选择主导技术的另一个重要原因。所谓锁定效应，是指用户一旦选择某种厂商的产品，即发生各种效用的沉淀并形成专用性资产，以至于将来更换厂商时将会发生较大的成本损失。在网络产品的使用过程中，用户形成的专用性资产除了购买网络产品所形成的沉淀支出外，还有使用网络产品所形成的个人效用和社会效用等。考虑到转换厂商将导致较大风险，所以用户一般不会轻易改变其所属厂商。锁定效应限制了用户的流动，这些被“锁定”的用户都会支持掌握着既定标准的主流厂商。这样，在条件不变的情况下，其他厂商的最优选择只能是追随主流厂商的技术标准。锁定效应的存在使掌握标准的企业一定程度上强化了自身的垄断力量。

三、 标准战略与选择

以创造主导技术的标准化战略，关键在于有效地认知和把握影响主导设计形成可控战略的因素。[㊀]

㊀ 薛红志，谭劲松. 主导设计形成机理及其战略驱动因素研究［C］. 首届管理学年会论文，2006.

1. 技术优越性

技术优越性单纯指技术的性能表现，即特定技术与竞争性替代技术在关键性能指标上相比表现如何。在其他条件相同时，若某项技术与替代性技术相比的性能表现越好，就越可能变成主导设计。企业的技术学习能力直接决定了其开发的技术的性能优越程度，因为技术学习不仅能够产生新产品和新信息，还可以提高探索现有信息并对其加以消化吸收和利用的能力。然而，那些满足或超出了消费者预期的技术也经常被市场拒绝，这种现象在具有网络外部性的市场中经常发生。

然而，实证研究显示技术优越性并不总是在主导设计形成过程中扮演重要角色。例如，松下公司的家用录像系统（VHS）按照技术性能来衡量不一定比索尼的大尺寸磁带录像系统（Beta）好，但松下的设计最终成为主导设计。一般来说，当替代性技术之间存在显著的性能差异时，我们可以预期技术优越性会扮演更重要的角色。例如，索尼公司在电视机上的单枪三束彩色显像管技术与RCA公司的荫罩式彩色显像管技术就存在显著差异，而录像机产业的Beta制式和VHS制式的性能差异很小。

2. 安装基础

所谓安装基础是某一特定技术用户的数目。产业经济学的研究指出，若产业内存在网络外部性，安装基础将会对顾客的技术选择具有重要影响。较大的安装基础与特定技术的较高采用率相联系，安装基础的规模提供了某项技术成为主导设计的额外驱动力。顾客预期某项技术的安装基础比其他技术都大时，他们会采用这种技术而排斥其他技术。一个PC用户可能会基于该平台下其他用户的数目来确定是否选择该平台，而不是仅考虑一个平台的技术性能，因为这样能够方便不同用户之间的文件交换。

安装基础的规模是企业特定战略的结果，特别是企业能够将其产品设计成与以前技术基础上存在的安装基础相兼容。当存在网络效应时，早期的积极定价能够导致较大的安装基础，因此更有可能使企业的技术成为主导设计。摩托罗拉在2001年11月发行的xBox游戏要比索尼的Playstation 2游戏价格便宜30%。

3. 互补性产品的可得性

互补性产品的可得性程度影响了消费者在不同设计之间的选择。若没有相关的互补性产品（如计算机和软件、录像机和录像带以及打印机和墨盒），很多产品对顾客而言用处不大或者不是他们所期望的。因此，那些开发某项缺乏互补性产品技术的企业很可能会发现自己的技术被市场拒绝。当录像机最初出现时，松下提供VHS制式的录像机，而索尼生产Beta制式的录像机。松下通过特许协议扩散其技术，导致基于VHS制式的录像带大量生产。尽管很多研究报告认为Beta制式具有技术优越性，但消费者为了利用大量与VHS相兼容的录像带而倾向于选择松下的录像机。索尼的Beta制式录像机基本上消亡了。

特许政策是企业管理与互补性产品制造商关系的关键驱动力量。如果互补性产品制造商无法支持企业的新技术，或者其产品在价格或质量上竞争力不足，那么这种技术将不会成为主导设计。在极端情况下，企业可能会完全免费供应技术（一种开放式标准），如IBM在进入PC市场时所做的。

4. 进入时机

先行者意味着技术领先和买断稀缺资源的优势，也使企业能够创造顾客转移成本。在那些存在报酬递增的产业，先行者具有显著优势：较早采用的技术可以通过自我强化的正向反馈机制增强市场实力，当其成为主导设计后这种实力达到顶峰。然而，跟随者经常可以利用先行者的研发投资的产出，并且可以在市场变得相对确定后根据顾客需求改进产品，这样就避免了先行者所犯的任何错误。例如，当柯达在20世纪80年代末引进8毫米摄像机时，产品被消费者拒绝，柯达决定退出市场，因为当时消费者还没有意识到对这种产品的需求，并不确定它能够提供什么价值。然而，到20世纪90年代初期，消费者已经变得习惯于8毫米摄像机技术的概念，几个跟随者（最著名的是索尼公司）就能成功地进入市场。

在产业早期阶段，技术一般在性能上存在缺陷并且与顾客需求之间的匹配程度不足，而且，顾客使用这种技术所必需的互补性产品也没有得到充分开发。因此，这种技术成为主导设计的概率较低。Anderson和Tushman（1990）的研究支持了这一论点，发现第一代新技术很少能够成为主导设计，反而是那些对突破性创新的改进型技术成为产业标杆。

本章回顾

小结

技术创新并不是技术发明，它有着丰富的内涵。它既包括新的发现，也包括各种生产中技术要素的改善和重新组合。技术创新过程的管理包括评估技术需求、进行技术创新决策、获取新的技术和技术创新组织管理四大环节。由于技术创新隧道和创新困境的存在，技术创新并非易事。引发企业技术创新有七个因素：意外的成功或失败、企业内外的不协调、过程改进的需要、行业和市场结构的变化、人口结构的变化、观念的改变以及新知识的产生，这些因素揭示了技术创新的源泉所在。组织技术创新战略的规划需要对创新的基础、创新的对象、创新的水平、创新的方式和创新实现的时机等方面进行战略的抉择。成功的技术创新战略是一系列综合选择的结果。

整个技术创新的演化都呈现出非直线演化特征，构成一条S形曲线。在技术创新扩散的过程中，创新技术的采用者表现出完全不同的特征。技术之间竞赛和相互间替代构成了技术周期。主导技术的出现是技术周期中最特别的环节。主导技术的出现受到技术优越性、安装基础、互补性产品的可得性和进入时机的影响。

关键术语

技术创新管理	破坏性创新	先发优势	后发优势
技术创新S形曲线	技术周期	主导技术	网络外部性

思考题

1. 阐述技术创新的内涵和技术创新工作的重要性。
2. 如何认识企业内外不协调对技术创新的作用？
3. 技术创新过程管理包括哪些环节，如何做好技术创新过程管理？
4. 什么是创新困境，为什么创新并非易事？
5. 简述机会对技术创新的影响，你在实践中如何对待意外的成功和失败？
6. 讨论技术创新过程和环境变化的关系。

7. 讨论知识管理的实施对技术创新的影响。
8. 如何认识企业技术创新过程的“先发优势”与“后发优势”？
9. 简述如何进行创新基础和创新对象的选择。
10. 结合我国企业的现状，讨论如何有效地选择技术创新的方式？
11. 技术创新是如何演化的，它包括哪些环节？
12. 什么是主导技术，为什么会出现“赢者通吃”的局面？
13. 创造主导技术的标准化战略应当考虑哪些因素？

延伸阅读

1. V K 纳雷安. 技术战略与创新：竞争优势的源泉［M］. 北京：电子工业出版社，2002.
2. Melissa A Schilling. 技术创新的战略管理［M］. 北京：清华大学出版社，2005.
3. 彼得·德鲁克. 创新与企业家精神［M］. 北京：机械工业出版社，2006.
4. 克莱顿·克里斯坦森，迈克尔 E 雷纳. 困境与出路［M］. 北京：中信出版社，2004.
5. 薛红志，谭劲松. 主导设计形成机理及其战略驱动因素研究［C］. 首届管理学年会论文，2006.
6. 吕铁. 论技术标准化与产业标准战略［J］. 中国工业经济，2005（7）.

案例讨论

铱星为什么陨落

情境资料1：铱星引发谈话方式的革命

从1987年开始的“铱系统”计划，历时11年，19家全球重要的电信和工业公司共同投资57亿美元组成了铱星通信公司，摩托罗拉以持股18%成为铱星最大的股东。它的目标是建立一个把地球包起来的“卫星圈”。1998年11月1日，它实现了这个梦想。与传统卫星通信相比，铱星具有明显的优点：铱星运行轨道低，更易于实现全球个人卫星移动通信；覆盖面广，能为全球任何一个地方提供通信。在铱星的广告词中，有一句话：网络覆盖全球（包括南北极和海域）。它是由66颗卫星组成的低轨道全球个人移动卫星通信系统，每颗铱星重680公斤，设计寿命为5～8年。这是世界上第一个大型低轨道卫星通信系统，也是全球最大的无线通信系统，每年仅维护费就需要几亿美元。

随着铱星全球卫星电话服务系统开始投入使用，卫星电话正在使我们的谈话方式发生一场革命：它能够使任何人在几乎任何地方、任何时候都可以用电话或者寻呼机进行联系，而且最终可以享受任何通过电话线提供的服务。

应该看到的是，卫星通信的卓越能力不仅仅是提供无地域限制的通信方式，而且还能够提供比现有的无线蜂窝通信网络有更高要求的通信方式。全球海洋面积占地球面积的3/4，在开发海洋资源过程中，海洋天气预报、海上救援及海洋与地面之间的联络，都可以依靠卫星通信方式来完成。目前蜂窝网络只能覆盖地球陆地面积的一小部分，卫星通信的全球覆盖能力将使现有通信网络得到极大的延伸（中国经营报，2003-03-26）。

情境资料2：不同的观点

事实上，挑铱星的毛病很容易。

第一，“铱星”手机售价为每部8 000美元（相当于国内一辆汽车的价格），少说也要4 000～5 000美元，而通话费更高得惊人。在中国内地，1999年“铱星”手机对地面固定和移动电话的国内通话费为9.8元/分钟，国际通话费为27.4元/分钟，因此用户数量增长缓慢，在北京只卖出200部铱星手机，全国也只卖出900部。它开业的前两个季度，在全球只发展了1万名用户，而根据铱星方面的预计，初期仅在中国市场就要做到10万名用户。

第二，铱星手机又重又笨，重达450克左右，与现在的普通手机相比笨头笨脑。

第三，铱星手机性能也不尽如人意，其通话的可靠性和清晰度也比较差，在室内和车内都不能通话。最要命的是"铱星"系统的数据传输速率仅有2.4Kb/秒，所以除了通话外，现只能传送简短的电子邮件或慢速的传真，无法满足目前互联网的需求。

第四，从技术上看，铱星系统采用星际链路，用极地轨道，将77颗星（后改成66颗）在极地汇成一个点，还要避免碰撞，技术太复杂。它也是一个完整的独立网，呼叫、计费、通信管理是直接建立的，不受本地通信网主权国家的管理。以上原因造成该系统的技术风险过大。

情境资料3：GSM移动电话的发展

20世纪70年代末，移动电话刚出现时，发明这项技术的贝尔实验室根据自己的一项市场研究预计，到2000年移动电话用户最多只有80万。但经过十多年的飞速发展，传统移动电话已全面普及。据美国电子产品市场信息公司统计，1998年全球移动电话的销售量达到1.63亿部，比1997年增加了51%，摩尔定律原来是指在IT产业尤其在半导体芯片技术上，每18个月产品性能翻一番，而价格下降一半。事实上，摩尔定律已经从IT产业扩散到其他产业，甚至整个社会的运转速度都受它的影响，而影响的程度各不相同，这也被解释为10倍速理论。

情境资料4：艰难历程

原定1998年9月23日便开始商业运营的铱系统，由于铱星在制造中出了小问题和个别地区关口站未能如期投入使用，而将运营日期推迟到了11月1日；每部手机高达3 000美元的天价和高昂的通话费用（国际话费平均7美元/分钟）使得铱星曲高和寡，用户的发展大大低于预想。它开业的前两个季度，在全球只发展了1万名用户，而根据铱星方面的预计，初期仅在中国市场就要做到10万名用户；造成铱星公司前两个季度的亏损就达10亿美元。

新华社2000-03-20华盛顿电：由于找不到买主，1999年8月申请破产保护的美国铱星公司于2000年3月17日午夜停止营业。

据美联社报道，在纽约联邦破产法院2000年3月17日下午举行的听证会上，美国铱星公司律师表示该公司没有找到"合格的"买主。法官阿瑟·冈萨雷斯于是批准美国铱星公司将其经营的66颗卫星退出轨道，使它们在进入地球大气层时焚毁。美国铱星公司可能在两个星期内开始这一行动。

讨论题

1. 请对铱星项目失败的原因做详尽的分析。你能够从这个项目中吸取什么教训？

2. 铱星的全球市场到底有多大？如何估价和分析？

3. 当企业进入一个新兴产业时，选择进入时机要注意哪些问题？在技术存在不确定性的情况下，如何规避风险？

4. 如果铱星是中国人投资的一个项目，同样到了今天这样一个地步，会不会宣布破产？如果不宣布破产，未来会出现何种问题？

第十九章　企业组织创新

创新可以被看成是一种训练、一种学习以及一种实践。

——彼得·德鲁克《创新与企业家精神》

要充分了解管理原则的威力，你就必须摆脱过去的惯性对想象力的束缚。

——加里·哈默尔《管理创新》

第一节　企业组织与知识经济特征

知识经济正在向我们悄然走来。知识在企业生产制造、市场营销、人事管理、财务控制等经营活动中的作用正日益显得重要。知识及其运用的产品化、产品及其生产过程的知识化是我们在越来越多的企业中可以观察到的、正在发生的客观现象。不管人们是否已经认识到，也不管人们是否承认或愿意，知识经济正逐渐取代工业经济成为现代社会的主要特征。我们在本章主要讨论知识经济对企业组织创新的影响。

一、　企业组织结构

企业是人的集合体。企业绩效及其生存与发展能力首先取决于其成员的努力程度。这些成员是在企业活动的不同时空中提供这些努力的。要使这些努力转变为对企业有效的贡献，必须对他们在企业活动中的行为进行引导和整合。行为的可预测性是行为引导和整合的基本前提。企业是通过制度结构化、层级结构化以及文化结构化来使成员的行为具有一定的可预测性，从而实现对这些成员在企业活动的不同时空中的努力进行引导与整合。

1. 制度结构

我们所说的企业制度结构并不是指企业内部运营的规章制度，这些制度用来规范员工的个体行为。例如，联想集团内部管理有一个“做事三原则”，即“有规定的按规定办”，“规定不合理的先按规定办，办完再修改规定”，“没有规定的按合理的办法办，办完再建制度”。这套制度使企业内部管理行为实现了规范化，并为内部运行奠定了一个有序高效的基础。

但是在企业中还有一种制度，它是对企业各类参与者行为的规范。从利益相关者理论来看，企业的参与者包括众多类型，如所有者、政府、供应商、顾客、雇员和管理者、竞争对手、社区和其他相关者等。然而，这些不同类型的参与者之间具有不同的目的，也表现出不同的行为特征。如果没有一种机制来有效地约束与整合不同类群的行为，企业的经营势必将会陷入混乱之中，企业的利润将得不到保障，最终各方的利润都将受到侵害。正如亚当·斯密在《国富论》中所说："在人类社会的大棋盘上，每个个体都有其自身的行动规律，和立法者试图施加的规则不是一回事。如果它们能够相互一致，并按同一方向作用，人类社会的博弈就会如行云流水，结局圆满。但如果两者相互抵制，那么博弈的结果将苦不堪言。"

事实上，存在于不同参与者之中的协调机制（约束机制）本质上就是一种权力分配和利益分配机制。这种机制有效地规范了不同参与者应当承担的义务和应当享有的权利。

所谓制度结构化就是用来规范作为类群的企业不同参与者之间的正式关系的协调机制。

制度结构化规范了作为类群的企业不同参与者之间的正式关系。企业是通过规范作为类群的参与者在企业活动中权力与利益关系的制度来引导和整合这些成员的行为的；通过企业经营活动组织权力的分配，以企业制度来规范不同参与者类群之间的权力关系，从而影响这些参与者在企业决策制定与执行中的行为表现；通过确定经营成果的分配，以企业制度来规范不同参与者类群之间的利益关系，从而影响不同参与者在企业成果形成中的行为特点。权力与利益关系的相对确定，使参与者类群在不同模式的企业制度下有着不同的行为规律，从而使他们的行为具有一定的可预测性。这种可预测性使企业对参与者行为的引导和整合成为可能。

从利益相关者理论来看，一套有效的制度结构一定要尊重和保障企业利益相关者的合理权利。当然，企业制度结构也是企业参与者长期博弈的结果。即使是新创企业，其制度也借鉴了其他企业的成果，因而也吸收了众多企业长期积累的经验财富。不同的参与者通过提供企业经营所必需的某种要素来实现他们对企业的贡献。这些要素的相对重要性决定了要素供应者在企业活动中的相对权利地位，也决定了企业活动中权力与利益分配的格局，从而决定了企业制度结构的特点。要素的相对重要性既取决于要素本身在企业生产经营活动中的作用，也在很大程度上受到该种要素相对稀缺程度的影响。

2. *层级结构*

在利用制度结构规范参与者类群之间权力与利益关系的同时，工业经济中的企业试图通过层级结构来规范作为单个成员的参与者在企业活动中的关系和行为。层级结构是人类组织结构的伟大创新，19 世纪下半叶以后在工业企业中开始得到广泛运用，目前仍是企业的主要特征。

所谓层级结构化就是用来规范企业内作为单个成员的参与者在企业活动中的关系和行为的层级化过程。

如前所述，组织层级产生于分工效率的要求。分工可以降低员工的培训成本，降低对员工素质的要求，从而节省人力成本；同时，分工还可以降低工作的复杂性程度，减少工作的转换时间，改善劳动熟练程度，提高劳动生产率。当然，分工本身也有非经济性的一面，如可能产生的厌倦、疲劳、压力等。青木昌彦就把组织内部不同任务单元信息加工活动的分配（认知劳动的分工）称为组织结构。

大量不同个体之间的集体工作，产生了组织层级结构化的要求。

第一，组织在面对外部变化的环境时，作为独立系统的组织，可以通过整合组织的内部行为，并利用其协同功能来减少个体对环境变化的重复监控和重复决策（简称为层级分解问题）。

第二，如何节省组织内部的大量信息成本，因为组织内部存在很多常规性工作，总是重复发生，组织没有必要每次都对这些活动重新决策。组织层级结构化就会减少个体成员之间的信息复杂程度，共享公共信息资源（简称为信息同化问题）。

第三，如何降低组织代理成本问题。所谓代理成本问题就是，与不同类别群体一样，参与企业经营活动的不同个体也有着千差万别的意愿，他们会利用信息之间的不对称，以找到各种理由和借口为那些谋私利的行为辩护，这些行为常常有损组织的利益（简称为信息包裹问题）。

青木昌彦从组织信息类型角度划分出八种组织层级形式，即功能层级制、网络一体化功能层级制、层级控制型团队、水平层级制、参与型层级制、供应商系列、意大利工业区和硅谷企业簇群[㊀]。

一般来说，组织经常是通过权力在不同个体之间的分配以及与此相适应的规章制度来规范个体之间的关系和行为，即实现组织层级结构化的。例如，组织通过命令等级链确定了内部汇报和负责关系；通过划分不同岗位的职责，确定组织个体成员的基本行为。我们知道，岗位说明书规定了该管理职务的工作内容、职责与权力、与组织中其他部门和职务的关系，并要求担任该职务者所必须拥有的基本素质、技术知识、工作经验、处理问题的能力等条件。明茨伯格认为，一个有效的层级结构化要建立六种机制：相互调适；直接监督；工作程序标准化；成果标准化或产出标准化；技术（技能）以及知识标准化；规范标准化。这六种机制可以解决层级分解、信息同化和信息包裹问题。

3. 文化结构

组织成员之间不仅存在正式关系，还存在非正式关系。这些非正式关系同样影响组织效率的实现。文化结构化则规范了作为类群或个体的参与者在企业生产经营活动过程中的非正式关系。

> 所谓文化结构化就是规范作为类群或个体的参与者在企业生产经营活动过程中非正式关系的过程。

企业文化经常被定义为“企业成员广泛接受的价值观念以及由这种价值观念所决定的行为准则和行为方式”。这种价值观念和行为准则可能未被明确宣布，但它们通常隐含于企业成员作为其行为前提的思维模式的假设中，是被企业成员无意识地普遍认可的。他们的行为会自觉甚至不自觉地受到这些价值观念和行为准则的影响。这些影响主要表现在行为导向、行为激励以及行为协调三个方面。企业文化会引导企业成员自觉地做出符合企业价值观念的行为选择；特定的价值观念会激励成员在特定的环境中表现出符合企业需要的行为；受同一价值观念的影响，企业成员在不同时空中的行为准则必然会趋向相互协调一致。

制度、层级与文化的结构化要受到企业的经营环境、企业在经营过程中所选择的技术以及企业活动的规模、内容、特点等因素的影响。

二、 知识经济特征

究竟何为知识经济，至今似乎尚无一致的认识。从企业组织分析的角度来看，我们认为知识经济可能会表现出以下三个方面的基本特点。

（1）知识要素在企业生产经营活动中的相对重要性大大提高。资本的相对稀缺性、资本的货币形态的可转换性等特点决定了资本是工业社会最为重要的生产要素。资本市场的发展、融资手段的不断完善以及与此同时企业生产过程的渐趋复杂，这些都使得知识特别是与协调有

㊀ 青木昌彦. 比较制度分析［M］. 上海：上海远东出版社，2001.

关的知识正逐渐取代资本成为企业生产经营的第一要素。

（2）生产者与最重要的生产要素的重新结合。产业革命的发展伴随着劳动生产者与物质生产条件的分离。由于某种原因被剥夺了物质生产条件的劳动者只能通过出卖自己的劳动力来谋求生存条件，从而为工业经济的发展提供了大量的廉价劳动力。被企业雇用后，他们只能根据雇主或其代表、代理的要求来表现符合其利益的行为。整个工业经济时代企业组织的构造都是以劳动者与其物质生产条件的分离为基本假设的。然而，当知识成为最重要的生产要素后，情况发生了变化：知识作为人脑的产物在本质上是不可能与其拥有者相分离的。知识经济时代企业的组织设计不能不考虑知识的这种特点以及由此决定的劳动者与其最重要的生产要素重新结合的现象。

（3）由于信息技术的广泛运用，知识创新和传播的速度大大加快。从某种意义上说，任何知识都与人的活动有关。与企业经营有关的知识是在企业经营过程中生成与发展的。知识形成、积累、创新的速度影响着企业生产过程的组织方式，也影响着不同知识所有者的相对重要性，从而决定了企业参与者在这个过程中的相互关系。信息技术的广泛运用加速了知识的生成与发展进程，从而引导企业组织的创新，影响企业组织的结构化或再结构化。

下面我们根据上述特点，从制度结构、层级结构以及文化结构三个层面分析知识经济对企业组织创新可能产生的影响。

第二节　企业制度创新

一、　工业社会的企业制度结构特征及其成因

在工业社会中，“企业是资本家的企业”被看成是天经地义的事情。不少经典理论对“资本雇佣劳动”给出解释。

最流行的学说要算奈特的风险偏好说，在《风险、不确定性和利润》中，奈特提出资本家或雇主是风险中性的，而工人或雇工则是风险厌恶者。厌恶风险的工人自愿领取低于期望收入的固定工资；他们将市场的不确定性风险转嫁给了风险偏好中性的资本家。而资本家因承受了市场的不确定性成为剩余索取者，这个剩余收入就是从工人那里转移出来的所有“风险佣金”，但是奈特的假设并不合理，既没有证据表明资本家是风险偏好中性的，也没有逻辑可以说明工人的偏好就是当雇员。

我们认为，决定企业制度安排的根本性力量是各种投入要素的相对稀缺程度。在迄今为止的工业社会中，相对于其他要素来说，资本是最为重要也是最为稀缺的。工业生产过程主要是资本与劳动结合的过程。在这个过程中，资本的所有者通过提供一定数量的资本形成一定的生产能力，集中一定的物质条件，雇用一定数量的劳动者加工和综合利用这些资源以形成一定的产品。由于资本（以货币形式表现和计量的资本）具有一般等价物、可以很方便地换回其他形式的生产要素的特点，因此启动这个过程就是一定数量的资本的投入。过程原动力的特点决定了资本的所有者在过程之初就拥有选择过程运行的方向、组织过程的推进、处理过程的结果等各种权力。

一般等价物使资本具有流动性的特点，与此同时由于工业生产中劳动分工的不断发展而导致具体工人的操作范围更加狭窄，作业技能更趋专门化，进而流动更加困难，这些使资本相对于工人的地位得到进一步的确认。在这种背景下的企业中，“知识”特别是“管理知识”虽已开始居于一席之地，但主要是作为资本的附属而存在。稀缺资源从资本转向知识，将会促使知

识参与者在企业权力关系中地位的提高。

二、 知识经济条件下的企业制度创新

企业制度结构的这种特征正在面临知识经济的挑战。知识在现代企业经营中的相对作用加强，使权力的行使以及对成果分配的控制正在逐渐变成知识工作者的“专利”。

也许有人会强调，工业社会也是知识社会，工业社会的经济活动也是与工业生产有关的知识开发和利用的过程。实际上，任何人类经济活动，甚至在一般意义上任何人类社会活动的运行都是知识的发现与利用、积累与创新的过程。因此，知识社会不是一蹴而就的，而是逐渐演变而来的。知识经济是在工业经济甚至是在前工业经济中就已经开始孕育，是从工业经济中脱胎而来的。但是与工业经济相比，知识经济条件下人们所倚重的知识类型和相关知识的相对重要程度是不同的。

人们在企业中的活动可以分为两类：一类是人作用于物的活动（劳动者利用一定的劳动工具借助一定的方法对劳动对象进行加工转换，生产出符合要求的某种产品的劳动）；另一类是一些人作用于另一些人的劳动（主要是指管理人员对作用于物的劳动者的工作安排以及工作中的指挥与协调）。人们作用于物的劳动主要需要与操作有关的知识，而作用于其他人的劳动则主要需要与协调有关的知识。知识因此可以分为两种类型：有关操作的知识和有关协调的知识。

工业社会是以操作知识的发展为基础的，工业社会的发展又不断地促进操作知识的进步。生产工具的改进引发了工业革命的产生，机器的发明和普遍运用促进了工厂制度的发展。工艺的更加先进和机器的普遍使用使工业生产渐趋复杂，从而促进了劳动分工的不断细化。细致的劳动分工在促进劳动生产率提高的同时，使每一个劳动者的操作技能和相关专业知识更加狭窄，更加专门化，从而使工业生产中每一个人的劳动高度相互依赖。这种相互依赖性使对不同的人在企业中进行分工劳动的协调变得至关重要。知识在生产中的普遍运用，单个劳动者操作技能的高度专门化，使得工业生产率的提高不仅取决于个人的操作技能和作业的熟练程度，而且更取决于对不同人的劳动的分工协调。正如哈耶克所分析的那样，分工使人们只知道与自己工作有关的那部分知识，没有人有能力获得这些知识的全部。在分工劳动的条件下，“我们必须使用的背景知识不是以集中和整合的形式存在，而是不完全的，经常是相互矛盾的知识片断分散地为个人所占有”[㊀]。

> 在知识社会中，知识正在变为最重要的资源，企业内部的权力关系正在朝着知识拥有者的方向变化。

因此，工业经济越发展，劳动分工越细致，劳动者的知识越专门化，与协调不同劳动者的分工劳动有关的知识就越重要。这种重要性不仅是相对于其他知识（如操作知识）而言的，而且还是相对于其他生产要素而言的。正如德鲁克所指出的那样，知识特别是有关协调的知识，正在转变为“关键的经济资源”，甚至是“今天唯一重要的资源”，“传统的生产要素——土地（即自然资源）、劳动和资本没有消失，但它们已经退居第二位。假如有知识要素的话，人们便可很容易地得到传统的生产要素”[㊁]。

实际上，劳动分工在工业社会的发展中不仅加剧了普通劳动知识和技能的专门化与狭窄化，而且还决定了协调分工劳动所需的专门知识供应的相对稀缺性。这种相对稀缺性进一步加

㊀ 保罗 S 麦耶斯. 知识管理与组织设计［M］. 珠海：珠海出版社，1998.
㊁ 达尔·尼夫. 知识经济［M］. 珠海：珠海出版社，1998.

强了协调知识拥有者的相对地位。在生产过程相对简单从而要求工人所具有的操作技能也相对简单的情况下，只需对这些操作技能有一定的了解便可以完成协调的任务。所以在工业社会初期，协调工作是由资本所有者承担的。

然而，随着工业经济的发展和工业生产过程的复杂化，资本所有者难以拥有这样的知识，只能委托拥有相关知识的管理人员去协调。后者在协调实践中，地位不断得到加强。所以，今天组织企业活动的协调知识是由企业管理人员所拥有的。管理人员的职能就是运用协调知识去组织和管理企业成员的分工劳动。管理人员通过其协调劳动不仅决定着自己所拥有的协调知识的运用效率，而且还决定着作为其协调对象的企业生产者的知识利用效果。因此，"经理是对知识的应用和知识的绩效负责的人"[㊀]。

在由工业社会蜕变而来的知识社会中，知识正在变为最重要的资源，企业内部的权力关系正朝着知识拥有者的方向变化，企业的制度结构正从"资本的逻辑"转向我们所说的"知识逻辑"[㊁]。权力派生于知识（特别是协调知识）的供应，利益（经营成果的分配）由知识的拥有者所控制正在逐渐成为后工业社会或知识社会的基本特征。

第三节　企业层级结构创新

一、　工业社会的企业层级结构及其特征

工业经济的发展首先表现为生产规模的不断扩大。当企业规模相对较小、活动内容相对较简单的时候，业主借助个人的知识和能力便足以应付管理的需要了，但是，随着活动规模的扩大和内容的渐趋复杂，业主个人就难以应付了。在同一时空聚集了数万甚至数十万名工人从事大规模生产的条件下，要使这些人的活动有序地进行，必须对这些人的劳动合理分工以进行指挥和协调。开始在政府组织中得到运用的层级结构便是在这样的背景下逐渐被移植到工业经济中来的。

> 工业企业层级结构的主要特征：直线指挥，分层授权；分工细致，权责明确；标准统一，关系正式。

作为工业企业的主要组织形式，层级结构曾表现出以下主要特征：直线指挥，分层授权；分工细致，权责明确；标准统一，关系正式。

第一，直线指挥，分层授权。在层级结构中，从理论上来说，企业的最高行政长官（业主或其代理人）有权安排和指挥每一个企业成员的工作。但由于他的时间与精力有限，他的有效管理幅度也是有限的，因此必须把本应属于自己的部分工作及其相关的权力委托给一些部属去完成和行使。部属由于同样的原因必须将工作与权力进行再分解、再委托。这样，企业组织便成为一个层级结构的金字塔。金字塔中的每一个层级都是根据直线上级的要求，组织完成相应的工作任务，并行使相关的权力，同时又将接到的任务分解给下一个层级去完成，利用受托行使的权力去命令下属的工作。层级组织的基本特征便是利用直线指挥与分层授权来规范成员之间的关系，从而影响他们在企业活动中的行为表现。

第二，分工细致，权责明确。层级结构的工业企业实行细致的劳动分工。分工原则不仅体现在与产品制造过程相关的生产劳动中，而且还体现在与生产过程协调有关的管理劳动中。分工劳动使生产者与管理者的知识和技能不断得到完善，相关劳动的熟练程度不断得到提高，从

㊀ 陈传明. 比较企业制度［M］. 北京：人民出版社，1995.
㊁ 詹姆斯·钱皮. 管理的变革［M］. 北京：经济日报出版社，1998.

而促进了组织劳动生产率的增长。分工劳动不仅严格规定了组织成员应该履行的职责，而且还明确了相应职务的工作人员为履行其职责而可以行使的权力。

第三，标准统一，关系正式。首先，“标准统一”是作业方法的标准化。在泰勒理论的影响下，企业在生产过程组织合理化的同时，使作业方法标准化。在生产过程的不同环节和岗位上，生产者按照标准的方法来完成作业。这种标准化也逐渐被移植到管理劳动的组织中。不论是谁，在处理同类的管理业务时，都会按照一套标准的程序和方法来操作。其次，“标准统一”还表现为企业政策的一致性。制约管理人员行动及其行为的政策和规则是由企业最高权力机构统一制定和推行的，层级结构中的工作人员必须严格依循这些政策和规则。政策和规则的一致性，不仅决定了企业组织能以整齐划一的方式来表现其行为，而且还使组织中各部门、各层次的管理人员之间的关系不具有个人感情色彩：层级组织中成员之间的关系是职务或岗位所规定的角色关系，而不是个人关系。企业的“组织框架图”和“说明书”确定了每个成员应该扮演的角色，每个角色扮演者应该以理智而非感情的方式来完成其职责。组织所倚重的是角色之间的正式关系，而不是个人之间的非正式关系。

目前，在许多企业中采用的事业部制实际上也是层级结构。事业部制企业可以被看成是传统直线组织的联盟，因为每一个事业部都是按照上述基本特点组织起来的。

二、 知识经济与企业层级结构的改造

层级结构的这些特征曾经促进了工业企业的成功：直线指挥、分层授权保证了企业行动的迅速；分工细致、权责明确促进了效率的提高；标准统一、关系正式则保证了企业活动的有序性。但是，层级结构发挥作用并取得成功是以一定的环境和假设为前提条件的。

层级结构在企业中的广泛运用是以市场环境为背景的：消费者的诸多需求尚未得到充分满足；这些需求基本是无差异的；消费需求以及影响企业经营的其他环境因素基本上是稳定的，或虽有变化，但变化具有连续性的特征，从而基本上是可以预测的。诸多需求的未充分满足使任何产品都存在极大的市场，因此企业可以组织大规模的生产；消费需求的无差异性使企业可以组织标准化的生产；需求与市场的相对稳定或后者变化的可预测性则使企业内部生产及其管理的改善主要依赖于经验的积累和总结。经验的积累和总结过程主要是组织记忆的形成过程。在这种条件下，企业活动的组织调整主要是企业管理中枢的职责。在这样的背景下经营，不仅生产操作工人可以凭借主要以过去经验为基础形成的标准方法作业，而且管理中枢也可以主要利用组织记忆形成过程中不断积累和总结的经验，即有关过去的知识，借助细致的分工和统一指挥来比较集中地组织生产过程中工人的标准化作业及其调整。

在知识经济正在到来的今天，层级结构赖于成功的上述背景正在或已经发生变化：消费者日趋成熟，其有关消费知识的渐趋丰富也使消费需求越来越具有多样化和个性化的特点；影响企业经营的环境不仅日益复杂，而且越来越不稳定，其变化不仅无法控制，而且也越来越难以预测。多样化的个性需求使企业正在失去标准化生产和一致性政策的基础；市场频繁的变化要求企业活动的内容与方式进行及时的调整。满足个性化的消费需求，要求企业生产组织更具弹性，活动内容与方式的适应性调整则要求相关的权力从管理中枢向下分散。实际上，只要与外部环境直接相连的那些部分有调整的权力，这种调整就有可能是适时有效的。

弹性的、分权化的企业是不可能完全以组织记忆为基础来组织运行的。实际上，满足个性化需求的生产作业，应付环境变化的适时调整，是难以在已经积累的知识中找到现成答案的。这些工作必然要求相关的成员和部门在知识积累的基础上进行知识的创新。因此，新形势下的

企业组织必须是有利于企业成员学习和知识创新的组织。

有人认为，这种组织的基本雏形可能是目前已经在一些高科技企业中出现的网络组织。这种组织将企业视为一组为完成特定任务而组成的横向工序流，而不是纵向的由各个职能部门组成的层级结构。网络结构主要表现出以下几个主要特征：第一，它在构成上是由各工作单元组成的联盟，而不是严格的等级排列。[一]这些工作单元相互依赖，在关键技术和如何解决难题上相互帮助，它们的地位与核心机构平等。核心机构只选择和调整企业的战略方向，设计各部门共享的组织基础，创造促成向心力的企业文化，保证各部门相互合作，而各项工作则由各工作单元来完成。第二，企业成员在网络组织中的角色不是固定的，而是动态变化的。网络中的工作单元可能是稳定的，但工作单元之间的关系则是为了完成一定的项目而设计的。一旦项目完成，工作单元之间的关系则可能需要重组。由于企业活动的项目及其进展情况是在不断变化的，因此网络结构也需要不断地调整。第三，企业成员在网络结构中的权力地位不是取决于其职位（因为职位大多是平行的，而不是纵向排列的），而是来自他们拥有的不同知识。“在层级组织中，你所拥有的职位决定了你的权力。在分权的网络化组织中，你的权力来源于你所了解的知识和你所认识的人。”[二]

由于网络结构中的各个工作单元都是一个权力中心，因此可以针对市场变化及时地进行调整；由于每个工作单元都与其他单元保持着广泛的联系，从而不仅促进了知识与经验的交流，而且使各工作单元的适应性调整有充分的知识和信息的基础。因此，网络结构是适应型的、学习型的组织结构。

不过，我们认为，知识经济带来的变化可能是对现存的层级组织进行网络化的改造：用网络结构来辅助层级结构，而不是将后者完全取代。实际上，管理任何由一定数量的成员参与的集体活动，一定程度的集权和统一指挥是必不可少的。没有这样的集权和统一指挥，组织成员的活动就无法协调，组织活动也就无法在“有序的无序”或“无序的有序”状态下进行。因此未来的组织应该是“网络化的层级组织”：层级支持着组织活动的有序性，而网络则促进着组织的适应性。

网络化的层级组织应该是三个相互对立特点的统一。

第一，集权和分权的统一。在知识经济条件下，企业固然需要保持分散、差异和分权，以具有主动和迅速反应的创造能力，但同时也需要严格的集中管理，以保持战略的统一、行动的迅速以及相互依存的各工作单元之间关系的协调。因此网络化的层级组织应该是既集权又分权的。它之所以是集权的，是因为管理中枢在战略方向的选择以及不同工作单元自主性劳动的范围与边界确定等问题上有着无法替代的作用；它之所以是分权的，是因为工作单元内的一线人员有权在企业战略参数的范围内自主地处理可能出现的紧急情况。

第二，稳定与变化的统一。在知识经济条件下，面对逐渐成熟的消费者不断变化的个性化需求，企业如不能及时地做出适应性调整，则可能就会被市场所淘汰，而变化过于频繁则可能会引起组织的混乱。网络化的层级结构在组织整体保持相对稳定的同时，使各个工作单元能迅速地实现调整：层级结构和组织框架以及决定这个框架的经营领域都是相对稳定的，而框架中各个工作单元的工作内容和方法则经常需要进行适应性调整。

第三，一元性与多元性的统一。其主要表现在三个方面：网络化的层级组织既保留了统一指

[一] 保罗 S 麦耶斯. 知识管理与组织设计［M］. 珠海：珠海出版社，1998.

[二] 达尔·尼夫. 知识经济［M］. 珠海：珠海出版社，1998.

挥的管理中枢，又允许相互依存的各工作单元相对自主地运行；既通过统一的基本政策规范着整个企业的战略经营，同时又允许各工作单元的活动标准与原则存在一定的差异；既确定了明确的组织宗旨和使命，并倡导主导的价值观念，又允许甚至鼓励异质价值观念和行为准则的存在。

第四节　企业文化创新

利用制度结构与层级结构来规范和制约参与者在企业活动中的行为，需要对这些关系和行为的范围与形式做事先的界定。然而，企业活动的复杂性决定了并非所有关系或行为的范围和形式都是可以事先预测的。在工业社会中，企业文化的功能便是在企业制度和层级结构不能触及的地方发挥作用，即用来调节不同成员在企业活动中的非正式关系。

一、　工业社会中企业文化的功能与特点

企业文化会引导企业成员自觉地做出符合企业价值观念的行为选择；特定的价值观念会激励成员在特定的环境中表现出符合企业需要的行为；受同一价值观念的影响，企业成员在不同时空的行为准则必然会趋向相互协调一致。具有这些功能的企业文化在工业社会中表现出以下特征。

第一，企业文化是作为企业经营的一种副产品而出现的。企业文化的概念在管理研究中大概始于20世纪70年代末。在对日美企业的经营方式以及美国不同企业的经营方式比较研究的基础上，美日的一些学者得出了“凡成功的企业都有一个强有力的企业文化起支持作用”的结论。但这些成功的企业文化都不是企业刻意追求的结果，而是企业经营者，甚至是几代经营者在企业实践中通过自己的领导风格与行为方式对企业成员的行为产生了潜移默化作用，从而促成了一种价值观念和行为准则被企业成员广泛认同的结果。

第二，企业文化基本上反映了企业组织的记忆。文化是一个历史的概念，是在企业经营的过程中，经过岁月流逝逐渐积累而成的。在历史上形成的企业文化反映了企业经营过程中被实践证明是成功的行为方式，以及这种行为方式所体现的行为准则和价值观念。所以用企业文化来引导企业成员的行为，实际上是用过去的经验来指导成员现在的行动。

> 工业社会文化特征表现为企业文化是一元的，它反映了企业组织的记忆；它只是作为企业经营的一种副产品而出现，并作为一种辅助手段而发挥作用。

第三，企业文化是作为一种辅助手段来发挥作用的。在工业社会中，企业主要通过制度结构来规范不同参与者类群之间的权力关系，通过统一指挥、分层授权的层级结构来规范和制约成员在企业经营中的正式关系，通过赏罚分明的奖惩机制来制约和引导成员的行为。而企业文化则是作为一种补充，主要在制度结构和层级结构不能触及的地方发挥作用。

第四，企业文化是一元的。在历史上形成的企业文化倡导一种被共同认可的价值观念以及由这种价值观念所决定的行为准则。具有异质价值观念的成员是难以融入企业文化氛围的，其行为也通常难以被企业的其他成员所接受。工业社会的企业文化，根据定义是排斥异质价值观念和行为准则的。企业文化的一元性与工业社会中层级组织的等级指挥、标准作业、规则一致的特点，以及影响这些特点的早期工业社会的消费需求的无差异性是相互呼应的。

二、　知识经济与企业文化创新

正在到来的知识经济将改变工业社会企业文化的基础，从而使企业文化带来以下四个方面的调整。

第一，企业文化将成为知识经济条件下企业管理重要的甚至是主要的手段。文化手段重要性的变化是与层级结构的网络化改造相关的。在层级结构中，管理中枢利用严格的等级制度统一指挥和控制着整个企业的活动，而在实行分权化管理的网络化层级结构中，各工作单元都是决策中心。管理中枢主要通过信息的提供去影响、引导和协调这些工作单元的决策及其组织实施。在这种情况下，用被企业员工广泛认同的价值观念和行为准则去影响各工作单元在不同时空的行为方向，内容及方式的选择就变得至关重要了。“文化”将成为保证和促进网络化层级结构条件下企业组织活动一体化的黏合剂。

第二，企业文化将是人们自觉创造的结果，而不是企业生产经营过程中的一种副产品。文化一旦成为企业管理重要的甚至主要的手段，共同认可的价值观念一旦成为协调和统一人们行为的主要工具，人们便不能再消极等待，促使文化在经过漫长的岁月流逝后再缓慢形成。实际上，在网络化的层级结构中，当管理中枢无须直接利用权力去分配和协调下属工作单元的活动后，其重要的工作内容就不是组织信息的收集、处理与传播，而是要通过基本政策的制定，借助各种沟通渠道去倡导某种适合企业特点的文化，大张旗鼓地宣传这种文化，总结和介绍在这种文化影响下成功的工作单元的事例，以促进这种文化所包含的价值观念和行为准则被各工作单元迅速而普遍地接受，并使之成为影响他们行为选择的基本规范。

第三，作为人们自觉行为结果的企业文化不仅是记忆型的，而且还是学习型的，或者更准确地说，主要不是记忆型的，而是学习型的。传统工业社会的企业文化所体现的主要是企业的“组织记忆”。这种记忆记录了企业过去成功的经验，即当环境参数不发生重大变化时，人们依据过去的经验和惯例还可以应对未来的变化。

然而，知识经济条件下的市场环境是急剧变化的，过去成功的经验在现在崭新的现实面前往往显得苍白无力。知识经济条件下的企业在客观上需要行为准则和行为方式的不断创新。这种创新要求企业文化必须是学习型的。

实际上，在知识经济条件下，人们也没有足够的时间去等待组织记忆的形成。在管理中枢的倡导和推动下，人们必须迅速学习新的行为准则和行为方式。因此，网络化层级结构中的企业文化首先是自觉学习的结果，网络化的层级结构也将有利于组织文化的学习：各工作单元与外界的广泛接触将会使组织不断获得新的知识，而组织内纵横交错的沟通网络则会使各工作单元获得的知识与经验在组织内迅速得到传播。知识的迅速获得与经验的迅速交流将促进网络化层级组织不断地创新并推广新的行为准则和行为方式。

第四，企业文化将在强调主导价值观念与行为准则的同时，允许异质价值观念和行为准则的存在。学习型的企业文化必然是多元的。实际上，一定时期的主导价值观念主要体现了组织的记忆。如果不能容忍不断出现的异质价值观念，就不可能有企业文化的创新。此外，网络化层级组织的文化多元化与各工作单元并行的特点以及企业需要满足的个性化消费需求的特点也是相一致的。与等级明确的层级结构不同，网络化层级结构不可能要求企业以整齐划一的方式行事，具有决策自主权的工作单元必然会在企业经营中表现出各具特色的个性化行为方式。与此同时，个性化需求的满足也使企业不能像传统方式下那样以单一的规则和一致性的标准去约束自主工作单元的行为。

文化的多元化必然会促进企业文化的不断创新，从而必然会促进知识经济条件下的企业不断地走向繁荣。

本章回顾

小 结

企业组织创新可以分成制度、层级和文化创新三个部分。企业成员行为的可预测性是行为引导和整合的前提。制度结构化、层级结构化、文化结构化规范了作为类群的企业不同参与者之间的正式关系、作为个体的参与者之间的正式关系和作为类群或个体的参与者之间的非正式关系。企业组织的结构化本身需要随着环境、技术和活动规模等因素的变化而不断地创新。在工业社会中，资本是最为短缺的资源，资本的拥有者掌握了资本与生产结合过程的控制权；在知识经济社会中，企业的内部权力关系转向知识拥有者。与之相适应，工业社会中的层级结构所表现的直线指挥、分层授权，分工细致、权责明确，标准统一、关系正式的特点，也正在受到层级结构网络化的改造。在工业社会中，作为经营副产品的企业文化，其记忆的、一元的、历史性的特点，不能适应现代制度的知识逻辑和层级的网络化形式。具有容忍性、学习性和主动创造的企业文化正在成为现代企业经营管理的主要手段。

关键术语

制度结构化	层级结构化	文化结构化	知识经济
制度结构创新	层级结构创新	文化结构创新	风险偏好说

思考题

1. 企业组织结构化的逻辑前提是什么？为什么要进行组织结构化？
2. 你是如何认识知识经济时代的基本特征的？
3. 制度结构化的基础是什么？在工业化社会中，企业制度结构化的基本特征是什么？
4. 企业活动中存在哪两类知识形式？为什么说企业制度结构正在从“资本逻辑”转向“知识逻辑”？
5. 在工业化社会中，企业层级结构化的基本特征是什么？
6. 知识经济时代对层级组织进行网络化改造的依据何在？
7. 讨论企业组织活动中“有序的无序”或“无序的有序”状态的表现形式。
8. 如何认识企业文化的功能？
9. 在工业化社会中，企业文化结构化的基本特征是什么？
10. 在知识经济时代中，你如何看待企业文化结构化改造的原因和其变化的方向？

延伸阅读

1. 保罗 S 麦耶斯. 知识管理与组织设计［M］. 珠海：珠海出版社，1998.
2. 达尔·尼夫. 知识经济［M］. 珠海：珠海出版社，1998.
3. 陈传明. 比较企业制度［M］. 北京：人民出版社，1994.
4. 詹姆斯·钱皮. 管理的变革［M］. 北京：经济日报出版社，1998.
5. 维娜·艾莉. 知识的进化［M］. 珠海：珠海出版社，1998.
6. 查尔斯 M 萨维奇. 第五代管理［M］. 珠海：珠海出版社，1998.

7. 青木昌彦. 比较制度分析［M］. 上海：上海远东出版社，2001.

案例讨论

英特尔公司的创新文化

英特尔公司创立于1968年。20世纪70年代，英特尔开发出世界上第一块用于个人计算机的4004型微处理器。20世纪80年代，英特尔把普通的芯片制造工艺改造成为世界上最高效、最尖端的工艺。20世纪90年代，在创新理念的指引下不断地改进芯片的设计，使它的年销售额增长了7倍，超过250亿美元，资产回报增长了1倍，资本投资达到183亿美元。在《财富》杂志评选的全美最受推崇的10家企业中名列第4位，在该杂志1999年公布的全球500强企业排行中，该公司排名第121位，营业收入达到262.66亿美元，利润为60.68亿美元，资产额为314.71亿美元。

英特尔的创始人摩尔从20世纪70年代起就构筑了其赖以成功的商业模式——不断地改进芯片的设计，以技术创新来满足计算机制造商及软硬件产品公司更新换代、提高性能的需要。摩尔提出，计算机的性能每18个月翻一番，只有不断地创新，才能赢得高额利润并将获得的资金再投入到下一轮的技术开发中去。

在英特尔推出第一块用于个人计算机的4004型微处理器之后的一年又推出了升级产品4008，但这段时间微处理芯片还未广泛应用于CPU。英特尔公司毫不放松，一年后又开发出真正通用型的微处理器8080，使英特尔成为8比特芯片市场的领导者。由于市场前景十分看好，竞争对手很快也开始生产8比特微处理器。为了保持竞争优势，英特尔随后推出了速度更快、功能更多的8085型微处理器，并调集人员开始研制更先进的32比特432型微处理器。英特尔为了确保市场份额，抵御其他制造商的竞争，确立了“永不停顿、不断创新”的企业理念，在技术方面，不断加强科研开发，并努力拓展产品的适用范围，始终牢牢地把握产品更新换代的主动权。但英特尔并不满足于现状，依然以极大的频率“自己淘汰自己”。1993年3月，英特尔推出微处理器的第五代产品——Pentium（奔腾），包括从最初的60MHz、66MHz到后来的75MHz、90MHz、100MHz、120MHz、133MHz、166MHz、200MHz，达十几种之多。1999年，英特尔已不再满足于全球最大计算机芯片供应商的角色，开始挺进网络市场，并推出新一代的PentiumⅢ。英特尔公司让人们真切地感受到创新才能使企业获得永久的活力。

英特尔公司确立了企业文化的六项准则，这六项准则分别是：客户服务、员工满意、遵守纪律、质量至上、尝试风险和结果导向。公司副总裁虞有澄指出，公司内部人人平等，高层管理人员和普通员工一样上班守时，不搞高层管理人员的特殊待遇：没有给高层管理人员保留停车位，没有高层管理人员的餐厅，每个员工都有平等的机会获得股权奖励。

贯彻公司文化首先要由高层管理人员带头，按虞有澄的话来说就是：要训练出忠于公司文化的高层管理人员和总经理。一些看起来不太重要的小事，如果高层管理人员不努力做好，就会影响到全体员工的执行。所以，公司的主要领导个个都倡导对事业执著进取的价值观。公司总裁巴雷特说：“如果有什么关键因素指导我们如何推进企业发展的话，那么这个关键因素就是公司文化。”20世纪80年代“走动式”管理风靡世界，这种管理模式强调企业家身先士卒体察下情。它又被称为“看得到的管理”，企业主管经常走动于生产第一线，与员工见面、交谈，希望员工对他提出意见，能够认识他，甚至与他争辩是非，这是一种现场管理，作为跨国公司的总裁，每年巡视英特尔公司国内外的所有工厂已成为巴雷特的工作惯例，人们给了他一个称号——“环球飞行管理者”，他担任公司高层管理工作已经有15年，他的家在英特尔公司最大的制造基地菲尼克斯，而不是英特尔公司设在硅谷的总部。前总裁安迪·格鲁夫说，巴雷特的累积飞行里程足以买下美国西部航空公司。

巴雷特的早期工作是负责英特尔公司的质量保证计划，他像侦探一样执著，像研究生一样急切地寻找解决问题的途径。1986年，公司高层领导诺伊斯、穆尔和格鲁夫要巴雷特调查清楚日立、NEC和东芝为什么有那么高的效率，尽管当时有很多美国人抱怨日本公司以低于成本的价格向美国倾销产品，但一个不可否认的事实是，日本在芯片制造上的速度和质量是无与伦比的。实际上，此时的英特尔公司由于在竞争中惨遭打击，已从一度是该公司支柱产业的存储器制造领域全线撤退，解雇了将近30%的员工才使公司没有倒闭。在惨淡经营的那段日子里，巴雷特向购买芯片的大客户打听他们在日本供应商处参观时的见闻，他还亲自到英特尔公司自己的日本合作伙伴那里进行调查，并且研究每一条有关竞争者如何设计和管理它们业务的公开的或学术上的信息，回到公司后，从头到尾地改革了英特尔的制造流程，并且设计了多种能够在所有下属工厂快速推广的新制造技术。

英特尔在对旧组织、制度文化实施变革的过程中强调了“冲破旧习惯、变低效为高效、以文化推进经济增长”的策略。芯片市场从销量竞争转向价格竞争，这意味着英特尔公司面临着更严峻的挑战，公司决定将资本投入放慢，要利用自己的专长致力于提高已有的生产力和效率。公司决策层认为，经过10年的稳步增长，在他们的组织中既形成了创造性张力，也滋生了一些坏的习惯，组织变得臃肿而低效，公司必须冲破旧习惯、旧文化，开拓新的业务，变低效为高效。巴雷特在确定英特尔新的增长点这个问题上酝酿了一些想法，将把更多的注意力放在一些专用芯片上，这些芯片可以支持个人计算机处理数码照片和影像，他还努力使英特尔公司转向网络设备领域，尤其是小型企业使用的网络设备。他对英特尔介入电子商务也很热心，采取的方式是与SAP合作，提供互联网商务处理服务，以帮助各类企业更好地管理它们的供货、生产和销售等管理体系。

摩尔定律的实质是树立企业的危机意识和竞争意识。尽管世界上85%以上的个人计算机上装的都是英特尔的奔腾系列微处理器，但英特人仍有一种危机感，英特尔副总裁保·奥特里尼说：“为了保持英特尔的领先地位，我们每天早上六点起来工作，晚上六点下班，有时晚上还要加班加点，一天至少要工作12个小时。”在英特尔公司，只能完成主管交付任务的雇员是不会有大出息的，只有善于动脑筋、总结经验和具有创新精神的雇员才能在英特尔立足和晋升。要创新仅仅靠八个小时是远远不够的，大家都是利用工作之余看书和做实验，更新自己的知识，拿出准确的实验数据证明自己的新见解。

英特尔公司的创业者大多来自硅谷北端的斯坦福大学和加利福尼亚大学伯克利分校，他们在科研上的求实精神和学术上的平等原则影响着后来者。英特尔公司的雇员同各级主管之间保持着经常性的交流，涉及重大问题的决策，实行“民主集中制”，先在基层征询意见，表决通过后坚决执行。总裁、副总裁出差一般不坐头等舱，中午与雇员在同一个餐厅就餐，办公室的门从来不关，这样可以和雇员随时沟通，和他们打成一片，了解他们的愿望。充分调动雇员的积极性和鼓励他们的创造性已成为英特尔吸引公司外部精英的主要因素之一。

巴雷特说，全世界目前有两亿台个人计算机，不久这个数字将会上升到10亿，而且大多数机器都会联网。我们要重新制定我们的战略，以新的组织文化推进产业的发展，并弄清楚这个产业将给我们带来什么样的商机。

讨论题

1. 从上述案例来看，英特尔公司在哪些方面进行了组织创新？

2. 英特尔的组织创新体现了哪些知识经济时代企业组织的特性？

第二十章　组织学习与知识创新

组织学习是所有组织都应该培养的一种技能，组织学习越有效，组织就越能不断地创新并发现创新的障碍。

——克里斯·阿吉里斯《组织学习》

学习型组织是一个促使人们不断地发现自己如何造成目前的处境以及如何才能加以改进的地方。

——彼得·圣吉《第五项修炼》

第一节　竞争优势与组织知识

不管是战略创新、技术创新、组织创新还是领导创新，组织的创新活动总是由其内在能力所规定，以组织知识和思维方式为基础。任何一个不能有效适应环境变化、无法超越竞争对手的组织，究其根源要么是其缺乏创新的意愿，要么是其缺乏创新的知识与能力。因此，改革组织的思维方式，激发组织创造的欲望，强化组织创新知识的学习，提升组织创新的能力，将是组织创新的必然选择，也是组织创新管理的前提。

一、　竞争优势与隔绝机制

1. 竞争优势与资源特性

竞争优势问题一直是管理学研究的重要问题。传统的理论主要关注企业外部市场及其结构的研究，对企业内部的资源和能力缺乏足够的研究，它们利用企业同质假设来回避对企业竞争优势问题的思考。新制度经济学的交易费用理论首先提出“企业的本质是对交易费用的节约”，它把企业理论从传统价格理论的“黑箱”状态中解放出来，但是，并没有解释企业之间差异性的根源。

彭罗斯首先提出了企业资源的异质性假设，开创了从知识视角解释企业竞争优势的先河。彭罗斯认为，不同企业所控制的生产性资源之间存在显著差异，企业资源本质上是异质的。限制企业成长的因素则是异质的资源，它给企业提供了不同的生产机遇。这样就规定了企业的本质问题，只能从内部资源上得到解释。纳菲尔德在 1984 年的《企业的资源基础观点》一文中提出，“资源是那些可能给企业带来竞争优势或劣势的东西，它们是较为持久的企业（有形和无形）资产”，这些资源包括“品牌、内部技术知识、有技术的员工、商业合同、机器有效程序、资本等”。巴尼更明确地提出企业资源是“企业所控制的并能够使企业以构思或设计好的战略效果和效率来改进企业的特性，包括全部的财产、能力、竞争力、组织程序、企业特性、信息、知识等”。“竞争优势的源泉……还必须把企业的内部资源属性——实力和弱点包括在内”。

从资源基础学派的观点来看，能够给企业带来竞争优势的战略性资源具有价值性、稀缺性、不可模仿性和可组织性。

企业战略性资源具有价值性、稀缺性、不可模仿性和可组织性。

（1）所谓价值性就是企业的资源和能力是否能够使企业对环境机遇或者威胁做出反应。尽管一些企业资源过去具有价值性，但环境的变化可能会使其价值性丧失。那些不能为环境机遇或威胁所利用的企业资源，可以看成是企业的劣势。“战略管理人员最重要的职责之一就是持续地评估他们企业的资源和能力在竞争环境发生变化时能否继续增值”。

（2）稀缺性。虽然很多有价值且普遍的资源非常重要，但是它们只提高了企业的生存概率。换句话说，如果一种有价值的资源被众多企业所控制，那么这种资源就不太可能成为企业竞争优势的源泉，它只能给企业带来对等竞争的机会。只有稀缺的、有价值的资源才是企业暂时竞争优势的源泉。

（3）不可模仿性。稀缺的关键资源是维持可持续竞争优势的必要条件，但不是充分条件。企业之间的技术渗透和相互模仿会使企业异质资源带来的优势逐渐消失。如果竞争企业在模仿这些资源时面临成本劣势，那么拥有这些资源就可以为企业带来可持续的竞争优势。模仿可以分成直接复制和替代两种，因此资源的不可模仿性也常常被称为不可替代性。

（4）可组织性。在巴尼看来，企业拥有有价值的、稀缺性的、难以模仿的资源，只是拥有了获取可持续竞争优势的可能性。要使潜在的竞争优势转变成现实的竞争优势，前提是企业要充分地组织这些资源。以施乐公司为例，施乐公司虽然拥有不少创新技术，但它却缺乏相应的组织资源，缺少有效的正式报告结构、明确的管理控制系统和科学的激励政策，因此，施乐公司无法形成它的竞争优势。

隔绝机制是一种限制其他组织通过模仿和替代来削弱组织竞争优势的经济力量。

2. 隔绝机制与模仿障碍。不难看出，企业通过资源创造活动限制竞争对手的模仿和替代，对于企业建立持续性竞争优势至关重要。这种限制其他组织通过模仿和替代来削弱组织竞争优势的经济力量被称为隔绝机制（isolating mechanisms）。模仿障碍和提前行动优势是两类重要的隔绝机制。模仿障碍是以阻止其他组织通过模仿而构成竞争优势为基础的；提前行动优势则是以不断扩大与其他企业之间的差距为基础的。

有四种主要的模仿障碍：模仿的法律限制、模仿的规模限制、模仿的渠道限制和无形模仿障碍。

（1）模仿的法律限制。模仿的法律限制就是通过专利、版权、商标、市场准入手段（许可证、资格、配额等）来有效地阻止模仿行为的发生。自进入新经济时代以来，企业拥有的法律限制，特别是拥有产业标准，已经成为企业重要的战略资源。在影碟机标准竞争上，企业之间竞争已经达到白热化。2004 年 5 月，由创维、长虹牵头，国内 18 家企业又成立了 HDV 联盟，国外飞利浦、SONY、NEC、东芝、三星等电子巨头也成了“蓝光 DVD”的利益拥有者。

（2）模仿的规模限制[㊀]。企业通过在规模较小的市场中抢先进入，利用规模和能力扩张的

㊀ 这种模仿限制存在两个前提条件：一是市场需求规模小，不足以容纳更多的企业；二是规模效应明显，如果没有规模效应的约束，其他竞争企业可以通过建立小企业来进入市场，同时也不会出现成本上的劣势。

方式来建立竞争优势，阻碍其他企业采用模仿行为。因为如果竞争对手选择跟随模仿，那么有限的市场需求则无法满足其全部供给；如果竞争对手试图先进入，再采用价格战来争夺市场份额，其行为也是不明智的。实践表明，在规模效应显著和资金密集的行业与其发起价格战不如放弃。在“冷战”结束后，北美汽车制造厂率先在波兰进行大量投资，并建立了规模较大的厂房，由于竞争对手意识到波兰市场有限的需求，类似的投资行为才没有发生。

（3）模仿的渠道限制。如果企业能够拥有获得优越的投入和消费者的途径，那么竞争对手就无法削弱企业的优势。例如，企业通过垂直整合或与关键供应商的排他性合作来获得比竞争对手更为有利的投入途径，甚至控制资源的供应。国际镍矿公司通过控制加拿大西部的优质镍矿，从而在长达70多年的时间里控制了整个镍产业。同样，企业拥有最好的销售渠道和最佳位置的零售店也能够保护企业的竞争优势，因为企业可以在争夺顾客上占有优势，特别是制造商与代理商之间签订的排他性销售就可以实现对渠道的控制。第二次世界大战以前，由于美国汽车制造厂与经销商的排他性合作大大提高了美国汽车市场的进入壁垒。在1989年并购哥伦比亚电影公司而平静了15年之后，日本索尼公司终于又张开了“大口”，以50亿美元的天价吞下了好莱坞的娱乐“巨狮”——米高梅公司。其战略意图就是占有和控制优越的内容供应商，建立影碟机产业标准。

（4）无形模仿障碍。模仿的法律限制、模仿的渠道限制和模仿的规模限制都是有形的，然而一些建立在企业特性上的，特别是组织能力的模仿障碍确实是无形的障碍。它们主要包括因果关系不明、对历史环境的依赖和社会复杂性。

第一，因果关系不明。企业的战略资源通常是企业中许多有形资产、无形资产和组织能力的复杂结晶体，这些交织在一起的关系呈现给竞争对手的是一个无法解开的谜。有时，企业本身也无法让人信服地解释自己为什么比竞争对手更为有效。因果关系不明成功地阻碍了竞争对手的模仿和经验的移植。

第二，对历史环境的依赖。有些企业成功地开发低成本的战略资源是特定历史环境的产物，其他企业错过了低成本的机会，就不再可能进行低成本模仿。朗讯公司的三大战略资源就与特定的历史环境相关：与婴儿期的贝尔之间的密切关系，使朗讯同时拥有模拟技术和数字技术，在新的数字技术还没有完成时，朗讯就可以提供模拟网络，朗讯将贝尔的研发力量运用于市场。独特的历史条件至少可以使企业在先发优势和路径依赖两个方面创造竞争优势。

第三，社会复杂性。如果企业的战略资源构建在社会复杂性的基础上，那么它不可能为竞争企业所完全模仿。例如，即使竞争对手明确知道企业战略资源是建立在特定的企业文化上或者建立在高层管理团队之间的良好关系上，那它也无法低成本地创造或替代这种优势。建立在组织长期积累基础上的资源也需要竞争对手进行长期的积累，而且这些资源常常是异质性的。因此，积累资源对企业竞争优势的建立与维持具有双重的意义。

二、 组织知识与竞争优势

竞争优势的创造是隔绝机制的另一个重要方面，企业知识理论（knowledge-based theory）对此有着突出的贡献。

企业知识理论的思想主要来源于波兰尼、彭罗斯、哈耶克、德姆塞茨、温特、鲍·埃里克森和杰斯帕·米克尔等学者的贡献。彭罗斯提出了企业资源的异质性假设，普拉哈拉德和哈默尔从企业知识角度解释了企业核心能力的本质；Barton强调了企业隐性知识的重要性；Grant和Liebeskind分别提出了与市场比较而言，企业更加具有制度能力并能有效地进行知识的创造和扩张，更加有利于保护知识使用和免受模仿等的侵蚀，企业的本质就是知识的创造和利用；Nonaka 等学者则主张将组织学习的过程与知识创新互相融合。

1. 知识与知识特征

对于知识是什么，古往今来也是仁者见仁。牛津－韦氏大词典的定义为：知识是一种被知道的状态或事实；是被人类理解、发现、学习的总和；是由经验而来的加总。韦氏词典定义为：知识是通过实践、研究、联系、调查获得的关于事物的事实和状态的认识，是对科学、艺术、技术的理解，是人类获得的关于真理和原理的认识的总和。

为了便于经济分析，经济合作与发展组织将广义的知识按内容分为以下四种：关于“知道是什么”的知识，记载事实的数据，也被称为事实知识（know-what）；关于“知道为什么”的知识，记载自然和社会的原理与规律方面的理论，因此被称为原理知识（know-why）；关于“知道怎样做”的知识，是指某类工作的实际技巧和经验，常被称为技能知识（know-how）；关于“知道是谁”的知识，是指谁知道是什么、谁知道为什么和谁知道怎样做的信息，被称为人际知识（know-who）。

按照波兰尼的划分，知识有显性知识和隐性知识两种。显性知识是可以用正式系统的语言来表述，还可以用数据、数学公式、说明书和手册等形式来共享，并很容易被“处理”、传递和储存。它是一种过去的“彼时彼地”的知识，并与环境无关。而隐性知识却具有高度个人化，也难以公式化，它与行为、规程、日常活动、信念、价值和情感密切地联系在一起；隐性知识是在一个特定环境的“此时此地”中产生，它在个人之间的传播就是一个模拟的过程。隐性知识可以分为技巧、技艺和心智模式、信念两个维度。事实知识和原理知识属于显性知识；技能知识和人际知识则属于隐性知识。

> 显性知识可以用正式系统的语言来表述，可以被共享，并与环境无关。

知识不同于组织的其他资源，它有着自己独特的性质。我们认为，知识是人们在社会实践中获得的，它的产生具有物质性基础，知识是客观存在的人们认识世界和改造世界的文明记录。它明显地表现出以下特性：①可重复性。知识不会因为使用而衰竭，同样的知识可以根据不同的意图而被频繁地使用。②动态性。知识的产生、获取、存储、传递、共享、应用、更新是一个有机的过程，具有极强的变化特征。③新陈代谢性。知识有生物性的生命周期性，新老交替，推陈出新。④依附性。知识总是依附在特定的载体上，这些载体包括人和物。脱离具体人的大脑而存在的知识具有物质的客观性。

> 隐性知识具有高度个人化，也难以公式化，并与行为、规程、日常活动、信念、价值和情感密切地联系在一起。

2. 组织知识对竞争优势的贡献

组织知识作为企业的资源，无疑占据着企业资源的核心地位，企业的知识是竞争优势的基础。企业内部的知识积累是企业获得超额收益和竞争活力的关键。企业作为学习型系统所拥有的知识存量与知识结构，尤其是“关于如何协调不同的生产技能并有机结合各种技术的学识和积累性知识”，是企业保持长期竞争优势的最深层的决定性因素。它决定了企业识别、发现、把握和创造未来机会的能力，还决定了企业配置、整合、开发与保护资源的能力。

首先，因为所有企业都是建立在一定的知识基础之上，企业本质上就是知识的大仓库，它汇集企业的所有经营经验和技能，既有生产运营和投资方面的知识，也有关于如何创新的知识。例如，玖龙纸业之所以能够崛起，就是得益于它的总裁张茵对我国造纸业的认知。1983年，他就认识到森林是国家的稀缺资源，造纸业迟早要面临原材料的短缺问题，而“废纸就是森林，将来造纸业肯定要从资源造纸向再生纸发展”。

其次，企业可以依赖某些独特的知识去经营，从而获取超出竞争环境的能力。企业在不断的经营过程中，形成了有别于竞争环境的独特知识与技能。例如，星巴克一直是将“质量放在第一位，服务放在第二位，价格放在第三位。我们不会因为低价格而在质量和服务方面放宽标准”。事实上，由于知识具有路径依赖性，那些独特组织往往是其他企业难以模仿的。作为商人咖啡店的经营者也可以卖出高价格，但是他们无法持续做到这一点，因为他们不具有一批拥有专业知识的咖啡生。星巴克的每一位咖啡生能够与客户进行眼神接触，并预感客户的需求，还耐心地解释咖啡的不同口感、香味。

最后，企业的发展就是知识扩散、传播和创造的过程。知识能给企业创造竞争活力，企业学习、创造知识是企业维持竞争活力的基础。一方面，企业要对存量技术知识进行充分的利用，保持和维护不同时期的新旧知识；另一方面，企业要善于学习，不断吸纳外部知识，寻求外部知识源常常成为事关成败的关键。企业作为一个创造知识的学习型系统，就是要建立将众多个人专业知识一体化的微观机理，以便知识能在组织成员间转移、交流和共享。

3. 作为组织细胞的知识

纳尔逊和温特将那些独特的组织知识称为组织惯例，将它们看成是企业的细胞，[㊀]它们是经营过程中“自然选择”发挥作用的稳定的可遗传物质。惯例对组织内部生产性和技术性的知识储存（组织记忆）功能是无法被还原为其单个成员的有效记忆的。它们具有以下三个特性。

惯例是一些独特的组织知识，它们是组织的记忆和组织成员的共识，具有较强的稳定性。

（1）惯例是组织记忆的知识。组织内部形成的有效经验和技能通过惯例被记忆下来，又通过不断运用惯例而传播下去。

（2）惯例是组织成员达成一致的知识。惯例是在组织成员之间的博弈过程中形成的均衡状态，组织成员在惯例上达成一致，并满足于在组织的惯例下发挥自己的作用。

（3）惯例是组织延续的知识。惯例是刚性的（惰性），它们都有自己的生命力。惯例作为组织的一种秩序和有效的行为方式，组织有一种维持下去的愿望。组织是一个开放的系统，惯例也只有不断地被加入新的要素，才能持续下来。

迈尔斯认为，惯例就是这样一种机制，通过这种机制可以使组织管理知识被积累下来，并用于协调组织成员的行为，引导新的成员学习，将扩张的知识应用于创造新的资源和经济价值。[㊁]

我们可以将企业的价值创造惯例分成三类：经营惯例、投资惯例和创新惯例。①所谓的经营惯例就是被组织成员广泛接受的标准工作程序或共有行动。②投资惯例与公司收入和剩余资源的投资有关，它包括决定资产进行更新或扩张的知识与程序，以及运用资产与资源开发新产品和新市场的知识。③创新惯例就是对公司的资源与能力进行创新，以适应环境的变化。事实上，组织创新活动本身也依赖于对创新规律的认知，创新惯例对创新活动具有启发和引导作

㊀ 纳尔逊和温特认为，“惯例性知识是理解行为的核心。将企业模型化就意味着，将惯例及其如何随着时间而改变的问题加以模型化”。

㊁ 加里·哈默尔. 战略柔性：变革中的管理［M］. 北京：机械工业出版社，2000.

用，是一种创新的艺术。

创新惯例颇似于“授人以鱼不如授人以渔”。因此，企业的最大价值是组织有关如何创造知识的知识，组织惯例的中心价值是推动组织学习。“价值的最大化不是来自于对某一种新方法的发现，而是来自于公司学习有关发现的更先进的方法，这些发现可用于引导未来的创新。”

第二节 组织学习与知识创新

一、 组织学习及其组织修炼

理解学习的重要性并不难，而真正产生学习的行动却并不容易。每个人都明白“三人行必有我师”的道理，但如何去做就迷失了方向。组织学习理论的核心并不限于对组织学习价值的认知，更重要在于如何产生学习行为。

1. 组织学习

理解组织学习并不是一件简单的事情，因为组织学习并不是个人学习，组织学习也不是简单的员工知识培训。管理学领域对组织学习解释的争议，起始于阿吉里斯和舍恩提出的《组织学习》，在这本书中组织学习被定义为：“组织成员充当组织的学习者，发现并纠正组织应用理论中的错误，还将探索的结果深深印入个人意象和组织的共享图式中。”从不同角度来解释组织学习，便赋予组织学习丰富的内涵。根据 Pawlowsky 的概括，我们认为组织学习有五种不同的内涵。

（1）作为适应活动的组织学习。企业组织的发展是对外部环境不断适应的过程，组织学习也是由外部干扰而激发的。整个组织学习过程就是：外部环境变化激发了组织内部决策规则的变化，组织通过存储各种决策规则而提高了对不同环境的适应能力。组织学习的结果就是组织规则和运营规程的一种适应性调整或改变。马奇首先提出不应当从个体层面而应从组织层面来理解。野中郁次郎认为，“一个组织并不是一群个体的知识总和，它可以通过个体在组织中的互动来学习和创造知识”。

（2）作为系统动力的组织学习。企业是一个复杂的系统，它不仅拥有复杂的结构，而且还开展着自组织活动。组织学习就是要揭开企业组织的复杂性之谜，发掘其系统动力。如同彼得·圣吉在《第五项修炼》中提出的那样，组织管理总是缺乏整体性思考，专注于个别性事件。学习本质就是理解社会系统及其动力的复杂关系，组织学习的过程就是提升自组织能力和水平的过程。圣吉反复强调“如果学习过程能帮助管理人员形成一种系统动力视角，那么这种学习过程就是最有效的”。

（3）作为团体共同知识建构的组织学习。企业和所有组织一样，都存在一个共同的知识体系，它是每个成员参与的历史，是所有成员相互作用创造出来的。组织知识是成员之间共享的知识，虽然知识是由成员个体自我创造的，并依附于个体身上，但“私有知识”通过相互传递发展成为组织知识，形成组织心理和集体行动的“地图”。因此，组织学习就是对组织知识修改的过程，也是组织知识鉴别、发展和扩散的过程。学习的结果就是产生组织成员能够共同分享的认知系统和存储记忆。

（4）作为集体文化构建的组织学习。组织中的知识体系不仅仅是对现实的共同构建，它还包括对具有情感内涵意义的共同构建。事实上，组织成员创造出一整套与每个人都有关的意义系统，这些意义可以通过象征、隐喻、礼仪和情节来表现，并通过价值、信念和情感组合在一起。组织学习是这样一些文化内涵在一群人中被创造、继承、分享和传递；它成为组织群体与其他群体进行区别的根源。扎克曼将文化知识划分为四类：词典式文化知识、指导式文化知识、处方式文化知识和公理式文化知识。

（5）作为实践活动的组织学习。组织学习并非仅仅是思考，更重要地在于实践行动。纯粹的认知活动可以存储知识，但并不等于理解。学习是通过经验发生的，有了实践经验，人们才能将知识融入自己的大脑中。英格利斯认为，组织学习过程就是 $L = P + G + I$（其中，L 代表学习，P 代表程序化的知识，G 代表形成问题的能力，I 代表实施）。“学习需要采取行动，不是仅仅建议行动”。因此，行动是组织学习不可或缺的。

2. 组织学习类型

从认知变革的角度来看，阿吉里斯提出组织学习可分成三种类型：单循环学习、双循环学习和再学习。

单循环学习是指组织内部所设计的一个诊断、监视错误并矫正错误的机制，换言之，就是针对组织的行动策略。它是指在现有的组织框架内修正导致目标没有实现的错误；这种学习机制的设计，容易产生“刺激反应”的行为特征，因此比较适用于稳定的组织，这种学习方式又被称为适应性学习。

双循环学习除了进行单循环的学习模式之外，还要更进一步地去监视组织规范、目标及可能存在的错误假设，并予以矫正。因此，双循环学习是一种创新的学习，学习结果不仅可以产生表面上的变革，还可以引发组织深层结构的改变。双循环学习是一个不断提出问题的过程，所考虑的不仅仅是事实本身，而且还深入地探究事实背后的原因和动机，并根据事实背后的原因和动机来探究其价值观念。阿吉里斯的理想就是要在组织中塑造一种创造性学习的环境，提高人们的反思性学习能力，从而促进组织的不断发展。

所谓再学习乃是上述两种学习经验的转化与再应用，并借此过程内化成组织的能力。组织经过单循环或双循环学习过程后所产生的学习经验，可以成为组织未来自我解决问题的基础，通过再学习的发生来提高组织解决问题的能力。再学习质疑学习的整个过程，又被称为“学习如何学习”。前两种组织学习类型是为了寻求问题的“症状解”，后一种组织学习类型则是为了寻找问题的“根本解”。

从企业的实践活动角度来看，杨国安和戴维·欧瑞奇按照学习来源与学习方向，将企业学习划分成实验学习、提升能力学习、标杆学习和不断改进学习四种类型。

实验学习是指通过尝试新构想及试验新产品与新流程来达到学习目的，采用这种学习方式的公司，其创意主要依赖于公司员工的各种尝试与实验，并通过对顾客需求的了解来开发全新的技术、产品、流程乃至经营方式。以索尼为例，其近年开发的游戏站及其智能宠物都是一些极具创意的突破性产品。

提升能力学习是指通过对新能力、新技术的吸纳或培养以达到学习目的。对采用这种方式的组织而言，学习是其经营战略中极为重要的一个组成部分，它们通过借鉴他人的经验来开创新机会。这种学习方式的目的是帮助组织成员获取最新的关键性能力，从而快速构思并开发新产品、新技术和新流程。以思科为例，为了快速提升公司技术能力，它从 1984 ~ 1999 年并购了 50 多家有特殊技术的公司。

标杆学习就是要先了解、分析别人的营运方式及最佳实践，然后对其进行消化、改进并应用于自己的组织，以此来达到学习目的。标杆学习主要是吸收他人的成功经验，整体卓越的公司往往是其他公司学习的对象。三星、施乐等公司都非常重视标杆方法。

不断改进学习是根据 PDCA 循环，即计划—执行—检查—处理的方法，持续地改进技术、产品、服务和流程以达到学习目的。该类组织要求员工高度参与，包括群策群力、品质管理圈、问题解决小组等形式。

3. 学习障碍和组织修炼

组织学习的过程会因为各种原因而中断，要成为学习型组织，企业需要加强多种能力的修炼。

（1）四种学习中断。马奇和奥尔森认为，个体信念、个体行动、组织行动和环境反应四者之间的联系中断都有可能导致组织学习的中断（见图20-1）。他们提出了学习中断的四种类型。

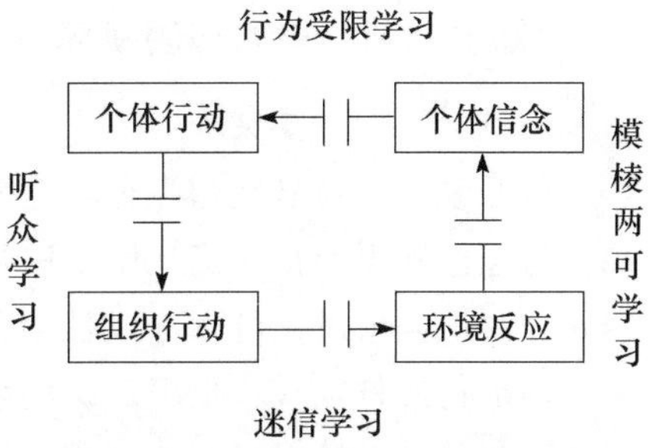

图 20-1　学习循环与中断

“行为受限学习”，即组织成员不能说服他人改变组织的行为规范，而导致失去对组织学习的信念，从而出现组织学习过程中的个人信仰与个人行为之间关系的中断。“听众学习”，即组织成员不能从组织学习过程中得到足够的激励，而导致组织成员行为游离于组织之外，从而出现组织学习过程中的个体行为与组织行为之间关系的中断。“迷信学习”，即组织成员不能正确地对待组织行为与环境之间作用的结果，并从中得出不正确的结论，从而出现组织对环境反应学习的中断。“模棱两可学习”，即它发生在不能明确识别环境变化的时候，组织成员不能从环境反应中建立个体的信念，从而未能完成学习的过程。

（2）七种组织学习的智障。彼得·圣吉在《第五项修炼》中提出，大多数企业的死亡是归因于组织学习能力的低下，学习智障是背后的罪魁祸首。“学习智障对孩童来说是一个悲剧，对组织来说，学习智障是致命的”。

七种组织学习的智障分别为：①局限思考。在企业中人们只专注于自己的职务，他们对所有职务互动所产生的结果缺乏责任感，这就产生了局限思考，在这种情况下，人们对组织结果都会感到失望，却察觉不到何以如此。②归罪于外。在有这种智障的组织中，人们将问题归因于外界，或归因于组织内的同事，或归因于组织以外的因素。结果，人们难以发现改善行为的关键。③缺乏积极主动的整体思考。在有这种智障的组织中，人们不能勇于承担责任，而是一再拖延。④专注于个别的事件。如果人们的思考充斥于短期事件，那么创造性学习在一个组织中便难以持续。⑤煮青蛙的故事。组织不能从缓慢的变化中觉察到变化的危险。⑥经验学习的错觉。在有这种智障的组织中，人们往往难以克服经验学习的时空限制。⑦管理团体的迷思。组织的高层管理团队在面对例行问题时具有良好的表现，但当组织遭到威胁与困境时，团体精神就丧失殆尽，这就是高层管理团队的智障。

（3）组织的五项修炼。彼得·圣吉提出经过五个方面的修炼，管理者和员工会不断地培养出全新的思维方式，从而使企业转变成学习型组织。

组织的五项修炼分别为：①系统思考。系统思考的关键在于应该具有系统的观点和动态的观点，它的艺术就是要看穿复杂关系背后引发变化的结构。②自我超越。自我超越是一种愿景和实现愿景的过程，最终将不断地突破极限并深化为组织成员的潜意识。③改善心智模式。心智模式是深植于人们内心的思维逻辑。改善心智模式的修炼就是不断地反思自己的心智模式和对他人的心智模式探询，增加组织的适应能力。④建立共同的愿景。组织在持续不断地鼓励发展个人愿景的同时，将个人的愿景整合为组织的共同愿景，驱使人们为之而奋斗和奉献。⑤团体学习。团体学习是培养和发展组织成员整体合作与实现共同目标能力的过程，只有将个体的力量整合为整体的力量，从而提高集体的智商，才能达到组织学习的目的。

二、 知识创新的模式与创新环境

1. 知识创新的模式

按照波兰尼对显性知识和隐性知识的划分，野中郁次郎由此提出，“人类知识是通过隐性知识与显性知识的社会交互作用进行创新和扩张的”。因此，知识创新过程可以分成社会化、外部化、组合化和内部化四种模式。组织知识创新的过程是一个连续地自我升级的螺旋式运动过程，知识的创新需要触发事件引发的条件，野中郁次郎称之为“巴”（见图20-2）。

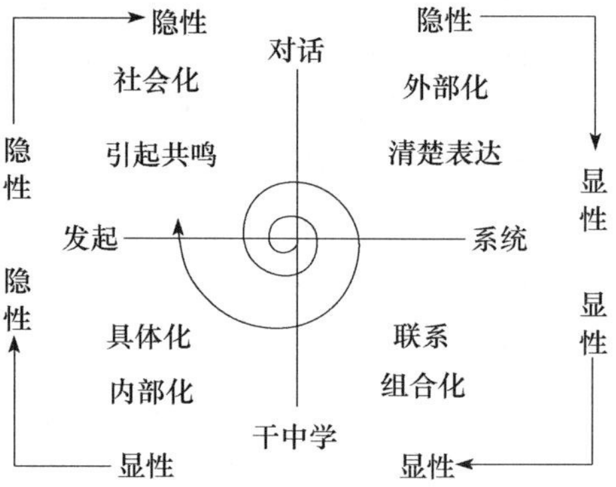

图 20-2 知识转换模式与螺旋上升运动

资料来源：Nonaloa Takeucl The Knonledge Creating Compary，Oxford Press.

（1）社会化：从隐性知识到隐性知识。社会化是一个分享经验、创造隐性知识的过程，其学习过程无须言语，而是通过观察、模仿和练习。获得隐性知识的关键是体验，没有一定的体验，一个人很难将想法投影到另一个人的思维过程中去。社会化的“发起巴”是一个能够产生关爱、信任和信念的场所。

（2）外部化：从隐性知识到显性知识。隐性知识通过以隐喻、类比、概念、模型的方式显性化，是一个最经典的知识创新过程。但各种表达手段通常会与其本意存在一定的差距，这种差距又经常会促进“反省”和个人之间的互动。一位领导的形象化语言和想象力是从他的项目成员中引出隐性知识的重要因素。外部化的“对话巴”则有助于有意义的对话或集体反省。

知识创新过程有社会化、外部化、组合化和内部化四种模式。组织知识创新的过程是一个连续地自我升级的螺旋式运动过程。

（3）组合化：从显性知识到显性知识。组合化是将概念系统化为整体知识的过程，其转化涉及组合不同的显性知识。通过选择、添加、组合和分类来重构显性知识，从而可以产生新的知识。在商业环境中，组合化常见于管理者将愿景、商业概念和产品概念进行分解并将其具体化的过程中。组合过程的“系统巴”是一种网络化过程。

（4）内部化：从显性知识到隐性知识。在现实中，显性知识只有转化成隐性知识，才会有个人行动；同时，这种转化过程也更有利于知识的传播，这样新的知识就可以在虚拟情境中得到。内部化的过程和“干中学”紧密相连。内部化的“演练巴”通过“干中学”来不断地学习和自我完善。

组织知识创新的螺旋过程始于个人层面，经过不断扩张的相互作用而上升，这种相互作用的过程超越了小组、部门甚至组织的界限。

2. 组织知识创新的实现环境

在组织知识创新过程中，组织环境对形成知识创新巴和促进螺旋上升有重要的作用。野中郁次郎提出了五种典型的情境。

（1）组织意图。公司战略的核心就是将愿景概念化，指出什么样的知识应该发展，如何把它们具体化，并使其在管理系统中能得到应用。没有组织意图，我们就无法判断个人创造的信息和知识的价值。企业必须将意图传达给员工，以增强他们的组织承诺。通过集体的承诺而非个人的行动，以使人们对知识创新有重新的定位。

（2）自主性。组织成员的自主行动可以提高企业创造知识的机会，也有利于激发员工的热情。自治的个人产生的新思想在团队中被扩散，然后成为组织的想法。自主团队是一种为个人创造自主性环境的有力工具，它常常是由多个部门的成员组成，其运作非常灵活，内部环境更加民主，其创造知识的过程不是依赖于精英，而是组合常人的知识和智慧，这种团队在创新过程中非常有效。

（3）不稳定性和创造性骚动。利用环境的不稳定性可以在组织内部引发波动，从而使组织成员的惯例和认知模式面临崩溃，这样就有机会使我们重新认识组织的观点。个人对组织的旧知识不断忘却，同时孕育着组织知识的创新。而当组织面临危机时，产生的混乱和骚动可以强化组织内部的紧迫感，使组织成员的注意力集中于界定问题和解决危机上来。

（4）冗余信息。在组织中，冗余信息是指超过组织成员直接操作所需要的部分，它是企业在商业活动、管理责任和公司整体信息上有意的重叠。冗余信息会加强组织成员对隐性知识的共享，因为它引发影响每个人观念的领域知识，从而产生学习。同时，冗余信息可以促使成员了解自己在组织中的位置，影响成员的思维和行动方向。

（5）多样性。组织成员拥有的多样性知识可以处理很多无法预知的环境变化，并灵活快速地组合不同的知识。组织内部的多样性应当和环境的多样性相匹配，扁平化组织和工作轮换都可以加快员工获取多方面的知识。

三、　组织创新过程的五个阶段

阶段一：共享隐性知识　组织知识始于分享隐性知识，因为个人所掌握的丰富的未经使用的知识首先要在组织中放大，这个过程对应的就是社会化。但隐性知识难以交流和传递，使具有不同背景、观点和动机的人共享隐性知识就成为组织知识创新的关键步骤。因此，组织中的个人必须共享情感和心智模式以共同建立信任。

阶段二：创造新的概念　在这个阶段，共享的知识和共同的心智模式可以用文字表述出来，最终明确为一个新的概念，从而转化成显性知识。在这个过程中，组织成员通过对话合作创造出概念。为了创造新的概念，需要组织成员彻底地思考现存的假设，必要的多样性可以使人们在看待同一问题上拥有不同视角和观点。例如，本田公司就用“汽车进化论”、“人性最大化”、“机器最小化”等概念来灌输组织的创造性思维方式。

阶段三：证明概念　在这个阶段，新的概念必须接受检验，以决定这个概念是否值得付诸实践。证明的过程涉及新的概念是否确实对组织和社会具有价值，一般的标准包括成本、边际利润及产品对企业成长的重要性；证明的过程需要判断创新的最佳时机是否出现；证明的过程还需要以组织意愿来判断价值取向，其前提是要通过明确的方式来检验组织意愿是否完整。

阶段四：构建原型　被证实的概念要进一步转化成实在的成果，这种转化既可能是新产品，也可能是新的公司价值观、新的管理系统或组织结构。因为这个过程比较复杂，不同部门之间的动态合作必不可少。组织的内部多样性、冗余信息的存在都有助于这个阶段的实现。

阶段五：知识层次的交叉　最后一个阶段是将部门的新知识在部门内部、部门之间进行扩散，甚至扩散到外部要素之中，野中郁次郎所说的这些外部要素包括顾客、供应商、分销商和其他利益相关者。进行创新的公司不是处于一个封闭的系统中，而是处于一个开放的系统中。

总之，组织的知识创新是一个动态的过程，它不仅仅是成员之间的能动性互动，也是成员与环境之间的互动过程。知识创新的过程是在隐性知识与显性知识、个体知识与集体知识之间的交互作用中呈现螺旋式上升（见图20-3）。

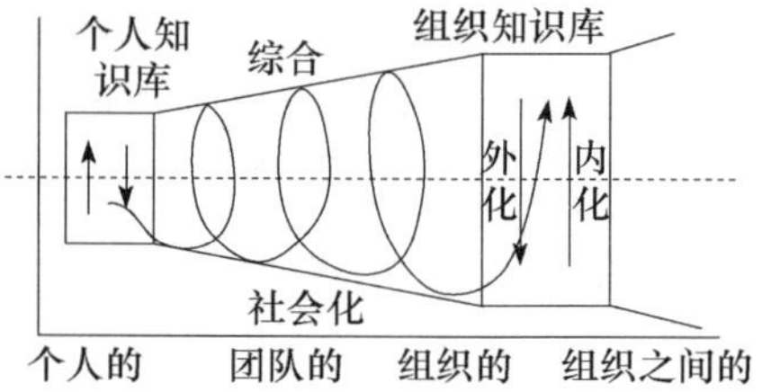

图20-3　隐性知识与显性知识的转化

第三节　企业战略创新的路径依赖与超越

一、 企业战略创新的影响因素

原先选择的战略在实施过程中遇到下述情况时会提出战略创新问题：第一，企业发展的环境发生了重要变化。这种变化可能源自某种突发性的社会、经济、技术变革，而且这种变革打破了原先市场的平衡。第二，企业外部环境本身并没有任何变化，但企业对环境特点的认识产生了变化或企业自身的经营条件与能力发生了变化。第三，上述两者的结合。不论源自何种原因，企业能否及时地进行有效的战略创新，将决定着企业在未来市场上的生存和发展水平。

战略创新是一种特殊的决策，是对企业过去决策的追踪。这种追踪决策受到企业核心能力、企业家的行为以及企业文化等因素的影响：企业经营过程是某种核心能力的形成和利用过程，企业核心能力的拥有及其利用不仅决定着企业活动的效率，而且首先决定着企业战略创新方向与路线的选择；决策的本质特征决定了战略创新也是在一系列备选方案中进行的选择，这种选择在一定意义上说是经营者行为选择的直接映照；企业文化则对上述选择过程以及在选择确定后的实施过程中人的行为产生重要的影响。下面我们依次描述这些因素的影响。

1. 企业的核心竞争能力

改变企业的经营领域或方向，首先需要分析企业已经形成的核心能力及其利用情况。在市场经济条件下，同一种产品的生产与销售通常是由多家企业来完成的。企业面对的是竞争性的市场。在竞争市场上，企业为了及时地生产自己的产品并不断扩大自己的市场占有份额，必须形成并充分利用某种或某些竞争优势。什么因素决定企业能够形成某种竞争优势？普拉哈拉德和哈默尔认为是企业的核心竞争能力。核心竞争能力是企业“在一系列产品或服务中必须依赖的那些能力”。这种能力不局限于个别产品，而是对一系列产品或服务的竞争优势都有促进作用。从这个意义上说，核心竞争能力不仅超越任何产品或服务，而且还有可能超越公司内的任何业务部门。核心能力的生命力要比任何产品或服务都要长。由于核心竞争能力可以促进一系列产品或服务的竞争优势，因此能否建立比竞争对手领先的核心竞争能力会对企业的长期发展产生根本性的影响。

2. 企业家的行为倾向

作为追踪决策，战略创新和企业其他类型的决策一样，都受到企业家行为特征的影响。甚至可以认为，战略创新是企业家行为选择的结果。

企业是在企业家的领导下从事某种生产经营活动并体现它的市场存在的，企业家的行为选择对企业的绩效和发展有着至关重要的作用。这种作用主要体现在两个方面。第一，企业家的行为选择直接制约着企业的行为选择，企业行为选择不仅是企业家行为选择的直接映照，甚至还是企业家行为选择的直接结果，从而直接决定着企业未来的行动是否有意义。从某种意义上说，企业经营领域与方向的选择或创新主要是企业家的事。虽然在这个决策过程中，企业需要且实际上通常也组织了广泛的员工参与，但最终的方案确定主要是企业家的职能。企业家对企业经营的贡献也因此而主要表现为决策的制定和组织实施，甚至主要表现为决策的制定。第二，企业家的行为不仅影响员工的行为能否转变成对企业的有效贡献，而且还直接影响着员工的行为方式和力度的选择。员工的行为方式和力度决定着员工在既定方向下的劳动质量和劳动生产率，从而影响着企业的产品质量和生产成本。企业家对员工的影响不仅要通过日常的直接管理，而且更多的则是通过塑造一定的企业文化来完成的。

企业家行为对企业经营绩效以及战略创新的影响还可以从企业家行为特点对企业行为选择影响的角度来进行分析。这种影响也主要表现在两个方面：一是企业家行为的长期化或短期化特征的影响；二是企业家的价值观念和行为偏好的影响。企业家行为的长期化或短期化特征会影响企业是强调现有生产经营能力的利用，还是偏重未来经营能力的再造或创造，从而影响企业的持续发展；企业家的价值观念和行为偏好不仅会影响企业对不同经营领域或方向的评价与选择，而且还会影响企业在既定方向下技术路径和水平以及职能活动重点的选择，从而不仅影响企业对市场环境的适应，而且还影响企业在适应过程中活动的效率。

3. 企业文化

作为企业或企业家行为选择结果的企业战略创新决策必然要受到企业文化的影响。

企业文化是企业员工普遍认同的价值观念和行为准则的总和，这些观念和准则的特点可以通过企业及其员工的日常行为而得到体现。自20世纪70年代末美日一些学者在对许多美国或日本企业经营中的成功与失败案例进行比较分析后，企业管理的理论界与实际工作者就已形成了一种共识：文化对企业经营业绩、企业成长与发展水平存在一定的影响是一个不争的事实。

文化对企业经营业绩以及战略发展的影响主要体现在它的三个基本功能上：导向功能、协调功能以及激励功能。文化的导向功能是指共同接受的价值观念引导着企业员工，特别是企业的战略管理者自觉地选择符合企业长期利益的决策，并在决策的组织实施过程中自觉地表现出符合企业利益的日常行为；文化的协调功能主要是指在相同的价值观念和行为准则的引导下，企业各层次或部门的员工选择行为不仅符合企业的长期或短期利益，而且还必然相互协调；文化的激励功能主要是指员工在日常经营活动中自觉地根据企业文化所倡导的价值观念和行为准则的要求创新自己的行为。

企业文化的上述功能影响着企业员工特别是企业高层管理者的行为选择，从而影响着企业战略创新方向的选择及其组织实施。正是由于这种影响，与企业战略制定或创新和组织实施过程中需要采用的其他工具相比，文化的上述功能的实现不仅是高效率的，而且还可能是成本最低、持续时间最长的。从这个意义上说，文化是企业战略管理的最为经济而有效的手段。

二、企业战略创新影响因素的路径依赖特征

影响企业战略创新的上述因素明显地表现出路径依赖的特征。

1. 核心能力的刚性特点

核心能力的刚性与这种能力的改变或创新的难度有关。普拉哈拉德和哈默尔曾提出判别企业核心竞争能力的如下标准：①核心竞争能力具有充分的用户价值，即能够给用户提供根本的好处和效用；②核心竞争能力必须具有独特性，如果某种竞争能力能被行业内的所有企业普遍

掌握，或能被竞争对手很容易地模仿，那么它就很难为某个企业提供持续的竞争优势；③核心竞争能力应具有相当程度的延展性，即能为企业提供比较广泛的产品或市场支持，对企业一系列产品或服务的市场竞争力都有促进作用（普拉哈拉德、哈默尔，1998）。

显然，在普拉哈拉德和哈默尔描述的三个特征中，独特性是最为重要的。正因为核心能力是企业独特的、专门的、竞争者难以模仿的，才使得核心能力的运用给企业带来了相对于其他企业的竞争优势。然而，独特的核心能力不仅是竞争对手难以模仿的，而且也可能是企业自身难以改变的，因而具有刚性的特点。

核心能力的刚性特点主要是通过核心能力的载体来反映的。不论企业具体的核心能力如何，其载体无非包括企业的人力资本和作为非人力资本的企业无形资产与有形资产。企业非人力资本的刚性特征是非常明显的。作为有形资产的机器设备总是有一定专用性的，由企业投资形成的、物化为一定机器设备的生产能力，总是与特定产品的生产制造联系在一起的，经营或市场服务方向的创新可能意味着对这些有形资产的完全放弃；品牌、商誉等无形资产也总是与一定产品或至少是特定领域的产品相联系的。索尼使人想起电器；可口可乐使人想起饮料；而康柏则更多地使人想起计算机。可口可乐去开发计算机，或索尼去生产饮料，消费者可能都会很难适应。实际上，不仅非人力资本而且人力资本也表现出类似的特征，即某个领域的长期经营实践使企业经营管理人员、技术人员以及生产作业人员形成了与特定领域相关的知识和技能。这种知识和技能的专门性也决定了企业经营领域、方向或路线创新的困难。产业经济研究的理论告诉我们，人力资本和非人力资本的专门性决定了企业在特定领域的退出障碍。实际上，这种障碍反映的正是我们所说的企业核心能力的刚性特征。

企业战略创新的路径依赖特征与企业核心能力的刚度成正比。核心能力的刚度越强，战略创新的路径依赖特征就越明显；反之，战略创新受企业过去选择的影响程度就越低。核心能力的刚度本身则主要受到两类因素的影响：核心能力的形成时间和核心能力对企业经营领域的支持范围。

独特性和不可模仿性的特点决定了核心能力主要是在企业内部形成的（如果企业可以从外部购得，则竞争对手也可获得这种核心能力）。核心能力的内部形成总是需要一定时间的。与企业的经营活动本身一样，塑造核心能力的活动也表现出明显的学习效应。从事某种核心能力的塑造活动越长，就越容易表现出这种活动效率增进的特点。然而，学习效应越明显，企业改变核心能力的难度就越大，核心能力的刚度就越强，企业战略创新也就越困难。

核心能力对企业经营领域的支持范围可以从纵向的一体化程度和横向的多元化程度两个维度去考察。我们知道，企业经营领域纵向一体化涉及的环节越多，企业战略创新时的退出障碍就越大。同样原因，企业核心能力对纵向一体化经营战略支持的环节越多，所反映的这种能力的专业化程度就越高，其改变也就越难，其刚性程度也就越强，企业战略创新的难度也就越大。相反，核心能力若能支持企业在多个不同领域经营，则核心能力的弹性越强，企业战略创新时的可选择空间就越大，其路径依赖的特征也就越不明显。

2. 企业家的行为选择受过去经验的制约

企业行为选择是企业家行为选择的直接结果。企业战略创新是企业家为企业所确定的。在理论上，企业战略创新必须以变化后的外部环境特征以及企业内部可调动的经营资源为依据。但影响企业经营的从来都不是客观的环境或资源，而是人们所认识的和所认为的环境和资源。企业家正是根据他们对环境特征及其变化的认识与他们对企业拥有的经营资源的质和量的认识来制订并比较不同决策方案的。企业家的职能和经验背景就是基于这种认识，并在企业战略创新决策的制定与选择中起着非常重要的作用。

从某种意义上说，我们每个人都是自己过去的奴隶。摆脱别人的控制可能是比较容易的，或者至少是可以做到的，但摆脱自己的过去可能是非常困难的，甚至是不可能的。过去总会以这种或那种方式影响我们的现在和未来。现在的选择是对过去选择的修正；过去的工作与学习中积累的个人知识和能力限定了我们现在能够考虑到的选择空间；长期工作中形成的思维方式制约着我们分析问题的角度。作为人的集合体的企业也是如此，企业过去的战略总会以这种或那种形式影响着企业现在的战略创新和未来的战略选择。这种影响可以从两个层面去分析。其一，企业战略创新可能是通过原先决策实施过程中的微调来实现的。这些微调经常是由处理一些突发事件所引起的。解决突发事件的时间敏感度通常非常高。我们知道，决策的时间要求越是紧迫，决策时人们根据直觉进行判断和选择的成分就越大。企业家的直觉在很大程度上受到其职能背景和经验背景的影响。其二，即便企业有足够的时间去分析和制定战略创新的决策，由职能背景和过去经验所影响的企业家价值判断，在创新方案的制订和选择中也会产生非常重要的作用。不同的方案可以从不同的角度去评价，这些方案在不同目标的实现过程中有着不同的贡献。因此，企业家的价值偏好影响着他们对不同方案的评价和选择。

3. 企业文化的组织记忆特征

企业文化经常被定义为："企业成员广泛接受的价值观念以及由这种价值观念所决定的行为准则和行为方式"，这种价值观念和行为准则可能未被明确宣布，但它们通常隐含于企业成员作为其行为前提的思维模式的假设中，是已经被企业成员无意识地普遍认可的。他们的行为会自觉甚至会不自觉地受到这些价值观念和行为准则的影响。

20 世纪 70 年代末，在对美日企业的经营方式以及美国不同企业的经营方式进行比较研究的基础上，美日的一些学者得出了"凡成功的企业都有一个强有力的企业文化起支持作用"的结论，但这些成功的企业文化都不是企业刻意追求的结果，而是企业经营者，甚至是几代经营者在企业实践中，通过自己的领导风格与行为方式对企业员工的行为产生了潜移默化的影响，从而促成了一种被企业员工广泛认同的价值观念和行为准则。

企业家在企业文化形成过程中的这种作用，使企业文化基本上反映了企业组织的记忆。文化是一个历史的概念，是在企业经营的过程中经过岁月流逝逐渐积累而成的。在历史上形成的企业文化，是在企业经营过程中被实践证明的一种成功的行为方式，以及这种行为方式所体现的行为准则和价值观念。所以，用企业文化来引导员工的行为，实际上是用过去的经验来指导员工现在的行动。

作为组织记忆的企业文化对企业员工现在行为的影响，还因企业文化的一元特征而加剧。根据企业文化的定义，我们迄今为止讨论的企业文化都是一元的。文化所倡导的价值观念和行为准则是企业员工普遍认可、广泛赞同的，异质的价值观念基本上是不被接受的。企业文化越强有力，价值观念与行为准则的统一性就越被强调，而异质的价值观念则越受排斥。显然，作为组织记忆的一元企业文化制约着企业员工的思维方式，并通过对员工思维方式的影响限制企业员工以及企业的行为选择，从而制约企业经营战略的创新。

三、 超越路径依赖

核心能力的刚性特点限制着企业创新方案的制订与选择，企业家的职能或经验背景可能使其自觉或不自觉地以过去的经历作为现在行为选择的参照系，作为组织记忆的文化则对上述因素起到综合的作用，企业的战略创新可能因此而表现出明显的路径依赖特征。要超越路径依赖，使企业的成长与发展摆脱过去的阴影，必须运用虚拟组织，构造战略联盟，用企业外部的战略资源来支持企业内部的发展战略；促进企业的知识创新，发展企业的核心能力；改造企业文化，促进企业学习；完善公司治理结构，在制度上保证和促进经营者行为的合理化。

第一，运用虚拟组织，构造战略联盟，用外部资源支持企业内部战略。

运用虚拟组织形式，与外部其他企业结成战略联盟，目的是实现与战略伙伴的资源或优势的互补。这种互补关系可以表现在以下两个方面：一体化生产过程的不同阶段，企业生产经营过程的不同职能领域。企业不仅可以借此降低核心能力的形成与维持成本以及整个生产经营的费用，而且还可以通过由此而引发的价值活动外部化来弱化企业战略创新中路径依赖的特征。

由于社会分工和专业化的发展，不同企业存在不同的能力或资源的优势或比较优势，它们从事不同活动的效率是不同的，即使同一活动在不同企业的效率也是不同的，从而其成本也就不同。一个企业可能在生产过程的某个阶段或在经营过程中的某个职能领域，与其他企业相比具有一定的优势，但通常不可能在所有领域都强于自己的竞争对手。利用自己的优势与同行商家结成战略联盟，实现优势互补，对合作双方都有可能带来好处。因此，一项活动是由企业内部去组织进行还是从外部去购买，应取决于其生产成本和交易费用或协调成本总和的比较；这种决策的创新也因此而取决于这种比较的变化。

在生产的技术水平和生产成本不变的条件下，某种活动是在企业内部进行还是从外部去购买，主要取决于协调成本与交易费用的比较。这种成本或费用的变化要受到信息技术发展的影响。信息技术的发展和广泛运用不仅改善了企业内部的沟通，降低了企业内部的管理和协调成本，而且还方便了企业外部各种市场信息的收集与利用，促进了市场运行机制的完善及其作用的发挥，从而使交易费用得到节约。如果信息技术发展的结果使市场交易费用的节约超过了市场协调成本的降低，或使其他企业费用的节约超过了本企业，则可能引导企业内部价值活动的外部化。

实际上，信息技术进步所引导的企业价值活动外部化，不仅可以带来经营总成本的节约，促进专业化的企业核心能力的效率提高，从而带来核心能力的维持与发展成本的降低，而且还可以降低企业从某个具体经营领域退出的障碍，有利于帮助企业克服战略发展中的路径依赖特征，促进企业的持续发展。从纵向的企业生产过程所涉及的不同阶段去考察，一体化程度越高，核心能力涉及或支持的经营环节越多，则在该领域的退出障碍就越高，经营创新可能就越困难。相反，专业化程度较高，一体化程度相对较低，核心能力涉及的环节相对较少，利用外部资源的范围越广，与外部的结合程度越高，则企业在经营创新时选择新的合作伙伴或新的经营领域的空间就越大。显然，备选方案越多，受过去的制约程度越低，其发展也就越有可能。从横向的企业活动所涉及的职能领域来分析也可以得出相似的结论。因此，企业应致力于发展自己的专业化核心能力，利用虚拟组织形式、先进的信息技术和其他发达的沟通手段，与其他企业结成战略联盟，使企业生产经营活动成为整个产品社会价值链的一个环节，以提高企业战略创新和战略发展的灵活性。

第二，组织知识创新，更新和发展核心竞争能力。

竞争优势的基础是核心能力，而核心能力是某种独特知识运用的结果。要克服企业战略创新中的路径依赖特征，就要不断地更新和发展企业的核心能力。核心能力的发展则是以企业的知识创新为基础的。

核心竞争能力是企业在一组特定的生产要素使用过程中持续表现出的某种独特能力。企业在一组生产要素的使用过程中之所以能表现出某种独特的能力，无非出于以下几个原因：拥有某种独特的生产要素；以独特的方式组合和使用生产要素；利用独特或相同的生产要素生产出某种独特的产品。由于要素市场竞争机制的存在，企业要持续地垄断某种独特的生产要素即便可能，也是非常困难的，因此对独特要素的垄断难以成为企业的核心竞争能力，从而成为持续竞争优势的源泉。这种优势和能力只能来自于要素使用的独特方式和要素使用的独特结果，以独特的方式组合生产要素，既可以降低获得相同成果所需要的要素数量或成本，也可以使企业利用相同或独特的生产要素生产出独具特色的产品或服务。

独特方式的运用和独特产品或服务的获得，是某种或某些专门知识运用的结果。与人类的其他社会经济活动一样，企业的活动过程是一个与工业生产经营相关的知识的发现、利用、积累和创新的过程。通过何种途径去获得一定的生产要素，如何利用这些生产要素，利用这些生产要素生产什么样的产品，这些问题的解决都与企业在特定时期所掌握的特定知识有关。

以核心知识为基础的竞争优势的维持与发展，要求企业有效地组织知识的创新。一定的竞争优势要求企业在自己的经营过程中通过学习形成一种独特的知识；竞争优势的维持实际上是这种知识以及相关运用能力的独家拥有。因此，竞争优势的形成实际上要求企业的独特知识具有私人性的特征，但是这种优势的实现则要求这种独特知识具有社会性的特征：只有拥有独特的知识，企业生产的产品或提供的服务才不易被竞争对手所模仿，从而才可能具有某种独特的竞争优势；利用这种独特的知识生产的产品只有被社会所接受，这种产品所包含的竞争优势的价值才可能得到实现。然而，产品的社会承认有可能导致产品所体现的独特知识的暴露和对外扩散。实际上，企业产品的社会实现过程也可能是企业内部学习效应及其结果——内部知识的外溢过程，企业产品的销售不仅为自己的用户提供了他们所需的使用价值，而且也可能为竞争对手提供了可以模仿的样品。因此，竞争优势的维持要求企业解决好独特知识的社会性与私人性之间的矛盾。矛盾的解决要求企业组织核心知识的不断创新。

知识创新是企业学习的结果。企业学习是一个与企业生产经营有关的知识的生成、利用、创新和积累的过程。这个过程与企业生产经营活动本身是交织在一起的，甚至就是这种活动本身。所以，组织企业的知识创新，并不是要另建一套系统（安排一个知识主管或建立一个独立的知识管理部门），而是要以有利于知识创新的方式来组织企业学习，或更准确地说，是要组织企业的经营与管理活动。

我们知道，决定企业竞争优势的核心知识不仅是企业独有的，而且还应是企业在整合个体要素知识的基础上形成的。因此，企业知识创新既要增加个体要素知识，同时也要努力促进这些个体要素知识的融合。增进个体要素知识，既要通过激发组织成员个人的学习能力来开阔他们的知识面，也要通过有组织的集体活动来发展企业在不同领域的知识积累。对知识创新的组织必须既有利于组织成员个人知识的生产，又能促进组织对这些个体知识的运用和整合。这种整合只有通过组织成员的广泛沟通才能实现。

第三，改造企业文化，促进组织学习。

发展核心能力需要组织知识创新；知识创新是组织学习的结果；组织学习是在一定的文化氛围中进行的。因此，为了促进企业核心能力的发展，克服战略创新中路径依赖特征，必须塑造学习型的企业文化。

学习型的企业文化，可以从两个不同角度去理解。其一，企业文化所倡导的价值观念和行为准则必须有利于企业组织及其成员的学习；其二，企业文化本身必须是不断学习的产物，文化所体现的不再仅仅是企业过去的成功经验，还应与战略创新所需要适应的当时企业内外环境中的价值观念或思维方式相一致。

倡导学习型的企业文化，必须是允许失败的文化。人类是在失败中不断总结、不断提高、不断前进的。错误和教训可能会使人变得更加聪明。允许失败的文化是一种鼓励尝试的文化。在这种文化中，人们强调的可能不是结果，或至少不仅仅是结果，而是过程或是努力的过程。与这种文化相配套的报酬制度不仅鼓励成功的创新，而且还奖励结局虽是失败但在过程中不懈努力的探索。实际上，只要组织中的每一个人都孜孜不倦地探索创新，所希望的结果最终必然就会出现。

塑造学习型的企业文化，要求对传统的层级组织进行改造。到目前为止，工业企业组织结构的基本形式仍是层级组织，直线指挥、分层授权，分工细致、权责明确以及标准统一，关系正式是这种结构的主要特征。层级结构的这些特征曾经促进了工业企业的成功。直线指挥保证了企业行动的迅速，分工细致促进了效率的提高，而正式的角色关系则保证了企业活动的有序性。但这些特点同时也阻滞了组织的学习。直线指挥限制了执行者行动的自主权，分工细致导致了员工知识面的狭窄，正式的角色关系则限制了组织成员之间的沟通。为了方便和促进企业组织及其成员的学习，必须运用网络结构来改造现行的层级组织，使层级组织中的基层单位成为具有相当自主行动空间的网络结点。这些结点在层级组织规定的任务范围内，可以自主选择行动的方法、活动组织的方式以及对组织内外直接相关的活动环境变化进行创新，同一层级以及不同层级的结点之间保持广泛的联系。在这种经过网络化改造的层级组织中，层级支持着组织活动的有序性，而网络则促进着在网络结点上各组织成员的个人学习，同时也有利于这些结点共享他们已经形成的知识。

要使企业文化不再是组织记忆的反映，而是不断学习的产物，就要改变企业经营者的选择方式，及时从外部引进适当的高级管理人员。具有组织记忆特征的企业文化是在具有强劲管理风格的企业家的倡导和推动下形成的。美国学者科林斯等曾经指出，在具有强有力文化的企业中常常可以发现两个共同的特征：其一，企业家的任期通常比较长；其二，高层管理岗位的空缺通常是由内部人员填补的（柯林斯等，1996）。企业家的任期较长，可以使企业家将自己倡导的价值观念和行为准则通过潜移默化的影响为企业员工所自觉地接受；内部晋升高层管理者则有利于企业文化的传承。显然，要摆脱企业文化的组织记忆特征，必须改变组织高层管理者的任用制度，及时从企业外部引进可能对传统企业文化带来冲击和创新的高层管理者。最后还需指出的是，学习型的企业文化必然是多元的，应该在强调主导价值观念与行为准则的同时，允许异质价值观念和行为准则的存在。

第四，完善公司治理结构，促进经营者行为的合理化，保证经营者的正常更替。

与企业中的其他决策一样，企业战略创新是企业经营者行为选择的结果。经营者的行为偏好对企业战略创新的影响可以从两方面去考察：是否需要创新；如何进行创新。由于作为战略创新对象的过去决策可能是经营者以往行为选择的结果，或不愿承认过去决策对目前环境的不适应（在主观上已经认识到这种不适应的情况下），或出于对自己决策能力及其应用的过于自信（未能认识到过去决策的不适应性），因此经营者不愿意对过去决策进行创新，或者没有认识到这种创新的必要性。在已经认识到创新的必要性并决定进行创新的情况下，企业经营者对企业战略创新方向与内容的选择仍然可能会受到其过去的职能背景或经验背景的影响。

因此，为了克服经营者个人的行为特征对企业战略创新可能带来的不利影响，不仅需要改进企业的激励制度以引导经营者表现出符合企业和个人利益的合理行为，同时更需要完善公司的治理结构，以使企业能在经营者不愿意进行必要的战略创新时及时地更换经营者。经营者的行为虽然要受到诸多因素的影响，但经济利益的实现仍是其行为选择的主要诱因。要通过激励制度的改善，比如引入股票期权等激励机制，使经营者个人的长期利益通过企业的持续发展而得到充分实现，以引导经营者密切追踪企业内外部环境的变化，经常分析企业经营的外部适应性，及时对企业的发展战略进行创新。与此同时，要通过完善公司治理结构，对经营者及其行为能够实施有效的控制和约束。公司治理结构解决的主要是决策权在企业所有者与经营者之间的配置问题。完善公司治理结构就是通过将相关权力在股东大会、董事会以及企业经营管理机构之间的分配，一方面使经营者有足够的行动空间自主地组织企业日常的经营活动，另一方面要保证企业所有者对经营者的有效监督和控制。特别是在我们讨论的问题中，当企业战略必须进行战略创新，而经营者一味坚持原先的战略选择时，所有者或其代表能够借助公司治理结构来对其进行及时的撤换，以保证企业的健康成长与发展。

本章回顾

小　结

企业创新的重要动因就是获取竞争优势。从资源特性的角度来看，能够给企业带来持续竞争优势的资源具有价值性、稀缺性、不可模仿性和可组织性的特征。隔绝机制是限制其他组织通过模仿和替代来削弱组织优势的力量。有两种主要的隔绝机制：一是模仿障碍；二是竞争优势的创新。企业有四种主要的模仿障碍：模仿的法律限制、模仿的渠道限制、模仿的规模限制和无形模仿障碍。无形模仿障碍主要包括因果关系不明、对历史环境的依赖和社会复杂性。

竞争优势的创造主要是通过组织知识创新来实现的。企业的知识是竞争优势的基础。企业内部的知识积累是企业获得超额收益和竞争活力的关键。企业通常依赖于某些独特的知识去经营，以获取超出竞争环境的能力。企业的发展就是知识扩散、传播和创造的过程。惯例的知识是理解企业行为的核心，它是企业的“细胞”。

组织学习既是适应外部环境的活动和企业系统的动力，也是组织的共同知识和集体文化。组织学习既是认知活动，也是企业实践活动。组织学习可以划分为单循环学习、双循环学习和再学习三种类型；从企业实践活动的角度来看，企业学习可划分为实验学习、提升能力学习、标杆学习和不断改进学习。组织学习需要克服各种阻力，超越七种组织智障。系统思考、自我超越、建立共同的愿景、改善心智模式、团体学习是组织的五项修炼，这五项修炼对塑造学习型组织至关重要。组织知识是通过隐性知识和显性知识的社会交互作用来进行创新与扩张的。知识创造过程可以划分为社会化、外部化、组合化和内部化四种模式。组织环境对形成知识创新巴和促进螺旋上升有重要的作用。

企业战略创新不仅受到企业核心能力、企业家的行为倾向和企业文化的影响，而且这些影响因素都具有路径依赖性，这些依赖性制约着组织的创新活动。要超越路径依赖，使企业的成长与发展摆脱过去的阴影，必须运用虚拟组织，构造战略联盟，用企业外部的战略资源来支持企业内部的发展战略；促进企业的知识创新，发展企业的核心能力；改造企业文化，促进企业学习；完善公司治理结构，在制度上保证和促进经营者行为的合理化。

关键术语

战略性资源　组织学习　知识创新过程　组织的五项修炼
组织知识　模仿障碍　显性知识　隐性知识
隔绝机制

思考题

1. 企业战略性资源有哪些特性？它们是如何给企业带来持续竞争优势的？
2. 什么是隔绝机制？什么是模仿障碍？企业有哪几种模仿障碍？
3. 谈谈你对组织的无形模仿障碍的认识。
4. 组织知识对企业竞争优势有哪些贡献？组织惯例有哪些特征？
5. 谈谈你对组织学习内涵的认识，从组织学习的内涵来看，应当从哪些方面来强化组织学习？
6. 组织学习有哪些智障？如何来克服这些智障？
7. 知识创新模式有哪些？组织如何才能实现知识创造过程的螺旋式上升？
8. 组织知识创新有哪些阶段，如何才能把握好这些阶段？
9. 企业战略创新的影响因素有哪些？它们是如何发挥作用的？
10. 从哪些方面可以看出核心能力的刚性特征？企业如何才能超越核心能力的刚性？
11. 企业文化是如何表现出路径依赖性的？企业如何才能超越文化的路径依赖性？
12. 企业家行为是如何表现出路径依赖性的？企业如何才能克服企业家的路径依赖性？

延伸阅读

1. 杰恩·巴尼. 获得与保持竞争优势［M］. 北京：清华大学出版社，2003.
2. 彼得·圣吉. 第五项修炼：学习型组织的艺术与实务［M］. 上海：上海三联出版社，2002.
3. 克里斯·阿吉里斯. 组织学习［M］. 北京：中国人民大学出版社，2004.
4. 野中郁次郎，竹内弘高. 创造知识的企业：日美企业持续创新的动力［M］. 北京：知识产权出版社，2006.
5. 阿尔弗雷德·钱德勒，等. 透视动态企业：技术、战略、组织和区域作用［M］. 北京：机械工业出版社，2005.
6. 野中郁次郎，等. 组织知识创新的理论：了解知识创新的能动过程［M］. 上海：上海人民出版社，2001.
7. 迈诺尔夫·迪尔克斯，等. 组织学习与知识创新［M］. 上海：上海人民出版社，2001.
8. 拉尔夫·斯泰西. 组织中的复杂性与创造性［M］. 成都：四川人民出版社，2000.

案例讨论

组约市警察局的创新管理

比尔·布雷顿于1994年出任纽约市警察局局长，他面临的重重困难是很少有人经历过的。在20世纪90年代初，纽约市的谋杀案发生率居高不下，骗子、黑手党、持枪抢劫充斥各报刊的头条。然而，可怜的薪水、危险的工作条件、过长的工作时间、晋职的无望使纽约市警察局的36 000名警员士气跌落到谷底，更不用去说削减预算的影响、破旧的装备以及腐败问题了。纽约市警察局在经济上已经捉襟见肘，它的36 000名警员工资低下、激励不足，同时它的客户基础——纽约市民也怨声载道，而犯罪、恐惧和混乱的增加则意味着业绩的快速下滑。警察局内部的政治争斗更是雪上加霜。

然而在不到两年的时间里，没有增加一分钱的预算，布雷顿成功地将纽约转变为美国最安全的城市。1994～1996年，纽约市警察局的“利润”呈跳跃式的增长势头：重大案件减少了39%、谋杀案减少了50%、盗窃案减少了35%，赢得了“客户”：盖洛普民意调查显示民众对纽约市警察局的信心由37%上升到73%，也赢得了雇员：内部调查显示警察局的工作满意度达到新高。

布雷顿深知要打破现状，必须使警员们面对糟糕的现实。直面糟糕的业绩则会令人震撼且无处可躲，它会让人行动起来。例如，20世纪90年代的纽约地铁充满恐惧，以致它被起了个“电气下水道”的绰号。因为人们对地铁的抵制，其收入急速下降，但是纽约交通警察部门的成员却对此否认。为什么呢？这个城市只有3%的主要案件发生在地铁上。因此不管公众如何大声疾呼，警察局都充耳不闻，根本没有反思警察局战略有创新的必要。

此时布雷顿出任局长，他在几个星期之内就改变了警员的思想状态。如何做到的呢？不是靠强制，也不是争论数字，而是让中高层管理人员（从他自己开始）早晚都去坐一下“电气下水道”，而这在布雷顿到任之前不曾发生过。屏幕上的统计数字本来告诉警察坐地铁是安全的，但他们所见到的却是每一个纽约人每天都在面对的事实，即地铁系统处于无政府状态的边缘：成群的年轻人在车厢里游荡，逃票者从入口跳过去，到处都是涂鸦和强行乞讨的乞丐，酒鬼们横七竖八地占据着座椅。实地乘坐后，警察们不能再回避丑陋的现实，也无人再去争论当前的警察局战略是不是需要快速切实地改变。

20世纪70年代，交响乐大厅、基督教科学教会和其他文化机构所在的波士顿第四警区正在饱受犯罪狂潮之苦，公众不断地受到犯罪的威胁；居民抛售房屋举家迁离，社区环境越来越差。但即使市民成群离去，布雷顿管辖的警察仍感觉工作效果不错，与其他警察部门相比，他们的业绩指标是一流的：报警反应时间的缩短，重罪破案率的提高。为了解决这一悖论，布雷顿安排了一系列警员与居民的见面对话会，没用多长时间就找到了理解上的偏差。虽然警官们为反应时间的缩短和重罪惩治能力的提高而自豪，但市民对这些成绩既不在意也不欣赏，很少有人感觉到大规模犯罪的威胁。他们感到伤害和困扰的是那些酒鬼、乞丐、妓女和无赖。对话会使警察彻底检讨了工作的重点，重新审视“破窗理论”。随着犯罪率的下降，社区重获安宁。

布雷顿在与纽约运输警署的前任们争辩说，要保障地铁的安全，就应该在每一条线路上派一名警员乘坐，并在每一个进出口安置巡警。然而，布雷顿没有要更多的警员，而是将警力配备到热点地区，使地铁上的犯罪、恐惧和混乱都急剧下降，创下历史上的最低纪录。他的分析表明，虽然地铁系统由很多线路和进出口组成，但大多数犯罪发生在少数几个站点和线路上。他还发现，一些对防治犯罪具有特别影响力的热点缺少警力，而一些几乎从未有犯罪发生的线路和站点却配置了同样多的警员。答案就是要重新配置警力到热点地区以打击犯罪，这样在警力不变的情况下能使犯罪率大幅度下降。

同样，在布雷顿来纽约市警察局之前，其禁毒处是朝九晚五、一周五天执勤，其警力只占整个警察局总人数的5%。为了找出热点，在与纽约市警察局领导会面时，布雷顿手下负责犯罪战略的副局长杰克·迈普问在座的人，估计有多少比例的犯罪与使用毒品有关？多数人回答说有50%，还有的说是70%，最低估计也有30%。如此看来，正如迈普所指出的那样，禁毒处占全局不到5%的警员不能不说是警力不足，而禁毒处通常是周一到周五工作，但毒品交易大部分发生在周末，与毒品相关的犯罪也总是发生在周末。为什么原来的工作方法从来都没有受到质疑呢？

在纽约市警察局，布雷顿两周召开一次遏制犯罪战略评估会（Compstat）。会议把纽约市的高级警官都聚到一起，评估所有76个警署指挥官在执行新战略方面的表现。各警署的指挥官也必须出席，警长以上、副局长和大区警长也要参加，布雷顿自己也尽量出席。每个警署指挥官在会上都会被问及，在新战略的指引下遏制犯罪的业绩是提高了还是下降了，并通过图表同步显示，确凿无疑地说明他们在执行新战略方面的业绩。各警署指挥官必须解释那些图表，描述其警员们是如何解决问题的，以及说明业绩提高和下降的原因。这种各方面人员都广泛参加的会议将结果和责任一目了然地显示在每一个人的面前。

这种做法的结果是，一种强烈的绩效文化在几周内就形成了，连几个月都用不着，更别提几年了。因为没有一个警署指挥官愿意在别人面前丢脸，他们都想在同僚和上司面前露一手。不称职的警署指挥官不能靠指责相邻警署的缺点来遮掩自身的过失，因为邻区的代表也在场，可以随时回击。实际上，在遏制犯罪战略会分发的材料上，就有将受到质询的警署指挥官的照片，从而强调警署指挥官们必须对警署的业绩负责。在自己的辖区工作出色并协助其他辖区得力的优秀人才，也会得到大家的赞赏和认同。同时，这种会议也让警署指挥官们有机会聚在一起，比较和切磋经验。在布雷顿到任之前，警署指挥官们很少能像一个团队一样聚在一起。时间一长，这种管理的方式就向下渗透到基层，警署指挥官们也效法布雷顿，召开自己的战略评估会。由于执行战略的业绩非常透明，警署指挥官都非常有动力去让属下的警员们朝着新战略迈进。

资料来源：根据《蓝海战略》相关章节改写。

讨论题

1. 从上述案例来看，布雷顿之前警察局在管理上存在哪些智障？

2. 布雷顿做了哪些组织变革？为什么要进行这些变革？

3. 纽约市警察局是如何通过组织学习来实现创新管理？

4. 布雷顿的改革超越了哪些组织的路径依赖性？他是如何实现这些超越的？

出版致谢

本书第1版自2007年7月出版以来，至今累计印刷11次，得到了广大师生的普遍认可。为了更好地满足广大师生的教学需求，在本书第2版的修订过程中，特此向各高校“管理学”及相关课程教师征询了他们的使用意见和修订建议，并且对很多有价值的意见和建议进行了有效的吸收，并在内容编排上也得到了充分的体现。在此，作者和机械工业出版社华章公司对这些给予支持的教师表示衷心的感谢，他们是（排名不分先后）：

曹嘉晖	西华大学
白光林	江苏大学
曹卫红	山西财经大学
陈　超	南京农业大学
陈德续	天津财经大学
陈国新	江苏大学
陈　红	中国矿业大学
陈建平	福建农林大学
陈夕红	内蒙古工业大学
陈先环	合肥工业大学
陈　耀	扬州大学
陈　怡	广西大学
陈忠卫	安徽财经大学
程言清	浙江万里学院
戴西超	中国矿业大学
董恩刚	四川理工学院
董进才	浙江财经学院
范　丹	浙江林学院
范义华	安徽工业大学
符亚南	内蒙古工业大学
付俊红	天津农学院
付雅莲	南京工业大学
高海涛	北京印刷学院
格日乐	内蒙古工业大学
葛存山	北京印刷学院
龚　荒	中国矿业大学
龚辉锋	桂林工学院
郭本海	安徽工业大学
郭会斌	河北经贸大学
郭丽楠	东北大学
韩兴国	内蒙古科技大学
郝国权	北京大学
贺燕敏	浙江工业大学
侯立军	南京财经大学
胡　军	浙江工业大学
胡　梅	天津理工大学
黄　武	南京农业大学
霍煜梅	北京邮电大学
纪娇云	北京科技大学
季小立	常州工学院
冀巨海	太原理工大学
贾振全	北京科技大学
姜文生	北京交通大学
金　震	安徽大学
康　凯	河北工业大学
雷金荣	丽水学院
李光英	安徽工业大学
李　昊	福州大学

李庆华	东南大学
李文川	浙江林学院
李兴旺	内蒙古财经学院
李雪玲	东华大学
李彦斌	华北电力大学
李耀土	丽水学院
李毅心	江苏大学
李贞子	天津师范大学
廖　红	中国计量学院
林　凤	上海理工大学
凌培全	天津财经大学
刘　芳	安徽工业大学
刘和东	南京工业大学
刘红艳	天津工业大学
刘宏鹏	天津师范大学
刘俊萍	唐山师范学院
刘　文	江苏科技大学
刘湘国	嘉兴学院
刘小丽	华北电力大学
刘新艳	南京工业大学
刘振环	浙江万里学院
卢　冰	华侨大学
卢　岚	天津大学
芦　慧	中国矿业大学
路宏达	深圳职业技术学院
吕海军	北京交通大学
吕荣杰	河北工业大学
马风光	江苏大学
马新建	东南大学
马燕翔	山西财经大学
毛清华	燕山大学
孟　扬	安徽大学
闵　平	清华大学
那　薇	云南师范大学
聂　锐	中国矿业大学
宁淑惠	山西财经大学
彭　灿	南京航空航天大学
戚振江	浙江大学
齐庆祝	天津工业大学
齐永兴	内蒙古财经学院
钱　斌	扬州大学
钱　丹	嘉兴学院
钱忠好	扬州大学
秦　辉	浙江工业大学
邱　珂	唐山师范学院
荣毅虹	首都师范大学
沈　渊	浙江财经学院
史艳红	山西财经大学
宋联可	江苏大学
宋瑞卿	山西财经大学
孙　军	北京化工大学
孙　美	浙江大学
孙绍荣	上海理工大学
孙玉娟	河北理工大学
田　辉	南京理工大学
汪国银	安徽工业大学
王红平	山西财经大学
王　辉	上海对外贸易学院
王建明	浙江财经学院
王　莉	上海海事大学
王　利	江苏科技大学
王　强	天津商学院
王　蔷	上海财经大学
王　青	上海交通大学
王胜洲	河北经贸大学
王世忠	浙江财经学院
王铁生	河北衡水学院
王小燕	广东金融学院
王　晔	天津师范大学
王志玮	福州大学
吴松强	南京工业大学
吴忠培	华南师范大学
向　荣	浙江工商大学
肖　阳	福州大学
肖志超	山西财经大学
徐博宏	河北工业大学
徐海波	绍兴文理学院
徐全红	集美大学
许红华	中国矿业大学
许　林	浙江林学院

薛业清	南京工业大学	张　欣	上海海事大学
严广乐	上海理工大学	张雪江	福建师范大学
杨　刚	浙江林学院	张　卓	南京航空航天大学
杨龙芳	深圳大学	赵阿建	上海海事大学
杨亚达	安徽工业大学	赵桂娟	华侨大学
杨艳玲	内蒙古农业大学	赵向阳	北京师范大学
杨燕平	南京航空航天大学	赵晓康	东华大学
姚　飞	天津工业大学	赵欣艳	北京邮电大学
姚秀雯	上海理工大学	赵增耀	苏州大学
郁　文	嘉兴学院	郑锦荣	上海水产大学
袁建明	合肥工业大学	郑景丽	重庆师范大学
曾建华	河海大学	郑罗平	石家庄经济学院
张光明	江苏科技大学	郑士源	上海海事大学
张国军	南京财经大学	周毕文	北京理工大学
张国庆	南京航空航天大学	周根然	南京航空航天大学
张　华	上海大学	周海炜	河海大学
张建华	上海大学	周立军	中国计量学院
张敬伟	燕山大学	周　敏	中国矿业大学
张静中	河海大学	周荣辅	燕山大学
张　军	安徽工业大学	周文泳	同济大学
张　平	华南理工大学	周以林	江苏大学
张群祥	浙江林学院	朱明明	江苏科技大学
张　弢	合肥工业大学	朱振涛	南京工程学院
张　伟	中国矿业大学	庄佳芳	上海海事大学
张　炜	对外经济贸易大学	卓　鸥	中山大学

在综合广大教师意见和建议的基础上，作者对本书第2版做了如下修订：

- 在第一章中，主要对一些表述进行修订，特别是对“组织目标”、“组织资源”和“管理”的表述做了修订，同时也对一些笔误做了勘正。
- 在第二章和第三章中，对“西方工厂制度早期的管理实践”、“泰勒的科学管理理论”、“霍桑实验”等内容进行了压缩，以使得整个章节更加紧凑；以新的逻辑结构对“管理丛林理论”做了梳理，对“系统与权变管理理论”重新进行了阐述；同时，还从近年来管理学语境的变化对“管理发展的新趋势”做了修改。
- 在第四章中，对“企业的利益相关者”等方面的内容进行了精炼，为了使此部分的逻辑思路更清晰，删除了原来的“利益相关者特性”相关内容；重新界定了组织社会网络与第四章之间的逻辑关系，从嵌入性视角将第四章看成影响企业管理活动的环境因素，因此增加了“组织社会网络与组织行动”一节，从成熟的社会网络理论中增加了“嵌入性理论”、“弱关系理论”和“结构洞理论”。同时，由于学术理论发展，还更新了组织社会资本相关内容。
- 在第五章中，按照内外环境分类，对此章节做了重新安排，删除了原来的“环境研究意义”一节，以使得内容更加简洁；对“企业文化功能”进行了重新表述，增加“导向功能”和“品牌功能”相关内容。

- 在第十章中，使原来“组织力量的整合”的逻辑更加清晰，并从不同成员间整合的视角增加了“工作团队类型”、“有效利用管理团队”等相关内容。
- 在第十三章中，根据对沟通管理新的理解，删除了“组织间沟通”的相关内容，对“组织内沟通形式”和“提高组织沟通的效率”等内容进行修正。
- 在第十四章中，按照内部控制和外部控制的分类，增加了“外部控制与供应链控制”一节，不仅使得逻辑更加清晰，同时有关供应链控制等内容也更体现了现代管理学的进步。
- 在第十五章中，由于信息技术知识的普及，删除了有关“信息技术与控制”一节，对“学习型的控制系统”内容进行了修正和精炼；同时，考虑到中国企业生产方式转型，增加了“运营绩效及其评价”一节，丰富了有关“生产效率”、“供应链绩效”、“运营绩效评介”和“平衡计分卡”等内容。
- 在第十六章中，对原来“官僚控制”、“财务控制”等内容的表述进行了修正，并增加了集团财务管控的案例。
- 在第十七章中，对“创新”、“管理创新”、“创新管理”等范畴进行了界定，使作为管理职能的创新的内涵更加清晰，初步理顺了管理创新与管理其他职能之间的关系；在这一章中，还重新表述了“管理创新的分类”，删除了原来“创新的基本内容”一节，使内容更加简洁。
- 为了能够更好地反映现代企业管理实践，还增加了 G 公司的故事、苹果的商业模式创新、奶粉事件与三鹿集团倒塌、鄂尔多斯集团财务管控、摩托罗拉平衡工作与生活的经验等新的企业管理案例。

机械工业出版社华章公司经管出版中心

HZ BOOKS 华章教育

工商管理

课程名称	书号	书名、作者及出版时间	版别	定价
技术创新管理	978-7-111-39167-8	技术与创新管理（第2版）（中国版）（怀特）（2012年）	外版	45
管理学	978-7-111-41918-1	管理学（第7版）（罗宾斯）（2013年）	外版	69
管理学	978-7-111-46255-2	管理学（诺里亚）（2014年）	外版	69
管理学	978-7-111-33777-5	管理学（威廉姆斯）（2011年）	外版	49
管理学	978-7-111-27095-9	管理学（中国版）（希尔、李维安）（2009年）	外版	42
管理学	978-7-111-41449-0	管理学：原理与实践（第8版）（罗宾斯）（2013年）	外版	59
管理学	即将出版	管理学：原理与实践（第9版）（罗宾斯）（2015年）	外版	59
管理学	978-7-111-26447-7	管理学精要：国际化视角（第7版）（中国版）（韦里克、孔茨、马春光）（2009年）	外版	45
管理学	978-7-111-36487-0	管理学原理（第7版）（达夫特）（2011年）	外版	69
管理沟通	978-7-111-24811-8	管理沟通：原理与实践（第3版）（哈特斯利）（2008年）	外版	35
管理沟通	978-7-111-24913-9	管理沟通：原理与实践（英文版·第3版）（哈特斯利）（2008年）	外版	45
管理沟通	978-7-111-32945-9	商务沟通（莱曼）（2011年）	外版	48
管理沟通	978-7-111-43944-8	商务与管理沟通（第10版）（洛克）（2013年）	外版	75
管理沟通	978-7-111-43763-5	商务与管理沟通（英文版·第10版）（洛克）（2013年）	外版	79
行动学习	978-7-111-48114-0	行动学习：理论、实务与案例（高松）（2014年）	本版	45
企业文化	978-7-111-44522-7	企业文化（第2版）（“十二五”普通高等教育本科国家级规划教材）（陈春花）（2013年）	本版	35
企业文化	978-7-111-36805-2	现代企业文化理论与实务（李建华）（2012年）	本版	32
企业管理	978-7-111-39908-7	现代企业管理（第2版）（周荣辅）（2012年）	本版	35
技术创新管理	978-7-111-36731-4	创新管理：获取持续竞争优势（宁钟）（2011年）	本版	68
管理研究方法	978-7-111-44259-2	管理研究（第2版）（席酉民）（2013年）	本版	45
管理学学习指导	978-7-111-44584-5	管理学学习指导（郝云宏，向荣）（2013年）	本版	35
管理学	978-7-111-23215-5	管理基础与实务（朱权）（2008年）	本版	30
管理学	978-7-111-44591-3	管理学（第2版）（卢润德）（2013年）	本版	39
管理学	978-7-111-43793-2	管理学（郝云宏、向荣）（2013年）	本版	39
管理学	978-7-111-35399-7	管理学（李彦斌）（2011年）	本版	35
管理学	978-7-111-33846-8	管理学（王关义）（2011年）	本版	29
管理学	978-7-111-24832-3	管理学：企业的视角（纪成君）（2008年）	本版	28
管理学	978-7-111-38887-6	管理学基础（李立新）（2012年）	本版	35
管理学	978-7-111-37505-0	管理学原理（第2版）（陈传明）（2012年）	本版	36
管理学	978-7-111-37405-3	管理学原理（精品课）（徐碧琳）（2012年）	本版	35
管理学	978-7-111-44254-7	现代管理学（第2版）（“十一五”国家级规划教材）（张英奎）（2013年）	本版	30
管理学	978-7-111-35694-3	现代管理学（蒋国平）（2011年）	本版	34
管理沟通	978-7-111-35242-6	管理沟通（刘晖）（2011年）	本版	27
管理沟通	978-7-111-47354-1	管理沟通（王凌峰）（2014年）	本版	30
管理沟通	978-7-111-46992-6	管理沟通：成功管理的基石（第3版）（魏江）（2014年）	本版	39
管理沟通	978-7-111-48351-9	管理沟通：理念、方法与技能（张振刚）（2014年）	本版	39
工商管理其他专业课	978-7-111-43562-4	大学治理（李维安）（2013年）	本版	49
工商管理其他专业课	978-7-111-48449-3	论语的管理精义（张钢）（2014年）	本版	59
工商管理类专业综合实训	978-7-111-21236-2	工商管理类专业综合实训教程：工商模拟市场实训 （精品课）（阚雅玲）（2007年）	本版	22
高级管理学	978-7-111-49041-8	管理学高级教程（高良谋）（2015年）	本版	65

教师服务登记表

尊敬的老师：

您好！感谢您购买我们出版的________________________________教材。

机械工业出版社华章公司为了进一步加强与高校教师的联系与沟通，更好地为高校教师服务，特制此表，请您填妥后发回给我们，我们将定期向您寄送华章公司最新的图书出版信息！感谢合作！

个人资料（请用正楷完整填写）

教师姓名		□先生 □女士	出生年月		职务		职称：□教授 □副教授 □讲师 □助教 □其他
学校			学院			系别	
联系电话	办公： 宅电： 移动：		联系地址及邮编				
			E-mail				
学历		毕业院校		国外进修及讲学经历			
研究领域							

主讲课程	现用教材名	作者及出版社	共同授课教师	教材满意度
课程： □专 □本 □研 □MBA 人数： 学期：□春□秋				□满意 □一般 □不满意 □希望更换
课程： □专 □本 □研 □MBA 人数： 学期：□春□秋				□满意 □一般 □不满意 □希望更换

样书申请			
已出版著作		已出版译作	
是否愿意从事翻译/著作工作 □是 □否		方向	
意见和建议			

填妥后请选择以下任何一种方式将此表返回：（如方便请赐名片）

地 址：北京市西城区百万庄南街1号 华章公司营销中心 邮编：100037

电 话：(010) 68353079 88378995 传真：(010)68995260

E-mail:hzedu@hzbook.com marketing@hzbook.com 图书详情可登录http://www.hzbook.com网站查询